DIREITO PROCESSUAL METAINDIVIDUAL DO TRABALHO:
a adequada e efetiva tutela jurisdicional dos direitos de dimensão transindividual

WÂNIA GUIMARÃES RABÊLLO DE ALMEIDA

Mestre e Doutora em Direito do Trabalho pela PUC-Minas. Especialista em Direito de Empresas pela Fundação Dom Cabral. Professora de Direito Material e Processual do Trabalho. Advogada.

DIREITO PROCESSUAL METAINDIVIDUAL DO TRABALHO:
a adequada e efetiva tutela jurisdicional dos direitos de dimensão transindividual

2016

www.editorajuspodivm.com.br

www.editorajuspodivm.com.br

Rua Mato Grosso, 175 – Pituba, CEP: 41830-151 – Salvador – Bahia
Tel: (71) 3363-8617 / Fax: (71) 3363-5050
E-mail: fale@editorajuspodivm.com.br
Copyright: Edições JusPODIVM
Conselho Editorial: Dirley da Cunha Jr., Leonardo de Medeiros Garcia, Fredie Didier Jr., José Henrique Mouta, José Marcelo Vigliar, Marcos Ehrhardt Júnior, Nestor Távora, Robério Nunes Filho, Roberval Rocha Ferreira Filho, Rodolfo Pamplona Filho, Rodrigo Reis Mazzei e Rogério Sanches Cunha.
Capa: Rene Bueno e Daniela Jardim (*www.buenojardim.com.br*)
Diagramação: PVictor Editoração Eletrônica (*pvictoredit@gmail.com*)

Todos os direitos desta edição reservados à Edições JusPODIVM.

É terminantemente proibida a reprodução total ou parcial desta obra, por qualquer meio ou processo, sem a expressa autorização do autor e da Edições JusPODIVM. A violação dos direitos autorais caracteriza crime descrito na legislação em vigor, sem prejuízo das sanções civis cabíveis.

*Quanto a mim mesma, sempre conservei uma
aspa à esquerda e outra à direita de mim.*
(Clarice Lispector)

Com amor, para
meus pais, Waldemar e Helena,
meu marido, Cleber Lúcio, e
nossas filhas, Ana Clara e Maria Luísa.
Para toda a comunidade jurídica.

AGRADECIMENTOS

Agradeço a Deus pela vida, por todos e por tudo.

Agradeço a todos os professores pelo conhecimento a mim transmitido.

Agradeço ao professor doutor José Roberto Freire Pimenta pela sincera orientação e pelo estímulo constante.

Agradeço ao Cleber Lúcio pela companhia e ajuda nesta caminhada.

Agradeço aos colegas do mestrado e do doutorado pelo convívio e pela rica troca de experiências.

A todos que, de alguma forma, contribuíram para que a conclusão do doutorado se tornasse realidade.

APRESENTAÇÃO

O livro que tenho a honra de apresentar à comunidade jurídica brasileira é de atualidade ímpar.

Primeiro, porque coloca em evidência a urgente busca pela efetividade do processo e da jurisdição e os seus desdobramentos na efetividade do Direito do Trabalho, o que constitui e deve constituir uma preocupação constante daqueles que lidam com este ramo do Direito. O processo, a jurisdição e o Direito do Trabalho são legitimados também pela sua efetividade.

Segundo, porque realça a importância dos direitos fundamentais e dos direitos humanos incidentes, direta e indiretamente, na relação de emprego, o que está em sintonia com a construção do denominado *Direito do Trabalho de segunda geração*, ou seja, do Direito do Trabalho que leva em conta tanto o trabalhador como partícipe de uma concreta relação de emprego (*trabalhador-pessoa*), o que lhe confere a titularidade dos direitos inerentes a esta relação (*direitos fundamentais trabalhistas específicos e direitos humanos trabalhistas específicos*), quanto, e acima de tudo, o trabalhador como pessoa (*pessoa-trabalhador*), o que o torna titular dos direitos inerentes à dignidade humana (*direitos fundamentais trabalhistas inespecíficos* e *direitos humanos trabalhistas inespecíficos*).

Terceiro, porque estabelece um inédito *microssistema de direito processual metaindividual do trabalho*, com esteio na moderna doutrina do *diálogo das fontes*, que, no entanto, é nele explorada para além de sua nuance tradicional - diálogo entre fontes do Direito -, para alcançar o diálogo entre os sistemas jurídicos, os microssistemas jurídicos e o Poder Judiciário e a sociedade, a partir da qual são apresentadas fundadas propostas de solução para várias questões que envolvem a tutela jurisdicional dos direitos metaindividuais trabalhistas, o que conduz à conclusão de que o estudo acadêmico (teoria) serve à ação concreta (prática), ou seja, que *a teoria participa da construção da prática*.

Quarto, porque nele é construído um microssistema de direito processual cujas fontes dialogam não apenas com o Código de Processo Civil de 1973, mas também com o Código de Processo Civil de 2015, o que faz com que contenha um valioso *olhar do presente para o futuro*.

Além de ímpar, a obra que o leitor tem em mãos está inserida na importante perspectiva da *humanização do processo* e da *relação de emprego*, que é própria daqueles que não se curvam ao discurso restritivo da análise do processo a partir apenas da sua eficiência e, da relação de emprego, sob prisma somente econômico, para cobrar a sua análise a partir do que contribuem para o aperfeiçoamento da raça humana, ou seja, a *análise humana do processo* e *análise humana da relação de emprego*, respectivamente.

CLEBER LÚCIO DE ALMEIDA

Doutor em Direito pela UFMG. Mestre em Direito pela PUC/SP. Professor dos cursos de graduação e de pós-graduação da PUC/MG. Juiz do Trabalho.

PREFÁCIO

Este livro da professora e advogada mineira Wânia Guimarães Rabêllo de Almeida, sobre a tutela jurisdicional dos direitos meta e transindividuais trabalhistas, decorre de sua tese de doutorado, com a qual obteve o grau de Doutora em Direito do Trabalho na área de concentração em Direito Privado pela PUC-MG, após sua aprovação por unanimidade com a nota máxima, com distinção e louvor, por banca que tive a honra de integrar, na qualidade de seu Presidente e orientador, e que também foi composta pelos Professores Doutores Márcio Túlio Viana (PUC-MG), Vítor Salino de Moura Eça (PUC-MG), Martha Halfeld Furtado de Mendonça (UNA-BH) e Antônio Gomes de Vasconcellos (UFMG).

Como os leitores poderão constatar, trata-se de obra essencial para todo aquele que queira se aprofundar no exame de temática tão atual e oportuna e cujo equacionamento é essencial para a efetividade da tutela jurisdicional trabalhista, meta que, infelizmente, ainda não foi plenamente alcançada em nosso país.

Em um momento em que a explosão de demandas individuais repetitivas, que não cessam de crescer em número e em complexidade nas últimas décadas tanto na Justiça comum quanto na Justiça do Trabalho, tem cada vez mais comprometido a capacidade do Poder Judiciário de absorver, com um mínimo de eficiência e de qualidade, a demanda dos jurisdicionados por este *serviço público essencial*, colocando em questão a promessa do legislador constituinte de assegurar a todos o direito fundamental *a* uma *tutela jurisdicional efetiva* e a uma *duração razoável do processo* (na expressa dicção do inciso LXXVIII do artigo 5º da Constituição da República, a ela acrescentado pela Emenda Constitucional nº 45/2004), este livro vem trazer importante contribuição para a compreensão e a adequada utilização de um dos mais importantes e promissores instrumentos, hoje já disponíveis no ordenamento jurídico em vigor em nosso país, para o adequado equacionamento do problema: o processo coletivo ou metaindividual, concebido e estruturado para enfrentar, de modo *isonômico, racional* e *econômico*, as denominadas *lesões em massa*, agora no plano molecular e não mais no plano atomizado, errático e demasiado oneroso dos processos individuais.

Em linguagem clara e objetiva, mas sem abrir mão do apuro técnico e aprofundamento doutrinário necessários para a compreensão, o enfrentamento e a solução dos problemas mais delicados decorrentes da aplicação de um *microssistema de tutela metaindividual e coletiva* por operadores do Direito (magistrados, membros do Ministério Público e advogados) ainda habituados a manejar o processo civil e do trabalho tradicionais, no âmbito de um sistema judiciário construído e estruturado para a apreciação e o julgamento de processos individuais, a autora, valendo-se de sua intensa experiência como advogada militante e professora renomada, maneja com maestria e sofisticação as mais modernas obras da doutrina nacional e internacional, nos ramos do Direito Constitucional, do Direito Processual Civil e do Direito Processual do Trabalho, com louvável e necessária abordagem interdisciplinar.

Partindo do próprio conceito e das funções do Direito e da classificação dos principais sistemas jurídicos contemporâneos, bem como da compreensão de que a denominada *era dos Códigos*, característica do apogeu do positivismo jurídico, encontra-se hoje superada pela atual predominância do *Constitucionalismo Social e Democrático* e pela crescente adoção dos *microssistemas jurídicos* que refletem o reconhecimento da complexidade e do pluralismo jurídico das atuais sociedades pós-modernas, a presente obra demonstra que as interdependentes e inseparáveis esferas material e processual do Direito clamam pela eficácia e pela efetividade combinadas de suas normas para, em seguida, propor, como contribuição inovadora que é característica de qualquer tese de Doutorado digna desse nome, a utilização da *técnica do diálogo das fontes* para a solução das antinomias e a colmatação das lacunas no direito processual do trabalho.

Para demonstrar a utilidade e a viabilidade dessa proposta, o capítulo final do livro, depois de apontar a existência, no ordenamento jurídico brasileiro em vigor, de um verdadeiro *microssistema de tutela metaindividual* que pode perfeitamente ser utilizado com proveito e plenitude na esfera do direito processual do trabalho, procede ao exame dos problemas centrais do processo coletivo, por meio de uma abordagem prática, mas tecnicamente consistente, que beneficiará a todos os profissionais do Direito que com eles se defrontem em sua atividade profissional.

Para coroar esta importante obra, que bem reflete a linha de pesquisa sobre *trabalho, modernidade e democracia* do Mestrado e do Doutorado em Direito do Trabalho da PUC-MG, a autora, após descrever e criticar os vários instrumentos e mecanismos de solução dos conflitos metaindividuais existentes no Direito Comparado, aborda ainda os recentíssimos instrumentos consagrados no Direito brasileiro para o enfrentamento do fenômeno das demandas e dos recursos repetitivos, tanto pelo novo Código de Processo Civil de 2015 quanto, na esfera trabalhista, pela Lei nº 13.015/2014 (que, como se sabe, reformou substancialmente o capítulo da CLT que disciplina o sistema recursal trabalhista).

Dando a sua contribuição para a adequada discussão de tema de tamanha atualidade, a autora demonstra que esses novos mecanismos (que, como se sabe, procuram enfrentar o fenômeno das *lesões em massa* em seus efeitos, após a inundação do sistema judiciário por milhares de processos individuais com idêntico objeto) não impedem que as denominadas *partes ideológicas*, como tais definidas pela lei e pela própria Constituição (o Ministério Público e as entidades associativas e sindicais) continuem a utilizar o *microssistema de tutela jurisdicional metaindividual,* instituído de forma combinada pelos artigos 90 e 117 do Código de Defesa do Consumidor (Lei nº 8.078/90) e pelo artigo 21 da Lei da Ação Civil Pública (Lei nº 7.347/85), para prevenir a futura multiplicação dessas mesmas demandas repetitivas, sempre com o objetivo comum de dar uma solução única para as mesmas questões de fato e de direito subjacentes a todos esses conflitos intersubjetivos de interesses. Sua acertada conclusão é óbvia: essas duas vertentes de enfrentamento metaindividual do fenômeno das demandas repetitivas não se excluem e, na verdade, se reforçam.

Todos os operadores do Direito que se disponham ao estudo de tema tão relevante para a concretização do direito fundamental do acesso à justiça e para o combate à prática deliberada e disseminada das denominadas *lesões em massa*, infelizmente ainda tão comum em nosso país e causa primeira da explosão de demandas que crescentemente tem assolado, nos últimos anos, o sistema judiciário brasileiro, encontrarão na presente obra uma análise refinada, clara e compreensível dos instrumentos processuais hoje já disponíveis para que a promessa do legislador constituinte de 1988 de uma *tutela jurisdicional efetiva*, assegurada de forma isonômica e célere a todos os jurisdicionados, seja, cada vez mais, uma realidade.

JOSÉ ROBERTO FREIRE PIMENTA
Ministro do Tribunal Superior do Trabalho
Doutor em Direito Constitucional pela UFMG
Professor Adjunto da Faculdade de Direito da PUC-MG, nas áreas de Mestrado e Doutorado

SUMÁRIO

LISTA DE ABREVIATURAS E SIGLAS 21

CAPÍTULO 1
INTRODUÇÃO 23

CAPÍTULO 2
O DIREITO: CONCEITO E FUNÇÕES. OS PRINCIPAIS SISTEMAS
JURÍDICOS DA ATUALIDADE 27
2.1. A vida em sociedade e a necessidade do Direito 27
2.2. O conceito de Direito 33
    2.2.1. Conclusões parciais 53
2.3. Funções do Direito 54
    2.3.1. Função de controle social 55
    2.3.2. Função de orientação social 59
    2.3.3. Função repressiva e garantista 60
    2.3.4. Função de prevenção e solução de conflitos de interesses: paz social 61
    2.3.5. Função de propiciar segurança jurídica 64
    2.3.6. Função de legitimação do poder social 65
    2.3.7. Função de traduzir a vontade social 66
    2.3.8. Função promocional 67
    2.3.9. Funções educativa, conservadora e transformadora 69
    2.3.10. Função de realização da justiça 74
    2.3.11. Função de promoção do bem comum 78
    2.3.12. Função social 81
    2.3.13. Função de estabelecer a igualdade entre as pessoas 82

2.3.14. Função ideológica do Direito 84
2.4. Principais sistemas jurídicos da atualidade 88
    2.4.1. Sistema do civil law (família romano-germânica) 90
    2.4.2. Sistema do common law (família anglo-saxão) 91
    2.4.3. Sistema nos países socialistas 98
    2.4.4. Sistema nas teocracias 98
    2.4.5. Sistemas do common law e do civil law: movimento de aproximação 100
2.5. Conclusões parciais 106

CAPÍTULO 3
DA CODIFICAÇÃO AO SISTEMA. DO SISTEMA AOS MICROSSISTEMAS 109

3.1. Fontes do Direito 109
    3.1.1. Das fontes do Direito em espécie 112
        3.1.1.1. Constituição 113
        3.1.1.2. Lei 116
        3.1.1.3. Princípios gerais de direito e princípios 118
        3.1.1.4. Costume 124
        3.1.1.5. Jurisprudência 125
        3.1.1.6. Tratados e convenções internacionais 126
        3.1.1.7. Convenção e acordo coletivo de trabalho .. 129
        3.1.1.8. Sentença normativa 130
        3.1.1.9. Regimento interno dos tribunais 131
        3.1.1.10. Doutrina 131
        3.1.1.11. Direito comparado 132
3.2. Hierarquia das fontes: breves considerações 133
3.3. Da codificação 135
3.4. Da codificação ao sistema 144
3.5. Do sistema aos microssistemas 165

CAPÍTULO 4
EFICÁCIA E EFETIVIDADE DAS NORMAS JURÍDICAS. ANTINOMIAS E LACUNAS: MEIOS DE SOLUÇÃO. A IMPORTÂNCIA DO DIÁLOGO DAS FONTES 181

4.1. Eficácia e efetividade: breves noções 181

4.2. Eficácia e efetividade das normas trabalhistas e a síndrome do seu descumprimento 192

4.3. Antinomia jurídica 205

4.4. As lacunas da lei 219

    4.4.1. Meios de integração de lacunas 227

4.5. O direito processual do trabalho: antinomias e lacunas 237

4.6. Diálogo das fontes: solução de antinomias e colmatação de lacunas no direito processual do trabalho 240

    4.6.1. Noções gerais 240

    4.6.2. Critérios condutores do diálogo das fontes 248

    4.6.3. Formas de diálogo das fontes 262

    4.6.4. O diálogo das fontes, as cláusulas gerais e os conceitos indeterminados 274

    4.6.5. Diálogo das fontes na jurisprudência 285

4.7. Conclusões parciais 291

CAPÍTULO 5
O MICROSSISTEMA DE DIREITO PROCESSUAL METAINDIVIDUAL DO TRABALHO: FORMAÇÃO À LUZ DA TÉCNICA DO DIÁLOGO DAS FONTES 295

5.1. Introdução 295

5.2. Microssistema do direito processual metaindividual do trabalho: composição 301

5.3. Ação coletiva. Processo coletivo. Jurisdição coletiva 305

5.4. Direitos metaindividuais: difusos, coletivos e individuais homogêneos. Definição 311

5.5. Escopos do processo coletivo 318

5.6. Os princípios do microssistema do direito processual
metaindividual do trabalho 337
  5.6.1. Princípios constitucionais 338
  5.6.2. Princípios infraconstitucionais 354
5.7. A interpretação das normas que compõem o
microssistema de direito processual metaindividual do
trabalho 385
5.8. Problemas centrais do processo coletivo 391
  5.8.1. Legitimação para a ação coletiva 392
  5.8.2. Competência 400
    5.8.2.1. Limites territoriais da coisa julgada 402
  5.8.3. Conexão, continência e litispendência 406
    5.8.3.1. Conexão e continência entre ações coletivas e
           entre ação coletiva e ação individual 407
    5.8.4.2. Litispendência 412
  5.8.4. Litisconsórcio, assistência e intervenção de
         terceiro 423
  5.8.5. Alteração da causa de pedir e do pedido 425
  5.8.6. Arguição de prescrição 428
  5.8.7. Acordo. Renúncia. Desistência 432
  5.8.8. Das provas 441
  5.8.9. Tutelas provisórias 448
  5.8.10. Tutela específica 458
  5.8.11. Amicus curiae 466
  5.8.12. Audiência pública 470
  5.8.13. Decisão coletiva 475
  5.8.14. Recursos 478
  5.8.15. Recursos repetitivos 480
  5.8.16. Coisa julgada 505
  5.8.17. Liquidação e execução de decisão coletiva 523
  5.8.18. Ações repetitivas e ações coletivas. Incidente de
          resolução de demandas repetitivas 534

5.9. A solução de conflitos metaindividuais no direito estrangeiro: breves considerações 538

5.10. A suficiência do microssistema de direito processual metaindividual do trabalho para a adequada e efetiva tutela dos direitos trabalhistas de dimensão coletiva, à luz da técnica do diálogo das fontes 566

CAPÍTULO 6
CONCLUSÃO 577

REFERÊNCIAS 587

LISTA DE ABREVIATURAS E SIGLAS

ADPF	Arguição Descumprimento de Preceito Fundamental
AgR.	Agravo Regimental
Art.	artigo
CDC	Código de Defesa do Consumidor
CLT	Consolidação das Leis do Trabalho
Coord.	Coordenador
CPC	Código de Processo Civil
CR/88	Constituição da República de 1988
DEJT	Diário Eletrônico da Justiça do Trabalho
DJ	Diário da Justiça
DJMG	Diário da Justiça de Minas Gerais
ECA	Estatuto da Criança e do Adolescente
ed.	edição
LACP	Lei da Ação Civil Pública
n.	número
OAB	Ordem dos Advogados do Brasil
Org.	Organizador
p.	página
RE	Recurso extraordinário
Rel.	Relator
Resp.	Recurso especial
RR.	Revista
STF	Supremo Tribunal Federal
STJ	Superior Tribunal de Justiça
TRT	Tribunal Regional do Trabalho
TST	Tribunal Superior do Trabalho
v.	volume

CAPÍTULO 1

INTRODUÇÃO

O Direito vive uma nova era, caracterizada pela atribuição de titularidade de direitos a grupos e à coletividade e pela ocorrência de lesões em massa.

O direito processual civil individual se esmerou na criação de instrumental jurídico processual destinado à solução de conflitos individuais, o que o torna inadequado para garantir a tutela jurisdicional adequada e efetiva de direitos metaindividuais.

O direito processual deve ser examinado na perspectiva do tempo presente e com o olhar voltado para o futuro. Nesse sentido, merece referência o art. 3.1 do Código Civil da Espanha: "As normas são interpretadas segundo o sentido próprio de suas palavras, em relação com o contexto, os antecedentes históricos e legislativos e a realidade social do tempo em que devem ser aplicadas, atendendo fundamentalmente o espírito e a finalidade daquelas." (Tradução nossa).[1]

José Juan Toharia Cortés afirma que o art. 3.1 do Código Civil da Espanha impõe aos operadores do Direito a obrigação "de estar atentos aos sinais dos tempos para saber como entender as leis. Vale dizer, a eles impõe a obrigação de uma exegese jurídica 'sociologizada' que possibilite a interpretação das normas *desde-o-presente-para-o-presente* mais do que *desde-o-passado-para-o-presente*."[2] (CORTÉS, 2006, p. 1-16, tradução nossa). A exegese jurídica sociologizada se impõe em relação ao direito processual, cujas normas devem ser interpretadas, no entanto, desde o presente para o presente e desde o presente para o futuro.

---

1 No original: "Las normas se interpretarán según el sentido propio de sus palabras, en relación con el contexto, los antecedentes históricos y legislativos y la realidad social del tiempo en que han de ser aplicadas, atendiendo fundamentalmente al espíritu y finalidad de aquellas".

2 No original: "De estar atentos a los signos de los tiempos para saber como entender las leyes. Es decir, les impone la obligación de una exégesis jurídica 'sociologizada' que posibilite la interpretación de las normas desde-el-presente-para-el-presente más que desde-el-pasado-para-el-presente."

A América Latina, incluindo aí o Brasil, conviveu nos últimos anos com um movimento de codificação do direito processual coletivo, o qual levou à elaboração do Código Modelo de Processos Coletivos para Ibero-América e, no Brasil, de anteprojetos de código de processo civil coletivo, alguns dos quais submetidos ao Congresso Nacional, mas que foram arquivados.[3] Esse movimento adota como diretriz a necessidade de criar um código de processo coletivo.

Neste livro, é examinada a suficiência ou não do microssistema de direito processual metaindividual do trabalho para a adequada e efetiva tutela dos direitos trabalhistas de dimensão coletiva, à luz da técnica do diálogo das fontes, ficando esclarecido que se têm em vista as ações coletivas em geral e não o dissídio coletivo, que constitui, basicamente, meio processual voltado à fixação de condições de trabalho.

Este livro está estruturado em quatro capítulos, precedidos por esta introdução e sucedidos por uma conclusão.

Este trabalho tem como ponto de partida a definição do conceito do Direito e de suas principais funções, o que se mostra necessário para a melhor compreensão do direito processual e a verificação de sua aptidão para a efetivação dos direitos materiais, notadamente daqueles de estatura fundamental e transindividual. Por essa razão, o segundo capítulo é destinado à definição do Direito e à abordagem de suas principais funções e dos grandes sistemas jurídicos da atualidade.

No terceiro capítulo, serão examinadas as fontes do Direito, o movimento de codificação do Direito, a construção do sistema jurídico e o surgimento dos microssistemas jurídicos.

No quarto capítulo, é feito o estudo da eficácia e da efetividade das normas jurídicas, das antinomias e lacunas e do diálogo das fontes. Considera-se ser este diálogo um novo instrumento de que dispõem os juristas para enfrentar as antinomias e lacunas e para encontrar soluções exigidas pela maior complexidade das relações sociais.

---

3 Existem anteprojetos elaborados por Antonio Gidi, pelo InstitutoIbero-Americano de Direito Processual Civil (IBDP), pela UERJ/Unesa, pelo mestrado da USP (Profs. Ada Pellegrini Grinover e Kazuo Watanabe) e pelo Instituto Brasileiro de Direito Processual (IBDP). (GRINOVER; WATANABE; MULLENIX, 2008).

O diálogo proposto é aquele realizado na perspectiva da prevalência dos direitos humanos e fundamentais (princípio *pro homine*), do princípio da norma mais favorável, da máxima efetividade dos direitos decorrentes da relação de emprego (princípio pró-efetividade dos direitos trabalhistas) e da maior aproximação possível entre o Poder Judiciário e a sociedade, o que, em ambiente em que prevalece a "síndrome de descumprimento das normas trabalhistas", exige considerar a necessidade da maior efetividade possível da jurisdição e do processo (princípio pró-efetividade da jurisdição e do processo).

O quinto capítulo versa sobre a aptidão do microssistema de direito processual metaindividual para assegurar a adequada e efetiva tutela dos direitos trabalhistas de dimensão coletiva. Examina-se o microssistema de direito processual metaindividual do ponto de vista da sua existência, de seus princípios e de sua capacidade para solucionar as questões mais relevantes surgidas no contexto do processo coletivo, dentre as quais a legitimidade para a ação, a litispendência e a coisa julgada.

O que se persegue neste trabalho não é construir raciocínios abstratos que se esgotam em si mesmos, mas sim encontrar respostas para questões concretas, pois "em toda ciência, a teoria e a prática devem caminhar de tal forma que o desenvolvimento da primeira influencie a segunda e a experiência desta ilumine e oriente o trabalho daquela" (PODETTI, 1963, p. 94, tradução nossa).[4]

Augusto M. Morello chega a afirmar que estamos diante de uma *nova idade* das garantias jurisdicionais, resultado de

> um novo contexto *social* (informação, participação massiva), *econômico* (do Estado benfeitor ao capitalismo de Mercado), *constitucional* e *comunitário* (da ideia de soberania nacional excludente à de soberania compartilhada pela cunha *transnacional* das Comunidades, dos Tratados e das pautas orientadoras e vinculantes dos Órgãos de Justiça Transnacionais). (MORELLO, 1998, p. 3, tradução nossa).[5]

---

4   No original: "En toda ciencia, la teoria y la práctica devem marchar en forma tal, que los desenvolvimentos de la primera influan sobre la segunda y la experiencia de ésta, ilumine y oriente la labor de aquella".

5   No original: "Un nuevo contexto *social* (información, participación masiva), *económico* (del Estado benefactor al capitalismo de Mercado), *constitucional y comunitário* (de la

O novo contexto social, econômico, cultural e jurídico conduz a uma nova idade das garantias jurisdicionais, que, talvez, já não devam ser codificadas, mas adotadas como parte de microssistemas processuais. Como já foi assinalado, "queremos estar cada vez mais e melhor protegidos, mas, ao mesmo tempo, nos queixamos de que o emaranhado de normas e procedimentos estabelecidos para realizá-lo – cada vez mais ampla e prolixa – termina resultando agoniante." (CORTÉS, 2006, p. 1-16, tradução nossa)[6]. Para evitar essa agonia, impõem-se a atuação criativa dos juristas e a sua abertura para novas soluções, dentre as quais o diálogo das fontes.

Ao final, serão apresentadas as conclusões, não no sentido de dar respostas definitivas às questões suscitadas, mas de contribuir para a construção de alternativas para responder ao reclamo social por uma tutela jurisdicional rápida, econômica e efetiva que resulte na realização concreta dos direitos metaindividuais trabalhistas como condição para a construção de uma sociedade livre, justa e solidária.

Como adverte Eduardo Couture, a ideia de processo "é necessariamente teleológica, pois só se explica por seu fim. O processo pelo processo não existe" (COUTURE, 1993, p. 145, tradução nossa)[7], advertência que é levada em conta neste livro, na qual não será olvidado, ainda, que "os processos judiciais refletem os valores, sentimentos e crenças (a 'cultura') da coletividade que os utiliza" (CHASE, 2003, p. 115-140); ou seja, que o direito processual é um fenômeno social e histórico.

---

idea de soberanía nacional excluyente, a la de soberanía compartida por la cuña *transnacional* de las Comunidades, de los Tratados y de las pautas orientadoras y vinculantes de los Organos de Justicia Transnacionales."

6   No original: "Queremos estar cada vez más y mejor protegidos, pero al mismo tempo nos quejamos de que la maraña de normas y procedimientos establecidos para lograrlo – cada vez más amplia y prolija – termine resultando agobiante."

7   No original: "Es necessariamente teleológica, pues sólo se explica por su fin. El proceso por el proceso no existe."

CAPÍTULO 2

O DIREITO: CONCEITO E FUNÇÕES. OS PRINCIPAIS SISTEMAS JURÍDICOS DA ATUALIDADE

> Por mais que eu abra os olhos observo sempre em toda a parte o mesmo fenômeno: ninguém existe só para si; cada um existe ao mesmo tempo para outros, para o mundo (IHERING, 1956, p. 84).

A compreensão do Direito e das suas funções é indispensável para a definição dos meios processuais adequados para a tutela jurisdicional dos direitos assegurados pela ordem jurídica.

2.1. A vida em sociedade e a necessidade do Direito

O homem é um ser individual e social. Ou seja, considerado em si mesmo, ele é único, mas, ao mesmo tempo, necessita do seu semelhante para sobreviver e se completar.

Neste sentido, os "homens estão em relações uns com os outros", pois "a socialidade é um componente essencial da vida humana, a tal ponto de que esta seria impossível e mesmo inconcebível sem seu componente social" (SICHES, 1965, p. 4-5). O homem é um ser que precisa se comunicar, amar, receber, dar, trocar etc.. Isso equivale a dizer que "é 'essencialmente coexistência', pois não existe apenas, mas coexiste, isto é, vive necessariamente em companhia de outros indivíduos." (DINIZ, 2012, p. 260).

Os relacionamentos humanos são estabelecidos por meio da comunicação, ocorrendo inicialmente em família, depois na escola, no trabalho e entre amigos, por exemplo. Esses relacionamentos são regidos por regras sociais, observando-se que "afirmar que o homem é um ser social, que vive em sociedade, que não pode viver senão em sociedade é afirmar ao mesmo tempo a existência de uma lei social". (DUGUIT[8] apud MORAES FILHO, 1997, p. 132). Dentre essas regras sociais, podem ser mencionadas as de cortesia, as morais e as religiosas.

André Franco Montoro ensina que as relações sociais podem apresentar-se de diferentes formas, quais sejam:

1ª) *relações de integração* ou sociabilidade por fusão parcial – nas quais podemos encontrar três graus ou tipos de relacionamento: a 'massa', que é a modalidade mais fraca de integração, em que se opera apenas uma fusão superficial das consciências individuais, como no caso da 'massa' dos consumidores, dos desempregados, dos pedestres, unidos apenas pela consciência de afinidade de sua situação; a 'comunidade', correspondente ao grau médio de integração ou fusão de consciência, é a forma mais equilibrada, difundida e estável da sociabilidade por integração, tal como ocorre nas organizações sindicais, associações, clubes, famílias, partidos, etc.; a 'comunhão', que representa o grau mais intenso de integração das consciências individuais, em um 'nós' coletivo, é o tipo que se realiza em raros momentos de entusiasmo ou vibração coletivos, como nos períodos de crise ou reivindicações mais sentidas de uma coletividade; 2ª) *de delimitação* ou sociabilidade por oposição parcial. As de integração caracterizam-se pelo aparecimento de um 'nós' enquanto as de delimitação implicam a existência de um 'eu', 'tu', 'ele', etc. São sempre relações com outros – quer individuais, quer intergrupais – e apresentam-se sob três modalidades: de 'aproximação', como as decorrentes de amizade, da atração sexual, da curiosidade, das doações, etc.; de 'separação', como as lutas de classes, os conflitos entre consumidores e de separação, como as trocas, contratos, etc. (MONTORO, 1972, p. 363-364).

A sociedade humana é um "complexo de relações pelo qual vários indivíduos vivem e operam conjuntamente, de modo a formarem uma nova e superior unidade." (DEL VECCHIO, 1979, p. 460). Assim, a sociedade humana é um conjunto das organizações ou associações inter-relacionadas, de tipos bem variados, em que ocorrem interações entre indivíduos, entre indivíduos e grupos, entre grupos e de indivíduos com bens materiais, bem como, levando-se em consideração as religiões, a relação do homem com o Criador ou Deus.

---

8   DUGUIT, Leon. *Traité de Droit Constitutionnel*. 3. ed. Paris: [s.n.], 1927, v. I, p. 3.

Para Talcott Parsons, "uma sociedade é um tipo de sistema social, em qualquer universo de sistemas sociais, e que atinge o mais elevado nível de auto-suficiência como um sistema, com relação aos seus ambientes." (PARSONS, 1969, p. 21). Esclarece este autor que "o núcleo de uma sociedade, como um sistema, é a ordem normativa padronizada através da qual a vida de uma população se organiza coletivamente", acrescentando que, "como uma ordem, ele contém valores, bem como normas e regras diferenciadas e particularizadas; todos exigem referências culturais a fim de serem significativos e legítimos." (PARSONS, 1969, p. 23).

O homem almeja em suas relações sociais conviver de modo harmonioso com os seus semelhantes, porquanto "a pessoa humana representa a combinação de dois elementos inseparáveis – o indivíduo e a sociedade em que ele nasceu e se desenvolve", pois o "meio social é indispensável à própria vida do indivíduo", na medida em que,

> como requisito indeclinável da vida social, como imposição inevitável do princípio da solidariedade entre os homens, têm estes de sujeitar-se, nas suas múltiplas relações, a regras, a preceitos de conduta, pelos quais a expansão da personalidade de cada um sofre, em benefício da harmonia da vida comum, inúmeras limitações, adequadas à sua situação no meio e no momento em que se encontra. (LIMA, 1958, p. 59).

Afirma Léon Duguit que o homem tem consciência clara da sua individualidade e da sua natureza social, "tendo necessidades, tendências e aspirações próprias; compreende, também, que estas necessidades não pode satisfazê-las, nem realizar essas tendências e aspirações a não ser pela vida em comum com os outros homens." (DUGUIT, 2005, p. 19).

Destarte, o homem precisa viver em harmonia com os membros de uma sociedade, unidos por vínculos de solidariedade e de independência, possibilitando a sobrevivência do grupo social e a realização de fins comuns.

Anota Miracy Barbosa de Souza Gustin que as necessidades do homem sempre se constituíram com natureza social e cultural, mas que existem outras necessidades "humanas básicas generalizáveis não só aos membros de determinado grupo social, mas a todo ser humano dotado de uma potencialidade de atividade criativa e interativa", que foram "formuladas, em especial, por Doyal e Gough (1991) e Gustin (1999)", a partir de quatro suposições básicas, quais sejam:

1ª) Os indivíduos necessitam sobreviver: a segurança da sobrevivência tem sido enfocada como a mais fundamental de todas as necessidades. Mesmo essa necessidade, genérica a todos os seres vivos, no ser humano é constrangida pelas determinações socioculturais e temporais. Daí a importância de sua decodificação no sentido histórico para a apreensão de especificidades socioculturais e jurídicas.

2ª) Os indivíduos dependem de integração societária: as pessoas necessitam trocar experiências, relacionar-se e participar de uma alocação social de bens e serviços que seja distributiva e justa. Essa é uma característica que se opõe à condição do indivíduo só ou segregado. A integração societária é, também, algo que se constrói historicamente dentro de um corpo de regras diferenciado para cada modo de organização social.

3ª) As pessoas necessitam de uma identidade: há que se individualizar os atores, há que se distinguir os papéis desde que esta distinção não interfira sobre a realização do ser-no-outro. A alocação de responsabilidade com seu grupo ou sociedade, própria do ser humano e importante para a esfera jurídica plural e multicultural, é uma das formas utilizadas para essa individualização. Em certo sentido isso significa atribuição de consciência e a crença de que as ações dos indivíduos decorrem diretamente das escolhas que realizam em determinado contexto.

4ª) A sociedade humana demanda a maximização das competências coletivas e individuais de atividade criativa: a superação das limitações naturais e ambientais e das diversidades culturais do ser humano só é possível a partir de sua capacidade criativa. Para que isso se realize é imperioso que o homem e seu grupamento cultural se autodeterminem e se emancipem no sentido do múltiplo desenvolvimento das potencialidades e possibilidades humanas para superação das restrições. Nesse sentido, é preciso sustentar um patamar mínimo de desenvolvimento humano que permita a atualização e recomposição desse potencial à vista dos direitos humanos e de um constitucionalismo transversal. (GUSTIN, 2010, p. 405-406).

Existem necessidades humanas que ultrapassam a esfera individual e de determinado grupo social, atingindo toda a espécie humana, sendo preciso para o seu atendimento "um patamar mínimo de desenvolvimento das potencialidades e possibilidades humanas", como é aduzido por Miracy Barbosa de Souza Gustin.

De outro lado, a necessidade que o homem tem de conviver com seus semelhantes traz a consciência da sua dependência do outro e da sua fraqueza como ser isolado, condenado a viver em constante contradição e ambivalência, ocasionando uma tensão implícita com a sociedade. Isso porque,

> se eu preciso dos outros, quer dizer que dependo deles, ou seja, que estou sujeito aos outros. Por outro lado, uma vez que me sirvo dos outros para satisfazer as minhas necessidades – que, de outra forma, não teria condições de fazer ⸺, tendo a instrumentalizar os outros com vistas à consecução dos meus fins particulares. Essa conflitualidade potencial, típica das relações sociais, se por um lado dá origem ao direito como instrumento aparelhado para a resolução dos conflitos, por outro faz com que o próprio direito assuma, como veremos a seguir, o caráter de ambivalência característico das relações entre os indivíduos e a sociedade. (LUMIA, 2003, p. 24).

A vida social é, desta feita, uma necessidade. Contudo, apesar da existência de regras sociais e de o homem almejar viver em harmonia com seus semelhantes, é possível que surjam conflitos nessa convivência, colocando-a em risco.[9]

---

9 J. J. Calmon de Passos identifica como razões dos conflitos "os desejos humanos (que ultrapassam a necessidade em sentido estrito) e a incapacidade individual e social de satisfazê-los plenamente, quer pela inelimitável interdependência entre os homens, quer pela escassez de bens apropriáveis ou produzíveis em quantidade e condições que se fazem necessárias para aquele objetivo." (CALMON DE PASSOS, 2003, p. 4). Os conflitos são inerentes à vida social.

A vida em sociedade é uma necessidade, sendo preciso prevenir e solucionar conflitos surgidos nas relações sociais, o que conduz ao surgimento do Direito, com a edição de normas de condutas voltadas para a disciplina das relações humanas, objetivando garantir a sobrevivência da espécie humana e criar as condições inerentes à consecução dos objetivos individuais e sociais. Logo, o Direito existe porque ocorrem ou podem ocorrer comportamentos contrários às regras sociais de conduta, prescritas ou socialmente toleradas.[10] A vida em sociedade exige um mínimo de certeza e segurança quanto aos comportamentos sociais. Caso contrário, a paz e a felicidade de seus membros restariam seriamente comprometidas.

Há, portanto, uma íntima relação entre homem, sociedade e Direito, entre relações humanas e Direito, entre norma social e Direito. Ensina Edmond Picardi que:

> O Homem, o ser humano, apresenta-se no primeiro plano. Fato normal, pois que é nas sociedades humanas que o Direito principalmente se afirma, em sua visibilidade, utilidade e necessidade. Onde quer que houve homens reunidos, houve Direito, rudimentar nos tempos primitivos, mas manifestando-se fatalmente: *Ubi societas, ibi Jus*. O Direito é antropocêntrico [...].
> Porque o Eu humano não é somente um produto dos nossos próprios órgãos, é, sobretudo, um produto social, uma resultante do complexo dos fatores sociais passados e presentes, da mesma sorte que toda a civilização, toda a riqueza econômica são as resultantes do múltiplo esforço das gerações mortas e da geração viva. (PICARDI, 2004, p. 74).[11]

---

[10] A atividade do homem é "projetante" e "nenhum projeto poderia ser utilmente formulado senão com a previsão de que certos dados permanecerão constantes dentro de limites de tempo razoáveis: é evidente que, dentre esses dados, o comportamento dos outros componentes do grupo ocupa um lugar privilegiado." (LUMIA, 2003, p. 25).

[11] O homem "age não como meio ou veículo das forças da Natureza, mas como ser autônomo, com qualidades de princípio e de fim; não como impelido ou arrastado pela ordem dos motivos, mas como dominador deles; não como pertencente ao mundo sensível, mas como partícipe do inteligível; não como indivíduo empírico (*homo phaenomenon*), determinado por paixões e afetos físicos, mas como eu racional (*homo noumenon*) independente delas; age, enfim, na condição da pura espontaneidade de tuas determinações, do absoluto e universal de teu ser, e, portanto (pois outra coisa isto não quer dizer), de tua identidade substancial com o ser de todo outro sujeito." (DEL VECCHIO, Giorgio. *Filosofia del derecho*. v. I, p. 435, apud REALE, 1998, p. 43).

Outrossim, "o homem, em sua realidade coletiva, inclui dentro de si a totalidade das leis que regem o mundo; e, também, a *humanidade*, ou *espírito humano*, em seu desenvolvimento histórico, absorve e reflete todas as leis dos fenômenos nos quais se baseia e dos quais tem surgido." (SICHES, 1965, p. 1).

Como anota Miguel Reale, o Direito é "um manto protetor de organização e de direção dos comportamentos sociais." (REALE, 1998, p. 5).

Conclui-se, em sintonia com Vicente Ráo[12], Gregorio Peces-Barba, Eusebio Fernández e Rafael de Asís[13], que o Direito possui origem e desenvolvimento sociais, observando-se, de outro lado, que "o direito é regra social não somente enquanto supõe um meio social, mas enquanto ele existe na e pela sociedade, como regra desta sociedade." (DABIN, 2010, p. 26). Logo, o Direito somente pode ser concebido tendo como destinatário os homens em coexistência.

2.2. O conceito de Direito

Justificada a necessidade da existência do Direito, cumpre proceder à definição do seu conceito, pois todo objeto de estudo deve ser, primeiro, conceituado. Ou, dito de outra forma, "toda investigação sobre as origens de um objeto e sobre suas transformações pressupõe, necessariamente, uma certa noção sobre seu conceito." (STAMMLER apud TELLES JÚNIOR, 2004, p. 179).[14]

---

12 Assevera Vicente Ráo que, "encontra-se, pois, a origem do direito na própria natureza do homem, havido como ser social. E é para proteger a personalidade deste ser e disciplinar-lhe sua atividade, dentro do todo social de que faz parte, que o direito procura estabelecer, entre os homens, uma proporção tendente a criar e a manter a harmonia na sociedade." (RÁO, 2004, p. 52).

13 Nesse sentido, afirmam Gregorio Peces-Barba, Eusebio Fernández e Rafael de Asís que "sabemos que o indivíduo é um ser social que convive em um determinado ambiente com outros seres humanos. A ordenação da mera coexistência dos seres humanos e a obtenção dos objetivos comuns são elementos que explicam a natureza social do Direito. A socialidade do ser humano e a consequente convivência constituem o dado a partir do qual podemos compreender a existência e a necessidade do Direito." (PECES-BARBA; FERNÁNDEZ; ASÍS, 1999, p. 17, tradução nossa). (No original: "Sabemos que el individuo es un ser social que convive en un determinado entorno con otros seres humanos. La ordenación de la mera coexistencia de los seres humanos y la obtención de objetivos comunes son elementos que explican la naturaleza social del Derecho. La socialidad del ser humano y la consiguiente convivência constituyen el dado a partir del cual podemos comprender la existencia y la necesidad del Derecho.").

14 STAMMLER, Rudolf. *Tratado de filosofía del derecho*. Madrid: Editorial Reus, 1930, p. 21.

A palavra *direito* vem do latim *directum*, que significa "o que está conforme à regra". Em inglês se diz "*right*, em alemão *Recht*, em holandês *regt*, em espanhol *derecho*, em francês *droit*, em italiano *diritto*, em rumeno *dreptus*, etc. Mas em latim *rectum* tem um sentido mais moral do que jurídico, e o direito é, propriamente, designado pela palavra *jus*." (RÁO, 2004, p. 52). O termo "*jus*" "passou para as línguas latinas como radical de outras expressões, tais como, entre expressões nossas, justo, justiça, jurista, jurisconsulto, juiz, júri, jurisdição, justificação, julgamento, jurisprudência, jurídico, etc." (RÁO, 2004, p. 52).

Assim, o Direito, como um "complexo de normas reguladoras da conduta humana, como força coativa, chama-se *jus*", já "*justum*" significa o que é "conforme ao direito dos romanos: *legitimum*, o derivado de uma *lex*, comumente a *lex XII tabularum*, ou também o que deriva dos *mores*, isto é, do costume mais antigo' (*Dir. Rom.*, I, §3º)." (RÁO, 2004, p. 52).

Tércio Sampaio Ferraz Jr. ensina que com o transcorrer dos anos a expressão "*jus*" foi paulatinamente sendo substituída por "*derectum*", mas guardou, desde suas origens, um "certo sentido moral e principalmente religioso, pela sua proximidade com a deificação da justiça", e que nos séculos VI ao IX "as fórmulas *derectum* e *directum* passam a sobrepor-se ao uso de *jus*", e que, finalmente, no século IX, "*derectum* é a palavra consagrada, sendo usada para indicar o ordenamento jurídico ou uma norma jurídica geral." Destaca, porém, o referido autor que a palavra direito, em português, guardou o sentido do *jus* "enquanto aquilo que é consagrado pela Justiça (em termos de virtude moral) quanto o de *derectum* enquanto um exame de retidão da balança, por meio do ato da Justiça (em termos do aparelho judicial)." (FERRAZ JR., 2013, p. 33).

Miguel Reale assevera que aos "olhos do homem comum" o Direito representa a lei e a ordem, isto é, "um conjunto de regras obrigatórias que garante a convivência social graças ao estabelecimento de limites à ação de cada um de seus membros", e que quem age conforme essas regras está em conformidade com o Direito, "ligação e obrigatoriedade de um comportamento, para que possa ser considerado lícito, parece ser a raiz intuitiva do conceito de Direito", concluindo que "podemos, pois, dizer, sem maiores indagações, que o Direito corresponde à exigência essencial e indeclinável de uma convivência ordenada, pois nenhuma sociedade poderia subsistir sem um mínimo de ordem, de direção e solidariedade." (REALE, 1998, p. 2).

Assim, o Direito "é um modo social de existência, patente nos comportamentos de cada pessoa e na sua legitimação." (CORDEIRO, 1996, p. LXXII).

O Direito encara a ação do homem em si mesma e em seus efeitos. As obrigações que impõe podem ser exigidas coercitivamente pela autoridade pública. Sob esse prisma, observa Hans Kelsen que o Direito é uma ordem de conduta humana coativa. (KELSEN, 1979, p. 56-74). É nesse sentido que Boaventura de Sousa Santos afirma que o

> direito é um corpo de procedimentos regularizados e de padrões normativos considerados justificáveis num dado grupo social, que contribui para a criação e prevenção de litígios e para sua resolução por meio de um discurso argumentativo, articulado com a ameaça de força. (SANTOS, 2000, p. 290)

Para Alf Ross, o conceito de Direito se caracteriza por dois aspectos: o primeiro, "o direito consiste em regras que concernem ao exercício da força"[15]; o segundo, o "direito consiste não só em normas de conduta, mas também em normas de competência, as quais estabelecem um conjunto de autoridades públicas para aprovar normas de conduta e exercer a força em conformidade com elas", tendo, por isso, caráter institucional. (ROSS, 2007, p. 85).

Maria Helena Diniz define Direito como "uma ordenação heterônoma das relações sociais baseada numa integração normativa de fatos e valores." (DINIZ, 2012, p. 264).[16]

O Direito não é só o conjunto de normas que proíbem ou ordenam condutas humanas, vez que "outro sector muito importante das suas normas tem um conteúdo diferente: autorizam a fazer alguma coisa; concedem faculdades ou poderes a quem se encontre em determina-

---

15 Explica Alf Ross que, "vista em relação às normas jurídicas derivadas ou normas jurídicas em sentido figurado, a força aparece como uma sanção, isto é, como uma pressão para produzir o comportamento desejado." (ROSS, 2007, p. 85).

16 Observe-se, em relação ao direito do trabalho, que este também possui fontes autônomas, quais sejam, a convenção e o acordo coletivo de trabalho.

das circunstâncias para que os utilize dentro de certos limites, ao seu alvedrio" (LATORRE, 1997, p. 20). Isso tudo no intuito de colocar à disposição das pessoas meios para alcançarem seus objetivos. Pode ser dito, nesta esteira, que o Direito possui aspecto instrumental, por estar a serviço das pessoas.

Para Vicente Ráo, o Direito assegura reciprocidade entre poderes e deveres, porquanto

> [...] é um sistema de disciplina social fundado na natureza humana que, estabelecendo nas relações entre os homens uma proporção de reciprocidade nos poderes e deveres que lhes atribui, regula as condições existenciais dos indivíduos e dos grupos sociais e, em consequência, da sociedade, mediante normas coercitivamente impostas pelo poder público. (RÁO, 2004, p. 55).

O Direito é considerado também uma "luta pela existência", ou seja,

> regra social obrigatória, quer sob a forma de lei, quer sob a de costume. É desse ponto de vista que Ihering o define: 'complexo das condições existenciaes da sociedade, coactivamente asseguradas pelo poder público'. Olhando-o por esse mesmo aspecto, disse Stammler que o direito não é mais do que 'o modo pelo qual os homens realisam, em comum, a sua lucta pela existencia'. Psychologicamente, o direito é idéa, sentimento e poder de acção. (BEVILÁQUA, 1999, p. 10).

O Direito representa uma resposta aos desvios de comportamentos contrários às normas toleradas ou prescritas, pois se destina a "assegurar a conformidade da conduta de indivíduos e grupos às normas socialmente prescritas, aprovadas ou apenas toleradas, ou a fornecer os instrumentos de que a sociedade dispõe para isso." (ROSA, 1975, p. 88).

Vê-se, pois, que o Direito é uma criação fundamental dos homens, estando sedimentado na ordem social geral, com vistas a possibilitar a convivência humana.

Mas o Direito não é só isso, na medida em que a "'ideia de direito' é a força instituinte do direito positivo instituído, é a representação da ordem social desejável que uma comunidade se faz num dado momento de sua história, é a imagem do porvir que ela projeta no futuro." (OST, 2005, p. 219).

A "ideia de direito", segundo François Ost,

[...] simultaneamente representação, antecipação e efetivação do futuro: mostrando-o, ele o torna já presente. Uma ideia de direito, como a de nação, 'o sonho de porvir compartilhado', possui 'toda a fecundidade da imaginação, todas as potências do desejo, todos os prestígios dos começos'. Sem dúvida, tais antecipações não são desprovidas de uma parte de ilusão, do mesmo modo que não estão imunes a manipulações políticas, sempre possíveis; mas pelo menos recepciona um projeto, sem o qual o grupo não chegaria mesmo a identificar-se como tal. A título de representação de uma ordem social desejável, a ideia de direito está assim, simultaneamente, na fonte do Estado que realiza um início de execução e, ao mesmo tempo, para além deste: sempre excessivo em relação a ele, trabalhando sem cessar desde o do interior, a ideia de direito o obriga a se transformar, e amanhã, talvez, ela o condenará se achar dificuldade em traduzir suas exigências. (OST, 2005, p. 219-220).

François Ost afirma, ainda, que a "ideia de direito" é, em primeiro lugar, "uma obra de imaginação, solução para um problema inédito, ideia diretiva (*directum*, direito) antecipando um estado de coisas possível e desejável". Segundo esse autor, é também possível "afirmar que a ordem jurídica vale mais pelas virtualidades que tornam possíveis que pelos conteúdos dos quais já dispõe", ao argumento de que,

qualquer ordem estabelecida traz em si seu princípio de desestabilização, pois seu objetivo, seu termo, seu fim, estão localizados no infinito' – caso contrário, encerrado e estéril, estaria condenado ao desaparecimento. Então julgaremos uma ordem jurídica tanto com base em suas regras estabelecidas, que configuram sua forma instituída, indispensável à segurança, quanto baseados em suas virtualidades, que traduzem o eco de suas forças instituinte. O direito positivo, nestas condições 'só tem valor se permanecer em contato com a ideia de direito'. (OST, 2005, p. 220).

O Direito, então, antecipa situações possíveis e imagináveis, estando seus fins projetados para o futuro, a partir de dados e situações do passado e do presente. E por isso que Claus-Wilhelm Canaris afirma que o Direito é um "fenômeno pré-dado: o jurista deve apreendê-lo, do exterior, tal como ele se encontra, de acordo com coordenadas históricas e geográficas", posto que possui natureza cultural, herança da escola histórica, colocando a ordem jurídica na categoria das criações humanas. (CANARIS, 1996, p. LXI).

Humberto Theodoro Júnior sustenta que o Direito maneja a técnica de aperfeiçoar e tornar possível a vida social, "da qual o homem não pode prescindir". Porém, o faz a partir de uma perspectiva do futuro e da

> [...] antevisão do que se deseja fazer acontecer, e não do que, naturalmente, entende necessário exigir de seus membros, e dessa maneira, vai criando as regras do direito positivo, aproveitando-se, quase sempre, de outras fontes normativas não cogentes, como a ética, a religião, a política e a economia. (THEODORO JÚNIOR, 2008, p. 287-288).

O Direito pode ser também considerado uma abstração, "mas uma abstração que corresponde a uma realidade concreta", devendo-se ir um pouco mais longe para se afirmar

> a concretude do processo normativo, do que é possível abstrair o elemento lógico-formal (o suporte ideal representado pelos 'juízos normativos'), desde que se reconheça a sua necessária referibilidade a fatos e a valores, sem os quais o Direito se esvazia de conteúdo e de sentido. (REALE, 2005, p. 10).

Não é demais mencionar que "o direito é uma arte, considerando a ciência menos importante que a arte; aquela nos ensina como vivemos, mas é desta que vivemos. É artística a regra jurídica nisso que pretende alcançar uma finalidade prática, não permanece no puro mundo do logicismo especulativo" (MORAES FILHO, 1997, p. 219). Ou, sob outra perspectiva, a "arte do direito tem por objeto *dizer o direito* (*iuris dictio*), determinar os direitos das pessoas e sua extensão. Em outras palavras, tem por objeto estabelecer o *título* e a *medida* do direito." (HERVADA, 2006, p. 52).[17] O Direito é também definido como "a arte do bom e do justo"'. (ULPIANO[18] apud HESPANHA, 2009, p. 84).

---

17 Esclarece Javier Hervada que "o título é aquilo em que o direito tem origem, ou, dito de outra maneira, é o que causa a atribuição da coisa a um determinado sujeito. Há muitos tipos de títulos, porém podem ser resumidos na natureza humana, na lei, no costume e nos pactos ou contratos [...]. Junto com o título, o jurista deve conhecer a medida do direito. Não existe nenhum direito ilimitado, nem todos os direitos são iguais. A propriedade compreende mais faculdades que o usufruto ou o uso. Tanto as leis como os contratos que outorgam alguns direitos podem conter cláusulas que lhes deem maior ou menor amplitude [...]. Com o título e a medida, o jurista descobre o que é o justo, o que corresponde ao titular do direito, nem mais nem menos." (HERVADA, 2006, p. 552-554).

18 ULPIANO, Digesto, 1,1,1, pr./1.

O Direito está impregnado dos valores que os membros de uma sociedade elegem para reger suas relações. Logo, o Direito é,

> essencialmente, ordem das relações sociais segundo um sistema de valores reconhecido como superior aos indivíduos e aos grupos. Os valores sobre que se fundamenta o mundo jurídico são de duas espécies: uns são primordiais, ou melhor, conaturais ao homem, tal como o valor da pessoa humana, que é o valor-fonte da ideia do justo; outros são valores adquiridos por meio da experiência histórica, ao passo que os primeiros são pressupostos dos ordenamentos jurídicos ainda quando estes os ignoram. (REALE, 2005, p. 7-9).[19]

Dito de outra forma, "o Direito pode ser entendido como um sistema de valores amplamente aceitos e considerados como ideais num momento histórico e num contexto espacial determinados" (DIAS, 2009, p. 10). Ou, em outros termos, o "Direito é a expressão de um sistema de valores, preferências e ideologias, que se expressam através de modelos de comportamentos", podendo ser concluído por isso que "nenhum sistema jurídico é neutro do ponto de vista axiológico", pois por "detrás do Direito existem determinados valores, que são os que precisamente pretendem materializar-se através das normas jurídicas." (PECES-BARBA; FERNÁNDEZ; ASÍS, 1999, p. 19, tradução nossa).[20]

Um destes valores, para Miguel Reale, é a justiça, posto que os diversos sentidos da palavra *Direito* correspondem

> a três aspectos básicos, discerníveis em todo e qualquer momento da vida jurídica: um aspecto normativo (o Direito como *ordenamento* e sua respectiva ciência); um aspecto fático (o Direito como *fato*, ou em sua efetividade social e histórica) e um

---

19 Para Miguel Reale a Ciência Jurídica "é a ciência do ser enquanto dever ser, é ciência que culmina em juízos de valor e se resolve em imperativos, mas depois da apreciação dos fatos sociais, não se passa diretamente do fato à norma." (REALE, 2005, p. 30).

20 No original: "Ningún sistema jurídico es neutro desde el punto de vista axiológico. Detrás del Derecho existen unos determinados valores, que son los que precisamente pretenden materializarse a través de la normas jurídicas". Acrescentam Gregório Peces-Barba, Eusébio Fernández e Rafael Asís que "o Direito toma posição a respeito destes valores quando os positiva. Neste sentido se tem afirmado que o Direito é estruturalmente moral." (PECES-BARBA; FERNÁNDEZ; ASÍS, 1999, p. 19, tradução nossa). (No original: "El Derecho toma posición respecto a esos valores cuando los juridifica. En este sentido se há afirmado que el Derecho es estructuralmente moral".).

aspecto axiológico (o Direito como *valor* de Justiça). (REALE, 2002, p. 64).

Jorge Luiz Souto Maior também destaca o valor justiça, afirmando que "o ideal de justiça é o que confere sentido ao direito, o que lhe dá dignidade." (SOUTO MAIOR, 2000, p. 247). Esse doutrinador acrescenta que, "do ponto de vista do direito do trabalho, um ramo específico do direito, a justiça não pode, em hipótese alguma, ser afastada como aquilo que lhe dá sentido, já que a sua fonte material foi, exatamente, a identificação da injustiça." (SOUTO MAIOR, 2000, p. 248).

Gustav Radbruch sustenta que a "ideia do direito não pode ser outra senão a justiça", mas adverte que "não se deve afirmar que a edificação do direito se esgote completamente na justiça", posto que

> o direito é a realidade cujo sentido é servir à justiça. Todavia, na luta de poder pelo direito, a equidade concorre com a justiça [...]. O próprio Aristóteles apontou a solução: justiça e equidade não são valores distintos, mas caminhos diferentes para alcançar o valor uno do direito. A justiça vê o caso singular do ponto de vista da norma geral; a equidade busca no caso singular a sua própria lei que, por fim mas também, precisa se deixar converter em uma lei geral – pois, tal qual a justiça, a equidade é, em última instância, de natureza generalizada. (RADBRUCH, 2010, p. 47, 49-50).[21]

Acrescenta Gustav Radbruch que o Direito serve à justiça, que tem a sua essência na igualdade de tratamento dos iguais e no tratamento desigual dos desiguais. Mas isso não é suficiente, na medida em que, embora a justiça aponte no sentido de tratar os iguais como iguais e os desiguais como desiguais, ela "nada nos diz a respeito do ponto de vista segundo o qual, de início, uns devem ser qualificados como iguais e outros como desiguais". Isso só pode ser resolvido a partir da definição dos fins do direito, de forma que "ao

---

21 Registra Gustav Radbruch, ainda, que "o direito só pode ser compreendido no âmbito da atitude referida ao valor. O direito é uma manifestação cultural, isto é, um fato relacionado a um valor. O conceito de direito não pode ser determinado de modo diferente do que o dado, cujo sentido é o de tornar real a ideia do direito. O direito pode ser injusto (*summum ius – summa iniuria*), mas só é direito por ter o sentido de ser justo. Contudo, a própria ideia do direito, princípio constitutivo, e simultaneamente escala de valor para a realidade jurídica, pertence à atitude valorativa." (RADBRUCH, 2010, p. 11).

lado da justiça surge como segundo elemento da ideia do direito a *utilidade* ou adequação a um fim". Entretanto, não é suficiente, posto que a adequação a um fim "não se resolve de modo inequívoco, mas apenas relativista, pelo desenvolvimento sistemático das diferentes concepções do direito e do Estado, das diferentes concepções de partidos políticos". Mas "o direito enquanto ordenação da vida comum não pode ficar abandonado às diferentes opiniões dos indivíduos, pois é necessário haver *uma* ordem acima de tudo e de todos", o que conduz à afirmação de que existe uma "terceira exigência do direito, com as mesmas aptidões que as anteriores, um terceiro elemento da ideia do direito: a *segurança jurídica*. Esta exige positividade do direito". (RADBRUCH, 2004, p. 107-108).

Outro valor prestigiado pelo Direito é a liberdade, pois "se a liberdade do ser humano realmente existe, nada nas sociedades humanas sobrelevará em importância o *direito*, que seria *a disciplina da liberdade*. Mas se esta não existe, o direito passa a ser uma fantasia vã." (TELLES JUNIOR, 2004, p. 4).

Para A. Castanheira Neves, os valores que justificam o Direito são a "dignidade do homem e da sociedade em que ela seja realizável e os valores da justiça e da liberdade, da igualdade e da paz" (NEVES, 1976, p. 11).

O Direito também é "algo sagrado", asseverando Georg Wilhelm Friedrich Hegel que "o domínio do Direito é o espiritual em geral", sendo esta a sua "base própria", pois o seu "ponto de partida está na vontade livre, de tal modo que a liberdade constitui a sua substância e o seu destino e que o sistema do direito é o império da liberdade realizada, o mundo do espírito produzido com uma segunda natureza a partir de si mesmo." Acrescenta Georg Wilhelm Friedrich Hegel que "o fato de uma existência em geral ser a existência da vontade livre constitui o Direito. O Direito é, pois, a liberdade geral com ideia", para concluir que "só porque é a existência do conceito absoluto da liberdade consciente de si, só por isso o Direito é algo de sagrado." (HEGEL, 1976, p. 44-45).[22]

---

22 Para Georg Wilhelm Friedrich Hegel, o Direito "afirma-se na sua existência objetiva, quer dizer, define-se para a consciência pelo pensamento. É conhecido como o que, com justiça, é e vale; é a lei. Tal Direito é, segundo esta determinação, o Direito positivo em geral." (HEGEL, 1976, p. 188).

Há, segundo Silvio Romero, um conteúdo histórico no conceito de Direito, por ser este "o complexo das condições criadas pelo espírito das várias épocas, que servem para, limitando o conflito das liberdades, tornar possível a coexistência social." (ROMERO[23] apud NOGUEIRA, 1980, p. 132). Logo, o que o Direito é para cada povo, em cada momento histórico, está determinado pelo modo de ser da sociedade. E, do mesmo modo, "o perfil da estrutura básica de qualquer sociedade é em alguma medida resultado da ação do Direito, que exerce uma importante função de controle social." (DIAS, 2009, p. 22).

O Direito é também produto cultural, pois

> [...] é a partir da experiência e vivência cultural histórica, que o homem cria novos valores, sempre necessários aos contextos sociais forjados por ele próprio. É com a história que o homem toma consciência de que além de criar coisas novas, deve tutelar aquelas já criadas, vez que a proteção dos valores culturais é a sua própria proteção, na medida em que os 'homens são seres condicionados: *tudo aquilo com o qual eles entram em contato torna-se imediatamente uma condição de sua existência.*' O Direito somente pode ser compreendido quando visualizado como objeto da cultura, elaborado pelo espírito do homem, a fim de sanar suas necessidades no contexto social, tornando sua vida possível e, por assim ser, não há como afastá-la de sua dimensão axiológica. 'Produto cultural, o direito é sempre fruto de uma determinada cultura'. (FABRIZ, 1999, p. 35).

O Direito é, ainda, um modo de resolver conflitos concretos. E, assim sendo,

> sempre teve uma particular aptidão para aderir à realidade: mesmo quando desamparado pela reflexão dos juristas, o Direito foi, ao longo da História, procurando as soluções possíveis. A preocupação harmonizadora dos jurisprudentes romanos permitiu um passo da maior importância, que não mais se perderia: a procura incessante de regras pré-determinadas ou pré-determináveis para a resolução dos problemas. Assim, do Direito, se fez uma Ciência. (CORDEIRO, 1996, p. XXIV-XXV).

Anote-se que "o direito é, ao mesmo tempo, consciência e instituição, ideal e sanção, vontade e efetivação; sendo norma reguladora da

---

23 ROMERO, Silvio. *Ensaios de filosofia do direito.* p. 214.

atividade humana, mantém estreitas conexões com a natureza do homem, suas funções, faculdades, etc." (MORAES FILHO, 1997, p. 209).[24]

O Direito é instrumento de lutas, fruto das pressões, de ideais e sonhos, mas pode ser também concessão das elites e dos poderosos, como forma de controle, de dominação, de opressão, de desconstrução de ideais e de sonhos. Como destaca Tércio Sampaio Ferraz Jr.:

> O *direito* aparece, porém, para o vulgo, como um complicado mundo de contradições e coerências, pois, em seu nome tanto se veem respaldadas as crenças em uma sociedade ordenada, quanto se agitam a revolução e a desordem. O direito contém, ao mesmo tempo, as filosofias da obediência e da revolta, servindo para expressar e produzir a aceitação do *status quo*, da situação existente, mas aparecendo também como sustentação moral da indignação e da rebelião. O direito, assim, de um lado, nos protege do poder arbitrário, exercido à margem de toda regulamentação, nos salva da maioria caótica e do tirano ditatorial, dá a todos oportunidades iguais e, ao mesmo tempo, ampara os desfavorecidos. Por outro lado, é também um instrumento manipulável que frustra as aspirações dos menos privilegiados e permite o uso de técnicas de controle e dominação que, pela sua complexidade, é acessível apenas a uns poucos especialistas. (FERRAZ JR., 2013, p. 31).

Lembre-se que "a luta não é um elemento estranho ao direito, mas, ao contrário, *integra* a sua natureza. E é uma luta sem tréguas. Como o homem, o direito nasce *em parto doloroso e difícil*. E, se não defendido, não sobrevive." (VIANA, 1996, p. 43).[25]

Nas palavras de Magda Barros Biavaschi, "o Direito é vivo", na medida em que,

> construído no processo da história, o Direito nasce das profundezas da vida social – o direito pressuposto de que fala Eros Grau –, sendo esta sua fonte material. Como um rio que brota das profundezas da terra, emerge da vida e das relações sociais, com estas interagindo. O Direito é, mas a medida de seu ser é dada pela sua

---

24 Ademais, o "Direito é sempre uma concretização do ideal que tem o homem de completar-se, de elevar-se material e espiritualmente. Daí o processo incessante de renovação do sistema jurídico positivo, tendo em vista uma adaptação cada vez menos imperfeita às situações novas que se constituem." (REALE, 2005, p. 100).

25 Conclui Márcio Túlio Viana que, "tal como anticorpos que nos protegem, o direito se enfraquece a cada ataque não resistido." (VIANA, 1996, p. 44).

realização. Realização que ocorre pela observância da regra por seus destinatários ou, então, pela ação dos aparelhos de Estado que têm essa incumbência. Situado no tempo, o Direito é vivo. Não se pode ser compreendido apartado da história e das suas lutas concretas que nela se dão. (BIAVASCHI, 2009, p. 53).

Ao Direito, em especial ao direito do trabalho, já foi atribuído o papel de "propiciar a consolidação do que denomino de espaços públicos de solidariedade entre os trabalhadores", sendo-lhe exigido que "seja um facilitador da construção de 'praças de solidariedade'." (CORREIA, 2008, p. 331).

O Direito, além de ser um instrumento de luta, de ser um concretizador de espaços de solidariedade e de carecer de realização concreta, é também "impulso à ascensão", como adverte Gustav Radbruch (RADBRUCH, 1999, p. 4). Isso significa que o Direito serve ao desenvolvimento do ser humano, sendo, neste sentido, instrumento de transformação social, mesmo que seja "preciso um grande idealismo para sonhar com a transformação da sociedade pelo direito [...], legislar para progredir, tal é a regra de conduta a que se impõem os governantes democráticos" (RIPERT, 1937, p. 48), pois o direito

> possui a capacidade de determinar o contexto social, de atuar sobre a realidade e de mudá-la. Por exemplo, uma lei sobre um novo problema social, ou uma mudança nas normas promovida por um novo governo, poderá conseguir impor aos membros de uma comunidade novos tipos de comportamentos. (SABADELL, 2013, p. 88).

Nesse compasso, afirma Felippe Augusto de Miranda Rosa que o Direito é resposta social e instrumento de mudanças sociais, editado em sociedades complexas,

> e quando a ordem jurídica funciona como agente de mudança social, só o faz nos limites que assegurem a sobrevivência do sistema que edita o Direito, no que ele tem de essencial ou no que a ele se afigure essencial – o que não exclui, acrescentamos agora, a possibilidade de que, dada a constante e hoje acelerada mudança sociocultural, o 'essencial' de hoje seja muito diferente do de ontem ou do de amanhã. (ROSA, 1975, p. 91).[26]

---

26 Observe-se que, "como instrumento social, o Direito foi resultado de uma necessidade. Surgiu primeiramente com o objetivo de solucionar conflitos e estabelecer regras de convivência entre os indivíduos de um mesmo grupo social. Atualmente, o Direito pode ser compreendido como um instrumento social destinado a motivar e enquadrar

Digno de nota, ainda, que é sustentado até que "o nosso direito é masculino, condicionado em seu conteúdo por interesse masculino de sentir masculino (especialmente no direito da família), mas masculino, sobretudo, em sua interpretação e sua aplicação, uma aplicação puramente racional e prática de disposições genéricas duras, diante das quais o indivíduo e seu sentimento não contam" (SABADELL, 2013, p. 216).[27] Ou seja, o Direito sofre influência dos fenômenos culturais, dentre os quais o *"patriarcado,* que consiste em uma forma de relacionamento, de comunicação entre os gêneros, caracterizada pela dominação do gênero feminino pelo masculino. O patriarcado indica o predomínio de valores masculinos, fundamentados em relações de poder." (SABADELL, 2013, p. 220).

---

as ações humanas e contribuir para que se alcance um tipo determinado de ordem social em uma sociedade secularmente organizada." (DIAS, 2009, p. 20). No caso do direito do trabalho e do sistema jurídico brasileiro, a própria Constituição da República estabelece a relação entre Direito e justiça, ao afirmar que constitui um dos objetivos fundamentais da República a construção de uma sociedade justa, o que implica direito a uma ordem jurídica justa.

27   Acrescente-se que "a formulação mais conhecida da tese que o direito 'tem sexo' e que esse sexo é o masculino foi feita pela jurista norte-americana Frances Olsen (1945) em um texto justamente denominado 'O sexo do direito' (Olsen, 1990). Olsen observa que, na civilização ocidental, predomina um sistema dualista de pensamento: o racional se opõe ao irracional, o ativo ao passivo, o abstrato ao concreto. O primeiro desses termos é identificado ao masculino, o segundo ao feminino. Nesse sistema dualista atribuímos valores femininos e masculinos às coisas e às pessoas e as tratamos diferentemente em função desse valor atribuído, sendo sempre superior o valor masculino. Os homens são racionais, ativos e com capacidade de abstração no pensamento, enquanto se atribuem às mulheres características 'inferiores' como a irracionalidade, o sentimentalismo, a passividade. Essa é uma forma de organizar o pensamento e, consequentemente, as relações sociais entre indivíduos de sexos diferentes, garantindo a supremacia masculina. O direito é considerado racional, ativo e abstrato. Como tais características são interpretadas como masculinas, o direito se identifica como masculino e por isso é valorizado e reflete uma forma masculina de ver o mundo." (SABADELL, 2013, p. 216-217). No campo do direito do trabalho, é importante registrar que "a lei proíbe ao empregador pagar a uma mulher, só por ser mulher, um salário mais baixo que o de um homem. Mas para comparar seria preciso que ambos exercessem a mesma função, o que é quase raro na maior parte dos trabalhos. Em geral as mulheres são faxineiras, secretárias, cozinheiras ou costureiras, ou seja, exercem tarefas não só análogas às que desempenham no lar, mas também tão desvalorizadas quanto estas. No Brasil, recebem cerca de 30% do salário pago aos homens. No mundo, representam 70% dos pobres e 2/3 dos analfabetos. Não é à toa que a pobreza é substantivo feminino... Numa outra limitação do lar, a mulher ocupa menos postos de chefia; e costuma receber ordens bem mais rigorosas que o homem, como revelam algumas pesquisas. Com frequência, o chefe reproduz o marido. E também como em muitos lares, a mulher se submete mais facilmente, abrindo espaço para que a discriminação se repita e se aprofunde." (VIANA, 2010, p. 147-148).

Nesse sentido, o Direito é "um discurso no masculino: ou seja, que o direito foi feito por homens e para os homens, usando o masculino como característica da normalidade." (HESPANHA, 2009, p. 292).[28]

O Direito "é sempre e necessariamente um discurso do poder. Tanto a solução macro quanto a solução micro para os conflitos revestem-se, necessariamente, do caráter de decisões de poder". Conclui-se, então:

> Todo Direito é socialmente construído, historicamente formulado, atendendo ao contingente e conjuntural do tempo e do espaço em que o poder político atua e à correlação de forças efetivamente contrapostas na sociedade em que ele, poder político, se institucionalizou. (CALMON DE PASSOS, 2003, p. 4).

O discurso de poder é ainda mais visível no Direito do Trabalho. Note-se que o próprio conceito legal de empregador já invoca a figura de poder, consoante se vê do *caput* do art. 2º da CLT, do qual resulta que a subordinação do trabalhador corresponde ao poder diretivo do empregador, observando-se, ainda, que a ausência de estabilidade no emprego confere ao empregador um poder quase absoluto sobre a própria possibilidade de manutenção da relação de emprego.[29] Por outro lado, a atuação coletiva dos trabalhadores,

---

28 Aduz António Manuel Hespanha que, "isto notar-se-ia, desde logo, na linguagem: são muito frequentes os textos jurídicos em que a palavra 'homem' aparece como sinónimo de 'indivíduo' da espécie humana'; também o conceito de normalidade jurídica é, frequentemente, dado por expressões como 'varão prudente', 'bom pai de família'. No aspecto normativo, seriam sinais deste 'machismo' do direito todas as incapacidades jurídicas e políticas de que as mulheres só recentemente deixaram de sofrer nos países ocidentais. Em termos legislativos, os progressos têm sido muitos. No plano da prática, todavia, muito subsiste da anterior discriminação. Em todo o caso, muitos autores feministas adoptam, neste caso, um ponto de vista semelhante àquele que referimos a propósito da característica da generalidade do direito: o direito aceita as mulheres, 'transformando-as em homens', vendo-as e tratando-as como os homens as vêem e tratam [...]. Este tende sempre a tratar o feminino como espécie do género masculino [...] Como, num campo totalmente diferente, o modo de organização do trabalho e das carreiras (no direito do trabalho ou no direito da função pública) também desatende as especialidades femininas, tratando as mulheres, basicamente, segundo 'regras gerais', ignorando os constrangimentos biológicos e sociológicos da sua situação, cujos resultados são notórios se olharmos para as estatísticas relativas à sua situação profissional, por exemplo." (HESPANHA, 2009, p. 292-293).

29 Antonio Baylos esclarece, com razão, que a empresa "é uma organização que exerce poder privado sobre as pessoas. Poder social e econômico, mas também técnico-jurídico, que se realiza através do reconhecimento a um sujeito, em uma relação de débito e crédito, de poderes e faculdades negadas a outro, ou seja, poder de impor juridicamente ao outro as próprias decisões." (BAYLOS, 1999, p. 116-118).

por meio de sindicatos, também invoca a ideia de poder, no sentido de capacidade de interferir na regulação das condições de trabalho. Recorde-se, ainda, que a globalização econômica atua sobre o próprio poder estatal de ditar as regras regentes do mercado de trabalho.[30] Ademais, o direito do trabalho "reconhece na empresa a constituição de um espaço de macropoder. Regulamenta as relações entre empregado e empregador exatamente a partir de tais referenciais: o poder diretivo, amplo, e o contrapoder do empregado, ora limitador, ora constitutivo de novas regras jurídicas; ora intervindo pela regulamentação, ora passivamente garantindo a normatização pelas partes em conflito." (COUTINHO, 1999, p. 86).[31]

Não se olvide, contudo, que,

> como ressalta *Foucault*, o poder não é um instrumento que alguns detêm e outros carecem, ou, como quer *Poulantzas*, não é uma qualidade imanente a determinada classe, uma grandeza quantificável, mas a capacidade de determinada classe social de conquistar os seus interesses. (COUTINHO, 1999, p. 14).[32]

---

30   Em síntese, como adverte António José Avelãs Nunes, "a organização econômica das sociedades capitalistas representa uma determinada *estrutura de poder*, assente na *propriedade burguesa*. E esta é uma propriedade *perfeita*, absoluta e excludente, consagrada pelo direito e garantida pela força coerciva do estado, que exclui os não proprietários do acesso ao que, embora ao seu alcance, eles não têm o direito (o poder) de tocar." (NUNES, 2003, p. 116). Acrescente-se que, "no Livro I, d'*O Capital*, Marx mostra que quanto mais uma sociedade se adapta a uma economia desregulada, de livre mercado, mais a assimetria de poder entre aqueles que controlam e aqueles excluídos do controle dos meios de produção produzirá uma 'acumulação de riqueza num polo' e uma 'acumulação de miséria, o suplício do trabalho, a escravidão, a ignorância, a brutalização e a degradação moral no polo oposto'. Três décadas de neoliberalização produziram precisamente esse resultado desigual." (HARVEY, 2013, p. 13).

31   Maurício Godinho Delgado, discorrendo sobre a natureza jurídica do poder empregatício, afirma que este não constitui um direito potestativo, ou direito subjetivo, um fenômeno senhorial/hierárquico ou mesmo um direito função, sustentando que o poder do empregador é "uma relação jurídica contratual complexa, qualificada pela plasticidade da sua configuração e pela intensidade variável do peso dos seus sujeitos componentes. Relação jurídica contratual complexa plástica e de assimetria variável entre seus polos componentes. Relação jurídica contratual complexa plástica e de assimetria variável entre empregador e empregado, considerados em sua projeção individual e coletiva, mediante a qual se proveem, se alcançam ou sancionam condutas no plano do estabelecimento e da empresa." (DELGADO, 1996, p. 191).

32   Conclui Aldacy Rachid Coutinho que: "O campo de poder é um espaço relacional e, assim, de um lugar de conflito e de resistência que se busca mascarar sob o argumento de uma colaboração, estando determinado em face da sua posição e da estratégia", acrescentando que, "a dissecação do poder – que é coletivo e social, mais do que

De outro lado, o Direito "não é texto escrito, nem a norma que dele formalmente se infere, nem os códigos, nem as consolidações, nem as leis, nem os decretos, nem as portarias, nem os tratados e monografias", pois, conforme anota J. J. Calmon de Passos, "tudo isso é silêncio. Tudo isso são apenas possibilidades e expectativas. O Direito somente é enquanto processo de sua criação ou de sua aplicação no concreto da convivência humana". (CALMON DE PASSOS, 2003, p. 23).

Não obstante, "no mundo do direito, resiste-se contra a violação da lei – e, às vezes, contra a própria lei, violadora do justo. Mas no mesmo mundo do direito e com igual frequência, os homens se submetem – ora à lei violada, ora à justiça esquecida." (VIANA, 1996, p. 24).

Para Robert Alexy existe uma conexão necessária entre Direito e moral, sendo que o conceito de Direito deve conter elementos morais, asseverando que o conceito de Direito constitui-se em três elementos, quais sejam:

> (1) A legalidade em conformidade com o ordenamento, (2) a eficácia social e (3) a correção material. O primeiro elemento representa a institucionalidade do direito, o segundo sua facticidade e o terceiro sua moralidade. O essencial desse conceito de direito triádico é que os três elementos não estão reunidos de qualquer maneira. Entre eles há, antes, relações necessárias. A eficácia sem a legalidade é rígida, a legalidade sem a eficácia está desprovida de força, e ambas juntas não constituem direito se não for pelo menos levantada uma pretensão de correção. O conteúdo da pretensão de correção do direito é, em si, novamente, complexo. Aqui trata-se somente do fato de o direito necessariamente incluir uma pretensão de justiça. Com isso a pretensão de correção funda uma conexão necessária entre direito e moral. (ALEXY, 2014, p. 343).[33]

---

jurídico – é realizada para demonstrar como o direito do trabalho lida e se estrutura em um sistema que tenta dar conta de uma contradição: proteção do hipossuficiente, detentor do trabalho, e proteção do mais forte, detentor do capital. Afinal, o direito do trabalho encobre o poder e mascara a subordinação com o manto contratual, projetando a emergência para a empresa, enquanto organização [...]. Na relação de poder há sempre dominação e resistência em um vínculo." (COUTINHO, 1999, p. 15).

33 Sobre o conceito proposto por Robert Alexy, assevera Alexandre Travessoni Gomes Trivisonno que, "da dupla natureza do direito, essencial à tese do caso especial na forma da teoria do discurso, deriva-se tanto a ideia de que o direito possui uma conexão com a moral quanto a ideia de que o conceito de direito constitui uma ponderação entre dois princípios, a saber, segurança jurídica e justiça (ou correção material)." (TRIVISONNO, 2014, p. 19).

Destarte, o Direito é um fenômeno humano complexo, criado para regulamentar as várias dimensões da vida humana e social, detentor de um caráter histórico e cultural, sendo produto das ideologias, das necessidades, dos interesses e dos conflitos predominantes em certo momento da evolução da Humanidade. O Direito impõe o dever ser, pois todos aqueles que participam da vida social devem pautar as suas condutas ao que é por ele estabelecido, sob pena de sofrerem as sanções por ele cominadas.

Destaca, contudo, Franz Neumann que:

> O direito (*law*), no sentido filosófico, deve ser definido como uma 'realidade que tem como sua função servir à ideia de direito (*Rechtsidee*). O conceito de direito (*Rechtsbegriff*) está direcionado à ideia de direito (*right*)'. Por um lado, a ideia de direito contém a demanda por justiça e, por outro, a demanda pela satisfação das necessidades humanas vitais, assim como do Estado em várias esferas da vida social. A definição da ideia de justiça é aqui tão irrelevante quanto a sua realização histórica. O que é importante neste ponto é o fato de que o direito, no sentido filosófico, não corresponde de forma idêntica às necessidades do Estado e da sociedade. (NEUMANN, 2013, p. 49).

O Direito rodeia e acompanha o homem constantemente, desde o seu nascimento até a hora de sua morte, mesmo que não esteja consciente dele, mas é algo muito próximo a múltiplos e diversos aspectos de sua existência, regulando os momentos e as atividades mais importantes da sua vida e dos grupos nos quais está inserido. Isso se deve ao fato de que o Direito é uma forma específica de organização social e, por isso intervém, por meio do estabelecimento de regras de conduta, em todos aqueles aspectos da vida humana que se consideram imprescindíveis para a efetiva realização deste específico modelo de organização. (PECES-BARBA; FERNÁNDEZ; ASÍS, 1999, p. 17).

Pelo que se viu até agora, não há consenso sobre o que é o Direito. Mas, apesar dos diferentes enfoques em que é tratado, está sempre presente nos conceitos colhidos na doutrina a ideia de sua indispensabilidade para o homem e para a sociedade.

Para Jean-Louis Bergel, apesar das divergências sobre o conceito de Direito, é possível afirmar:

O *direito, em si*, é então, provavelmente, ao mesmo tempo o produto dos fatos e da vontade do homem, um fenômeno material e um conjunto de valores morais e sociais, um ideal e uma realidade, um fenômeno histórico e uma ordem normativa, um conjunto de atos de vontade e de atos de autoridade, de liberdade e de coerção... São suas diversas expressões que são parciais e expressam mais ou menos, conforme os sistemas jurídicos e conforme as matérias, ora a ordem social ou os valores morais, ora o individualismo ou o coletivismo, ora a autoridade ou a liberdade. (BERGEL, 2006, p. 6).[34]

Neste aspecto, vale registrar a advertência de Reinhold Zippelius no sentido de que somos sempre voltados a ceder à tentação de ideias simplificadoras em relação ao conceito de Direito:

> Segundo uns, o direito seria apenas um conjunto de regras factuais da convivência humana. Outros foram de opinião que seria um puro sistema de disposições normativas. Também em relação aos factores que determinam o conteúdo das normas jurídicas nos deparamos com tentativas inadequadas de simplificação. Foi assim que por vezes se quis derivar o direito, na sua riqueza conteudal, da natureza humana. Outros consideraram o direito como um produto das circunstâncias econômicas. Outros, por sua vez, viram no direito um resultado do 'espírito do povo' ou das mentalidades alguma vez dominantes. (ZIPPELIUS, 2010, p. 17).

Conclui Reinhold Zippelius que todas as tentativas de dar uma resposta bastante simples "à questão de saber o que é o direito" fracassaram, pois sempre ignoram "aspectos importantes", citando como exemplo "uma teoria do direito que pretendeu entender o direito como mera normatividade da conduta externa não teve em conta que a coordenação dessa conduta se faz por meio de normas indirectas ('objectivas') de conduta, portanto através de uma orientação 'adequada'." Cita ainda como exemplo o caso de um

---

34 Acrescenta Jean-Louis Bergel que, "pode-se admitir que o direito tende a estabelecer uma ordem social harmoniosa e a reger as relações sociais com o cuidado de nelas promover, em graus diferentes conforme os casos, uma certa ordem moral, a segurança jurídica ou o progresso social [...]. O direito é, por outro lado, uma disciplina dinâmica [...]. A transformação constante do direito, ainda que possa não ser uniforme, procede mais por evolução do que por revoluções porque, em profundidade, toda convulsão acaba por acalmar-se com as exigências do sistema jurídico e social em que ocorre." (BERGEL, 2006, p. XXI-XXII).

"normativismo extremo" que não levou em consideração "o facto de o direito vivo não ser apenas uma estrutura de conteúdos normativos", mas, principalmente, "uma comunidade jurídica forma--se pelo facto de os seres humanos organizarem a sua conduta real segundo determinadas normas; o direito eficaz é *law in action*". (ZIPPELIUS, 2010, p. 17).

Herbert L. A. Hart, sobre a tentativa de conceituar o Direito, adverte que

> [...] mesmo hábeis juristas têm sentido que, embora conheçam o direito, há muito acerca do direito e das suas relações com outras coisas que não são capazes de explicar e que não compreendem plenamente. Tal como um homem que é capaz de explicar ou mostrar a outros como fazê-lo, aqueles que insistem por uma definição precisam de um mapa que demonstre claramente as relações tenuemente sentidas entre o direito que conhecem e as outras coisas. (HART, 1994, p. 18-19).

Em suma, o Direito é um fenômeno multidimensional, complexo e interligado nas profundezas da vida social, cultural, econômica e política de uma sociedade, não sendo fácil construir-lhe um conceito. Mais difícil ainda, praticamente impossível, é construir um conceito definitivo, já que este depende da ideia que se tem do Direito e das funções que lhe sejam atribuídas, além de o próprio Direito sofrer influências das transformações sociais. Porém, qualquer conceito que se dê ao Direito deverá ter um pouco de realismo e de idealismo, posto que a sociedade constrói o Direito que lhe convém a partir da sua realidade social e persegue, sempre, um modelo ideal, sendo certo que uma de suas finalidades fundamentais é "respeitar cada homem e dar-lhe seu direito, aquilo que é seu". (HERVADA, 2006, p. XVIII).[35]

---

35 Afirma, ainda, Javier Hervada que, "o justo é justamente o direito; dizer o *justo* é nomear o *direito*, porque são a mesma coisa. Quando, por exemplo, dizemos que é direito do inquilino ocupar o apartamento alugado, estamos dizendo que isso é o justo, de acordo com o contrato de locação. Analogamente, se um direito é atacado ou sofre inferência, dizemos que isso é injusto. O injusto é a *lesão do direito* [...]. O seu, o de cada um, esse é o objeto do saber do jurista. A coisa de cada um – o seu – chamamos de *direito*, o direito de cada qual; donde determinar o seu, do que é de cada um, é determinar o direito. A arte do seu, do que é de cada um, é a arte do direito [...]. Daí conclui-se que o *seu*, o *justo* e o *direito* são três modos de designar a mesma coisa." (HERVADA, 2006, p. 11 e 15).

Mais importante ainda é considerar que "as pessoas são um fim em si, a cujo serviço se põe toda ordem jurídica." (RADBRUCH, 1997, p. 89, tradução nossa)[36]. Nesse contexto, todo o debate sobre o que se deve entender por Direito, como deve ser o Direito e quais são as suas funções deve ter como ideia central a pessoa humana.[37] Vê-se, pois, que na definição do conceito de Direito existem elementos morais e jurídicos, fáticos e abstratos, formais e materiais. Isso decorre do fato de que, como assinala Antonio Enrique Perez Luño, em uma comunidade intelectual "livre e crítica, sem submissão a imposições e dogmatismos" (LUÑO, 2012, p. 14, tradução nossa)[38] a resposta à indagação sobre o que seja o Direito é necessariamente plural.[39] É certo, contudo, que, ao se pretender estabelecer um conceito definitivo para o Direito, corre-se o risco de surgirem "teses reducionistas", (LUÑO, 2012, p. 43), afastando a sua eficá-

---

36 No original: "Las persona son fines en sí, a cuyo servicio se pone todo el orden jurídico."

37 Afirma Artur Kaufmann que "a teoria da justiça de Radbruch aponta, de forma consequente, para o homem como fundamento e meta de todo o direito". (KAUFMANN, 2002, p. 145). Adverte esse Autor, porém, que, "se na filosofia do direito contemporânea domina a consciência de que, na verdade, não sabemos o que é o direito, isso é apenas um reflexo da ainda mais profunda perplexidade quanto à questão de saber o que é o homem. Dostoievski disse uma vez: 'A formiga conhece a fórmula do seu formigueiro, a abelha a da sua colmeia – elas não as conhecem à maneira do homem, mas à sua própria maneira – mas elas não têm necessidade de mais. Só o homem não conhece a sua fórmula'." (KAUFMANN, 2002, p. 148).

38 No original: "En una comunidad intelectual libre y crítica, sin sumisión a imposiciones y dogmatismos, la respuesta que se ofresca a ese conjunto de problemas será necessariamente plural."

39 Anota Jean-Louis Bergel que, "definir o direito de uma maneira homogênea e definitiva parece impossível. O termo 'direito' é entendido pelos moralistas, pelos religiosos e por certos filósofos, no sentido de 'justo' e de 'justiça' enquanto, para os juristas, significa 'regra de direito'. Para uns, é ideal; para outros, é uma norma positiva. Alguns só veem nele uma 'disciplina de ação destinada a instituir ou preservar certo estado da sociedade', portanto uma simples disciplina social; outros buscam nele um conjunto de regras de boa conduta. Para alguns, o direito é apenas um aspecto dos fenômenos sociais, como a sociologia ou a história. Para outros, é 'um sistema de representações intelectuais que se edificam segundo, princípios que lhe são próprios, de modo totalmente independente dos fenômenos sociológicos ou históricos'. Alguns pensam que sempre é apenas 'o resultado provisório da luta secular travada pelas forças sociais e das alianças de interesses que podem, em certos momentos, operar-se entre elas'. Outros rejeitam a ideia de que o direito procede apenas de uma evolução histórica e de um determinismo material e sustentam que o direito resulta apenas da vontade e da atividade humana". (BERGEL, 2006, p. 5).

cia, que é tão almejada pelos povos. Porém, para compreendê-lo, é preciso "saber e amar", pois "só o homem que sabe pode ter-lhe o domínio. Mas só quem o ama é capaz de dominá-lo, rendendo-se a ele", posto que "o direito é um mistério, o mistério do princípio e do fim da sociabilidade humana." (FERRAZ JR., 2013, p. 1).

Repita-se, por necessário, que foram apresentados alguns conceitos sobre o Direito, com vistas a introduzir o tema central deste trabalho acadêmico, que é a verificação da necessidade de um código de processo coletivo ou se o atual sistema jurídico brasileiro já permite a tutela adequada e efetiva dos direitos metaindividuais trabalhistas, lembrando-se que "só pode falar-se em Direito quando os confrontos de interesses mereçam saídas previsíveis, diferenciadas em função do que se entenda ser relevante." (CANARIS, 1996, p. LXIII).

2.2.1. Conclusões parciais

A Humanidade nunca foi passiva ante o Direito, não o tendo como um limite intransponível ou fato consumado, estando sempre presente a indagação "Como é o Direito" (ser) e "Como deve ser o Direito" (dever ser). Ou seja, uma preocupação com o que pode ser feito para o seu aperfeiçoamento. Verifica-se, ainda, que há uma evolução no Direito e que sempre é possível um aprimoramento das suas finalidades, a fim de atender às necessidades e às expectativas da sociedade, além de promover os valores por ela adotados em cada momento histórico. Constata-se, também, que no Direito há uma acentuada preocupação com a justiça, a liberdade, a igualdade e a segurança jurídica.

Outrossim, observa-se no exame das concepções adotadas por vários doutrinadores que não se chegou a formular um conceito exato e completo do Direito, mas nele está sempre presente a ideia de sua indispensabilidade para o homem e para a sociedade, assim como a de que ele deve ser realizado concretamente.

Ficou claro, também, que podem coexistir vários entendimentos do que seja o Direito em um mesmo momento histórico, inclusive, com pontos de vistas diferentes e, até mesmo, divergentes, ao passo que também foi constatado que as ideias de um doutrinador são frequentemente retomadas por outros doutrinadores, que posteriormente as desenvolverão sob outro prisma, fazendo surgir novas indagações.

2.3. Funções do Direito

O Direito não é um fim em si mesmo, mas está a serviço do homem. Para isso, desempenha diversas funções.

Como anota Norberto Bobbio, são as suas funções que distinguem o Direito dos demais subsistemas (social, econômico, político e o cultural), o que não impediu, segundo ele, que a predominância da análise estrutural do Direito relegasse ao segundo plano a análise das suas funções (BOBBIO, 2007, p. XIII).[40]

Giuseppe Lumia assinala que podem ser divididas em dois grupos as posturas sobre as funções do Direito. O primeiro, denominado objetivista, "compreende as posições dos que veem no direito um instrumento de integração social (Durkheim, Parsons, Luhmann)"[41], ou seja, o direito, destina "a cada qual uma esfera de liberdade protegida contra agressões externas, torna possível a coexistência e a colaboração organizada dos indivíduos no interior

---

40 É importante assinalar que, "aceitar a função como elemento essencial do direito não implica, contudo, a rejeição de uma visão estrutural do direito. Trata-se, não de um repúdio, mas sim de um completamento: a explicação estrutural do direito conserva intacta a sua força heurística, mas deve ser completada com uma explicação funcional do direito, ausente em Kelsen porque este último seguira com rigor a escolha metodológica de concentrar-se no aspecto estrutural do direito, e não no aspecto funcional. As duas visões do direito são, para Bobbio, complementares, mas bem distintas: 'Não creio que exista necessidade de insistir no nexo estreitíssimo entre teoria estrutural do direito e ponto de vista jurídico, por um lado, e teoria funcional do direito e ponto de vista sociológico, por outro: basta pensar na expulsão do ponto de vista sociológico na teoria pura do direito de Kelsen'." (LOSANO, 2007, p. XLI).

41 Anotam André-Jean Arnaud e María José Fariñas que "Parsons atribuiu ao direito a função de integração social; Bredemeier, em seguida, também fala da função de integração e de controle social; Luhmann qualifica o direito como o maior e o mais importante fator de coesão social; Llewellyn, por sua vez, ressaltou que o direito possui quatro funções básicas: regulação dos conflitos; regulação da conduta; legitimação e organização do poder social, e estruturação geral das condições de vida. A maioria dos autores posteriores seguiram essas primeiras tipologias, sobretudo a de Llewellyn, que Rehbinder reformulou e difundiu na Europa. Nesse mesmo sentido, Ferrari frisou, por exemplo, a existência de três funções essenciais: orientação social; tratamento de conflitos, e legitimação." (ARNAUD; DULCE, 2000, p. 144-145).

das estruturas sociais". O segundo grupo, denominado subjetivista, é formado pelas teorias sociológicas,

> todas mais ou menos inspiradas na ideologia marxista – pressupõem uma concepção conflituosa da sociedade dividida em classe: em tal sociedade o direito não é instrumento de integração, mas instrumento de luta entre as classes, por meio do qual se realiza a predominância de uma classe sobre as outras, quer se trate da burguesia nos Estados capitalistas, quer do proletariado nos estados socialistas. (LUMIA, 2003, p. 10-11).

A seguir, serão arroladas algumas funções do Direito, com vistas a verificar se há no Brasil a necessidade de codificar o processo coletivo ou se o direito processual brasileiro, como se encontra estruturado atualmente, já possibilita a adequada e efetiva tutela dos direitos metaindividuais trabalhistas.

É importante mencionar que o Direito condiciona e é condicionado pela realidade social[42], o que tem influência na definição das suas funções. Neste sentido, tem-se:

> O fenômeno jurídico é, assim, reflexo da realidade social subjacente, mas também fator condicionante dessa realidade. Ele atua sobre a sociedade, como as outras formas pelas quais se apresente o complexo sociocultural. A vida política é regulada pelas normas de Direito. Ela se processa segundo princípios e normas fixados na ordem jurídica, e o Estado, mesmo, é a institucionalização maior dessa ordem jurídica estabelecida. Os fatos econômicos, certamente os de maior influência no condicionamento geral da sociedade, são, contudo, também eles, condicionados pelos demais, desde a arte, o senso estético, as religiões, as valorações coletivas, e assim também pelo Direito. (ROSA, 1975, p. 63).

2.3.1. Função de controle social

O Direito atua em favor do equilíbrio do sistema social, "controlando, integrando ou arrefecendo os conflitos sociais e os desequilíbrios", razão pela qual é a ele conferida "a tarefa de gerar e de exercer os meios de controle social pelos quais se comunicam aos

---

42 O Direito exerce "duplo papel dentro da sociedade: ativo e passivo. Ele atua como um fator determinante da realidade social e, ao mesmo tempo, como um elemento determinado por esta realidade." (SABADELL, 2013, p. 88).

usuários do sistema as regras de comportamento." (ARNAUD; DULCE, 2000, p. 145).

Luís Recasens Siches assevera que controle social é " o conjunto de meios sociais ou com repercussões sociais, aptos a ordenar e regular o comportamento humano exterior em diversos aspectos." (SICHES, 1965, p. 265).

Para Ana Lúcia Sabadell, controle social é tudo aquilo que influencia o comportamento humano, seja diretamente, seja indiretamente, por ter "qualquer influência volitiva dominante, exercida por via individual ou grupal sobre o comportamento de unidades individuais ou grupais, no sentido de manter-se uniformidade quanto a padrões sociais." (SABADELL, 2013, p. 127).

O controle social que exerce o Direito é um tipo de controle coercitivo, pelo qual se permite a reafirmação dos valores protegidos pelo sistema, que são os que mantêm, realmente, a coesão e a ordem social. (ARNAUD; DULCE, 2000, p. 146).

Anote-se que:

> O ser humano aprende através da interação que a sua própria interação com os seus semelhantes é limitada, controlada. A maneira de interagir, das pessoas com quem se pode interagir, a duração do interagir e outros requisitos ficam sob o controle da sociedade a que pertence. Encontra, assim, o indivíduo, uma série de regulamentos prescritos. Regulamentos existentes não raro antes do seu nascimento e que permanecem após a sua morte. Ainda, tanto o sucesso individual, como o da coletividade, dependem da previsão que se possa ter das ações dos membros do grupo. Ora, essa previsibilidade de comportamentos se deve, em boa parte, ao sistema de normas essenciais que rege a conduta dos membros de uma sociedade. O controle social é de fato observável já nesse primeiro e mais genérico processo básico da vida social – abrangente de todo e qualquer processo social – que é a interação. (SOUTO Cláudio; SOUTO Solange, 1997, p. 163).

Para Felippe Augusto de Miranda Rosa, a norma jurídica é o instrumento institucionalizado mais importante de controle social, porque dispõe da força de coação, podendo ser imposta à obediência da sociedade pelos instrumentos que esta mesma sociedade criou com esse fim, destacando que é "a que a sociedade atribui maior força, mais elevada situação hierárquica, na escala de normas socialmente aprovadas. Sua função de controle social, portanto, não pode ser posta de lado em qualquer análise que se faça de sua natureza." (ROSA, 1975, p. 86).

Ainda segundo Felippe Augusto de Miranda Rosa, a intervenção do Direito no seio da sociedade se justifica porque há comportamento de desvio no meio social,

> ou mais precisamente, ele intervém porque a sociedade atingiu um nível de complexidade em que existem, ou podem existir, comportamentos de desvio, cuja exacerbação ou até mesmo, em alguns casos, cuja simples eclosão somente serão possíveis de evitar se intervierem as normas jurídicas. Os costumes, como simples *'folkways'* ou na feição de *'mores'* bem estabelecidos – na classificação de Sumner porque não são suficientes, em tais casos, para conformar os comportamentos sociais – cedem lugar ao Direito que passa a desempenhar, com a sociedade mais complexa e no rumo mais forte de controle social, embora incidente sobre uma parcela apenas reduzida dos comportamentos. É assim, diante dos desvios de conduta ou da conduta anômica, que o Direito tem aparecimento e se desenvolve. Ele é a resposta social à conduta anômica. Seria desnecessário sem ela. Mas, embora existente, é contornado, como norma de conduta, pelos comportamentos de desvio. A recíproca relação, ou inter-relação, é clara. (ROSA, 1975, p. 86).

Segundo Herbert L. A. Hart, as principais funções do Direito devem "ser vistas nos diversos modos como o direito é usado para controlar, orientar e planear a vida fora dos tribunais." (HART, 1994, p. 48).

Luís Recasens Siches afirma que existem vários meios de controle social, além de serem diferentes as formas que se apresentam, "que seria ousado tentar uma classificação, e seria ainda mais arriscada qualquer tentativa de sistematização nesta matéria", aduzindo que renuncia a toda intenção de "enumeração exaustiva e de quadro sistemático", alinhando, porém, alguns mecanismos de controle social, dentre os quais:

> A) o emprego da violência material direta, da força bruta: morticídios, conquistas, pilhagem, prisão, escravização, etc. B) O emprego da intimidação e o medo para garantir por meio da ameaça da força a realização do propósito desejado [...]. C) O

Direito, que é uma forma da intimidação justificada, legítima, pois 'caracteriza essencialmente as normas jurídicas a nota de impositividade inexorável, isto é, de poderem ser aplicadas por meio da força. As normas jurídicas contêm, pois uma ameaça de medidas violentas para o caso de seu não cumprimento, por exemplo, a ameaça de execução na via civil ou na via administrativa, e a ameaça de uma sanção penal no caso de delitos. D) O emprego de fraudes ou mentiras para conseguir a aceitação por parte de outras pessoas. Estes procedimentos são encontrados em múltiplos campos, no político, no mercantil e em outros [...]. E) Por procedimentos de propaganda e métodos de persuasão não fraudulentos que, sem a intenção de enganar, se limitam a chamar a atenção sobre as bondades de determinada mercadoria, ou sobre as virtudes de certos homens públicos, ou ainda sobre a verdade de certas ideias, etc. [...]. F) Por processos educativos, nos quais se combinam múltiplos e variados métodos formativos, informativos, enriquecedores, purificadores, fortalecedores, orientadores, etc. da personalidade [...]. H) A literatura e a arte [...]. I) A distribuição do poder econômico. A administração ou distribuição da riqueza e da pobreza por quem tenha poder para realizá-la, ou ao menos favorecê-la, constitui obviamente um poderosíssimo meio de controle social. (SICHES, 1965, p. 271-272).

François Ost destaca que

o direito só secundariamente é comando, e que suas funções de direção das condutas e de resolução de conflitos são, elas mesmas, apenas funções derivadas em relação a um papel muito mais essencial, assumido pelo jurídico. Este papel fundamental consiste em instituir uma sociedade. Antes de regrar o comportamento dos agentes ou de separar seus conflitos, é preciso, de fato, definir o jogo no qual a ação deles se inscreve. Antes de manejar a distinção entre legal e ilegal, entre permitido e proibido, é preciso criar o quadro geral de interação no seio do qual estas distinções ganham sentido. (OST, 2005, p. 84-85).

Norberto Bobbio vai um pouco além ao afirmar que o Direito metamorfoseou-se de instrumento de "controle social" em instrumento de "direção social", "para suplantar a disparidade entre a teoria geral do direito tal qual é e a mesma teoria tal como deveria ser, em um universo social em constante movimento." (BOBBIO, 2007, p. XII).

Jorge Luiz Souto Maior relaciona ao direito do trabalho a função de controle, ainda que no momento do seu surgimento, sustentando que "o direito do trabalho surge como fórmula da classe burguesa para impedir a emancipação da classe operária." (SOUTO MAIOR, 2000, p. 20).[43]

Maurício Godinho Delgado afirma que o direito do trabalho adquiriu o caráter "de um dos principais mecanismos de controle e atenuação das distorções socioeconômicas inevitáveis do mercado e sistema capitalistas" (DELGADO, 2014, p. 58). Bernardo da Gama Lobo Xavier, no mesmo compasso, observa que

> o moderno direito do trabalho contribui de maneira não despicienda para a alteração dos próprios sistemas de domínio de empresa (esquema de apoio aos sindicatos, de cogestão e de controlo de gestão) e que, portanto, o direito do trabalho introduz limitações aos poderes empresariais (e, porventura, aos sindicatos) em termos de dar uma resposta jurídica a sistemas sócio-económicos onde existam poderes de fato, às vezes em conflito, que é necessário regular e ajustar. (XAVIER, 1993, p. 85).

2.3.2. Função de orientação social

O Direito orienta a conduta social, por meio da qual

> assegura não apenas a estabilidade nos modelos normativos, mas também sua segurança jurídica, na medida em que os atores sociais podem conhecer e prever os efeitos de seu próprio comportamento e do comportamento dos outros, e planejar, assim, sua interação social. (ARNAUD; DULCE, 2000, p. 153).

O Direito, portanto, exerce uma função organizacional da vida social, direcionando o comportamento das pessoas, suas atitudes e expectativas.

Sobre essa função, assevera François Ost, que o Direito contribui

> eficazmente para estabilizar as expectativas sociais e garantir a segurança jurídica. Convencionou-se que cada um conhece o lugar que ocupa na sociedade, assim como o papel que nela desempenham outros atores portanto. Antes de exercer seu livre arbítrio, em função do princípio da autonomia da vontade que

---

[43] Ressalte-se que o direito do trabalho exerce a função de controle quando impõe condutas a serem observadas pelo empregado e pelo empregador na celebração, conclusão e extinção da relação de emprego, sendo, inclusive, previstas sanções para o descumprimento destas condutas, como se vê nos arts. 9º, 482 e 483 da CLT, por exemplo.

ele introduz, sem dúvida um fator importante de mobilidade e de mudança na vida social, os indivíduos são integrados pela lei numa multidão de estatutos (estatuto de maioridade, de esposo, de comerciante, de refugiado político...,) que, ao contrário, atuam como poderosos fatores de estabilização e de previsibilidade das interações sociais. (OST, 2005, p. 88).

2.3.3. Função repressiva e garantista

O Direito é um conjunto de normas cujo cumprimento pode ser exigido mediante a utilização da força (função repressiva). É formado por um conjunto de normas que disciplinam a legítima utilização da força, lembrando-se que a coercibilidade é a possibilidade de constranger alguém a cumprir a norma jurídica, o que é inerente à natureza do Direito.

O Direito, ao disciplinar comportamentos humanos, impõe condutas e o seu cumprimento, sendo possível o uso da força para fazê-lo valer, porquanto "o Direito traça uma esfera que é por ele protegida, visto que a sua função é precisamente a de garantir e tutelar". Nesta esfera, "o comportamento de um sujeito é sempre considerado em relação ao comportamento de outro [...], de um lado, impõe-se uma obrigação; do outro, atribui-se uma faculdade ou pretensão". (DEL VECCHIO, 1979, p. 370 e 371).

Aduz Sérgio Cavalieri Filho que:

> Alguns teóricos chegam a definir o Direito como um sistema de sanções. Sanção é a ameaça de punição para o transgressor da norma. É o prometimento de um mal, consistente em perda ou restrição de determinados bens, assim como na obrigação de reparar o dano causado, para todo aquele que descumprir uma norma de Direito. É a possibilidade de coação da qual a norma é acompanhada. (CAVALIERI FILHO, 2012, p. 44).

Segundo Luigi Ferrajoli, o Direito desempenha função garantista, na medida em que atua "como um *sistema artificial de garantias* constitucionalmente preordenado à tutela dos direitos fundamentais"[44], sendo por ele esclarecido que as garantias dos direitos são "técnicas

---

[44] No original: "Como un sistema artificial de garantias constitucionalmente preordenado a la tutela de los derechos fundamentales."

idôneas para assegurar (o máximo grau de) efetividade às normas que os reconhecem".[45] (FERRAJOLI, 2010, p. 19 e 105, tradução nossa). Destaque-se que vários direitos assegurados aos trabalhadores foram alçados à condição de direitos fundamentais, como se vê nos arts. 7º ao 11 da CR/88, ao passo que ao lado desses direitos fundamentais trabalhistas específicos estão aqueles que concernem ao trabalhador como ser humano, dentre os quais os elencados no art. 5º e seus incisos (direitos fundamentais trabalhistas inespecíficos). Ao Direito cabe criar e fazer cumprir as garantias de satisfação concreta desses direitos.

2.3.4. Função de prevenção e solução de conflitos de interesses[46]: paz social

Pelo fato de viverem em sociedade, as pessoas precisam manter a harmonia em seus relacionamentos, porquanto o conflito afeta o equilíbrio nestas relações sociais e afasta a paz social.

O Direito, ao fixar normas de condutas, previne conflitos e, ao mesmo tempo, estabelece critérios para a sua solução. A observância das normas jurídicas evita o conflito, e a sua aplicação permite solucioná-lo.[47]

---

45 No original: "Las técnicas idóneas para asegurar (el máximo grado de) efectividad a las normas que los reconocen."

46 Anota Francesco Carnelutti que "interesse não significa um juízo, mas uma posição do homem, ou mais exatamente: a posição favorável à satisfação de uma necessidade [...]. Os meios para a satisfação das necessidades humanas são os bens. E se acabamos de dizer que interesse é a situação de um homem, favorável à satisfação de uma necessidade, essa situação se verifica, pois, com respeito a um bem: homem e bem são os dois termos da relação que denominamos interesse. Sujeito do interesse é o homem e objeto daquele é o bem [...]. Se o interesse significa uma situação favorável à satisfação de uma necessidade; se as necessidades do homem são ilimitadas, e se, pelo contrário, são limitados os bens, ou seja, a porção do mundo exterior apta a satisfazê-las, como correlativa à noção de *interesse* e à de *bem* aparece a do conflito de interesses. Surge conflito entre dois interesses quando a *situação favorável à satisfação de uma necessidade excluir a situação favorável à satisfação de uma necessidade distinta.*" (CARNELUTTI, 2004, v. I, p. 55 e 60-61).

47 J. J. Calmon de Passos afirma que "conflito implica colisão ou confronto de vontades. Em sentido lato, podemos dizer que há conflitos sempre que à liberdade do homem se opõe um obstáculo [...]. São as situações-obstáculo derivado de ato do homem (conflitos de

Aliás, consta do Preâmbulo da Constituição da República de 1988 a instituição de um Estado Democrático,

> destinado a assegurar o exercício dos direitos sociais e individuais, a liberdade, o bem-estar, o desenvolvimento, a igualdade e a justiça como valores supremos de uma sociedade fraterna, pluralista e sem preconceitos, fundada na harmonia social e comprometida, na ordem interna e internacional, com a solução pacífica das controvérsias.

A paz e a solução pacífica dos conflitos são princípios que norteiam as relações internacionais do Brasil, como se vê também do art. 4º, incisos VI e VII, da Constituição da República de 1988.

Além de prevenir conflitos, o Direito tem a função de solucioná-los, porquanto o "Direito apresenta solução de acordo com a natureza do caso, seja para definir o titular do direito, determinar a restauração da situação anterior ou aplicar penalidades de diferentes tipos." (NADER, 2006, p. 25).

A relação entre Direito e solução de conflitos é assinalada por Claude Du Pasquier, para quem uma das funções do Direito é a realização de um "*equilíbrio* entre interesses opostos."[48] (PASQUIER, 1948, p. 19, tradução nossa).

O Direito serve à paz, pois a ordem jurídica é voltada também para a paz. Notadamente porque o Direito e a paz andam juntos, "o direito traz a paz, e a manutenção da paz é pressuposto para o desenvolvimento do direito. Por toda parte onde o direito se desenvolve, ele resolve uma luta violenta e coloca uma solução pacífica em seu lugar." (COING, 2002, p. 188).

É digna de nota a lição de Miguel Reale:

> O Direito que é sempre uma relação proporcional de homem para homem, no dizer sábio de Dante, e que, portanto, é uma justa organização da paz, representa, nem pode deixar de representar, um meio-termo, uma composição harmônica de estabilidade e movimento. No decurso da história, o Direito tem

---

interesses) e que só o homem pode remover mediante o uso da força ou da persuasão. Neste espaço é que o Direito opera e nele é que encontra sua justificação." (CALMON DE PASSOS, 2003, p. 29).

48   No original: "Il se réalise par um *équilibre* entre las intérêts opposés."

sido a resultante da força que tende a perseverar na estática da ordem vigente, e da força que dá origem à dinâmica dos processos sociais. Não resultante mecânica, porém, que se processe somente segundo leis causais, mas resultante que obedeça também a leis finais. O Direito é, ao mesmo tempo, unidade e multiplicidade, estabilidade e movimento, porque é a expressão da unidade multíplice da sociedade (*unitas ordinis*) e a garantia do progresso ético e material na ordem e na paz (equilíbrio em movimento). (REALE, 2005, p. 92-93).

Anota Rudolf von Ihering, por outro lado, que "o fim do direito é a paz e o meio de atingi-lo é a luta" (IHERING, 2001, p. 25).[49] Isso é facilmente verificado no âmbito do direito do trabalho moderno, em que as lutas entre empregados e empregadores se submetem a determinadas regras, por exemplo, declarando que algumas greves são consideradas abusivas, com vistas a favorecer a negociação coletiva.[50]

---

49 Destaca Márcio Túlio Viana que: "Se a luta, como diz Ihering, faz parte da própria essência do direito, é no interior da relação de emprego que ela se trava de modo mais intenso, mais constante, e por vezes mais cruel [...]. O curioso da luta, enfim, é que – embora feroz – nem sempre é visível, disfarçada pela maquilagem [...]. Embora inerentes à própria convivência humana, especialmente numa sociedade de fortes desigualdades sociais, os conflitos se acentuam na relação de emprego. Possivelmente, isso se dá não só em razão de seu trato sucessivo e continuado, nem apenas pelo conteúdo impreciso da prestação do empregado, mas também porque toda organização – e a empresa o é – subtrai liberdades, opondo-se, assim, a cada indivíduo. Isso não quer dizer, porém, que os conflitos se exteriorizem com frequência no campo trabalhista. Ao contrário. Na maior parte das vezes se mantêm ocultas, salvo quando coletivos, como é o caso da greve." (VIANA, 1996, p. 69-70).

50 Orientação Jurisprudencial 11 da SDC do TST: "IMPRESCINDIBILIDADE DE TENTATIVA DIRETA E PACÍFICA DA SOLUÇÃO DO CONFLITO. ETAPA NEGOCIAL PRÉVIA. É abusiva a greve levada a efeito sem que as partes hajam tentado, direta e pacificamente, solucionar o conflito que lhe constitui o objeto."
No mesmo sentido é a decisão seguinte: RECURSO ORDINÁRIO EM DISSÍDIO COLETIVO DE GREVE. RECURSO DA EMPRESA SUSCITANTE. ABUSIVIDADE DA GREVE. CONFIGURAÇÃO. O exercício do direito de greve, meio de pressão máximo para obter do empregador a satisfação das reivindicações da categoria profissional, submete-se aos limites descritos na lei para que não se configure abusivo, conforme dispõe o art. 9º, *caput* e § 2º, da Constituição Federal. Se a greve é deflagrada sem que se esgote a negociação coletiva e sem a comunicação da empresa com antecedência mínima de quarenta e oito horas da paralisação, nem se realiza assembleia com os trabalhadores para deliberar sobre as reivindicações e sobre a paralisação coletiva antes da efetiva deflagração, restam desrespeitados os arts. 3º, parágrafo único, 4º e 14º, parágrafo único, da Lei nº 7.783/89 a ensejar a abusividade da greve. Recurso Ordinário a que se dá provimento. (TST, RO-99600-39.2010.5.03.0000. Rel. Min. Márcio Eurico Vitral Amaro, Seção Especializada em Dissídios Coletivos, **DEJT 26/03/2013**).

Assim, o Direito tem de cumprir primeiro a missão pacificadora, na medida em que "um sistema jurídico é um mecanismo de paz social, e é difícil imaginar um Direito que não persiga aquela finalidade" (LATORRE, 1997, p. 45), sem, contudo, desconsiderar a necessidade do equilíbrio em movimento, que é indispensável à evolução e ao progresso sociais.

2.3.5. Função de propiciar segurança jurídica

Uma das funções do Direito é a segurança jurídica, principalmente, no sentido de que os direitos constantes do ordenamento jurídico não podem ser anulados por conveniência daqueles que estão no poder.

Há segurança jurídica, ainda, quando o Direito "protege de forma eficaz um conjunto de interesses da pessoa humana que se consideram básicos para uma existência digna" (LATORRE, 1997, p. 55), dentre os quais os direitos fundamentais assegurados aos trabalhadores.

Vale ressaltar que:

> Na segurança do direito baseia-se em grande parte seu efeito benéfico. O homem sempre se esforça em criar relações e instituições duradouras, sob cuja proteção ele possa viver; ele quer livrar sua existência de mudanças constantes, dirigi-las por caminhos contínuos e ordenados, e privar-se da surpresa de algo novo. Esta certeza e confirmação o direito deve oferecer-lhe. Com isto relaciona-se o grande significado da duração e da tradição para a estabilidade do direito. (COING, 2002, p. 194).

A segurança jurídica tem como pressuposto, ainda, a certeza de orientação e de realização, o que significa que a conduta de cada um é exigível de si próprio e dos outros e que se pode confiar que as normas existentes serão observadas ou que esta observância pode ser imposta.

A segurança jurídica é uma preocupação do legislador brasileiro, como se vê, por exemplo, no art. 5º, XXXVI, da CR/88, que impõe o respeito ao direito adquirido, ao ato jurídico perfeito e à coisa julgada.

O Direito cuida da segurança nas relações entre os indivíduos (entre particulares) e, também, destes com o Estado (entre particulares e o Estado), - ou seja, da ação dos homens que o ostentam -, porquanto "o poder do Estado, o mais forte dos poderes humanos, constitui uma poderosa tentação para quem o alcança e presta-se aos mais graves abusos." (LATORRE, 1997, p. 47). Logo, uma das principais funções do Direito é servir de limite ao poder do Estado e controlar o seu exercício, propiciando segurança às pessoas.

Não se olvide, outrossim, que "a legitimação democrática do direito relaciona-se também com a segurança que ele garante à vida social, com a previsibilidade que ele empresta aos acontecimentos sociais futuros." (HESPANHA, 2009, p. 202).

2.3.6. Função de legitimação do poder social

O Direito legitima o exercício do poder social, na medida em que o distribui, organiza e limita.

Aduzem André-Jean Arnaud e María José Fariñas Dulce que, para Rehbinder e Luhmann, "as regras jurídicas, atribuindo competências e estabelecendo procedimentos para tomada de decisão, executam uma função de legitimação, em que o poder, por elas intermediado, se transforma em direito." (ARNAUD; DULCE; 2000, p. 154).

Porém, segundo André-Jean Arnaud e María José Fariñas Dulce, esta função pode ser interpretada de forma mais abrangente, no sentido de que

> [...] toda pessoa tendo, num dado momento, uma capacidade de decisão (não apenas as autoridades e os órgãos jurisdicionais, mas também os indivíduos), pode apelar para o direito, a fim de, ali buscar a aceitação, a legitimidade e o consenso para suas ações e para suas decisões. Para legitimar e para justificar nossas próprias ações e decisões, podemos usar sistemas normativos diferentes, e um deles é, naturalmente, o direito. (ARNAUD; DULCE; 2000, p. 154-155).

André-Jean Arnaud e María José Fariñas Dulce fazem menção ao entendimento de Ferrari, para quem a função legitimadora do Direito se manifesta de duas formas:

> 1. *a legitimação das pessoas que emitem as mensagens jurídicas*, obtidas por meio de normas de competência e de normas de procedimento. O direito cumpre a função de legitimação das es-

truturas e dos órgãos do grupo social; 2. *a legitimação das ações dos destinatários das mensagens jurídicas*. Nesse caso, o direito é um argumento de que se serve o autor para obter uma situação vantajosa, mediante o consenso que sua ação lhe proporciona. Por exemplo, aquele que intervém num processo utiliza o argumento jurídico como autolegitimação. (ARNAUD; DULCE, 2000, p. 155).

É importante mencionar que, como assinalam Gregorio Peces-Barba, Eusebio Fernándes e Rafael de Asís, o Direito outorga legitimidade a toda pessoa que pode ter "capacidade de decisão e de realizar uma atuação no âmbito jurídico; é dizer não somente as autoridades ou órgãos públicos, senão toda pessoa que usa do sistema jurídico pode utilizar os argumentos jurídicos como forma de legitimação ou de autojustificação." (PECES-BARBA; FERNÁNDES e ASÍS. 1999, p. 58, tradução nossa).[51] Neste sentido, o direito do trabalho legitima o poder diretivo do empregador, embora o submeta a limites. Note-se, nesta linha de raciocínio, que no próprio conceito legal de empregador já se insere a ideia de poder (art. 2º da CLT), limitado, porém, em vários momentos, como ocorre, por exemplo, no ato da contratação (art. 444 da CLT) e durante a execução do contrato de trabalho (arts. 468 da CLT). Ou, nas palavras de Márcio Túlio Viana, o direito do trabalho "fruto que é de uma contradição – acaba por revelar-se o mais paradoxal dos direitos: serve ao oprimido sem deixar de fora o opressor, pois se de uma parte limita a exploração do homem, de outra parte legitima e (por isso) fortalece o sistema." (VIANA, 2010, p. 144).

2.3.7. Função de traduzir a vontade social

O Direito traduz a vontade social, na medida em que é construído democraticamente, como estabelece o art. 1º, parágrafo único, da Constituição da República de 1988: "Todo o poder emana do povo, que o exerce por meio de representantes eleitos ou direta-

---

51 No original: "Toda persona que pueda tener capacidad de decisión y de realizar una actuación en el ámbito jurídico, es decir, no solamente las autoridades y órganos públicos, sino toda persona usuária del sistema jurídico puede utilizar los argumentos jurídicos como forma de legitimación o de autojustificación."

mente, nos termos desta Constituição". Isso também é reconhecido no Preâmbulo da Constituição da República de 1988.

Segundo Gustav Radbruch, "somente é direito válido aquilo que a vontade, convocada a legislar, fixa e impõe." (RADBRUCH, 1999, p. 23).

Sobre essa função, anota António Manuel Hespanha que:

> A partir da Revolução Francesa, mas sobretudo nos dias de hoje, o princípio que se tornou dominante na Europa foi o de que o direito é a manifestação da vontade, a vontade do povo [da Nação, do Estado], expressa pelos seus representantes (*princípio democrático, soberania nacional, soberania popular, soberania estadual*), escolhidos estes pela forma que o próprio povo estabeleceu na constituição. Como o povo, no momento constituinte originário, também quis que certos direitos do cidadão (mais tarde chamados *direitos fundamentais*) presidissem à organização da República, a vontade dos representantes do povo ficou obrigada a garantir esses direitos. Daí que, na tradição europeia ocidental moderna, o direito exprima a vontade do povo, sob três pontos de vista: 1. Ao garantir os direitos fundamentais *estabelecidos no momento constituinte*; 2. Observando o processo de criar direito estabelecido no momento constituinte. Estes dois pontos de vista exprimindo o primado da Constituição. 3. Validando como direito a vontade normativa expressa subsequentemente pelos representantes do povo, de acordo com os processos previstos no momento constituinte. Este ponto consubstanciando o princípio da legalidade (*rule of Law*). (HESPANHA, 2009, p. 34-45).

2.3.8. Função promocional

A função promocional do Direito se manifesta de duas formas, quais sejam: "motivação por meio de recompensas para comportamentos socialmente desejados, brindes, vantagens econômicas etc.", e "distribuição de bens econômicos e de vantagens sociais". André-Jean Arnaud e María José Fariñas Dulce destacam:

> A função de promoção do direito está estritamente ligada a da regulação dos comportamentos; estes, com efeito, podem ser orientados e regulados de duas maneiras diferentes: seja reprimindo os comportamentos socialmente indesejáveis e impedindo coercitivamente sua prática, seja promovendo os comportamentos socialmente desejados, favorecendo sua realização. Na realidade, mais do que de uma função em si, estar-se-ia

diante de uma técnica de regulação de comportamentos e de busca de objetivos [...]. O que se chama 'função de promoção' do direito representaria um tipo de técnica de controle social utilizado pelo estado social ou estado providencial, que consistiria no uso de procedimentos de 'encorajamento', a saber: as sanções positivas (recompensas, favores, gratificações, facilidades etc.) e as leis de motivação. Isso, ademais, dá lugar a um tipo de controle social ativo e preventivo, pelo qual se tenta vantajosos, que procuram obter melhores níveis de igualdade material e de solidariedade entre aqueles que compõem um grupo social. (ARNAUD; DULCE, 2000, p. 155).

A função promocional do Direito pode ser considerada como "inovadora do real", sendo "sempre fruto de exigências, de necessidades, de estímulos: pode incorporar ou modificar a regra de retidão típica do mundo ético, a regra econômica do livre mercado." (PERLINGIERI, 2008, p. 171).

Norberto Bobbio entende por "função promocional" a ação que o Direito desenvolve pelo instrumento das "sanções positivas", ou seja, por mecanismos compreendidos por "'incentivos', os quais visam não a impedir atos socialmente indesejáveis, fim precípuo das penas, multas, indenizações, reparações, restituições, ressarcimentos, etc., mas, sim, a 'promover' a realização de atos socialmente desejáveis." (BOBBIO, 2007, p. XII).

Assevera Norberto Bobbio que no Estado contemporâneo não é mais possível o Direito continuar sendo considerado apenas do ponto de vista da sua "função tradicional, puramente protetora (dos interesses considerados essenciais por aqueles que fazem as leis) e repressiva (das ações que a ele se opõem)." (BOBBIO, 2007, p. XII).

No ordenamento jurídico brasileiro, encontra-se manifestação da função promocional do Direito, com repercussão no direito do trabalho, no primeiro sentido mencionado por Norberto Bobbio (concessão de recompensas e vantagens). Cite-se, por exemplo, a Lei n. 11.324/2006, que assegurou aos empregadores que anotassem a CTPS dos empregados domésticos o direito de deduzir na declaração de imposto de renda a contribuição patronal recolhida à Previdência Social, isto no intuito de formalizar a relação de emprego.

Por outro lado, o direito do trabalho é também promocional no sentido de que procura estabelecer as condições necessárias para a valorização da dignidade humana, o que, inclusive, constitui um mandamento constitucional, na medida em que a Constituição de 1988, no *caput* do art. 170, estabelece que a ordem econômica, fundada também na valorização do trabalho humano, tem por fim assegurar a todos existência digna. Não se olvide que a valorização da dignidade humana do trabalhador é também realizada por meio da atribuição de direitos que assegurem uma vida digna e que deem concretude a esses direitos.

Vale lembrar que, como assinala Mario de la Cueva:

> A história do direito do trabalho é um dos episódios mais dramáticos da luta de classes, por seu profundo sentido de reivindicação dos valores humanos, talvez o mais profundo de todos, porque é a luta pela libertação e dignificação do trabalho, o que é o mesmo que dizer a libertação e dignificação do homem em sua integridade. (CUEVA, 1972, p. 12, tradução nossa).[52]

2.3.9. Funções educativa, conservadora e transformadora

O Direito desempenha função educativa, posto que:

> A simples existência de uma regra de Direito resulta, geralmente, na convicção, por parte de quem a conhece, de que a conduta recomendada na referida norma é a mais conveniente. Esse fato revela a influência educativa da norma jurídica, moldando as opiniões sociais e, portanto o comportamento grupal, por meio de um processo de aprendizado e de convencimento de que é socialmente útil, ou bom, agir de certo modo. Não se trata, a propósito, apenas de ameaça de sanções impostas pela sociedade, em consequência da transgressão dos mandamentos da ordem jurídica, o que já possui em si aquela influência sobre a conduta, a que aludimos. Cuida-se também da força condicionante da opinião pessoal e grupal quanto ao que é justo ou injusto, bom ou mau para a sociedade, modo de proceder adequado ou inadequado. (ROSA, 1975, p. 66-67).

Não se olvide que "a adequação às normas leva à estruturação interna do homem; elas não só orientam a ação isolada, mas o

---

52 No original; "La historia del derecho del trabajo es uno de los episódios más dramáticos de la lucha de clases, por su profundo sentido de reivindicación de los valores humanos, tal vez el más hondo de todos, porque es la lucha por la liberación y dignificación del trabajo, lo que es tanto como decir la liberación y dignificación del hombre en su integridad."

transformam em um ser moral, crente, comportado, hábil, honroso, moderno". (EHRLICH, 1986, p. 65).

O caráter educativo do Direito pressupõe o seu conhecimento, o que torna indispensável a sua publicidade.[53]

Quanto à função conservadora, Felippe Augusto de Miranda Rosa afirma:

> Deve ser dito que ela é, essencialmente, a expressão de uma determinada ordem social cuja regulação, cujo controle e cuja proteção se destina a realizar. Como bem acentuam os autores mais modernos, ela reflete a relação de poder entre as várias classes sociais e as convicções dominantes na sociedade. Logo, exerce função conservadora dessa ordem, garantindo-lhe as instituições e o tipo de dinâmica social considerado bom para seus fins, com uma estrutura a isso adequada. Protege os valores socialmente aceitos e, como já acentuamos, gera uma tendência conservadora entre os especialistas em seus estudos [...]. As sociedades não-primárias, ao estabelecerem seu modo de vida, seu sistema de valores e instituições, fixam também, na ordem jurídica, princípios e regras de manutenção do sistema total, em que são previstas as hipóteses de sua defesa contra as tentativas de modificá-lo. (ROSA, 1975, p. 67-68).

Ainda segundo Felippe Augusto de Miranda Rosa, cada ordem jurídica tende a conservar a ordem social que lhe dá nascimento, sendo da ordem jurídica o instrumento para a conservação da ordem social, posto que "o Direito educa dentro desse quadro, defende-o e por meio de sua função transformadora ou de agente de mudança social só vai até certos limites de modificações, admissíveis pelo sistema em que ele existe e que o assegura." (ROSA, 1976, p. 90).

Acrescenta Felippe Augusto de Miranda Rosa que as normas jurídicas possuem função transformadora do meio e que isso se verifica quando são editadas em atendimento a

> [...] necessidades sentidas pelos órgãos legiferantes, ou em resposta ao consenso de grupos que se antecipam ao processo

---

53 Sobre este aspecto, anota Angel Latorre que "a publicidade é, noutro aspecto, uma condição de cumprimento e eficácia do Direito, pois ninguém pode acatar preceitos que não conhece. Como já dizia Beccaria no século XVIII: 'Quanto maior for o número dos que compreendam e tenham em suas mãos o sagrado código das leis, menos frequentemente haverá delitos, pois não há dúvida de que a insegurança e a incerteza das penas ajudam à eloquência das paixões'." (LATORRE, 1997, p. 48-49).

histórico, elas resultam em modificações da sociedade, alterando-lhe o sistema de controle social e, diretamente, a relação de influências recíprocas dos diversos elementos condicionantes da vida grupal. Por outro lado, contribuem indiretamente para a formação de novas manifestações de consenso, nisso confundidas as funções transformadora e educativa do Direito. (ROSA, 1975, p. 91).

Assim, é possível atribuir ao Direito a função de agente de mudança social, visando alterar determinada realidade econômica-social, não podendo ser perdido de vista que "no próprio momento em que o legislador edita a norma legal, ou quando o administrador executa os seus mandamentos, um e outro estão modificando, em alguma parcela, maior ou menor, a realidade social." (ROSA, 1975, p. 68).[54]

O Direito é utilizado pelo Estado como instrumento de reforma social, em que aquele intervém de modo autoritário para transformar situações ou realidades que considera inadequadas, podendo ser dito que possui, assim, "uma função 'programática', quer dizer, a função de assinalar metas e objetivos para o futuro, a fim de configurar novas relações sociais", procurando ser "um projecto da realidade futura, do horizonte social desejado, e não um reflexo do que existe, que se quer precisamente destruir." (LATORRE, 1997, p. 78).

Consoante Ana Lucia Sabadell, "a grande maioria dos estudiosos da sociologia jurídica entende que o direito pode influenciar o comportamento das pessoas na sociedade. Essa é a tese do construtivismo jurídico (HUNT, 2002, p. 18-31)", por supor-se que o Direito é um "instrumento de governo, cuja criação e aplicação permitem proteger determinados interesses e impor padrões de comportamento, mudando a sociedade. Assim sendo, o direito apresenta-se como ferramenta que permite 'construir' (e mudar) a própria sociedade." (SABADELL, 2013, p. 90).

---

54 Destaca ainda Felippe Augusto de Miranda Rosa, que "é também visível, em um exame simples, essa função de mudança social, quando os tribunais firmam orientação jurisprudencial em questões de grande repercussão e que envolvam grande número de casos concretos, fixando interpretação nova às normas legais imprecisas, ou quando, também interpretando as leis, a administração adota orientação determinada para a sua execução. Tais situações, modificando em alguma coisa a ordem jurídica, se projetam sobre a realidade social nela regulada, mudando-a." (ROSA, 1975, p. 69).

Essa posição não é isenta de críticas. Argumenta-se que o Direito pode também ser usado por governos conservadores como instrumento para frear as mudanças sociais mais importantes, além do fato de que o sistema jurídico é lento em captar as necessidades sociais e que existem muitos centros de poder fechados que impedem seja operada uma mudança.[55] Isso demonstra que o Direito é o meio normativo com maior utilização pelos governos e é o de maior eficácia para a realização do poder social, notadamente, o estatal.

Jean-Louis Bergel noticia:

> Grandes autores franceses, como G. Ripert e R. Savatier, evidenciaram 'as forças criativas' e 'as metamorfoses' do direito. Outros, como G. Gény, indagaram se o direito é 'dado ou construído' para admitir que, embora o dado seja impregnado pela ciência e 'ofereça variedades', ele é 'por demais abstrato em comparação com as realidades tangíveis e deve ser aplicado por meio de uma 'técnica' jurídica, feita de procedimentos plásticos (formas, categorias etc.) ou intelectuais (conceitos, ficções etc.) caracterizados pelo artifício de uma série de meios adaptados ao objetivo próprio do direito e que modelam as coisas'. (BERGEL, 2006, p. XXII).

Assevera Vicente Ráo que o Direito assume "o caráter de força social propulsora quando visa proporcionar, por via principal, aos indivíduos e, por via de consequência, à sociedade, o meio favorável ao aperfeiçoamento e ao progresso da humanidade", ao fundamento de que o Direito decorrente da natureza humana, "é uma força social em sua origem, em sua essência e em sua finalidade." (RÁO, 2004, p. 55).

Não se olvide que a evolução do Direito necessita da interação de suas funções conservadora e transformadora, porquanto a pri-

---

55 Para Ana Lúcia Sabadell, "esta é uma visão de autores críticos em face do sistema jurídico atual, existindo vários níveis de crítica. As mais radicais, de inspiração marxista, consideram o atual sistema jurídico como instrumento que permite a manutenção do poder da classe dominante e reproduz as relações sociais de exploração. As críticas moderadas sustentam que o direito desenvolve uma espécie de resistência diante de determinadas mudanças sociais. Exemplo: foram alterados, no transcorrer do século XX, muitos valores sobre o comportamento sexual nos países da América Latina; porém os Códigos penais destes países continuaram até recentemente utilizando termos como 'mulher honesta' e 'honra sexual', denotando uma defasagem entre lei e realidade social." (SABADELL, 2013, p. 90.)

meira reflete "uma determinada ordem social, cuja regulação, cujo controle e cuja proteção se destina a realizar", protegendo os valores socialmente aceitos, e a segunda traduz-se nas "necessidades sentidas pelos órgãos legiferantes" ou "ao consenso de grupos que se antecipam ao processo histórico" (ROSA, 1975, p. 61-62), apresentando-se como agente impulsionador da sociedade.

Ao direito do trabalho não pode ser negada a função educativa, nos moldes da doutrina já mencionada, ao passo que, segundo assevera Maurício Godinho Delgado, o direito do trabalho "consumou-se como um dos mais eficazes instrumentos de gestão e moderação de uma das mais importantes relações de poder existentes na sociedade contemporânea, a relação de emprego." (DELGADO, 2014, p. 58).

Em relação à função transformadora do Direito, vale observar que o direito do trabalho tem como um dos seus princípios básicos a progressividade na melhoria da condição social e humana do trabalhador, como decorre do *caput* do art. 7º da CR/88, o que lhe impõe um caráter marcantemente transformador da realidade social. À função transformadora se acrescenta a função relacionada com a conservação do nível de proteção social estabelecido em favor do trabalhador, notando-se, neste sentido, que a atribuição de *status* de direito fundamental a vários direitos decorrentes da relação de emprego permite aplicar em seu favor a técnica das cláusulas pétreas, impedindo o retrocesso social (art. 60, §4º, IV, da CR/88).[56] A função conservadora também se manifesta, como assinala Maurício Godinho Delgado, pelo fato de o direito do trabalho conferir "legitimidade política e cultural à relação de produção básica da sociedade contemporânea." (DELGADO, 2014, p. 58).

A propósito dessas duas funções do direito do trabalho, observa Maria do Rosário Palma Ramalho que

---

56 Anota Jorge Luiz Souto Maior que o direito do trabalho "é um direito em constante evolução e, por isso mesmo, ainda em formação, pois o seu princípio fundamental é a busca da melhoria progressiva da condição social e humana do trabalhador" e que essa característica "é essencial à concretização do seu papel visto que o capitalismo é dinâmico e desenvolve, com rapidez cada vez mais intensa, novas formas de organização e de exploração do trabalhador." (SOUTO MAIOR, 2011, p. 619).

[...] a meta vertical do princípio da proteção do trabalhador vai sendo prosseguida através da *intensificação progressiva da tutela concedida aos trabalhadores* [...]. Para além da melhoria da tutela, importa ainda assegurar a sua estabilidade. Para esse efeito desenvolve-se a ideia da irreversibilidade do nível de tutela atingido. (RAMALHO, 2005, p. 49).

2.3.10. Função de realização da justiça

O Direito persegue e deve perseguir sempre a justiça nas relações sociais, o que é imposto pela inclusão da construção de uma sociedade justa entre os objetivos fundamentais da República (art. 3º, I, da CR/88), previsão constitucional que traduz o reconhecimento do direito a uma ordem jurídica justa.

Dessa feita, uma das funções do Direito é realizar a justiça, sendo a sua efetivação uma busca incessante de todos os povos, lembrando-se que ao longo da história da Humanidade a justiça foi muito mais um objetivo do que uma realização, principalmente para as classes menos favorecidas.

É asseverado pela doutrina que ao sentido de justiça se chega a partir do sentimento de injustiça, sendo anotado a respeito que "do choque da injustiça para fazer descobrir o justo (ou, pelo menos, para combater aquela injustiça) cala fundo no coração dos homens, esse mesmo coração que alberga, segundo muitos (desde, pelo menos, S. Paulo), a universal lei moral, base comum de todo o juízo ético e jurídico." (CUNHA, 1998, p. 74).

Para Francesco Carnelutti a palavra *justiça* tem mais de um significado:

> Fundamentalmente, quer dizer conformidade a uma regra. Por outra parte, chamamos também assim ao conjunto de regras superiores ao Direito, cuja existência, mais que postulada, está demonstrada, tanto por nossa vida interior quanto pela história. Aqui a palavra se usa na segunda acepção. A quem perguntar de onde tiram os homens estas regras, não podemos responder-lhes a não ser que as encontram em sua consciência [...]. Entre justiça e Direito existe a mesma relação que entre substância e forma: a justiça representa na lei o que o ouro nas moedas, cujo troquel o formaria o Direito. E do mesmo modo que as moedas, assim também as leis são boas ou más conforme a quantida-

de de ouro, ou seja, de justiça que contêm, o que não impede a vigência de leis más, sempre que levem o cunho do Estado. (CARNELUTTI, 2004, p. 64-65. v. IV).

Ramiro Podetti assevera que "a Justiça é uma aspiração do espírito humano, mas constitui, à sua vez, uma necessidade primordial dos homens." (PODETTI, 1963, p. 23, tradução nossa).[57]

É importante mencionar que a Justiça é tomada no sentido subjetivo como virtude ou qualidade pessoal e na concepção objetiva como a qualidade de uma relação entre pessoas.

Filosoficamente a justiça é

> [...] uma constante e perpétua vontade [...]. A justiça nunca está atingida e nunca o será, reclamando por isso do jurista uma perpétua e constante vontade de a concretizar [...]. O Direito deriva da Justiça, e como filho separado de sua mãe almeja sempre por reencontrá-la. Só quando ambos novamente se encontram o Direito com o Direito e a Justiça é Justiça – diríamos, para glosarmos a glosa [...]. Se não fosse ensombrar um tanto a memória de Ulpiano, que pagou com a vida a sua fidelidade ao Direito, e à Justiça, quase poderíamos, na senda do que vimos já sobre a Justiça, defini-la pelas palavras de Proudhon: 'A justiça é o respeito, espontaneamente experimentado e reciprocamente garantido, da dignidade humana em qualquer pessoa e em qualquer circunstância em que ela se encontre comprometida, e quaisquer que sejam os riscos a que nos expõe a sua defesa'. (CUNHA, 1998, p. 78-79-80).

A. Castanheira Neves assevera que na estrutura da nova sociedade o Direito tem "um papel indefectível, já que é ele que lhe garantirá um rosto humano ou assegurará que ao homem se não desconheça no que se lhe deve, em liberdade e em justiça". Afirma o autor:

> Não renunciemos, pois, a viver, e a superar, este nosso momento revolucionário segundo a 'lei dos homens' para construir uma verdadeira ordem de paz – que é, ensinou-no-lo JOÃO XXIII, 'a ordem fundada na verdade, constituída segundo a justiça, alimentada e consumada na caridade, realizada sob os auspícios da liberdade'. Obra humana unicamente digna do homem, resultado não decerto do instinto, do ódio, do irracional animal e agressivo, mas da razão, do dever fundado no valor e na luz

---

57 No original: "La justicia es una aspiración del espíritu a la vez, una necesidad primordial de los hombes."

do espírito, pois não esqueçamos que, como disse S. PAULO, 'a prudência da carne é morte e a prudência do espírito é caminho de vida e paz'. Vençamos, numa palavra, a cínica dicotomia de MAQUIAVEL, saibamos lutar apenas com as armas humanas, que são as do direito e da justiça, não repudiando nós hoje a sabedoria que vem da aurora da nossa idade, quando os homens, em ascese primeira da humanidade soba a luz infinita do céu da Hélade, coroavam de oliveira brava a fronte dos heróis e descobriam os deuses que em si havia, ao proclamar, por HESÍODO, nos 'Trabalhos e Dias': 'E tu, Perses, põe isto bem firme na tua mente: atende à justiça, esquece-se por completo da violência. É essa a lei que o Crónida prescreveu aos homens: que os peixes, os animais selvagens e os pássaros alados se devorem uns aos outros, pois entre eles não há justiça: mas aos homens deu ele a justiça, em muito o maior dos bens.' (NEVES, 1976, p. 235-236).

Vale, contudo, a advertência de Angel Latorre:

> Haverá poucas palavras de ressonância social e histórica mais majestosa, e poucas haverá também que sejam mais difíceis de analisar racionalmente e prescindindo dos estímulos emotivos que suscita. No pensamento filosófico ocidental existe uma vasta tradição que examinou sob pontos de vista muito diversos os seus múltiplos sentidos e aplicações, assim como a relação que pode ter com o Direito. Emitiram-se sobre estes problemas as opiniões mais variadas, e não é temerário afirmar que é um dos temas mais difíceis, não já de estudar em pormenor. (LATORRE, 1997, p. 57-58).

Em suma, o justo pode equivaler ao legal. Ou seja, justo é o que está na lei. A justiça pode ser tomada como igualdade (os iguais devem ser tratados como iguais e os desiguais, como desiguais). A justiça pode significar proporção, no sentido de que não só os iguais devem ser tratados como iguais e os desiguais como desiguais, mas também a relação entre o "tratamento dos diversos casos deve guardar entre si uma determinada proporção, que é precisamente a que chamamos justa, quer na medida em que se deve dar a cada um segundo os seus méritos ou deméritos (justiça distributiva)." Ou, ainda,

> [...] na medida em que, se se violam os interesses existentes e justificados, deve haver uma compensação adequada à violação cometida (justiça correctiva) [...]. Os critérios para fixar essa proporção são variáveis segundo as épocas e segundo as opiniões de diversos grupos sociais, mesmo na actualidade [...]. Quanto às retribuições do trabalho, é bem sabido que os crité-

rios para qualificar a importância do esforço que uma atividade requer e a retribuição que merece são variáveis. (LATORRE, 1997, p. 62).

É aduzida, ainda, a existência da "Justiça Restaurativa", que "visa ao restabelecimento do equilíbrio social, restauração do dano, recuperação da vítima, participação da comunidade e responsabilização do infrator." (BIANCHINI, 2012, p. 143)[58]. Esclarece o autor:

> A Justiça restaurativa atua de maneira pessoal e com a possibilidade de diálogo, trazendo os envolvidos para interagirem no processo de responsabilização do delinquente, da retomada do controle pessoal da vítima e, ainda, para desenvolverem de forma participativa o processo de sancionamento com soluções alternativas que possam ser eficazes ao caso – as quais os integrantes se comprometam a realizar. (BIANCHINI, 2012, p. 143).

É possível, ainda, encontrar a ideia de justiça ligada a princípios básicos de ordem social. Ou seja, o sistema social e jurídico deve ser regido por princípios básicos ou critérios justos, lembrando-se que a ideia de justiça é uma ideia ética: "a diversidade e discussão entre diversas concepções da justiça é resolvida pelo Direito, adoptando os princípios que o legislador considere mais oportunos" (LATORRE, 1997, p. 64). Destaca o autor:

> É realmente um erro considerar a justiça como um conjunto de princípios estáticos. Uma sociedade encerra no seu seio crenças

---

58 Segundo Guilherme Guimarães Feliciano, a justiça restaurativa "corresponde ao 'processo em que todas as partes envolvidas em uma específica infração resolvem coletivamente como lidar com as suas consequências e as suas implicações para o futuro'. Como se percebe, a ideia foi concebida especificamente para os dilemas da justiça criminal; no entanto, ao menos teoricamente, já tem sido exportado para outros nichos sociojurídicos onde haja lesão a bens jurídicos associada a grande desconforto social (e.g., questões de responsabilidade civil coletiva e litígios trabalhistas) [...]. Inspirou-se supostamente em antigas tradições africanas, neozelandesas e/ou norte-americanas (nativas ou das primeiras comunidades) de resolução de conflitos interindividuais por meio de diálogos pacificadores e construções coletivas de convergências. A Justiça Restaurativa baseia-se, pois, em procedimentos mais ou menos informais de consenso, que preferem ao processual judicial típico e envolvem a vítima e o infrator – ou, quando apropriado, outros membros da comunidade afetada pelo ato ilícito – em atividades comunitárias das quais esses interessados participam coletiva e ativamente, como sujeitos centrais, no sentido da construção de soluções concretas que não apenas punam o infrator, mas sobretudo curem as feridas morais ou sociais remanescentes, aplaquem os traumas e amenizem as perdas econômicas provocadas pela conduta desviada." (FELICIANO, 2014, p. 86-87).

díspares, tendências novas que afloram, correntes antigas que resistem, desiquilíbrios que se manifestam através de diversas concepções, nem sempre plenamente conscientes e claras. A análise da ideia de justiça numa sociedade determinada deve ter em conta esse carácter complexo e dinâmico que tem em cada momento. (LATORRE, 1997, p. 64).

Sobre o tema, merece ser lembrada a lição de Miguel Reale:

> Há milênios que a humanidade procura se achegar à mais alta expressão da Justiça, que não é a que se realiza só com o dar a cada um o que é seu, ou com o tratamento dos cidadãos na proporção de seus méritos, mas também com a constituição de uma ordem social na qual cada homem saiba se dedicar ao bem comum sem exigir retribuição proporcional à sua obra. (REALE, 1998, p. 310).

Para Gustavo Zagrebelsky e Carlo Maria Martini, o mundo é regido pela justiça, a verdade e a paz. Mas assinalam que, segundo Misbnab, "estas três coisas são na realidade uma só: a justiça. De fato, apoiando-se a justiça na verdade, chega-se à paz." (ZAGREBELSKY; MARTINI, 2006, p. 17, tradução nossa).[59]

2.3.11. Função de promoção do bem comum

O Direito tem como finalidade o bem comum. Neste sentido, anota Jean Dabin que "se o Direito é consubstancial com a ideia de sociedade, o fim da regra de Direito não poderá ser outro que o fim da própria sociedade: a saber, o *bem comum*." (DABIN, 2010, p. 187).

Destarte, uma das funções básicas do Direito "é garantir as condições sociais para que o ser humano alcance o bem comum, a busca da felicidade coletiva, que se realiza à medida que cada indivíduo possa ter assegurado seu direito de atender suas necessidades individuais." (DIAS, 2009, p. 207).

O Direito, então, tem como função atender às necessidades sociais dos indivíduos dos mais diversos grupos e supri-las, devendo estar

---

59 No original: "Hay três cosas que rigen el mundo: la justicia, la verdad y la paz. Así lo entende la Mishnah, que comenta: las três cosas son en realidade una sola: la justicia. De hecho, apoyándose la justicia en la verdad, a lo que lhega es a la paz."

aparelhado para servir de instrumento de satisfação das necessidades humanas e de proteção e preservação da dignidade da pessoa humana.

O Direito deve promover o bem comum, entendido este não como abstração filosófica, mas no sentido social, com vistas à satisfação das necessidades e dos anseios das pessoas, a partir da realidade das suas vidas. É que:

> A lei é uma regra e medida dos atos, pela qual somos levados à ação ou dela impedidos, e a razão outra coisa não é senão regra e medida dos atos humanos. É próprio da razão, e logo, da lei, ordenar para o fim, que é o bem comum, de onde a definição de lei: Uma ordenação da razão para o bem comum, promulgada pelo chefe da comunidade. Nenhuma ordem terá natureza de lei senão se ordenar à vista do bem comum [...]. O bem de um homem não é o fim último, 'mas se ordena ao bem comum'. (FELIPPE, 1996, p. 43).

Lembre-se de que é um dos objetivos da República Federativa do Brasil "promover o bem de todos sem preconceitos de origem, raça, sexo, cor, idade e quaisquer outras formas de discriminação", conforme estatui o seu art. 3º, IV.

O Direito, ao ordenar as relações sociais, visa alcançar a harmonia dos indivíduos, para obter convivência ordenada, "o que se traduz na expressão: 'bem comum'." O bem comum não é a soma dos bens individuais, "nem a média do bem de todos; o bem comum, a rigor, é a ordenação daquilo que cada homem pode realizar sem prejuízo do bem alheio, uma composição harmônica do bem de cada um com o bem de todos." É que, modernamente, "o bem comum tem sido visto [...] como uma estrutura social na qual sejam possíveis formas de participação e de comunicação de todos os indivíduos e grupos." (REALE, 1998, p. 59).

Reinaldo Dias afirma que o Direito se apresenta como o conjunto de normas "estimuladas por determinadas necessidades sentidas em sua vida social e com o propósito de satisfazer necessidades em sua existência coletiva de acordo com determinados valores mais ou menos compartilhados, como justiça, liberdade, respeito aos direitos humanos etc." (DIAS, 2009, p 71).

Anota Edgar de Godoi da Mata-Machado:

As regras, os modelos, os quadros que exprimem atitudes costumeiras ou que aspiram a determinar ações e omissões de ordem jurídica, mesmo quando servem de proteção a bens individuais, têm em mira o bem da convivência entre os membros da sociedade, ou o bem comum, que é tal não apenas por ser de todos, mas porque deve reverter sobre cada um. Será, pois, em virtude da atração do bem comum, cuja promoção e guarda não podem ser deixadas ao arbítrio maior obrigatoriedade, permanência e sociabilidade. O bem comum é a medida e o estímulo de tais afeiçoamentos. Eis como, ao simples exame de fatos que se desenrolam no seio da sociedade, se patenteiam algumas notas específicas da regra do direito. (MATA-MACHADO, 1986, p. 19).

Para Miguel Reale, Direito "é a realização ordenada e garantida do bem comum numa estrutura tridimensional bilateral atributiva, ou, de uma forma analítica: Direito é a ordenação heterônoma, coercível e bilateral atributiva das relações de convivência, segundo uma integração normativa de fatos segundo valores." (REALE, 2005, p. 67). Concedendo um caráter mais ético à sua definição, Miguel Reale acrescentou-lhe a ideia de justiça: "Direito é a concretização da ideia de justiça na pluridiversidade de seu dever ser histórico, tendo a pessoa como fonte de todos os valores." (REALE, 2005, p. 69). Conclui o autor:

> O bem comum, objeto mais alto da virtude justiça, representa, pois, uma ordem proporcional de bens em sociedade, de maneira que o Direito não tem a finalidade exclusiva de realizar a coexistência das liberdades individuais (visão parcial da fenomenologia jurídica), mas sim a finalidade de alcançar a coexistência e a harmonia do bem de cada um com o bem de todos. (REALE, 1998, p. 311).

O Direito é um fator decisivo para o desenvolvimento social, científico, econômico, tecnológico e cultural dos povos e das comunicações, podendo também propiciar a justa distribuição de riquezas, todos voltados para a realização do bem comum, um dos objetivos da República Federativa do Brasil (art. 3º, IV).

Anota Niklas Luhmann:

> O direito não mais restringe o desenvolvimento social, pois qualquer estrutura eventualmente necessária pode ser juridicamente codificada (desde que ela possa ser identificada com um grau suficiente de certeza). Muito ao contrário, agora o di-

reito serve como instrumento do desenvolvimento social, como mecanismo de definição e distribuição de chances e de resolução de consequências funcionais problemáticas, as quais surgem inevitavelmente do rápido crescimento da diferenciação entre sistemas funcionais. (LUHMANN, 1985, p. 12-13).

Lembre-se de que, para viver em harmonia com os seus semelhantes, o homem precisa estar no mesmo plano social e de que "social quer-se dizer estruturação assentada sobre bases destituídas de privilégios de indivíduos ou classes." (NOGUEIRA, 1980, p. 106).

Registre-se que essa função é também típica do direito do trabalho, ressaltando-se, neste sentido, que a própria Constituição, como se vê dos incisos II e IV do art. 186, relaciona a observância das disposições que regulam a relação de trabalho ao bem-estar de empregados e empregadores.

2.3.12. Função social

O Direito desempenha função social, o que, para Pontes de Miranda, consiste em "dar valores a interesses, a bens da vida, e regular-lhes a distribuição entre os homens. Sofre o influxo de outros processos sociais mais estabilizadores do que ele, e é movido por processos sociais mais renovadores; de modo que desempenha, no campo da ação social, papel semelhante ao da ciência, no campo do pensamento. Esse ponto é da maior importância." (MIRANDA, 2000, p. 13).

A ordem jurídica brasileira dá especial relevo à função social do Direito, o que pode ser visto, por exemplo, nos seguintes dispositivos:

a) arts. 5º, XXII, XXIII; 170, III; 182, §4º, III; 186 da CR/88, que conferem à propriedade uma função social;

b) *caput* do art. 7º da CR/88, que vincula o Direito à melhoria da condição social dos trabalhadores;

c) art. 421 do Código Civil, que dispõe que a liberdade de contratar será exercida em razão e nos limites da função social do contrato;

d) art. 187 do Código Civil, em que está previsto que a função social do Direito é o limite para o exercício de todo e qualquer direito subjetivo;

e) §1º do art. 1228 do Código Civil, que submete o direito de propriedade à sua função social (§1º "O direito de propriedade deve ser exercido em consonância com as suas finalidades econômicas e sociais e de modo que sejam preservados, de conformidade com o estabelecido em lei especial, a flora, a fauna, as belezas naturais, o equilíbrio ecológico e o patrimônio histórico e artístico, bem como evitada a poluição do ar e das águas.");

f) §4º do art. 1228 do Código Civil, que também contém presente o princípio da socialidade, na medida em que determina que "o proprietário também pode ser privado da coisa se o imóvel reivindicado consistir em extensa área, na posse ininterrupta e de boa-fé, por mais de cinco anos, de considerável número de pessoas, e estas nela houverem realizado, em conjunto ou separadamente, obras e serviços considerados pelo juiz de interesse social e econômico relevante."

Anota Cláudia Lima Marques que o Direito tem função social por ser parte da "estrutura da sociedade" e que a expressão "lei de função social" deve ser entendida "não como uma repetição da própria essência da norma, mas como destaque de uma característica de determinadas leis: "são as leis intervencionistas, leis de ordem pública econômica, que procuram realizar o que Ihering denominava função social do direito privado." (MARQUES, 2011, p. 601).

2.3.13. Função de estabelecer a igualdade entre as pessoas

A desigualdade impede a manifestação da vontade de forma livre, porquanto a dependência política, econômica, social ou cultural acarreta a falta de liberdade, sendo certo que existe uma nítida relação entre liberdade e igualdade. Por isso, a "instauração da igualdade entre os cidadãos tem sido – juntamente com a garantia da sua liberdade e da segurança (ou da paz) – a definição clássica das funções do direito no Estado contemporâneo." (HESPANHA, 2009, p. 168).

A igualdade pode ser formal (todos os indivíduos são dotados de igual valor e dignidade) e material. Ensina Luís Roberto Barroso que a igualdade formal "impede a hierarquização entre pessoas, vedando a instituição de privilégios ou vantagens que não possam ser republicanamente justificadas" e que a igualdade material "envolve aspectos mais complexos e ideológicos, de vez que é associada à ideia de justiça distributiva e social: não basta equiparar as pessoas na lei ou perante a lei, sendo necessário equipará-los, também, perante a vida, ainda que minimamente."[60] (BARROSO, 2010, p. 42).

Não se olvide de que "as condições singulares dos indivíduos exigem tratamentos diversos, sob pena de se criarem ou potenciarem novas diferenças sociais: o igual deve ser tratado igualmente e o desigual, desigualmente, na medida exacta da diferença." (BARRETO, 2005, p. 136).

Na Constituição da República de 1988, o valor igualdade está consagrado no *caput* do art. 5º, ao dispor que "todos são iguais perante a lei, sem distinção de qualquer natureza, garantindo-se aos brasileiros e aos estrangeiros residentes no País a inviolabilidade do direito à vida, à liberdade, à igualdade, à segurança e à propriedade". É encontrado também no inciso I deste mesmo dispositivo constitucional, que estabelece que os homens e mulheres "são iguais em direitos e obrigações, nos termos desta Constituição". No art. 7º, inciso XXXI, encontra-se a igualdade salarial e de critérios de admissão em relação ao trabalhador portador de necessidades especiais. Neste mesmo dispositivo constitucional, em seu inciso XXXIV, é assegurada "igualdade de direitos entre o trabalhador com vínculo empregatício permanente e o trabalhador avulso", por exemplo.

António Monteiro Fernandes chama a atenção para o fato de que "a função mais correntemente atribuída ao direito do trabalho é, justamente, a de 'compensar a debilidade contratual originária

---

60 Destaca, ainda, Luis Roberto Barroso que a "noção de igualdade formal projeta-se tanto para o âmbito da *igualdade na lei* – comando dirigido ao legislador – quando para a *igualdade perante a lei*, mandamento voltado para o intérprete do Direito. A lei não deve dar tratamento diferenciado a pessoas e situações substancialmente iguais, sendo inconstitucionais as distinções caprichosas e injustificadas. Já os intérpretes – doutrinários, administrativos ou judiciais – devem atribuir sentido e alcance às leis de modo a evitar que produzam, concretamente, efeitos inequalitários. Em certas situações, respeitado o limite semântico dos enunciados normativos, deverão proceder de forma corretiva, realizando a interpretação das leis conforme a Constituição." (BARROSO, 2010, p. 42-43).

do trabalhador, no plano individual'", o que é perseguido "pela limitação da autonomia privada individual", pela limitação "dos poderes de direção e organização do empregador" e "pela transferência do momento contratual fundamental do plano individual para o coletivo", isso, por meio do reconhecimento da liberdade sindical e da autonomia coletiva. (FERNANDES, 2010, p. 25-26).

2.3.14. Função ideológica do Direito

Ao Direito é atribuída função ideológica, que se manifesta por meio de diversas crenças, sintetizadas por André-Jean Arnaud e María José Fariñas Dulce da seguinte forma:

> 1º crença em que o direito corresponde a valores superiores, tais como justiça (*right/wrong*. 'eu tenho razão', 'você está errado'), a beleza, a harmonia social, a paz (força coercitiva ética);
>
> 2º crença em que o direito de cada sociedade corresponde ao próprio contexto cultural, às próprias exigências históricas, à própria visão do mundo desta última (força coercitiva mítica);
>
> 3º crença em que se deve obedecer ao direito porque ele é afirmado e porque ele é implementado por pessoas que têm legitimidade para fazê-lo (força coercitiva formal);
>
> 4º crença em que se deve obedecer ao direito porque ele é direito (força coercitiva moral);
>
> 5º crença, enfim, em que se deve obedecer ao direito porque ele é o instrumento de regulação da sociedade (força coercitiva psicológica). É, de fato, uma crença comum (cultura e história nacionais obrigam a isso) que a regulação pelo direito (subentendido direito 'estatal') é a única e absolutamente inevitável maneira de assegurar a regulação social. (ARNAUD; DULCE; 2000, p. 256).

A ideologia jurídica foi constituída com base nestas crenças, asseverando Henrique Garbellini Carnio e Alvaro de Azevedo Gonzaga que Hans Barth, em sua obra *Veritá e Ideologia*,

> [...] anuncia que a ideologia no século XX tem como base quatro pressupostos que se relacionam pelo sentido da atividade espiritual humana em íntima correlação com a atividade econômica, que formam, de algum modo, a maneira como o indivíduo orienta-se no mundo, predispõe-se ao mundo e transforma-o, (re)cria-o. (CARNIO; GONZAGA; 2011, p. 169).

Destacam, ainda, esses autores:

> Atualmente, a criação do Direito está muito relacionada e muito pressionada pela realidade vivencial (experiencial/existencial) que a sociedade presencia, as questões processuais se estruturam em modelos e atitudes utilitaristas, caracteristicamente representadas por um individualismo ideológico-representativo [...]. O direito está tomado pelo pensamento conservador e nele nitidamente a ideologia em seu sentido representativo tem grande força e se alastra por questões teóricas e científicas até questões práticas do cotidiano [...]. Deve-se entender que as ideologias 'não são superficiais, irrelevantes ou nefastas [...] não se pode apenas visualizar seu aspecto negativo de distorção e com isso descartar sua função e minimizar sua operacionalidade, ainda que sob novas roupagens e rotulações nos horizontes do atual estágio das sociedades pós-industriais e globalizadas'. (CARNIO; GONZAGA, 2011, p. 169).

Vê-se, então, que o Direito

> [...] não é nada além de uma crença, e deve responder a expectativas legítimas, nascidas muito dessa crença, alicerçada ora na lei, ora num direito imaginado segundo uma imagem de justiça, das necessidades, das esperanças... O Estado está presente para ratificar essas expectativas e lhes dar sua força executória. (ARNAUD; DULCE, 2000, p. 256).

Anote-se, por exemplo, que se manifesta no Preâmbulo da Constituição da República de 1988 a crença de que é possível promulgar uma Constituição visando instituir um Estado Democrático, destinado a assegurar o exercício dos direitos sociais e individuais e determinados valores que são elencados na construção de uma sociedade fraterna, pluralista e sem preconceitos, alicerçada na paz social, "sob a proteção de Deus".[61]

Lembre-se de que o conceito de ideologia está ligado a um conjunto abstrato de ideias, de pensamentos, um modo de ver dos indivíduos ou de grupos que pautam as suas ações sociais e políticas. Para alguns, é algo ilusório; para outros, pode significar um instru-

---

61 Observe-se que, mesmo acreditando na proteção divina, a Assembleia Nacional Constituinte promulgou uma Constituição em que é assegurado que, "ninguém será privado de direitos por motivo de crença religiosa ou de convicção filosófica ou política, salvo se as invocar para eximir-se de obrigação legal a todos imposta e recusar-se a cumprir prestação alternativa, fixada em lei." (art. 5º, VIII).

mento de dominação que age por meio de convencimento (persuasão ou dissuasão, mas não por meio da força física), de forma prescritiva, alienando a consciência humana.

Contudo, não é este o entendimento de István Mészáros:

> Na verdade, a ideologia não é ilusão nem superstição religiosa de indivíduos mal-orientados, mas uma forma específica de consciência social, materialmente ancorada e sustentada. Como tal, não pode ser superada nas *sociedades de classe*. Sua persistência se deve ao fato de ela ser construída objetivamente (e constantemente reconstruída) como *consciência prática inevitável das sociedades de classe*, relacionada com a articulação de conjunto de valores e estratégicas rivais que tentam controlar o metabolismo social em todos os seus principais aspectos. Os interesses sociais que se desenvolvem ao longo da história e se *entrelaçam conflituosamente* manifestam-se, no plano da consciência social, na grande diversidade de discursos ideológicos relativamente *autônomos* (mas, é claro, de modo algum *independentes*), que exercem forte influência sobre os processos materiais mais tangíveis do metabolismo social. (MÉSZÁROS, 2004, p. 65).[62]

Henrique Garbellini Carnio e Alvaro de Azevedo Gonzaga afirmam que o Direito como fenômeno ideológico apresenta dois aspectos: um interno e outro externo. O interno "é defini-lo em suas características historicamente aceitas pelo senso comum como essenciais; dizer a ideologia externa é vincular essa caracterização com as formas históricas dominantes do saber e atuar." (CARNIO; GONZAGA, 2011, p. 173).

Marilena Chaui ensina que a produção social da ideologia possui três momentos cruciais, quais sejam:

> a) se inicia como um conjunto sistemático de ideias de uma classe em ascensão cuidando para que os interesses desta legitime a representação de todos os interesses da sociedade por ela. Neste momento, se está assim legitimando a luta da nova classe pelo poder.

---

62 Em sentido oposto, assevera Hans Kelsen que: "A 'ideologia', porém, encobre a realidade enquanto, com a intenção de a conservar, de a defender, a obscurece ou, com a intenção de a atacar, de a destruir e de a substituir por uma outra, a desfigura. Tal ideologia tem a sua raiz na vontade, não no conhecimento, nasce de certos interesses, melhor, nasce de outros interesses que não o interesse pela verdade – com o que, naturalmente, nada se afirma sobre o valor ou sobre a dignidade desses outros interesses." (KELSEN, 1979, p. 161).

b) no segundo momento se espraia no senso comum, ou seja, passa a se popularizar, passa a ser um conjunto de ideias e conceitos aceitos por todos que são contrários à dominação existente. Neste momento, as ideias e valores da classe emergente são interiorizados pela consciência de todos os membros não dominantes da sociedade.

c) uma vez assim sedimentada a ideologia se mantém, mesmo após a chegada da nova classe ao poder, que é então a classe dominante, os interesses de todos que eram os não dominantes passam a ser negados pela realidade da nova dominação. (CHAUI, 1984, p. 119).

Para A. Castanheira Neves a ideologia tem um "sentido culturalmente positivo, se a identificarmos com a intenção cultural que realiza o esforço de uma compreensão totalizante, de compreensão unitária e coerente de uma certa realidade e prática historicamente social", no sentido de um sistema de ideias:

De valores, princípios, intenções, conceitos, etc. inscrito na estrutura social, um sistema de compreensão que dá sentido a uma histórica prática social, que a fundamenta e a orienta no modo da 'definição global de uma relação do sujeito e da situação para daí fazer emergir uma finalidade da ação' [...]. 'a ideologia social (...) não é em si nem conservadora, nem revolucionária: é ela o que mantém unido e organiza um grupo social, ou seja, permite não só a individualização de um grupo como entidade estática, mas exprime ainda [...] a ideia da mobilização das energias presentes no grupo em direção ao conseguimento dos fins que o próprio grupo se propõe'. É, no fundo, neste sentido que vemos, por exemplo, entendida a 'ideia de direito' para que BURDEAU apela, ao pensar nela a intenção fundamentante e compreensiva da ordenação materialmente global (ou segundo um certo projecto materialmente global) de uma comunidade concreta. (NEVES, 1976, p. 178).

O sentido negativo da ideologia, para A. Castanheira Neves, se manifesta quando

[...] reflete uma das descobertas emergentes do conflito político, a de que os grupos dominantes podem tornar-se, no seu próprio pensamento, tão intensamente ligados pelo interesse a uma situação, que deixam de ser pura e simplesmente capazes de ver certos factos que iriam afectar o seu sentido de domínio. Está implícita na palavra ideologia a noção de que, em certas situações, o inconsciente colectivo de certos grupos obscurece a condição social real da sociedade, tanto para si como para os demais, estabilizando-a portanto. (NEVES, 1976, p. 178).

Registre-se, por fim, o entendimento de J. J. Calmon de Passos:

> Inexiste *pureza* no direito. O jurídico coabita, necessariamente, com o político e com o econômico. Toda teoria jurídica tem conteúdo ideológico. Inclusive a teoria pura do direito. Nenhum instituto jurídico, nenhuma construção jurídica escapa dessa contaminação. Nem mesmo a dogmática jurídica. Nem o processo, um instrumento aparentemente neutro, estritamente técnico, foge desse comprometimento. Ele também está carregado de significação política e tem múltiplas implicações econômicas. (CALMON DE PASSOS, 1988, p. 83).

2.4. Principais sistemas jurídicos da atualidade

Como foi visto, vários doutrinadores procuram estabelecer o conceito de Direito, os valores que devem ser por ele protegidos e perseguidos, bem como as funções que desempenha na sociedade. De outro lado, várias são as formas pelas quais o Direito se manifesta, o que faz surgir os denominados *sistemas jurídicos*.

Ao longo dos anos, o Direito gerou princípios, instituições, formas coercitivas de convivência social, formas punitivas de prática de atos ilícitos, mecanismos de criação e proteção dos direitos individuais e dos grupos sociais, que foram e estão sendo alterados, aperfeiçoados e atualizados, principalmente porque as sociedades têm tentado assumir o controle do seu próprio destino.

A comunidade internacional é formada por Estados livres e soberanos, produto do desenvolvimento histórico e das decisões tomadas pelos povos e nações que os integram, possuindo um sistema jurídico ou regime de Direito. Ou seja, um ordenamento jurídico, "um corpo integrado de regras que determina as condições sob as quais a força física será exercida contra uma pessoa", que fixa "um aparato de autoridades públicas (os tribunais e os órgãos executivos) cuja função consiste em ordenar e levar a cabo o exercício da força em casos específicos", isto é, "conjunto de regras para o estabelecimento e funcionamento do aparato de força do Estado." (ROSS, 2007, p. 58).

Para René David, o fenômeno jurídico é complexo e cada Direito constitui um sistema: "emprega um certo vocabulário, correspondente a certos conceitos; agrupa as regras em certas categorias; comporta o uso de certas técnicas para formular regras e certos métodos para as interpretar; está ligado a uma dada concepção de ordem social" (DAVID, 2002, p. 20), que estabelece o modo de aplicação e a própria função do direito, justificando, com isto, agrupar os diversos direitos em "famílias", do mesmo modo que nas outras ciências, com vistas a facilitar, "reduzindo-os a um número restrito de tipos, a apresentação e a compreensão dos diferentes direitos do mundo contemporâneo. Porém, não há concordância sobre o modo de efetuar este agrupamento, e sobre quais famílias de direitos se deve por conseguinte reconhecer." (DAVID, 2002, p. 22).[63]

Afirma Reinaldo Dias que, de modo geral, os sistemas jurídicos compreendem:

> 1. Regras que proíbem ou impõem certos tipos de comportamento, sob cominação de pena.
>
> 2. Regras que exigem que as pessoas compensem aqueles que por si são ofendidos de certas maneiras.
>
> 3. Regras que especificam o que deve ser feito para outorgar testamentos, celebrar contratos ou outros instrumentos que confiram direitos e criem obrigações.
>
> 4. Tribunais que determinem quais são as normas e quando foram violadas e que estabeleçam o castigo ou compensação a ser pagos.
>
> 5. Um poder legislativo para fazer novas regras e abolir as antigas. (DIAS, 2009, p. 116).

Para esse mesmo autor, o "mundo jurídico poderia ser dividido em cinco grandes blocos que apresentam sistemas jurídicos semelhantes", quais sejam:

---

63 Ensina René David, ainda, que, "a noção de 'família de direito' não corresponde a uma realidade biológica; recorre-se a ela unicamente para fins didáticos, valorizando as semelhanças e as diferenças que existem entre os diferentes direitos. Sendo assim, todas as classificações têm o seu mérito. Tudo depende do quadro em que se coloquem e da preocupação que, para uns e outros, seja dominante [...]. Limitar-nos-emos, de modo pragmático, a pôr sumariamente em relevo as características essenciais de três grupos de direitos que, no mundo contemporâneo, ocupam uma situação proeminente: família romano-germânica, família da *common law* e família dos direitos socialistas. Estes grupos de direitos, porém, qualquer que seja o seu valor e qualquer que possa ter sido a sua expansão, estão longe de dar conta de toda a realidade do mundo jurídico contemporâneo. Ao lado das concepções que eles representam, ou combinando-se com essas concepções, outros modos de ver relativos à boa organização da sociedade persistem e continuam a ser determinantes num grande número de sociedades." (DAVID, 2002, p. 22-23).

Aqueles que apresentam: (1) o Direito produto da mais alta tradição romana-germânica, documental, formalista e dogmática jurídica; (2) o Direito anglo-saxão, baseado na capacidade do juiz de criar Direito, dos costumes e dos precedentes; (3) o Direito socialista, considerado como parte da superestrutura da organização social que regula a vida social em um entorno de controle estatal dos meios de produção; (4) o Direito nas Teocracias. Pode ser identificada ainda uma forma de ordenamento jurídico, bastante diversificada e sem uma base comum, que existe em povos que se baseiam na tradição e na qual se incluem os povos primitivos; sendo consuetudinária por excelência, regula com base nos valores e tradições as condutas dos membros desses argumentos. (DIAS, 2009, p. 116-117).

O estudo dos sistemas jurídicos se justifica, dentre outras razões, pelo fato de a legislação que trata das ações coletivas no ordenamento processual nacional ter sofrido influências tanto do *civil law* como do *common law*, não podendo ser olvidada, ainda, a aproximação do nosso sistema do *common law*, notadamente, no que concerne à valorização dos precedentes.

A seguir, serão analisados, de forma breve, os grandes sistemas jurídicos da atualidade.

2.4.1. Sistema do civil law[64] (família romano-germânica[65])

Mesmo com a queda do Império Romano, a tradição do Direito Romano manteve a sua influência em países como a França, Alemanha, Espanha, Portugal, Itália e Bélgica, chegando à América Latina, em razão das colonizações espanhola e portuguesa, bem como a partes da Ásia, África e Oceania. Tem, portanto, seu berço na Europa e se formou graças "aos esforços das universidades europeias, que elaboraram e desenvolveram a partir do século XII, com base em compilações do imperador Justiniano, uma ciência

---

64 Anote-se que, "nos países anglo-saxónicos, utiliza-se a expressão *civil law*, tirada da grande codificação romana (*Corpus iuris civilis*) para designar o direito dos países continentais (também chamado: *continental law*), por oposição ao seu direito comum, o *common law*." (GILISSEN, 1995, p. 202).

65 Alguns doutrinadores preferem nominar este Sistema pela expressão "direitos romanistas", como é o caso de John Gilissen, "por causa do papel capital do direito romano na formação e evolução dos conceitos jurídicos dos países europeus." (GILISSEN, 1995, p. 202).

jurídica comum a todos, apropriada às condições do mundo moderno". A denominação "romano-germânica" foi escolhida "para homenagear estes esforços comuns, desenvolvidos ao mesmo tempo nas universidades dos países latinos e dos países germânicos." (DAVID, 2002, p. 24).

Neste sistema, as leis básicas são organizadas em códigos, por matéria ou ramo do Direito, de forma ordenada, lógica e compreensível, com a concentração das formações jurídicas por meio dos órgãos estatais politicamente dominantes.

A principal característica desse sistema é a predominância da norma escrita (leis), o que resulta na menor importância da jurisprudência e dos costumes. Outras caraterísticas do sistema são: a divisão do Direito em ramos, por exemplo, direito civil e direito do trabalho; e a existência de tribunais constituídos predominantemente por juízes de carreira.

As "regras de direito são concebidas nestes países como sendo regras de conduta, estreitamente ligadas a preocupações de justiça e de moral", acrescentando-se que

> [...] determinar quais devem ser estas regras é a tarefa essencial da ciência do direito; absorvida por esta tarefa, a 'doutrina' pouco se interessa pela aplicação do direito que é assunto para os práticos do direito e da administração [...]. Uma outra característica dos direitos da família romano-germânica reside no fato de esses direitos terem sido elaborados, antes de tudo, por razões históricas, visando regular as relações entre os cidadãos; os outros ramos do direito só mais tardiamente e menos perfeitamente foram desenvolvidos, partindo dos princípios do 'direito civil', que continua a ser o centro por excelência da ciência do direito. (DAVID, 2002, p. 23).

2.4.2. Sistema do common law (família anglo-saxão)

O sistema do *common law*[66] originou-se na Inglaterra, no século XI, expandindo-se para outros países que formavam o Império

---

66 Segundo Ronald Dworkin o termo *common law* "designa o sistema de direito de leis originalmente baseadas em leis costumeiras e não escritas da Inglaterra, que se desenvolveu a partir da doutrina do precedente. De maneira geral, a expressão refere-se ao conjunto de leis que deriva e se desenvolve a partir das decisões

Britânico e, posteriormente, para os Estados Unidos da América, Austrália, Nova Zelândia e África do Sul.

No século XI, Guilherme, o Conquistador, invadiu a Inglaterra e se proclamou rei, unindo os vários principados sob seu reinado. Foram criados tribunais laicos, que tinham por finalidade unificar o Direito existente. Com isso, o "Direito criado por estes tribunais, a partir dos costumes locais, passou a ser o Direito Comum de todo o país." (DIAS, 2009, p. 118).

A propósito, observa René David que

> [...] o sistema da *common law* é um sistema de direito elaborado na Inglaterra, principalmente pela ação dos Tribunais Reais de Justiça, depois da conquista normanda [...]. Todo o estudo da *common law* deve começar por um estudo do direito inglês. A *common law* é um sistema profundamente marcado pela sua história, e esta história é de forma exclusiva, até o Século XVIII, a do direito inglês [...]. Podem reconhecer-se quatro períodos principais na história do direito inglês. O primeiro é o período anterior à conquista normanda de 1066. O segundo, que vai de 1066 ao advento da dinastia dos Tudors (1485), é o da formação da *common law*, no qual um sistema de direito novo, comum a todo o reino, se desenvolve e substitui os costumes locais. O terceiro período, que vai de 1485 a 1832, é marcado pelo desenvolvimento, ao lado da *common law*, de um sistema complementar e às vezes rival, que se manifesta nas 'regras de equidade'. O quarto período, que começa em 1832 e continua até os nossos dias, é o período moderno, no qual a *common law* deve fazer face a um desenvolvimento sem precedentes da lei e adaptar-se a uma sociedade dirigida cada vez mais pela administração. (DAVID, 2002, p. 351 e 356).

Neste trabalho, interessa definir as características do *common law*, motivo pelo qual será conferida maior ênfase ao período de seu surgimento e desenvolvimento.

René David assevera:

> A *comune ley* ou *common law* é, por oposição aos costumes locais, o direito comum a toda Inglaterra. Este direito, em 1066, não existe. A assembleia dos homens livres, chamada County Court ou Hundred Court, aplica o costume local, isto é, limita-se,

---

dos tribunais, em oposição às leis promulgadas através de processo legislativo." (DWORKIN, 2002, p. 37).

de acordo com este costume, a decidir qual das partes deverá provar a verdade de suas declarações, submetendo-se a um meio de prova que não tem nenhuma pretensão de ser racional [...]. Depois da conquista, as *Hundred Courts* ou *County Courts* serão pouco a pouco substituídas por jurisdições senhoriais de um novo tipo (*Courts Baron, Court Leet, Manorial Courts*); mas estas estatuirão igualmente com base na aplicação do direito costumeiro eminentemente local As jurisdições eclesiásticas instituídas depois da conquista aplicam o direito canônico comum a toda a cristandade. A elaboração da *comune ley*, direito inglês e comum a toda a Inglaterra, será obra exclusiva dos Tribunais Reais de Justiça [...]. No início da conquista normanda, normalmente, os litígios eram levados às diferentes jurisdições que acabamos de enumerar. O rei exerce apenas a 'alta justiça'; só se sente autorizado e só toma conhecimento de um litígio em casos excepcionais: se a paz do reino for ameaçada, se as circunstâncias impossibilitarem que a justiça seja praticada pelos meios normais. A *Curia regis*, onde ele preceitua, assistido pelos seus servidores mais próximos e pelos grandes do reino, é a corte das grandes personagens e das grandes causas [...]. Os Tribunais Reais, de resto, não estão aptos a administrar a justiça, até mesmo em recurso, para todos os litígios que surjam no reino. A sua intervenção vai limitar-se, essencialmente, a três categorias de causas em que ela se afigura natural: questões relacionadas com as finanças reais, com a propriedade imobiliária e a posse de imóveis do reino [...]. Além das três categorias de casos que acabam de ser mencionadas, todos os litígios continuam a ser resolvidos, fora das jurisdições reais, pelas *Hundred* ou *County Courts*, pelas jurisdições senhoriais e eclesiásticas. (DAVID, 2002, p. 359/360).

Ainda consoante René David:

> O rei procura estender os seus poderes de soberano justiceiro no reino. O interesse do Chanceler e dos juízes reais é conhecer um maior número de questões, devido aos lucros que a administração judicial proporciona. Os Tribunais Reais são, por outro lado, impelidos a alargar a sua competência pelas solicitações dos particulares, a quem a justiça real surge como muito superior à das outras jurisdições. Só os Tribunais Reais possuem meios efetivos para assegurar o comparecimento das testemunhas e executar as suas decisões. Por outro lado, só o rei, com a Igreja, pode obrigar os seus súditos a prestar juramento; os Tribunais Reais puderam, por isto, modernizar o seu processo e submeter o julgamento dos litígios a um júri, enquanto as

outras jurisdições estavam condenadas a conservar um sistema arcaico de provas. Foram estas as causas pelas quais, no final da Idade Média, os Tribunais Reais foram os únicos a administrar a justiça. (DAVID, 2002, 361).

Em suma, portanto, por obra da atuação dos Tribunais Reais, o direito comum a toda a Inglaterra surgiu em substituição aos costumes locais. Assim, o *common law* foi criado pelos juízes, que "tinham de resolver litígios particulares, e hoje ainda é portador, de forma inequívoca, da marca desta origem", e "visa dar solução a um processo, e não formular uma regra geral de conduta para o futuro." (DAVID, 2002, p. 25).[67]

René David assevera, ainda:

> Elaborada na estrita dependência de processos formalistas, a *common law* estava exposta a um perigo duplo: o de não poder desenvolver-se com liberdade suficiente para dar satisfação às necessidades da época, e o de uma esclerose resultante da rotina dos homens de lei [...]. Ela não escapou a qualquer destes perigos, e veio, por isto, a correr um enorme risco: o de ver formar-se, em face dela, um sistema rival pelo qual seria, com o decorrer do tempo, abafada e suplantada [...]. Esse sistema rival [...] é a *equity*. (DAVID, 2002, p. 370).

Consoante René David, para fazer face às injustiças praticadas pelos Tribunais Reais, os litigantes passaram a recorrer ao rei, sendo o seu recurso manifestado perante o chanceler, que o transmitia ao rei, "se o julgasse oportuno, o qual decidia no seu Conselho a solução para este recurso". Mas, após a Guerra das Duas Rosas, tornou-se difícil para o rei estatuir em seu Conselho, o que fez com que o chanceler passasse a decidir em nome do rei e do Conselho, por sua delegação, ao passo que,

---

[67] Acrescente-se que "as regras respeitantes à administração da justiça, ao processo, à prova, e as relativas à execução das decisões de justiça têm aos olhos dos *common lawyers* um interesse semelhante, e mesmo superior, às regras respeitantes ao fundo do direito, sendo sua preocupação imediata a de restabelecer a ordem perturbada, e não a de lançar as bases da sociedade [...]. Na formação e no desenvolvimento da *common law*, direito público resultante do processo, a ciência dos romanistas, fundada sobre o direito civil, desempenhou uma função muito restrita: as divisões da *common law*, os conceitos que ela utiliza e o vocabulário dos *common lawyers* são inteiramente diferentes das divisões, conceitos e vocabulários dos juristas da família de direito romano-germânica." (DAVID, 2002, p. 25).

> [...] a intervenção do Chanceler é cada vez mais frequentemente solicitada, devido aos obstáculos que o processo e a rotina dos juízes opõem a um desenvolvimento desejável da *common law*. As suas decisões, tomadas inicialmente em consideração pela 'equidade do caso particular', tornam-se cada vez mais sistemáticas, fazendo a aplicação de doutrinas 'equitativas', que constituem adjunções ou corretivos aos princípios 'jurídicos' aplicados pelos Tribunais Reais [...]. A resistência dos juristas precisou ser levada em consideração pelos soberanos, porque os tribunais de *common law* encontraram, para a defesa da sua posição e da sua obra, a aliança do parlamento, com eles coligados contra o absolutismo real. A má organização da jurisdição do Chanceler, a sua morosidade e a sua venalidade forneceram armas aos seus inimigos. A revolução que teria conduzido a Inglaterra para a família dos direitos romano-germânicos não se realizou; foi concluído um compromisso para que subsistissem, lado a lado, em equilíbrio de forças, os tribunais de *common law* e a jurisdição do Chanceler [...]. Por esta razão, o direito inglês possuiu e ainda possui uma estrutura dualista. Ao lado das regras da *common law* que é obra dos Tribunais Reais de Westminster, também designados por tribunais de *common law*, ele apresenta soluções de *equity*, que vieram complementar e aperfeiçoar as regras da *common law*. (DAVID, 2002, p. 371-375).

No entanto, conforme René David,

> [...] as soluções de *equity* tornaram-se, com o decorrer dos séculos, tão estritas, tão 'jurídicas' como as da *common law* e a sua relação com a equidade não permaneceu muito mais íntima do que no caso das regras da *common law* [...]. As razões que outrora justificaram a intervenção do Chanceler já não existem: o parlamento poderá intervir se o direito inglês tiver necessidade de um aperfeiçoamento. (DAVID, 2002, p. 375).[68]

---

68 René David adverte que os tribunais ingleses não negam valor às decisões proferida pelo Chanceler, por considerá-las "um conjunto de regras que vieram corrigir historicamente o direito inglês, e que constituem hoje uma peça integrante deste" (DAVID, 2002, p. 375), sendo por ele assinalado que, atualmente, já não existe distinção formal entre tribunais da *common law* e tribunal de *equity*, vez que "todas as jurisdições inglesas passaram a ter competência para aplicar do mesmo modo as regras da *common law* e as de equity" e, ainda, que vem ocorrendo a aproximação do direito inglês com o direito do continente europeu, movimento que é "estimulado pelas necessidades do comércio internacional e favorecido por uma mais nítida consciência das afinidades que existem entre os países europeus ligados a certos valores da civilização ocidental." (DAVID, 2002, p. 377 e 379).

No sistema do *common law*, o Direito pode ser definido como o conjunto de normas de caráter jurídico, não escritas, sancionadas e acolhidas pelos costumes e pela jurisprudência. Nele, a jurisprudência dos tribunais superiores vincula os tribunais inferiores, pois, ao julgarem os casos concretos, os juízes declaram o direito comum aplicável. Os julgados proferidos são registrados nos arquivos das Cortes e publicados em coletâneas (*reports*) e adquirem a força obrigatória de regras de precedentes (*rules of precedents*), razão pela qual atuam como parâmetro para os casos futuros. Os juízes e juristas abstraem destes julgados princípios e regras para, no futuro, ampliarem os limites do *common law*, propiciando a sua evolução.

Não existindo precedente ou norma escrita, os tribunais podem criar uma norma jurídica para aplicá-la ao caso concreto, predominando a forma de raciocínio analógico a partir de "precedentes judiciários".

Neste sistema, o costume tem mais importância, na medida em que é a origem do Direito Comum. O *common law* corresponde a um sistema de princípios e de costumes "observados desde tempos imemoriais e aceitos, tacitamente, ou expressamente, pelo poder legislativo, revestindo ora caráter geral, quando vigoram em todas as jurisdições, ora caráter especial, quando imperam em certas regiões, tão-somente." (RÁO, 2004, p. 145).[69]

Nos Estados Unidos[70], o sistema jurídico está organizado sobre uma base federal, existindo uma forte, diversa e complexa cultura

---

69 A expressão *common law* tem outros significados, quando, por exemplo, designa: "a) o direito anglo-americano em sua totalidade, como distinto do direito positivo de origem romana, chamada *civil law*; b) o elemento casuístico do direito anglo-americano, constituído pelos precedentes judiciais, para distingui-los das leis propriamente ditas; c) o direito das decisões e dos precedentes aplicados pelos clássicos tribunais ingleses *Common Law Court* e pelos modernos tribunais de igual categoria da Grã-Bretanha e dos Estados Unidos, em contraposição ao direito formado pela jurisprudência dos tribunais da *equity* (almirantado, direito marítimo, direito canônico etc.); d) o direito antigo, em contraste com o mais moderno, resultante da lei ou mesmo da jurisprudência." (RÁO, 2004, p. 149).

70 Registre-se que a Constituição de 1787 é a mais antiga do mundo. "E, durante sua existência, foi emendada 23 vezes. Os juízes têm um importante papel, é um Direito muito ativo e sua força reside no próprio sistema constitucional. As constituições

jurídica local, formada por juízes estatais e federais, advogados e faculdades de Direito. Os advogados têm atuação circunscrita em seus respectivos estados e grandes cidades.

O modelo britânico sofreu algumas modificações nos Estados Unidos, notadamente em

> [...] maior quantidade de Direito escrito; forte controle constitucional velado pelos tribunais; o sistema federal; tribunais constituídos por juízes e jurados; jurados sorteados entre os eleitores, que só intervêm para decidir a culpabilidade ou não do acusado; processos basicamente orais; e o juiz assume um papel mais de moderador entre as partes. (DIAS, 2009, p. 119).

Como assevera Vicente Ráo, existem "três diferentes corpos do direito anglo-americano", quais sejam:

- a *common law*, ou direito declaradamente jurisprudencial e substancialmente costumeiro;

- a *statute law*, ou direito positivo, escrito, em sentido próprio;

- a *equity*, ou direito costumeiro-jurisprudencial, fundado na equidade. (RÁO, 2004, p. 148-149).[71]

---

dos Estados são muito influenciadas pela Constituição Federal, embora sejam muito distintas entre si. O mesmo acontece com seus ordenamentos jurídicos, que constituem a lei suprema dentro de cada Estado, configurando-se um 'super-regionalismo' das leis, que são bastante diferentes em cada região." (DIAS, 2009, p. 118-119).

71 Destaca Vicente Ráo, as lições de Mayer (*De la codification em Angleterre*): "A lei comum, que melhor merece o nome de costume, não é escrita e resulta de múltiplas fontes que, com o correr do tempo, se fundiram; fontes estas cujas partes, embora pertencentes a épocas bastante remotas e inteiramente distintas, formaram afinal um todo compacto. Tradições, usos, ideias que podem dever sua origem aos bretões, aos dinamarqueses, aos normandos, aos angevinos, aos ingleses, nos variados períodos de sua história, reuniram-se em uma só massa e produziram um conjunto de costumes suficientes para prover à solução das espécies futuras, que nascessem sob as mesmas influências. A lei comum manifesta-se, assim, como um ser de razão. Não é uma lei escrita, nem suscetível de ser redigida e escrita. Não existe em parte alguma e existe por toda parte. Reside em todos os espíritos e se exterioriza em todos os usos e, dessarte, revela um traço nacional, como lei comum. Os juízes, depositários, de certo modo, da consciência pública, declaram esta lei comum, aplicam-na em suas decisões e, através destas decisões, ela se torna conhecida. O juiz é reputado infalível: sua sentença é havida, sem contestação, como conforme à lei comum e, embora não constitua lei, embora jamais se haja atribuído ao juiz algum poder legislativo, a própria decisão basta para se considerar provada a existência das disposições por ele declaradas, criando, por este modo, um precedente obrigatório. A semelhante presunção de infalibilidade do juiz, e essa autoridade dos precedentes, é que se deve a possibilidade de se enquadrar a lei comum em corpo e doutrina." (RÁO, 2004, p. 149)

2.4.3. Sistema nos países socialistas

O Direito socialista, na contemporaneidade, é formado por um número menor de sistemas jurídicos, vigorando na China, Coreia do Norte e Cuba, possuindo cada um suas especificidades, tendo seu berço na União das Repúblicas Socialistas Soviéticas.[72] Esses países outrora tiveram direitos pertencentes à família romano-germânica, motivo pelo qual a regra do direito é considerada como uma regra geral de conduta: "as divisões do direito e a terminologia dos juristas permaneceram, em larga medida, como o produto da ciência jurídica edificada sobre a base do direito romano pela obra das universidades europeias." (DAVID, 2002, p. 27).

Esse sistema baseia-se numa visão "instrumental do Estado e do Direito que representam os instrumentos de dominação da burguesia sobre a classe operária", e na constatação de que em um "Estado onde se instala a ditadura do proletariado passam a ter a função oposta de concretizar a dominação do proletariado sobre a burguesia". Conclui-se que "o Direito continua no Estado Socialista a ser um instrumento de dominação, só que da classe operária, para operar a passagem para o comunismo." (DIAS, 2009, p. 119).

Esclareça-se que a "fonte exclusiva das regras do direito socialista, tal como ele subsiste atualmente, encontra-se por esta razão na obra do legislador, que exprime uma vontade popular estreitamente guiada pelo partido comunista." (DAVID, 2002, p. 27). As regras editadas visam a estabelecer uma estrutura econômica, sendo que "todos os bens de produção foram coletivizados. O domínio das relações entre cidadãos, nas novas condições, é limitado relativamente à antiga situação; o direito privado perdeu a sua proeminência em benefício do direito público." (DAVID, 2002, p. 47).

2.4.4. Sistema nas teocracias

Trata-se de um modelo que explica e legitima o poder político pela intervenção de um poder supraterrestre. Ou seja, se constitui

---

72   Durante o século XX esse Sistema contou com maior adesão, alcançando um número mais amplo de países que também adotavam o modo de produção socialista, mas com a queda do Muro de Berlim, em 1989, e o esfacelamento da antiga União Soviética, em 1991, alguns países abandonaram esse sistema, adotando os modelos ocidentais.

em ordenamentos jurídicos e políticos, em que o poder é exercido em nome de uma autoridade divina por homens que se declaram seus representantes na Terra.

Na atualidade, este quarto sistema jurídico, que se baseia em preceitos religiosos, é encontrado no Vaticano, na Arábia Saudita e no Irã, por exemplo.

Neste sistema, a casta sacerdotal controla, direta e indiretamente, a vida social em seu conjunto, nos aspectos sagrado e profano, com o objetivo principal de salvar a alma dos fiéis. O mais indicado é que a sociedade seja governada segundo os preceitos religiosos, que foram revelados por Deus e interpretados pelos sacerdotes.[73]

Um exemplo que pode ser citado é a lei islâmica, ou *Sharia*, encontrada nos países mulçumanos, que se baseia no *Corão* ou texto sagrado, destacando-se que:

> A lei islâmica tem permanecido sem mudanças desde o século X, constituindo-se numa lei moral, criada com a intenção de governar todos os aspectos da vida. Muitos países mulçumanos têm sistemas legais que combinam o sistema de Direito islâmico e um sistema de Direito comum ou civil derivado dos antigos laços coloniais. Em outros países, como na Nigéria, uma parte do país segue a lei islâmica, embora não se trate de um Estado teocrático. Embora a lei islâmica seja fixa, os magistrados e os eruditos islâmicos debatem constantemente sua aplicação nos diferentes cenários que se apresentam atualmente. Buscam apegar-se aos preceitos fixos do Islã e ao mesmo tempo manter uma flexibilidade suficiente para operar numa sociedade moderna. (DIAS, 2009, p. 120).

Ensina René David que:

> Nos países muçulmanos, a atenção concentrou-se num sistema ideal, o do direito muçulmano, ligado à religião do islã; os cos-

---

[73] Segundo René David, "o direito pode estar ligado a uma religião, ou pode corresponder a um certo modo de conceber a ordem social. Em um e outro caso, ele não é necessariamente seguido pelos indivíduos nem aplicado pelos tribunais, mas exerce, sobre uns e outros, uma influência considerável; pode, particularmente, acontecer que, entre os homens, um grande número de 'justos' regulem a sua existência, ou se esforcem como sendo verdadeiramente o direito. Aquele que estuda as sociedades ocidentais pode concentrar a sua atenção, numa ótica positivista, sobre as regras editadas pelo legislador ou aplicadas pelos tribunais ou, numa ótica sociológica reservar o nome de direito para as regras que são efetivamente seguidas na prática." (DAVID, 2002, p. 30).

tumes locais são considerados fenômenos de puro fato; leis e ordenanças dos príncipes são consideradas como medidas de administração, expedientes de alcance local e transitório, que não atingem plenamente a dignidade do direito. A mesma observação deve igualmente fazer-se para o direito judaico; e, da mesma forma, em um contexto diverso se distingue nitidamente, na Índia, o *dharma*, ciência do justo, da *artha*, que fornece as receitas do poder e da riqueza. O direito pode estar ligado a uma religião, ou pode corresponder a um certo modo de conceber a ordem social. (DAVID, 2002, p. 29).

Destaca Léon Duguit que nessa doutrina "o poder vem só de Deus; mas os homens que o possuem são nele investidos por meios humanos, que se realizam sob a direção invisível da providência divina, sempre presente." (DUGUIT, 2005, p. 32).

2.4.5. Sistemas do common law e do civil law: movimento de aproximação

Luiz Guilherme Marinoni assinala que "o *civil law* e o *common law* surgiram em circunstâncias políticas e culturais completamente distintas, o que naturalmente levou à formação de tradições jurídicas diferentes, definidas por institutos e conceitos próprios a cada um dos sistemas." (MARINONI, 2013, p. 21). Contudo, há na atualidade um movimento de aproximação desses sistemas, tanto no sentido do *civil law* em direção ao *common law* como também do *common law* em direção ao *civil law*.

A propósito dessa aproximação, observa Michele Taruffo, que:

> a) o processo de *common law* inclui numerosos atos escritos (provavelmente não menos numerosos do que aqueles pelos quais se desenvolve um processo *civil law*), e essa tendência vem se reforçando na evolução mais recente);
>
> b) era escrito o processo da *equity*, que durante séculos formou setor importantíssimo do processo inglês, e depois também do norte-americano, até a fusão com o processo *at law*, na qual porém se conservaram inúmeros aspectos do processo *in equity*. Ademais, a utilização de provas escritas não é menos frequente no *common law* do que no *civil law*, sem embargo de profundas diferenças relativas a outros aspectos do direito probatório. Por outro lado, pode-se observar que em vários ordenamentos de *civil law* há importantíssimos elementos de oralidade, identifi-

cáveis, por exemplo, nas várias formas de debate oral, preliminar ou final, da causa, na colheita oral de provas na audiência, e na prolação oral da decisão, prevista em diversos casos. (TARUFFO, 2003, p. 141-158).[74]

Michele Taruffo assevera que muitos autores apontam como distinção entre estes dois sistemas a "contraposição entre processo adversarial", típico do *common law*, e o processo inquisitivo, típico do *civil law*, mas ressalta que este ponto de vista não procede, porquanto nos dois sistemas existem procedimentos comuns do processo inquisitorial e do processo adversarial. (TARUFFO, 2003, p. 141-158).[75] Acrescenta este autor que o *common law* sofreu várias

---

[74] Ressalva, porém, Michele Taruffo que, "naturalmente, não se quer sustentar aqui que procedimentos de *common law* e procedimentos de *civil law* não apresentam diferença alguma do ponto de vista da alternativa oralidade – escritura; ao contrário, na extrema variedade da disciplina de muitos aspectos do processo, diferenças desse tipo existem e em certos casos são muito relevantes. O que se quer dizer é que se afigura substancialmente inaceitável a equivalência '*common law* = oralidade', e bem assim a equivalência '*civil law* = escritura', à vista da presença ampla da escritura nos processos de *common law* e do amplo espaço que se reserva à oralidade em vários processos de *civil law*." (TARUFFO, 2003, p. 141-158).

[75] Aduz Michele Taruffo que "pode-se observar que os processos de *common law* foram com frequência 'inquisitivos', ou de qualquer maneira *nonadversary*: mesmo sem remontar ao caso clássico da *Star Chamber* inglesa, basta recordar ainda uma vez o processo *in equity*. Hoje, aliás, são numerosos os tipos de procedimento que de maneira alguma se desenvolvem segundo o tradicional modelo *adversarial* e se caracterizam, ao contrário, por uma presença ativa do juiz [...]. o processo anglo-americano ordinário atualmente se caracteriza pela existência de acentuados poderes do juiz, principalmente no plano da direção do procedimento." (TARUFFO, 2003, p. 141-158). É interessante notar que, para a doutrina norte-americana, a distinção entre os dois sistemas (*common law* e *civil law*) é, principalmente, o papel do Poder Judiciário, asseverando Toni M. Fine que "os sistemas de *common law*, como no caso dos Estados Unidos, são diferentes dos sistemas de *civil law*, como é o caso da Europa Ocidental, uma vez que, no primeiro, as decisões judiciais constituem importante fonte de direito, sendo utilizadas como precedentes que normalmente possuem efeito vinculante na decisão de casos futuros. O *common law* pode ser entendido como o direito desenvolvido pelos juízes, em vez de corporificado em um corpo de normas codificadas, como ocorre nos sistemas de *civil law*." (FINE, 2011, p. 68). Essa doutrinadora afirma que "o sistema jurídico norte-americano distingue-se pela primazia de uma das fontes – ou seja, o *case law* (precedente). Sob determinadas circunstâncias, o *case law* é obrigatório, de acordo com os princípios do *stare decisis*, uma política segundo a qual decisões judiciais são seguidas em casos subsequentes que envolvam a mesma questão jurídica e fatos materiais similares" e que, "segundo as regras do *stare decisis*, o precedente – os casos judiciais decididos anteriormente – deve vincular a Corte subsequente que esteja considerando uma mesma questão legal. Ainda, embora as fontes constitucionais e legais sejam superiores aos casos na hierarquia das fontes de direito, qualquer *case*

mudanças importantes nos últimos anos, destacando aquelas verificadas em relação ao papel do juiz, à natureza e função da fase *pre--trial* e ao papel do júri. O juiz deixa de ser um "árbitro passivo" (um *umpire* desinformado, desinteressado e neutro) e passa desempenhar "papel de organização e gestão ativa (não só de controle) do desenvolvimento do feito", com iniciativa probatória. Quanto a este último aspecto, observa que

> [...] nas *Rules* inglesas contemplam-se poderes de dispor de ofício a utilização de meios de prova, e significativos poderes instrutórios já eram previstos nas *Federal Rules of Evidence* norte-americanas de 1975, especialmente com relação à prova testemunhal e à *expert evidence*. (TARUFFO, 2003, p. 141-158).

Há uma imagem consolidada do processo do *common law* como procedimento composto de duas fases: "uma fase de *pre-trial* de essência preparatória e uma fase de *trial* para a produção das provas orais em audiência. Tal modelo ainda vige como representação aproximada do processo anglo-americano" (TARUFFO, 2003, p. 141-158). Não obstante, no sistema anglo-americano houve maior aproximação com a conciliação (*settlement*)[76], que tem sido realizada na fase *pre-trial*.

---

law relevante é consultado quando da aplicação de regras constitucionais ou legais (ou similares) no futuro. Em outras palavras, as cortes, nos Estados Unidos, não empreendem uma nova interpretação das normas constitucionais e estatutárias em cada caso; consultam decisões já existentes sobre a norma legal e que estejam à disposição do julgador, em relação às quais o precedente pode ou não estar vinculado." (FINE, 2011, p. 68).

76 Anote-se que "elevadíssimo percentual de causas civis, com efeito, não ultrapassa a fase do *pre-trial* e não chega ao debate, na maior parte dos casos porque as partes celebram um *settlement*, ou porque o juiz ordena uma tentativa de conciliação por obra de terceiro ou uma arbitragem, ou porque tem êxito algum outro mecanismo de solução precoce da controvérsia." (TARUFFO, 2003, p. 141-158). Toni M. Fine esclarece que "a sociedade norte-americana é bastante litigante" e que "grande número de disputas civis e criminais é resolvido por acordo entre as partes [...]. A estimativa é que mais de 90 por cento das disputas cíveis são resolvidas dessa maneira. Em percentual similar de casos criminais é resolvido a partir de transações" (FINE, 2011, p. 87-88), sendo por ela esclarecido que "condenações pesadas, a título de danos punitivos (*punitive demages*), podem ser adjudicadas no país. Embora tais condenações não sejam comuns, essa simples possibilidade produz impacto nas estratégias de acordo e de litigância." (FINE, 2011, p. 4). De acordo com essa doutrinadora, além de pleitear danos compensatórios, "um autor pode buscar danos punitivos ou exemplares, além da indenização por danos compensatórios. Os danos punitivos, como o próprio nome

Michele Taruffo assinala que,

> [...] na substância, o modelo típico do processo de *common law* consiste em uma fase, na qual ambas as partes, sob a ativa direção do juiz, esclarecem os termos da controvérsia, colhem mediante a *discovery* informações sobre as respectivas defesas e sobre as provas suscetíveis de serem utilizadas, valoram a oportunidade de acordo ou de renúncia a prosseguir, e transigem ou se servem de algum dos outros meios de solução rápida da controvérsia. Observe-se que essa fase do procedimento é essencialmente escrita, é dirigida pelo juiz, investido ao propósito de amplos poderes, e – em contraste com a tradicional imagem do *trial* – nem sequer é concentrada, mas antes se desdobra em passagens que podem ser até numerosas e complicadas e requerer – ao menos nos casos mais complexos – tempo bastante longo. Conforme se disse, apenas nas raras hipóteses em que esse procedimento, convertido no verdadeiro processo, não consegue por termo à controvérsia, é que se realizará a audiência, para produção das provas, e se proferirá a sentença. (TARUFFO, 2003, p. 141-158).

Michele Taruffo assevera, ainda, que os dois sistemas possuem aspectos comuns, que classifica como "três tipos fundamentais de modelos processuais", quais sejam:

> a) Os modelos que podemos definir como *estruturais* [...]. Um esquema cultural que pode ser identificado sobre o fundo (ou a base) das recentes transformações dos principais sistemas processuais conduz a individuar quatro aspectos fundamentais da estrutura do processo: 1) a atuação das garantias fundamentais previstas nas várias Constituições ou de qualquer modo reconhecidas em nível nacional e internacional (como no art. 6º da Declaração Europeia dos Direitos do Homem ou no art. 46 da Carta Europeia dos Direitos Fundamentais), com referência particular à regra *Audi er alteram partem*; 2) a desformalização e simplificação da disciplina do processo; 3) a atribuição ao juiz

---

sugere, visam punir o autor do ilícito. Como seu objetivo não é compensar a parte requerente por uma perda ou dano, o reclamante não consegue ter ideia da quantia a ser paga. As condenações com base em danos punitivos não são concedidas com grande frequência nos Estados Unidos, e valores muito altos são bastante raros [...]. O direito varia de estado para estado, mas grande maioria das jurisdições exige que o requerente prove que o requerido atuou com intenção criminosa ou algum outro critério rigoroso. Danos punitivos em geral são concedidos apenas em casos nos quais tenham ocorrido danos físicos graves ou a morte. Esses danos são algumas vezes previstos em lei, como nos casos de violações à lei federal de concorrências (*antitrust*), para os quais altas indenizações são concedidas." (FINE, 2011, p. 120-121).

de funções e responsabilidades gerenciais na direção do feito; 4) a adoção de esquema procedimental com duas fases, uma destinada à preparação (e à eventual resolução antecipada da causa, outra destinada à produção das provas e à decisão). Cada um dos ordenamentos pode evidentemente apresentar esses aspectos com intensidade diversa e sob várias modalidades. [...].

b) Os modelos que podemos definir como *funcionais* referem-se essencialmente à instrumentalidade do processo como meio de atingir os resultados a que se ordena a justiça civil [...]: 1) efetividade da tutela processual (com particular referência ao acesso aos tribunais, à tutela cautelar e à tutela executiva), pois uma proteção ineficaz dos direitos equivale a nenhuma proteção); 2) rapidez da solução das controvérsias (inclusive e sobretudo antes da conclusão do processo), pela óbvia razão de que *justice delayed is justice denied*; 3) adequação específica do procedimento às respectivas finalidades (eventualmente por meio da previsão de procedimento diferenciados para particulares situações carecedoras de tutela). Também pelo prisma funcional os diferentes ordenamentos concretos podem ser mais ou menos próximos de um modelo ideal, em função do grau e das modalidades com que fornecem instrumentos eficientes para alcançar as finalidades essenciais da tutela jurisdicional [...].

c) Os modelos *supranacionais* podem ser estruturais e funcionais, mas caracterizam-se pelo fato de possuir dimensões que ultrapassam os limites nacionais dos diversos ordenamentos processuais [...]. Entretanto, eles apresentam características peculiares que permitem distinguir duas principais subespécies: 1) pode haver modelos que digam respeito a procedimentos destinados a controvérsias transnacionais. Interessante exemplo é dado pelos *Principles and rules of transnational civil disputes*, em curso de elaboração por *Unidroit* e pelo *American Law Institute*. Esse conjunto de regras, com efeito, tem por fim disciplinar de modo uniforme o processo nas controvérsias transnacionais (principalmente as de natureza comercial), pondo de lado o tradicional princípio de direito internacional da *lex fori* e tornando tendencialmente irrelevante – ao menos em certa medida – o problema da jurisdição nacional e da diversificação dos sistemas processuais nacionais. 2) Outros modelos caracterizam-se pelo fato de constituir pontos de referência para a unificação, ou pelo menos a harmonização, das disciplinas processuais nacionais dos países situados em amplas áreas geográficas e culturais. (TARUFFO, 2003, p. 141-158)[77].

---

77 Note-se que "exemplo do primeiro tipo é chamado 'projeto Storme', cuja finalidade consiste em unificar a disciplina de alguns institutos processuais na área europeia.

Outra característica usualmente atribuída ao *common law* é a realização de júri nas causas civis. Mas na Inglaterra o júri desapareceu há vários anos. Já nos Estados Unidos

> [...] o júri civil continua presente num percentual não irrelevante, se bem que claramente minoritário [...], é possível concluir que mesmo no sistema norte-americano seria impróprio configurar o júri como elemento fundamental do modelo de processo civil. (TARUFFO, 2003, p. 141-158).[78]

Importante exemplo do segundo tipo é o Código Modelo latino-americano, que se apresenta precisamente como modelo de uma regulamentação unificada do processo nos ordenamentos nacionais da América Latina." (TARUFFO, 2003, p. 141-158).

[78] Michele Taruffo assevera que o júri civil, nos Estados Unidos, ainda sobrevive por causa da "previsão do *jury trial* como garantia constitucional pela 7ª Emenda à Constituição, e sobretudo o fato de que os júris populares são famosos por sua generosidade na concessão do ressarcimento de danos às vezes em somas elevadíssimas, de maneira que o autor, em causa de responsabilidade civil, pode ver-se induzido a enfrentar os altos custos, e também os riscos, do *jury trial*, na esperança de ganhar muito dinheiro na loteria judiciária." (TARUFFO, 2003, p. 141-158). Toni M. Fine aduz que a Emenda VII da Constituição dos Estados Unidos da América "concede direito ao júri em julgamentos de ações civis quando a quantia em disputa supera vinte dólares. Essa emenda não se aplica aos estados. Mas a maioria deles concede o direito de julgamento por júri na maior parte dos casos cíveis." (FINE, 2011, p. 23-24). Aduz essa doutrinadora que o júri "é encarregado de realizar determinações de fato em julgamento civis e criminais, o que inclui decisões sobre responsabilização, mas também sobre a extensão do dano, se houver, a ser compensado em casos de natureza civil [...]. O direito de julgamento por júri nos Estados Unidos, na maioria dos julgamentos cíveis e criminais, está profundamente arraigado na história e na Constituição do país, sendo considerado central na noção do devido processo fundamental." (FINE, 2011, p. 95-96), sendo por ela apresentadas como vantagens do júri o aumento dos acordos ("o fato de os júris serem caros e demorados tem sido usado para incentivar acordos"), a confiança no sistema ("o direito a um julgamento por júri corrobora a grande noção democrática de que as pessoas devem ser julgadas por seus pares [...]. O fato de a administração da justiça ser realizada pelos próprios pares daqueles que estão sendo julgado, em vez de ser feita por juízes profissionais, que podem estar distantes do povo, dá ao sistema grande credibilidade e confere alta confiança nos resultados alcançados") a participação pública na administração da justiça ("o sistema de júri nos Estados Unidos permite considerável participação do público na administração da justiça"). (FINE, 2011, p. 96-97). Esclarece Toni M. Fine que o sistema do júri sofre muitas críticas, na medida em que adiciona custos e produz atrasos nos julgamentos ("a presença de um júri, em grande número de casos de natureza civil, aumenta o tempo necessário e os custos demandados para levar o caso a julgamento") e impõe certa inflexibilidade ao processo de julgamento ("os julgamentos nos Estados Unidos constituem como eventos concentrados. Embora eles possam se prolongar por semanas e até meses, o julgamento ocorrerá de modo contínuo do começo ao fim"), ao passo que, os júris "não podem ser considerados confiáveis no que diz respeito ao alcance de uma decisão racional, sobretudo nos casos mais complexos e de conteúdo emocional [...]. Um júri leigo está mal equipado para tomar decisões fáticas

Anota Michele Taruffo que, em relação ao *civil law*, podem ser destacados dois aspectos importantes:

> a) na realidade, jamais existiu um modelo homogêneo e unitário de processo civil de *civil law*;
>
> b) nos últimos decênios, ocorreram tantas e tais transformações em vários ordenamentos processuais da referida área, que provavelmente se perdeu toda possibilidade de fazer referência em termos sintéticos e unitários aos modelos tradicionais. (TARUFFO, 2003, p. 141-158).

Digno de registro a influência norte-americana em relação às formas de tutela jurisdicional dos interesses difusos e coletivos, concebidas segundo o modelo da *class action* no Brasil e em outros países de *civil law*. Vale mencionar que o sistema brasileiro se aproxima cada dia mais do *common law* no que concerne à valorização dos *precedentes*, como se deu recentemente no direito processual do trabalho, por meio da adoção do incidente de recursos repetitivos, lembrando-se, ainda, das súmulas vinculantes e das súmulas impeditivas de recursos. Este tema será examinado quando for enfrentada a questão dos recursos repetitivos.

2.5. Conclusões parciais

O Direito desempenha várias funções, as quais não se excluem, mas se somam e se complementam.

O homem é o centro da ordem jurídica e é em razão dele que o Direito deve ser criado e atuado, para

> [...] poder ter aplicação positiva à compreensão ou transformação do homem que, acima de tudo, só possui existência autêntica, se for considerado na sua condição social que se assenta no mundo material – e que somente a ele é dado criar modificações ou mudanças por que passa a sociedade onde vive e se realiza. (NOGUEIRA, 1980, p. 64).

O Direito está diretamente relacionado com o desenvolvimento das "fundamentais prerrogativas da pessoa humana", as necessi-

---

em casos complexos e [...] o uso do júri normalmente produz resultados irracionais. As decisões do júri podem também ser duvidosas quando envolvem questões com alta carga emocional." (FINE, 2011, p. 97-98).

dades, as aspirações e os sonhos, tanto individuais como coletivos, destacando-se o seu valor ético, "enquanto implica para cada um o dever de cooperar para o mesmo fim, isto é, para o maior aperfeiçoamento individual e social e para a actuação do ideal de justiça." (DEL VECCHIO, 1979, p. 541 e 542).

O Direito, como resultado da atividade humana, deve ser dinâmico, assim como são dinâmicas as relações sociais, ressaltando-se que, "ainda onde o direito mudou muito, muito se há de inquirir o que não mudou. O direito muda muito onde em muito deixou de ser o que era." (MIRANDA, 2000, p. 20).

O Direito consagra valores e fins a serem realizados no seio da sociedade, mas só cumprirá concretamente as suas funções na medida da sua efetividade.

O Direito se organiza na forma de sistemas jurídicos, apresentando-se, no momento, uma aproximação recíproca dos sistemas do *civil law* e do *common law*.

Examinados os conceitos e as funções do Direito, bem como suas formas de organização, cumpre verificar como ele se manifesta na disciplina das relações humanas.

CAPÍTULO 3

DA CODIFICAÇÃO AO SISTEMA. DO SISTEMA AOS MICROSSISTEMAS

> A mais importante entre as realidades que estão na base do Direito e da ordem estadual é o ser humano. (ZIPPELIUS, 2010, p. 82).

Definidos os conceitos e as funções do Direito, passa-se, neste capítulo, ao exame das suas fontes, do processo de codificação do Direito, da constituição dos sistemas e do surgimento dos microssistemas.

3.1. Fontes do Direito

A expressão *fonte* designa a origem, a procedência, o elemento gerador ou a causa de algo. Quando se fala em "fonte do Direito", refere-se, portanto, ao seu aparecimento, à sua formação e àquilo que contribui para a sua existência, isto é, à "origem primária do direito, confundindo-se com o problema da gênese do direito. Trata-se da fonte real ou material do direito, ou seja, dos fatores reais que condicionaram o aparecimento de norma jurídica." (DINIZ, 2012, p. 301).

Para António Manuel Hespanha a expressão *fontes de Direito* designa "a origem do direito (sentido histórico), o conjunto de factores geradores ou condicionantes de uma norma jurídica (sentido sociológico ou material), os textos nos quais as normas se expressam (sentido textual)." (HESPANHA, 2009, p. 530).

Frederico Carlos de Savigny afirma que fontes jurídicas são "as causas de nascimento do Direito geral, ou seja, tanto das instituições jurídicas como das regras jurídicas particulares formadas por abstrações daquelas".[79] (SAVIGNY, 1949, p. 80, tradução nossa).

---

79 No original: "Denominamos *fuentes jurídicas* las causas de nascimento del Derecho general o sea tanto de las instituciones jurídicas como de las reglas jurídicas particulares formadas por abstracción de aquéllas."

Angel Latorre assevera que se chamam fontes do Direito as maneiras de as normas se manifestarem e que cada ordenamento jurídico tem o seu próprio sistema de fontes. (LATORRE, 1997, p. 67).

Francesco Carnelutti sustenta que o conceito de "fonte jurídica identifica-se com o de ato jurídico *stricto sensu* ou ato produtivo do Direito." (CARNELUTTI, 2004, p. 131).

Para Herbert L. A. Hart, o sentido material ou histórico de uma fonte diz respeito às influências causais ou históricas que a explicam em um determinado momento e lugar, citando como exemplo o caso de uma regra de direito inglesa que pode ser constituída por regras do Direito Romano, do Direito Canônico ou, mesmo, de regras morais populares. Contudo, aduz esse autor que,

> [...] quando se diz que uma 'lei' é uma fonte de direito, a palavra "fonte" refere-se, não a simples influências históricas ou causais, mas a um dos critérios de validade jurídica aceitos no sistema jurídico em questão. A aprovação como lei feita por uma assembleia legislativa competente é a razão por que uma dada regra legal é direito válido e não apenas a causa da sua existência. Esta distinção entre a causa histórica e a razão para a validade de uma dada regra do direito pode ser traçada apenas quando o sistema contém uma regra de reconhecimento, em subordinação à qual certas coisas (elaboração por uma assembleia legislativa, prática consuetudinária ou precedente) são aceites como marcas identificadoras de direito válido. (HART, 1994, p. 276).

Nota-se, assim, que fonte pode denotar tanto os métodos de criação do direito (direito consuetudinário, legislação, sentença normativa, instrumento coletivo, por exemplo[80]) como também o fundamento do Direito (fenômenos sociais, culturais, econômicos e trabalhistas que atuaram na formação do Direito).

---

[80] O contrato de trabalho é fonte *de* direitos e obrigações para as partes, e não fonte *do* direito do trabalho, não se qualificando, portanto, "como diploma instituidor de atos-regra, de comandos abstratos, gerais, impessoais. Ao contrário, compõe-se de cláusulas concretas, específicas e pessoais, envolvendo apenas as partes contratantes. Não se configura, assim, como fonte de regras jurídicas, mas como fonte de obrigações e direitos específicos, concretos e pessoais, com abrangência a seus contratantes." (DELGADO, 2012, p. 172).

A partir do que acima foi mencionado, as fontes do Direito são classificadas em: materiais e formais.[81] As fontes materiais, também denominadas "fontes substanciais" ou "fontes de produção", correspondem aos fatores econômicos, éticos, culturais, sociais e políticos que informam a criação das normas jurídicas.[82] As fontes formais, também denominadas "fontes de conhecimento", são os meios de exteriorização ou de conhecimento do Direito.

As fontes também podem ser classificadas em:

a) heterônomas - normas de cuja produção não participam seus destinatários[83];

b) autônomas - normas de cuja produção participam seus destinatários[84];

c) diretas, próprias ou puras - normas cuja natureza jurídica é exclusiva de fonte, como é o caso da lei, e que possuem como finalidade única servir de modo de produção do direito;

d) indiretas, impróprias ou impuras - normas que não se prestam unicamente a servir como modo de produção do direito, mas apenas excepcionalmente possuem essa função;

---

81 Não existe consenso sobre a classificação das fontes em materiais (ou reais) e formais. Alguns doutrinadores (Miguel Reale, por exemplo) defendem a tese de que existe apenas um tipo de fonte, a formal, pois as fontes materiais estariam fora do estudo da Ciência do Direito; outros, como Paulo Dourado de Gusmão, entendem que existem apenas as fontes materiais, "pois fonte, como metáfora, significa de onde o direito provém. Ora, são as materiais (fatos econômicos, fatos sociais, problemas demográficos, clima etc.) que dão o conteúdo das normas jurídicas, e não as formais, que dão as formas de que se revestem as primeiras (lei, costume etc.)." (GUSMÃO, 1996, p. 107).

82 Segundo Paulo Nader, "o Direito não é um produto arbitrário da vontade do legislador, mas uma criação que se lastreia no querer social. É a sociedade, como centro de relações de vida, como sede de acontecimentos que envolvem o homem, quem fornece ao legislador os elementos necessários à formação das estruturas jurídicas. Como causa produtora do Direito, as fontes materiais são constituídas pelos fatos sociais, pelos problemas que emergem na sociedade e que são condicionados pelos chamados fatores do Direito, como a Moral, a Economia, a Geografia entre outros." (NADER, 2006, p. 138).

83 Podem ser citados como exemplo: a Constituição, as leis, as medidas provisórias, os decretos, e outros diplomas de origem estatal.

84 São exemplos deste tipo de produção normativa os acordos e as convenções coletivas do trabalho.

e) estatais – normas que provêm do Estado, dentre as quais, a lei e a sentença normativa,

f) não estatais – normas que não provêm do Estado, como as Convenções Coletivas de Trabalho.

Nota-se que o Estado não é o único centro de criação do Direito, como sustenta a escola monista das fontes, posto que a norma pode surgir de várias fontes, consoante advoga a escola pluralista das fontes. Corroborando a defesa da última, Pietro Perlingieri observa que a unidade do Direito não exclui "a pluralidade e a heterogeneidade das fontes." (PERLINGIERI, 2008, p. 310).

Assevera Sérgio Cavalieri Filho que a escola monista pode ter sua razão de ser no que se refere à ciência do Direito, mas não com relação à sociologia jurídica, pois um simples "olhar sobre a vida social nos convence de que existiram prescrições jurídicas antes de a sociedade organizar-se em Estado, e que ainda existem prescrições, mesmo nas sociedades já política e juridicamente organizadas, além das que foram impostas pela autoridade política." O jurista destaca que existem direitos de origem "supranacionais e infranacionais que não emanam da competência dos órgãos da sociedade global, como, por exemplo, o direito religioso de vários povos, o direito canônico, muçulmano, judaico etc." (CAVALIERI FILHO, 2012, p. 45).

3.1.1. *Das fontes do Direito em espécie*

Estabelecido o que se entende por fontes do Direito, vale fazer referência, ainda que breve, a cada uma delas, observando-se, a título preliminar, que, quanto às fontes do Direito, inclusive processual: (i) a Constituição é a fonte primeira do direito processual do trabalho, contemplando vários direitos e garantias processuais, como se vê, por exemplo, em seu art. 5º, XXXV, LV e LXXVIII; (ii) além de ser fonte, a Constituição institui várias fontes: tratados e convenções internacionais de que o Brasil seja parte (art. 5º, §2º, observando-se que estas fontes são também referidas no art. 659, §2º, da CLT), princípios (art. 5º, §2º, registrando-se que a força normativa dos princípios é reconhecida na Lei 5.584/70), convenções e acordos coletivos de trabalho (art. 7º, XXVI, valendo mencionar que os conceitos destas fontes são definidos no art. 611, *caput* e §1º, da CLT), regimentos internos dos tribunais (art. 96, I, "a") sentença normativa (art. 114, §2º), emendas à Constituição, leis complementares, leis ordinárias, leis delegadas, medidas provisórias, decretos legislativos e resoluções (art. 59). Acrescente-se que a legislação ordinária inclui entre as fontes do direito processual do trabalho o direito processual comum (art. 769 da CLT) e a Lei de Execuções Fiscais (art. 889 da CLT). Sobre a relação entre o direito processual civil e o direito processual do trabalho, prevê o CPC de 2015, em seu art. 15, que "na ausência de normas que regulem processos eleitorais, trabalhistas ou administrativos, as disposições deste Código lhes serão aplicadas supletiva e subsidiariamente."

3.1.1.1. Constituição

Entre as fontes do Direito, encontra-se a Constituição, que Paulo Bonavides conceitua como "conjunto de normas pertinentes à organização do poder, à distribuição da competência, ao exercício da autoridade, à forma de governo, aos direitos da pessoa humana, tanto individuais como sociais." (BONAVIDES, 2009, p. 80).

J. J. Gomes Canotilho aduz que Constituição é

> [...] a ordenação sistemática e racional da comunidade política através de um documento escrito no qual se declaram as liberdades e os direitos e se fixam os limites do poder político. Podemos desdobrar este conceito de forma a captarmos as dimensões fundamentais que ele incorpora: (1) ordenação jurídico-política plasmada num documento escrito; (2) declaração, nessa carta escrita, de um conjunto de direitos fundamentais e do respectivo modo de garantia; (3) organização do poder político segundo esquemas tendentes a torná-lo um poder limitado e moderado. (CANOTILHO, 2003, p. 52).

De acordo com Luís Roberto Barroso, a Constituição pode ser conceituada do ponto de vista político como o "conjunto de decisões do poder constituinte ao criar ou reconstruir o Estado, instituindo os órgãos de poder e disciplinando as relações que manterão entre si e com a sociedade." Na perspectiva jurídica, que teria dimensão material, que diz respeito ao conteúdo de suas normas "a Constituição organiza o exercício do poder, define os direitos fundamentais, consagra valores e indica fins públicos a serem realizados." Na dimensão formal, concerne à sua posição no sistema: "a Constituição é a norma fundamental e superior, que regula o modo de produção das demais normas do ordenamento jurídico e limita o seu conteúdo." (BARROSO, 2012, p. 97).

Nesse sentido, Luís Roberto Barroso enquadra as normas constitucionais na seguinte tipologia:

> A. Normas constitucionais que têm por objeto organizar o exercício do poder político: NORMAS CONSTITUCIONAIS DE ORGANIZAÇÃO;
>
> B. Normas constitucionais que têm por objeto fixar os direitos fundamentais dos indivíduos: NORMAS CONSTITUCIONAIS DEFINIDORAS DE DIREITO;
>
> C. Normas constitucionais que têm por objeto traçar os fins públicos a serem alcançados pelo Estado: NORMAS CONSTITUCIONAIS PROGRAMÁTICAS. (BARROSO, 2003, p. 94).

Discorrendo sobre as funções da Constituição, aduz Eduardo García de Enterría que ela, "por uma parte, configura e ordena os poderes do Estado por ela constituídos; por outra, estabelece os limites do exercício do poder e o âmbito das liberdades e dos direitos fundamentais, assim como os objetivos positivos e as prestações que o poder deve cumprir em benefício da comunidade." (ENTERRÍA, 2006, p. 55, tradução nossa).[85] Ainda de acordo com esse doutrinador,

> A Constituição assegura a unidade do ordenamento essencialmente sobre a base de uma 'ordem de valores' materiais nela expressos e não sobre as simples regras formais de produção de normas. A unidade do ordenamento é, sobretudo, uma unidade material de sentido, expressa nos princípios gerais de Direito, que ao intérprete cabe investigar e descobrir (sobretudo, naturalmente, ao intérprete judicial, a jurisprudência), ou a Constituição os tenha declarado de maneira formal, destacando entre todos pela decisão suprema da comunidade que o fez, uns valores sociais determinados que se proclamam no solene mo-

---

[85] No original: "por una parte, configura y ordena los poderes del Estado por ella construídos; por outra, estabelece los limites del ejercicio del poder y el ámbito de libertades y derechos fundamentales, así como los objetivos positivos y las prestaciones que el poder debe de cumplir en beneficio de la comunidad."

mento constituinte como primordiais e básicos de toda a vida coletiva [...]. Esses valores não são simples retórica, não são – de novo, temos de desafiar esta falsa doutrina, de força inercial de tantos entre nós – simples princípios programáticos, sem valor normativo de aplicação possível; pelo contrário, são justamente a base inteira do ordenamento, a que há de conferir-lhe sentido próprio, a que tem de direcionar, portanto, toda sua interpretação e aplicação [...], começando pela própria Constituição. (ENTERRÍA, 2006, p. 103-105, tradução nossa).[86]

Daí a relevância da Constituição como fonte do Direito e de tomá-la como parâmetro para a construção de um ramo de direito processual e a solução de casos concretos, notadamente porque, como adverte Konrad Hesse, a Constituição, estabelecendo

> [...] os pressupostos da criação, vigência e execução das normas do resto do ordenamento e determinando amplamente seu conteúdo, se converte em um elemento de unidade do ordenamento jurídico da Comunidade em seu conjunto, dentro do qual vem a impedir o isolamento do Direito constitucional de outros ramos do Direito como a existência isolada dessas parcelas do Direito entre si mesmas. (HESSE, 1992, p. 15-16, tradução nossa).[87]

Na Constituição da República de 1988, merecem destaque: a proteção à dignidade humana, a atribuição de valor social ao tra-

---

[86] No original: "La Constitución asegura una unidad del ordenamiento esencialmente sobre la base de un 'orden de valores' materiales expreso en ella y no sobre las simples reglas formales de producción de normas. La unidad del ordenamiento es, sobre todo, una unidad material de sentido, expresada en unos principios generales del Derecho, que o al intérprete toca investigar y descubrir (sobre todo, naturalmente, al intérprete judicial, a la jurisprudencia), o la Constitución los ha declarado de manera formal, destacando entre todos, por la decisión suprema de la comunidad que la ha hecho, unos valores sociales determinados que se proclaman en el solemne momento constituyente como primordiales y básicos de toda la vida colectiva [...]. Estos valores no son simple retórica, no son – de nuevo hemos de impugnar esta falaz doctrina, de tanta fuerza inercial entre nosotros – simples principios 'programáticos', sin valor normativo de aplicación posible; por el contrario, son justamente la base entera del ordenamiento, la que ha de prestar a éste su sentido propio, la que ha de presidir, por tanto, toda su interpretación y aplicación [...], comenzando por la de el Constitución misma."

[87] No original: "Los pressupostos de la creación, vigencia y ejecución de las normas del resto del ordenamiento jurídico, determinando ampliamente su contenido, se convierte en un elemento de unidad del ordenamiento jurídico de la Comunidad en su conjunto, en el seno del cual viene a impedir tanto el aislamiento del Derecho constitucional de otras parcelas del Derecho como la existencia aislada de esas parcelas del Derecho entre ellas mismas."

balho como fundamento da República, os direitos fundamentais, as garantias fundamentais (sociais[88], políticas[89], jurídicas[90]), a organização mais equilibrada dos Poderes (por meio da atenuação da supremacia do Executivo) e a descentralização política, com valorização dos estados e municípios.

3.1.1.2. Lei

A palavra *lei* tem na linguagem jurídica vários significados, sendo tomada como equivalente ao Direito, à norma jurídica em geral ou à norma jurídica imposta pelo Estado. A lei é um preceito ou um mandamento jurídico escrito, oriundo da autoridade estatal competente, com caráter geral e obrigatório (efeito *erga omnes*).

Edgar Godoi da Mata-Machado assevera que o Direito se manifesta principalmente pela lei, sendo sua fonte formal, e que a distinção entre ambos se faz "entre o conteúdo e o continente", pois a lei contém, ou deve conter, o direito (podem existir leis injustas), e que o Direito é, ou deve ser, o conteúdo da lei, registrando que há uma relação íntima entre o Direito e a lei. (MATA-MACHADO, 1986, p. 23).

Por outro lado, assevera Jean Cruet:

> A lei é uma regra abstrata e racional, mas para ela também é uma virtude ser concreta e empírica. A lei é uma regra uniforme, mas para ela também é um mérito promulgar prescrições especiais para as situações especiais, e prescrições locais para as situações locais. A lei é uma regra igual para todos, mas para ela também é uma necessidade reconhecer que há desigualdades sociais atualmente indestrutíveis. A lei é uma regra obriga-

---

[88] Garantias que dizem respeito à capacidade "de o Estado prover adequadas condições materiais a seus habitantes, tomados em sua dimensão individual e coletiva. Elas estão associadas a dois fatores: a) à capacidade de geração de riquezas no âmbito da sociedade; b) à forma de distribuição dessas riquezas pelos indivíduos que a integram." (BARROSO, 2003, p. 123).

[89] Garantias que significam "o modo de exercício do poder no Estado" com "áreas de interseção nas atividades do Legislativo, Executivo e Judiciário, estabelecendo-se um mecanismo de controle recíproco [...]. O funcionamento escorreito dessa estrutura é instrumento importante de autolimitação do poder e, pois, de preservação dos direitos e liberdades dos jurisdicionados." (BARROSO, 2003, p. 124-125).

[90] As garantias jurídicas, "ao ângulo subjetivo, correspondem aos meios processuais de proteção dos direitos, vale dizer, às ações – e respectivos procedimentos – dedutíveis perante o Poder Judiciário." (BARROSO, 2003, p. 125).

tória pela sua origem, mas não tem probabilidade alguma de ser aplicada se não obriga primeiro pela sua utilidade. A lei é uma regra com sanção posta pelo Estado, mas a coação só é eficaz se permanecer excepcional. A lei é uma regra feita para amanhã, mas para ela é uma qualidade ser uma síntese do passado. A lei é uma regra feita para sempre, mas, a fim de permanecer viva, deve sem cessar evoluir. (CRUET, 1956, p. 235-236).

Ao tratar do processo legislativo, o art. 59 da Constituição da República de 1988 faz referência às emendas à Constituição, às leis complementares, às leis ordinárias, às leis delegadas e às medidas provisórias.

É necessário ressaltar:

a) *Emendas constitucionais* são o único meio de mudança formal da Constituição, com iniciativa de proposta bem restrita e limitações quanto às matérias de que podem tratar.[91]

b) *Leis complementares* são as leis que garantem eficácia jurídica e efetividade às normas da Constituição carentes de regulamentação.[92]

c) *Leis ordinárias* são aquelas que dão suporte à Constituição Federal, emanam do Poder Legislativo da União, dos estados e dos municípios, dentro das suas competências constitucionais, com sanção e promulgação pelo chefe do Executivo.

d) *Leis delegadas* são elaboradas pelo Presidente da República, por delegação do Congresso Nacional, observadas as limitações constitucionais.

---

91 Dispõe o art. 60 e seus parágrafos, da CR/88 que: "A Constituição poderá ser emendada mediante proposta: I - de um terço, no mínimo, dos membros da Câmara dos Deputados ou do Senado Federal; II - do Presidente da República; III - de mais da metade das Assembleias Legislativas das unidades da Federação, manifestando-se, cada uma delas, pela maioria relativa de seus membros. § 1º - A Constituição não poderá ser emendada na vigência de intervenção federal, de estado de defesa ou de estado de sítio. § 2º - A proposta será discutida e votada em cada Casa do Congresso Nacional, em dois turnos, considerando-se aprovada se obtiver, em ambos, três quintos dos votos dos respectivos membros.§ 3º - A emenda à Constituição será promulgada pelas Mesas da Câmara dos Deputados e do Senado Federal, com o respectivo número de ordem. § 4º - Não será objeto de deliberação a proposta de emenda tendente a abolir: I - a forma federativa de Estado; II - o voto direto, secreto, universal e periódico; III - a separação dos Poderes; IV - os direitos e garantias individuais.".

92 O art. 69 da CR/88 dispõe que "as leis complementares serão aprovadas por maioria absoluta", de maneira que o quórum de instalação da sessão de votação é o mesmo de aprovação, ou seja, o da maioria dos componentes da Casa Legislativa.

e) *Medidas provisórias* são normas expedidas pelo Presidente da República, com força de lei, nos limites de sua competência e observada a exigência de relevância e urgência da matéria, sendo vedada a sua utilização em relação à determinadas matérias.[93]

Vale mencionar, ainda, o *decreto legislativo*, norma aprovada pela maioria simples do Congresso Nacional, em matéria de sua competência exclusiva, que não é remetida ao Presidente da República para ser sancionada, sendo promulgada pelo próprio Presidente do Senado, que a manda publicar, inexistindo participação do Poder Executivo em sua formação. Assim, está no mesmo nível hierárquico da lei ordinária a *resolução*, que é a deliberação com força de lei ordinária oriunda de uma das casas do Poder Legislativo ou do próprio Congresso Nacional, regulando assunto *interna corporis*, segundo o procedimento estabelecido nos respectivos regimentos internos, bem como o *decreto regulamentar*, que constitui a norma estabelecida pelo Poder Executivo da União, dos estados ou municípios, com o intuito de assegurar maior efetividade a uma lei, facilitando a sua aplicação e execução, não podendo extrapolar ou reduzir os conteúdos legais que regulamentam, e estando em nível hierárquico inferior às leis ordinárias.

3.1.1.3. Princípios gerais de direito e princípios

Joaquín Arce y Flórez-Valdés afirma que princípios gerais de direito são "as ideias fundamentais sobre a organização jurídica de uma comunidade, emanadas da consciência social, que cumprem funções fundamentadora, interpretativa e supletiva a respeito do seu total ordenamento jurídico." (FLÓREZ-VALDÉS, 1990, p. 79).

---

[93] Dispõe o art. 62 e seus parágrafos da Constituição da República que, "Em caso de relevância e urgência, o Presidente da República poderá adotar medidas provisórias, com força de lei, devendo submetê-las de imediato ao Congresso Nacional. § 1º É vedada a edição de medidas provisórias sobre matéria: I - relativa a: a) nacionalidade, cidadania, direitos políticos, partidos políticos e direito eleitoral; b) direito penal, processual penal e processual civil; c) organização do Poder Judiciário e do Ministério Público, a carreira e a garantia de seus membros; d) planos plurianuais, diretrizes orçamentárias, orçamento e créditos adicionais e suplementares, ressalvado o previsto no art. 167, § 3º; II - que vise a detenção ou sequestro de bens, de poupança popular ou qualquer outro ativo financeiro; III - reservada a lei complementar; IV - já disciplinada em projeto de lei aprovado pelo Congresso Nacional e pendente de sanção ou veto do Presidente da República.

Antonio Enrique Pérez Luño aduz que:

> a) do ponto de vista *metodológico*, os princípios gerais de direito atuam como *metanormas*, como normas que servem para conhecer, analisar e aplicar o restante das normas jurídicas [...]. Os princípios representam, ademais, a *ratio legis* das normas ao assegurar que estas sejam interpretadas de acordo com seus fins e que se adaptem à realidade social de cada momento histórico.
>
> b) do ponto de vista *ontológico*, os princípios gerais de direito são a *essência* a que o ordenamento se remete ao determinar seu sistema de fontes [...].
>
> c) do ponto de vista *axiológico*, os princípios gerais de direito são os *postulados éticos* que devem inspirar todo o ordenamento jurídico." (LUÑO, 2012, p. 208-209, tradução nossa).[94]

Princípios gerais de direito, segundo Miguel Reale, são "enunciações normativas de valor genérico, que condicionam e orientam a compreensão do ordenamento jurídico, quer para a sua aplicação e integração, quer para a elaboração de novas normas." Este jurista destaca a importância de alguns deles a ponto de o legislador lhes conferir força de lei, "com a estrutura de modelos jurídicos, inclusive no plano constitucional, consoante dispõe a nossa Constituição sobre os princípios de isonomia (igualdade de todos perante a lei), de irretroatividade da lei para proteção dos direitos adquiridos etc." (REALE, 2002, p. 304).

Miguel Reale salienta:

> Cabe, outrossim, ponderar que os princípios gerais de direito não têm função apenas no caso particular de lacunas encontradas na legislação, como ainda se sustenta por anacrônico apego a uma concepção 'legalista' do direito. Em verdade, toda a experiência jurídica e, por conseguinte, a legislação que a integra, repousa sobre princípios gerais de direito, que podem ser

---

[94] No original: "a) Desde el punto de vista *metodológico*, los princípios generales del derechos actúan como *metanormas*, como normas que sirven para conocer, analizar y aplicar las restantes normas jurídicas [...]. Los princípios representan además *la ratio legis* de las normas al asegurar que éstas se interpretan de acuerdo con sus fines y que se adaptan a la realidad social de cada momento histórico. b) Desde el punto de vista *ontológico*, los princípios generales del derechos son la *esencia* a la que el ordenamiento jurídico se remite al determinar su sistema de fuentes [...]. c) Desde el punto de vista *axiológico*, los princípios generales del derechos son los *postulados éticos* que deben inspirar todo el ordenamiento jurídico."

considerados os alicerces e as vigas mestras do edifício jurídico. (REALE, 1994, p. 311).

Assim, os princípios gerais de direito são os "alicerces e as vigas mestras do edifício jurídico", de valor genérico, possuindo funções de integração, orientação, compreensão e normatização no sistema jurídico, sobressaindo-se o fato de que esses princípios "não se circunscrevem aos elementos fundamentais do Direito Positivo, mas transcendem deles para alcançar as próprias bases do Direito Universal e do Direito Justo, eis o que há de mais importante no que diz respeito à natureza desses princípios." (FRANÇA, 2010, p. 160).

Para Mauricio Godinho Delgado, os princípios gerais de direito tendem a ser

> [...] princípios que se irradiam por todos os segmentos da ordem jurídica, cumprindo o relevante papel de assegurar organicidade e coerência integradas à totalidade do universo normativo de uma sociedade política. Nessa linha, os princípios gerais, aplicando-se aos distintos segmentos especializados do Direito, preservam a noção de unidade da ordem jurídica, mantendo o Direito como um efetivo sistema, isto é, um conjunto de partes coordenadas. (DELGADO, 2012, p. 187).

Como exemplos de princípios gerais processuais que são comuns a todas as leis modernas, Giuseppe Chiovenda cita a igualdade das partes, ao fundamento de que, "como quem reclama justiça, devem as partes colocar-se no processo em absoluta paridade de condições", e a economia dos processos, justificando "que mais não é que a aplicação do princípio do menor esforço à atividade jurisdicional [...] importa obter o máximo resultado na atuação da lei com o mínimo emprego possível de atividade jurisdicional." (CHIOVENDA, 1998, p. 130-131). Acrescenta Giuseppe Chiovenda que do princípio da economia dos processos decorre

> [...] a solicitude das leis processuais no simplificar e facilitar o curso do processo, que se revela, entre outros: a) nas sanções tendentes a impedir atos inúteis e supérfluos [...]; b) nas normas sobre a união de causa conexas [...] e na *perpetuatio iurisdictionis* [...]; c) no uso das preclusões. (CHIOVENDA, 1998, p. 131).

Ao lado dos princípios gerais, também são fontes do Direito os princípios fundamentais constitucionais ou específicos de um ramo do Direito. Princípios, neste contexto, significam a origem e o surgimento de algo ou de alguma coisa. Ensina Aristóteles:

> *Princípio significa [...] o ponto a partir do qual é possível que cada coisa seja, do melhor modo, originada [...]; aquilo cuja presença determina em primeira instância o surgimento de alguma coisa [...]; aquilo a partir de que, ainda que não imanente à coisa, algo nasce e de o movimento e a transformação procedem primordialmente [...]; aquilo, em conformidade com cuja escolha deliberada, o que é movido é movido, e o que é transformado é transformado [...]; aquilo a partir de que uma coisa começa a ser compreensível é também chamado de princípio da coisa [...]. É, assim, comum a todos os princípios serem o primeiro ponto de partida do qual uma coisa ou é, ou vem a ser ou tornar-se conhecida. (ARISTÓTELES, 2006, 1012b34 a 1013a18).*

Os princípios são diretrizes que indicam um caminho a ser seguido; ou seja, são as bases para os membros de uma sociedade pautarem seu modo de agir nas relações sociais. Eles são informados por valores, destacando-se, contudo, que com estes não se confundem:

> [...] aquilo que, no modelo de valores, é *prima facie* o melhor é, no modelo de princípios, *prima facie* devido; e aquilo que é, no modelo de valores, definitivamente o melhor é, no modelo de princípios, definitivamente devido. Princípios e valores diferenciam-se, portanto, somente em virtude de seu caráter deontológico, no primeiro caso, e axiológico, no segundo. (ALEXY, 2008, p. 153).

Nesse mesmo sentido, aduz *Humberto Ávila:*

> Os princípios não são apenas valores cuja realização fica na dependência de meras preferências pessoais [...]. Os princípios instituem o dever de adotar comportamentos necessários à realização de um estado de coisas ou, inversamente, instituem o dever de efetivação de um estado de coisas pela adoção de comportamentos a ele necessários. (ÁVILA, 2006, 79-80).

Os princípios, como anota Riccardo Guastini, podem ser expressos ou implícitos:

> (1) São princípios expressos os que são explicitamente formulados numa adequada disposição constitucional ou legislativa. Por exemplo, podem ser considerados princípios expressos o princípio da igualdade [...]. (2) São princípios não expressos, pelo contrário, os que são "desprovidos de disposição", ou seja,

não explicitamente formulados em alguma disposição constitucional ou legislativa, mas elaborados ou "construídos" por intérpretes. Entende-se que os intérpretes quando formulam um princípio não expresso, não se comportam como legisladores, mas assumem que esse princípio esteja implícito, latente no discurso das fontes. Por exemplo, são princípios não expressos: o princípio de tutela da confiança, o princípio dispositivo no processo civil, o princípio da separação dos poderes [...]. Os princípios não expressos são fruto de integração do direito à obra dos operadores do direito. Esses princípios são deduzidos pelos intérpretes, ora de normas singulares, ora de conjunto mais ou menos amplos de normas, ora do ordenamento jurídico no seu conjunto. (GUASTINI, 2005, p. 191-192-193).

Ronald Dworkin também destaca no "princípio" um "padrão que deve ser observado, não porque vá promover ou assegurar uma situação econômica, política ou social considerada desejável, mas porque é uma exigência de justiça ou equidade ou alguma outra dimensão da moralidade." (DWORKIN, 2002, p. 36).

Miguel Reale, por sua vez, ensina que princípios são

> [...] verdades ou juízos fundamentais, que servem de alicerce ou de garantia de certeza a um conjunto de juízos, ordenados em um sistema de conceitos relativos a dada porção da realidade. Às vezes também se denominam *princípios* certas proposições que, apesar de não serem evidentes ou resultantes de evidências, são assumidas como fundantes da validez de um sistema particular de conhecimento, como seus *pressupostos* necessários. (REALE, 1994, p. 46).

A Constituição da República reconhece a força normativa dos princípios, como se vê em seu art. 5º, §2º, que dispõe q*ue os direitos e as garantias nela alinhados não excluem outros decorrentes dos princípios por ela adotados, constatando-se, então, que dos princípios decorrem direitos e deveres correlatos. Isso também está presente no direito processual do trabalho, por força da Lei n. 5.584/70, ao dispor que nos processos perante a Justiça do Trabalho deverão ser respeitados os princípios nela estabelecidos (art. 1º).* [95]

---

95 Os princípios podem ser extraídos: "a) de uma regra jurídica, de um conjunto de regras jurídicas ou do ordenamento jurídico considerado em sua totalidade (o ordenamento jurídico não se resume a um conjunto de normas sem um mínimo de coerência entre si, podendo dele serem deduzidas diretrizes adotadas como fundamentais). Neste sentido, o princípio se apresenta como resultado de um processo de generalização

Observe-se, ainda, que os princípios próprios do direito do trabalho e os princípios gerais de direito são também meios de solução de lacunas da lei, consoante dispõe o art. 8º da CLT, ressaltando-se em relação aos princípios gerais que há menção dessa sua condição nos arts. 126 do CPC/1973[96] e 4º da LINDB.[97] No mesmo sentido é a previsão constante do Estatuto da Corte Internacional de Justiça, em seu art. 38, "c", *in verbis*: "A Corte, cuja função é decidir de acordo com o direito internacional as controvérsias que lhe forem submetidas, aplicará [...] c) os princípios gerais de direito, reconhecidos pelas nações civilizadas".

Vale observar que, como aduz Robert Alexy,

> [...] tanto regras quanto princípios são normas, porque ambos dizem o que deve ser [...]. Princípios são, tanto quanto as regras, razões para juízos concretos de dever-ser, ainda que de espécie muito diferente. A distinção entre regras e princípios é, portanto, uma distinção entre duas espécies de normas. (ALEXY, 2008, p. 141).

Ademais, enquanto a regra jurídica encerra em si mesma a sua função no ordenamento jurídico, os princípios, além da sua nova e central função normativa, orientam a elaboração, a interpretação e a aplicação das regras jurídicas, o que surge no contexto do denominado "pós-positivismo". A propósito do papel desempenhado pelos princípios na ordem jurídica, observam Luís Roberto Barroso e Ana Paula de Barcellos que

---

> das diretrizes fundamentais extraídas do ordenamento jurídico; b) dos valores que informam a criação de uma regra ou de determinado conjunto de regras jurídicas; c) dos valores que inspiram uma determinada sociedade, tais como a boa-fé, confiança, igualdade, liberdade, prudência, responsabilidade, segurança, solidariedade, tolerância e verdade. Trata-se de valores extraídos dos modos pelos quais os membros de uma comunidade estabelecem as suas relações e resolvem os problemas concretos nelas surgidas, isto é, da consciência jurídica coletiva. Esta consciência jurídica coletiva pode ser deduzida do que Karl Larenz denomina 'formas de comportamento social típico, que são actuadas, em geral, pelos membros de um determinado grupo social'; d) dos valores fundamentais comuns a todos os povos; e) de um princípio, de um conjunto de princípios e da combinação de princípios." (ALMEIDA, Cleber, 2014, p. 87).

96 O artigo correspondente no CPC de 2015 é o 140 cuja redação é a seguinte: "O juiz não se exime de decidir sob a alegação de lacuna ou obscuridade do ordenamento jurídico."

97 Art. 4o: "Quando a lei for omissa, o juiz decidirá o caso de acordo com a analogia, os costumes e os princípios gerais de direito."

[...] a superação histórica do jusnaturalismo e o fracasso político do positivismo abriram caminho para um conjunto amplo e ainda inacabado de reflexões acerca do Direito, sua função social e sua interpretação. O *pós-positivismo* é a designação provisória e genérica de um ideário difuso, no qual se incluem a definição das relações entre valores, princípios e regras, aspectos da chamada *nova hermenêutica constitucional*, e a teoria dos direitos fundamentais, edificada sob o fundamento da dignidade humana. A valorização dos princípios, sua incorporação, explícita ou implícita, pelos textos constitucionais e o reconhecimento pela ordem jurídica fazem parte desse ambiente de reaproximação Direito e Ética. (BARROSO; BARCELLOS, 2008, p. 336).

3.1.1.4. Costume

Costumes são normas de conduta oriundas da prática social observadas como obrigatórias. Têm como núcleo originário o uso ou prática social, mas distinguem-se dos usos, na medida em que estes não são de observância obrigatória, enquanto aqueles, sim.

Para efeito da inclusão dos costumes entre as fontes do direito, não é suficiente o simples uso, por mais antigo que seja, sendo "necessária a consciência de que esse uso envolve a expressão duma norma obrigatória que tem de impor-se a todos". Ou seja, existe "uma vontade de validade", a vontade coletiva de que a norma é "obrigatória e coercível por um mecanismo social organizado." (LATORRE, 1997, p. 82).

Contudo, não basta a vontade coletiva de que o uso social seja de observância obrigatória; é necessário que "goze duma antiguidade considerável, que se tenha praticado durante um largo tempo." (LATORRE, 1997, p. 82).

Na atualidade, o costume ocupa um lugar secundário entre as fontes do direito, estando submetido aos limites fixados pela lei, sendo reconhecido com fonte do direito apenas quando a lei assim o dispõe.

O costume é fonte do direito processual do trabalho. Cite-se, por exemplo, a apresentação de defesa escrita em audiência: apesar de o art. 847, da CLT, dispor que "não havendo acordo, o reclamado terá vinte minutos para aduzir sua defesa, após a leitura da reclamação, quando esta não for dispensada por ambas as partes", na prática a defesa tem sido apresentada não oralmente, mas na forma escrita.

O costume atua, ainda, como meio de integração de lacunas do direito do trabalho, conforme se vê nos arts. 8º da CLT,[98] 4º da LINDB e 126 do CPC/1973[99]. Quando utilizado nessa condição, constitui-se em fonte do direito para o caso concreto.

3.1.1.5. Jurisprudência

A jurisprudência é o conjunto de decisões reiteradas dos tribunais sobre determinada matéria.

Sobre a jurisprudência ser ou não fonte do Direito, não existe consenso doutrinário.

Para uma primeira vertente de entendimento, o juiz não cria o direito, mas decide segundo o direito preexistente. De acordo com essa perspectiva, a jurisprudência é fonte, mas no sentido restrito de fonte de revelação do direito, o que se explicaria em razão dos princípios da separação de poderes (que impõe distinção nos planos da criação e da aplicação do direito) e da própria legitimidade democrática (segundo a qual cabe ao povo, diretamente ou por meio dos seus representantes) estabelecer as regras regentes das relações sociais.

Para a segunda vertente, o juiz cria o direito, vez que a ele não pode ser negada uma margem de criatividade na interpretação dos textos normativos, ao passo que, quando se trate de cláusulas abertas, esse papel do juiz mais se acentua. Nesse compasso, a jurisprudência seria fonte produtora do Direito.

---

[98] Dispõe o art. 8º, da CLT: "As autoridades administrativas e a Justiça do Trabalho, na falta de disposições legais ou contratuais, decidirão, conforme o caso, pela jurisprudência, por analogia, por equidade e outros princípios e normas gerais de direito, principalmente do direito do trabalho, e, ainda, de acordo com os usos e costumes, o direito comparado, mas sempre de maneira que nenhum interesse de classe ou particular prevaleça sobre o interesse público."

[99] O artigo correspondente no CPC de 2015 é o de número 140 cuja redação é a seguinte: "O juiz não se exime de decidir sob a alegação de lacuna ou obscuridade do ordenamento jurídico."

Para Luiz Fux, a jurisprudência é uma fonte de ilustração, sem os efeitos coativos e vinculativos da norma legal, o que não impede que a ela venha sendo conferido poder vinculante "nas recentes reformas processuais, a ponto de permitir ao relator dos recursos negar ou dar provimento aos mesmos de acordo com o entendimento predominante dos tribunais." (FUX, 2005, p. 18).

Em sentido contrário, Mauricio Godinho Delgado, notadamente, quanto ao direito do trabalho, sustenta que

> [...] as posições judiciais adotadas similar e reiteradamente pelos tribunais ganhariam autoridade de atos-regra no âmbito da ordem jurídica, por se afirmarem, ao longo da dinâmica jurídica, como preceitos gerais, impessoais, abstratos, válidos *ad futurum* – fontes normativas típicas, portanto. (DELGADO, 2014, p. 169).[100]

Ressalte-se que o art. 8º da CLT permite ao juiz recorrer à jurisprudência quando se deparar com falta de disposição legal ou contratual, o que, contudo, não atribui à jurisprudência a natureza de fonte do direito. O legislador indica ao juiz, na situação em questão, um caminho a ser seguido para que estabeleça qual é o direito no caso concreto.

3.1.1.6. Tratados e convenções internacionais

Tratados são instrumentos de cunho normativo, firmados por dois ou mais Estados ou entes internacionais, em que são criados, modificados ou extintos direitos e obrigações.[101] Convenções são

---

[100] Mauricio Godinho Delgado aponta como exemplos de normas editadas pelo TST: as súmulas 114 (prescrição intercorrente), 164 (mandato tácito em processos trabalhistas), 268 (interrupção da prescrição pelo arquivamento da reclamatória trabalhista) e 291 (indenização pela supressão de horas extras habituais), esclarecendo que "essas diretrizes jurisprudenciais – e dezenas de outras – embora não filiadas ao princípio estrito da reserva legal (se interpretado rigidamente esse princípio, é claro), têm inquestionável força jurídica (e jurígena)." (DELGADO, 2014, p. 169-170).

[101] Sobre o tema, note-se a seguinte decisão do STF: "**QUESTÃO DE ORDEM. PEDIDO DE LIBERDADE PROVISÓRIA. EXTRADIÇÃO EXECUTÓRIA. EMISSÃO DE CHEQUES SEM FUNDOS. TÍTULOS PRÉ-DATADOS. PRISÃO PARA FINS DE EXTRADIÇÃO. EXAME DA NECESSIDADE E DA PROPORCIONALIDADE DO APRISIONAMENTO. ESTRANGEIRO REQUESTADO QUE RESIDE NO BRASIL HÁ MAIS DE SETE ANOS. COMPROVAÇÃO DE QUE EXERCE ATIVIDADE LABORAL LÍCITA. ESPECIALÍSSIMA PROTEÇÃO CONSTITUCIONAL À FAMÍLIA. REVOGAÇÃO DA PRISÃO PREVENTIVA PARA FINS EXTRADICIONAIS, MEDIANTE O CUMPRIMENTO DE CONDIÇÕES.** 1.

espécies de tratados, também de conteúdo normativo, aprovadas por entidade ou órgão internacional, aplicáveis no âmbito dos Estados ou membros que a elas aderem voluntariamente, podendo ser citadas a título de exemplificação: as convenções da Organização Internacional do Trabalho (OIT) e as convenções da Organização das Nações Unidas (ONU).

Os tratados e as convenções de que o Brasil seja signatário são reconhecidos como fonte do Direito no art. 651, §2º, da CLT, que dispõe que "a competência das Varas do Trabalho, estabelecida neste artigo, estende-se aos dissídios ocorridos em agência ou filial no estrangeiro, desde que o empregado seja brasileiro e não haja convenção internacional dispondo em contrário", e no art. 5º, §2º, da CR/88, segundo o qual, "os direitos e garantias expressos nesta Constituição não excluem outros decorrentes do regime e dos princípios por ela adotados, ou dos tratados internacionais em que a República Federativa do Brasil seja parte." Digno de nota, há, ainda, o §3º do art. 5º da CR/88, posto que nele afirma-se que "os tratados e convenções internacionais sobre direitos humanos que forem aprovados, em cada Casa do Congresso Nacional, em dois turnos, por três quintos dos votos dos respectivos membros, serão equivalentes às emendas constitucionais." O Direito brasileiro

---

[...]; 3. O processo de extradição se estabelece num contexto de controle internacional da criminalidade e do combate à proliferação de "paraísos" ou valhacoutos para trânsfugas penais. **O que não autoriza fazer da prisão preventiva para extradição uma dura e fria negativa de acesso aos direitos e garantias processuais de base constitucional, além de enfaticamente proclamados em Tratados Internacionais de que o Brasil faz parte; sobretudo em face da especialíssima proteção à família, pois o certo é que se deve assegurar à criança e ao adolescente o direito à convivência familiar (arts. 226 e 227), já acentuadamente prejudicada com a prisão em si do extraditando**. 4. Sendo o indivíduo uma realidade única ou insimilar, irrepetível mesmo na sua condição de microcosmo ou de um universo à parte, todo instituto de direito penal que se lhe aplique há de exibir o timbre da personalização. Em matéria penal é a própria Constituição que se deseja assim personalizada ou orteguianamente aplicada (na linha do "Eu sou eu e minhas circunstâncias", como enunciou Ortega Y Gasset), a partir dos graves institutos da prisão e da pena, que têm seu regime jurídico central no lastro formal dela própria, Constituição Federal. 5. A prisão preventiva para fins extradicionais é de ser balizada pela necessidade e pela razoabilidade do aprisionamento. Precedentes do Plenário do Supremo Tribunal Federal. 6. [...]." (STF. Processo: Ext 1254 QO/ROMÊNIA. Rel. Min. Ayres Britto. Segunda Turma. **DJe**-180 de 20.09.2011).

fez opção, portanto, por um regime misto ao definir o *status* dos tratados internacionais: os tratados que não versam sobre direitos humanos têm natureza legal; os tratados que versam sobre direitos humanos não aprovados com o quórum especial estabelecido no art. 5º, §3º, da CR/88 têm natureza supralegal; os tratados sobre direitos humanos aprovados com observância do quórum especial mencionado no art. 5º, §3º, da CR/88 são equivalentes às emendas constitucionais.

O art. 7º do CDC também inclui os tratados e as convenções entre as fontes do direito do consumidor, dispondo assim:

> Os direitos previstos neste Código não excluem outros decorrentes de tratados ou convenções internacionais de que o Brasil seja signatário, da legislação interna ordinária, de regulamentos expedidos pelas autoridades administrativas competentes, bem como dos que derivem dos princípios gerais do direito, analogia, costumes e equidade.

O STF reconhece a força normativa de Convenção da OIT ratificada pelo Estado brasileiro, atribuindo-lhe, com isso, a condição de fonte do direito do trabalho, conforme se vê da ementa a seguir alinhada:

> SERVIDORA PÚBLICA GESTANTE OCUPANTE DE CARGO EM COMISSÃO – ESTABILIDADE PROVISÓRIA (ADCT/88, ART. 10, II, "b") – CONVENÇÃO OIT Nº 103/1952 – INCORPORAÇÃO FORMAL AO ORDENAMENTO POSITIVO BRASILEIRO (DECRETO Nº 58.821/66) – PROTEÇÃO À MATERNIDADE E AO NASCITURO – DESNECESSIDADE DE PRÉVIA COMUNICAÇÃO DO ESTADO DE GRAVIDEZ AO ÓRGÃO PÚBLICO COMPETENTE – RECURSO DE AGRAVO IMPROVIDO. – O acesso da servidora pública e da trabalhadora gestantes à estabilidade provisória, que se qualifica como inderrogável garantia social de índole constitucional, supõe a mera confirmação objetiva do estado fisiológico de gravidez, independentemente, quanto a este, de sua prévia comunicação ao órgão estatal competente ou, quando for o caso, ao empregador. Doutrina. Precedentes. – As gestantes – quer se trate de servidoras públicas, quer se cuide de trabalhadoras, qualquer que seja o regime jurídico a elas aplicável, não importando se de caráter administrativo ou de natureza contratual (CLT), mesmo aquelas ocupantes de cargo em comissão ou exercentes de função de confiança ou, ainda, as contratadas por prazo determinado, inclusive na hipótese prevista no inciso IX do art. 37 da

> Constituição, ou admitidas a título precário – têm direito público subjetivo à estabilidade provisória, desde a confirmação do estado fisiológico de gravidez até cinco (5) meses após o parto (ADCT, art. 10, II, "b"), e, também, à licença-maternidade de 120 dias (CF, art. 7º, XVIII, c/c o art. 39, § 3º), sendo-lhes preservada, em consequência, nesse período, a integridade do vínculo jurídico que as une à Administração Pública ou ao empregador, sem prejuízo da integral percepção do estipêndio funcional ou da remuneração laboral. Doutrina. Precedentes. **Convenção OIT nº 103/1952.** – Se sobrevier, no entanto, em referido período, dispensa arbitrária ou sem justa causa de que resulte a extinção do vínculo jurídico-administrativo ou da relação contratual da gestante (servidora pública ou trabalhadora), assistir-lhe-á o direito a uma indenização correspondente aos valores que receberia até cinco (5) meses após o parto, caso inocorresse tal dispensa. Precedentes. (STF- Processo: RE 634093 AgR/DF. Relator: Min. Celso de Mello. Segunda Turma. **DJe** de 07.12.2011).

Encontram-se, ainda, no âmbito do Direito Internacional dois outros diplomas: a recomendação e a declaração. A recomendação é um documento de natureza programática editada por um ente ou órgão internacional, contendo orientações de temas importantes para serem observados pelos Estados. A declaração é também um documento de conteúdo programático acerca de determinado assunto, considerado de relevância, para ser absorvido pela ordem jurídica dos Estados-membros. Esses dois instrumentos não possuem força normativa, à exceção da *Declaração Universal de Direitos Humanos*, que é considerada parte do costume internacional.

3.1.1.7. *Convenção e acordo coletivo de trabalho*

A convenção coletiva de trabalho é o "acordo de caráter normativo pelo qual dois ou mais sindicatos representativos de categorias econômicas e profissionais estipulam condições de trabalho aplicáveis, no âmbito das respectivas representações, às relações individuais de trabalho." (art. 611, *caput*, da CLT).

A convenção coletiva de trabalho:

a) é fruto de acordo celebrado entre sindicatos;

b) tem caráter normativo, ou seja, cria normas jurídicas aplicáveis no âmbito das categorias representadas pelos sindicatos acordantes.

A convenção é um ajuste entre entidades sindicais, por meio do qual são estabelecidas condições de trabalho, aplicáveis no âmbito de representação dos sindicatos acordantes (efeito *erga omnes*).

Segundo o art. 611, §1º, da CLT, é

> [...] facultado aos sindicatos representativos de categorias profissionais celebrarem Acordos Coletivos com uma ou mais empresas da correspondente categoria econômica, que estipulem condições de trabalho, aplicáveis, no âmbito das respectivas empresas, às respectivas relações de trabalho.

Acordo coletivo de trabalho é um ajuste entre sindicato profissional e empresa ou empresas por meio do qual são estabelecidas condições de trabalho aplicáveis no âmbito das empresas acordantes (efeito *inter partes*).

O acordo coletivo de trabalho:

a) é fruto de acordo celebrado entre sindicato(s) de trabalhadores e uma ou mais empresas;

b) tem caráter normativo, ou seja, cria normas jurídicas aplicáveis no âmbito das empresas acordantes.

A convenção e o acordo coletivo são ajustes de caráter normativo. A menor abrangência do acordo coletivo não significa que ele apenas cria obrigações contratuais, não possuindo, por consequência, força normativa. A força normativa das convenções e dos acordos coletivos é reconhecida na CR/88, art. 7º, XXVI.

As convenções e os acordos coletivos constituem, portanto, fontes do direito do trabalho. Quando versam sobre aspectos da solução judicial de conflitos decorrentes da relação de trabalho, constituem fontes do direito processual do trabalho.

3.1.1.8. Sentença normativa

Sentença normativa é a decisão proferida pelos tribunais trabalhistas no julgamento de dissídios coletivos.

Assevera Mauricio Godinho Delgado que a sentença normativa

> [...] é 'ato-regra' (*Duguit*), 'comando abstrato' (*Carnelutti*), constituindo-se em ato judicial (aspecto formal) criador de regras gerais, impessoais, obrigatórias e abstratas (aspecto material).

É lei em sentido material, embora preserve-se como ato judicial do ponto de vista de sua forma de produção e exteriorização. (DELGADO, 2012, p. 156-157).

Segundo o art. 114, §2º, da CR/88:

> Recusando-se qualquer das partes à negociação coletiva ou à arbitragem, é facultado às mesmas, de comum acordo, ajuizar dissídio coletivo de natureza econômica, podendo a Justiça do Trabalho decidir o conflito, respeitadas as disposições mínimas legais de proteção ao trabalho, bem como as convencionadas anteriormente.

Destarte, ao julgar o conflito coletivo de natureza econômica, os tribunais trabalhistas podem fixar condições de trabalho de observância obrigatória, sendo a decisão proferida dotada de força normativa. Com isso, a sentença normativa constitui fonte do direito do trabalho e do direito processual do trabalho – deste, quando verse sobre questões processuais.

3.1.1.9. Regimento interno dos tribunais

O art. 96, I, "a", da CR/88 dispõe que compete privativamente aos tribunais elaborar seus regimentos internos, nos quais poderão dispor sobre a competência e o funcionamento dos respectivos órgãos jurisdicionais e administrativos, respeitando as normas de processo e as garantias processuais das partes. Logo, o regimento interno dos tribunais define a função, a competência e a composição de seus órgãos colegiados e monocráticos (delimitando sua competência interna) e as atribuições de seus serviços auxiliares, estipulando a sua própria estrutura, bem como organizando suas secretarias e a dos Juízos que lhes forem relacionados.

Vê-se, então, que os tribunais detêm função normativa, que é exercida ao editar seu regimento interno, no qual podem, inclusive, criar agravo (agravo regimental).

3.1.1.10. Doutrina

A doutrina, isto é, "as opiniões dos juristas expressas nos seus escritos" (LATORRE, 1997, p. 91), é considerada uma importante fonte de revelação do Direito, não possuindo, no entanto, força normativa.

O papel da doutrina é persuasivo especialmente quando, como anota Angel Latorre, alcança a condição de "argumentos de autoridade", o que ganha reforço quando se apoia no ponto de vista de vários juristas. (LATORRE, 1997, p. 92).

A doutrina é "valioso instrumento na identificação do direito como ele é (papel descritivo da doutrina), no debate político sobre a criação do direito (papel prescritivo da doutrina, traduzido em propostas sobre como deve ser o direito) e na interpretação e aplicação do direito no contexto do processo judicial." (ALMEIDA Cleber, 2012, p. 15).

3.1.1.11. Direito comparado

O art. 8º da CLT inclui o direito comparado entre os meios de que dispõem os juízes para suprir lacunas na solução de casos concretos.

O direito comparado possibilita o enriquecimento das pesquisas históricas e sociológicas referentes ao Direito, além de contribuir para aprimorar o Direito nacional, facilitar a compreensão dos outros sistemas jurídicos e melhorar as relações internacionais. O direito comparado proporciona a escolha de soluções convenientes e seguras na produção e interpretação do direito nacional.

Mauro Cappelleti e Bryant Garth asseveram:

> Se é verdade que, mesmo hoje, profundas diferenças manifestam-se nas ditas famílias, igualmente é verdade que até nos sistemas de "Civil Law" verifica-se o aparecimento do moderno fenômeno [...] do aumento da criatividade da jurisprudência [...] Resta, certamente, uma diferença de grau, mas esta também está desaparecendo e se atenuando. De vários anos a esta parte, ocorreu efetivamente poderoso movimento recíproco de avizinhamento entre as duas grandes famílias jurídicas, cujos efeitos manifestam-se igualmente sobre o plano do ordenamento judiciário e do direito jurisprudencial. (CAPPELLETTI; GARTH, 1998, p. 38).

Para Cândido Rangel Dinamarco, o direito processual civil brasileiro vive uma época em que, mais que nunca, necessita tomar consciência das "realidades circundantes representadas pelos institutos e conceitos dos sistemas processuais de outros países, para a busca de soluções adequadas aos problemas da nossa justiça." (DINAMARCO, 2002, 159). Indica este autor que isso deve acontecer como consequência natural de quatro ordens de fatores:

> (a) necessidade de coletivização da tutela jurisdicional em uma sociedade de massa, (b) na crise de legitimidade pela qual passa o Poder Judiciário e consequente instituição de Conselho Nacional de Justiça encarregado de lhe ditar ou retificar rumos, com poder censório sobre os juízes de todos os graus, (c) na assimilação de institutos novos pela própria lei do processo (especialmente, as técnicas da tutela coletiva, o processo monitório e as medidas urgentes de antecipação de tutela e (d) na crescente aproximação entre culturas e nações soberanas [...] tome-se por ponto de partida que a regra de outro de toda comparação jurídica é a utilidade que ela possa ter para a melhor compreensão e operacionalização de pelo menos um dos sistemas jurídicos comparados. A partir daí chega-se à percepção de que os estudos de direito comparado, necessários de modo assim urgente no processo civil brasileiro, devem endereçar-se aos ordenamentos jurídicos em que as novas realidades de interesse atual já tenham sido mais vivenciadas e àqueles com cujos países o Brasil vai estreitando relações comerciais e com os quais é indispensável incrementar meios de cooperação jurisdicional. Daí o interesse por certos institutos da *common law*, especialmente as suas *class actions* no contexto da ordem jurídico-processual norte-americana; pela estrutura e mecanismos judiciários e processuais dos países da América Latina, máxime daqueles integrantes do Mercosul; e pela ordem processual dos países europeus dos quais nos vêm alguns institutos aqui assimilados ou cogitados em tempos recentes. (DINAMARCO, 2002, p. 160).

3.2. Hierarquia das fontes: breves considerações

O ordenamento jurídico é composto por diversas normas, organizadas de forma hierárquica, o que significa que "entre as mesmas normas se estabelece uma hierarquia rígida figurável como uma pirâmide. No ápice desta, tem-se a norma constitucional." (PERLINGIERI, 2008, p. 332). No entanto, no direito do trabalho não existe uma hierarquia rígida das fontes do Direito, mas uma hierarquia flexível, na medida em que no confronto entre normas prevalecerá aquela que conduzir à melhoria da condição social do trabalhador, como decorre do art. 7º, *caput*, da CR/88. Trata-se do princípio da norma mais favorável.

Pietro Perlingieri aduz que a hierarquia das fontes "é o instrumento mediante o qual o sistema normativo assegura a efetivação dos próprios princípios. A invalidade da fonte que viola a hierarquia é um meio de defesa da integridade axiológica do ordenamento." (PERLINGIERI, 2008, p. 324). No direito do trabalho, a hierarquia flexível é o instrumento mediante o qual o sistema normativo assegura a realização de uma das funções elementares desse ramo do Direito: a melhoria da condição social e humana do homem que vive do trabalho.

Essa regra é, inclusive, consagrada no art. 19, §8º, da Constituição da OIT:

> Em nenhum caso se poderá considerar que a adoção de uma convenção ou de uma recomendação pela Conferência ou a ratificação de uma convenção por qualquer membro reduzirá qualquer lei, sentença, costume ou acordo que garanta aos trabalhadores condições mais favoráveis que as que figurem na convenção ou na recomendação.

Tal regra é também consagrada pelo art. 3º, da Lei n. 7.064/82, segundo a qual no caso de trabalhador brasileiro contratado para trabalhar no exterior o empregador deverá assegurar-lhe "a aplicação da legislação brasileira de proteção ao trabalho, naquilo que não for incompatível com o disposto nesta Lei, quando mais favorável do que a legislação territorial, no conjunto de normas e em relação a cada matéria."

Sobre a hierarquia das normas trabalhistas, observa Mauricio Godinho Delgado:

> O critério normativo hierárquico vigorante no Direito do Trabalho opera da seguinte maneira: a pirâmide normativa constrói-se de modo plástico e variável, elegendo para seu vértice dominante a norma que mais se aproxime do caráter teleológico do ramo justrabalhista. À medida que a matriz teleológica do Direito do Trabalho aponta na direção de conferir solução às relações empregatícias segundo um sentido social de restaurar, hipoteticamente, no plano jurídico, um equilíbrio não verificável no plano da relação econômico-social de emprego -, objetivando, assim, a melhoria das condições socioprofissionais do trabalhador -, prevalecerá, tendencialmente,

na pirâmide hierárquica, aquela norma que melhor expresse e responda a esse objetivo teleológico central justrabalhista. Em tal quadro, a hierarquia de normas jurídicas não será estática e imutável, mas dinâmica e variável, segundo o princípio orientador de sua configuração e ordenamento." (DELGADO, 2015, p. 182-183).

3.3. Da codificação

Por "'código', em geral, entende-se o documento (que é uma lei) contendo um conjunto de proposições prescritivas (das quais se extraem normas) consideradas unitariamente, segundo uma ideia de coerência e de sistema", visando "constituírem uma disciplina tendencialmente completa de um setor." (PERLINGIERI, 1997, p. 3).

Código é um "corpo jurídico ordenado sintética e sistematicamente, com um plano científico, contendo todas as normas relativas a todo um ramo do direito (civil, comercial, penal, etc.), redigidas em estilo de máximas ou em fórmulas concisas." (GONÇALVES, 1951, p. 28).

De acordo com Paulo Nader, código é "o conjunto orgânico e sistemático de normas jurídicas escritas e relativas a um amplo ramo do Direito", reunindo em um só texto "disposições relativas a uma ordem de interesse", sendo fundamental "a organicidade, que não pode deixar de existir"; a complementariedade ("um todo harmônico, em que as diferentes partes se entrelaçam); e a organicidade (as partes que compõem "o código desenvolvem uma atividade solidária; há uma interpenetração nos diversos segmentos que o integram"). (NADER, 2006, p. 208).

Por codificação entende-se o "processo cultural e histórico pelo qual se tornou possível o ideário oitocentista de uniformização." [102] (BAGNOLI; BARBOSA; OLIVEIRA, 2014, p. 90).

---

[102] Esclareça-se que, antes dos Códigos, "havia compilações que pretendiam reproduzir o direito sem pretender modificá-lo, mas apenas desenvolvê-lo e melhorá-lo em um *continuum* histórico. As obras legislativas totalizadoras eram inventários de fatos determinados, como as das Índias, ou uma seleção de textos escolhidos, como o Digesto, ou um espelho do existente (*Swabspiegel*). Por outro lado, o Código não foi uma continuidade, senão que fora concebido como uma ruptura. Pretendia criar uma nova regulação, substitutiva; não compilava, senão ordenava baseando-se em uma racionalidade, tendo caráter constituinte do direito privado. A compilação gerava insegurança porque não se sabia se tal ou qual disposição estava vigente. O Código era

A codificação teve inspiração iluminista e marcou a transição para o século XIX, constituindo seu objetivo a positivação do direito natural, por meio de um código produto do Estado, criando um Direito único para todos.[103] Naquela época, havia um "discurso político subversivo iluminista" que pregava a necessidade da criação "de um corpo legal escrito, sob a justificativa de buscar clareza, simplicidade, objetividade e unidade", sendo que de todas as ideias a de unidade era a mais importante, pelo motivo de coadunar "com as aspirações sistematizadoras, por influência das ciências naturais." (GONTIJO, 2011, p. 12). Segundo Luiz Sérgio Fernandes de Souza, o surgimento da codificação está "intimamente ligado às condições sociais, políticas e econômicas de cada momento histórico", o que reflete "as pretensões de uma classe incipiente, qual seja, a burguesia", de manter uma determinada situação econômica-social. (SOUZA, 2005, p. 59).

Roberto de Ruggiero alinha como causas da codificação:

> A necessidade de simplificar e ordenar as diferentes regras jurídicas dispersas em diversas leis e contidas em variados usos e costumes, dando assim certeza e estabilidade ao direito; a necessidade de reduzir à unidade e uniformidade as diversas legislações vigentes nas várias regiões do território de determinado Estado, principalmente quando isso se faça em seguida a um movimento de unificação política; ou ainda a necessidade de introduzir reformas radicais no novo estado de coisas de uma sociedade que tenha atravessado uma profunda evolução social. (RUGGIERO, 1999, p. 143).

A codificação não se confunde com um conjunto ordenado de fontes do Direito, pois exige uma estruturação juscientífica de certas fontes, delimitando "o espaço da interpretação jurídica, a qual

---

a segurança, já que se traduzia em uma sequência temática de artigos. A imutabilidade era uma das características essenciais, uma vez que não se podia alterar uma parte sem modificar o todo. A legislação anterior era indecifrável pelo cidadão [...]. Na compilação não havia uma norma fundante – os princípios deviam ser encontrados no emaranhado legislativo." (LORENZETTI, 2009, p. 41-42).

103 A codificação "foi combatida por SAVIGNY e outros sectários da Escola Histórica do Direito, por entenderem que ela produzia a ossificação do direito, prejudicava a evolução deste e as necessárias reformas das leis. Esta doutrina, porém, não teve êxito algum, e em toda a parte, salvo nos países anglo-saxões, se encontram códigos. A legislação codificada é mais clara, sintética e cognoscível do que a legislação dispersa." (GONÇALVES, 1951, p. 28).

se limitava exclusivamente à lei, por meio da exegese." (LORENZETTI, 2009, p. 42).[104]

A primeira codificação ocorreu na França, com a edição do Código Napoleão, em 1804, cujos alicerces estavam em seus artigos 544 e 1134\1[105], ou seja, no direito de propriedade e na autonomia privada, ficando patente que "a categoria do ser é subordinada àquela do ter: quem possui é." (PERLINGIERI, 1997, p. 4).

O Código Napoleão dividia-se em três livros: Livro I – Das pessoas (tratava a posição jurídica do indivíduo e de situações jurídicas familiares); Livro II – Dos bens e das diversas modificações da propriedade (tratava das coisas, da propriedade e de outros direitos reais); Livro III – Das diferentes formas por que se adquire a propriedade (tratava da regulamentação das sucessões, doações, contratos em geral, casamentos e regimes matrimoniais, contratos em especial, hipotecas e prescrição).

No Código Napoleão estavam presentes o jusnaturalismo e a realidade cultural romana. Nele, toda matéria se desenvolve "a partir de ideias centrais simples e claras: a pessoa, enquanto indivíduo, carece de bens que movimenta, para sobreviver e se expandir." (CORDEIRO, 1996, p. XCI).[106]

Anote-se que o Código Civil francês

> [...] trouxe consigo um conjunto de promessas afirmadoras dos ideais da modernidade, e também da própria Revolução Francesa de 1789 (liberdade, igualdade, fraternidade), corroborada pela doutrina e jurisprudência de seu tempo, conforme o que o

---

[104] Anota Ricardo Luís Lorenzetti que "o direito civil codificado era autossuficiente, não necessitava de outros textos para solucionar os litígios. Ao ter uma parte geral ordenada, exportava instituições e técnicas. Assim, sucedeu, por exemplo, com o conceito de negócio jurídico, que se pretendia aplicável ao direito da família, ao direito do trabalho, ao direito administrativo, dentre outros." (LORENZETTI, 2009, p. 42).

[105] Art. 544: "A propriedade é o direito de gozar e de dispor dos bens da forma mais absoluta, desde que não se faça deles um uso proibido pelas leis e pelos regulamentos"; art. 1134\1:"as convenções legalmente formadas valem como leis para aqueles que as fizeram...".

[106] Acrescenta A. Menezes Cordeiro que "a aplicação destes postulados, por não atentar suficientemente nos elementos pré-sistemáticos que a cultura e a história sempre comportam, mostra-se pouco apta, perante os regimes em jogo, como a evolução acabaria por demonstrar." (CORDEIRO, 1996, p. XCI-XCII).

próprio espírito de época entendia como missão do direito legislado codificado, tornando a homogeneização e unificação do direito no mundo moderno. (BITTAR, 2014, p. 57).

Roberto de Ruggiero destaca como "verdadeira codificação moderna", além daquela da França, a da Prússia e a da Áustria. Ele afirma que a codificação, "mais que qualquer outra, ficou como grande pedra milenar da nova corrente e deu um impulso vigoroso a todo o movimento europeu foi a da França." (RUGGIERO, 1999, p. 146). Naquela época, para os franceses o Código era visto "como uma espécie de obra *per secula seculorum* (garantida a imortalidade, ao gosto dos antigos como Heródoto), que deve ser mantida em sua sacralidade, como um texto das Sagradas Escrituras não podem ser deturpados pela intervenção ou interferência da mente exegeta." (BITTAR, 2014, p. 57-58).[107]

A segunda codificação ocorreu com o Código Civil alemão, que significou "o ponto terminal da intensa atividade juscientífica do pandectismo, que se prolongou por todo o século XIX", segundo A. Menezes Cordeiro. Ele acrescenta que o Código teve origem no "estudo acurado do Direito comum – o Direito romano, com determinadas adaptações e em certa leitura" e que "os pandectistas foram levados a confeccionar todo um sistema civil" consistente nas

> [...] proposições jurídicas singulares, os institutos, os princípios e a ordenação sistemática sofreram remodelações profundas, aperfeiçoando-se, evitando contradições e desarmonias e multiplicando o seu tecido regulativo de modo a colmatar lacunas. (CORDEIRO, 1996, p. XCIII).

Com o Código Civil alemão, as preocupações ideológicas presentes no Código Napoleão desapareceram da Ciência do Direito e cederam lugar ao predomínio técnico, pois, enquanto os juristas franceses se dedicaram mais à exegese na interpretação do código os alemães se preocuparam mais com os trabalhos nas universidades – estudando os textos do Direito romano –, o que significou o triunfo da escola dos pandectistas. Anota A. Menezes Cordeiro que,

---

107 Segundo Gilissen: "Napoleão conseguiu dar à França um conjunto de Códigos, que constituem um dos mais notáveis esforços de sistematização de regras jurídicas de toda a história: de 1804 a 1810 foram sucessivamente promulgados um Código Civil, um Código de Processo Civil, um Código Comercial, um Código Penal e um Código de Instrução Criminal." (GILISSEN, 1995, p. 448).

como toda codificação, o "BGB traduz 'uma recolha do já existente e não uma criação de novidades'; sintetiza a Ciência Jurídica do século XIX, no que ela tinha de mais evoluído. Na linha do pandectismo oitocentista, o BGB, apesar de escrito, por vezes, numa linguagem complicada – mas, em compensação muito precisa – teve uma grande influência: as dificuldades linguísticas foram compensadas pelo enorme interesse técnico do diploma." (CORDEIRO, 1996, p. XCVI).

Assevera Roberto de Ruggiero que o Código Civil alemão "foi fruto de uma profunda elaboração científica, que tem os seus precedentes imediatos nas grandes construções dogmáticas do direito romano comum, completado pelos pandectistas alemães." (RUGGIERO, 1999, p. 154). Aduz, ainda, este autor que o Código Civil alemão "representa hoje o tipo mais perfeito de uma codificação civil moderna, especialmente pela técnica rigorosa com que cada uma das disposições é formulada e pelo sistema perfeitamente científico da sua coordenação." (RUGGIERO, 1999, p. 155).

O Código Civil alemão assinalou "o apogeu de uma era de marcado cunho sistemático-formal, ainda sob o influxo de ideias individualistas." (REALE, 1998, p. 95).

Em seguida, vieram ao mundo jurídico o que A. Menezes Cordeiro denomina de "codificações tardias", que são os códigos surgidos depois do BGB, ou seja, os códigos do século XX, destacando-se os códigos civis suíço (1907), grego (1940), italiano (1942) e português (1966). As chamadas "codificações tardias" possuem as seguintes características:

> [...] correspondem a uma certa universalização do Direito e da sua Ciência; têm em conta as críticas sectoriais feitas às primeira e segunda codificações e consagram certos institutos novos obtidos já depois delas; apresentam desvios provocados pelas diversas realidades nacionais. (CORDEIRO, 1996, p. XCVIII e XCIX).

Nas "codificações tardias", procurou-se evitar os extremos de um Direito meramente racionalista ou de um Direito empírico em seu conjunto, realizando-se uma síntese desses dois tipos jurídicos e percebendo-se que suas bases ultrapassaram as fronteiras nacionais ou linguísticas, como aconteceu com o Código Napoleão e o Código alemão. Pode-se, assim, "considerar-se que eles correspondem a uma universalização do Direito e da sua Ciência que, de então em diante, passaram a actuar a uma escala europeia." (CORDEIRO, 1996, p. XCIX).

As "codificações tardias", valendo-se das críticas feitas aos dois códigos anteriores,

> [...] evitaram erros de concepção – por exemplo, a parte geral foi suprimida nos códigos suíço e italiano – e consagraram, de modo expresso, institutos resultantes de uma elaboração jurisprudencial posterior a 1900 – por exemplo, o abuso de direito, a alteração das circunstâncias ou a violação positiva do contrato. (CORDEIRO, 1996, p. XCIX-C).

Conclui A. Menezes Cordeiro que

> [...] a feição assumida pelas diversas codificações civis – no fundo, pois, a sua filiação, em termos sistemáticos – condiciona e explica muitas das diversidades subjacentes, em termos de soluções para os problemas. A teoria evolutiva dos sistemas põe em relevo o pensamento sistemático como fator necessário em qualquer pensamento jurídico. No fundo, ele dá corpo aos elementos culturais e históricos que se inserem, constituintes, no tecido jurídico, condicionando, para além disso, todas as operações de realização do Direito e da sua justificação. (CORDEIRO, 1996, p. C).

Em relação ao processo de codificação, Leontin-Jean Constantinesco destaca a "ideia de que a coesão política constitua o mais firme fundamento e o guia da unidade legislativa", porquanto

> [...] o Estado, assegurando a unidade e a independência da nação no interior, quer garantir esta unidade jurídica com a intermediação dos códigos. Assim, a autonomia do Direito nacional representa somente o outro lado da soberania política do Estado. Uma prova ulterior está no fato de que o aparecimento dos Estados autoritários coincide com a época das grandes codificações. A substituição dos Estados dinásticos por aqueles nacionais como forma política organizada coincide, desde o século XIX, na Europa Central, Oriental e na América Latina como difusão das codificações nacionais no mundo. (CONSTANTINESCO, 1998, p. 41-42).

Como visto, a codificação destinava-se a manter certa ordem social, tendo sido erigida sob a égide do individualismo, da autonomia da vontade e da propriedade privada. O "legislador não deveria interferir nos objetivos a serem alcançados pelo indivíduo, cingindo-se a garantir a estabilidade das regras do jogo, de tal maneira que a liberdade individual, expressão da inteligência de cada um dos contratantes, pudesse se desenvolver francamente apropriando-se dos bens jurídicos, os quais, uma vez adquiridos, não deveriam sofrer restrições ou limitações exógenas." (TEPEDINO, 2004, p. 3).

O Brasil foi um dos últimos países da América Latina a ter um código, pois somente no século XIX é que foram promulgados o Código Comercial e o Código Criminal. Em 01.01.1916, foi aprovado o primeiro Código Civil[108], considerado de alto nível científico e técnico, figurando entre os principais códigos do início do século. Nele predominou, no entanto, o individualismo. Apesar das qualidades do Código Civil de 1916, depois de duas décadas de sua vigência, iniciaram-se as tentativas de sua reformulação, tendo vindo à luz, em 1941, o Anteprojeto de Código das Obrigações,

---

108 Anote-se que: "O Código Civil napoleônico não teve no Brasil o mesmo êxito que em outros países da América Latina. A monarquia e a elite dirigente viam com receio o produto legislativo de uma revolução a partir do qual tinham que se manter bem distantes. Se se desconfiava da França republicana, devia também ser suspeito o Código Civil. A mesma ideia de codificação não constituía uma necessidade convincente, porque na verdade houve uma revolução da Independência. Considerações de ordem política e ideológica, como a continuidade de uma monarquia hostil ao fantasma da codificação, e o estabelecimento de uma federação até certo ponto inconciliáveis com um código unitário, somados à forte influência da Escola histórica do Direito e de Savigny, entorpeceram o processo codificador brasileiro, ao ponto de ter sido o último país latino americano que aprovou um código civil. Até 1916, as Ordenações Filipinas (1603) representavam a base legal de qualquer controvérsia. O Brasil foi um dos últimos países do mundo a abandonar o *ius comune*, que achou em terras brasileiras sólidas raízes sem encontrar como na Europa a resistência dos Direitos locais." (LIRA; LA PLATA. 1999, p. 212). (Tradução nossa). (No original: "El Code civil napoleónico no tuvo en Brasil el mismo éxito que en otros países de América Latina. La monarquia y la elite dirigente veían con recelo el producto legislativo de una revolución de la que tuvieron que mantenerse a buen recaudo. Si se desconfiaba de la Francia republicana, debía sospicharse también del Código Civil. La misma idea de codificación no constituía una necesidad apremiante, porque en rigor no hubo una revolución de la Independencia. Consideraciones de orden político e ideológico, como la continuidad de una monarquia hostil al fantasma de la codificación, y el establecimiento de una federación hasta cierto punto irreconciliable con un código unitario, sumados a la furte influencia de la Escuela histórica del Derecho y de Savigny, entorpecieron el processo codificador brasileño, al punto que fue el último país latino-americano que aprobó un código civil. Hasta 1916, las *Ordenanzas Filipinas* (1603) representaban la base legal de cualquier controversia.").

com a ideia da unificação das obrigações civis e comerciais, a qual não foi aceita.

Em 1961, Orlando Gomes foi convidado a redigir um novo Código Civil, regulando as matérias referentes aos direitos de família, aos direitos reais e aos direitos das sucessões.

Em 1967, sem apresentar nenhuma razão, o governo abandonou o projeto elaborado por Orlando Gomes e nomeou uma comissão formada por Miguel Reale (que a presidiu), José Carlos Moreira Alves, Agostinho Alvim, Sylvio Marcondes e Clóvis do Couto e Silva, entre outros, para elaborar um novo projeto. Esta comissão elaborou uma proposta de Código Civil que gerou o Projeto de Lei n. 635, de 1975, o qual, após várias alterações, ficou adormecido por quase vinte anos, até que foi aprovado pelo Congresso Nacional, em 10 de janeiro de 2002, com outras alterações.

Destaca Gustavo Tepedino sobre o processo de aprovação do Código de 2002 que

> [...] durante todo este tumultuado arco de tempo, o Código de 1916 foi sendo profundamente alterado, de maneira gradual, mas intensa, por intermédio da magistratura e do legislador especial, sobretudo depois da reforma constitucional de 5 de outubro de 1988. Pouco a pouco, o esmorecimento do interesse pelo velho Projeto de lei parecia coincidir com a perda da centralidade do Código Civil no sistema de fontes normativas. Assim como na Europa Central Continental, numerosas leis especiais passaram a regular setores relevantes do ordenamento, na medida em que a disciplina do Código era considerada mais e mais ultrapassada. Este processo, amplamente registrado em doutrina, conhecido como movimento de descodificação, na experiência brasileira reservou à Constituição de 1988 o papel reunificador do sistema. A complexidade da produção normativa e a necessidade de uma releitura da legislação ordinária à luz da Constituição tornavam sempre mais remota a aprovação do Projeto de Código Civil. Por outro lado, a doutrina punha em dúvida a necessidade de um novo Código Civil, dissociado de uma clara transformação da cultura jurídica, que fosse capaz de demonstrar a plena consciência do impacto da Constituição nas relações de direito privado. (TEPEDINO, 2003, p. XV-XXV).

No Código Civil de 2002 predominam três princípios fundamentais: eticidade[109], socialidade[110] e operabilidade[111], mas é criticada a permanência da "parte geral", oriunda do Código de 1916. (TEPEDINO, 2003, p. XV-XXV).

Assevera Gustavo Tepedino que o Código Civil de 2002:

> Não traduz uma uniformidade política e ideológica, em razão da distância entre os contextos políticos do início e da conclusão de sua elaboração. Tal circunstância indica a complexidade axiológica da nova codificação brasileira, a exigir especial atenção da atividade do intérprete. Do ponto de vista metodológico, duas são as principais características do Código Civil: 1. A unificação do direito das obrigações; 2. A adoção da técnica das cláusulas gerais, ao lado da técnica regulamentar, como resultado de um processo de socialização das relações patrimoniais, introduzin-

---

[109] O princípio da eticidade procura incluir valores éticos na prática do direito privado brasileiro por meio da introdução de muitas cláusulas gerais, "'a fim de possibilitar a criação de modelos hermenêuticos, quer pelos advogados, quer pelos juízes, para contínua atualização dos preceitos legais'. Assim impõe a interpretação segundo a boa-fé (art. 113), traz uma nova definição de abuso de direito (art. 187), uma cláusula geral da boa-fé (art. 422), e a possibilidade de revisão por onerosidade excessiva (art. 478), conferindo 'maior poder ao juiz para encontrar a solução mais justa e equitativa'." (MARQUES, 2011, p. 146).

[110] Por "'socialidade' entende Miguel Reale 'o objetivo do novo Código no sentido de superar o manifesto caráter individualista da Lei vigente, feita para um país eminentemente agrícola, com cerca de 80% da população no campo. Hoje em dia, vive o povo brasileiro nas cidades, na mesma proporção de 80%. Daí o predomínio do social sobre o individual'. Impõe o novo Código Civil, assim, a função social do contrato (art. 421), a interpretação a favor do aderente nos contratos de adesão (art. 423), a natureza social da posse a facilitar o usucapião para moradias (art. 1238, 1239, 1240 e 1242) e regulamenta a função social da propriedade (art. 1228). A 'socialidade' deve refletir 'a prevalência dos valores coletivos sobre os individuais, sem perda, porém, do valor fundamental da pessoa humana'." (MARQUES, 2011, p. 146).

[111] A "diretriz ou princípio básico da 'operabilidade' visa facilitar a aplicação (uso, operação, interpretação ou efetividade) do novo texto legal. Nas palavras de Reale: 'Dar ao Anteprojeto antes um sentido operacional do que conceitual, procurando configurar os modelos jurídicos à luz do princípio da realizabilidade, em função das forças sociais operantes no País, para atuarem como instrumentos de paz social e de desenvolvimento'. Em outras palavras, visa 'estabelecer soluções normativas de modo a facilitar sua interpretação e aplicação pelo operador do direito'. Sendo assim, especial cuidado foi dado às definições legais da Parte Geral, visando terminar com polêmicas, como as em relação aos casos de prescrição e de decadência, flexibilizar a aplicação, por exemplo, permitindo o arbitramento de aluguéis e usando o recurso legislativo das cláusulas gerais e dos conceitos indeterminados para casos difíceis, que necessitam de concreção do juiz." (MARQUES, 2011, p. 147).

do-se no direito codificado a função social da propriedade privada e da atividade contratual. (TEPEDINO, 2003, XV-XXV).[112]

Por outro lado, a par do sistema de codificação, merece registro a CLT, de 1943, não só pelo fato de ter sido a primeira lei geral aplicável a todos os empregados urbanos – exceto os domésticos –, mas também pela enorme influência revelada pela técnica adotada.

3.4. Da codificação ao sistema

Analisadas as várias fontes do Direito brasileiro e o movimento de codificação do Direito, resta perquirir se as normas que compõem determinado ordenamento jurídico constituem um sistema.

Esclareça-se, primeiro, que do ponto de vista etimológico a palavra *sistema* tem origem grega e deriva da conjugação das palavras *syn* (que significa "com" ou "junto") e *histánai* (isto é, "colocar", "pôr"), significando "conjunto", "composto", "construído" ou, ainda, "totalidade construída" coerente, isto é, "uma totalidade cujas partes apontavam, na sua articulação, para uma ordem qualquer." (DINIZ, 1996, p. 8).[113] Do grego antigo, ganha tradução para o latim:

---

[112] Gustavo Tepedino aduz sobre as cláusulas gerais que, na forma como foram inseridas no Código Civil de 2002, "cuida-se de normas que não prescrevem uma certa conduta mas, simplesmente, definem valores e parâmetros hermenêuticos. Servem assim como ponto de referência interpretativo e oferecem ao intérprete os critérios axiológicos e os limites para a aplicação das demais disposições normativas. Tal é a tendência das leis especiais promulgadas a partir dos anos 90, assim como dos Códigos Civis recentes e dos Projetos de codificação supranacional." (TEPEDINO, 2003, p. XV-XXV).

[113] Acrescenta Maria Helena Diniz que: "Platão, Aristóteles e os estoicos empregaram-no, os primeiros, no sentido de algo organizado e os segundos, para designar o conceito de *cosmos*, de ação deliberadamente planejada e racional (*téchné*). Visto como um sistema de regras que se obtém pela experiência ou a *posteriori*, visando o exercício de uma ação repetível, que almejava a perfeição e que não se submetia à natureza, nem se abandonava ao acaso. Não chegaram a usar a palavra no sentido empregado nos dias atuais. Os romanos não utilizaram o termo, que era por eles desconhecido, tanto que falavam em *corpus juris civile* e não em *systema juris civile*. A palavra só veio a aparecer por volta dos séculos XVI e XVII com a teoria da música e com a teologia, onde falava-se em *Summa theologica*, impondo-se no século XVIII, através do Jusnaturalismo e na ciência em geral, por obra de Christian Wolff, que falava em sistema como *nexus veritatum*, apoiando-se na correção formal e na perfeição da dedução. Lambert, nos *Fragmentos de sistematologia*, estabelecia o sistema como um conceito geral e abstrato, como um modelo mecânico, em que o todo é a soma das partes e em si mesmo fechado, onde as suas relações com as partes e as relações das partes entre

systema, mas várias palavras em latim a substituem, como *compagno*, *constructio* ou, ainda, *structura*. (LOSANO, 2008, p. 15).

Francesco Carnelutti adverte que "o Direito não é um fim, senão um meio [...]. O Direito é um instrumento" e "quem não leva em conta a unidade resultante da coordenação dos diversos meios para o fim único, não poderá penetrar o segredo da vida nem o do Direito." (CARNELUTTI, 2004, p. 32-33, v. I).

A unidade do Direito referida por Francesco Carnelutti pode ser considerada sob dois aspectos: o Direito como ordenamento jurídico; e o Direito como sistema. Se no início o elemento primordial do Direito era a norma, posteriormente percebeu-se que "as normas jurídicas nunca existem sozinhas, mas sempre num contexto de normas" (BOBBIO, 2007, p. 173), o que conduziu à ideia de ordenamento como elemento primordial do Direito (*movimento da norma ao ordenamento*).[114] Em um segundo momento, percebeu-se que "qualquer ordenamento jurídico, pelo fato de sê-lo, e não uma mera soma de regras, decisões e medidas dispersas ocasionais, deve expressar uma coerência intrínseca; isto é, deve ser reconduzível a princípios e valores substanciais unitários." (ZAGREBELSKY, 2003, p. 30-31, tradução nossa).[115] Dá-se, assim, um *movimento do ordenamento ao sistema jurídico*.

---

si estavam determinadas por regras próprias. Sendo que, para Kant, esse todo não seria a soma das partes mas as precedia de algum modo, não permitindo composição e decomposição sem a perda da unidade central, distinguindo o sistema da mera agregação. Hegel e Eisler empregam o vocábulo *objetivamente* como interdependência totalizante e ordenada de partes, onde a determinação das partes pelo todo ou do todo pelas partes varia de concepção para concepção e *logicamente*, como ordenação de uma pluralidade de conhecimentos numa totalidade do saber, aproximando, assim, o termo *sistema* à ideia de *método*, sendo que até hoje a palavra *sistemático* é tomada muitas vezes no sentido de *metódico*. Heck liga ao sistema a noção de ordem. A palavra *sistema*, portanto, toma conta da terminologia científica do século XVIII, e passa para o século XX." (DINIZ, 1996, p. 8).

114 Pontes de Miranda assevera que os sistemas jurídicos "são sistemas lógicos, compostos de proposições que se referem a situações da vida, criadas pelos interesses mais diversos. Essas proposições, regras jurídicas, preveem (ou veem) que tais situações ocorrem, e incidem sobre elas, como se as marcassem." (MIRANDA, 2000, p.13).

115 No original: "Cualquier ordenamiento jurídico, por el hecho de ser tal y no una mera suma de reglas, decisiones y medidas dispersas y ocasionales, debe expresar una coherencia intrínseca; es decir, debe ser reconducible a princípios y valores sustanciales unitarios".

Natalino Irti assinala que o exame do pertencimento de uma norma jurídica a um ordenamento jurídico diz respeito à sua validade (o ordenamento jurídico, sob esse prisma, é formado pelo conjunto de normas válidas, sendo a validade da norma estabelecida segundo critérios definidos por esse mesmo ordenamento), ao passo que a indagação sobre se um ordenamento jurídico constitui um sistema tem relação não com a validade das normas, mas com o seu conteúdo. (IRTI, 1999, p. 163-164).

Com efeito, segundo Natalino Irti,

> [...] *ordenamento jurídico é o conjunto das normas vigentes*, individualizadas com base nas regras de produção, que são próprias do ordenamento considerado. A expressão [...] recolhe e unifica a pluralidade das normas vigentes: e vigente, enquanto válidas segundo as regras internas do ordenamento. [...] Exaurido o juízo de juridicidade, ou seja, acertado que dada norma pertence ao ordenamento, se passa à indagação sobre o seu conteúdo. A noção de *sistema* não diz respeito à validade, mas ao conteúdo das normas [...]. Ordenamento e sistema indicam, um e outro, uma totalidade, uma unidade capaz de juntar as partes singulares: mas enquanto critério de fundação do primeiro possui caráter *formal*, o critério de fundação do segundo é decisivamente *material* [...]. Enquanto ordenamento é conceito *necessário* da doutrina jurídica, sistema é conceito somente eventual [...]. O sistema é puramente eventual, porque depende não de um critério formal, mas de um critério material, isto é, do conteúdo das normas colocadas em exame. Este conteúdo pode revelar ou não revelar uma unidade interna. (IRTI, 1999, p. 163-164-165, tradução nossa).[116]

---

116 No original: "*Ordinamento giuridico è l'insieme dele norme vigenti*, individuate in base alle regole di produzione, che sono proprie dell'ordinamento considerato. L'espressione [...] raccoglie ed unifica la pluralità dele norme vigenti: e vigenti, in quanto valide secondo le regole interne dell'ordinamento. [...]. Esaurito il giudizio di giuridicità, ossia accertato che date norme appartengono all'ordinamento, si apre l'indagine sul contenuto di esse. La nozione di *sistema* non riguarda la validità, ma il *contenuto dele norme* [...]. Ordinamento e sistema indicano, l'uno e l'altro, uma totalitá, um'unità capace di stringere insieme le singole parti: ma, mentre il critério di fondazione del primo há carattere *formale*, il critério di fondazione del secondo è decisamente *materiale* [...]. Mentre ordinamento è concetto *necessário* dela dottrina giuridica, sistema è concetto soltanto *eventuale* [...]. Il sistema è puramente eventuale, poiché dipende, non già da un critério formale, ma da un critério materiale, cioè dal contenuto dele norme prese in esame. Questo contenuto può rivelare o non rivelare uma unità interna."

Destarte, o conjunto das normas válidas forma um ordenamento jurídico, ao passo que esse ordenamento pode constituir, ou não, um sistema.

Natalino Irti sustenta que o critério a ser utilizado para verificar se o ordenamento jurídico constitui um sistema é a análise do conteúdo das normas que o compõem, o que permite averiguar se elas apresentam unidade interna.

O Direito constitui uma técnica de organização das condutas humanas, visando realizar valores e fins adotados pelos membros de uma sociedade em determinado momento histórico. Com isso, para a formação de um sistema é necessária a existência no ordenamento jurídico de uma unidade interna, traduzida pelos seus fins e valores, o que é revelado pelo conteúdo das normas que o compõem. Daí a ideia de sistema como conjunto de valores e fins ou como ordem axiológica e teleológica.

Cumpre esclarecer que, como assevera Miguel Reale, apesar de existirem vários critérios de unidade, a Ciência Jurídica obedece ao tipo de unidade *finalístico, ou teleológico,* pois a "ideia de fim deve ser reservada ao plano dos fatos humanos, sociais ou históricos"; ou seja, "no sentido de uma unidade de fins" (REALE, 1998, p. 6), e que "é tão somente o pressuposto-lógico-axiológico da unidade do sistema que autoriza", mediante o recurso aos princípios gerais de direito e da aplicação da analogia, "a introdução no sistema normativo vigente de uma norma que resolva e supere a falta de preceito disciplinador de espécie não previsto pelo legislador." (REALE, 1994, p. 100). Logo, o legislador, ao indicar a utilização dos princípios gerais de direito e da analogia para colmatar lacunas, o fez no pressuposto de que há unidade no ordenamento jurídico. É que, pela "perspectiva da unidade, as normas aparecem inter-relacionadas e hierarquizadas, com uma série de princípios comuns que levam à interpretação de algumas normas em função de outras." (HERVADA, 2008, p. 282).

Eros Roberto Grau afirma que um sistema jurídico "supõe ordenação e unidade (ordenação interior e unidade de sentido). No direito, dominado pelos sentidos axiológico e teleológico, a ideia de ordenação conduz à de adequação: tanto o legislador como o juiz devem tomar *adequadamente* os dados, axiológicos, do direito [...]. Daí cuidar-se, no caso do direito, de *adequação valorativa*", o que acarreta, segundo ele, a conclusão de que o sistema jurídico é "uma ordem teleológica de princípios gerais de direito", acrescentando-se que "a conexão aglutinadora das normas que compõem o sistema jurídico" encontra-se nos princípios gerais de direito. (GRAU, 2008, p. 22).[117]

Segundo Claus-Wilhelm Canaris, se o ordenamento jurídico deriva da regra da justiça[118], de natureza valorativa, o sistema a ele correspondente "só pode ser uma ordenação axiológica ou teleológica", sendo que, neste caso, o sentido da palavra teleológico não é "pura conexão de meios aos fins", mas "mais lato de cada realização de escopos e de valores." (CANARIS, 1996, p. 66). Acrescenta este autor que, para que as valorações jurídicas sejam adequadas e funcionem no sistema de modo razoável, é preciso que existam elementos que atuem no sistema como condutores de sentido e aglutinadores da multiplicidade de valores singulares e, ainda, que esses elementos sejam os princípios gerais de Direito, "pois só assim podem os valores singulares libertar-se do seu isolamento aparente e reconduzir-se à procurada conexão 'orgânica' [...]. O sistema deixa-se, assim, definir como uma ordem axiológica ou teleológica de princípios gerais de Direito." (CANARIS, 1996, p. 77).

---

117 Frederico Carlos Von Savigny afirma que "todas as instituições jurídicas estão ligadas num sistema e somente podem ser compreendidas por completo dentro do magno contexto desse sistema, em que de novo faz aparecer a mesma natureza orgânica." (SAVIGNY, 1949, p. 32, tradução nossa). No original: "Todas las instituciones jurídicas están ligadas en un sistema, y que sólo pueden ser compreendidas por completo dentro del magno contexto de este sistema, en el que de nuevo hace aparición la misma naturaleza orgánica."

118 Assevera Claus-Wilhelm Canaris que *"a hipótese de que a adequação do pensamento jurídico-axiológico ou teleológico seja demonstrável de modo racional e que, com isso, se possa abarcar num sistema correspondente, está suficientemente corroborada para poder ser utilizada como premissa científica.* Ela é a condição da possibilidade de qualquer pensamento jurídico e, em especial, pressuposto de um cumprimento, racionalmente orientado e racionalmente demonstrável, do princípio da justiça de tratar o igual de modo igual e o diferente de forma diferente, de acordo com a medida da sua diferença." (CANARAIS, 1996, p. 74-75).

Os princípios jurídicos não são conceitos abstratos, mas "factores genuínos de formação do sistema." (LARENZ, 1997, p. 232). Sendo o sistema uma unidade de princípios, ele é também uma unidade de valores. (PERLINGIERI, 2008, p. 133). Afinal, o Direito "não é simples técnica, mas é função ordenadora segundo os valores que emergem do confronto dos diversos e contrastantes interesses que animam e justificam as suas razões." (PERLINGIERI, 2008, p. 129).[119]

Assim, as normas jurídicas por meio das quais o Direito se manifesta devem ser consideradas em seu conjunto, e não isoladamente. Por isso, pode ser afirmado que

> [...] o Direito, além de ter natureza normativa, constitui um sistema de normas. E no interior de dito sistema se incluem, entre outras, normas de conduta, normas que regulam os critérios ou procedimentos que se devem seguir quando são produzidas normas de conduta; normas que estabelecem de que maneira e em que sentido se deve reagir frente aos descumprimentos de normas, impondo, neste caso, sanções. (PECES-BARBA; FERNÁNDEZ; ASÍS, 1999, p. 23, tradução nossa).[120]

Contudo, quando se examina a unidade do sistema não se tem em vista apenas os princípios gerais do Direito[121], vez que não se

---

119 Observe-se, em sintonia com António Cortês, que "os princípios do Direito são as ideias fundamentais que justificam, ou permitem justificar, um ou mais preceitos oficialmente aprovados, uma série de decisões dos tribunais ou, até, o sistema jurídico na sua totalidade. São essas ideias fundamentais que constituem Direito na sua dimensão racional, ética e axiológica e são essencialmente as que nos permitem afirmar que o Direito não se reduz a um mero somatório de leis ou de fontes de direito em sentido técnico-jurídico. São, portanto, os 'princípios' que, em última análise, justificam e conferem validade às soluções jurídicas." (CORTÊS, 2010, p. 10).

120 No original: "El derecho, ademáis de tener naturaleza normativa, constituye un sistema de normas. En el interior de dicho sistema se incluyen, entre otras, normas de conducta, normas que regulan los criterios o procedimientos que se han de seguir a la hora de producir normas de conducta, normas que establecen de qué manera y en qué sentido se debe reaccionar frente a los incumplimientos de normas, imponiendo en su caso sanciones."

121 Norberto Bobbio assevera que, "ao lado dos princípios gerais expressos há os não expressos, ou seja, aqueles que se podem tirar por abstração de normas específicas ou pelo menos não muito gerais: são princípios, ou normas generalíssimas, formuladas pelo intérprete, que busca colher, comparando normas aparentemente diversas entre si, aquilo a que se chama o espírito do sistema." (BOBBIO, 2007, p. 290).

pode olvidar da força normativa da Constituição. É que a Constituição define valores e fins que servem de base para todo o ordenamento jurídico.

Nesse sentido, por exemplo, a Constituição define valores e fins a serem realizados, como se vê em seus arts. 1º e 3º, entre outros. A Constituição compõe a base do ordenamento, o que significa que a ela se impõe a unidade de valores e fins. Destarte, a centralidade da pessoa humana, que é estabelecida pela Constituição, é um valor que conforma toda a ordem jurídica. Do ponto de vista do processo judicial, a Constituição reconhece uma série de direitos processuais, aos quais atribui a condição de direitos fundamentais, o que conduz à exigência de que todo o ordenamento jurídico processual seja pautado, especialmente, em sua aplicação, em casos concretos, pelos parâmetros estabelecidos pelo modelo constitucional de processo.

Ao lado dos princípios gerais de direito e da Constituição, também a legislação ordinária contribui para a unidade valorativa e finalística do ordenamento jurídico. Basta ver, neste aspecto, que as normas de direito processual coletivo adotam como princípio e finalidade não apenas a facilitação do acesso à justiça, como também e especialmente a criação de instrumentos adequados à tutela efetiva dos direitos metaindividuais como condição indispensável a sua realização concreta.

Em suma, o ordenamento jurídico, para constituir um sistema, deve apresentar unidade de valores e fins. Contudo, para que o ordenamento constitua um sistema, é necessária, além da unidade de valores e fins, a coerência das normas que o compõem. O problema, agora, diz respeito, como aduz Norberto Bobbio, às antinomias jurídicas. (BOBBIO, 2007, p. 187).

Com efeito, para Norberto Bobbio o sistema é uma "totalidade ordenada, ou seja, um conjunto de organismos, entre os quais existe uma certa ordem. Para que se possa falar de uma ordem, é preciso que os organismos constitutivos não estejam apenas em relação com o todo, mas estejam também em relação de compatibilidade entre si." Esclarece Norberto Bobbio que quando se formula a pergunta se um ordenamento jurídico constitui um sistema está-se perguntando "se as normas que o compõem estão em relação de compatibilidade entre si e em que condições é possível essa relação." (BOBBIO, 2007, p. 219).[122]

Adverte Riccardo Guastini, nesse sentido, que se o direito não fosse coerente seria "perfeitamente possível elaborar, a partir das normas existentes, uma pluralidade de princípios incompatíveis entre si, e destes depois extrair soluções diferentes para uma mesma controvérsia." (GUASTINI, 2005, p. 182).

Assim, um sistema jurídico constitui uma unidade ordenada de valores e fins e é composto por normas coerentes entre si.

A coerência exigida para a formação do sistema não requer, no entanto, a ausência absoluta de antinomias entre as normas. O que se exige é a existência no ordenamento de critérios que permitam afastar as eventuais antinomias.

A coerência, portanto, "supõe a existência de uma regra que permite descartar uma das duas disposições que provocam a antinomia." (PERELMAN, 1999, p. 78).

Por outro lado, a ideia de sistema também invoca a de completude.[123]

---

[122] Norberto Bobbio distingue os dois tipos de sistema que compõem o ordenamento normativo, isto é, o estático e o dinâmico, definindo sistema estático como "aquele em que as normas estão ligadas umas às outras, como as proposições em um sistema dedutivo, ou seja, pelo fato de que se deduzem umas das outras partindo de uma ou mais normas originárias de caráter geral, que têm a mesma função dos postulados ou axiomas em um sistema científico." E sistema dinâmico como "aquele em que as normas que o compõem derivam umas das outras através de sucessivas delegações de poder, ou seja, não através do seu conteúdo, mas da autoridade que as estabeleceu: uma autoridade inferior deriva de uma autoridade superior, até se chegar à autoridade suprema, que não tem nenhuma outra autoridade acima de si." (BOBBIO, 2007, p. 220). Na sequência, afirma que Kelsen sustenta que os ordenamentos jurídicos são sistemas dinâmicos e que estáticos seriam os ordenamentos morais, posto que no ordenamento a "pertinência das normas é julgada com base num critério meramente formal, ou seja, independentemente do conteúdo", já o ordenamento moral "é aquele em que o critério de pertinência das normas ao sistema é fundado naquilo que as normas prescrevem (não na autoridade da qual derivam)." (BOBBIO, 2007, p. 221).

[123] Vicente Ráo assevera que, quando se fala em plenitude da ordem jurídica positiva, "não se deve julgar que esta ordem seja capaz de se bastar a si própria, nem que as leis positivas possam encontrar seu fundamento apenas na autoridade pública e seu fim tão somente no reino da paz social. Seria apreciar superficialmente as coisas, acreditar na plenitude da ordem jurídica positiva, sem atribuir ao seu valor outra razão, a não

Para Riccardo Guastini, "diz-se 'completo' o sistema jurídico que não tem 'lacunas'". Ocorre lacuna em um sistema jurídico "quando um dado comportamento não é deonticamente qualificado de algum modo por alguma norma jurídica desse sistema" ou quando, em um ordenamento jurídico, "para um dado caso particular não é prevista alguma consequência jurídica por alguma norma pertencente ao sistema." (GUASTINI, 2005, p. 174). Conclui o autor que um sistema jurídico é completo quando em seu "âmbito qualquer comportamento seja deonticamente qualificado por uma norma" ou em "cujo âmbito a qualquer caso particular esteja ligada uma consequência jurídica", sob o ponto de vista do aplicador do direito, diz-se às vezes completo um sistema jurídico "em cujo âmbito o juiz possa sempre encontrar numa norma preexistente a solução de qualquer controvérsia a ele submetida ou [...] um sistema jurídico que contenha a 'resposta justa' (*right answer*) a qualquer questão de direito." (GUASTINI, 2005, p. 173-175).

No entanto, como observa Ricardo Guastini, a completude do Direito é um dogma que está

> [...] estreitamente ligado, do ponto de vista histórico, à codificação do direito (especialmente do direito civil) e, do ponto de vista ideológico, ao liberalismo jurídico, isto é, à doutrina do Estado de direito moderno: mais em particular, a uma série de princípios gerais (às vezes) constitucionais que o caracterizam e sobre os quais convém chamar a atenção. (GUASTINI, 2005, p. 176).

Alerta Ricardo Guastini que isso se deve aos seguintes princípios:

> (a) Em primeiro lugar, a obrigação do juiz de decidir qualquer controvérsia a ele submetida [...]. (b) Em segundo lugar, o princípio de legalidade da jurisdição, que obriga o juiz a motivar toda sua decisão e, mais precisamente, a baseá-la numa norma jurídica preexistente. Se o direito fosse incompleto, haveria controvérsias não decidíveis com base em normas já dadas. Essas controvérsias exigiriam a criação de uma norma nova da

---

ser a da sua própria existência. Se o direito não é mais do que mera coleção de normas de conduta, então dever-se-á considerá-lo como obra arbitrária dos governantes ou como o produto natural do estado social existente. Contudo, quem refletir sobre as relações entre o Direito e a Moral de novo se proporá, por modo mais incisivo após a separação necessária das duas disciplinas, a questão de saber se o direito pode, destacado de suas raízes, viver unicamente da força de sua técnica, ou se, ao contrário, só pode desenvolver-se por meio de uma constante penetração de sua seiva moral." (RÁO, 2004, p. 80).

parte do juiz (como prevê o art. 1 do Código Civil suíço, 1907).
(c) Em terceiro lugar, o princípio da separação dos poderes,
que exclui a jurisprudência do número das fontes do direito.
A criação do direito é monopólio dos órgãos legislativos (em
geral, Assembleias representativas), enquanto os juízes (órgãos
burocráticos, em geral escolhidos por concursos) não estão autorizados a criar direito: têm, antes, a obrigação de se limitar a
aplicar o direito que já encontram feito por obra do legislador.
Se o direito fosse incompleto, os juízes teriam a oportunidade
e a possibilidade de completá-lo criando normas novas *ad hoc*
para resolver algumas das controvérsias a eles submetidas.
(GUASTINI, 2005, p. 176-177).

Quando se fala em completude como condição para a existência do sistema, não se está dizendo da completude em sentido estrito - ou seja, à existência de norma regulando todo e qualquer comportamento (ausência de lacunas) -, mas da completude em sentido amplo, como existência no ordenamento de técnicas que permitam afastar eventuais lacunas a partir do próprio ordenamento jurídico.[124]

Assinala Miguel Reale:

O ordenamento jurídico é o sistema de normas jurídicas *in acto*, compreendendo as fontes de direito e todos os seus conteúdos e projeções: é, pois, o sistema das normas em sua concreta realização, abrangendo tanto as regras explícitas como as elaboradas para suprir as lacunas do sistema, bem como as que cobrem os claros deixados ao poder discricionário dos indivíduos (normas negociais). (REALE, 2002, p. 190).

É necessário lembrar, ainda, que, como assinala Luigi Ferrajoli, a incompletude também diz respeito à ausência de técnicas apropriadas de garantias, sendo por ele aduzido que

---

[124] Nesse sentido, aduz Francesco Ferrara que "a ordem jurídica é uma atmosfera que circunda a vida social em toda a sua completeza, que lhe domina todos os movimentos, que não tolera espaço algum vazio de direito (*horror vacui*). Ordem jurídica e vida social coincidem: aquela é uma superestrutura desta. Por isso, embora o direito positivo não apresente disposição especial para certa matéria ou caso, há nele, porém, capacidade e força latente para a elaborar, e contém os germes de uma série indeterminada de normas não expressas, mas ínsitas e viventes no sistema. Com efeito, se de uma só disposição ou de um grupo de normas se deduz um princípio jurídico mais amplo, é de concluir, na dúvida, que, visto ter aplicado semelhante princípio no caso particular, a ordem jurídica o aprova na sua generalidade e, portanto, todas as consequências que do princípio derivam." (FERRARA, 2003, p. 49-50).

[...] a falta de plenitude atribui à ciência jurídica uma tarefa, especialmente, de inovação e de projeto. O reconhecimento das *lacunas* geradas pelo descumprimento das obrigações positivas constitucionalmente impostas ao legislador indica, geralmente, uma falta não somente de normas, mas também de técnicas apropriadas de garantia. (FERRAJOLI, 2010, p. 29, tradução nossa).[125]

No mesmo sentido, Jean-Louis Bergel aduz que o Direito "é um *sistema organizado de valores*, de princípios, de instrumentos técnicos etc." (BERGEL, 2006, XXVI).

Sob esse prisma, o sistema é incompleto quando há ausência de técnicas apropriadas para assegurar a realização prática dos direitos.

Por ser o ordenamento jurídico um sistema, sua análise deve ser sistemática[126]; ou seja, cada norma que compõe o sistema deve ser interpretada na sua conexão com as demais normas que dele fazem parte. Com efeito, o Direito deve ser interpretado como um todo, visando, inclusive, colmatar lacunas e afastar antinomias.[127]

---

[125] No original: "La falta de plenitude atribuye a la ciência jurídica un cometido, sobre todo, de innovación y de proyecto. El reconocimiento de las lagunas generadas por los incumplimientos de las obligaciones positivas constitucionalmente impuestas al legislador indica, generalmente, no sólo una falta de normas, sino también de técnicas apropiadas de garantia."

[126] Ensina Carlos Maximiliano que "consiste o *Processo Sistemático* em comparar o dispositivo sujeito a exegese, com outros do mesmo repositório ou de leis diversas, mas referentes ao mesmo objeto. Por umas normas se conhece o espírito das outras [...]. Possui todo corpo órgãos diversos; porém a autonomia das funções não importa em separação; operam-se, coordenados, os movimentos, e é difícil, por isso mesmo, compreender bem um elemento sem conhecer os outros, sem os comparar, verificar a recíproca interdependência, por mais que à primeira vista pareça imperceptível. O processo sistemático encontra fundamento na lei da solidariedade entre os fenômenos coexistente [...]. Aplica-se modernamente o processo tradicional, porém com amplitude maior do que a de outrora: atende à conexidade entre as partes do dispositivo, e entre este e outras prescrições da mesma lei, ou de outras leis; bem como à relação entre uma, ou várias normas, e o complexo das ideias dominantes na época. A verdade inteira resulta do contexto, e não de uma parte truncada, quiçá defeituosa, mal redigida; examine-se a norma na íntegra, e mais ainda: o Direito todo, referente ao assunto. Além de comparar o dispositivo com outros afins, que formam o mesmo instituto jurídico, e com os referentes a institutos análogos; força é, também, afinal pôr tudo em relação com os princípios gerais, o conjunto do sistema em vigor." (MAXIMILIANO, 2011, p. 104-106).

[127] Anota Miguel Reale que "o 'ordenamento jurídico', que é o sistema de normas em sua plena atualização, não pode ter lacunas e deve ser considerado, em seu todo, vigente e eficaz." (REALE, 2002, p. 192).

Interpretar sistematicamente é "a operação que consiste em atribuir a melhor significação [...] aos princípios, às normas estritas (ou regras) e aos valores jurídicos, hierarquizando-as num todo aberto." (FREITAS, 2004, p. 80). Vale, ainda, chamar a atenção para a advertência de Pietro Perlingieri, no sentido de que a solução de cada controvérsia deve ser estabelecida "à luz de todo o ordenamento, em particular, dos seus princípios fundamentais, como escolhas de fundo que o caracteriza." (PERLINGIERI, 2008, p. 175).

Aduz Reinhold Zippelius que a interpretação sistemática é aquela realizada

> [...] a partir do contexto relacional em que as diferentes normas se encontram – impõe especialmente que se interpretem as várias normas, sempre que possível, de tal modo que não entrem em contradição lógica umas com as outras. Devem ser também, se possível, interpretadas de modo a que se evitem contradições teleológicas, que não sirvam, portanto, para fins contraditórios, ou de modo a que fins concorrentes sejam pelo menos conciliados uns com os outros de maneira a que se encontre entre eles um compromisso justo e o melhor possível. Por outro lado, a ideia da unidade do direito leva à descoberta daquelas lacunas jurídicas que estão fundadas numa inconsequência interna da lei: ou seja, fundadas no facto de a lei tratar de maneira desigual o que é essencialmente igual ou de maneira igual o que é essencialmente desigual. (ZIPPELIUS, 2010, p. 331).

Javier Hervada sustenta:

> Se considerarmos que a ciência é um conjunto de verdades logicamente encadeadas entre si, de modo que formem um sistema coerente, se entenderá com facilidade que o método sistemático ou científico (a construção sistemática) dá à ciência jurídica seu caráter mais propriamente científico. O objetivo do método sistemático moderno não é apenas a organização lógica da matéria a ser tratada (método sistemático antigo), mas sobretudo a redução à unidade e a explicação coerente – mediante a elaboração de conceitos e teorias – de uma ordem jurídica, de maneira que sejam estabelecidos os princípios, os caracteres gerais e as constantes que justificam sua configuração. (HERVADA, 2008, p. 425).

Jean-Louis Bergel afirma que a interpretação das normas jurídicas, por questões de segurança jurídica, não pode ser "livre", devendo inserir-se, "com base nos textos, no espírito do sistema jurídico de que procedem", e que é por essa razão que deve "prevalecer um método de *interpretação sistemática*, fundamentado no contexto imediato das disposições a serem interpretadas ou na inserção delas no conjunto de uma instituição, até mesmo no conjunto do sistema jurídico ao qual pertencem." (BERGEL, 2006, p. 332). Conclui o doutrinador em destaque que essa interpretação "dos textos pode perfeitamente harmonizar-se com considerações relacionadas com a *ratio-logis* e com os objetivos perseguidos num determinado sistema de direito." (BERGEL, 2006, p. 332).[128]

Observe-se, inclusive, que alguns ordenamentos jurídicos estrangeiros sugerem ao jurista se valer do "chamado espírito do sistema", como é o caso do Direito colombiano, em que seu Código Civil, no art. 30, dispõe:

> O contexto da lei servirá para ilustrar o sentido de cada uma de suas partes, de maneira que haja entre todas elas a devida correspondência e harmonia. As partes obscuras de uma lei podem ser ilustradas por meio de outras leis, particularmente se versam sobre o mesmo assunto.

Na análise do Direito, deve o jurista considerá-lo em seu conjunto, porquanto, como anota Francesco Carnelutti, a realidade do direito não está nas partes isoladas, mas no "todo". Assim, em sua "unidade", para ver o "direito vivo é preciso, ainda, subir o mais alto que for possível, de forma que a vista possa alcançar até a maior distância possível a sua imensa realidade." (CARNELUTTI, 2005, p. 56).

A análise sistemática do Direito ressalta o papel dos juristas, posto que, como anota Karl Larenz, o sistema deve ser desenvolvido continuamente pela Ciência, "a partir do conjunto do Direito, das suas conexões de sentido imanentes." Mas ressalta que "a unidade interna de uma ordem jurídica positiva [...] não só é o resultado da atividade sistematizadora da ciência jurídica", mas também "pré-

---

128 Anote-se, outrossim, que o "sentido de uma disposição ressalta nítido e preciso, quando é confrontada com outras normas gerais ou supraordenadas, de que constitui uma derivação ou aplicação ou uma exceção, quando dos preceitos singulares se remonta ao ordenamento jurídico no seu todo. O preceito singular não só adquire individualidade mais nítida, como pode assumir um valor e uma importância inesperada caso fosse considerado separadamente, ao passo que em correção e em função de outras normas pode encontrar-se restringido, ampliado e desenvolvido." (FERRARA, 2003, p. 37).

-determinada 'pelas relações normativas e teleológicas previamente dadas dentro da ordem jurídica que, como produto do espírito humano, não é nenhum caos informe'". Esse processo não é realizado "por completo em qualquer momento, por forma a ser facilmente captada – existem sempre incongruências, resíduos não elaborados ou mesmo hiatos intencionais da cadeia." (LARENZ, 1997, p. 231).

Conclui esse doutrinador que,

> tanto quanto a ordem jurídica apresente sintonia nas suas ideias de base e nas decisões valorativas determinantes, o que é requerido pela noção de Direito, tem a ciência jurídica que tornar evidente esta sintonia e retirar daí as consequências – tem, neste sentido, de proceder sistematicamente. (LARENZ, 1997, p. 232).

No mesmo sentido, observa Maria Helena Diniz que a "tarefa mais importante do jurista consiste em apresentar o direito sob uma forma sistemática, para facilitar seu conhecimento e manejo pelos que o aplicam." (DINIZ, 1996, p. 8-9).[129] Javier Hervada corrobora este entendimento, afirmando que a construção do sistema é a mais alta ocupação do cientista, pois "o conjunto de conhecimento deve tornar-se sistema, explicando os nexos que ligam alguns fatores jurídicos (em especial as normas) com outros, mediante a elaboração de conceitos gerais que expliquem o sentido das regras e dos demais fatores e nos deem a solução da justa decisão dos casos." (HERVADA, 2008, p. 426).

Preleciona Antonio Enrique Perez Luño:

> O processo de sistematização dos materiais normativos é um fenômeno paralelo ao da formação do Estado moderno, que foi adquirindo progressiva importância na medida em que foi crescendo o número e complexidade das regras integrantes do direito positivo estatal. Daí que, precisamente, a sistematicida-

---

[129] Acrescenta Maria Helena Diniz que "o sistema jurídico é o resultado de uma atividade instauradora que congrega os elementos do direito (repertório) estabelecendo as relações entre eles (estrutura), albergando uma referência à mundividência que animou o jurista, elaborador desse sistema, projetando-se numa dimensão significativa. O sistema jurídico não é, portanto, uma construção arbitrária. O direito deve ser visto em sua dinâmica como uma realidade que está em perpétuo movimento, acompanhando as relações humanas, modificando-se, adaptando-se às novas exigências e necessidades da vida [...]. A experiência jurídica contém uma imensidão de dados heterogêneos; ante a sua grande complexidade constitutiva, não se reduz à singeleza de um só elemento: o normativo. As normas são apenas uma parte do direito." (DINIZ, 1996, p. 10).

de seja um dos traços definidores dos ordenamentos jurídicos mais evoluídos, no que opera como uma garantia de segurança jurídica. Com efeito, a sistematicidade permite um conhecimento, interpretação e, por conseguinte, aplicação do direito, fundada em critérios precisos e rigorosos, melhor que o arbítrio ou acaso. (LUÑO, 2012, p 18).

Em suma, o Direito deve ser visto como um todo, apesar de ser dividido em disciplinas jurídicas distintas, sendo necessário analisá-las em seu conjunto e de forma sistemática, para que não se "pense que cada uma delas existe independentemente das outras. Não existe um Direito Comercial que nada tenha a ver com o Direito Constitucional. Ao contrário, as disciplinas jurídicas representam e refletem um fenômeno jurídico unitário que precisa ser examinado." (REALE, 1998, p. 6).

Importa mencionar, ainda, que

> [...] a análise sistêmica do direito não contradiz nem sua abertura, nem seu dinamismo, nem sua complexidade, nem sua flexibilidade, nem seus vínculos com outros sistemas... Ela permite evidenciar-lhes a especificidade, a coerência global, a lógica, as inspirações, as finalidades, sem, por isso, abstrair realidades das quais ele emana e às quais se aplica, sem ocultar os subsistemas múltiplos dos quais se compõe, sem paralisar sua evolução... A abordagem sistêmica é particularmente útil à concepção, ao estudo e à aplicação do direito, pois se trata mesmo de um 'conjunto organizado e dinâmico de práticas, de métodos e de instituições que formam a um só tempo uma construção teórica e um método prático'. (BERGEL, 2006, p. XXVI).

Afirmar que o Direito é um sistema não implica dizer que ele está pronto e acabado e que não comporta alterações, ressaltando que, como adverte Claus-Wilhelm Canaris, o sistema pode ser fechado ou aberto, entendendo-se por abertura "a incompletude, a capacidade de evolução e a modificabilidade do sistema." (CANARIS, 1996, p. 104).[130]

---

130 Para Claus-Wilhelm Canaris a ideia de sistema está sedimentada sobre dois pilares: ordem e unidade, sendo estas características do sistema que "tornam possível a existência do direito nas suas dimensões material e espiritual, ou seja, quer como resultado de relações materiais concretas ligadas às condições econômicas, políticas e culturais, quer como resultado de uma intencionalidade presente na consciência humana ligada a valores e aspirações. Materialmente e espiritualmente, o direito se

Lembre-se de que a ideia de um sistema fechado[131] está relacionada com a tradição racionalista, que considera os conceitos como algo absoluto e exato, enquanto a ideia de sistema aberto[132] diz respeito à tradição filosófica e sociológica, segundo a qual nenhum conceito está isento das influências das práticas sociais e intelectuais que lhe servem de contexto. Ademais, o fato de o Direito ser entendido como sistema aberto, em que suas ações, sentidos e resultados são variáveis, mantém íntegra a sua juridicidade e a normatividade emanadas de suas fontes.

Acrescente-se que no sistema fechado "inexistem lacunas, constituindo o chamado *postulado da plenitude hermética do Direito.*" Já o sistema aberto, ao contrário, "é necessariamente incompleto, estando sempre pronto para receber novas normas sem que sua estrutura sofra qualquer alteração." (DANTAS, 2005, p. 5).

Aduz o autor, ainda sobre o sistema aberto:

> Essa concepção de sistema aberto mostra o Direito como uma realidade extremamente complexa, composta de várias dimensões normativas, fáticas e axiológicas, as quais formam um conjunto ordenado que constantemente precisa se abrir para receber novos objetos (novas normas), vez que não contém soluções expressas para determinados casos (ou seja, possui *lacunas)*, e essas normas a serem recebidas contêm as soluções para tais casos. Portanto, a expressão *lacuna* está umbilicalmente ligada à qualidade de *incompletude do sistema.* (DANTAS, 2005, p. 5).

O Direito sofre influências do desenvolvimento político, social e cultural da sociedade, sendo, nesse sentido, aberto a essas realidades, o que constitui exigência da necessidade de sua aptidão para

---

estrutura de maneira sistemática para que suas categorias e institutos possam ser reconhecidos como elementos em sentido próprio e distintos do meio ambiente. Por isso mesmo, ordem e unidade se referem, nessa compreensão sistemática, como emanações primeiras do mundo jurídico." (CUNHA, 2006, p. 26).

131 Segundo André Jean Arnaud, o sistema fechado é o "da tradição racionalista e corresponderia segundo os juristas à sua própria aspiração à segurança jurídica, à sua preocupação quanto à previsibilidade, ao formalismo, à coerência, à completude, que os arrasta facilmente em direção à opção pelos sistemas axiomáticos." (ARNAUD, 1999, p. 733).

132 O sistema está em constante mutação, em razão do ambiente em que se insere e da forma de estruturação de suas variáveis, isso porque as normas que compõem o sistema jurídico são proposições ou prescrições que adquirem seu sentido concreto no contexto axiológico e teleológico do próprio sistema. (CANARIS, 1996, p. 65).

se adequar à realidade da vida. As normas devem dialogar com o mundo da vida, pois "a ideia do direito é renovação eterna." (IHERING, 2001, p. 30).[133]

Como observa Maria Helena Diniz,

> [...] o sistema normativo é aberto e incompleto, estão em relação de importação e exportação de informações com os outros subsistemas (fático e valorativo). A lacuna constitui um estado incompleto do sistema, que deve ser colmatado ante o princípio da plenitude do sistema jurídico. (DINIZ, 1997, p. 22-23).

Anota Tercio Sampaio Ferraz Junior que o sistema é aberto "quando se pode encaixar um elemento estranho, sem necessidade de modificar sua estrutura. É um sistema incompleto e prospectivo, porque se abre para o que vem, não alterando suas regras." (FERRAZ JUNIOR, apud DINIZ, 1997, p. 22).[134]

Digna de nota, ainda, é a lição de François Geny:

> A ordem jurídica de um determinado país nunca se encontra plenamente satisfeita apenas pelas disposições das suas leis escritas. Mesmo que, através do procedimento de uma lógica rigorosa, deduza-se delas (leis escritas) tudo aquilo que se possa extrair de uma aplicação intensa das faculdades intelectuais tendentes à penetração de um texto redigido por homens, ainda assim, permanecemos abaixo das necessidades, às quais deve corresponder a ideia integral do direito. As relações humanas são demasiadamente numerosas, demasiado complexas e mutáveis para que possam encontrar uma regulamentação suficiente em algumas fórmulas verbais editadas num momento fixo e na presença de uma situação impossível de ser abraçada num só golpe de vista, tanto para a distinção entre os fatos da vida social que mereçam a sanção pública, como para que se determinem as condições, a natureza e os efeitos dessa sanção. Em razão do que, faz-se necessário multiplicar os caminhos e os

---

[133] Anota, ainda, Rudolf von Ihering que o Direito "apresenta no seu movimento histórico um quadro de anseios, de combates, de luta – em síntese, o quadro de esforços árduos [...]. O direito, contudo, como conceito teleológico, arrojado ao meio da engrenagem caótica dos objetivos, aspirações, interesses humanos, é constrangido constantemente a tatear na busca de seu caminho e uma vez o haja encontrado, tem que derrubar todos os obstáculos presentes no seu caminho." (IHERING, 2001, p. 30).

[134] FERRAZ JUNIOR, *Sistema jurídico e teoria geral dos sistemas*. Apostila do Curso de Extensão Universitária em Direito, promovida pela Associação dos Advogados de São Paulo, mar./jun. 1973.

meios de investigação das normas jurídicas, e, acima de tudo, reconhecer que, além de procedimentos muito variados, através dos quais as normas são elaboradas, impõe-se uma apreciação discricionária do intérprete, a única verdadeiramente capaz de adaptar, *in concreto*, o direito ao fato. Esta apreciação discricionária, que entra em jogo tanto para avaliar os outros procedimentos como para lhes suprir, não conta com completa independência. Ela está canalizada para determinadas direções, cujas mais precisas provêm das fontes formais do direito positivo. (GENY, 1954, p. 404-405, tradução nossa).[135]

A pluralidade das fontes do Direito, fazendo com que as normas jurídicas traduzam as mais variadas opções, exige a abertura do sistema como condição para a adequação do Direito aos vários estilos de vida e necessidades individuais e sociais, além de constituir uma exigência da própria democracia.[136] Como o Direito deve estar em perfeita sintonia com as necessidades sociais, e estas são mutáveis,

---

135 No original: "L'ordre juridique positif, d'um pays donné, n'est jamais pleinement satisfait par les dispositions de ses lois écrites. Alors même qu'on développe celles-ci au moyen d'une logique serrée, et qu'on em tire tout ce que peut donner une application intensive des facultés intellectualles à la pénétration d'un texte rédigé par des homes, on reste en dessous des besoins, auxquels répond l'idée intégrale du droit. Les rapports humanins sont trop nombreux, trop complexes, trop changeants, pour trouver un règlement suffisant, en impossible à embrasser d'un seul coup d'oeil, soit qu'il s'agisse de distinguer, entre les faits de la vie sociale, lesquels méritent la sanction publique, soit qu'il y ait lieu de déterminer les conditions, la nature et les effets de cette sanction [...]. Dés lors, il est nécessaire, de multiplier les voies et moyens de recherche des règles juridiques, et, avant tout, de reconnaître, qu'au dessus des procédés très variés, par lesquels eles s'elaborent, s'impose une appréciation, discrétionnaire, de l'interprète, seule vraiment suceptible d'adapter, in concreto, le droit au fait. Cette appréciation discrétionnaire, qui entre em jeu, tant pour faire valoir les autres procédés que pour les suppléer, n'a pas toujours complete indépendance. Elle est bridée par certaines directions, dont les plus précises proviennent des cources formelles du droit positif."

136 Anota Judith Martins-Costa que se esgota "definitivamente a concepção fechada, posta pela ciência oitocentista após a codificação, desenhando-se um conceito de sistema relativamente aberto, porque na sua origem não estará, de modo exclusivo e excludente, a fonte legislativa: ao contrário, o sistema (relativamente) aberto opera a partir da diversidade de fontes de produção jurídica, com acentuado peso à fonte judicial e com forte atenção à prática da fixação social de tipos e modelos por via costumeira, negocial e jurisprudencial. Neste processo de modificação terá particular intensidade outra, e conexa, questão metodológica, atinente ao que alguns denominam 'crise da técnica legislativa', a qual é tradicionalmente associada à superação do modelo legislativo cerrado, tipificado nos códigos civis e vinculado à sua pretensão de plenitude e exclusividade. Entram em cena a regulação por princípios e as cláusulas gerais." (MARTINS-COSTA, 1998, p. 32).

a abertura do sistema é indispensável, o que alcança o microssistema processual, que também está sujeito a alterações ditadas pela exigência de harmonia entre o que é estabelecido pelo Direito e as necessidades sociais.

A própria Constituição promove a abertura do sistema jurídico trabalhista quando estabelece, por exemplo, no *caput* do seu art. 7º que, além dos direitos nele reconhecidos, outros podem ser atribuídos aos trabalhadores para a *melhoria da sua condição social* (cláusula geral), o que demonstra que o direito do trabalho está em constante construção. Da mesma forma, o art. 769 da CLT prevê a possibilidade de se recorrer ao direito processual comum para solucionar os casos concretos, o que indica que o direito processual do trabalho é também aberto.[137] Do ponto de vista da tutela jurisdicional de direitos metaindividuais, vale chamar a atenção para o fato de que o CDC e a Lei de Ação Civil Pública estabelecem uma complementariedade recíproca, tornando certo que cada uma dessas normas não contém todo o direito processual no que se refere àquela tutela.[138] A abertura do sistema processual também está presente no art. 83 do CDC, ao dispor que "para a defesa dos direitos e interesses protegidos por este código são admissíveis todas as espécies de ações capazes de propiciar sua adequada e efetiva tutela".

Dessa forma, o caráter sistemático do Direito e a natureza aberta do sistema jurídico permitem afirmar que as lacunas da lei são provisórias, posto que o ordenamento jurídico "é dotado de uma força expansiva, conferida pelas suas características de igualdade, generalidade e não contradição, numa palavra, pelo seu *caráter sistemático*." (HESPANHA, 2009, p. 700).[139]

Não obstante, vale a advertência de Judith Martins-Costa, no sentido de que

---

137 Aduz Maria Cecília Máximo Teodoro que os arts. 765 e 832, §1º, da CLT propiciam a abertura das normas processuais trabalhistas de forma autônoma, "sem necessidade da utilização do processo civil." (TEODORO, 2011, p. 131).

138 Lembre-se que o art. 15 do CPC de 2015 prevê que: "na ausência de normas que regulem processos eleitorais, trabalhistas ou administrativos, as disposições deste Código lhes serão aplicadas supletiva e subsidiariamente."

139 As lacunas do Direito e as formas do seu enfrentamento serão objeto de uma análise mais detalhada no próximo capítulo.

[...] não se pode entender a expressão sistema aberto em sua literalidade. Um sistema completamente aberto é um não sistema, uma *contradictio in terminis*. Devemos, pois, entender por sistema aberto um sistema que se autorreferencia de modo apenas relativo. Não é, portanto, excludente do que está às suas margens, possuindo mecanismos de captação do seu entorno e de ressistematização destes elementos. (MARTINS-COSTA, 1998, p 42-43).

Observadas essas limitações, é possível afirmar, complementando o que já foi dito, que, como assinala Pietro Perlingieri, cabe ao jurista construir o sistema, sendo por ele observado que

[...] o jurista "permite ou exclui a construção do sistema", não apenas pensando a "realidade em razão da disciplina estabelecida", mas também individuando a normativa a ser aplicada em razão da realidade. Esta construção tendencial, a bem ver, é o único e necessário caminho a percorrer; e não é possível excluí-la. A interpretação jurídica ou é sistemática ou não é interpretação. A interpretação, portanto, é necessariamente expressão do sistema e, ao mesmo tempo, concorre a formá-lo em um processo cognoscitivo-aplicativo sem fim. (PERLINGIERI, 2008, p. 133).[140]

A abertura do sistema é também realizada com base nos princípios gerais de direito e na técnica das cláusulas gerais e dos conceitos indeterminados, vez que estes proporcionam a mobilidade, o rejuvenescimento e a flexibilidade do sistema, permitindo a adequação da norma às necessidades do caso concreto, ou seja, à realidade da vida.

Os princípios gerais do direito já foram examinados, ao passo que, como esclarece Judith Martins-Costa, as cláusulas gerais "constituem as janelas, pontes e avenidas dos modernos códigos civis", já que

[...] conformam o meio legislativamente hábil para permitir o ingresso, no ordenamento jurídico codificado, de princípios valorativos, ainda inexpressos legislativamente, de *standards*,

---

[140] Registre-se que Tercio Sampaio Ferraz Junior aduz que "os modernos pensadores não indagam mais, como os antigos, das relações morais do bem na vida, mas sim das suas condições efetivas racionais de sobrevivência. Tais necessidades práticas de uma sociedade tornada mais complexa exigem soluções técnicas que estão na base do desenvolvimento das doutrinas jurídicas. Assim, se o problema antigo era o de uma adequação à ordem natural, o moderno será, antes, como dominar, tecnicamente, a natureza ameaçadora. É nesse momento que surge o temor que irá obrigar o pensador a indagar como proteger a vida contra a agressão dos outros, o que entreabre a existência de uma organização racional da ordem social." (FERRAZ JR, 1998, p. 42).

máximas de conduta, arquétipos exemplares de comportamento de deveres de conduta não previstos legislativamente [...] de direitos e deveres configurados segundo os usos do tráfego jurídico, de diretivas econômicas, sociais e políticas, de normas, enfim, constantes de universos metajurídicos, *viabilizando a sua sistematização e permanente ressistematização no ordenamento positivo.* (MARTINS-COSTA, 1998, p. 7).

As cláusulas gerais são uma técnica legislativa originária da segunda metade do século XX, que contém "indicações de programas e de resultados desejáveis para o bem comum e a utilidade social (o que tem sido chamado de diretivas ou 'normas-objetivo'), permeando-a também terminologias científicas, econômicas e sociais." (MARTINS-COSTA, 1998, p. 7).

Ademais, na perspectiva de um sistema aberto, a "própria noção de código muda – uma vez que não mais se quer abarcar, em seu *corpus*, a totalidade do direito – atuando aí as cláusulas gerais como elemento ao mesmo tempo unificador e vivificador dos ordenamentos." (MARTINS-COSTA, 1991 p. 19).

Para Karl Engish, conceito indeterminado é "um conceito cujo conteúdo e extensão são em larga medida incertos." (ENGISH, 1983, p. 208).

Os conceitos indeterminados, para Judith Martins-Costa,

> [...] podem se reportar tanto a realidades valorativas quanto a realidades fáticas. Por sua vaguidade e ambiguidade são muitas vezes polissêmicos, daí permitindo razoável dose de liberdade por parte do aplicador da lei no momento de sua aplicação. Ocorre que tais conceitos integram, sempre, a descrição do 'fato' que a norma pretende abranger. Embora permitam, por sua fluidez, uma abertura às mudanças de valoração, a verdade é que, por integrarem a descrição do fato, a liberdade do aplicador se exaure na fixação da premissa. Assim, 'uma vez estabelecida, *in concreto*, a coincidência ou a não coincidência entre o acontecimento real e o modelo normativo, a solução estará, por assim dizer, predeterminada'. (MARTINS-COSTA, 1991, p. 22).[141]

Conclui-se, então, em sintonia com Claudia Maria Marques, que a definição de sistema de direito, "como 'um todo estruturado hie-

---

141 As cláusulas gerais e os conceitos indeterminados serão objeto de exame mais aprofundado adiante.

rarquicamente' e funcionalmente, é visto hoje como 'um complexo de elementos em interação', 'coerentes' ou 'orgânicos', de 'normas, princípios e jurisprudência', 'conjunto de elementos diversos cuja organização e interação, fornecem a toda a ordem jurídica positiva reconhecida como tal os meios para alcançar sua coerência e seu funcionamento'" (MARQUES, 2011, p. 651), sendo certo que deve ter o homem como seu centro e no contexto em que está inserido.[142]

3.5. Do sistema aos microssistemas

O "Direito não é uma criação espontânea e abstrata. Como produto de um progresso sócio-histórico, está sujeito à influência, direta ou indireta, de fatores e de elementos que se cruzam para determinar substância e forma." (CONSTANTINESCO, 1998, p. 3-4).

Com efeito, os ideais de segurança, certeza, conservação de determinado modelo socioeconômico, igualdade de todos perante a lei[143] e estabilidade do Direito fizeram nascer a idade da codificação. A evolução do Direito conduziu à sua organização na forma de sistema. No entanto, as constantes mutações sociais passaram a exigir um Direito mais flexível.[144] O Direito fechado e pleno, característica da codificação oitocentista[145], é substituído por leis especiais e códi-

---

142 Digna de registro advertência de Leontin-Jean Constantinesco de que, "assim como todo ordenamento pressupõe uma certa imagem do homem, toda disciplina jurídica, orientada para o exterior, depende, em última instância, da concepção do mundo." (CONSTANTINESCO, 1998, p. 8).

143 Segundo Miguel Reale, "do princípio da 'igualdade de todos perante a lei' logo se inferiu a necessidade de haver 'uma só lei para todos', o que refletiu sobretudo no domínio do Código Civil, liricamente concebido como destituído de lacunas." (REALE, 1998, p. 138-139).

144 Celso Fernandes Campilongo assevera que, sumariamente, "podem ser arroladas as seguintes transformações no direito: a) rompimento do monismo jurídico e esvaziamento do monopólio estatal da produção normativa; b) deslegalização e desregulamentação do Estado para a sociedade civil da capacidade decisória sobre temas específicos; c) delegação do Estado para a sociedade civil da capacidade decisória sobre temas específicos; d) surgimento do Estado paralelo; e) desterritorialização das práticas jurídicas; f) reconhecimento de novas arenas jurídicas e de novos sujeitos de direito; g) nova concepção de cidadania." (CAMPILONGO, 2000, p. 59).

145 Destaca Judith Martins-Costa que "os códigos, e notadamente os códigos civis, foram considerados pela ciência jurídica oitocentista a reprodução, em veste legislativa, do 'organismo vivo' que seria, de per se, originária e ontologicamente, o direito." (MARTINS-COSTA, 1991, p. 22-23).

gos elaborados com crescentes cláusulas gerais e conceitos jurídicos indeterminados. O Código Civil deixa, assim, de ser o centro da ordem jurídica.

Carlos Alberto da Mota Pinto afirma que "o desenvolvimento da sociedade, no decurso dos séculos, fez surgir ou acentuou *necessidades específicas* de determinados setores da vida dos homens. Daí que fossem surgindo *regras especiais* para esses setores particulares, estatuindo, para os domínios respectivos, *regimes diversos*."[146] (PINTO, 2005, p. 47).

Segundo Mauro Cappelletti,

> [...] os novos direitos e os deveres não se apresentam mais, como nos Códigos tradicionais, de inspiração individualística-liberal, como direitos e deveres essencialmente individuais, mas metaindividuais e coletivos. Este fenômeno, timidamente e esporadicamente aparecido em primeiro lugar em certas legislações especiais – sobretudo a partir das primeiras leis especiais em matéria de relações de trabalho até o fim do século em curso – se esteve generalizando a tal ponto que não há, hoje, nem Constituição democrática moderna, nem declaração internacional dos direitos do homem que não insira, no capítulo das liberdades fundamentais, direitos e deveres 'sociais' e 'coletivos', uma vez ignorados ou descuidados. CAPPELLETTI, 1977, p. 131).

Registra Cláudia Lima Marques:

> A igualdade entre todos os sujeitos de direito foi a base filosófica e política da Revolução Francesa e do resultante maior Código moderno, o *Code Civil* de 1804 da França. O próprio Miguel Reale identifica aqui o início (ou o modelo) do direito moderno. Os sujeitos civis (nobres e plebeus) têm os mesmos direitos e serão regulados por um só Código, uma só lei, a lei dos iguais! Sendo assim, constata-se que tanto a modernidade, quanto a pós-modernidade são baseadas no discurso dos direitos, a primeira no discurso dos direitos adquiridos, na segurança e ordem (institucional), e a segunda, nos direitos qualificados por sua origem, no discurso dos direitos humanos

---

[146] Acrescenta Carlos Alberto da Mota Pinto que "essas normas especiais, em dado momento, passaram a compendiar-se legislativamente em diplomas legais próprios, começaram a mostrar-se inspiradas por um espírito próprio, resultante das específicas necessidades do sector especial da vida a que se aplicam, passaram a ser estudadas por uma doutrina científica própria e a ser ensinadas à parte. Dentro do direito privado surgiram assim, *por especialização* relativamente às normas do direito civil, *ramos autónomos de direito*." (MOTA PINTO, 2005, p. 47).

e fundamentais, como resultados de um objetivo de política legislativa de agora tratar desigualmente, aqueles sujeitos da sociedade considerados vulneráveis ou mais fracos (crianças, idosos, deficientes, trabalhadores, consumidores, por exemplo). Como ensina o grande Michel Villey, não há nada mais diferenciador, mais individual, mais básico, distintivo e equitativo, do que o reconhecimento dos direitos do homem, dos direitos fundamentais: de uma maneira geral é o direito de cada um à sua diferença. (MARQUES, 2011, p. 664-665).

Com efeito, assevera Judith Martins-Costa:

> O Código Civil, na contemporaneidade, não tem mais por paradigma a estrutura que, geometricamente desenhada como um modelo fechado pelos sábios iluministas, encontrou a mais completa tradição na codificação oitocentista. Hoje a sua inspiração, mesmo do ponto de vista da técnica legislativa, vem da Constituição, farta em modelos jurídicos abertos. Sua linguagem, à diferença do que ocorre com os códigos penais, não está cingida à rígida descrição de um *fattispecies* cerradas, à técnica da casuística. Um código não totalitário tem janelas abertas para a mobilidade da vida, pontes que o ligam a outros corpos normativos – mesmo os extrajurídicos – e avenidas, bem trilhadas, que o vinculam, dialeticamente, aos princípios e regras constitucionais. (MARTINS-COSTA, 1998, p. 6).

A maior complexidade das relações sociais e o surgimento de necessidades especiais e de pessoas e bens carentes de tutela diferenciada exigem normas especiais[147], as quais, como aduz Natalino

---

147 Anota Claudia Lima Marques que Natalino Irti, em sua obra sobre o *Código Civil e a Sociedade Política*, afirma que "ao desafio da sociedade de consumo de massa, somou-se o das novas exigências de um mercado integrado. Estas novas formas sociais e da economia mundial, tiveram forte repercussão legislativa nos Estados industrializados, a ponto de criar-se um Direito Privado Comum Europeu, entre os países membros da União Europeia. Efetivamente, as Comunidades europeias e, hoje, a União Europeia são um forte legislador do direito econômico, civil e comercial, e em especial sobre temas de proteção do consumidor, a ponto de professores franceses defenderem no final do século XX a ideia de um Código Europeu do Consumo. No início do século XXI, autores alemães consideraram que a influência legislativa europeia modificou tão profundamente os direitos nacionais que, quebrando tradições puramente civilísticas e evoluindo para uma visão econômico-privatista, que se pode falar em um novo Direito Privado do século XXI seria tripartite, reunindo o Direito Civil, o que restou do Direito Comercial e um forte Direito do Consumidor! Todas estas linhas têm como convergência o fato de procurarem dar respostas efetivas para o desafio da imposição, em nossas sociedades pós-modernas (sejam em países industrializados ou em países emergentes, como o Brasil), de uma nova coexistência de leis especiais e gerais, que regulam o mercado de consumo em massa." (MARQUES, 2011, p. 136-137).

Irti, podem constituir um sistema diverso daquele representado pelo Código Civil, tendo em vista que, "em função da qualidade de certos sujeitos (locatários de fundos rústicos, trabalhadores subordinados, inquilinos de imóveis urbanos), ou de dados bens, a lei especial introduz princípios novos e protegem interesses deixados insatisfeitos pelo código civil"[148], o que faz com que "o sistema unitário do código civil ceda diante da variedade dos microssistemas, que são compostos (ou melhor, podem compor-se) as numerosas e discordantes leis especiais." (IRTI, 1999, p. 161-162, tradução nossa).[149]

Natalino Irti afirma que, em razão dessas normas especiais, o *monossistema* cede lugar ao *polissistema*, no sentido de que os vários microssistemas substituem o sistema único constituído pelo Código Civil, caracterizando o que ele denomina *descodificação*. (IRTI, 1999, p. 183 e 194).

As afirmações de Natalino Irti são confirmadas no Brasil pelo desenvolvimento do direito processual, na medida em que, ao lado do Código de Processo Civil, foram surgindo normas especiais, voltadas à tutela jurisdicional de determinados direitos ou interesses, com regras e princípios próprios que constituem verdadeiros microssistemas processuais. Assim, embora o direito processual civil constitua o núcleo fundamental do direito processual, tal fato não significa que ele constitua todo o direito processual, porquanto com ele convivem microssistemas processuais.

A maior complexidade social, as novas necessidades e os sujeitos especiais também exigem um Estado Democrático de Direito com atuação pautada, principalmente, pela Constituição, ou seja, a

> [...] presença do poder público interferindo nas relações contratuais, definindo limites, diminuindo os riscos do insucesso e protegendo camadas da população que, mercê daquela igualda-

---

148 No original: "In funzione della qualità di certi soggetti (affittuarî di fondi rustici, lavoratori subordinati, inquilini di immobili urbani) o di dati beni, le leggi speciali introducono principî nuovi e proteggono interessi lasciati insoddisfatti dal codice civile."

149 No original: "Il sistema unitario del códice civile cede così alla varietà dei micro-sistemi, in cui si compongono (o, meglio, possono comporsi) le innumerevoli e discordi leggi speciali."

de aparente e formal, ficavam à margem de todo o processo de desenvolvimento econômico, em situação de ostensiva desvantagem. (TEPEDINO, 2004, p. 232).

Acrescenta Gustavo Tepedino:

> Tal processo não se dá sem alteração profunda na técnica legislativa, não sendo por acaso que se lê, com frequência, críticas por parte de autores conceituados quanto à técnica legislativa atual, impregnada de termos técnicos incompreensíveis para o operador do direito, destituída da clareza de redação que norteava o legislador do passado [...]. Tal técnica legislativa nada mais é do que a expressão normativa da aludida complexidade política da vida contemporânea, traduzindo, também neste aspecto, o esfacelamento daquele Estado monolítico e da tábua de valores que o caracteriza, na linguagem elegante e monocórdia do código. Não há nada a se fazer contra os fatos. (TEPEDINO, 2004, p. 317).

Esclarece Maria Celina B. Moraes:

> Diante da nova Constituição e da proliferação dos chamados microssistemas, como, por exemplo, a Lei do Direito Autoral, e recentemente, o Estatuto da Criança e do Adolescente, o Código de Defesa do Consumidor e a Lei das Locações, é forçoso reconhecer que o Código Civil não mais se encontra no centro das relações de direito privado. Tal polo foi deslocado, a partir da consciência da unidade do sistema e do respeito à hierarquia das fontes normativas, para a Constituição, base única dos princípios fundamentais do ordenamento. (MORAES, 2014, p. 4).

Em suma, há um movimento no sentido do sistema aos microssistemas, ou seja, de um conjunto de normas disciplinando determinadas relações jurídicas de direito material e de direito processual. Esses microssistemas são dotados de regras, princípios, fins, jurisprudência e doutrina próprios, o que possibilita afirmar a sua autonomia.

Sobre o tema, observa Ricardo Luis Lorenzetti que problemas novos exigem novas regulações

> [...] que atravessam transversalmente o sistema, como ocorre com a questão ambiental, ou com a atuação jurídica no mundo digital. O problema que apresentam é extremamente difícil em matéria de fontes, de interpretação e de aplicação da lei, porque em muitos casos estes microssistemas apartam-se do Código, criando suas próprias regras. (LORENZETTI, 2011, p. 348).

Natalino Irti afirma que as leis especiais se desenvolvem ou podem se desenvolver "em torno de princípios autônomos capazes de construir *sistemas diversos do Código Civil*." (IRTI, 1999, p. 161, tradução nossa)[150] e que elas não tutelam interesses residuais, "mas interesses de fortes, tenazes e agressivas categorias. Nascendo em função da qualidade de certos sujeitos [...] ou de determinados bens, as leis especiais introduzem princípios novos e protegem interesses deixados insatisfeitos pelo Código Civil." (IRTI, 1999, p. 161, tradução nossa).[151] Nessa linha de raciocínio, os microssistemas processuais não visam à tutela de direitos residuais, mas nascem em razão da relevância social de determinados direitos, por força dos seus titulares (menores, idosos, trabalhadores e consumidores, por exemplo) ou da dimensão dos direitos objeto de disputa judicial (direitos difusos e coletivos, por exemplo).

Em relação à proteção especial reservada às pessoas em situação de vulnerabilidade, Cláudia Lima Marques assinala que um dos "eixos do pensamento" de Erik Jayme "é a igualdade material e formal entre indivíduos" e que

> [...] sua teoria evoluiu para frisar que o sujeito livre é aquele informado e protegido das pressões do mundo contemporâneo, daí a necessidade (sic) do Direito proteger os mais fracos; do (sic) Estado não se abster e proteger os vulneráveis, e do (sic) Direito ser instrumento de reequilíbrio de situações estruturalmente diferentes. (MARQUES, 2005, p. XIX).

É importante mencionar que o surgimento de um microssistema resulta de "uma vasta produção de normas que adaptam, modificam, criam e reformulam o existente, tanto nos sistemas de fontes como no de regras e princípios." (LORENZETTI, 2011, p. 350). Isso constitui, segundo Talcott Parsons, uma decorrência da "crescente complexidade de sistemas", e não de sua simples fragmentação. (PARSONS, 1969, p. 45).

Segundo Claudia Lima Marques, os microssistemas surgem para proteger o sujeito de direito e o

---

150 No original: "Interno a principi autonomi, capaci di costruire sistemi diversi dal códice civile".

151 No original: "Ma interessi de forti e tenaci ed agresive categorie. Nate in funzione della qualitá di certi soggetti [...] o di dati beni, le leggi spciali introducono principi nuovi e proteggono interessi lasciati insodiddisfatti dal códice civile".

> [...] aplicador da lei deve examinar o conflito com olhos plurais, pois a nova teoria do sujeito é outra: o sujeito está fragmentado e é plural, como o é o grupo dos consumidores. Se a lei é feita para protegê-los, seu campo de aplicação subjetivo não pode ser mais somente 'individual' e sim, necessariamente, também coletivo ou plural. (MARQUES, 2011, p. 653).

Claudia Lima Marques assevera, ainda, que,

> [...] segundo o grande jus-filósofo Gustav Radbruch, a imagem que um sistema jurídico faz de 'pessoas'; a proteção e a tutela assegurada caracterizam este sistema jurídico [...]. E se a pós-modernidade, segundo Erik Jayme, é a época do pluralismo, com reflexos no direito na pluralidade de leis especiais, de agentes a proteger, de sujeitos de uma relação de consumo, certo é que, segundo este pensador alemão, a este pluralismo se une o *Leitmotive* do renascimento dos direitos humanos, sendo o *revival* da importância dos direitos fundamentais, individuais ou mesmo coletivos, contrapondo-se antinomicamente ao movimento de aproximação econômica e de abertura comercial mundial. (MARQUES, 2011, p. 697).[152]

Aliás, o próprio direito do trabalho surge como um direito especial, fruto do distanciamento da disciplina da relação de trabalho nos moldes estabelecidos pelo direito civil[153], ou seja, do movimento de descodificação, fundamentado na necessidade de proteção do trabalhador.[154] Nesse sentido, Giovanni Cazzetta observa que

---

[152] Contudo, o pluralismo tem também o outro lado: "em lugar do uno, o diviso, em lugar do total, o fragmentário, em lugar do certo, o indeterminado, em lugar do universal, o local, em lugar do despersonificado, o personalíssimo." (BITTAR, 2014, p. 133). Para David Harvey, a "fragmentação, a indeterminação e a intensa desconfiança de todos os discursos universais ou (para usar um termo favorito) 'totalizantes' são o marco do pensamento pós-moderno." (HARVEY, 1992, p. 19).

[153] Anota Márcio Túlio Viana que "o passado do Direito do Trabalho foi o Direito Civil. Ou seja, um Direito feito para pessoas economicamente iguais e que, por isso mesmo, preocupavam-se mais em manter do que em mudar as regras do jogo – embora ele próprio já tenha se transformado um pouco nesse aspecto." (VIANA, 2010, p. 145).

[154] Nesse compasso, vale lembrar que, com a Revolução Industrial, ocorreram grandes transformações sociais, principalmente em razão da fuga das pessoas do campo para as cidades em busca dos novos empregos, dando origem, assim, a novos grupos sociais e, por consequência, a novas relações sociais, até então desconhecidas e as quais os Códigos não estavam preparados para regulamentar. Sobre isso, Aldemiro Dantas registra que "essa inadequação dos Códigos Civis, esteados fundamentalmente na liberdade contratual, não atendiam à situação dos trabalhadores, em suas relações com os patrões. Por outro lado, o rápido desenvolvimento tecnológico fez com que as codificações ficassem defasadas, sem condições de abranger os novos contratos

[...] a consolidação entre os séculos XIX e XX do direito do trabalho se caracteriza pelo surgimento, progressivo e crescente, de uma *consciente linha de separação* em relação com o poder ilimitado garantido pela liberdade contratual individual. *Contra* uma liberdade de contrato abstrata e ilimitada, absolutamente indiferente em relação à "situação social particular do trabalhador" que requer uma nova normativa especial-social. *Contra* a "violência sobre a pessoa" que encerra aquela abstração, se desenha um novo direito "social" destinado a integrar, especificar e circunscrever as simetrias de uma igualdade e uma liberdade solenemente proclamada em textos afastados da vida dos indivíduos de carne e osso. *Contra* um contrato que era a mais pura exaltação da liberdade individual se reclama o valor dos grupos, a dimensão coletiva do trabalho. Dessa maneira, surgia a nova consciência do social, que impelia a confrontar "os fatos" – vale dizer, a nova realidade, a nova sociedade – com as abstrações. O que, enfim, impulsionava buscar um direito distinto daquele que estava solenemente fixado no código. (CAZZETTA, 2010, p. 40, tradução nossa).[155]

Em relação ao surgimento dos microssistemas, também deve ser destacado o pluralismo político, do qual decorre o pluralismo jurídico, observando-se que na "linguagem do direito, o pluralismo significa ter à disposição alternativas, opções, possibilidades." (JAYME, 1999, p. 24-40).[156] O pluralismo das fontes conduz ao pluralis-

---

industriais e comerciais que se iam formando. Quanto ao desenvolvimento das ciências sociais, destaca-se a descoberta do enorme caudal que eram as relações sociais, a percepção de que por debaixo do Estado havia uma sociedade com diversos fenômenos próprios e independentes do Estado, que se desenvolviam e tomavam seus rumos de modo espontâneo, não conduzidos pelo Estado." (DANTAS, 2005, p. 46).

155 No original: "La consolidación entre los siglos XIX y XX del derecho del trabajo se caracteriza por el arraigo, progresivo y creciente, de una *consciente línea de separación* en relación con el poder ilimitado garantizado por la libertad contractual individual. *Contra* una libertad de contrato abstracta e ilimitada, absolutamente indiferente hacia la 'situación social particular del trabajador', se requiere una nueva normativa especial-social. Contra la 'violencia sobre la persona' que enceraba aquella abstracción, se diseña un nuevo derecho 'social' destinado a integrar, especificar y circunscribir las exangües simetrias de una igualdad y una libertad solemnemente proclamada en textos alejados de la vida de los indivíduos de carne y hueso. *Contra* un contrato que era la más pura exaltación de la libertad individual, se reclama el valor de los grupos, la dimensión colectiva del trabajo. De esta manera irrumpía la nueva conciencia de lo social, que impelia a confrontar 'los hechos' – es decir, la nueva realidad, la nueva sociedad – con las abstracciones. La que, en fin, impulsaba a buscar un derecho distinto del que estaba solemnemente fijado en el Código."

156 Afirma, ainda, Erik Jayme que a "pluralidade, como convivência simultânea de contraditórios inconciliáveis, é necessidade de vida atual", afirmando que além da

mo das alternativas, das opções e das possibilidades, o que ganha ainda mais relevo em um ambiente em que doutrina e jurisprudência se abrem ao plural, abandonando a zona de conforto estabelecida a partir de soluções admitidas sem análise crítica.[157]

Claudia Lima Marques afirma que o Direito sofre influências das mudanças valorativas, econômicas, históricas, éticas e, mesmo, religiosas de cada momento histórico, concluindo:

> Assim, em um tempo conhecido como pós-industrial, com uma filosofia pós-estruturalista e discursiva, uma era do vazio e de caos, de desregulamentação, de privatizações, de forte exclusão social, da 'euforia do individualismo e do moderno', era de globalização, de radicalismo tribal, de convivência e intolerância, de antinomias tão fortes que já se prevê o fim da história, a morte da ciência, o fim dos valores e outras catastróficas previsões para a nova era, em resumo, em uma época de crise pós-moderna também o direito, como ciência próxima da realidade social e voltada para a sociedade, estaria em crise e deve evoluir. Uma crise de mudança, uma crise de crescimento. (MARQUES, 2005, p. XXI).

As observações de Claudia Lima Marques alcançam o direito do trabalho, que não é isento dos reflexos das mudanças sociais e econômicas, sofrendo os influxos de vários fatores, por exemplo, globalização, terceirizações, quarteirizações, reestruturação produtiva, trabalho escravo, tráfico de trabalhadores, trabalho em condições degradantes e desumanas, subordinação (estrutural – supersubordinação), parassubordinação, desregulamentação e fim do empre-

---

pluralidade, são valores da pós-modernidade "a coexistência de diferentes culturas, a narração e a comunicação, assim como o significado existencial de sentimentos e sensações" e que "o princípio heurístico da pós-modernidade é a procura por diferenças, que se pressupõe que existam. O lema de Lyotard, 'suportar o incomensurável' (*supporter l'incommensurable*), se pode aqui utilizar positivamente. O incomensurável, o inconciliável não é aqui para ser suportado, mas sim transforma-se em fonte de conhecimento." (JAYME, 1999, p. 24-40).

157 Antonio Junqueira de Azevedo assevera que uma das características dos tempos pós-modernos é a "hipercomplexidade, que, no mundo jurídico, se revela na multiplicidade de fontes do direito, quer materiais – porque, hoje, são vários os grupos sociais, justapostos uns aos outros, todos dentro da mesma sociedade mas sem valores compartilhados (*shared values*), e cada um, querendo uma norma ou lei especial para si –, quer formais – com um sem-número de leis, decretos, resoluções, códigos deontológicos, avisos etc. – quebram a permanente tendência à unidade do mundo do direito." (AZEVEDO, 2011, p. 556).

go[158], o que leva, inclusive, à afirmação de uma verdadeira crise[159] do direito do trabalho e das formas da sua realização concreta.[160]

Ao lado do surgimento dos microssistemas, a Constituição assumiu o papel de reunificadora do sistema, passando a ocupar a centralidade da ordem jurídica, consagrando valores, princípios e fins que atuam como limites formais e conteúdos materiais a serem respeitados pela legislação infraconstitucional, em sua criação, interpretação e aplicação. Note-se, nesse sentido, que a centralidade da Constituição decorre do papel que ela desempenha no sistema jurídico, sendo relevante mencionar que, passando a Constituição a ocupar a centralidade do sistema, constitui dever do jurista realizar a releitura dos códigos e das leis extravagantes à luz das regras e princípios constitucionais, como é assinalado por Pietro Perlingieri. (PERLINGIERI, 2008, p. 138).

---

[158] Juan Ramón Capella afirma que "os cidadãos são chamados a *se sacrificar* a cada crise econômica (isto é: pode ser despedido, aposentado sem prévio aviso, empobrecido, marginalizado) enquanto se reestrutura o capital (isto é: quando este se desprende de técnicas produtivas obsoletas, se reorganiza e amplia o âmbito do seu domínio); e têm que *se adaptar* logo a seus ciclos de euforia, ou seja, *consumir*. Entregar a alma. Consumir qualquer coisa que se produza massivamente. Os 'cidadãos' são *livremente* servos." (CAPELLA, 2005, p. 144, tradução nossa). (No original: "Los 'ciudadanos' son llamados a *sacrificarse* a cada crisis económica (esto es: pueden verse despedidos, jubilados de improviso, empobrecidos, marginados) mientras se reestructura el capital (esto es: cuando éste se desprende de técnicas productivas obsoletas, se rejerarquiza y amplía el ámbito de su dominio); y han de *adaptarse* luego a sus ciclos de euforia, o sea, *consumir*. Entregar el alma. Consumir qualquier cosa que se produzca masivamente. Los 'ciudadanos' son *libremente* siervos.").

[159] Destaca Márcio Túlio Viana o fato de a CLT, "desde os anos 90, especialmente, tem vivido a tensão entre as suas regras protetivas e uma realidade que desprotege; entre os seus velhos princípios e uma nova ideologia; entre o antigo perfil da fábrica e o modelo imposto pela reestruturação produtiva; entre a pretensão modernista de uniformizar o fragmentado e a tentação pós-moderna de conviver com o fugaz, o variado e o pragmático." (VIANA, 2007, p. 164).

[160] Segundo Márcio Túlio Viana, para enfrentar essa nova realidade, "é preciso quebrar a magia das ideias, mostrando a nudez da ideologia. E não obstante o poder da mídia tenha aumentado muito, a *Internet* nos abre novas possibilidades para isso"; deve haver também a mobilização dos trabalhadores, sendo que, "também aqui, apesar de tudo, a tecnologia e a globalização abrem caminhos inéditos", além de ser necessário "– de algum modo – reaprender a sonhar. E sonhar também os sonhos dos outros. Marx disse uma vez que nós não criamos problemas que não podemos resolver. Talvez nos falte apenas lembrar que os problemas dos trabalhadores são também nossos problemas." (VIANA, 2013, p. 7).

Merece registro a observação de Antonio Enrique Pérez Luño sobre a centralidade da Constituição no sistema jurídico:

> [...] Hoje assistimos a aparição de entes que discutem e comprometem, por cima e por baixo do Estado, sua supremacia jurídica e, consequentemente, a da lei. Trata-se de fenômenos que se denominam supra e infra estatalidade normativa. Para reconduzir esses fenômenos e tentar colocar ordem no caos normativo que ameaça abolir por inteiro a unidade, coerência e hierarquia do sistema de fontes do Direito, hoje voltam-se os olhos até a Constituição. A primazia da lei cede seu ponto a primazia da Constituição. Essa primazia da Constituição (*Vorrang der Verfassung*), como ápice da pirâmide jurídica e norma máxima do ordenamento jurídico, garante a conformidade de seu conteúdo a todas as normas restantes e a conseguinte nulidade das que a contradizem. (PÉREZ LUÑO, 2012a, p. 54).[161]

Anotam Lenio Luiz Streck e Rosivaldo Toscano dos Santos Júnior:

> Na tradição do Estado Democrático de Direito a teoria das fontes é reformulada: a supremacia da lei cede lugar à onipresença da Constituição. Também a teoria da norma assume novos contornos em razão da normatividade dos princípios e, com ela, uma nova teoria da interpretação [...]. E a necessidade de efetivar os Direitos Fundamentais, fenômeno que no Brasil concretamente só ocorreu com o advento da Carta de 1988 – uma vez que reconheceu tais direitos como de aplicação imediata – abriu um fosso entre a normatividade e a realidade social. (STRECK; SANTOS JÚNIOR, 2014, p. 185).

---

[161] Acrescenta Antonio Enrique Pérez Luño que "é notório que no Estado constitucional, que é o Estado das atuais sociedades pluralistas, complexas e pluricentrais, a unidade, coerência e hierarquia do ordenamento jurídico não podem conceber-se como pressupostos de partida, mas sim como uma meta a alcançar. No Estado constitucional ocorre uma heterogeneidade de fatores e instâncias sociais que influem na produção do Direito. Daí que a unidade, coerência e hierarquia do sistema jurídico não podem conceber-se como corolário de um único princípio dominante de que mecanicamente se derivam todos os demais. No Estado constitucional, que é o Estado de uma 'sociedade aberta', o sistema jurídico e seus postulados básicos reclamam do intérprete da Constituição uma atitude aberta que substitua o monopólio metodológico, por um pluralismo metódico. O processo hermenêutico constitucional aparece, portanto, como 'instância crítica', sempre aberto a novos planejamentos e inovações, que longe de cristalizar um sistema de categorias fechadas e estáticas, seja um processo dinâmico baseado em alternativas práticas e em um pensamento de possibilidades." (PÉREZ LUÑO, 2012a, p. 55).

Registre-se que, para que se possa falar em microssistema, assim como ocorre em relação ao próprio sistema jurídico, é necessário que as normas especiais formem uma unidade de fins e valores e apresentem soluções para lacunas e antinomias, sendo relevante mencionar que a Constituição da República ocupa o centro do sistema jurídico e, dessa forma, também o dos microssistemas.

O sistema fechado e autossuficiente, nessa linha de raciocínio, está ultrapassado. Além disso, os microssistemas, sendo abertos, permitem o diálogo entre si, em especial quando forem informados por valores e perseguirem fins comuns.

Judith Martins-Costa assevera que na contemporaneidade é preciso um modelo de código que permita a "abertura aos elementos externos e mobilidade para enfrentar a mutabilidade da vida, possibilitando à prática jurisprudencial coordená-lo com os demais elementos do sistema, notadamente os valores constitucionais." (MARTINS-COSTA, 1998, p. 26). Tal exigência também é feita em relação aos microssistemas. Ou seja, o seu surgimento não permite desconsiderar a concepção sistemática do Direito e, também, exige abertura aos elementos externos e mobilidade suficiente para sua adequação às mutações das relações sociais. Não se pode olvidar da necessidade do diálogo entre os microssistemas e, principalmente, destes com a Constituição, notadamente no que se refere aos direitos fundamentais, nem da autorização constitucional quanto ao Direito Internacional dos Direitos Humanos.

Registre-se que o microssistema não é, necessariamente, apenas de direito material ou processual, posto que pode contemplar normas dessas duas naturezas concomitantemente (como se dá, por exemplo, com o CDC, o Estatuto do Torcedor, o Estatuto do Idoso e o Estatuto da Criança e do Adolescente).

Claudia Lima Marques, após afirmar que "o sistema de direito atualmente é formado por um número cada vez maior de microssistemas de normas" (MARQUES, 2011, p. 193), chama a atenção para o fato de que

> [...] o sistema brasileiro de direito, assim como os outros sistemas modernos, deve preservar a sua coerência, a sua visão de todo sistemático, sem perder a capacidade de renovação. Assim, se não é mais o Código Civil sua lei básica, a Constitui-

ção representa agora a força guia do sistema. Assim, também os microssistemas novos devem integrar-se ao todo de forma harmoniosa, sem prejuízo de sua função e de sua força renovadora. Para tanto é necessário que o intérprete solucione as antinomias, os conflitos criados entre normas aparentemente contraditórias presentes em microssistemas diferentes. (MARQUES, 2011, p. 193).

A todo problema é necessário "dar uma resposta, procurando-a no sistema como um todo, sem apego à preconceituosa premissa do caráter residual do código e, por outro lado, sem desatenções às leis cada vez mais numerosas e fragmentadas." (PERLINGIERI, 1997, p. 6).

Não se olvide também que, como destaca François Ost, o fracasso

> [...] dos códigos revolucionários nos tem ensinado: o tempo jurídico arrancado ao efêmero não é o das improvisações passionais, nem o das rupturas radicais com o passado. Ele deve ser antes compreendido com base num modo da metamorfose: ao mesmo tempo instituído e instituinte, torna-se objeto de mutações contínuas, de adaptações permanentes, de remodelagens constantes. Ele deriva da experiência e da história, procede por meio de tentativas e erros, tateamentos e aproximações; ele avança por deslizamentos sucessivos; ele substitui insensivelmente umas formas por outras, sem que jamais o fio que as religa se rompa totalmente. (OST, 2005, p. 221).

A necessidade e a existência de microssistemas de direito material e processual é, portanto, uma realidade, e o Direito dessa realidade não pode se furtar. Com efeito, segundo Eduardo C. B. Bittar, não é permitido ao Direito "se esquivar da tarefa de promover a resolução de conflitos sociais e a produção de respostas racionais a demandas socialmente fundadas, e de promover o convívio integrado e cidadão", cabendo-lhe também atuar na efetivação de justiça social e emancipação humana. (BITTAR, 2014, p. XIV).

Neste trabalho, o que se perquire é examinar se é ou não necessário criar um código de processo coletivo ou se o ordenamento jurídico atual já fornece soluções que conduzam à adequada e efetiva tutela dos direitos metaindividuais trabalhistas.

Digno de nota é o entendimento de Antonio Junqueira Azevedo:

> Para codificar, hoje, pelo menos duas diretrizes fundamentais devem ser seguidas. Em primeiro lugar, nada de *um* código; são necessários *vários* – é, aliás, o que na prática, está a acontecer

no mundo todo (trata-se de consequência da hipercomplexidade e da desistência da tentativa de reduzir tudo à unidade). Para o direito civil, deveria haver um Código das Obrigações, precedido de Parte Geral, e mais, no mínimo, um Código de Família, um Código do Meio Ambiente e dos Direitos Reais, um Código dos Direitos da Personalidade e um Código das Sucessões, além, naturalmente, de leis especiais (locação, criança e adolescente, minas etc.). Somente esse fracionamento permitiria – e esta é a segunda diretriz fundamental – a participação popular efetiva, na elaboração da lei (tem que haver a interação). De novo, o Projeto de Código Civil representa aqui um exemplo negativo: quem o leu por inteiro? Os próprios senadores o aprovaram por voto de liderança! (Que diferença das discussões, na primeira metade do século, sobre o Código Civil vigente). O Projeto tornou-se um 'código secreto'. Para o mundo atual, cabe perguntar: é possível o acompanhamento popular de um Código de mais de 2.000 artigos, com temas díspares, na complexa sociedade pós-moderna? A verdade é que qualquer comissão encarregada da elaboração de um dos códigos sugeridos deve, primeiramente, como fizeram os holandeses com seu Código Civil de 1992, o mais recente da Europa, apresentar à sociedade as teses fundamentais (foram as '54 teses' do Código Civil holandês) e, assim, procurar conhecer a opinião dos estamentos interessados. Hoje, somente com o fracionamento dos campos temáticos e seu exame progressivo, é possível codificar de modo inter-ativo, participativo, democrático, pós-moderno [...]. Afinal, interpretar, como revelam alguns profundos trabalhos de hermenêutica (Coreth, Grondin), não é apenas 'entender intelectualmente', é também *intuir* – especialmente no caso do direito, em que o objetivo final é manter a vida e resolver os problemas existenciais da pessoa humana no seu relacionamento recíproco. Saudemos, pois, sem medo, também esse aspecto do mundo pós-moderno. (AZEVEDO, 2011, p. 561-562).

É relevante, no entanto, a advertência de Pierre Bourdieu:

> Se é preciso evidentemente ter cuidado em não subestimar a eficácia histórica deste trabalho de codificação que, ao incorporar-se no seu objeto, se torna num dos factores principais da sua transformação, é preciso também não se deixar levar pela representação exaltada da atividade jurídica que os teóricos nativos propõem – como Motulsky, que procura mostrar ser a 'ciência jurídica' definida por um método próprio e propriamente dedutivo de tratamento dos dados, o 'silogismo jurídico', que permite subsumir o caso particular numa regra geral. (BOURDIEU, 2011, p. 221-222).

Neste livro, em sintonia com a mencionada advertência, não é negado valor aos Códigos existentes, dentre os quais o Código de Processo Civil e o Código de Defesa do Consumidor. O que se indaga é se existe a necessidade de mais um Código ou se as normas existentes, dentre as quais as já codificadas, são suficientes para garantir a adequada e efetiva tutela jurisdicional dos direitos metaindividuais trabalhistas, na perspectiva do diálogo que será examinado nos próximos capítulos.[162]

Não se pode negar que o pluralismo social e a pluralidade de métodos, de fontes e de agentes econômicos constituem o desafio atual do Direito. "É o desafio proposto pelo aparecimento de novos sujeitos de direitos, que levam à distinção do campo de aplicação de uma norma subjetivamente, com base no agente econômico envolvido (civil, empresário ou consumidor)." (MARQUES, 2011, p. 702-703). Esse desafio, não obstante, deve ser enfrentado de forma que a pluralidade não resulte na fragmentação do Direito, o que pode ser evitado a partir da adoção de valores e princípios fundamentais constitucionais como parâmetros unificadores: é a Constituição que garante a unidade, a coerência e a plenitude do sistema e dos microssistemas.

---

162 Para Eduardo C. B. Bittar, na contemporaneidade, se trata de pensar menos "em formação de um sistema de normas sem lacunas (e, sim, de microssistemas de normas setoriais), e mais que se está sendo esmagado pelo excessivo número de leis, como no famoso adágio latino se dizia (*Obruimur legibus* – 'Somos esmagados pelo grande número de leis'), sabendo-se que as mesmas são, em sua boa parte, socialmente ineficazes, ou seja, incapazes de trazer os reflexos concretos, as mudanças sociais necessárias e atingir a vida e as perspectivas reais nas quais se inserem os cidadãos. Eis a preocupação com a questão da lei na pós-modernidade: menos validade e mais eficácia, menos forma e mais sentido prático-social." (BITTAR, 2014, p. 70).

CAPÍTULO 4

EFICÁCIA E EFETIVIDADE DAS NORMAS JURÍDICAS. ANTINOMIAS E LACUNAS: MEIOS DE SOLUÇÃO. A IMPORTÂNCIA DO DIÁLOGO DAS FONTES

> As normas e princípios existentes podem nos dar a nossa situação presente, o nosso comportamento, nossa latitude e longitude. A estalagem em que nos abrigamos durante a noite não é o fim da jornada. O direito, assim como o viajante, deve estar pronto para o amanhã. Ele deve ter um princípio de evolução. (CARDOZO, 2004, p. 18).

Este capítulo é reservado ao estudo das antinomias e lacunas, bem como das técnicas adequadas ao seu enfrentamento. Apresenta-se como proposta de solução de antinomias e de lacunas a técnica do diálogo das fontes.

4.1. Eficácia e efetividade: breves noções

As relações humanas são regidas pelo Direito, e este se manifesta por meio de normas jurídicas, que são oriundas de várias fontes.[163]

As normas jurídicas podem ser analisadas em três planos distintos: da validade[164], da eficácia e da efetividade. Para efeito deste

---

[163] As relações humanas são regidas também por normas sociais, morais e religiosas, dentre outras, mas neste trabalho interessam as normas jurídicas.

[164] Ensina Maria Helena Diniz que: "Tomando o conceito *validade* em sentido amplo, urge distinguir entre validade constitucional, formal e fática, de um lado, e vigência e eficácia de outro, por serem comumente empregados, indistintamente por alguns autores. A *validade constitucional*, intimamente relacionada com a eficácia constitucional, indica que a disposição normativa é conforme às prescrições constitucionais; assim, nesse sentido, válida é a norma que respeita um comando superior, ou seja, o preceito constitucional. A validade formal, ou técnico-jurídica (vigência, em sentido amplo), de uma norma significa que ela foi elaborada por órgão competente em obediência aos procedimentos legais. Logo [...], a norma constitucional não pode ser válida formalmente, porque é a primeira de uma cadeia normativa, é uma norma origem,

livro, a norma jurídica será examinada na perspectiva de sua eficácia e de sua efetividade, notadamente porque o "Direito existe para realizar-se." (BARROSO, 2003, p. 87). O Estado deve, nesse contexto, estar aparelhado para impor pela força, se necessário, o cumprimento das normas ou para fazer valer as consequências jurídicas decorrentes do seu descumprimento.[165]

A eficácia das normas jurídicas pode ser social ou jurídica. A social "designa uma efetiva conduta acorde com a prevista pela norma; refere-se ao fato de que a norma é realmente obedecida e aplicada." (SILVA, 1998, p. 65). A eficácia jurídica refere-se à sua aptidão para "produzir, em maior ou menor grau, efeitos jurídicos, ao regular, desde logo, as situações, relações e comportamento de que cogita." (SILVA, 1998, p. 66). Isso implica a possibilidade de exigir o seu cumprimento diante do Poder Judiciário.[166] Veja-se, por

---

por não se fundar em nenhuma outra. Norma formalmente válida é a promulgada por um ato legítimo da autoridade, de acordo com o trâmite ou processo estabelecido em norma, que lhe é superior, não tendo sido ela revogada. Vigência (sentido lato) não é uma qualidade própria da norma do direito, pois ela não é válida em si, por depender de sua relação com as demais normas jurídicas. A norma será válida, portanto, mesmo que não tenha sido aplicada, ou ainda que o ato de vontade de seu elaborador não mais exista. O órgão que a emitiu não precisa continuar a querer a conduta normada para que a norma seja válida. Assim sendo, a sua validade independe do ato volitivo de seu criador, que é tão-somente, condição de sua existência [...]. *Vigência* temporal é uma qualidade da norma, atinente ao tempo de sua atuação, podendo ser invocada para produzir, concretamente, seus diferentes efeitos (eficácia). Vigência (sentido estrito) designaria a existência específica da norma em determinada época, caracterizando o preceito normativo que rege relações sociais *aqui* e *agora* (*hic et nunc*) [...]. A eficácia vem a ser a qualidade do texto normativo vigente de produzir, ou irradiar, no seio da coletividade, efeitos jurídicos concretos, supondo, portanto, não só a questão de sua condição técnica de aplicação, observância, ou não, pelas pessoas a quem se dirige, mas também de sua adequação em face da realidade social, por ele disciplinada, e aos valores vigentes na sociedade, o que conduziria ao seu sucesso." (DINIZ, 1997, p. 24-30).

165 Anota Luiz Guilherme Marinoni que "o Estado tem o dever de tutelar ou proteger os direitos fundamentais através de normas, da atividade administrativa e da jurisdição. Por isso, *há tutela normativa, tutela administrativa e tutela jurisdicional dos direitos*[...]. Porém, como a edição da norma não basta, o Estado também tem o dever de fiscalizar o seu cumprimento, impor a sua observância, remover os efeitos concretos derivados da sua inobservância, além de sancionar o particular que a descumpriu." (MARINONI, 2006, p. 244).

166 Anota Luiz Guilherme Marinoni que o "Estado, ao proibir a autotutela privada, assumiu o compromisso de tutelar adequada e efetivamente os diversos casos conflitivos. O processo, pois, como instrumento de prestação da tutela jurisdicional, deve fazer surgir o mesmo resultado que se verificaria se a ação privada não estivesse proibida [...]. O princípio da inafastabilidade, insculpido no art. 5º, inciso XXXV, da Constituição

exemplo, que a norma que proíbe o trabalho noturno, perigoso ou insalubre aos menores de dezoito anos visa produzir determinado efeito: nenhum menor de dezoito anos trabalhará em atividades noturnas, perigosas ou insalubres.[167] Persegue-se com esta norma a produção de um efeito, qual seja, a preservação da saúde física e mental do menor de dezoito anos. Se os empregadores respeitam espontaneamente essa vedação, a norma será eficaz do ponto de vista social. Verificado o descumprimento da norma, o trabalhador poderá recorrer ao Poder Judiciário para fazer valer a vedação nela contida, o que implica que ela é dotada de eficácia jurídica.[168]

Cite-se também como exemplo a norma jurídica[169] que estabelece a obrigação de o empregador conceder intervalo de, no mínimo, quinze minutos antes da prorrogação da jornada normal de trabalho da mulher. Essa norma será socialmente eficaz quando for espontaneamente observada, enquanto a sua eficácia jurídica decorre da possibilidade de se reclamar, perante o Poder Judiciário, o seu cumprimento.

Destarte, uma norma jurídica é eficaz quando é cumprida espontaneamente pelos seus destinatários mediatos ou, caso contrá-

---

da República, garante o direito à adequada tutela jurisdicional, ao passo que o art. 75 do Código Civil, tão mal compreendido pela doutrina, constitui verdadeira explicitação dessa garantia constitucional. A correta leitura do Código Civil permite a conclusão de que a toda pretensão de direito material deve corresponder uma 'ação processual', obrigando o processualista a deixar de lado a sua preocupação com o procedimento ordinário e a partir para o estudo das chamadas tutelas jurisdicionais diferenciadas." (MARINONI, 1995, p. 17-18).

167 CLT, art. 404 ("Ao menor de 18 (dezoito) anos é vedado o trabalho noturno, considerado este o que for executado no período compreendido entre as 22 (vinte e duas) e as 5 (cinco) horas"); e art. 405 ("Ao menor não será permitido o trabalho: I – nos locais e serviços perigosos ou insalubres, constantes de quadro para esse fim aprovado pelo Diretor Geral do Departamento de Segurança e Higiene do Trabalho").

168 Eficácia é, "segundo o dicionário Houaiss, a virtude de produzir determinado efeito ou a qualidade ou característica de chegar realmente à consecução de um objetivo. A ação eficaz é a ação válida, produtiva, que produz efeito útil. Em outras palavras, eficácia é a capacidade de resolver os problemas [...]. Efetividade, segundo o dicionário Houaiss, é a capacidade de produzir o seu efeito habitual, de funcionar normalmente. Em outras palavras, é a aptidão para ser aplicada, para produzir concretude, efeito real." (SCHMIDT, 2010, p. 466).

169 Art. 384, da CLT: " Em caso de prorrogação do horário normal, será obrigatório um descanso de 15 (quinze) minutos no mínimo, antes do início do período extraordinário do trabalho".

rio, quando é aplicada de modo "forçado" pelos órgãos jurídicos competentes para tanto. Nesse sentido, afirma Hans Kelsen que "uma norma é eficaz quando a população a cumpre ou, inexistindo tal cumprimento espontâneo, sua parte sancionatória." (KELSEN, 1979, p. 273).

Além de eficaz, a norma deve ser efetiva. A efetividade da norma jurídica está relacionada à produção dos resultados por ela perseguidos. Aduz José Afonso da Silva nesse sentido que a efetividade diz respeito "ao produto final objetivado pela norma [...], enquanto a eficácia jurídica é apenas a possibilidade de que isso venha a acontecer." (SILVA, 1998, p. 66). Assim, o cumprimento espontâneo de uma norma jurídica e a consequente produção do resultado por ela perseguido implicam sua efetividade (a norma é eficaz, do ponto de vista social, e efetiva), ao passo que, descumprida a norma e imposto o seu cumprimento pelo Poder Judiciário, com a concreta entrega do bem da vida por ela assegurado, a norma terá eficácia jurídica e será dotada de efetividade.

No mesmo sentido, aduz Luís Roberto Barroso que a efetividade significa

> a realização do Direito, o desempenho concreto de sua função social. Ela representa a materialização, no mundo dos fatos, dos preceitos legais e simboliza a aproximação, tão íntima quanto possível, entre o *dever-ser* normativo e o *ser* da realidade social. (BARROSO, 2003, p. 85).

Ainda consoante Luís Roberto Barroso, "a efetividade das normas depende, em primeiro lugar, da sua eficácia jurídica, da aptidão formal para incidir e reger as situações da vida, operando os efeitos que lhe são próprios." (BARROSO, 2003, p. 85). Sob esse prisma, somente o que é juridicamente eficaz - ou seja, aquilo que tem aptidão para reger as relações sociais -, pode alcançar efetividade. Não pode ser desconsiderado, no entanto, que a eficácia social da norma conduz também à sua efetividade.

A eficácia social de uma norma também decorre da sua eficácia jurídica, ou seja, do fato de ela se fazer valer por meio da atuação do Estado. Dito de outra forma, a obediência a uma norma jurídica é também garantida pelo fato de o Estado contar com instrumentos aptos a fazer valer, pela força, o que nela é disposto. O aparelhamento do Estado para fazer valer o ordenamento jurídico constitui relevante fator de convencimento da necessidade de cumprimento espontâneo das normas jurídicas.

O contrário é também verdadeiro: o fato de o Estado não estar aparelhado para aplicar as normas jurídicas conduz à sua ineficácia, aspecto realçado por Renato Treves:

> Os casos da ineficácia das normas e dos efeitos latentes das mesmas constantemente se devem à deficiência dos instrumentos e dos serviços de cujo funcionamento depende a execução ou não, a eficácia ou a ineficácia total ou parcial dessas normas. Foram assim realizadas nestes últimos anos algumas pesquisas sobre o problema da *Implementation* (implementação), ou, à francesa, *'mise em oeuvre'*, isto é, das pesquisas que têm justamente por objeto os instrumentos e os serviços confiados a pessoas ou a entidades privadas ou públicas às quais cabe o papel de prover a execução dos programas e das decisões legislativas. (TREVES, 2004, p. 258).

Também como causa de ineficácia das normas jurídicas é apontada a inexistência de instrumental teórico adequado.

Observa José Roberto Freire Pimenta:

> É nesse contexto que ganha importância a intervenção dos operadores do direito em geral, e em especial dos próprios juízes, no sentido de assumirem um papel cada vez mais ativo na interpretação, na aplicação e na efetivação de normas jurídicas que lhes competir utilizar para a solução dos litígios submetidos a seu julgamento, sem jamais perder de vista que, a cada momento histórico determinado, tais normas devem corresponder às exigências, aos valores e aos ideais de justiça consagrados em sua sociedade. Para tanto, porém, é preciso que disponham de um instrumental teórico adequado (ao qual não mais correspondem, repita-se, as concepções da hermenêutica clássica e do processo civil tradicional, individualista e inteiramente desligado, por seu caráter excessivamente abstrato, do direito substancial e da própria realidade a ambos subjacente) – instrumental este que, como se buscará demonstrar, o constitucionalismo moderno e a mais recente e atualizada técnica processual já têm se mostrado plenamente capazes de lhes fornecer. (PIMENTA, 2001, p. 11).

No mesmo compasso, assinala Luís Roberto Barroso que ao "jurista cabe formular lógicas e prover mecanismos técnicos aptos a dar efetividade às normas jurídicas." (BARROSO, 2003, p. 86). Ao jurista cumpre, ainda, na linha do que assinala José Roberto Freire Pimenta, pautar a sua atuação pelo instrumental que lhe fornecem o constitucionalismo moderno e as mais recentes e atualizadas técnicas processuais dispostas pela ordem jurídica e construídas, por meio de uma interpretação criativa das normas jurídicas. Nessa perspectiva, vale mencionar o que Ana Paula de Barcellos denominou *eficácia jurídica simétrica ou positiva*, no sentido de criação – por meio da interpretação – de um direito subjetivo a partir de vedações ou limitações impostas pela ordem jurídica. (BARCELLOS, 2008, p. 75). Essa doutrinadora afirma que a norma que considera abusiva multa moratória superior a 2% nos contratos de financiamentos permite afirmar a existência do direito à redução dessa multa aos patamares legais, quando eles forem desrespeitados. No direito do trabalho, a norma que dispõe sobre o direito ao salário mínimo permite afirmar a existência do direito ao acréscimo do salário pago em valor inferior ao salário mínimo.

A eficácia da norma também depende de sua interpretação e da atuação daqueles que são encarregados da sua aplicação. Com efeito, o Direito pode ser construído ou desconstruído na interpretação e aplicação das normas que o compõem. Lembre-se, nesse sentido, do Enunciado n. 310 do TST, cuja posição restritiva acabou por afetar seriamente a atuação sindical por meio das ações coletivas e, por consequência, o próprio acesso à justiça e aos direitos metaindividuais assegurados pela ordem jurídica. Na mesma linha, a interpretação restritiva que o STF adotou, em um primeiro momento, a respeito do alcance do mandado de injunção também prejudicou o desenvolvimento desse instituto.

Por outro lado, Ana Lucia Sabadell indica os seguintes fatores de eficácia das normas:

> a) *Divulgação* do conteúdo da norma na população pelos meios adequados, empregando métodos educacionais e alguns dos meios de propaganda política e comercial. Exemplo: propaganda que orienta os eleitores para o uso de urna eletrônica.
>
> b) *Conhecimento* efetivo da norma por parte de seus destinatários, que depende principalmente da divulgação do conteúdo da mesma e do nível de instrução da população.
>
> c) *Perfeição técnica* da norma: clareza na redação, brevidade, precisão do conteúdo, sistematicidade. Estes são elementos que

devem ser observados durante a elaboração da lei, e que repercutem no seu processo de efetivação. Trata-se de um aspecto central para a aplicação das normas, especialmente nos países que adotam o modelo de direito centrado na lei, como é o caso do Brasil, onde inclusive a perfeição técnica é imposta pela Lei Complementar 95 de 1998 (Dimoulis, 2003, p. 178-181).

d) Elaboração de *estudos preparatórios* sobre o tema que se objetiva legislar: aqui se incluem o trabalho das comissões de preparação de anteprojetos, as estatísticas, as pesquisas de institutos especializados sobre necessidades e conteúdos de uma intervenção legislativa, e os estudos sobre os custos e a infraestrutura necessária para a aplicação de determinadas normas jurídicas.

e) *Preparação dos operadores* do direito responsáveis pela aplicação da norma.

f) *'Rechtsfolgen'* (consequências jurídicas) adaptadas à situação e socialmente aceitas. Trata-se da elaboração de regras que estimulam a adesão dos cidadãos à norma em questão, tanto pelo oferecimento de uma vantagem, como pela imposição de uma sanção não tradicional[170] [...].

g) Expectativa de consequências negativas. Se as pessoas, com base nas experiências anteriores, esperam que as sanções enunciadas pela lei sejam efetivamente aplicadas na prática, obviamente serão mais propícias a respeitá-la. Se ao contrário, é conhecido que os operadores do direito não fiscalizam e nem sancionam um determinado comportamento, então o número de infrações será provavelmente maior. (SABADELL, 2013, p. 67).[171]

À luz dessa lição doutrinária, pode ser dito que constituem fatores de ineficácia das normas jurídicas: a falta de educação para o Direito, o desconhecimento das normas jurídicas, a imperfeição técnica das normas jurídicas, a edição de normas jurídicas divor-

---

[170] Essa autora cita como exemplos: "desconto para quem paga impostos com antecedência; diminuição da pena para os presos que estudam; substituição da pena de multa para suspensão da carteira de motorista ou pela obrigação de frequentar curso de habilitação." (SABADELL, 2013, p. 67).

[171] Ana Lucia Sabadell chama a atenção para a seguinte situação: "se os cidadãos sabem que por muitos anos os funcionários da Receita Federal não perseguem a sonegação fiscal ou que um determinado município raramente cobra as multas por infrações de trânsito, sentir-se-ão 'encorajados' a cometer infrações e não serão intimidados por uma reforma legal que ameaça com maiores penas os infratores destas categorias." (SABADELL, 2013, p. 67).

ciadas das necessidades sociais, o despreparo dos operadores do direito e a incerteza quanto à aplicação coativa do Direito e das sanções por ele estabelecidas, observando-se, com Ana Paula de Barcellos, que "a forma mais primitiva de eficácia jurídica é a aplicação de penalidade ao agente que viola o comando normativo." (BARCELLOS, 2008, p. 91).

Martha Halfeld Furtado de Mendonça Schmidt assevera que a efetividade de "uma norma não é, muitas vezes, apenas uma questão jurídica, mas também política, econômica, social", ressaltando que:

> A formação e a educação do povo brasileiro são fundamentais. Isso, ao mesmo tempo em que toca também em pontos cruciais de nosso estágio de desenvolvimento: pobreza, trabalho infantil, reforma agrária, saneamento básico, saúde pública, ressalta, uma vez mais, a importância da formação de alianças sociais em busca do mesmo objetivo. Todos esses instrumentos e abordagens devem ser utilizados de forma eficaz, como em uma orquestra, que toca afinada e integrada, sempre com vistas à efetividade do Direito. Buscar soluções criativas é nosso desafio nesse mundo em constante mutação. Com efeito, somente um processo de decisão aberto a diferentes perspectivas, com participação de diferentes atores, pode conduzir à verdadeira democracia com justiça social e preservação dos direitos humanos. (SCHMIDT, 2010, p. 479).

Também influenciam a eficácia das normas jurídicas os fatores denominados por Ana Lucia Sabadell *"situação social",* que são aqueles relacionados às condições de vida dos membros de uma sociedade em certo momento histórico, quais sejam:

> a) *Participação dos cidadãos no processo de elaboração e aplicação das normas*. Uma reforma legal que atende reivindicações da maioria da população possui, logicamente, mais possibilidades de aplicação do que uma norma decidida de forma autoritária. Aqui encontramos a importância das formas democráticas de exercício do poder. Se o povo participa ativamente na tomada de decisões políticas e se o sistema político oferece espaço às iniciativas de auto-organização das várias comunidades (democracia direta), ocorrerá uma maior 'adesão' popular às metas políticas do Estado, aumentando assim o grau de obediência ao direito [...].[172] b) *Coesão social*. Quanto menos conflitos existam

---

172 A doutrinadora em questão cita como exemplo de fator relacionado com a participação dos cidadãos no processo de elaboração e aplicação de normas a seguinte hipótese:

em uma sociedade, em determinado momento, e quanto mais consenso haja entre os cidadãos com relação à política do Estado, mais forte será o grau de eficácia das normas vigentes. Este fator indica a forte relação que se estabelece entre legitimidade do Estado e cumprimento das normas por parte da população[173] [...]. c) *Adequação da norma à situação política e às relações de força dominantes*. A situação socioeconômica de um país e as forças políticas que se encontram no poder influenciam a eficácia das normas jurídicas. Uma norma que corresponde à realidade política e social possui mais chances de ser cumprida[174] [...]. d) *Contemporaneidade das normas com a sociedade*. Em geral, não se tornam eficazes normas que exprimem ideias antigas ou inovadoras. As dificuldades que encontram, na sua efetivação, a legislação brasileira sobre a proteção do meio ambiente, constituem um exemplo das dificuldades práticas de legislação inovadoras. Em uma sociedade culturalmente pouco sensibiliza-

---

"Uma política de segurança que se fundamenta nos resultados obtidos em consultas populares, que se preocupa em adequar as medidas a serem tomadas com a realidade de cada bairro e que incentiva a participação popular no policiamento comunitário, pode ser muito mais eficaz do que uma política fundamentada no aumento de penas e na simples atuação repressiva da polícia. O caso da Constituição 'cidadã' de 1988, que foi elaborada com forte participação das diferentes camadas da população e levou em consideração as mais diversas preocupações e reivindicações sociais, indica que a participação popular nem sempre garante uma maior eficácia das normas jurídicas. A razão encontra-se na divergência de interesses existentes nas sociedades divididas em classes e grupos. A tentativa de conciliar os interesses de todos os grupos para alcançar uma ampla aceitação de um texto legal pode conduzir à criação de normas contraditórias. E isto dificulta particularmente o processo de aplicação do direito, tal como se observa no caso da Constituição Federal de 1988 ('Constituição simbólica' – Neves, 1994)." (SABADELL, 2013, p. 67-68).

173 Um típico exemplo "de normas questionadas pode ser extraído da legislação brasileira sobre a questão agrária. As enormes discrepâncias na distribuição da terra, que criam uma polarização entre os proprietários de milhões de hectares e uma grande massa de 'sem-terra', inviabiliza os projetos de reforma agrária e de exploração dos recursos agrários, sendo que, fatalmente, cada projeto desagrada a uma das partes, acirrando o conflito. Em países onde foi alcançado um equilíbrio (e uma maior equidade) na distribuição da terra, os interesses são mais homogêneos e as chances de aplicação da legislação agrária maiores." (SABADELL, 2013, p. 68).

174 Ana Lucia Sabadell assevera sobre este fator as "aventuras" dos direitos sociais, citando como exemplo aquele "oferecido pelos países da Europa ocidental. Estes conheceram, após o final da Segunda Guerra Mundial, a construção de um 'Estado de bem-estar social' que garantia aos trabalhadores uma forte proteção (salário-desemprego, aposentadorias, seguro-saúde). A crise econômica e o enfraquecimento do movimento operário desde o final dos anos 1970 levaram ao progressivo abandono das políticas públicas favoráveis aos trabalhadores e, de consequência, ao descumprimento dos imperativos constitucionais relativos aos direitos sociais." (SABADELL, 2013, p. 68).

da para questões ambientais, não existe ainda por parte da população, e mesmo das autoridades fiscalizadoras, a consciência da gravidade da situação e das consequências funestas para as gerações futuras da contínua destruição dos recursos naturais. Exemplo: quem indo ao supermercado se preocupa em levar consigo o carrinho de feira ou uma bolsa de compras de material reciclável com a finalidade de evitar o uso excessivo de bolsas de plástico? Este banal exemplo indica o quanto a consciência da população ainda se mantém distante da problemática ambiental. Obviamente sempre se poderá retrucar que em países onde não existe uma efetivação dos direitos fundamentais pretensões desta natureza parecem ingênuas e irrisórias. Porém, isto nos indica que faltam as condições econômicas e culturais para viabilizar o desenvolvimento de um projeto de educação ambiental. Por outro lado, a ausência de uma consciência ambiental constitui um dos maiores entraves para a implementação da legislação ambiental brasileira, que é uma das mais avançadas do mundo. (SABADELL, 2013, p. 67-68).

Ana Paula Barcellos afirma que "um conjunto de circunstâncias, de natureza mais variada, pode impedir a realização prática dos efeitos pretendidos por uma norma", indicando os que se seguem:

> (i) seu comando pode ter sido superado socialmente (e.g., como aconteceu durante muito tempo com o dispositivo que criminalizava o adultério), (ii) as pessoas simplesmente desconhecem o comando, (iii) não há, na localidade, órgão do Poder Judiciário e o acesso ao mais próximo é difícil e dispendioso, (iv) as pessoas não têm recursos para ir a juízo, (v) o Judiciário interpreta o dispositivo de modo a esvaziá-lo etc. (BARCELLOS, 2008, p. 103).

A eficácia das normas jurídicas é pressuposto de sua efetividade, o que significa que todos os fatores que afetam a eficácia das normas jurídicas têm influência direta em sua efetividade.

É interessante notar que a ineficácia da norma pode conduzir à evolução do Direito, em especial quando a norma é descumprida por falta de clareza e precisão, seja no direito que reconhece, seja na obrigação que impõe. Essa evolução também ocorre quando o nível de descumprimento da norma exige uma reação do legislador, que estabelece sanções antes não previstas expressamente ou agrava aquelas previstas (cite-se como exemplo a lei que comina pena para o empregador doméstico que deixa de anotar a CTPS do trabalhador, caso em que a evolução ocorre por força do estabelecimento ou do agravamento da sanção como fator de eficácia da norma).

A propósito dessa última observação, Jean Cruet sustenta a existência em toda a sociedade de "um coeficiente de ilegalidade", que contribui para o progresso do ordenamento jurídico.

Com efeito, consoante Jean Cruet:

> A observação imparcial da vida jurídica, objeto da ciência do direito, mostra que existe em toda a sociedade um coeficiente de ilegalidade, do qual se pode dizer que é inevitável, pois que, se varia segundo o tempo ou o lugar, jamais é inteiramente nulo: parece que a ilegalidade, numa certa medida, é um fenômeno normal da vida do direito, e muitas vezes, com efeito, já o notamos, o progresso jurídico opera-se pelo conflito recíproco do legislador, dos juízes e dos costumes. A lei só existe se a respeitam: é certo. (CRUET, 1956, p. 257).

Enquanto Eduardo C. B. Bittar entende que "não há sistema jurídico de normas plenamente eficazes", pois está exposto a "furtivas tentativas de torná-lo ineficaz", em especial "o jurídico, por comprometer diversas dimensões do convívio social." (BITTAR, 2014, p. 168).[175]

Não se podem olvidar, como fator de ineficácia das normas jurídicas, os entraves ao acesso à justiça. Conhecer o direito e ter clareza quanto ao seu conteúdo e extensão de nada valem se não há como recorrer ao Poder Judiciário para fazer valê-lo, notadamente porque, como advertem Mauro Cappelletti e Bryant Garth, "a titularidade de direitos é destituída de sentido, na ausência de mecanismos para a sua efetiva reivindicação." (CAPPELLETTI; GARTH, 2002, p. 11-12).[176]

---

[175] E é por isso que José Eduardo Faria assevera que, "decorre daí, aliás, a concepção do direito como simples jogo de símbolos, a esconder do homem comum o facto de que as leis e os códigos normalmente se movem em múltiplas e incoerentes direções para satisfazer os valores e interesses em conflito do sistema social que serve. Ou seja: fazer com que anseios e decisões contraditórias apareçam como coerentes, demonstrando que o direito é, ao mesmo tempo, seguro e elástico, justo e compassivo, economicamente eficiente e moralmente equitativo etc." (FARIA 1987, p. 20).

[176] Observe-se que "a complexidade da Lei pode ser, genericamente, equacionada em três vertentes: 1) a complexidade (justificável ou não) decorrente dos termos da Lei; 2) a complexidade (justificável ou não) decorrente da intervenção de advogados; 3) a complexidade (justificável ou não) decorrente das decisões judiciais. Em qualquer destes casos, o objetivo terá que passar pela procura do nível ótimo de complexidade da Lei, de tal forma que a complexidade procurada seja mínima e imprescindível para todos aqueles que necessitam que seja feita Justiça." (PATRÍCIO, 2005, p. 112).

4.2. Eficácia e efetividade das normas trabalhistas e a síndrome do seu descumprimento

As normas jurídicas são criadas com a pretensão de que sejam dotadas de eficácia e efetividade. Esse fato ganha ainda mais relevo quando envolve normas que asseguram direitos fundamentais e humanos, por se tratar de direitos inerentes à dignidade humana. Daí a razão pela qual se abre um parênteses para realçar e acrescentar, embora sem a pretensão de exaustividade, alguns fatores que levam ao descumprimento das normas trabalhistas.

No Brasil, verifica-se um reiterado e constante descumprimento das normas trabalhistas em patamares muito superiores ao que Jean Cruet aduz ser necessário para a evolução do ordenamento jurídico. Esse fenômeno foi denominado por José Roberto Freire Pimenta "síndrome do descumprimento das normas trabalhistas." Ele chama a atenção para o fato de que "o verdadeiro problema, pura e simplesmente, é que o direito material trabalhista no Brasil tem um baixo índice de cumprimento espontâneo pelos destinatários de seus comandos normativos, muito menor do que qualquer ordenamento jurídico admite como tolerável." (PIMENTA, 2009, p. 25).[177] É reduzida, portanto, a eficácia social das normas trabalhistas.

Examinando a questão sob a ótica da eficácia jurídica das normas trabalhistas, José Roberto Freire Pimenta assinala que

> [...] a *falta de efetividade da tutela jurisdicional trabalhista* (que torna extremamente vantajoso para grande número de empregadores, do ponto de vista econômico, descumprir as mais

---

[177] Anota, ainda, José Roberto Freire Pimenta que "o deliberado descumprimento generalizado das obrigações trabalhistas constitucionais e infraconstitucionais asseguradas a cada empregado (a denominada síndrome do descumprimento das obrigações, que caracteriza típico exemplo de lesões em massa a direitos individuais homogêneos, de inegável relevância social, que hoje gera um número cada vez maior de reclamações individuais de conteúdo praticamente idêntico e repetitivo, por si sós incapazes de ressarcir plenamente os direitos fundamentais sociais descumpridos por uma única conduta ilícita do mesmo empregador e geradoras de insegurança jurídica, por poderem produzir resultados díspares e anti-isonômicos, em virtude da pluralidade dos processos e respectivos órgãos judiciais perante os quais tramitarão) finalmente poderá ser adequadamente enfrentado tão logo as lesões tenham sido praticadas (ou estejam prestes a sê-lo), por uma *parte ideológica* que não tenha o natural receio que cada empregado brasileiro hoje razoavelmente tem de perder seu emprego, caso ajuíze sua reclamação no curso de seu contrato de trabalho." (PIMENTA, 2009, p. 42).

elementares obrigações trabalhistas), criando uma verdadeira *cultura do inadimplemento*, em verdadeira concorrência desleal com a parcela ainda significativa dos empregadores que cumprem rigorosamente suas obrigações trabalhistas, legais e convencionais. (PIMENTA, 2009, p. 25).

Sem dúvidas, a ausência de uma tutela jurisdicional adequada e efetiva também contribui para a "síndrome do descumprimento das normas trabalhistas", em prejuízo da eficácia jurídica das normas de direito do trabalho. Lembre-se que, como já foi dito, para a eficácia social das normas jurídicas contribui a existência de instrumental técnico processual apto a fazer valer os direitos assegurados pela ordem jurídica e a tornar concreta as sanções cominadas para o seu desrespeito (a eficácia jurídica contribui para a eficácia social).

Para a eficácia jurídica e por meio dela a eficácia social das normas jurídicas contribui para a efetividade da jurisdição e do processo, tendo como indicativos, consoante Cleber Lúcio de Almeida: a facilidade de acesso à justiça, a simplificação de formas e procedimentos, a adequação do processo ao direito material e à necessidade de sua mais rápida e plena realização concreta, o processo justo, a prolação de decisão individual e socialmente justa, a aptidão para fazer valer o direito reconhecido nas decisões judicias, um sistema recursal racional, a atuação ativa do juiz no sentido do processo justo e da produção de uma decisão justa do conflito de interesses submetido ao Poder Judiciário e a valorização das ações coletivas como instrumento de tutela de direitos de dimensão coletiva. (ALMEIDA, Cleber, 2014, p. 279-296).

António Monteiro Fernandes, tratando da efetividade do direito do trabalho, registra que, muitas vezes, o descumprimento das normas decorre da aplicação da lógica do custo-benefício, ou seja, do fato de o "seu descumprimento ser considerado preferível." O autor realça, ainda, que "a 'fuga' do direito do trabalho é um fenômeno explicável seja como aspiração natural de absoluta liberdade de iniciativa e de disposição econômica, seja como preocupação de reduzir custos, imposta pela competição no mercado." (FERNANDES, 2006, p. 9).

Como anota José Roberto Freire Pimenta,

> [...] o reiterado e massivo descumprimento dos direitos individuais trabalhistas (que em sua quase totalidade, repita-se, são direitos fundamentais sociais, de estatura e função constitucionais) não é questão que só interessa ao autor e ao réu das reclamações individuais que tramitam na Justiça do Trabalho. O seu resultado prático – vale dizer, a maior ou a menor efetividade da tutela jurisdicional por ela prestada – determinará, decisivamente, o real conteúdo e o alcance dos direitos sociais idealmente instituídos pelas normas constitucionais e legais vigentes. Isto se dá porque, na medida em que a própria existência do direito material (entendida esta não como mera previsão abstrata de situações da vida, mas como proteção real e concreta dos interesses tutelados) depende da capacidade de o direito processual e a função jurisdicional do Estado assegurarem, a seu titular, a fruição específica, tempestiva e plena daquele bem da vida que o ordenamento jurídico lhe atribuiu. (PIMENTA, 2009, p. 27).

A efetividade do processo e da jurisdição, portanto, contribuem para a eficácia das normas jurídicas, o que ganha relevo quando se trata de direitos de dimensão fundamental, ao passo que a falta de efetividade do processo e da jurisdição contribui para a ineficácia das normas, em especial quando passa a compor uma das variáveis no exame do custo-benefício do seu descumprimento. Porém, não se trata apenas de efetividade do processo e da jurisdição, mas de que o processo seja eficiente, isto é, que o processo atinja o resultado que dele se espera do modo mais satisfatório possível, pois o processo pode ser efetivo sem ter sido eficiente ("atingiu o fim 'realização do direito' de modo insatisfatório" [...] com muitos resultados negativos colaterais e/ou excessiva demora, por exemplo"). (DIDIER JR, 2014, p.161).[178] Acrescenta Fredie Didier Jr que:

---

178 Anota Fredie Didier Jr. que o princípio da eficiência, aplicado ao processo, "é um dos corolários da cláusula geral do devido processo legal" e que "eficiente é a atuação que promove os fins do processo de modo satisfatório em termos quantitativos, qualitativos e probabilísticos. Ou seja, na escolha dos meios a serem empregados para a obtenção dos fins, o órgão jurisdicional deve escolher meios que os promovam de modo minimamente intenso (quantidade – não se pode escolher um meio que promova resultados insignificantes) e certo (probabilidade – não se pode escolher um meio de resultado duvidoso), não sendo lícita a escolha do pior dos meios para isso (qualidade – não se pode escolher um meio que produza muitos efeitos negativos paralelamente ao resultado buscado). A eficiência é algo que somente se constata *a posteriori*: não se pode avaliar *a priori* se a conduta é ou não eficiente." (DIDIER JR, 2014, p. 160).

O princípio da eficiência é fundamento para que se permita a adoção, pelo órgão jurisdicional, de técnicas atípicas (porque não previstas expressamente na lei) de gestão de processo, como o calendário processual (definição de uma agenda de atos processuais, com a prévia intimação de todos os sujeitos processuais de uma só vez), ou outros acordos processuais com as partes, em que se promovam certas alterações procedimentais, como a ampliação de prazos ou inversão da ordem de produção de provas. (DIDIER JR, 2014, p. 162).

Márcio Túlio Viana aponta como causas que dificultam o cumprimento das normas trabalhistas, dentre outras, o fato de que "o Direito do Trabalho opõe uma classe a outra. Em outras palavras, o Direito do Trabalho cria problemas para um segmento social – os empresários – que detém forte poder sobre outro – os trabalhadores." (VIANA, 2013, p. 1). Ainda segundo Márcio Túlio Viana, "em geral, o Direito do Trabalho ameaça não o oprimido, como acontece com o Direito Penal, mas o opressor. Por isso, está sempre sob tensão. E essa tensão é realmente vivida concretamente, no dia a dia." (VIANA, 2013, p. 2). Essa tensão, de acordo com o doutrinador em destaque, pode se estender até os tribunais, em que um juiz decida que para proteger o trabalhador é necessário proteger a empresa "enquanto fonte de trabalho. Ou seja: quanto menos direitos, melhor", e atingir o interior das empresas, que podem "reduzir ou mesmo anular a eficácia da norma." (VIANA, 2013, p. 2).[179]

---

[179] Assevera, ainda, Márcio Túlio Viana que "é claro que o Direito do Trabalho também serve à classe dominante. Afinal, ele legitima o sistema, e desse modo o reforça. No limite, pode até inibir revoluções populares. Na verdade, o próprio sindicato tem ajudado a disciplinar a classe trabalhadora. Toda conquista sua, grande ou pequena, traz como preço a aceitação do sistema. No entanto, em linha direta, concreta, imediata, o Direito do Trabalho, como dizíamos, põe em choque pessoas com forças desiguais. Daí por que, ao contrário do que acontece com o Direito Civil, exige todo um imenso aparato para se tornar mais efetivo. No Brasil, além do sindicato, temos a Justiça do Trabalho, o Ministério Público do Trabalho e, naturalmente, a Inspeção do Trabalho. Apesar disso, temos ainda cerca de 50% de trabalhadores informais, enquanto a Alemanha, por exemplo, tem menos de 20%, e a França tem 14%. E mesmo entre os nossos trabalhadores formais há muitos – talvez a maioria – que sofrem repetidas violações de direitos [...]. E a sua crise não acontece apenas no plano formal. É uma crise também de efetividade. Se já era difícil fazer cumprir a lei, hoje essa dificuldade aumenta. No Brasil, por exemplo, o número de acidentes do trabalho passou de 340 mil em 2001 para 653 mil em 2007, e continua crescendo." (VIANA, 2013, p. 3-5).

Já Guilherme Guimarães Ludwig apresenta como causas de "uma evidente situação de crise a envolver o Poder Judiciário", além das deficiências legislativas e da precariedade de sua estrutura,

a) a cultura demandista e os litigantes habituais;
b) a circunstância de que nem todos os jurisdicionados almejam a solução;
c) a complexidade crescente de teses e litígios;
d) a formação do juiz." (LUDWIG, 2012, p. 141).

Digno de nota, ainda, destacar o entendimento seguinte:

> À concomitante ampliação normativa dos direitos sociais corresponde a emergência dos conflitos de massa oriundos da lesão sistêmica dos direitos sociais e da incapacidade do sistema jurídico de responder às demandas oriundas desse cenário. A isso, soma-se a persistência de uma cultura jurisdicional individualista calcada no paradigma do estado liberal, apesar de, uma vez mais, no plano normativo a ação coletiva deter lugar privilegiado na nova ordem jurídica brasileira. (VASCONCELOS; THIBAU; OLIVEIRA, 2014, p, 68).

Adicionalmente ao que já foi registrado, vale mencionar que também contribuem para o descumprimento das normas jurídicas trabalhistas:

a) A eventual prescrição da pretensão relacionada aos créditos decorrentes da relação de emprego em prazos reduzidos. Vale lembrar que a ausência de garantia de emprego ao trabalhador brasileiro faz com que este, normalmente, só recorra ao Judiciário após a rescisão do contrato de trabalho, por receio de perder o emprego.[180] Isso torna certo para o empregador que apenas

---

[180] Anotam Jorge Luiz Souto Maior e Valdete Souto Severo que "a perda do trabalho tem características tão distintas para o empregado e para o empregador. Também por isso, é falacioso afirmar que a pretensão ao pagamento de qualquer verba trabalhista pode ser exercida durante o curso da relação de emprego. Não pode. Todos sabemos disso, mas calamos diante de uma suposta unívoca compreensão do texto de lei. Cumpre, portanto, sistematizar as normas trabalhistas, buscando aplicá-las de modo a fazer valer o princípio da proteção, expresso em termos constitucionais como valorização social do trabalho. E o único modo de fazê-lo é contando o prazo de prescrição apenas a partir do término da relação de emprego, quando o empregado passa a ter a possibilidade real (e não apenas retórica) de buscar junto ao Poder Judiciário a satisfação de seus créditos." (SOUTO MAIOR; SEVERO, 2010, p. 3).

parte do crédito eventualmente constituído durante o curso da relação de emprego poderá ser requerida com chance de êxito em Juízo. (VIANA, 2007, p. 1334-1339).

b) A falta de disposição de muitos trabalhadores para reivindicar judicialmente seus direitos[181] e o desconhecimento dos próprios direitos.[182]

c) A celebração de acordos judiciais contemplando apenas parte dos créditos incontroversos do trabalhador, observando que esse crédito já é prejudicado pela prescrição.[183]

d) Os custos da demanda, notadamente aqueles relativos aos honorários advocatícios (quando o empregado não está assistido pelo seu sindicato de classe) e do contador (posto que mesmo nos casos de assistência pelo sindicato é cobrado do trabalhador um percentual para cobrir os custos do contador contratado para elaborar seus cálculos de liquidação), o que também colabora para afastar os trabalhadores da Justiça do Trabalho.[184]

---

[181] Nessa hipótese, vale o registro de Márcio Túlio Viana no sentido de que: "os próprios trabalhadores se flexibilizam – submetendo-se, ainda mais do que antes, às violações de seus direitos. Um fiscal do trabalho me falava de um trabalhador que tinha sido obrigado a vestir uma camisola de mulher, por não ter conseguido cumprir suas metas. Enquanto isso, os próprios colegas riam, esquecidos de que corriam o mesmo risco, e sem notar que também eles estavam sendo humilhados." (VIANA, 2013, p. 6).

[182] Registre-se que "o movimento de ampliação e democratização do acesso à Justiça enfrenta em sua trajetória alguns obstáculos: a) a falta de informação; b) os altos custos do processo; c) a lentidão burocrática; d) o excesso de 'formalismo'; e) as diferenças entre as partes. São questões que influenciam, decisivamente, a capacidade dos cidadãos em defender seus interesses e direitos, pois podem imobilizar ou mesmo intimidar suas ações. As barreiras acima citadas incidem sobre todas as causas e todos os cidadãos, mas são as pequenas contendas e os cidadãos mais pobres as categorias mais atingidas. Os altos custos processuais inviabilizam as pequenas causas. Muitas vezes, esses custos superam os valores pleiteados e as camadas mais pobres são, assim, desmotivadas ou mesmo expelidas do sistema. Todo e qualquer processo de ampliação do acesso à Justiça tem que dar atenção especial a esse problema." (DESASSO, 2001, p. 94).

[183] Márcio Túlio Viana destaca o fato de o acesso à justiça ter diminuído com o término da estabilidade no emprego e que, "mesmo quando explorado ao máximo, o trabalhador só a procura quando – tendo perdido o emprego – já não tem o que perder. E isso o torna um demandante vulnerável: privado da fonte de sobrevivência, depende do rápido resultado da demanda para se manter, aceitando, muitas vezes, baixos acordos." (VIANA, 2007, p. 174).

[184] Segundo Mauro Cappelletti e Bryant Garth, "pessoas ou organizações que possuam recursos financeiros consideráveis a serem utilizados têm vantagens óbvias ao propor ou

e) O receio de recorrer à Justiça do Trabalho e ter o nome incluído em "lista negra", prejudicando a obtenção de nova colocação no mercado de trabalho.

f) A demora na duração do processo, que desestimula o ajuizamento de ações trabalhistas.[185]

g) A impunidade para o infrator: ausência de auditores do Ministério do Trabalho e Emprego em número suficiente para fiscalizar o cumprimento das normas trabalhistas e impor multas aos seus infratores.[186]

h) A falta de estrutura material e de pessoal no Poder Judiciário Trabalhista, comprometendo a efetividade da jurisdição e do processo e, com isso, a possibilidade da adequada e efetiva tutela dos direitos ameaçados ou lesados.

i) As tradições escravagistas: apesar da abolição da escravidão, parte da população brasileira ainda resiste ao cumprimento da legislação trabalhista, principalmente em relação ao trabalhador doméstico. (VIANA, 2009, p. 101-121).

---

defender demandas. Em primeiro lugar, elas podem pagar para litigar. Podem, além disso, suportar as delongas do litígio. Cada uma dessas capacidades, em mãos de uma única das partes, pode ser uma arma poderosa; a ameaça de litígio torna-se tanto plausível quanto efetiva. De modo similar, uma das partes pode ser capaz de fazer gastos maiores que a outra e, como resultado, apresentar seus argumentos de maneira mais eficiente. Julgadores passivos, apesar de suas outras e mais admiráveis características, exacerbam claramente esse problema, por deixarem às partes a tarefa de obter e apresentar as provas, desenvolver e discutir a causa." (CAPPELLETTI; GARTH, 2002, p. 21).

185 Anotam Mauro Cappelletti e Bryant Garth que, "em muitos países, as partes que buscam uma solução judicial precisam esperar dois ou três anos, ou mais, por uma decisão exequível. Os efeitos dessa delonga, especialmente se considerados os índices de inflação, podem ser devastadores. Ela aumenta os custos para as partes e pressiona os economicamente fracos a abandonar suas causas, ou a aceitar acordos por valores muito inferiores àqueles a que teriam direito. A Convenção Europeia para Proteção dos Direitos Humanos e Liberdades Fundamentais reconhece explicitamente, no artigo 6º, parágrafo 1º, que a Justiça que não cumpre suas funções dentro de 'um prazo razoável' é, para muitas pessoas, uma Justiça inacessível." (CAPPELLETTI; GARTH, 2002, p. 20).

186 Ajudaria no combate ao descumprimento da legislação trabalhista a possibilidade de o juiz do trabalho aplicar as multas previstas na legislação pelo seu descumprimento, o reconhecimento de competência penal à Justiça do Trabalho para julgamento dos crimes contra a organização do trabalho e do crime de redução à condição análoga à de escravo, bem como para executar as contribuições previdenciárias incidentes sobre pagamentos de parcelas salariais realizados no curso da relação de emprego.

j) "Em função de características, cada vez mais acentuadas, das sociedades moldadas pelo sistema capitalista, em grande número de hipóteses, muitos litígios acabam não sendo individualmente compensatórios, mesmo que o lesado tenha consciência dos seus direitos, e, 'teoricamente' pudesse cogitar de arcar com os ônus de um litígio." (ALVIM, 1991, p. 7-23).

A respeito do descumprimento das normas trabalhistas, observa Miguel Carlos Teixeira Patrício que:

> [...]. 9) Parece poder concluir-se pela existência de uma sólida correlação positiva entre o estádio de desenvolvimento económico e o volume de litigância. Tal correlação é verificável, quer estejam em causa Estados *desenvolvidos* ou Estados *em vias de desenvolvimento*, não se vislumbrando, pelo menos por enquanto, um qualquer efeito de travagem na litigância (que supostamente decorreria da *paz social* proporcionada por elevados níveis de rendimento *per capita*). A justificação para tal facto parece advir: 1) da maior capacidade económica média, com certeza; 2) da maior consciencialização dos direitos; mas também 3) da *sacralização* das capacidades dos Tribunais Judiciais como entidades únicas (ou quase) para a realização da Justiça. 10) Quanto à influência dos níveis de litigância no estádio de desenvolvimento económico, esta é mais controversa porque menos perceptível. Embora certos estudos apontem para a desmotivação dos agentes económicos (que se traduz, p. ex., em quebra de negócios ou falta de confiança do investimento, nacional ou estrangeiro) perante um funcionamento (em muitas áreas) ineficiente do *aparelho judicial*, o peso específico que a litigância tem no todo de uma economia não parece permitir grandes dramatizações. (PATRÍCIO, 2005, p. 173-174).

Daí a relevância da facilitação do acesso à justiça, na medida em que, facilitando esse acesso e sendo realizado concretamente e no menor espaço de tempo possível o direito reivindicado, reforçada estará a necessidade de cumprir espontaneamente a legislação trabalhista.

O amplo acesso à justiça também exerce papel na própria evolução do Direito, como assinalam Helen Hershkoff e Aubrey McCutcheon:

> A litigância pode contribuir para a reforma legal [...]. Pode implementar direitos previstos pela ordem jurídica, mas que não

são respeitados na prática. A litigância pode complementar um movimento político mais amplo, estimular a mobilização e encorajar alianças capazes de produzir uma ação política. Além disso, a litigância pode colaborar para a mudança de atitudes perante a lei e criar uma cultura em que as entidades governamentais e privadas respeitem e implementem valores de direitos humanos. (HERSHKOFF; MCCUTCHEON[187] apud PIOVESAN, 2012, p. 473).

Cabe, contudo, trazer à tona a advertência de Maria Teresa Sadek, Fernão Dias de Lima e José Renato de Campos Araújo:

> Tornou-se lugar comum afirmar que sem uma justiça acessível e eficiente coloca-se em risco o Estado de Direito. O que poucos ousam sustentar, completando a primeira afirmação, é que, muitas vezes, é necessário que se qualifique de que acesso se fala. Pois a excessiva facilidade para um certo tipo de litigante ou o estímulo à litigiosidade podem transformar a Justiça em uma Justiça não apenas seletiva, mas sobretudo inchada. Isto é, repleta de demandas que pouco têm a ver com a garantia de direitos – esta sim uma condição indispensável ao Estado Democrático de Direito e às liberdades individuais. (SADEK; LIMA; ARAÚJO, 2001, p. 293).

Necessário, ainda, registrar o entendimento do Ministro do STF Ricardo Lewandowski:

> O século XXI é o século do Poder Judiciário, em que a humanidade, bem como o povo, o homem comum, descobriu que tem direito e quer efetivá-lo [...]. É um problema que o sociólogo português Boaventura de Sousa Santos chamou de explosão de litigiosidade. Só no Brasil nós temos quase cem milhões de processos em tramitação para apenas 18 mil juízes. Para que nós possamos dar conta desse novo anseio por Justiça, dessa busca pelos direitos fundamentais, é preciso mudar a cultura da magistratura, mudar a cultura dos bacharéis em Direito, parar com essa mentalidade, essa ideia de que todos os conflitos e problemas sociais serão resolvidos mediante o ajuizamento de um processo [...]. Ele precisa ter inteligência emocional ou, mais do que isso, a sensibilidade social, porque, afinal de contas, a grande missão hoje do Poder Judiciário é dar concretização aos direitos sociais e garantir a paz social. (LEWANDOWSKI, 2014, 1-2).

---

[187] Helen Hershkoff e Aubrey McCutcheon. Public interest litigation: an international perspective, in Mary MCClymont, Stephen Golub (editors), **Many roads to justice**: the law related work of Ford Foundation Grantees around the World, The Ford Foundation, 2000, p. 283.

É no contexto da facilitação do acesso à justiça que ganha relevância a ação coletiva, que, combatendo a "síndrome do descumprimento das normas trabalhistas", pode não só contribuir para a função transformadora do Direito como também atuar sobre a realidade do homem que vive do trabalho e do empregador brasileiros.

Assinala Manuel Alonso Olea:

> O Direito e os próprios juristas são, por si mesmos, uma força social operante, que atuam sobre as transformações sociais, ora acelerando-as, ora retardando seu aparecimento. Não é o ordenamento jurídico um arquétipo que se imponha à realidade social, mas um princípio de ordenação dessa mesma realidade. As transformações políticas, econômicas e jurídicas vêm sempre indissociavelmente unidas, influenciando-se reciprocamente e atuando, como concausas, sobre as transformações e as diferenciações operadas na sociedade. O Direito em parte se faz e em parte se descobre. Mais: enquanto realidade que se faz, o Direito não surge *ex nihilo*, nem da mente do jurista, nem da vontade ou da visão do legislador – que, segundo Rodolfo Ihering, mais descobre do que cria – mas da preocupação de ambos em regular adequadamente a realidade social. (OLEA, 1969, p. 15-16).

Não se olvide que a ineficácia da norma jurídica acarreta danos não apenas aos titulares dos direitos por ela atribuídos como também à sociedade, em especial porque o Direito, inclusive o do trabalho, somente cumprirá suas funções quando observado, valendo lembrar, ainda, a necessidade de preservar a força normativa da Constituição. Digna de registro quanto a este último aspecto, a advertência de Marcelo Neves:

> A falta de força normativa do texto constitucional conduz, na práxis jurídica, à insuficiência de legalidade e constitucionalidade e, correspondentemente, no plano de reflexão, ao problema da desconexão entre a prática constitucional e as construções da dogmática jurídica e da teoria do direito sobre o texto constitucional [...]. Na medida em que o texto constitucional não se concretiza normativamente de forma generalizada, impossibilita-se o desenvolvimento de Constituição como normatização mais compreensiva de processos de normatização dentro do sistema jurídico. (NEVES, 2013, p. 154-155).

Reforça Marcelo Neves:

> A insuficiente concretização normativa do texto constitucional, no qual todas as instituições referidas são proclamadas, é um

sintoma da incapacidade do sistema jurídico de responder às exigências do seu 'ambiente'. Os direitos fundamentais constituem-se, então, em privilégios de minorias, sobrevivendo, para a maioria da população, quase apenas na retórica político-social dos 'direitos humanos', tanto dos 'ideólogos do sistema de dominação' quanto dos seus críticos. O desrespeito ao *due processo of law* constitucionalmente festejado é a rotina da prática dos órgãos estatais (especialmente da polícia) com relação às camadas populares excluídas, que constituem uma grande parte da população. (NEVES, 2013, p. 160-161).

Assevera Gustavo Tepedino que o século XX foi considerado pelos historiadores como sendo "A era dos direitos", mas que resta à "ciência jurídica uma sensação incômoda, ao constatar sua incapacidade de conferir plena eficácia ao numeroso rol de direitos conquistados", voltando-se esta à "busca de técnicas legislativas que possam assegurar uma maior efetividade aos critérios hermenêuticos." (TEPEDINO, 2003, p. XV-XXV).[188]

Ademais, ampla tutela jurídica é "um princípio fundamental do Estado de direito, sem a qual as normas jurídicas limitam-se a palavras no papel, meros conselhos ou normas morais." (BARCELLOS, 2008, p. 43). Não bastam, para a melhoria da condição social e humana do trabalhador o reconhecimento de direitos e a afirmação da relevância da sua concretização. Para tanto, é indispensável a existência de meios próprios e eficazes para os fazer valer em juízo. Nesse sentido, a Constituição, quando assegura o acesso à justiça, proíbe o que J.J. Gomes Canotilho denominou "defeito de proteção", que ocorre quando "as entidades sobre quem recai um *dever de proteção* (*schutzpflicht*) adotam medidas insuficientes para garantir uma proteção constitucionalmente adequada dos direitos fundamentais." (CANOTILHO, 2003, p. 273).

Necessário citar também a advertência de Rodolfo Luis Vigo:

---

188 Afirma, ainda, Gustavo Tepedino que "parece indispensável, embora não suficiente, a definição de princípios de tutela da pessoa humana, como tem ocorrido de maneira superabundante nas diretivas europeias e em textos constitucionais, bem como sua transposição na legislação infraconstitucional. O legislador percebe a necessidade de definir modelos de conduta (*standards*) delineados à luz dos princípios que vinculam o intérprete, seja nas situações jurídicas típicas, seja nas situações não previstas pelo ordenamento." (TEPEDINO, 2003, p. XV-XXV).

A visão atenta a que as condutas prescritas efetivamente são cumpridas, de forma espontânea ou pela força, é muito importante no que tange à segurança jurídica. A norma totalmente ineficaz, enquanto não consegue respeito nem aplicação por parte de algum operador jurídico, é uma norma em extinção ou já morta juridicamente. Deve haver certa congruência entre as condutas desejadas ou exigidas pelas normas e as condutas de particulares e autoridades que se levam a cabo. Causa mal a todo o direito que se verifiquem disposições que são violadas ou ignoradas sem que ninguém reaja juridicamente. (VIGO, 2010, p. 280).

Ademais, como ensina Tercio Sampaio Ferraz Jr., há uma crença de que o Direito "não é apenas um dado, mas, também, uma construção, ou seja, não é apenas um dado para a disciplina do comportamento humano, porém uma construção deste mesmo comportamento." (FERRAZ JR, 1998, p. 131). Isso significa que as normas jurídicas devem ser cumpridas também porque moldam o comportamento humano.

A relevância do acesso à justiça e da existência de instrumental processual que assegure a tutela adequada e efetiva dos direitos metaindividuais trabalhistas é inegável, inclusive pela sua contribuição para a eficácia e efetividade da ordem jurídica. No entanto, esta forma de luta pelo Direito, por si só, não é suficiente para promover a proteção do direito do trabalho. Como assinala Michael Chossudovsky, "a internacionalização da política macroeconômica transforma os países em territórios econômicos abertos e economias nacionais em 'reservas' de mão-de-obra barata e de recursos naturais." (CHOSSUDOVSKY, 1999, p. 30). Esta internacionalização da política, não só econômica, mas também social, dada a interdependência destas políticas, gera um *déficit* democrático, porquanto impede, por exemplo, que os trabalhadores, como lhes assegura a Constituição, participem, por meio dos seus sindicatos, da elaboração e realização destas políticas. Ou seja, "os cidadãos não decidem sobre as políticas que presidem sua vida." (CAPELLA, 2005, p. 130, tradução nossa).[189]

Como adverte Antonio Baylos, em referência ao espaço unificado europeu, embora alcance todo o universo, a plena operavidade

---

189 No original: "Los ciudadanos no deciden ya las políticas que presiden su vida."

da liberdade econômica "compromete a eficácia do ordenamento do trabalho interno e dos níveis de tutela que ele assegura. Estes se apresentam como 'obstáculos' ao livre mercado." (BAYLOS, 2013, p. 587).

Destarte, mais do que defender os direitos já assegurados e violados em concretas relações de emprego, é necessário tutelar o próprio direito do trabalho, reconduzindo-o à condição de um direito democraticamente instituído e guiado pela proteção do ser humano como valor maior.

Vale lembrar, ainda, a desregulamentação das relações de trabalho por ato legislativo, revogando ou reduzindo o âmbito de aplicação de normas atributivas de direitos ou limitando a extensão desses direitos, assim como das diversas formas de flexibilização, que alcançam os modelos de contratação, a jornada de trabalho e a remuneração, por exemplo. Ressalte-se que essa flexibilização pode ocorrer, inclusive, por meio da negociação coletiva, que, de contrapoder ao poder do empregador, é transformada em mais um mecanismo de administração das empresas.[190] Não se pode olvidar, ainda, que o direito do trabalho pode ser desconstruído pela própria jurisprudência trabalhista, pela interpretação das normas legais, em descompasso com sua finalidade social e em desconsideração com seus princípios fundamentais.

Umberto Romagnoli acentua que "o setor jurídico mais exposto a incursões corsárias é o Direito do Trabalho." (ROMAGNOLI, 2001, p. 21). O processo judicial é apenas um dos meios de proteção do direito do trabalho e, com isso, de concretização dos direitos metaindividuais trabalhistas.

Não pode ser esquecido o risco de uma "crise de hegemonia", como alerta Celso Fernandes Campilongo:

> Somadas a crise social de desintegração e a crise do sistema cultural, chega-se a uma crise de hegemonia, caracterizada pela ausência de projetos capazes de gerar o mínimo de consenso e suporte quer entre as elites quer entre a população. A crise econômica fragmenta a sociedade em incontáveis facções e setores, o que rompe tanto com a noção de sociedade unificada quanto

---

[190] Nesse contexto, como adverte Márcio Túlio Viana, "pouco a pouco os papéis dos atores sociais se invertem: é a classe empresarial que reivindica, é a profissional que tenta resistir." (VIANA, 2007, p. 183).

com a imagem do Estado unificado. A história do Brasil sempre foi marcada por crises políticas, econômicas, sociais e culturais. Em outras épocas, os 'déficits' em algumas dessas esferas eram parcialmente compensados pelo relativo sucesso nas demais. O inédito do momento atual as crises ocorrem de modo concomitante. Mais ainda: o paliativo da recíproca calibração entre os sistemas perdeu suas virtualidades. Disso resulta uma grande crise de matriz jurídico-organizacional do Estado. Um vazio de poder equivalente à desmotivação, ao desencanto e à apatia da opinião pública para com as instituições. Em outras palavras: um governo que não encontra suportes na sociedade. (CAMPILONGO, 2000, p. 55).

Ou o risco da ineficácia do próprio Direito, como alerta Eros Roberto Grau:

> Perece a força normativa do direito quando ele já não corresponde à natureza singular do presente. Opera-se então a frustação material da finalidade dos seus textos que estejam em conflito com a realidade, e ele se transforma em obstáculo ao pleno desenvolvimento das forças sociais. (GRAU, 2002, p. 48).[191]

4.3. Antinomia jurídica

Já foram apontados vários fatores que contribuem para a ineficácia e a inefetividade das normas jurídicas. Cumpre acrescentar, no entanto, outro fator, qual seja, a antinomia jurídica, que, consoante Karl Engish, guarda relação com "o princípio da unidade do ordenamento jurídico", que tem como uma das suas faces "o postulado da exclusão das contradições no seio da ordem jurídica." (ENGISH, 1983, p. 310).

---

[191] Assevera Eduardo C. B. Bittar que a "*crise pós-moderna de eficácia do ordenamento jurídico* tornou-se tema de inúmeras reflexões na medida em que passou a representar um problema francamente sistemático, que vem a atingir, e mesmo a comprometer, capítulos significativos, ramos inteiros, e partes nevrálgicas do conjunto de normas que regem o Estado de Direito. A crise aqui é vista como um problema estrutural, capaz de abalar os próprios fundamentos do Direito vigente, ou mesmo, capaz de significar a desrazão de toda a arquitetura jurídica projetada para sua aplicação sobre a realidade social. Quando o sistema jurídico não está permeável para absorver identidades, mas apenas testemunha sua ampla defasagem em face dos avanços tecnológicos, reconhecendo a impossibilidade de atender a tantos e tão conflituosos fluxos de divergentes interesses, torna-se inábil para cumprir sua fundamental meta de pacificação do convívio social e de mediação regulamentada dos interesses sociais (convergentes e divergentes)." (BITTAR, 2014, p. 168).

Antinomia é a incompatibilidade ou conflito entre normas, que, como assevera Karl Engish, pode decorrer da falta de uniformidade da terminologia adotada pela lei (*contradição de técnica legislativa*), do fato de uma conduta ser "ao mesmo tempo prescrita e não prescrita, proibida e não proibida ou até prescrita e proibida" (*contradição normativa*), do fato de o legislador não se manter fiel a uma valoração por ele próprio realizada (*contradição valorativa*), de "a relação de meio a fim entre as normas se não verifica mas deveria verificar-se. O legislador visa com determinadas normas certo fim, mas através doutras normas rejeita aquelas medidas que se apresentam como as únicas capazes de servirem de meio para se alcançar tal fim" (*contradição teleológica*) e da desarmonia surgida pelo fato de, na constituição da ordem jurídica "tomar em parte diferentes ideias fundamentais entre as quais se pode estabelecer um conflito" (*contradição de princípios*). (ENGISH, 1983, p. 311-318).

Norberto Bobbio define antinomia como sendo "aquela situação que se verifica entre duas normas incompatíveis, pertencentes ao mesmo ordenamento e com o mesmo âmbito de validade" (BOBBIO, 2007, p. 234). Ele assevera que as antinomias podem ser divididas em três tipos: "segundo a maior ou menor extensão do contraste entre as duas normas", quais sejam: 1. *total-total* ("se duas normas incompatíveis têm igual âmbito de validade": "em nenhum caso uma das duas normas pode ser aplicada sem entrar em conflito com a outra") [192]; 2. *parcial-parcial* ("se duas normas incompatíveis têm âmbito de validade em parte igual e em parte diferente, a antinomia subsiste somente para aquela parte que elas têm em comum". Nesse caso, "cada uma das normas tem um campo de aplicação que está em conflito com a outra e um campo de aplicação em que o conflito não existe".)[193]; 3. *Total-parcial* (se "uma norma em que o seu âmbito de validade é em parte igual, mas tam-

---

[192] Norberto Bobbio cita como exemplo a seguinte hipótese: "'É proibido aos adultos fumar, das cinco às sete, na sala cinematográfica' e 'é permitido aos adultos fumar, das cinco às sete, na sala cinematográfica'. Dos exemplos mencionados anteriormente, é um caso de antinomia total-total o contraste entre a proibição de fumar e a permissão de fumar'." (BOBBIO, 2007, p. 235).

[193] Para este tipo de antinomia, Norberto Bobbio dá o seguinte exemplo: "'É proibido aos adultos fumar cachimbo e charuto, das cinco às sete, na sala cinematográfica', e 'é permitido aos adultos fumar charuto e cigarros, das cinco às sete, na sala cinematográfica'." (BOBBIO, 2007, p. 235).

bém em parte diferente em relação ao da outra, a antinomia é total por parte da primeira norma em relação à segunda, e somente parcial por parte da segunda em relação à primeira". Nessa situação, a aplicação da primeira norma entrará em conflito com a segunda, mas a segunda tem uma esfera de aplicação que não entra em conflito com a primeira.).[194] (BOBBIO, 2007, p. 235).[195]

Para Norberto Bobbio, que denomina como impróprias as antinomias de princípios, de valores e teleológicas, define-as assim:

a) De *princípios* - ocorrem quando um ordenamento jurídico é inspirado em "valores contrapostos (com ideologias opostas)", em que, por exemplo, a liberdade e a segurança são considerados como valores, apesar de serem antinômicos, pois "a garantia da liberdade geralmente se dá em prejuízo da segurança, e a garantia da segurança tende a restringir a liberdade."

b) De *valoração* - ocorrem quando "uma norma puna um delito menor com uma pena mais grave do que a infligida a um delito maior."

c) *Teleológicas* - se dão quando há conflito entre a norma que prescreve o meio para alcançar o fim e aquela que estabelece esse fim, de forma que se for aplicada a norma que prevê o meio não será alcançado o fim, e vice-versa. Neste caso, na maioria das vezes, o conflito nasce da "insuficiência do meio: mas, então, mais que de antinomia, trata-se de *lacuna*." (BOBBIO, 2007, p. 236-237).

Maria Helena Diniz assinala que se houver antinomia valorativa ou teleológica a norma não deverá ser aplicada ao caso concreto. Com efeito, assevera esta autora:

---

194 Como exemplo, é apontada a seguinte situação: "'É proibido aos adultos fumar, das cinco às sete, na sala cinematográfica' e 'é permitido aos adultos fumar apenas cigarros, das cinco às sete, na sala cinematográfica.'" (BOBBIO, 2007, p. 235).

195 Norberto Bobbio assevera que não ocorre antinomia quando duas normas que não coincidam em "relação à: a) validade temporal: 'É proibido fumar das cinco às sete' não é incompatível com: 'É permitido fumar das sete às nove'; b) validade espacial: 'É proibido fumar na sala cinematográfica' não é incompatível com 'É permitido fumar na sala de espera'; c) validade pessoal: 'É proibido aos menores de 18 anos fumar' não é incompatível com 'É permitido aos adultos fumar'; d) validade material: 'É proibido fumar charutos' não é incompatível com 'É permitido fumar cigarros.'" (BOBBIO, 2007, p. 234).

Como a antinomia é uma situação anormal, uma realidade que impõe a determinação da estrutura da incompatibilidade normativa e uma tomada de posição conveniente à solução do conflito, dever-se-á à racionalidade [...]. A lógica do razoável ajusta-se à solução das antinomias, ante o disposto no art. 5º da nossa Lei de Introdução ao Código Civil, que prescreve que, na aplicação da lei, deverá atender-se aos fins sociais a que se dirige e às exigências do bem comum [...]. Assim, se produzir efeitos contraditórios às valorações e fins conforme os quais se modela a ordem jurídica, a norma, então, não deverá ser aplicada àquele caso. (DINIZ, 2009, p. 12-13).

Carlos Maximiliano, após afirmar que "é quase sempre possível integrar o sistema jurídico; descobrir a correlação entre as regras aparentemente antinômicas", sugere que,

> [...] sempre que descobre uma contradição, deve o hermeneuta *desconfiar de si*; presumir que não compreendeu bem o sentido de cada um dos trechos ao parecer inconciliáveis, sobretudo se ambos se acham no mesmo repositório. Incumbe-lhe preliminarmente fazer tentativa para harmonizar os textos. (MAXIMILIANO, 2011, p. 110).[196]

---

[196] Relativamente a esta hipótese, tem-se a seguinte decisão: "APELAÇÃO CÍVEL. REEXAME NECESSÁRIO. AÇÃO ORDINÁRIA. SERVIDOR MUNICIPAL. PROFESSOR. DIRETOR DE ESCOLA. FUNÇÃO GRATIFICADA. INCORPORAÇÃO. LEI. ANTINOMIA APARENTE. A antinomia entre dispositivos de lei é apenas aparente e ocorre por insuficiência do intérprete. No sistema do Direito não há antinomias, pois as aparentes contradições legais são solvidas por técnicas ofertadas pela ciência jurídica e pela hermenêutica. Se a lei em um dispositivo estabelece que a gratificação em nenhuma hipótese e para nenhum fim incorpora-se ao vencimento e, noutro dispositivo, estabelece que a gratificação se incorpora ao vencimento com o exercício ininterrupto por cinco anos ou por dez anos intercalados, então impõe-se entender que a incorporação jamais ocorre, exceto na precisa hipótese do exercício contínuo por cinco anos ou por dez intercalados. Provado o exercício contínuo da função por cinco anos, a incorporação é de rigor. Apelo improvido. Sentença confirmada em reexame. (TJRS. Processo: n. 70.002.091.734. Primeira Câmara Especial Cível. Rel. Des. Adão Sérgio do Nascimento Cassiano, julgado em 24.04.2002. Apud **DANTAS, 2005, p. 23**).
No mesmo sentido: "ENQUADRAMENTO SINDICAL. UNICIDADE E DESMEMBRAMENTO. POSSIBILIDADE. O parágrafo único do art. 570 da CLT, ao flexibilizar a regra da especificidade, não atenta contra o princípio constitucional da unicidade, na medida em que possibilita juridicamente sua congruência ao princípio maior, que é a liberdade sindical, pois o desmembramento se dá pela vontade dos próprios trabalhadores envolvidos em atividade peculiar, ensejando efetiva representação sindical de acordo com as necessidades desse pequeno universo, mantendo-se a unicidade nesse âmbito menor. Não se trata de pluralidade mascarada, mas mera aplicação da técnica de ponderação de valores em face da aparente antinomia dos princípios constitucionais

A antinomia pode decorrer de imperfeições na elaboração das normas legislativas, em razão de falhas técnicas na elaboração das leis. Nesse caso, a solução, normalmente, encontra-se na interpretação, dando origem ou à ab-rogação (revogação) de uma das normas (aquela que na pirâmide hierárquica estiver uma intensidade menos elevada) ou à sua interpretação restritiva, visando a sua compatibilidade com a outra, ou outra forma de interpretação que as compatibilize.[197]

As antinomias prejudicam a eficácia das normas jurídicas, além de gerar incerteza, o que torna indispensável estabelecer critérios para afastá-las.

São critérios tradicionalmente utilizados para solucionar as antinomias:

a) o *hierárquico,*
b) o *cronológico* e

---

da liberdade sindical e da unicidade". (TRT 2ª Região. Proc. 20120649521, 9.ª Turma, Rel. Des. Vilma Mazzei Capatto, **D.O.E**. 29.06.2012).

Ainda sobre a antinomia aparente: "RECURSO DE EMBARGOS INTERPOSTO SOB A ÉGIDE DA LEI N.º 11.496/2007. SOCIEDADE DE ECONOMIA MISTA. ADMISSÃO SEM CONCURSO PÚBLICO ANTERIORMENTE A 23/4/1993. VALIDADE. DECISÃO DO SUPREMO TRIBUNAL FEDERAL (MS 21.322-1/DF). 1. O Supremo Tribunal Federal, nos acórdãos prolatados nos processos MS n.º 21.322-1/DF e MS n.º 22.357/DF, dirimiu a aparente antinomia existente entre os artigos 37, II, e 173, § 1º, da Constituição da República de 1988 e fixou a data de 23/4/1993 como marco temporal para a extensão da exigência de concurso público a todos os órgãos da administração indireta. 2. A Subseção I Especializada em Dissídios Individuais - SBDI-I, em julgamento realizado com a sua composição plena, no exame do processo n.º E-ED-RR 4800-05.2007.5.10.0008, da relatoria do Exmo. Ministro Aloysio Corrêa da Veiga, acórdão publicado no DEJT de 31/5/2013, decidiu, com amparo na jurisprudência do Supremo Tribunal Federal, firmar entendimento no sentido de legitimar as relações jurídico-contratuais estabelecidas pelos órgãos vinculados à Administração Pública indireta antes de 23/4/1993, data da publicação do MS 21.322-1/DF, ainda que posteriormente à promulgação da Constituição da República de 1988. 3. Incontroverso nos autos que o reclamante foi contratado em 1989. Nesse passo, a contratação, conquanto ocorrida após a promulgação da Constituição da República de 1988, não ofende a ordem constitucional vigente, uma vez que efetivada em data anterior a 23/4/1993. 4. Irretocável a decisão proferida pela egrégia Turma no sentido de não reconhecer a alegação de afronta ao artigo 37, II, da Constituição da República em tais circunstâncias. 5. Recurso de embargos conhecido e não provido". (TST. Processo: E-ED-RR-119500-36.2008.5.02.0087. Redator: Min. Lelio Bentes Corrêa. SEDI-1. **DEJT 20.06.2014**).

197 Anota António Manuel Hespanha que, "por vezes, o conflito é resolúvel demarcando com mais exactidão o âmbito relativo de vigência de cada uma das normas (delimitando a sua previsão), de modo a que elas se apliquem a situações diversas. Outras vezes, as duas normas incompatíveis subsistem, uma como norma geral e outra como norma especial, ou excepcional, aplicável que constitui a previsão da norma de âmbito mais vasto." (HESPANHA, 2009, p. 710).

c) o de *especialidade*.

a) Critério *hierárquico* - deve prevalecer a norma hierarquicamente superior, porquanto cada norma encontra o seu fundamento na norma que lhe é superior, que estabelece os seus limites formais e materiais de validade (*lex superior derrogat inferior*).[198]

b) Critério *cronológico* - deve prevalecer a norma mais recente, perdendo a validade a norma mais antiga (*lex posterior derrogat priori*).[199]

c) Critério da *especialidade* - deve prevalecer a lei especial quando em confronto com a lei geral (*lex specialis derrogat generali*). O que é estabelecido de forma específica em relação a determinada situação, deve prevalecer sobre a regra geral que a ela diz respeito[200], destacando-

---

[198] Anote-se a seguinte decisão: "SERVIDOR CELETISTA – COMPLEMENTAÇÃO DE APOSENTADORIA – A Lei Orgânica do Município de João Monlevade/MG, que garantia a paridade de vencimentos de servidores inativos com os servidores em atividade foi aprovada pelo Legislativo Municipal, com clara intenção de se adotar naquele Município, o regime único e estatutário, de natureza administrativa, questão que não se corporificou, na medida em que foi ali instituído o regime celetista, criando uma situação de conflito de normas, à luz da Constituição Federal de 88, que não permite regime jurídico misto para os servidores estatais. Logo, carece de amparo legal o pleito de complementação de aposentadoria com base nesta LOM. Primeiro, porque inexiste nela previsão acerca da equivalência entre os proventos percebidos na aposentadoria e o salário pago quando da prestação dos serviços. Segundo, em virtude da antinomia entre a Lei Orgânica Municipal e a que institui o regime jurídico dos servidores. Terceiro, porque o Decreto Municipal que instituiu a complementação de aposentadoria para os celetistas, além de ter usurpado da competência do legislativo municipal, ofendeu regras da CF/88 acerca da aposentadoria do empregado público." (TRT 3ª Região. Processo: RO -18967/09. Terceira Turma. Relator: Juiz Danilo Siqueira de C. Faria. **DEJT** de 04.12.2009).

[199] Anote-se que, "quando cessa *em parte* a autoridade da lei, ou do *costume*, dá-se a *derrogação*; quando se extingue *totalmente*, é o caso de *ab-rogação*. Um termo genérico – *revogação* abrange uma e outra hipótese [...]. 'Derroga-se ou ab-roga-se a lei: derroga-se quando uma parte da mesma deixa de subsistir; ab-roga-se quando a norma inteira perde o vigor' [...]. A revogação é *expressa*, quando declarada na lei nova; *tácita*, quando resulta, implicitamente, da incompatibilidade entre o texto anterior e o posterior." (MAXIMILIANO, 2011, p. 290-291).

[200] Sobre essa questão, registre-se a seguinte decisão: "TRANSPORTADOR AUTÔNOMO DE BENS – LEI Nº 7.290/84 – CONTRATAÇÃO DE PRESTAÇÃO DE SERVIÇO DE FRETES – INEXISTÊNCIA DA RELAÇÃO DE EMPREGO – LEGISLAÇÃO ESPECIAL. Não existe relação de emprego entre o condutor autônomo de veículo rodoviário e o contratante de prestação de serviços de frete, pela previsão expressa de lei especial nesse sentido (Lei nº 7.290 de 19 de dezembro de 1.984). E, pela vetusta regra de hermenêutica,

-se que a norma geral deixará de ser aplicada somente naquele caso específico a que se refere a lei especial, sendo mantida sua aplicação a todos os demais casos não excluídos ou excepcionados pela lei especial.[201]

Gregorio Peces-Barba, Eusebio Fernández e Rafael de Asís noticiam a existência no sistema espanhol também do critério de competência, explicando sobre ele:

> Atende ao princípio de distribuição de matérias que se realiza em um ordenamento jurídico. Caracteriza-se por uma distribuição horizontal do sistema mediante a qual se atribui a determinadas normas a regulação de uma série de matérias, determinando-se âmbitos exclusivos para os quais essas normas são competentes. Assim, no ordenamento jurídico espanhol se produz uma distribuição de competências entre o Estado e as Comunidades Autônomas (arts. 150 a 158 da CE) pelo qual os poderes são preservados ao Estado e as que pertencem ao âmbito autônomo. (PECES-BARBA; FERNÁNDEZ; ASÍS, 1999, p. 194-195, tradução nossa).[202]

Tais critérios, embora consagrados pela doutrina e pela jurisprudência, ainda que possibilitem a solução de um grande número de antinomias, não são suficientes, porquanto podem ocorrer os denominados *conflitos de segundo grau*, ou seja, conflitos entre esses mesmos critérios, o que exige o estabelecimento de novos critérios (*metacritérios de solução de antinomias*). Com efeito, pode ocorrer conflito entre o hierárquico e o cronológico (por exemplo, o primeiro impõe, no caso concreto, a prevalência da lei superior e o segundo, a da posterior) e entre o hierárquico e o da especialidade

---

as disposições da lei especial prevalecem sobre aquelas da lei geral." (TRT 3ª Região. Processo: 02635-2013-012-03-00-8 RO. Segunda Turma. Relator: Des. Jales Valadão Cardoso. DEJT de 11.07.2014, grifo nosso).

201 Anote-se a previsão contida no art. 2º, §2º, da Lei de Introdução às Normas do Direito Brasileiro: "A lei nova, que estabeleça disposições gerais ou especiais a par das já existentes, não revoga nem modifica a lei anterior".

202 No original: "El critério de competência atende al principio de distribución de matérias que se realiza en un ordenamento jurídico. Se caracteriza por una distribución horizontal del sistema mediante el cual se asigna a determinadas normas la regulación de una serie de matérias, determinándose âmbitos exclusivos para los cuales esas normas son competentes. Así, en el ordenamiento jurídico español se produce una distribución de competências entre el Estado y las Comunidades Autónomas (arts. 150 a 158 de la CE) por la que se reservan competências exclusivas al Estado y las que pertencen al ámbito autonómico".

(por exemplo, aplicado o hierárquico, prevalece, no caso concreto, a lei de hierarquia superior, ao passo que aplicado o da especialidade, prevalecerá a lei especial).

Maria Helena Diniz enumera, para os casos de conflitos de segundo grau, os seguintes metacritérios de solução de antinomias:

a) Conflito entre o critério hierárquico e o cronológico - o critério cronológico não "seria aplicável quando a lei posterior for inferior à anterior, pois de outro modo o critério hierárquico seria inoperante. Prevalecerá, portanto, o critério hierárquico, por ser mais forte do que o cronológico, visto que a competência se apresenta mais sólida do que a sucessão do tempo. (DINIZ, 2012, p. 101).

b) Conflito entre o critério de especialidade e o cronológico:

> A regra da especialidade prevaleceria sobre a cronológica, mas "esse metacritério é parcialmente inefetivo, por ser menos seguro que o anterior, podendo gerar uma antinomia real. A metaregra *lex posterior generalis non derrogat priori specaili* não tem valor absoluto, dado que, às vezes, *lex posterior generalis derogat priori speciali*, tendo em vista certas circunstâncias presentes. A preferência entre um critério e outro não é evidente, pois se constata uma oscilação entre eles. Não há uma regra definida; conforme o caso, haverá supremacia ora de um, ora de outro critério (DINIZ, 2012, p. 101);

c) Conflito entre o critério hierárquico e o de especialidade:

> Havendo uma norma superior-geral e outra inferior-especial, não será possível estabelecer uma metarregra geral, preferindo o critério hierárquico ao da especialidade, ou vice-versa, sem contrariar a adaptabilidade do direito, consequentemente, instaurar-se-á uma antinomia real. Poder-se-á, então, preferir qualquer dos critérios, não existindo, portanto, qualquer preferência. (DINIZ, 2012, p. 101).

Registre-se que a solução imposta pela Lei *de Introdução às Normas do Direito Brasileiro é sempre no sentido da prevalência de uma norma sobre a outra.*

Nessa mesma linha, o STF, apreciando a antinomia entre normas, decidiu que:

> "HABEAS CORPUS" – PRISÃO CIVIL – DEPOSITÁRIO JUDICIAL – REVOGAÇÃO DA SÚMULA 619/STF – A QUESTÃO DA INFIDELIDADE DEPOSITÁRIA – **CONVENÇÃO AMERICANA DE DIREI-**

TOS HUMANOS (ARTIGO 7º, n. 7) – NATUREZA CONSTITU-
CIONAL OU CARÁTER DE SUPRALEGALIDADE DOS TRATA-
DOS INTERNACIONAIS DE DIREITOS HUMANOS? – PEDIDO
DEFERIDO. ILEGITIMIDADE JURÍDICA DA DECRETAÇÃO DA
PRISÃO CIVIL DO DEPOSITÁRIO INFIEL, AINDA QUE SE CUIDE
DE DEPOSITÁRIO JUDICIAL. – Não mais subsiste, no sistema
normativo brasileiro, a prisão civil por infidelidade depositária,
independentemente da modalidade de depósito, trate-se de de-
pósito voluntário (convencional) ou cuide-se de depósito neces-
sário, como o é o depósito judicial. Precedentes. Revogação da
Súmula 619/STF. **TRATADOS INTERNACIONAIS DE DIREITOS
HUMANOS: AS SUAS RELAÇÕES COM O DIREITO INTERNO
BRASILEIRO E A QUESTÃO DE SUA POSIÇÃO HIERÁRQUICA.**
– A Convenção Americana sobre Direitos Humanos (Art. 7º, n. 7).
Caráter subordinante dos tratados internacionais em matéria de
direitos humanos e o sistema de proteção dos direitos básicos
da pessoa humana. – Relações entre o direito interno brasileiro
e as convenções internacionais de direitos humanos (CF, art. 5º
e §§ 2º e 3º). Precedentes. – **Posição hierárquica dos tratados
internacionais de direitos humanos no ordenamento positivo interno do Brasil: natureza constitucional ou caráter de
supralegalidade?** – Entendimento do Relator, Min. CELSO DE
MELLO, que atribui hierarquia constitucional às convenções internacionais em matéria de direitos humanos. A INTERPRETA-
ÇÃO JUDICIAL COMO INSTRUMENTO DE MUTAÇÃO INFORMAL
DA CONSTITUIÇÃO. – A questão dos processos informais de mutação constitucional e o papel do Poder Judiciário: a interpretação judicial como instrumento juridicamente idôneo de mudança informal da Constituição. A legitimidade da adequação,
mediante interpretação do Poder Judiciário, da própria Constituição da República, se e quando imperioso compatibilizá-la,
mediante exegese atualizadora, com as novas exigências, necessidades e transformações resultantes dos processos sociais, econômicos e políticos que caracterizam, em seus múltiplos e complexos aspectos, a sociedade contemporânea. **HERMENÊUTICA
E DIREITOS HUMANOS: A NORMA MAIS FAVORÁVEL COMO
CRITÉRIO QUE DEVE REGER A INTERPRETAÇÃO DO PODER
JUDICIÁRIO.** – Os magistrados e Tribunais, no exercício de sua
atividade interpretativa, especialmente no âmbito dos tratados
internacionais de direitos humanos, devem observar um princípio hermenêutico básico (tal como aquele proclamado no Artigo
29 da Convenção Americana de Direitos Humanos), **consistente
em atribuir primazia à norma que se revele mais favorável
à pessoa humana, em ordem a dispensar-lhe a mais ampla
proteção jurídica**. – O Poder Judiciário, nesse processo hermenêutico que prestigia o critério da norma mais favorável

(que tanto pode ser aquela prevista no tratado internacional como a que se acha positivada no próprio direito interno do Estado), deverá extrair a máxima eficácia das declarações internacionais e das proclamações constitucionais de direitos, como forma de viabilizar o acesso dos indivíduos e dos grupos sociais, notadamente os mais vulneráveis, a sistemas institucionalizados de proteção aos direitos fundamentais da pessoa humana, sob pena de a liberdade, a tolerância e o respeito à alteridade humana tornarem-se palavras vãs. – Aplicação, ao caso, do Artigo 7º, n. 7, c/c o Artigo 29, ambos da Convenção Americana de Direitos Humanos (Pacto de São José da Costa Rica): um caso típico de primazia da regra mais favorável à proteção efetiva do ser humano. (STF. Processo: HC 96772/SP. Relator: Min. Celso de Mello. Segunda Turma. **DJe** de 20.08.2009, grifo nosso).

PRISÃO CIVIL. Depósito. Depositário infiel. Alienação fiduciária. Decretação da medida coercitiva. Inadmissibilidade absoluta. Insubsistência da previsão constitucional e das normas subalternas. **Interpretação do art. 5º, inc. LXVII e §§ 1º, 2º e 3º, da CF, à luz do art. 7º, § 7, da Convenção Americana de Direitos Humanos (Pacto de San José da Costa Rica). Recurso improvido. Julgamento conjunto do RE nº 349.703 e dos HCs nº 87.585 e nº 92.566. É ilícita a prisão civil de depositário infiel, qualquer que seja a modalidade do depósito."** (STF. Processo: n. RE 466343/SP. Relator: Min. Cezar Peluso. Tribunal Pleno. **DJe** de 04.06.2009, grifo nosso).

Pelas decisões anteriores, verifica-se que no conflito entre uma norma internacional que trata de direitos humanos e uma norma infraconstitucional o STF utilizou o critério hierárquico.

Na decisão a seguir transcrita, o STF adotou o critério da especialidade para solucionar conflito entre norma de direito internacional e norma nacional infraconstitucional:

PRAZO PRESCRICIONAL. CONVENÇÃO DE VARSÓVIA E CÓDIGO DE DEFESA DO CONSUMIDOR. 1. O art. 5º, § 2º, da Constituição Federal se refere a tratados internacionais relativos a direitos e garantias fundamentais, matéria não objeto da Convenção de Varsóvia, que trata da limitação da responsabilidade civil do transportador aéreo internacional (RE 214.349, rel. Min. Moreira Alves, DJ 11.6.99). 2. Embora válida a norma do Código de Defesa do Consumidor quanto aos consumidores em geral, no caso específico de contrato de transporte internacional aéreo, com base no art. 178 da Constituição Federal de 1988, prevalece a Convenção de Varsóvia, que determina prazo prescricional de dois anos. 3. Recurso provido. (STF. Processo: RE 297901/RN. Relatora: Min. Ellen Gracie. Segunda Turma. **DJ** de 31.03.2006).

Assim, pode ser afirmado que, como regra, o conflito é solucionado fazendo prevalecer uma norma sobre a outra.

Abre-se um parêntese para registrar, ainda que de forma breve, a possibilidade de conflito entre princípios que, como já é consensual na doutrina contemporânea, tem natureza distinta daquela do conflito entre regras.

Robert Alexy, tratando do tema, observa:

> Se dois princípios colidem [...], um dos princípios terá que ceder. Isso não significa, contudo, nem que o princípio cedente deva ser declarado inválido, nem que nele deverá ser introduzida uma cláusula de exceção. Na verdade, o que ocorre é que um dos princípios tem procedência em face do outro sob determinadas condições. Sob outras condições a questão da precedência pode ser resolvida de forma oposta. Isso é o que se quer dizer quando se afirma que, nos casos concretos, os princípios têm pesos diferentes e que os princípios com maior peso têm precedência. Conflitos entre regras ocorrem na dimensão da validade, enquanto as colisões entre princípios – visto que só princípios válidos podem colidir – ocorrem, para além dessa dimensão, na dimensão do peso. (ALEXY, 2008, p. 92-94).

Consoante Robert Alexy, o Tribunal Constitucional Federal da Alemanha adota o entendimento de que o conflito entre princípios

> [...] deve ser resolvido 'por meio de um sopesamento entre os interesses em conflito'. O objetivo desse sopesamento é definir qual dos interesses – *que abstratamente estão no mesmo nível* – tem *maior peso no caso concreto* [...]. Essa situação de decisão corresponde exatamente à colisão entre princípios. As diferenças são de caráter terminológico [...]. A solução para essa colisão consiste no estabelecimento de uma relação de precedência condicionada entre os princípios, com base nas circunstâncias do caso concreto. Levando-se em consideração o caso concreto, o estabelecimento de relações de procedências condicionadas consiste na fixação de *condições* sobre as quais um princípio tem precedência em face de outro. Sob outras condições, é possível que a questão da precedência seja resolvida de forma contrária [...]. As razões sob as quais um princípio prevalece sobre outro constituem o suporte fático de uma regra, a qual expressa as consequências jurídicas do princípio prevalente. (ALEXY, 2008, p. 95-97 e 121).

Ronald Dworkin aduz:

> Os princípios possuem uma dimensão de peso que as regras jurídicas não têm – a dimensão de peso ou importância. Quan-

do os princípios se intercruzam [...], aquele que vai resolver o conflito tem de levar em conta a força relativa de cada um deles [...]. Cada dimensão é uma parte integrante do conceito de um princípio, de modo que faz sentido perguntar que peso ele tem ou quão importante ele é. As regras não têm essa dimensão [...] não podemos dizer que uma regra é mais importante que outra enquanto parte do mesmo sistema de regras, de tal modo que se duas regras estão em conflito, uma suplanta a outra em virtude de sua importância maior. Se duas regras entram em conflito, uma delas não pode ser válida. A decisão de saber qual delas é válida e qual deve ser abandonada ou reformulada, deve ser tomada recorrendo-se a considerações que estão além das próprias regras. Um sistema jurídico pode regular esse conflito através de outras regras, que dão precedência à regra promulgada pela autoridade de grau superior, à regra promulgada mais recentemente, à regra mais específica que outra desse gênero. Um sistema jurídico pode preferir a regra que é sustentada pelos princípios mais importantes. (DWORKIN, 2002, p. 42-43).

Vale registrar, no entanto, que Humberto Ávila critica a distinção entre regras e princípios a partir do critério de solução de conflitos entre regras e entre princípios, sustentando não ser "apropriado afirmar que a ponderação é método privativo da aplicação dos princípios, nem que os princípios *possuem* uma dimensão de peso." (ÁVILA, 2006, p. 52).

Esclarece Humberto Ávila:

A ponderação não é método privativo de aplicação dos princípios. A ponderação ou balanceamento (*weighing and balancing, Abwagung*), enquanto sopesamento de razões e contrarrazões que culmina com a decisão de interpretação, também pode estar presente no caso de dispositivos hipoteticamente formulados, cuja aplicação é preliminarmente havida como automática (no caso de regras, consoante o critério aqui investigado), como se comprova mediante a análise de alguns exemplos. Em primeiro lugar, a atividade de ponderação ocorre na hipótese de regras que abstratamente convivem, mas concretamente podem entrar em conflito [...]. Em alguns casos as regras entram em conflito sem que percam sua validade, e a solução para o conflito depende da atribuição de peso maior a uma delas [...]. É preciso, pois, aperfeiçoar o entendimento de que o conflito entre regras é um conflito necessariamente abstrato, e que quando duas regras entram em conflito deve-se declarar a invalidade de uma delas ou abrir uma exceção. Trata-se de qualidade contingente; não necessária. Em segundo lugar, as regras também podem ter seu conteúdo preliminar de sentido superado por razões contrárias, mediante um processo de ponderação de razões. Ademais, isso ocorre nas hipóteses de relação entre a regra e suas exceções. A exceção pode estar prevista no próprio ordenamento jurídico, hipótese em que o aplicador deverá, mediante ponderação de razões, decidir se há mais razões para aplicação da hipótese normativa da regra ou, ao contrário, para a de sua exceção [...]. A decisão a respeito da incidência das regras depende da avaliação das razões que sustentam e daquelas que afastam a inclusão do fato no conceito previsto na regra [...]. Ora, quando o aplicador atribui uma dimensão de peso maior a um dos princípios, ele se decide pela existência de razões maiores para a aplicação de um princípio em detrimento de outro, que, então, pode deixar de irradiar efeitos sobre o caso objeto da decisão. (ÁVILA, 2006, p. 52-55).

Humberto Ávila observa, ainda, que "o que interessa é que, tanto num quanto noutro caso, há sopesamento de razões e de contrarrazões." Acrescenta o autor:

> O relacionamento entre regras gerais e excepcionais e entre princípios que se imbricam não difere quanto à existência de ponderação de razões, mas – isto, sim – quanto à intensidade da contribuição institucional do aplicador na determinação concreta dessa relação e quanto ao modo de ponderação: no caso da relação entre regras gerais e regras excepcionais o aplicador – porque as hipóteses normativas estão entremostradas pelo significado preliminar do dispositivo, em razão do elemento descritivo das regras – possui menor e diferente âmbito de apreciação, já que deve delimitar o conteúdo normativo da hipótese se e enquanto esse for compatível com a finalidade que a sustenta; no caso do imbricamento entre princípios o aplicador – porque, em vez de descrição, há o estabelecimento de um estado de coisas a ser buscado – possui maior espaço de apreciação, na medida em que deve delimitar o comportamento necessário à realização ou preservação do estado de coisas. (ÁVILA, 2006, p. 56).

Ressalta, ainda, Humberto Ávila que:

> Na hipótese de relação entre princípios, quando dois princípios determinam a realização de fins divergentes, deve-se escolher um deles em detrimento do outro, para a solução do caso. E, mesmo que ambos os princípios estabeleçam os mesmos fins como devidos nada obsta a que demandem meios diversos para atingi-los. Nessa hipótese deve-se declarar a prioridade de um princípio sobre o outro, com a consequente não-aplicação de um deles para aquele caso concreto. A solução é idêntica à dada para o conflito entre regras com determinação de uma exceção, hipótese em que as duas normas ultrapassam o conflito, mantendo sua validade. (ÁVILA, 2006, p. 56).

Reforça Humberto Ávila:

> Na hipótese de relação entre regras, mesmo que o aplicador decida que uma das regras é inaplicável ao caso concreto, isso não significa que ela em nada contribui para a decisão. Mesmo deixando de ser aplicada, uma regra pode funcionar como contraponto valorativo para a interpretação da própria regra aplicável, hipótese em que, longe de em nada contribuir para a decisão, a regra não aplicada concorre para a construção – mediante procedimento de aproximação e afastamento do significado da regra aplicada [...]. A atividade de ponderação de regras verifica-se na delimitação de hipóteses normativas semanticamente abertas ou de conceitos jurídicos-políticos, como *Estado de Direito, certeza do Direito, democracia*. Nesses casos, o intérprete terá de examinar várias razões contra e a favor da incidência da regra ou investigar um plexo de razões para decidir quais elementos constituem conceitos jurídicos-políticos. Como os dispositivos hipoteticamente construídos são resultado de generalizações feitas pelo legislador, mesmo a mais precisa formulação é potencialmente imprecisa, na medida em que podem surgir situações inicialmente não previstas. Nessa hipótese, o aplicador deve analisar a finalidade da regra, e somente a partir de uma ponderação de todas as circunstâncias do caso pode decidir que elemento de fato tem prioridade para definir a finalidade normativa. (ÁVILA, 2006, p. 57).

Humberto Ávila não concorda com a seguinte afirmação:

> *Somente* os princípios *possuem* uma dimensão de peso [...]. A aplicação das regras exige o sopesamento de razões, cuja importância será atribuída (ou coerentemente intensificada) pelo aplicador. A dimensão axiológica não é privativa dos princípios, mas elemento integrante de qualquer norma jurídica [...]. Há incorreção quando se enfatiza que os princípios *possuem* uma dimensão de peso. A dimensão de peso não é algo que já esteja *incorporado* a um tipo de norma. As normas não regulam sua própria aplicação. Não são, pois, os princípios que possuem uma *dimensão de peso*: às razões e aos fins aos quais eles fazem referência é que deve ser *atribuída* uma dimensão [...]. É a decisão que atribui aos princípios um peso em função das circunstâncias do caso concreto [...]. A dimensão de peso não é um atributo empírico dos princípios, justificador de uma diferença lógica relativamente às regras, mas *resultado de juízo valorativo do aplicador*. (ÁVILA, 2006, p. 59).

Digno de registro que o CPC de 2015 faz expressa referência à ponderação, dispondo que: "No caso de colisão entre normas, o juiz deve justificar o objeto e os critérios gerais da ponderação efetuada, enunciando as razões que autorizam a interferência na norma afastada e as premissas fáticas que fundamentam a conclusão" (§2º do art. 489), restando consagrada, portanto, a ponderação como critério de solução de antinomias.

A insuficiência dos métodos clássicos de solução de antinomias e a possibilidade de conflito entre esses mesmos métodos apontam para a necessidade de uma solução alternativa, o que será examinado mais adiante.

4.4. As lacunas da lei

O problema das lacunas surgiu no século XIX e está relacionado com o positivismo jurídico, a crescente importância da lei, a libertação do Direito de parâmetros imutáveis frutos do jusnaturalismo, a divisão de poderes, a limitação do papel do Poder Judiciário[203] e a concepção do Direito como sistema.[204]

---

203 Esclarece Maria Helena Diniz que "a separação de poderes deu origem a uma concepção do poder judiciário com caracteres próprios e autônomos. Com efeito, o art. 1º do Capítulo V da Constituição de 1791 dispõe: 'Em caso algum o poder judiciário poderá ser exercido pelo Corpo Legislativo ou pelo Rei'. E o art. 3º prescreve: 'Os tribunais não podem intrometer-se no exercício do poder legislativo ou suspender a execução das leis, nem intervir nas funções administrativas ou chamar para comparecer em juízo os administradores por razões (inerentes) às suas funções, limitando, dessa forma, sua atuação.' Observa Gilissen que essa concepção do Poder Judiciário suprime o antigo procedimento de colmatação das lacunas do direito pelo rei e os *arrêts de règlement*, uma vez que em sua elaboração os juízes se imiscuíam no exercício do Poder Legislativo, mantendo, porém, o recurso do Judiciário ao Legislativo [...]. A teoria clássica da separação dos poderes construída com um claro acento anti-hierarquizante e com a finalidade de explodir a concepção mono-hierárquica do sistema político, irá, segundo Tercio Sampaio Ferraz Jr., garantir, de certa maneira, uma progressiva divisão entre política e direito, regulando a legitimidade da influência política na administração – aceitável no Legislativo, em parte no Executivo e neutralizada no Judiciário – dentro dos quadros do Estado de Direito, criando, ao mesmo tempo, condições para a neutralização do Judiciário, que, no decorrer do século XIX, se tornou a pedra angular dos sistemas políticos mais desenvolvidos, já que permite a substituição da unidade hierárquica concreta, simbolizada pelo *rex*, por uma estrutura complexa de comunicação e controle dessa comunicação entre forças mutuamente interligadas. Essa atuação é acompanhada de uma desvinculação progressiva do direito de suas bases políticas, éticas, sociais etc. Donde o lugar privilegiado da lei como fonte formal de direito e a concepção da ordem jurídica como sistema serem novas peças na configuração do problema." (DINIZ, 2009, p. 14-15).

204 Anota Maria Helena Diniz que "foi preciso que o direito fosse captado e concebido como um sistema para que a lacuna e sua integração se revelassem como problemas teóricos. Ora, foi essa concepção que criou condições para o surgimento de teses em torno da completude ou incompletude (lógica) do direito, bem como do problema da existência ou inexistência de lacunas." (DINIZ, 2009, p. 19).

Como adverte Karl Engish, "o conceito de lacuna jurídica, na verdade, entrelaça-se com o próprio conceito de Direito", de forma que "se, ao falarmos de Direito, apenas pensarmos no Direito legislado, 'lacuna jurídica' é o mesmo que 'lacuna da lei'." (ENGISH, 1983, p. 277). Assevera, ainda, Karl Engish que "a lacuna é uma incompletude insatisfatória do seio do todo jurídico" (ENGISH, 1983, p. 277) e que

> [...] as lacunas são deficiências do Direito positivo (do Direito legislado ou do Direito consuetudinário), apreensíveis como faltas ou falhas de conteúdo de regulamentação jurídica para determinadas situações de facto em que é de esperar essa regulamentação e em que tais falhas postulam e admitem a sua remoção através duma decisão judicial jurídico-integradora. (ENGISH, 1983, p. 279).

Para Karl Larenz, o "termo 'lacuna' faz referência a um caráter incompleto. Só se pode falar de 'lacunas' de uma lei quando esta aspira a uma regulação para um determinado sector que é, em certa medida, completa." (LARENZ, 1997, p. 526).

Como o sistema jurídico, por definição, sempre oferece uma resposta para toda questão jurídica, só se pode falar em lacuna jurídica no sentido de lacuna da lei, o que é confirmado pelo art. 126 do CPC[205], que faz referência à "lacuna da lei". Tanto isso é verdade que se houver lacuna de uma lei o juiz pode, para afastá-la, recorrer a outra lei que discipline situação semelhante (analogia).[206]

Não obstante, no CPC de 2015 o artigo correspondente – 140 – a previsão é no sentido de que "o juiz não se exime de decidir sob a alegação de lacuna ou obscuridade do ordenamento jurídico." O ordenamento jurídico não é omisso, pois dispõe de garantias/técnicas suficientes para afastar as lacunas da lei. Esta, sim, possui lacunas.

Lacuna significa, portanto, a ausência de uma lei que forneça solução para determinado problema jurídico ou, segundo Riccardo

---

205 Segundo Paulo Nader, a previsão contida nesse artigo é um "princípio consagrado universalmente que os juízes não podem deixar de julgar, alegando inexistência de normas aplicáveis ou que estão obscuras." (NADER, 2006, p. 194).

206 É que "dá-se como aceita a incompletude do ordenamento jurídico em termos de normas legais a tudo abrangentes, mas acena-se de instrumento para a decisão judicial em qualquer hipótese, através do recurso à analogia, aos costumes e aos princípios gerais de direito." (JORGE JUNIOR, 2004, p. 26).

Guastini, "há uma 'lacuna' quando a uma hipótese não está ligada nenhuma consequência jurídica." (GUASTINI, 2005, p. 227).

Nesse sentido, afirma Hans Kelsen:

> O que importa na apreciação da teoria das lacunas é determinar as circunstâncias nas quais, segundo esta teoria, se apresenta uma 'lacuna' no Direito. Segundo esta teoria, o Direito vigente não é aplicável num caso concreto quando nenhuma norma jurídica geral se refere a este caso. Por isso, o tribunal que tem de decidir o caso precisa de colmatar esta lacuna pela criação de uma correspondente norma jurídica [...]. Na verdade, não é possível, neste caso, a aplicação de uma norma jurídica singular. Mas é possível a aplicação da ordem jurídica – e isso também é aplicação do Direito. A aplicação do Direito não está logicamente excluída. E, efetivamente, não se costuma de forma alguma presumir a existência de uma 'lacuna' em todos os casos nos quais o dever do demandado ou acusado afirmado pelo demandante ou acusador não é estipulado por qualquer norma do Direito vigente. (KELSEN, 1979, p. 340).

É importante mencionar que nem toda ausência de lei implica lacuna, na medida em que o legislador pode optar por não disciplinar determinada situação. Também não há que se falar em lacuna quando o legislador faz opção por cláusulas gerais e conceitos indeterminados, posto que nesses casos é atribuído ao julgador o poder para definir o significado e o alcance da norma segundo a realidade concreta.

Na sociologia jurídica, a expressão *lacuna* é substituída pela expressão *anomia*, no sentido de ausência de norma. Neste livro, as expressões serão utilizadas como sinônimas, esclarecendo-se, no entanto, que a palavra *anomia* tem origem grega, *anomos* (*a* representa ausência, inexistência, privação de; e *nomos*, é lei, norma). Em sua significação etimológica, "anomia" significa, portanto, falta de lei ou norma de conduta.[207]

Segundo Ralf Dahrendorf, a anomia não é um estado de espírito, "mas um estado da sociedade [...]. A anomia é, pois, uma condi-

---

207 Afirma-se que o termo anomia "era usado desde a Grécia Antiga para indicar a violação da Lei (ORRÙ, 1987, p. 12-40). Na sociologia adquiriu novos significados a partir da obra de pensadores franceses do século XIX (BESNARD, 1987, p. 21-139; ORRÙ, 1987, p. 94-117, IZZO, 2002, p. 1-28)." (SABADELL, 2013, p. 73).

ção em que tanto a eficácia social como a moralidade cultural das normas tendem a zero. Isto, por sua vez, significa que as sanções deixaram de ser aplicadas." (DAHRENDORF, 1997, p. 29).[208]

Para Ana Lucia Sabadell, anomia refere-se à ausência de norma que regula os meios e os caminhos que conduzem a uma meta socialmente aceita, não implicando que "a meta seja socialmente inaceitável, senão que significa, em especial, que os meios e caminhos empregados para alcançá-la não estão regulamentados." (SABADELL, 2013, p. 75). Essa autora ilustra esse problema com uma experiência realizada por L. Coch e J. R. P. French em uma empresa industrial:

> Certas modificações nos métodos de trabalho, ordenadas pela direção da empresa, provocaram uma acentuada diminuição na produtividade das trabalhadoras afetadas pela modificação. A diminuição da produtividade era, em parte, o resultado da lentidão do processo de adaptação aos novos métodos. Sem dúvida, uma vez terminado o processo de adaptação, não se recuperou totalmente a produtividade anterior. Este fato leva à conclusão de que as trabalhadoras opuseram certa resistência às inovações nos acostumados métodos de trabalho. O mesmo fenômeno foi observado em muitos casos análogos. Por outra parte, a experiência de Coch e French indica também uma possibilidade de vencer esta resistência: se encarregou a alguns grupos de trabalho de fazer propostas correspondentes e realizar as inovações propostas. Se formam grupos integrados por pessoas diretamente afetadas pela intenção da direção de introduzir modificações nos métodos de trabalho, e se intercalou estes grupos entre as pessoas que detinham o poder e as trabalhadoras em sua capacidade individual. Estes grupos ficaram encarregados de regulamentar a relação de dominação que, na ausência de tais grupos, teria sido "anômica" e foram ajustados por determinados padrões que eles próprios deram, apesar de iniciativa do poder. Se conseguiu deste modo que a realização da meta fixada pela direção da empresa se efetuasse por inter-

---

208 Acrescenta Ralf Dahrendorf que, nesse caso, "a consciência das pessoas torna-se, segundo as palavras de Durkheim, 'incapaz de exercer [sua] influência'. Considerando-se a função das autoridades em apoiar as sanções, a anomia também representa anarquia. Isto é importante, principalmente por não ser verdade, ou, melhor dizendo, por não se acreditar que seja verdade, e casos inversos." (DAHRENDORF, 1997, p. 29).

médio de normas formuladas e aceitas pelos grupos de pessoas diretamente afetadas. (SABADELL, 2013, p. 75).

A ausência de norma causa incerteza e insegurança, resultando em dúvidas sobre como se comportar, o que exige o seu preenchimento.

A lacuna pode surgir da própria dinâmica do Direito, ou seja,

> [...] a mudança das concepções de vida pode fazer surgir lacunas que anteriormente não haviam sido notadas e que temos que considerar como lacunas do direito vigente [...]. Como também se diz, não há apenas 'lacunas primárias', lacunas de antemão inerentes a uma regulamentação legal, mas ainda 'lacunas secundárias', quer dizer lacunas que só supervenientemente se manifestaram, porque entretanto a circunstâncias se modificaram. (ENGISH, 1983, p. 287).[209]

Paulo Nader dá notícia de que, na atualidade, existem cinco teorias acerca da existência das lacunas, que foram catalogadas por Carlos Cossio da seguinte forma: *realismo ingênuo* ("A evolução social cria, de acordo com esta concepção, espaços vazios, brancos, não apenas na lei, mas no próprio sistema jurídico, de tal sorte que muitos casos não podem ser resolvidos com base em normas pre-existentes")[210]; *empirismo científico* ("com base na chamada norma de liberdade, pela qual tudo o que não está proibido está juridicamente permitido, Zitelmann e Donati, entre outros, defendem a inexistência de lacunas. Assim, não haveria vácuo no ordenamento"); *ecletismo* (os adeptos desta corrente sustentam que, "enquanto a lei apresenta lacunas, a ordem jurídica não as possui. Isto porque o Direito se apresenta como um ordenamento que não se forma pelo

---

[209] Anota, ainda, Karl Engish que, não raro, as regulamentações jurídicas "se tornam posteriormente lacunosas pelo facto de, em razão de fenómenos económicos inteiramente novos (pense-se na inflação) ou de progressos técnicos (aviação, filmes, discos, rádio, televisão, cirurgia do cérebro, inseminação artificial), surgirem questões jurídicas às quais a regulamentação anterior não dá qualquer resposta satisfatória." (ENGISH, 1983, p. 287).

[210] Segundo Paulo Nader, "para Vallado Berrón, a teoria que sustenta a existência de lacunas na lei desenvolve o seu pensamento com o objetivo de fazer crer aos juízes que somente na hipótese de lacunas é admissível o arbítrio judicial. Essa corrente, na opinião do autor, parte do equívoco de considerar o Direito uma ordem estática e não dinâmica." (NADER, 2006, p. 192).

simples agregado de leis, mas que as sistematiza, estabelecendo ainda critérios gerais para a sua aplicação")[211]; *pragmatismo* (reconhece a existência de lacunas no ordenamento jurídico, porém sustenta "ser necessário se convencionar, para efeitos práticos, que o Direito sempre dispõe de fórmulas para regular todos os casos emergentes na vida social")[212]; *apriorismo filosófico* (para seus adeptos, a ordem jurídica não apresenta lacunas, pois "o Direito é tomado como justaposição ou soma de regras jurídicas", ou seja, o Direito positivo é uma estrutura totalizadora, não havendo casos fora deste todo, pois, caso contrário, não seria um todo). (NADER, 2006, p. 192-194).

François Gèny e Eugen Ehrlich sustentam que o "direito positivo tem lacunas materiais que somente podem ser preenchidas pela livre investigação científica e pela livre interpretação do direito."[213] (SOUZA, 2005, p. 179). Isso se daria porque "o direito é fato social,

---

[211] Paulo Nader cita Cossio, que critica esta posição, "sob a alegação de que 'se a relação entre Direito e lei é a de gênero e da espécie, então há de se convir que, não havendo lacunas no Direito, tampouco pode havê-las na lei, pois, segundo a lógica orienta, tudo o que se predica do gênero está necessariamente predicado na espécie...' Discordamos da argumentação de Cossio, pois a premissa de seu silogismo não foi bem assentada. A relação entre o Direito e a lei não se dá com a simplicidade apontada de 'gênero e espécie'. O Direito não apenas é um continente mais amplo, que abrange a totalidade dos modelos jurídicos vigentes, como também estabelece o elenco das formas de expressão do fenômeno jurídico e os critérios de integração da lei. Se a lei, por exemplo, não é elucidativa quanto a determinado aspecto, este pode ser definido pelo costume, analogia ou pelo recurso aos princípios gerais de Direito." (NADER, 2006, p. 193).

[212] Noticia Paulo Nader que "são poucos os autores que admitem, abertamente, esta concepção que, na prática, é seguida por muitos juízes e tribunais". (NADER, 2006, p. 193).

[213] François Gèny sustenta que o ordenamento jurídico não é completo, pois, "primeiramente, caberia ao juiz indagar da existência da norma expressa a ser aplicada ao caso concreto; na falta, o julgador deveria recorrer à autoridade e à tradição, ou seja, à doutrina e à jurisprudência atuais ou antigas, respectivamente; na hipótese de sua inexistência, estaria, então, aberto o caminho à 'livre investigação científica do direito'. Contudo, não se tratava de uma criação arbitrária, e sim condicionada a certos princípios controláveis pelos tribunais e pela doutrina. A investigação era livre na medida em que não se submetia às normas. Científica porque recorria às ciências afins e a dados objetivos e controláveis, a exemplo dos princípios da razão, do direito natural, das normas e princípios de lógica, etc.", conforme destaca Luiz Sérgio Fernandes Souza. (SOUZA, 2005, p. 180).

que não pode ser enquadrado nas molduras rígidas do ordenamento jurídico traçado pelo Estado." (SOUZA, 2005, p. 179).

Karl Engish afirma que "não deveria falar-se de lacuna quando o legislador, através de conceitos normativos indeterminados, ou ainda através de cláusulas gerais e cláusulas discricionárias, reconhece à decisão uma certa margem de variabilidade." (ENGISH, 1983, p. 280). Argumenta o autor que nessa situação nos encontramos apenas diante de "afrouxamentos planeados da vinculação legal, para efeitos, designadamente, de ajustamento da decisão às circunstâncias particulares do caso concreto e às concepções variáveis da comunidade jurídica", pois a lei estabelece para a autoridade que decide "certas linhas de orientação e certos limites." (ENGISH, 1983, p. 280). Não obstante, adverte Karl Engish: "Aceita-se em todo o caso que a linha de fronteira entre a aplicação do Direito *secundum legem* e o preenchimento de lacunas *praeter legem* se torna pouco nítida nas cláusulas gerais e nas cláusulas discricionárias", mas que é meramente uma questão terminológica "a maior ou menor extensão do conceito de lacuna." (ENGISH, 1983, p. 281).

Para Karl Engish, as lacunas se classificam em: *primárias* ou *secundárias*. São as *primárias*: *político-jurídica*, *crítica* ou *imprópria*, ou seja, de uma "lacuna do ponto de vista de um futuro Direito mais perfeito ('*de lege ferenda*'), não, porém, de uma lacuna autêntica e própria, quer dizer, duma lacuna no Direito vigente (*'de lege lata'*)", e que somente uma lacuna de *lege ferenda* "pode motivar o poder legislativo a uma reforma do Direito, mas não o juiz a um preenchimento da dita lacuna", pois a colmatação judicial de lacunas "pressupõe uma lacuna *de lege lata*." (ENGISH, 1983, p. 282).

As lacunas *secundárias* seriam aquelas originárias das "mudanças das concepções de vida" que não haviam sido notadas e que devem ser consideradas "como lacunas do Direito vigente, e não simplesmente como 'lacunas jurídico-políticas'", ou seja, "lacunas que só supervenientemente se manifestam, porque, entretanto, as circunstâncias se modificaram", valendo isso não só para as modificações das valorações, como também "pelo que toca à alteração das circunstâncias de facto relativas ao objeto da regulamentação", destacando o fenômeno econômico e os progressos técnicos como causas dessas alterações. (ENGISH, 1983, p. 287).

Chaïm Perelman fala em lacunas *intra legem*, *praeter* (que ele denomina "axiológicas") ou *contra legem*. As *primeiras* são aquelas resultantes de uma omissão do legislador (por exemplo, quando a lei prescreve a elaboração de dispositivos complementares que não são promulgados). As *segundas* correspondem àquelas criadas pelos intérpretes que, "por uma ou outra razão, pretendem que certa área deveria ser regida por uma disposição normativa, quando não o é expressamente". As *terceiras* ocorrem quando os intérpretes, "desejando evitar a aplicação da lei, em dada espécie, restringem-lhe o alcance introduzindo um princípio geral que a limita e criam assim uma lacuna *contra legem*, que vai de encontro às disposições expressas da lei." (PERELMAN, 1999, p. 66-67).[214]

As lacunas são classificadas ainda em:

a) *Normativas ou reais* - ocorrem quando a lei está incompleta: "fala-se de lacuna da lei quando a lei não dá respostas a uma pergunta que necessariamente tem que ser respondida para a aplicação da lei." (BURCKHARDT, apud LARENZ, 1997, p. 527).[215] Ou, dito de outra forma, são aquelas que se apresentam quando não existe solução prevista no ordenamento jurídico para determinada situação concreta.

b) *Ideológicas* - significam a ausência não de uma solução para o caso concreto, mas de uma solução satisfatória para ele, o que implica que "derivam não da consideração do ordenamento jurídico como ele é, mas do confronto entre o ordenamento jurídico como ele é e como deveria ser." (BOBBIO, 2007, p. 281).

c) *Teleológicas* - traduzem a inadequação da norma em relação a um fim perseguido pela ordem jurídica.[216]

---

214 Norberto Bobbio se refere a lacunas *"praeter legem"* e a lacunas *"intra legem"*, sendo as primeiras aquelas que ocorrem "quando as regras expressas, por ser demasiado específicas, não compreendem todos os casos possíveis; as segundas têm lugar, ao contrário, quando as normas são demasiado genéricas, e revelam, no interior dos dispositivos dados, vazios ou buracos, que caberá ao intérprete preencher." (BOBBIO, 2007, p. 286).

215 BURCKHARDT, *Methode und System des Rechts*, p. 260.

216 As lacunas ideológicas e teleológicas constituem espécies do gênero lacunas *deontológicas*, que dizem respeito à inadequação da ordem normativa ao dever ser, ou seja, a aquilo que deve ser.

d) *Ontológicas* - decorrem da inadequação da norma aos fatos sociais e "têm lugar mesmo quando presente uma norma jurídica a regular a situação ou caso concreto, desde que tal norma não estabeleça mais isomorfia ou correspondência com os fatos sociais, com o progresso técnico, que produziram o envelhecimento, 'o ancilosamento da norma positiva' em questão." (CHAVES, 2007, p. 68-69).

e) *Axiológicas* - ocorrem quando existe uma norma legal aplicável ao caso, mas, se aplicada, "produzirá uma solução insatisfatória ou injusta." (DINIZ, 2009, p. 95).

Como anota Luciano Athayde Chaves, as lacunas axiológicas

> [...] estão intimamente relacionadas com a dimensão valorativa do fenômeno do Direito e tendem a ocupar uma posição importante no atual cenário jurídico-processual, no qual desponta com vigor a força dos princípios, em especial os constitucionais, na tarefa de compreensão e aplicação do Direito no panorama do chamado *pós-positivismo*. (CHAVES, 2007, p. 69).

A lacuna da lei processual não pode impedir que o Direito alcance seus objetivos e cumpra as suas funções. Ou seja, que as normas de direito material sejam eficazes e efetivas, notadamente aquelas que asseguram ao trabalhador direitos que traduzem as condições mínimas necessárias a uma vida verdadeiramente digna. Ademais, o respeito ao ordenamento jurídico é uma condição para a construção do Estado Democrático de Direito.

Registre-se que a possibilidade de existência de lacunas nas normas processuais trabalhistas é reconhecida nos arts. 769 e 889 da CLT.

4.4.1. Meios de integração de lacunas

Constatada uma lacuna da lei, seu preenchimento deve ser realizado com o uso dos métodos fornecidos pelo ordenamento jurídico, quais sejam: jurisprudência, analogia, equidade, princípios e normas gerais de direito, usos e costumes e o direito comparado, conforme resulta dos arts. 126 e 127 do CPC[217]; 8º, 769 e 889 da CLT[218] e 4º da LINDB.[219]

O preenchimento das lacunas é realizado por meio de um processo denominado *integração normativa*, mediante a utilização dos métodos fornecidos pelo ordenamento jurídico. Assim, o termo *integração do Direito* é destinado ao preenchimento das lacunas da lei.

A integração utiliza-se de dois mecanismos, quais sejam: *heterointegração e autointegração*. Como ensina Maria Helena Diniz, "a autointegração é um método pelo qual o ordenamento se completa, recorrendo à fonte dominante do direito: a lei. O procedimento típico é a *analogia*. A heterointegração é a técnica pela qual a ordem jurídica se completa, lançando mão de fontes diversas da norma legal, p. ex., *o costume, a equidade.*" (DINIZ, 2009, p. 140).

Riccardo Guastini afirma que as lacunas podem ser completadas das seguintes maneiras:

> (a) Em primeiro lugar, ampliando a base de documentos normativos com os quais se trabalha: pode acontecer que outras fontes diferentes das que foram inicialmente levadas em consideração forneçam a norma que se está buscando.
>
> (b) Em segundo lugar, mudando a interpretação dos documentos normativos utilizados, reinterpretando-os, de modo

---

217 Não obstante, no CPC/2015 o artigo correspondente – 140 – a previsão é no sentido de que "o juiz não se exime de decidir sob a alegação de lacuna ou obscuridade do ordenamento jurídico", e em seu parágrafo único que "o juiz só decidirá por equidade nos casos previstos em lei."

218 Dispõe o art. 769 da CLT: "Nos casos omissos, o direito processual comum será fonte subsidiária do direito processual do trabalho, exceto naquilo em que for incompatível com as normas". Já o art. 889 da CLT prevê que "aos trâmites e incidentes do processo da execução são aplicáveis, naquilo em que não contravierem ao presente Título, os preceitos que regem o processo dos executivos fiscais para a cobrança judicial da dívida ativa da Fazenda Pública Federal". Vale mencionar que várias disposições da Lei 6.830/80 já não subsistem em razão das reformas sofridas pelo CPC, o que levou o STJ, inclusive, a fazer referência a existência de um microssistema de execuções, como se vê na decisão proferida no REsp 1241063/RJ. Rel. Min. Mauro Campbell Marques, DJe 13.12.2011, que está transcrita mais adiante, no item 4.5.5: "diálogo das fontes na jurisprudência".

219 Lembre-se, em sintonia com Vicente Ráo, que "nem o jurista, nem o juiz, nem a autoridade administrativa, podem deixar qualquer conflito sem solução." (RÁO, 2004, p. 50).

a extrair deles também a norma apta a fornecer a solução em questão.

(c) Em terceiro lugar, elaborando uma norma nova (por exemplo, mediante analogia) e juntando-a ao sistema. (GUASTINI, 2005, p. 183-184).

Na análise das fontes do Direito, vários desses institutos já foram examinados, razão pela qual serão objeto de consideração neste momento apenas a analogia e a equidade.

A analogia é um método ou uma forma de preenchimento de lacunas que consiste na aplicação, para a solução do caso concreto, de uma norma que discipline caso semelhante.[220] Nesse sentido, Norberto Bobbio afirma: "entende-se por 'analogia' aquele procedimento pelo qual se atribui a um caso não regulado a mesma disciplina de um caso regulado *de maneira semelhante*", sendo por ele acrescentado que,

> [...] para que se possa extrair a conclusão, ou seja, a atribuição ao caso não regulado a partir das mesmas consequências jurídicas atribuídas ao caso regulado semelhante, é preciso que entre os dois casos não exista uma semelhança qualquer, mas uma *semelhança relevante*, ou seja, é preciso remontar os dois casos a uma qualidade comum a ambos, que seja ao mesmo tempo a razão suficiente pela qual foram atribuídas ao caso regulado aquelas e não outras consequências. (BOBBIO, 2007, p. 291-293).

Na analogia, portanto, utiliza-se o princípio da igualdade, pois se duas situações são semelhantes entre si as soluções devem ser iguais ou semelhantes. Ou seja, às mesmas situações deve ser dado o mesmo tratamento.[221] Segundo Maria Helena, o "fundamento

---

220 A expressão *semelhante* constitui uma cláusula geral, destacando Karl Engish que, "o multissignificativo conceito de semelhança torna-se o eixo da conclusão. Ao mesmo tempo, destaca-se a importância do geral, do comum, para a legitimidade da conclusão [...]. Daí a antiga concepção de que a conclusão analógica se compõe de indução e dedução. Somente quando, dos fenômenos particulares, a partir dos quais se conclui [...], se abstrai um pensamento geral [...], é que é possível concluir (dedução) para um outro particular." (ENGISH, 1983, p. 289).

221 Este entendimento tem sido frequentemente adotado pelo TST, como se vê, por exemplo, da sua Súmula nº 346, *in verbis*: "DIGITADOR. INTERVALOS INTRAJORNADA. APLICAÇÃO ANALÓGICA DO ART. 72 DA CLT. Os digitadores, por aplicação analógica do art. 72 da CLT, equiparam-se aos trabalhadores nos serviços de mecanografia

da analogia encontra-se na igualdade jurídica." (DINIZ, 2012, p. 411).[222] Miguel Reale vincula a analogia ao caráter teleológico do Direito, afirmando que a "analogia atende ao princípio de que o Direito é um sistema de fins", pois se o "sistema do Direito é um todo que obedece a certas finalidades fundamentais é de se pressupor que, havendo identidade de razão jurídica, haja identidade de disposição nos casos análogos." (REALE, 2002, p. 296).

É relevante mencionar que na solução por analogia, primeiro, deve ser verificado se as situações são realmente semelhantes e, com isso, se exigem uma solução também semelhante. Na analogia, parte-se "da ideia de que existe no ordenamento jurídico uma coerência intrínseca", servindo a analogia "para explicar normas que já se encontravam implícitas no sistema jurídico e que devem ser explicitadas para que não se dê tratamento diferenciado a situações idênticas." (DANTAS, 2005, p. 68).[223]

Assim, o processo analógico "não cria direito novo; descobre o já existente; integra a norma estabelecida, o princípio fundamental,

---

(datilografia, escrituração ou cálculo), razão pela qual têm direito a intervalos de descanso de 10 (dez) minutos a cada 90 (noventa) de trabalho consecutivo."

222 Sobre o assunto, anote-se a seguinte decisão: "SALÁRIO EQUIVALENTE OU ISONÔMICO. Em atenção ao princípio da máxima efetividade das normas constitucionais, o operador do direito deve valer-se do ordenamento jurídico e dos métodos de integração da norma jurídica para concretizar os direitos fundamentais de forma eficaz. O princípio constitucional da isonomia (artigos 5º, "caput", e 7º, XXX, da Constituição Federal) proíbe a discriminação de salários sem justificativa razoável. Por isso, o art. 12, "a", da Lei 6.019/74, tem sido amplamente aplicado pela jurisprudência, por analogia, para concretizar o princípio constitucional da isonomia, a fim impedir as discriminações em matéria salarial, inclusive nas terceirizações perpetradas pela Administração Pública. Esse é o entendimento consolidado na OJ nº 383 da SBDI-1 do Colendo TST". (TRT 3ª Região. Processo: 01260-2013-114-03-00-0 RO; Terceira Turma; Rel. Des. Luiz Otavio Linhares Renault, **DEJT de 07/02/2014**, p. 97).

223 Nesse sentido é, também, a seguinte decisão do Tribunal Regional do Trabalho da 3ª Região: "CONSTITUCIONALIDADE DO INTERVALO DO ART. 384 DA CLT. NÃO CONCESSÃO. HORA EXTRA DEVIDA. O SFT pronunciou a constitucionalidade do dispositivo celetista na decisão exarada no RE 658312, com repercussão geral reconhecida. A não concessão do intervalo impõe o seu pagamento a título de horas extras, por analogia à previsão contida no art. 71, §4º, da CLT. (TRT 3ª Região. Proc. 002174-93.2013.5.03.0138 RO; Terceira Turma; Rel. Des. Taisa Maria M. de Lima. DEJT de 02/03/2015)".

comum ao caso previsto pelo legislador e ao outro, patenteado pela vida social" (MAXIMILIANO, 2011, p. 174), posto que

> [...] o magistrado que recorre à analogia, não age livremente; desenvolve preceitos latentes, que se acham no sistema jurídico em vigor. 'O direito não é só o conteúdo imediato das disposições expressas; mas também o conteúdo virtual de normas não expressas, porém ínsitas no sistema'. (MAXIMILIANO, 2011, p. 174).

Ensina Frederico Carlos de Savigny:

> Se nossas fontes jurídicas não resultarem suficientes para resolver um problema jurídico, temos de afastar essa lacuna [...]. Porém, a dúvida consiste em saber onde buscar o complemento. Por múltiplas que sejam nesta matéria as opiniões de nossos autores, elas podem ser reduzidas essencialmente a duas doutrinas. De acordo com a primeira teoria, existe um Direito normal geral (o Direito natural) ao lado de cada Direito positivo com caráter subsidiário, de maneira análoga que, na Alemanha, ao lado dos diferentes Direitos territoriais, está o Direito romano. Não é preciso uma nova refutação dessa especial aplicação de uma doutrina já rechaçada em sua forma geral. Em virtude da segunda doutrina, se completa nosso Direito positivo com suas próprias forças, por meio de uma suposta força orgânica produtiva. Temos de reconhecer esse procedimento como acertado e necessário, tendo em conta nossa doutrina fundamental acerca do Direito positivo, sendo no fundo o mesmo que já tem sido aplicado para a eliminação de contradições. Chamamos a relação em que se encontram as regras jurídicas estabelecidas mediante esse procedimento com o Direito positivo dado analogia; e de acordo com ela temos de preencher qualquer lacuna que possa existir. (SAVIGNY, 1949, p. 147-148, tradução nossa).[224]

---

224 No original: "Si nuetras fuentes jurídicas no resultasen suficientes para resolver un problema jurídico, hemos de llenar esta laguna, puesto que la exigéncia de la plenitude hermética tiene a su favor un derecho tan incondicional como la de la unidad. Pero la duda consiste en saber donde buscar el complemento. Por múltiples que parezcan en esta matéria las opiniones de nuestros autores, pueden ser reducidas essencialmente a dos doctrinas. Com arreglo a la primera teoria se acepta un Derecho normal general (el Derecho natural), que existe al lado de cada Derecho positivo con carácter subsidiário, de manera análoga que en Alemania al lado de los diferentes Derechos territoriales el Derecho romano. No es preciso una nueva refutación de esta especial aplicación de una doctrina ya rechazada en su forma general (§ 1). En virtud de la segunda doctrina se completa nuestro Derecho positivo con sus propias fuerzas, por médio de una supuesta fuerza orgánica productiva. Hemos de reconocer este procedimiento como acertado y necessário, teniendo en cuenta nuestra doctrina fundamental acerca del Derecho positivo (§5), siendo en el fondo el mismo que ya há sido aplicado al logro de

Distinguem-se a *analogia legis* e a *analogia juris*. A primeira ocorre quando o aplicador procura entre as regras da lei as que, pela sua semelhança com o caso a decidir, são as mais adequadas a ele. A segunda se verifica quando a lei não prevê hipótese semelhante àquela a ser decidida, de modo que o aplicador tem de procurar, no direito em geral, normas que se aproximem o mais possível do caso a ser resolvido." (BARBI, 1992, p. 317).[225]

A analogia é um método de preenchimento de lacunas não só da lei, mas de qualquer norma jurídica, não tendo cabimento apenas "dentro do mesmo ramo de Direito, nem tão pouco dentro de cada Código, mas verificam-se também de um para outro Código e de um ramo de Direito para outro." (ENGISH, 1983, p. 293). Ressalta Karl Engish que se distinguem a analogia da lei e a analogia do Direito, posto que a primeira "parte de uma regra jurídica isolada" e "dela retira um pensamento fundamental aplicável a casos semelhantes," enquanto a segunda "parte 'duma pluralidade de normas jurídicas' e 'desenvolve com base nelas (através da indução) princípios mais gerais que aplica a casos que não cabem em nenhuma norma jurídica'", concluindo que se trata apenas de uma "diferença de grau". (ENGISH, 1983, p. 295).[226]

---

la unidad mediante la eliminación de contradicciones (§45). Llamamos a la relación en que se encuentran las reglas jurídicas estabelecidas mediante este procedimiento con el Derecho positivo dado, analogia; y com arreglo a ella hemos de llenar cualquier laguna que advirtamos."

225 Norberto Bobbio, por sua vez, define *analogia iuris* como "o procedimento com que se extrai uma nova regra para um caso imprevisto não a partir da regra que se refere a um caso singular ou de uma parte dele: esse procedimento não difere em nada daquele empregado no recurso aos princípios gerais do direito", concluindo que o efeito da analogia "é a criação de uma nova norma jurídica." (BOBBIO, 2007, p. 294).

226 A analogia não se confunde com a interpretação extensiva, posto que "uma aplica-se quando um caso não é contemplado por uma disposição de lei, enquanto a outra pressupõe que o caso já está compreendido na regulamentação jurídica, entrando no sentido de uma disposição, se bem que fuja à sua letra. A interpretação extensiva não faz mais do que reconstruir a vontade legislativa já existente para uma relação que só por inexata formulação dessa vontade parece excluída; a analogia, pelo contrário, está em presença de uma lacuna, de um caso não prevenido, para o qual não existe uma vontade legislativa, e procura tirá-la de casos afins correspondentes. A interpretação extensiva revela o sentido daquilo que o legislador realmente queria e pensava; a analogia, pelo contrário, tem de haver-se com casos em que o legislador não pensou, e vai descobrir uma norma nova inspirando-se na regulamentação de casos análogos: a primeira completa a *letra* e a outra, o *pensamento* da lei." (FERRARA, 2003, p. 54-55).

A analogia é um dos métodos de colmatação de lacunas, mas não existe supremacia deste em relação aos outros. Nesse sentido, o art. 8º da CLT não estabelece hierarquia entre os métodos de integração de Direito. É o exame do caso concreto que indicará qual é o método que conduz a uma decisão em sintonia, por exemplo, com a busca da melhoria da condição social do trabalhador.

Aliás, Miguel Reale noticia que alguns autores entendem que no texto do art. 4º da LINDB, por causa da supremacia da lei, "haveria uma enumeração excludente, de tal modo que, em primeiro lugar, se deveria recorrer à analogia; a seguir, aos costumes e, por fim, aos princípios gerais". No entanto, ele sustenta:

> Não nos parece que assim deva ser posta a questão. Ao estudarmos os processos de aplicação e integração do Direito, já vimos que a analogia, em sua essência, consiste no preenchimento da lacuna verificada na lei, graças a um raciocínio fundado em razões de similitude, ou seja, na correspondência entre certas notas características do caso regulado e as daquele que não o é. Ora, o apelo à analogia não impede que recorramos, concomitantemente, aos costumes e aos princípios gerais mesmo porque todo raciocínio analógico pressupõe a apontada correspondência entre duas modalidades do real postas em confronto (*analogia entis*) e conduz naturalmente ao plano dos princípios. Quando mais não seja, estes reforçam as aduzidas razões de similitude e dão objetividade à sempre delicada aplicação do processo analógico. Por outro lado, a distinção que se faz entre *analogia legis* – a qual subordina dois casos semelhantes a um mesmo texto legal – e *analogia juris*, que dá solução igual a duas hipóteses em virtude da mesma razão de direito, demonstra que a *analogia legis*, que é a analogia propriamente dita, não exclui de antemão os princípios gerais, mas antes com eles intimamente se correlaciona. Em verdade, apesar dos esforços de alguns tratadistas, em sentido contrário, a *analogia juris* se confunde com os princípios gerais de direito. (REALE, 2002, p. 315).

Anota Maria Helena Diniz:

> A analogia, em verdade, não raro, pode servir-se dos princípios gerais de direito, mas cumpre atentar para o fato de que esses princípios podem ser aplicados aos casos concretos por via direta, sem necessidade de utilização do processo analógico. Bem

palpáveis são as diferenças entre ambos: a analogia é método de aplicação do direito, baseado no princípio racional de que os casos semelhantes se devem regular pelas mesmas normas, ao passo que os princípios gerais de direito são variedade do próprio direito normativo, aplicável diretamente ao caso concreto; a analogia requer para o seu uso a aplicação de uma lei preexistente para cada caso similar, enquanto que os princípios gerais de direito podem ter autonomia e ser aplicados independentemente da lei. (DINIZ, 2009, p. 164).[227]

O segundo método de colmatação de lacunas é a equidade, ao qual faz expressa referência o art. 8º da CLT. Nota-se aqui uma relevante distinção entre as soluções adotadas pela CLT e aquela adotada pelos CPC/1973 e o de 2015. Na CLT, o afastamento de lacunas por meio da decisão por equidade foi expressamente autorizado, ao passo que o CPC/1973 e o de 2015, quando tratam do afastamento de lacunas (art. 126 e 140, respectivamente), não se referem à equidade, dela tratando no art. 127 (CPC/1973) e no parágrafo único do art. 140 (CPC/2015), para estabelecer que o juiz só julgará por equidade quando autorizado pela lei. A mesma distinção é observada na comparação da CLT (art. 8º) e a LINDB (art. 4º), posto que esta também não inclui a decisão por equidade entre os métodos de afastamento de lacunas.

Na seara do Direito do Trabalho, a ausência de exigência de autorização expressa para o julgamento por equidade é demonstrada, por exemplo, pelo art. 460 da CLT: o juiz fixará o salário recorrendo à equidade, sem que isso esteja expressamente previsto neste artigo.[228] O CPC/1973 e o de 2015, adotando postura divergente, optaram por dizer cada momento quando o juiz pode decidir por equidade, como se dá, por exemplo, no seu art. 20, §4º ("Nas causas de pequeno valor, nas de valor inestimável, naquelas em que não houver condenação ou for vencida a Fazenda Pública, e nas execuções, embargadas ou não, os honorários serão fixados consoante

---

[227] Anota Paulo Nader que o Direito Natural, "através de seus princípios basilares, também dá fundamento à analogia, pois preconiza igual tratamento para situações em que haja identidade de motivos ou razões." (NADER, 2006, p. 195).

[228] O julgamento proferido nos dissídios coletivos pela Justiça do Trabalho é um julgamento por equidade (arts. 862 e 868, da CLT e art. 114, §2º, da CR/88).

apreciação equitativa do juiz, atendidas as normas das alíneas a, b e c do parágrafo anterior")[229].

O *julgamento por equidade* não se confunde com o *julgamento equânime*, que é aquele em que a lei existe, mas é aplicada considerando as especificidades do caso concreto, como forma de alcançar a justiça. É do julgamento equânime que tratam os arts. 852-I, §2º, da CLT e 1.109 do CPC (que permitem ao juiz decidir sem observância à legalidade estrita)[230]. Nesses casos, a equidade desempenha *função interpretativa*, servindo à adaptação da norma ao caso concreto. No julgamento por equidade, há uma lacuna da lei, que é suprida pelo juiz. Nessa circunstância, a equidade tem função integrativa; isto é, o juiz cria a norma para o caso concreto.

Piero Calamandrei afirma que, ao julgar por equidade, o juiz deve perseguir a "solução que corresponda melhor às concepções morais – jurisdição de equidade – e econômicas predominantes na sociedade em que vive naquele momento" e ser "o intérprete fiel das correntes históricas de seu tempo." (CALAMANDREI, 1999, p. 98-99).

A equidade, exercendo função integrativa, traduz "o sentimento do justo concreto, em harmonia com as circunstâncias e com o caso *sub judice*", sendo o "recurso intuitivo das exigências da justiça, em caso de omissão normativa, buscando efeitos presumíveis das soluções encontradas para aquele conflito de interesses não normado." (DINIZ, 2009, p. 271). A isso acrescenta Maria Helena Diniz que

> [...] os casos concretos que dão lugar a uma aplicação equitativa são os que resultam da excessiva generalidade da lei, que não pode prever todas as circunstâncias da realidade; os que advêm do fato da norma não prever nenhuma das circunstâncias da realidade, tratam-se dos casos omissos ou singulares e dos que são provenientes da inadequação total ou parcial dos dispositivos legais às circunstâncias dos mesmos. (DINIZ, 2009, p. 271).

---

229 Idêntico tratamento é adotado no CPC de 2015, como se vê do seu art. 85, §8º cuja redação é a seguinte: "Nas causas em que for inestimável ou irrisório o proveito econômico ou, ainda, quando o valor da causa for muito baixo, o juiz fixará o valor dos honorários por apreciação equitativa, observando o disposto nos incisos do §2º."

230 Artigo correspondente no CPC/2015: "Art. 723. O juiz decidirá o pedido no prazo de 10 (dez) dias. Parágrafo único. O juiz não é obrigado a observar critério de legalidade estrita, podendo adotar em cada caso a solução que considerar mais conveniente ou oportuna."

Vicente Ráo alinha três regras que devem ser observadas pelo juiz para utilizar a equidade na supressão de lacunas da lei, quais sejam:

> a) por igual modo devem ser tratadas as coisas iguais e desigualmente as desiguais;
>
> b) todos os elementos que concorreram para constituir a relação *sub judice*, coisa ou pessoa, ou que, no tocante a estas tenham importância, ou sobre elas exerçam influência, devem ser devidamente consideradas;
>
> c) entre várias soluções possíveis deve-se preferir a mais humana, por ser a que melhor atende à justiça. (RÁO, 2004, p. 88).

Vê-se, pela lição de Vicente Ráo citada acima, que a equidade confere um poder discricionário, mas não arbitrário ao juiz, tratando-se de uma "autorização de apreciar, equitativamente, segundo a lógica do razoável, interesses e fatos não determinados *a priori* pelo legislador, estabelecendo uma norma individual para o caso concreto ou singular ou omisso." (DINIZ, 2009, p. 272). O juiz deve construir a norma para o caso concreto a partir do sistema jurídico e em sintonia com os seus valores e fins fundamentais.[231]

Na linguagem da CLT, para integrar a ordem jurídica, o juiz deverá proferir decisão capaz de solucionar o dissídio (art. 862), que seja justa e conveniente (art. 868), respeitando as particularidades do caso concreto, pautando-se por elementos recolhidos em relações sociais concretas – como autoriza afirmar o art. 460 da CLT – e pelo patamar mínimo de direitos já estabelecidos (art. 114, §2º, da CR/88).

Tratando do julgamento equânime, observa Carlos Maximiliano que equidade "é o justo melhor, diverso do justo legal" (MAXIMILIANO, 2011, p. 140), acrescentando que

> [...] a Equidade tem "algo de superior a toda fórmula escrita ou tradicional, é um conjunto de princípios imanentes, constituindo

---

[231] Adverte, ainda, Maria Helena Diniz que "a equidade não constitui um mero recurso à especulação jurídica; está dentro do direito, uma vez que o direito brota do contexto cultural e visa à consecução de uma ideia: criar o justo equilíbrio entre os interesses da coletividade e dos particulares, ou seja, a realização da justiça. Essa ideia preside toda a formação do direito, definindo seus fins e limites, e a equidade nada mais faz senão respeitá-la. A equidade é, portanto, um ato judiciário e não legislativo. É poder conferido ao magistrado para revelar o direito latente apesar de interferir, como vimos, na elaboração de normas jurídicas gerais ou de leis, traçando diretivas ao comportamento do órgão judicante ao aplicá-las." (DINIZ, 2009, p. 273).

de algum modo a substância jurídica da humanidade, segundo a sua natureza e o seu fim, princípios imutáveis no fundo, porém cuja forma se adapta à variedade dos tempos e países". Fruto de condições especiais de cultura, noção de justiça generalizada na coletividade [...], ideia comum do bem, predominantemente no seio de um povo em dado momento da vida social; a Equidade abrolhou de princípios gerais preexistentes e superiores à lei, da fonte primária do Direito. É um sentimento subjetivo e *progressivo*, porém não *individual*, nem *arbitrário*; representa o sentir de, maior número, não o do homem que alega ou decide [...]. Todos reconhecem que a Equidade invocável como auxiliar da Hermenêutica e da Aplicação do Direito 'se não revela somente pelas inspirações da consciência e da razão natural, mas também, e principalmente, pelo estudo atento, pela apreciação inteligente dos textos da lei, dos princípios da ciência jurídica e das necessidades da sociedade. (MAXIMILIANO, 2011, p. 180).

É importante esclarecer que, ao solucionar o caso concreto utilizando um dos métodos de integração de lacunas, o juiz não substitui o legislador, suprindo de forma definitiva a lacuna. A lacuna é afastada no e para o caso concreto. O fato de o juiz, para efeito do caso concreto, preencher a lacuna não significa que ela deixou de existir no ordenamento jurídico, visto que ela "continua a subsistir e a ser possível de constatação até que um dispositivo legislativo a elimine". Com isso, ocorre "uma espécie de criação contínua do Direito pelo intérprete". (FERRAZ JR., 1998, p. 154).

4.5. O direito processual do trabalho: antinomias e lacunas

O direito material do trabalho tem como um de seus princípios fundamentais a aplicação da norma mais favorável, o que pressupõe a possibilidade de antinomias entre suas normas. Essa mesma ideia se apresenta em relação ao direito processual do trabalho, ou seja, também nele podem ocorrer antinomias, observando-se, inclusive, que a CLT expressamente adota um dos critérios tradicionais de solução de antinomias, como se vê no art. 916 ("Os prazos de prescrição fixados pela presente Consolidação começarão a correr da data da vigência desta, quando menores do que os previstos pela legislação anterior").

De outro lado, o direito processual do trabalho não é isento de lacunas, fato, aliás, expressamente reconhecido no art. 769 da CLT, *in verbis*: "Nos casos omissos, o direito processual comum será fonte subsidiária do direito processual do trabalho, exceto naquilo em que for incompatível com as normas deste Título", bem como no art. 889 da CLT, que autoriza a utilização da Lei de Execuções Fiscais como fonte subsidiária do direito processual do trabalho.

Anote-se, em sintonia com Luciano Athayde Chaves, que a lacuna mencionada nos arts. 769 e 889 da CLT não diz respeito apenas à lacuna normativa, alcançando também as lacunas axiológicas e ontológicas, fato que autoriza o intérprete e o aplicador do Direito a valerem-se da heterointegração, ou seja, de dispositivos presentes em outros sistemas, para a solução de situações concretas surgidas no contexto do processo do trabalho.

Com efeito, assevera Luciano Athayde Chaves:

> O chamado princípio da subsidiariedade, previsto no art. 769 da CLT, não encerra, portanto, uma mera técnica de colmatação de lacunas normativas. A expressão 'omissão, ali consignada, merece ser interpretada à luz das modernas teorias das lacunas, de modo a preservar a efetividade do Direito Processual do Trabalho, permitindo sua revitalização, a partir do influxo de novos valores, princípios, técnicas, institutos e ferramentas que lhe conservem a celeridade e lhe viabilizem o atingimento de seus escopos. (CHAVES, 2007, p. 84).

Não discrepa do entendimento acima o esposado por Jorge Luiz Souto Maior:

> Ora, se o princípio é o da melhoria contínua da prestação jurisdicional, não se pode utilizar o argumento de que há previsão a respeito na CLT, como forma de rechaçar algum avanço que tenha havido neste sentido no processo comum, sob pena de negar a própria intenção do legislador ao fixar os critérios de aplicação subsidiária do processo civil. Notoriamente, o que se pretendeu (daí o aspecto teleológico da questão) foi impedir que a irrefletida e irrestrita aplicação das normas do processo civil evitasse a maior efetividade da prestação jurisdicional trabalhista que se buscava com a criação de um procedimento próprio na CLT (mais célere, mais simples, mais acessível). Trata-se, portanto, de uma regra de proteção, que se justifica historicamente. Não se pode, por óbvio, usar a regra de proteção do sistema como óbice ao seu avanço. Do contrário, pode-se ter um processo civil

mais efetivo que o processo do trabalho, o que é inconcebível, já que o crédito trabalhista merece tratamento privilegiado no ordenamento jurídico como um todo. Em suma, quando há alguma alteração no processo civil o seu reflexo na esfera trabalhista só pode ser benéfico, tanto sob o prisma do processo do trabalho quanto do direito do trabalho, dado o caráter instrumental da ciência processual. (SOUTO MAIOR, 2006, p. 920-921).

Digno de registro, ainda, o Enunciado nº 66 da 1ª Jornada de Direito Material/Processual do Trabalho, realizada em conjunto pela ENAMAT, pelo Tribunal Superior do Trabalho, pela Associação Nacional dos Magistrados da Justiça do Trabalho (ANAMATRA) e com o apoio do Conselho de Escolas de Magistratura Trabalhista (CONEMATRA), de 21 a 23 de novembro de 2007, na sede do TST, *in verbis*:

> APLICAÇÃO SUBSIDIÁRIA DE NORMAS DO PROCESSO COMUM AO PROCESSO TRABALHISTA. OMISSÕES ONTOLÓGICA E AXIOLÓGICA. ADMISSIBILIDADE. Diante do atual estágio de desenvolvimento do processo comum e da necessidade de se conferir aplicabilidade à garantia constitucional da duração razoável do processo, os arts. 769 e 889 da CLT comportam interpretação conforme a Constituição Federal, permitindo a aplicação de normas processuais mais adequadas à efetivação do direito. Aplicação dos princípios da instrumentalidade, efetividade e não retrocesso social.

Acrescente-se que, embora já contemple ações de índole coletiva, entre as quais o dissidio coletivo e a ação de cumprimento proposta por entes sindicais, o direito processual do trabalho não contém todo o instrumental processual necessário para a solução de conflitos coletivos e tutela de direito e interesses difusos, coletivos e individuais homogêneos. Nesse sentido, vale mencionar que a lei que disciplina a atuação do Ministério Público do Trabalho a este atribui legitimidade para ajuizar ação civil pública (art. 83 da Lei Complementar n. 75/1993), mas o direito processual do trabalho não trata dessas ações, o que evidencia uma lacuna.

O direito processual do trabalho está inserido na problemática das antinomias e lacunas, que devem ser enfrentadas com a utilização dos métodos tradicionais. Neste livro, é proposto um novo instrumento para o enfrentamento das antinomias e lacunas do direito processual do trabalho, que se constitui no diálogo entre o direito processual do trabalho e demais ramos do direito processual, qual seja, o *diálogo das fontes*, sempre na perspectiva dos valores e fins constitucionalmente consagrados e da efetividade dos direitos metaindividuais trabalhistas.

Não se olvide que

> [...] em decorrência de sua instrumentalidade ao direito material, as normas processuais, na maior parte, apresentam caráter eminentemente técnico. Entretanto, a neutralidade ética que geralmente se empresta à técnica não tem aplicação ao processo, que é um instrumento ético de solução de conflitos, profundamente vinculado aos valores fundamentais que informam a cultura da nação. Assim, o processo deve absorver os princípios básicos de ordem ética e política que orientam o ordenamento jurídico por ele integrado, para constituir-se em meio idôneo para obtenção do escopo de pacificar e fazer justiça. Dessa forma, o caráter técnico da norma processual fica subordinado à sua adequação à finalidade geral do processo. (CINTRA; GRINOVER; DINAMARCO, 2010, p. 96).

4.6. Diálogo das fontes: solução de antinomias e colmatação de lacunas no direito processual do trabalho

Nos itens anteriores, foram mencionados os critérios tradicionais de solução de lacunas e de conflitos normativos, qual seja a solução monolítica. Segundo essa perspectiva, no confronto entre normas uma deve ser aplicada em detrimento da outra, desta forma, o seu resultado é a exclusão de uma norma do contexto da solução do caso concreto. Existe, no entanto, outra alternativa, que é o diálogo das fontes, método em que a exclusão de uma norma em favor de outra é substituída pela aplicação simultânea, coerente e coordenada de diversas normas, para efeito de solução do caso concreto.

4.6.1. Noções gerais

A doutrina e a jurisprudência limitam a aplicação do diálogo das fontes para o enfrentamento de antinomias. No entanto, ele constitui um valioso instrumento também para o afastamento de lacunas. Com efeito, as lacunas também podem ser afastadas por meio do diálogo entre fontes, em especial pelo fato de ser o Direito um sistema único, composto inclusive, por microssistemas que contêm pontos de convergência. O diálogo das fontes, por meio da interpretação criativa e sistemática, permite captar na multiplicidade das normas jurídicas a solução mais adequada para o caso concreto.

O diálogo das fontes surge como um novo método no contexto da negativa aos códigos da condição de norma única capaz de disciplinar todas as relações sociais e, por consequência, do surgimento dos microssistemas normativos. Trata-se de método próprio da pluralidade dos centros criativos do Direito (Estado, sindicatos e normas de direito internacional, por exemplo) que permite a construção de soluções a partir da definição dos valores e dos fins que perseguem ou, de outra forma, os pontos de convergência entre normas do mesmo sistema ou de sistemas distintos.

O processo é concebido para solucionar questões concretas. Para tanto, devem ser utilizados todos os métodos disponíveis, sempre na perspectiva da realização dos direitos fundamentais, notadamente, metaindividuais trabalhistas.

Cumpre, então, definir em que consiste o diálogo das fontes.

Dialogar é colocar em contato, comunicar-se. Como primeira aproximação da ideia de diálogo das fontes, tem-se, portanto, a comunicação entre as várias fontes do Direito [232], sem prevalecer uma sobre a outra, mas promover a sua integração, como ensina Erik Jayme[233]:

> Desde que evocamos a comunicação em direito internacional privado, o fenômeno mais importante é o fato que a solução dos conflitos de leis emerge como resultado de um diálogo entre as fontes mais heterogêneas. Os direitos do homem, as constituições, as convenções internacionais; elas 'falam' uma com a outra. Os juízes devem coordenar essas fontes escutando o que elas dizem. (JAYME[234] apud GOMES; VIGO, 2008, p. 85).

---

[232] O "diálogo das fontes é diálogo entre leis postas, mas também pode atingir normas narrativas de inspiração, *soft law*, costumes, princípios gerais, a exemplo do art. 7º do CDC, e reconhece a força dos princípios imanentes do sistema e do bloco de constitucionalidade. É teoria humanista e humanizadora, pois utiliza o sistema de valores, para ter em conta em sua coordenação ou a restaurar a coerência abalada pelo conflito de leis, o ponto de vista concreto e material das fontes em colisão." (MARQUES, 2012, p. 25).

[233] Neste sentido, "diálogo pressupõe o efeito útil de dois (*di*) e uma lógica ou fala (*logos*), enquanto conflito leva a exclusão de uma das leis e bem expressa a mono-solução ou o 'monologo' de uma só lei." (MARQUES, 2004, p. 15-54).

[234] JAYME, Erik. "Identité culturelle et integration: le droit internacional privé postmoderne". In *Recueil des Cours*, v. 251, 1995, p. 9-267.

A expressão *diálogo das fontes* foi utilizada por Erik Jayme em seu *Curso Geral de Haia*, de 1995, no qual sustenta que o pluralismo que caracteriza a pós-modernidade exige uma solução mais flexível do conflito normativo do que aquela fornecida pelos métodos tradicionais de solução desses conflitos, o que implica não a superação de normas, mas a sua convivência harmoniosa.[235] Diálogo "porque há influências recíprocas, 'diálogo' porque há aplicação conjunta das duas normas ao mesmo tempo e ao mesmo caso, seja complementariamente, seja subsidiariamente." (MARQUES, 2004, p. 15-54). O diálogo das fontes permite a aplicação simultânea, coerente e coordenada das várias fontes do Direito, para afastar antinomias e colmatar lacunas

Assevera Erik Jayme que os métodos clássicos de solução dos conflitos de normas (relacionados a anterioridade, especialidade e hierarquia) não garantem mais segurança ao sistema jurídico, pois "os tempos pós-modernos não mais permitem este tipo de clareza e 'monossolução', sequer a hierarquia dessas leis é clara, mas apenas dos valores constitucionais" (JAYME, apud MARQUES, 2012, p. 27), propondo um método de diálogo – no lugar do monólogo –, em que as várias fontes do ordenamento jurídico não mais se excluam ou revoguem-se, mas "**falam** umas às outras e os juízes são levados a

---

235 Claudia Lima Marques afirma que, "aceite-se ou não a pós-modernidade, a verdade é que, na sociedade complexa atual, com a descodificação, a tópica e a micro-recodificação (como a do CDC) trazendo uma forte pluralidade de leis ou fontes, a doutrina atualizada está à procura de uma harmonia ou coordenação entre estas diversas normas do ordenamento jurídico (concebido como sistema). É a denominada 'coerência derivada ou restaurada' (*'cohérence dérivée ou restaurée'*), que procura uma eficiência não só hierárquica, mas funcional do sistema plural e complexo de nossos direito contemporâneo. Erik Jayme alerta-nos que, nos atuais tempos pós-modernos, a pluralidade, a complexidade, a distinção impositiva dos direitos humanos e do '*droit à la differénce*' (direito a ser diferente e ser tratado diferentemente, sem necessidade mais de ser 'igual' aos outros) não mais permitem este tipo de clareza ou de 'monossolução'. A solução atual ou pós-moderna é sistemática e tópica ao mesmo tempo, pois deve ser mais fluida, mas flexível, a permitir maior mobilidade e fineza de distinções. Hoje, a *superação* de paradigmas foi substituída pela *convivência ou coexistência dos paradigmas*, como indica nosso título. Efetivamente, raramente encontramos hoje a revogação expressa, substituída pela incerteza da revogação tácita indireta, através da ideia de 'incorporação', como bem expressa o art. 2.043 do novo Código Civil. Há mais convivência de leis com campos de aplicação diferentes, do que exclusão e clareza. Seus campos de aplicação, por vezes, são convergentes e, em geral diferentes, mas convivem e coexistem em um mesmo sistema jurídico que deve ser ressistematizado." (MARQUES, 2011, p. 15-54).

coordenar estas fontes **escutando** o que as fontes **dizem**." (JAYME, apud MARQUES, 2012, p. 19, os grifos constam do original).

Segundo Erik Jayme, o diálogo das fontes é iluminado pelos valores constitucionais e pelos direitos humanos (valores guias), que, em razão do "pluralismo pós-moderno de fontes legislativas, a necessidade de coordenação entre as leis no mesmo ordenamento jurídico, a necessidade de coordenação entre as leis no mesmo ordenamento jurídico é exigência de um sistema eficiente e justo." (JAYME apud MARQUES, 2012, p. 27). Acrescenta o autor:

> O diálogo das fontes significa que decisões de casos da vida complexos são hoje o somar, o aplicar conjuntamente, de várias fontes (Constituição, Direitos Humanos, direito supranacional e direito nacional). Hoje não mais existe uma fixa determinação de ordem entre as fontes, mas uma cumulação destas, um aplicar lado a lado. Os direitos humanos são direitos fundamentais, mas somente às vezes é possível deles retirar efeitos jurídicos precisos. (JAYME, 2000, p. 289-293).

Claudia Lima Marques conceitua o diálogo das fontes como

> [...] uma expressão simbólica de um novo paradigma de coordenação e coerência restaurada de um sistema legal, sistema hoje de fontes plúrimas, com diversos campos de aplicação, a criar, na era da pós-descodificação, uma grande complexidade no antes simples fato – ou ato – de o aplicador da lei "escolher" entre as fontes (em aparente conflito) a lei ou leis a serem aplicadas no caso concreto. (MARQUES, 2012, p. 27).

Segundo Antonio Herman Benjamin, o diálogo das fontes constitui um

> [...] útil instrumento para coordenar e assegurar a coerência na aplicação de diversas fontes normativas, com seus complexos campos de aplicação [...]. O diálogo das fontes é um método de interpretação, de integração e de aplicação das normas, que contempla os principais desafios de assegurar a coerência e a efetividade do direito a partir do projeto constitucional e o sistema de valores que impõe [...]. A aplicação, a integração e a interpretação das normas jurídicas não mais pressupõem a eliminação de uma das regras do sistema, como resultado de uma antinomia ou de um conflito de normas. (BENJAMIN, 2012, p. 5-6).

Acrescenta Antonio Herman Benjamin que o diálogo das fontes

> [...] consiste no método de coordenação e coerência sistemática das várias fontes do direito, assegurando a conformidade entre elas e a supremacia da Constituição e, mais ainda, dos seus va-

lores e direitos fundamentais. O diálogo das fontes é um novo método, um novo paradigma para a solução das dificuldades de aplicação do direito atual. (BENJAMIN, 2012, p. 7).

Para Claudia Lima Marques, o diálogo das fontes

> [...] significa a aplicação simultânea, coerente e coordenada das plúrimas fontes legislativas, leis especiais (como o Código de Defesa do Consumidor e a lei de planos de saúde) e leis gerais (como o Código Civil de 2002), de origem internacional (como a Convenção de Varsóvia de Montreal) e nacional (como o Código Aeronáutico e as mudanças do Código de Defesa do Consumidor) [...], tem campos de aplicação convergentes, mas não mais totalmente coincidentes ou iguais. (MARQUES, 2012, p. 19-20).

O diálogo das fontes, portanto, é uma técnica de coordenação entre as fontes do Direito, em razão da qual, em caso de conflito, uma não prevalece sobre a outra, sendo ambas conjugadas para a construção da melhor solução para o caso concreto, o que resulta em uma "solução flexível e aberta, de interpenetração, ou mesmo a solução mais favorável ao mais fraco da relação (tratamento diferente dos diferentes)." (MIRAGEM, 2012, p. 5).

Anota Bruno Miragem que o diálogo das fontes "não se ocupa apenas da interpretação da norma, mas especialmente do resultado de sua aplicação" (MIRAGEM, 2012, p. 91), indicando como isso deve ocorrer:

> Para tanto substitui o fenômeno da derrogação pelo da complementaridade, permitindo e coordenando a aplicação simultânea, ou justificando a aplicação de uma em detrimento de outra, a partir de fundamentos valorativos fundados na Constituição Federal [...]. O objetivo é que não apenas o resultado da interpretação, mas da aplicação concreta do direito no caso respeite o sistema jurídico, a partir de suas bases constitucionais. O método do diálogo das fontes parte dessa premissa de realização da Constituição e de seu sistema de direitos e garantias fundamentais, oferecendo critérios para a coordenação e a coerência da solução do caso. Daí reconhecer, nas situações em que os métodos de interpretação clássicos observam contradição entre normas, em verdade, a sua complementariedade, quando necessária para assegurar a coerência e unidade do ordenamento jurídico. E é nesse aspecto, essencialmente, que representa inovação do método clássico de interpretação sistemática. (MIRAGEM, 2012, p. 91).

Esse método propõe a substituição, no enfrentamento de conflitos normativos, da solução representada pelo abandono de uma norma em favor da outra pelo critério representado pela coordenação entre essas normas, orientada pela proteção dos direitos fundamentais e da dignidade humana.

Não obstante, como já foi antecipado, o diálogo não serve apenas para o enfrentamento de antinomias. Nesse sentido, aduz Bruno Miragem que o diálogo responde a dois problemas

> a) primeiro, a identificação de um critério para identificação do conflito de leis; b) segundo, a oferta de critérios para a solução do conflito. Da mesma forma, como é próprio de qualquer método de interpretação sistemática, organiza e coordena fontes no sentido da identificação e do preenchimento de lacunas. (MIRAGEM, 2012, p. 80).

Assim, como anota Bruno Miragem, o diálogo das fontes serve também à colmatação das lacunas, "uma vez que dele resulta a distinção do âmbito de aplicação das normas como critério para que se apliquem, de modo concomitante, ao mesmo caso; assim como da seleção e exame dos casos que se pretenda sejam utilizados como paradigmas para uma aplicação analógica." (MIRAGEM, 2012, p. 85). Esclarece o doutrinador:

> Entenda-se aqui a aplicação analógica como *analogia juris*, considerando que o resultado de aplicação da norma ao caso concreto é, em verdade, resultado da aplicação do direito, assim considerado o ordenamento jurídico inteiro, na medida em que não se pode prescindir, na identificação do sentido que precede a aplicação da norma ao caso, da influência decisiva do sistema normativo como um todo. (MIRAGEM, 2012, p. 85).

O diálogo das fontes também tem sido adotado no direito internacional como meio de compatibilizar as várias normas que o compõem, como destaca Alberto do Amaral Junior:

> A coordenação flexível das fontes restabelece a coerência por meio da descoberta da finalidade que perseguem. Esta é, deveras, uma coerência 'restaurada' ou 'derivada', condição decisiva para a efetividade do direito internacional, que abriga normas dos mais variados matizes. O direito internacional clássico era, na visão da doutrina, um sistema unitário, coerente e completo, organizado para disciplinar as relações interestatais. Havia princípios que os juristas durante séculos elaboraram para resolver os raros casos de antinomias. Com a incessante probabi-

lidade de conflito, que expõe o risco de fragmentação do direito internacional, a coerência deixa de ser um dado para tornar-se uma construção hermenêutica; não é um ponto de partida, mas o resultado do labor doutrinário. À semelhança de uma rede na qual os fios são cuidadosamente entrelaçados, a construção da coerência requer trabalho paciente, sob o impulso do caso concreto, para identificar a convergência entre normas que pertencem a subsistemas diferentes. Na qualidade de postulado da razão prática, a coerência é essencial para o direito, constituindo-se em verdadeira condição de possibilidade da experiência jurídica. O 'diálogo' das fontes, que insere a norma na totalidade de significações representada pelo direito internacional, só se realiza com auxílio de princípios hermenêuticos, que sirvam de guia e orientação. O principal deles é, afirma Reale, 'o modelo ético jurídico supremo, que é o valor incondicionado da pessoa humana como valor-fonte de todos os valores'. (AMARAL JUNIOR, 2010, p. 16-31).

O diálogo das fontes pode ser utilizado em várias áreas do Direito, com exceção do Direito Penal, pois o princípio da tipicidade impede a criação de tipos penais por meio da interpretação.

Adverte Bruno Miragem que a crítica ao método do diálogo das fontes que se fundamenta na possível ofensa aos princípios da segurança jurídica e da legalidade "parte de uma certa desvalorização da interpretação jurídica, como se as normas possuíssem um sentido unívoco e incontroverso, bem como devessem ser tomadas individualmente" (desconsiderando a visão sistemática) (MIRAGEM, 2012, p. 95). Acrescenta o autor:

> Eventual 'surpresa' daquele a quem não favoreça a decisão de um dado caso concreto que resulte do método do diálogo das fontes não decorre da sua utilização, mas possivelmente de uma compreensão estrita do sistema jurídico que desconsidera a eficácia dos direitos e garantias fundamentais na atividade de interpretação e aplicação das leis. (MIRAGEM, 2012, p. 95).

A adoção do diálogo das fontes no contexto do direito processual está autorizada pelo *caput* do art. 7º da Constituição, quando determina a observância da norma que resulte na melhoria da condição social do trabalhador, e por vários incisos desse mesmo artigo (IV, XIII e XIV, entre outros), que permitem a definição do alcance de normas constitucionais por meio da negociação coletiva, por exemplo.

A importância do diálogo é realçada pela Constituição quando atribui à negociação coletiva a preferência entre os meios de solução de conflitos (art. 114, §§1º ao 3º) e, até mesmo, quando autoriza as partes a recorrerem a meios alternativos de solução desses conflitos (arbitragem).

Na seara infraconstitucional, vale lembrar a autorização para o diálogo entre: a ordem jurídica interna e o direito comparado (art. 8º da CLT), os vários microssistemas processuais (art. 769 e 889 da CLT), a legislação federal e a legislação estadual e municipal (art. 154 da CLT), a CLT e as normas que disciplinam o trabalho doméstico (art. 7º, "a", da CLT, a Lei n. 5.859/72 e a Lei n. 12.964/14[236]).

O diálogo das fontes serve à solução de antinomias e à colmatação de lacunas. Também, permite a aplicação conjunta e coordenada de várias fontes. Note-se nesse sentido que enquanto a CLT, por exemplo, permite a aplicação subsidiária do CPC no processo do trabalho na hipótese de omissão, o parágrafo único do art. 8º da CLT permite a aplicação do direito comum como fonte subsidiária do direito do trabalho sem alusão à presença de omissão, na mesma direção do art. 22 da Lei n. 4.717/65, que trata da ação popular, segundo o qual se aplicam a essa ação as regras do CPC naquilo em que não contrarie os dispositivos daquela Lei e a natureza específica da ação popular. Da mesma forma, o art. 90 do CDC autoriza a aplicação das normas do CPC e da Lei da Ação Civil Pública "naquilo que não contrariar suas disposições", o que significa que a omissão não é condição necessária para o diálogo entre as fontes; ou seja, elas podem ser aplicadas simultânea e coordenadamente.

---

236 Anote-se, outrossim, o que dispõe a Lei n. 12.964/14 no seu art. 6º: "As multas e os valores fixados para as infrações previstas na Consolidação das Leis do Trabalho – CLT, aprovada pelo Decreto-Lei no 5.452, de 1º de maio de 1943, aplicam-se, no que couber, às infrações ao disposto nesta Lei. § 1º A gravidade será aferida considerando-se o tempo de serviço do empregado, a idade, o número de empregados e o tipo da infração. § 2º A multa pela falta de anotação da data de admissão e da remuneração do empregado doméstico na Carteira de Trabalho e Previdência Social será elevada em pelo menos 100% (cem por cento). § 3º O percentual de elevação da multa de que trata o § 2º deste artigo poderá ser reduzido se o tempo de serviço for reconhecido voluntariamente pelo empregador, com a efetivação das anotações pertinentes e o recolhimento das contribuições previdenciárias devidas." Verifica-se, nesses dispositivos legais, um diálogo expresso com a CLT.

4.6.2. Critérios condutores do diálogo das fontes

O diálogo das fontes suscita a problemática da força normativa da Constituição, na medida em que ela, na condição de fundamento da ordem jurídica, define os valores a serem concretizados e os fins a serem perseguidos também na solução de questões concretas de natureza trabalhista. O respeito às regras e aos princípios constitucionais, notadamente daqueles que asseguram direitos fundamentais, é que possibilita a coerência e a unidade no diálogo entre fontes. A Constituição, portanto, é o ponto de partida e de chegada do diálogo das fontes, isto é, as suas regras e princípios devem nortear o diálogo e este deve conduzir à realização concreta dos direitos assegurados pela ordem jurídica.

Nesse sentido, o que "coordena e dá unidade lógica à aplicação de diferentes normas a um mesmo caso, ou ainda, a uma determinada interpretação que se obtenha, é a conformidade do resultado concreto da aplicação com direitos e garantias fundamentais previstos na Constituição." (MIRAGEM, 2012, p. 92).[237]

Além do respeito à força normativa da Constituição, o diálogo das fontes deve ter por objetivo promover a realização concreta dos direitos assegurados pela ordem jurídica. Nesse compasso, como aduz Bruno Miragem, o "nítido caráter promocional do sistema de garantias e direitos fundamentais, revela-se também como exigência que se percebe do resultado concreto da aplicação das leis", sendo este o "fundamento que dirige e legitima a aplicação do diálogo das fontes." (MIRAGEM, 2012, p. 92).[238]

Afirma, ainda, esse autor:

> Eis o fundamento que dirige e legitima a aplicação do diálogo das fontes, seja para aplicação coordenada de diferentes leis a um mesmo caso, de modo que se complementem, seja para distinguir o campo de aplicação de leis que disponham sobre temas semelhantes. (MIRAGEM, 2012, p. 92).

---

237 A garantia de realização prática dos direitos fundamentais e humanos atua, portanto, como critério orientador e limite para o diálogo das fontes.

238 Destaca Claudia Lima Marques que "a interpretação e concreção dos conceitos constantes da norma podem ter como critério o significado havido em outras leis. Neste caso, a identificação e aplicação de tais critérios pressupõem o caráter complementar entre as normas e a coerência, a unidade lógica e o sentido a ser definido por parâmetros constitucionais." (MARQUES, 2012, p. 93).

Lembre-se, em sintonia com Marcelo Neves, de que a Constituição é um mecanismo que proporciona a autonomia operacional do sistema jurídico, permitindo que se desvencilhe de apoios externos, tais como o direito natural ou a moral, possibilitando seu fechamento normativo e operacional, de modo que se forneça um limite interno para sua capacidade de aprendizado, impedindo que o sistema jurídico fosse bloqueado por expectativas conflitantes de comportamento que emanam do contexto hipercomplexo da sociedade moderna. (NEVES, 1993, p. 28).

Explicam Luiz Guilherme Marinoni e Daniel Mitidiero:

> A Constituição – o direito ao processo justo nela previsto – é o *centro* a partir do qual a legislação infraconstitucional deve se estruturar. O direito ao processo justo exerce papel de *centralidade* na compreensão da organização infraconstitucional do processo. É nele que se deve buscar a *unidade* na conformação do processo no Estado Constitucional. Dada a *complexidade* da sua ordem jurídica, marcada pela pluralidade de fontes normativas, impõe-se não só uma leitura a partir da Constituição da legislação infraconstitucional, mas também de um *diálogo das fontes* para *melhor interpretação* da legislação processual e para a otimização de soluções conforme ao direito fundamental ao processo justo. (MARINONI; MITIDIERO, 2012, p. 622-623).

O diálogo entre as fontes, além de ter a Constituição e a realização concreta dos direitos fundamentais trabalhistas como norte, deve ter como diretrizes, ainda, os princípios *pro homine* (próprio do direito internacional dos direitos humanos) e o da norma mais favorável (próprio do direito do trabalho e do direito processual do trabalho).

A Constituição de 1988 dispõe, em seu art. 4º, II, que a "República Federativa do Brasil rege-se nas suas relações internacionais pelos seguintes princípios: [...]; II – prevalência dos direitos humanos". Isso indica uma clara opção pelas soluções que favoreçam a tutela e a promoção da dignidade humana.

A norma mais favorável ao ser humano é também acolhida pela *Convenção Americana de Direitos Humanos*, cujo art. 29, estabelece:

> Nenhuma disposição da presente Convenção pode ser interpretada no sentido de: a) permitir a qualquer dos Estados-partes, grupo ou indivíduo, suprimir o gozo e o exercício dos direitos e liberdades reconhecidos na Convenção ou limitá-los em maior medida do que a nela prevista; b) limitar o gozo e exercício de

qualquer direito ou liberdade que possam ser reconhecidos em virtude de leis de qualquer dos Estados-partes ou em virtude de Convenções em que seja parte um dos referidos Estados; c) excluir outros direitos e garantias que são inerentes ao ser humano ou que decorrem da forma democrática representativa de governo. (RODRIGUES JR., 2013, p. 71).

Sobre o assunto, anota Antonio Augusto Cançado Trindade que

> [...] o critério ou princípio da aplicação do dispositivo mais favorável às supostas vítimas é não apenas consagrado pelos próprios tratados de direitos humanos (e.g., Pacto das Nações Unidas de Direitos Civis e Políticos, artigo 5(2); Pacto das Nações Unidas de Direitos Econômicos, Sociais e Culturais, artigo 5(2); Convenção de 1951 Relativa ao Estatuto dos Refugiados, artigo 5; Convenção Europeia de Direitos Humanos, artigo 29(b)), mas também encontrou apoio na prática ou jurisprudência dos órgãos de supervisão internacionais (e.g. decisão da Comissão Europeia de Direitos Humanos sobre a admissibilidade da Petição n. 235/56 (1958-1959), Parecer da Corte Interamericana de Direitos Humanos no caso da Condição Obrigatória de Membro em uma Associação de Jornalistas (1985) [...]. A presunção da compatibilidade de dois ou mais tratados de direitos humanos na aplicação do critério da norma mais favorável à suposta vítima está de acordo com a tendência atual em nível internacional de ampliar, ao invés de restringir, a proteção dos direitos humanos. (CANÇADO TRINDADE, 2003, p. 115-116).

A proibição de restrição ou de derrogação dos direitos humanos reconhecidos ou vigentes em qualquer Estado-Parte, em razão de outras convenções ou de leis, regulamentos ou costumes, consta expressamente da *Convenção sobre a Eliminação de Todas as Formas de Discriminação contra a Mulher*, que, em seu art. 23, prevê que "qualquer disposição que seja mais propícia à obtenção da igualdade entre homens e mulheres e que esteja contida: a) na legislação de um Estado-Parte; ou b) em qualquer outra convenção, tratado ou acordo internacional vigente nesse Estado." Tem-se aqui mais uma demonstração de que deve ser sempre prestigiada a solução favorável ao ser humano.

Da mesma forma, a *Convenção sobre os Direitos da Criança* contém advertência de que nada do que é nela previsto afetará "disposições que sejam mais convenientes para a realização dos direitos da criança e que podem constar:

a) das leis de um Estado-Parte;
b) das normas de direito internacional vigentes para esse Estado" (art. 41).

A *Convenção Americana sobre Direitos Humanos* contém ressalva de que na interpretação de qualquer de suas disposições é vedado limitar o gozo e exercício de quaisquer direitos que "possam ser reconhecidos de acordo com as leis de qualquer dos Estados-Partes ou de acordo com outra convenção em que seja Parte um dos referidos Estados" (art. 29(b)), bem como veda a interpretação de qualquer de suas disposições no sentido de excluir ou limitar o "efeito que possam produzir a Declaração Americana dos Direitos e Deveres do Homem e outros atos internacionais da mesma natureza" (art. 29 (d)).

Idêntica é a previsão contida no *Protocolo Adicional à Convenção Americana sobre Direitos Humanos em Matéria de Direitos Econômicos, Sociais e Culturais* (*Protocolo de San Salvador*) no sentido de que "não se poderá restringir ou limitar qualquer dos direitos reconhecidos ou vigentes em um Estado em virtude de sua legislação interna ou de convenções internacionais, sob pretexto de que este Protocolo não os reconhece ou os reconhece em menor grau." (art. 4).

A *Convenção Europeia de Direitos Humanos* prevê, em seu art. 60, que "nenhuma de suas disposições será interpretada no sentido de limitar ou prejudicar os direitos humanos reconhecidos de acordo com as leis de qualquer Estado-Parte ou com qualquer outra convenção em que este for Parte." (CANÇADO TRINDADE, 2003, p. 544).

O artigo 17(1) da *Convenção Europeia para Prevenção da Tortura e Tratamento ou Punição Desumano ou Degradante* dispõe que ela não prejudicará "os dispositivos do direito interno ou de qualquer acordo internacional que forneçam maior proteção às pessoas privadas de sua liberdade". A *Carta Social Europeia*, em seu artigo 32, possui previsão semelhante, segundo a qual suas disposições não prejudicarão as de direito interno nem as de tratados que "sejam mais favoráveis às pessoas protegidas."

Nota-se, assim, que existe um parâmetro que deve nortear o diálogo das fontes, qual seja, o princípio *pro homine*. Esse princípio tem sido utilizado para dirimir conflito entre a Constituição e os tratados internacionais de proteção dos direitos humanos e deverá direcionar o diálogo entre as fontes na tutela dos direitos trabalhistas, notadamente os humanos e fundamentais, espécie dos direitos inerentes à dignidade humana.

O princípio *pro homine* significa que toda solução jurídica deve prestigiar a realização concreta dos direitos humanos e fundamentais, na condição de direitos relativos à dignidade humana, isto é, "esse princípio aparece como paralelo ou complemento do princípio protetor porque ambos são dirigidos a outorgar preferencia exclusiva à interpretação mais protetora dos direitos humanos implicados." (ARESE, 2009, p. 106, tradução nossa).[239] Nesse contexto, deve ser adotada uma solução que exclua qualquer outra que não conduza à realização plena dos direitos humanos e fundamentais.

Segundo Antonio Augusto Cançado Trindade, o critério da primazia da norma mais favorável às pessoas protegidas, consagrado em tantos tratados de direitos humanos, se justifica pelas seguintes razões:

> Contribui em primeiro lugar para reduzir ou minimizar consideravelmente as pretensas possibilidades de "conflitos" entre instrumentos legais em seus aspectos normativos. Contribui, em segundo lugar, para obter maior coordenação entre tais instrumentos, em dimensão tanto vertical (tratados e instrumentos de direito interno) quanto horizontal (dois ou mais tratados) [...]. Contribui, em terceiro lugar [...], para demonstrar que a tendência e o propósito da coexistência de distintos instrumentos jurídicos – garantindo os mesmos direitos – são no sentido de ampliar e fortalecer a proteção. O que importa em última análise é o grau de eficácia da proteção, e, por conseguinte há de impor-se a norma que no caso concreto melhor proteja, seja ela de direito internacional ou de direito interno. (CANÇADO TRINDADE, 2003, p. 544-545).

Aliás, segundo anota César Arese, a Corte Interamericana de Direitos Humanos

---

[239] "Ese Princípio aparece como paralelo o coadyuvante a princípio protectorio porque ambos van dirigidos a otorgar preferencia excluyente a la interpretación más protetora de los derechos humanos implicados."

> [...] tem assinalado que o princípio *pro homine* implica na interpretação extensiva dos direitos humanos e na interpretação restritiva de suas limitações. Explica que os direitos trabalhistas são aqueles reconhecidos pelo sistema jurídico nacional e internacional e que, dada a pluralidade de normas nacionais nesta matéria, sua interpretação deve ser feita aplicando o princípio *pro homine*; é dizer, aplicando a norma que melhor proteja a pessoa humana, inclusive em sua condição de trabalhador. (ARESE, 2009, p. 106, tradução nossa).[240]

Assim, não se pode perder de vista a centralidade do ser humano trabalhador no diálogo das fontes: a pessoa humana é o fim de toda atividade social, política, econômica e judicial, ressaltando-se, nesse sentido, que a dignidade humana constitui princípio fundamental da República e, que, por expressa previsão constitucional, a ordem econômica tem por fim assegurar a todos existência digna. No mesmo sentido, a ordem social tem como primado o trabalho e como objetivo o bem-estar e a justiça social, tudo isso indicando que as soluções que favoreçam o ser humano devem ser prestigiadas.

Anota Flávia Piovesan:

> O critério a ser adotado se orienta pela escolha da norma mais favorável à vítima. Vale dizer, prevalece a norma mais benéfica ao indivíduo, titular do direito. O critério ou princípio da aplicação do dispositivo mais favorável às vítimas é não apenas consagrado pelos próprios tratados internacionais de proteção dos direitos humanos, mas também encontra apoio na prática ou jurisprudência dos órgãos de supervisão internacionais. Isto é, no plano de proteção dos direitos humanos interagem o Direito internacional e o Direito interno, movidos pelas mesmas necessidades de proteção, prevalecendo as normas que melhor protejam o ser humano, tendo em vista que a primazia é da pessoa humana Os direitos internacionais constantes dos tratados de direitos humanos apenas vêm a aprimorar e fortalecer, nunca a restringir ou debilitar, o grau de proteção dos direitos consagrados no plano normativo constitucional. (PIOVESAN, 2012, p. 68).

---

240 No original: "Há señalado que el principio *pro homine* implica la interpretación extensiva de los derechos humanos y la interpretación restrictiva de sus limitaciones. Explica que los derechos laborales son aquellos reconocidos por el sistema jurídico nacional e internacional y dada la pluralidad de normas nacionales en esta materia, su interpretación debe hacerse aplicando el principio *pro homine*; es decir, aplicando la norma que mejor proteja a la persona humana, incluso en su condición de trabajador."

No mesmo sentido é a lição de Antônio Augusto Cançado Trindade:

> Desvencilhamo-nos das amarras da velha e ociosa polêmica entre monistas e dualistas; neste campo de proteção, não se trata de primazia do direito internacional ou do direito interno, aqui em constante interação: a primazia é, no presente domínio, da norma que melhor proteja, em cada caso, os direitos consagrados da pessoa humana, seja ela uma norma de direito internacional ou de direito interno. (CANÇADO TRINDADE, 1992, p. 317-318).

A Corte Suprema Argentina já aplicou esse princípio, na causa "Vizzoti contra AMSA":

> Consentir que a regulamentação do direito do trabalho reconhecido pela Constituição Nacional, aduzindo ao alcance de supostos frutos futuros, deve hoje resignar o sentido profundamente humanístico e protetor do trabalhador que aquela lhe exige; admitir que sejam as leis do dito mercado o modelo a que devem ajustar-se a lei e a sua hermenêutica; aceitar nas decisões judiciais, em suma, esses pensamentos e outros de análoga procedência, importaria, (ainda que se admita a convivência de ditas "leis"), pura e simplesmente, inverter a legalidade que nos rege como Nação organizada e como povo esperançoso nas instituições, direitos, liberdades e garantias que adotou através da Constituição Nacional. Posto que, se desta se trata, resulta claro que o homem não deve ser objeto de mercado algum, mas senhor de todos eles, os quais só encontram sentido e validade se voltados à realização dos direitos daquele e do bem comum. Daí não ser o mercado que submeta as suas regras e pretensões as medidas do homem e os conteúdos e alcances dos direitos humanos. Pelo contrário, é o mercado que deve adaptar-se aos moldes fundamentais que representam a Constituição Nacional e o Direito Internacional dos Direitos Humanos de hierarquia constitucional, sob pena de cair em ilegalidade. É peremptório insistir, ante a postura assinalada, que o trabalho humano 'não constitui uma mercadoria'. (TOSELLI, 2009, p. 162-163, tradução nossa).[241]

---

241 No original: "Consentir que la reglamentación del trabajo reconocido por la Constitución Nacional, aduciendo el logro de supuestos frutos futuros, deba hoy resignar el sentido profundamente humanístico y protectorio del trabajador que aquélla le exige; admitir que sean las 'leys' de dicho mercado el modelo al que deban ajustarse la leyes y su hermenêutica; dar cabida en los estrados judiciales, en suma, a estos pensamentos y otros de análoga procedência, importaria (aunque se admitiere la conveniência de

É também esse princípio que informa as recentes decisões que admitem a cumulação de adicional de insalubridade e de periculosidade, em que essa solução prestigia a tutela do ser humano trabalhador submetido a condições insalubres e periculosas. Cite-se como exemplo a decisão proferida pela 7ª Turma do TST, no RR-1072-72.2011.5.02.0384, Rel. Min. Cláudio Brandão:

> RECURSO DE REVISTA. CUMULAÇÃO DOS ADICIONAIS DE INSALUBRIDADE E PERICULOSIDADE. POSSIBILIDADE. PREVALÊNCIA DAS NORMAS CONSTITUCIONAIS E SUPRALEGAIS SOBRE A CLT. JURISPRUDÊNCIA CONSOLIDADA DO STF QUANTO AO EFEITO PARALISANTE DAS NORMAS INTERNAS EM DESCOMPASSO COM OS TRATADOS INTERNACIONAIS DE DIREITOS HUMANOS. INCOMPATIBILIDADE MATERIAL. CONVENÇÕES N. 148 E 155 DA OIT. NORMAS DE DIREITO SOCIAL. CONTROLE DE CONVENCIONALIDADE. NOVA FORMA DE VERIFICAÇÃO DE COMPATIBILIDADE DAS NORMAS INTEGRANTES DO ORDENAMENTO JURÍDICO. A previsão contida no artigo 193, § 2º, da CLT não foi recepcionada pela Constituição Federal de 1988, que, em seu artigo 7º, XXIII, garantiu de forma plena o direito ao recebimento dos adicionais de penosidade, insalubridade e periculosidade, sem qualquer ressalva no que tange à cumulação, ainda que tenha remetido sua regulação à lei ordinária. A possibilidade da aludida cumulação se justifica em virtude de os fatos geradores dos direitos serem diversos. Não se há de falar em *bis in idem*. No caso da insalubridade, o bem tutelado é a saúde do obreiro, haja vista as condições nocivas presentes no meio ambiente de trabalho; já a periculosidade traduz situação de perigo iminente que, uma vez ocorrida, pode ceifar a vida do trabalhador, sendo este o bem a que se visa proteger. A regulamentação complementar prevista no citado

---

dichas 'leyes'), pura y simplemente, invertir la legalidad que nos rige como Nación organizada y como pueblo esperanzado em las instituciones, derechos, libertades y garantias que adoptó a través de la Constitución Nacional. Puestro que, si de ésta se trata, resulta claro que el hombre no debe ser objeto de mercado alguno, sino señor de todos éstos, los cuales sólo encuentran sentido y validez si tributan a la realización de los derechos de aquél y del bien común. De ahí que no ser el mercado el que someta a sus reglas y pretensiones las medidas del hombre ni los contenidos y alcances de los derechos humanos. Por el contrario, es el mercado el que debe adaptarse a los moldes fundamentales que representan la Constitución Nacional y el Derecho Internacional de los Derechos Humanos de jerarquia constitucional, bajo pena de caer em la ilegalidad. Es perentorio insistir, ante la prédica señalada, que el trabajo humano 'no constituye uma mercancia'. (Sentença de fecha 14 de setiembre de 2.004. Fallos: 290:116, 118, considerando 4º. In TOSELLI, Carlos A. 2009, p. 162-163)."

preceito da Lei Maior deve se pautar pelos princípios e valores insculpidos no texto constitucional, como forma de alcançar, efetivamente, a finalidade da norma. Outro fator que sustenta a inaplicabilidade do preceito celetista é a introdução no sistema jurídico interno das Convenções Internacionais nos 148 e 155, com *status* de norma materialmente constitucional ou, pelo menos, supralegal, como decidido pelo STF. A primeira consagra a necessidade de atualização constante da legislação sobre as condições nocivas de trabalho e a segunda determina que sejam levados em conta os "riscos para a saúde decorrentes da exposição simultânea a diversas substâncias ou agentes". Nesse contexto, não há mais espaço para a aplicação do artigo 193, § 2º, da CLT. Recurso de revista de que se conhece e a que se nega provimento. (DEJT 03.10.2014).

No mesmo sentido, a decisão da 7ª Turma do TRT da 3ª Região, proferida nos autos do RO 1045-32.2013.5.03.0048, Rel. Juíza Martha Halfeld F. de Mendonça Schmidt:

> ADICIONAL DE PERICULOSIDADE E INSALUBRIDADE. CUMULAÇÃO. POSSIBILIDADE. EFICÁCIA HORIZONTAL DE DIREITOS FUNDAMENTAIS. É possível a cumulação dos adicionais de insalubridade e periculosidade, em interpretação evolutiva do art. 193, par. 2º da CLT, de acordo com os ditames da Constituição (art. 5º, par. 2º, art. 7º, "XXII ⊠ redução dos riscos inerentes ao trabalho, por meio de normas de saúde, higiene e segurança", direito fundamental, que se prepondera sobre os demais) e do Direito Internacional do Trabalho (C. 155, ratificada pelo Brasil, possuindo eficácia pelo menos supralegal, segundo interpretação do STF). (**DEJT** de 02.12.2014).

O direito nacional e o direito internacional devem se complementar, para

> [...] atender às necessidades de salvaguarda da pessoa humana em uma comunidade internacional em constante mutação. Tais sistemas de proteção, distintos *inter se*, se situam todos no domínio do Direito Internacional dos Direitos Humanos, e são dotados de especificidade própria. (CANÇADO TRINDADE, 2003, p. 156).

Destaca Antonio Augusto Cançado Trindade que a utilização conjunta dos vários mecanismos, "convencionais e extraconvencionais, tem desencadeado uma reação imediata às violações graves dos direitos humanos, evitando a reincidência" (CANÇADO TRINDADE, 2003, p. 156), preservando-se, assim, a "consciência jurídica universal". Para o autor, a ação de "salvaguarda dos direitos da pessoa humana passa a ser oponível a todos os Estados e agentes violadores, i.e., oponível *erga omnes*", passando a ser de "interesse legítimo da comunidade internacional como um todo impedir e combater as violações das normas fundamentais de proteção da pessoa humana, o que nos situa no domínio do *jus cogens* internacional." (CANÇADO TRINDADE, 2003, p. 157) Acrescenta Antonio Augusto Cançado Trindade que a *Declaração Universal dos Direitos Humanos* de 1948 tem servido de inspiração para os instrumentos globais e regionais sobre direitos humanos, com vistas à universalização desses direitos.[242]

Luiz Flávio Gomes e Rodolfo Luis Vigo, sobre esse assunto, asseveram:

> A comunicabilidade e, por conseguinte, a complementariedade entre todas as normas de Direitos Humanos (seja constitucional ou internacional ou infraconstitucional, que coexistem por força dos vasos comunicantes) estão asseguradas pelas chamadas normas de reenvio (ou seja: a CF, no art. 5º, §2º, não exclui outros direitos e garantias previstos nos tratados internacionais; de outro lado, a CADH, no art. 29, salienta que sempre deve preponderar a norma que mais amplia o exercício de um direito ou liberdade ou garantia, ainda que seja de nível ordinário). No mesmo sentido: PIDCP, art. 5º. As normas de reenvio, como se vê, conduzem-se a um entrelaçamento simbiótico entre todas as normas de Direitos Humanos. Se formalmente pode-se descrever o Direito como uma "pirâmide", materialmente a lógica reinante é outra: todas as normas que dispõem sobre os direitos humanos acham-se lado a lado, uma tem contato direto com a outra ("se dialogam"), uma se comunica com a outra, cabendo ao intérprete e aplicador do Direito eleger a que mais amplitude confere ao direito concreto [...]. Não seria propriamente o fenômeno da revogação que teria incidência. Todas as normas sobre direitos humanos são vigentes, mas no

---

[242] Ademais, "do processo de generalização da proteção dos direitos humanos, resulta, pois, que a unidade conceitual dos direitos humanos, todos inerentes à pessoa humana, veio a transcender as distintas formulações de direitos reconhecidos em diferentes instrumentos. A multiplicação de tais instrumentos parece antes um reflexo do modo pelo qual tem ocorrido e se desenvolvido ao longo dos anos o processo histórico de generalização da proteção da pessoa humana no plano internacional, e da regulamentação seguida pela sociedade internacional descentralizada de nossos dias na qual tais instrumentos devem operar." (CANÇADO TRINDADE, 2003, p. 159).

momento de se eleger a que vai reger o caso concreto, aí sim ganha singular relevância o princípio *pro homine*, ou seja, vale a norma que mais amplia o direito, ou a liberdade, ou a garantia. (GOMES; VIGO, 2008, p. 83-84).[243]

Concluem Luiz Flávio Gomes e Rodolfo Luis Vigo:

> Por força do princípio interpretativo *pro homine*, desse modo, cabe enfatizar o seguinte: quando se trata de normas que asseguram um direito, vale a que mais amplia esse direito; quando, ao contrário, estamos diante de restrições ao gozo de um direito, vale a norma que faz menos restrições (em outras palavras: a que assegura de maneira mais eficaz e mais ampla o exercício de um direito). (GOMES; VIGO, 2008, p. 84).

Assim, o princípio *pro homine* deve servir de diretriz para a aplicação e interpretação do direito material e processual do trabalho, afastando-se de vez qualquer pretensão do seu enfraquecimento, bem como no combate à "síndrome do descumprimento das normas trabalhistas".

Por outro lado, o diálogo das fontes deve ser conduzido no sentido da aplicação da norma mais favorável ao trabalhador.

O princípio da norma mais favorável ao trabalhador possui, como aduz Maurício Godinho Delgado, três dimensões:

> No instante de elaboração da regra (princípio orientador da ação legislativa, portanto) ou no contexto de confronto entre regras concorrentes (princípio orientador do processo de hierarquização de normas trabalhistas) ou, por fim, no contexto de interpretação das regras jurídicas (princípio orientador do processo de revelação do sentido da regra trabalhista). A visão mais ampla do princípio entende que atua, desse modo, em tríplice dimensão no Direito do Trabalho: informadora, interpretativa/normativa e hierarquizante. (DELGADO, 2012, p. 194).

Esse princípio, portanto, atua na fase pré-jurídica como critério de política legislativa, "influindo no processo de construção desse ramo jurídico especializado", tratando-se de "função essencialmente informativa do princípio, sem caráter normativo, agindo como verdadeira fonte material do ramo justrabalhista." (DELGADO,

---

[243] É importante mencionar que, no conflito entre uma norma de direito humano e uma norma sem essa natureza, também deve prevalecer aquela que favoreça o ser humano. O cerne da questão não é a natureza da norma a ser aplicada, mas o resultado a ser alcançado.

2012, p. 194). Na fase jurídica, esse princípio atua como critério de hierarquização de regras jurídicas e também como princípio de interpretação dessas regras.

Com efeito, no direito do trabalho a hierarquia entre as fontes deve ser considerada a partir da norma jurídica mais favorável ao trabalhador, desconsiderando-se os critérios tradicionais da hierarquia, da especialidade e cronológico, como, aliás, já indica o *caput* do art. 7º, da CR/88.[244]

Na construção da pirâmide hierárquica no direito do trabalho devem ser consideradas as normas jurídicas que cumprem melhor o "caráter essencialmente teleológico (finalístico) de que se reveste esse ramo jurídico especializado, com a hegemonia inconteste em seu interior do princípio da norma mais favorável." (DELGADO, 2012, p. 195).

O critério hierárquico das normas jurídicas do direito do trabalho deve ser construído da seguinte forma:

> A pirâmide normativa constrói-se de modo plástico e variável, elegendo para seu vértice dominante a norma que mais se aproxime do caráter teleológico do ramo justrabalhista. À medida que a matriz teleológica do Direito do Trabalho aponta na direção de conferir solução às relações empregatícias segundo um sentido social de restaurar, hipoteticamente, no plano jurídico, um equilíbrio não verificável no plano da relação econômico-social de emprego – objetivando, assim, a melhoria das condições socioprofissionais do trabalhador –, prevalecerá,

---

[244] Sobre o tema anota Mauricio Godinho Delgado: "É evidente que a alteração interpretativa tem de ser integrada a um quadro de avanço hermenêutico e cultural, e não de retrocesso. Desse modo, havendo aparente conflito entre regras internacionais ratificadas e o Direito interno, *deve prevalecer a regra e a interpretação mais favoráveis à pessoa humana a quem se destina a tutela jurídica*. A alteração interpretativa da Constituição não pode ser feita para propiciar retrocessos sociais e culturais – mas para garantir avanços civilizatórios em benefício da pessoa humana. Nesta linha, inclusive, há o princípio da vedação do retrocesso, inerente aos Direitos Humanos, em suas múltiplas dimensões. O mesmo se aplica a regras de tratados e convenções internacionais sobre direitos trabalhistas – que têm óbvia natureza de direitos humanos: em situação de aparente conflito entre regras internacionais ratificadas (Convenções da OIT, por exemplo) e regras legais internas, prevalece o princípio da norma mais favorável ao trabalhador, quer no que tange ao critério de solução do conflito normativo, quer no que diz respeito ao resultado interpretativo alcançado." (DELGADO, 2012, p. 154).

tendencialmente, na pirâmide hierárquica, aquela norma que melhor expresse e responda a esse objetivo teleológico central justrabalhista. Em tal quadro, a hierarquia de normas jurídicas não será estática e imutável, mas dinâmica e variável, segundo o princípio orientador de sua configuração e ordenamento. (DELGADO, 2012, p. 175).

A aplicação da norma mais favorável ao trabalhador é consagrada no art. 19, §8º, da Constituição da OIT, segundo o qual, "em caso algum, a adoção, pela Conferência, de uma Convenção ou Recomendação, ou a ratificação, por um Estado-membro, de uma Convenção, deverão ser consideradas como afetando qualquer lei, sentença, costumes ou acordos que assegurem aos trabalhadores interessados condições mais favoráveis que as previstas pela convenção ou recomendação", sendo relevante mencionar que esta previsão é mais ampla do que aquela constante do art. 29, letra "b", da *Convenção Americana sobre Direitos Humanos*, que veda a interpretação dos seus termos, de forma a limitar o gozo e o exercício de qualquer direito ou liberdade que possam ser reconhecidos em virtude de leis em qualquer dos Estados-partes ou em virtude de convenções em que seja parte um dos referidos Estados. Ou seja, a Constituição da OIT ordena o respeito à condição mais favorável prevista em lei, sentença, costume ou acordo, ao passo que a Convenção se limita à referência à lei ou à convenção.

O processo de localização e escolha da norma mais favorável não deve ser feito

> [...] mediante uma separação tópica e casuística de regras, acumulando-se preceitos favoráveis ao empregado e praticamente criando-se ordens jurídicas próprias e provisórias em face de cada caso concreto – como resulta do enfoque proposto pela teoria da acumulação.[245] (DELGADO, 2012, p. 195).

---

245 Pela teoria da acumulação, retiram-se de dois ou mais textos normativos os preceitos e institutos relativos a determinado tema que sejam mais favorável ao trabalhador. Não se analisa a norma em seu conjunto, mas de forma isolada em relação a determinado tema, para se escolher a que resulte na melhoria da condição social do trabalhador. Sobre essa teoria, assevera Mauricio Godinho Delgado que "é verdade que ela enseja o encontro de um saldo normativo fortemente favorável ao trabalhador. Contudo, não é menos verdade que o faz ao preço de liquidar a noção de Direito como sistema, tornando as operações de interpretação, integração e aplicação das regras jurídicas extremamente erráticas e verticalmente submetidas à formação ideológica particular

No diálogo das fontes, deve ser definida a norma que, em seu conjunto, resulte em melhoria da condição social e humana do trabalhador (teoria do conglobamento).

No processo de pesquisa e escolha da norma mais favorável, o intérprete e aplicador do Direito deverá "se submeter a algumas condutas objetivas, que permitam preservar o caráter científico da compreensão e apropriação do fenômeno jurídico", devendo considerar não apenas o trabalhador isoladamente, "mas o trabalhador como ser componente de um universo mais amplo (categoria profissional, por exemplo)." (DELGADO, 2012, p. 195).

Registra Arnaldo Süssekind:

> No campo do Direito do Trabalho e no da Seguridade Social, todavia, a solução dos conflitos entre normas internacionais é facilitada pela aplicação do princípio da norma mais favorável aos trabalhadores [...] mas também é certo que os tratados multilaterais, sejam universais (p. ex.: Pacto da ONU sobre direitos econômicos, sociais e culturais e Convenções da OIT), sejam regionais (p. ex.: Carta Social Europeia), adotam a mesma concepção quanto aos institutos jurídicos de proteção do trabalhador, sobretudo no âmbito dos direitos humanos, o que facilita a aplicação do princípio da norma mais favorável. (SÜSSEKIND, 1983, p. 57).

No ordenamento jurídico brasileiro, esse princípio pode ser inferido do *caput* do art. 7º da CR/88, segundo o qual no conflito entre duas normas deve ser prestigiada aquela que conduz à melhoria da condição social e humana do trabalhador, assim como em vários outros dispositivos legais.[246] No sistema jurídico argentino, esse

---

de cada operador. Mais que isso, tal teoria suprime o caráter universal e democrático do Direito, por tornar sempre singular a fórmula jurídica aplicada a cada caso concreto. A teoria da acumulação, desse modo, enseja um secionamento do sistema normativo, encarado em seu universo global e sistemático, conduzindo a resultados jurídicos casuísticos e incomunicáveis, considerado o conjunto do sistema do Direito." (DELGADO, 2014, P. 181-182).

246 É o que se vê, por exemplo, no art. 620, da CLT ("As condições estabelecidas em Convenção quando mais favorável, prevalecerão sobre as estipuladas em Acordo."); art. 3º, da Lei n. 7.064/82 ("A empresa responsável pelo contrato de trabalho do empregado transferido assegurar-lhe-á independentemente da observância da legislação do local da execução dos serviços: [...]; II – a aplicação da legislação brasileira de proteção ao trabalho, naquilo que não for incompatível com o disposto nesta Lei, quando mais favorável do que a legislação territorial, no conjunto de normas e em relação a cada matéria."); art. 7º, *caput* [...]; art. 114, §2º, da CR/88 ("Recusando-se qualquer

princípio está expresso na LCT, no art. 9, em sua primeira parte, como se vê da sua transcrição a seguir: "Em caso de dúvida sobre a aplicação de normas legais ou convencionais, prevalecerá a mais favorável ao trabalhador, considerando-se a norma ou o conjunto de normas que rege cada uma das instituições do direito do trabalho." (TOSELLI, 2009, p. 147, tradução nossa).[247]

A Constituição Provincial de Córdoba, por sinal, no último parágrafo do art. 23, prevê: "em caso de dúvida sobre a aplicação de normas trabalhistas, prevalece a mais favorável ao trabalhador."[248] (TOSSELLI, 2009, p. 147, tradução nossa).

Assim, a integração das normas jurídicas e a sua interpretação devem ser norteadas pelos princípios *pro homine* e o da norma mais favorável ao trabalhador, o mesmo ocorrendo quando se trate de realizar o diálogo entre as fontes.

4.6.3. Formas de diálogo das fontes

Depois de analisar os critérios que devem nortear o diálogo entre as fontes, cumpre registrar as formas pelas quais esse diálogo deve ser realizado. Antes de fazê-lo, destaque-se que "diálogo pressupõe o efeito útil de dois (*di*) e uma lógica ou fala (*logos*), enquanto o conflito leva à exclusão de uma das leis e bem expressa a monossolução ou o 'monólogo' de uma só lei" (MARQUES, 2011, p. 156), ao passo que o esforço para procurar novas soluções plurais visa justamente "evitar-se a 'antinomia' (conflitos 'pontuais' da convergência eventual e parcial do campo de aplicação de duas normas no caso concreto) pela correta definição dos campos de aplicação" (MARQUES, 2011, p. 156-157), assim como colmatar la-

---

    das partes à negociação coletiva ou à arbitragem, é facultado às mesmas, de comum acordo, ajuizar dissídio coletivo de natureza econômica, podendo a Justiça do Trabalho decidir o conflito, respeitadas as disposições mínimas legais de proteção ao trabalho, bem como as convencionadas anteriormente.")

247 No original: "En caso de duda sobre la aplicación de normas legales o convencionales la más favorable al trabajador, considerándose la norma o conjunto de normas que rija cada una de las instituciones del derecho del trabajo."

248 No original: "En caso de duda sobre la aplicación de normas laborales, prevalece la más favorable al trabajador."

cunas. Com isso, evita-se a incompatibilidade total que ocasione a exclusão de uma lei do sistema, "a qual levaria a 'não coerência' do sistema plural brasileiro, que deixaria desprotegido os sujeitos mais fracos, que a Constituição Federal de 1988 visou proteger de forma especial." (MARQUES, 2011, p. 157). Da mesma forma que é criada uma nova opção em termos de solução de lacunas, ainda na perspectiva da proteção aos sujeitos mais fracos e pela consideração do Direito como um sistema dotado de unidade axiológica e teleológica, permitindo a aplicação coordenada, complementar e subsidiária de várias normas com vistas a afastar lacuna da lei.

Assevera Claudia Lima Marques:

> Como os critérios da escolástica eram três – hierarquia, especialidade e anterioridade –, esta nova visão deve ter "diálogos": a nova hierarquia, que é a coerência dada pelos valores constitucionais e a prevalência dos direitos humanos; a nova especialidade, que é a ideia de complementação ou aplicação subsidiária das normas especiais, entre elas, com tempo e ordem nesta aplicação, primeiro a mais valorativa, depois, no que couberem, as outras; e a nova anterioridade, que não vem do tempo de promulgação da lei, mas sim da necessidade de adaptar o sistema cada vez que uma nova lei é inserida pelo legislador. (MARQUES, 2012, p. 31).

Cláudia Limas Marques aponta três tipos de diálogos possíveis:

(i) diálogo sistemático de coerência: "na aplicação simultânea das duas leis, uma lei pode servir de base conceitual para a outra [...], especialmente se uma lei é geral e a outra especial, se uma é a lei central do sistema e a outra um microssistema específico." (MARQUES, 2011, p. 649).

No diálogo das fontes, portanto, uma norma pode atuar como base conceitual de outra, notadamente quando uma lei de caráter geral estabelece conceitos que podem ser úteis para a aplicação de uma lei especial.[249]

---

249 Claudia Lima de Marques dá o seguinte exemplo: "o que é nulidade, o que é pessoa jurídica, o que é prova, decadência, prescrição e assim por diante, se conceitos não definidos no microssistema (como vêm definidos consumidor, fornecedor, serviço e produto nos arts. 2º, 17, 29 e 3º do CDC), terá sua definição atualizada pela entrada em vigor do Novo Código Civil de 2002". (MARQUES, 2011, p. 649). No que comporta às ações coletivas, pense-se nos efeitos da coisa julgada, que se apresenta

No âmbito do direito do trabalho, verifica-se esse tipo de diálogo, por exemplo, em relação ao conceito de empresa. De acordo com o art. 2º da CLT, o empregador é a empresa. entretanto, a CLT não fornece o conceito de empresa, o que torna necessário recorrer ao conceito que lhe é conferido pelo art. 966 do Código Civil, o qual considera empresário quem exerce profissionalmente atividade econômica organizada para a produção ou a circulação de bens ou de serviços.

No que comporta ao processo do trabalho, o art. 836 da CLT determina, expressamente, que a autorização nele constante – ajuizamento de ação rescisória – tem o seu alcance definido pelo capítulo IV do título X do CPC/, o que traduz diálogo na forma mencionada anteriormente.

Também em termos processuais, tem-se o art. 767 da CLT, que faz alusão à alegação de compensação, o que exige recorrer ao Código Civil para estabelecer em que consiste esse instituto (art. 368 do CC). Cite-se, ainda, o art. 872 da CLT, segundo o qual, transitada em julgado a decisão, seguir-se-á o seu cumprimento. Esse dispositivo não estabelece quando a decisão considerar-se-á transitada em julgado, o que impõe recorrer ao art. 467 do CPC/1973 ou ao 502 do CPC/2015[250], para definir o momento em que ocorre o trânsito em julgado da decisão.

(ii) diálogo sistemático de complementariedade e subsidiariedade: "uma lei pode complementar a aplicação de outra, a depender de seu campo de aplicação [...], tanto suas normas, quanto seus princípios e cláusulas gerais podem encontrar uso subsidiário ou complementar." (MARQUES, 2012, p. 32). Acrescenta Claudia

---

substancialmente distinta da que é definida pelo direito processual clássico. Por outro lado, o direito processual do trabalho apenas estabelece que os recursos terão efeito meramente devolutivo, sem esclarecer, contudo, qual é a extensão desse efeito, o que torna necessário o diálogo com o direito processual comum. Outra hipótese para esse tipo de diálogo é indicada por Alberto do Amaral Junior, qual seja, "um tratado geral fornece conceitos básicos para a aplicação de um tratado específico constitutivo de um subsistema de normas que não é materialmente completo. Este é o caso da aplicação das regras sobre validade, retroatividade, interpretação e conflitos entre tratados, previstos pela Convenção de Viena de 1969." (AMARAL JUNIOR, 2010, p. 16-31).

250 Dispõe o art. 502 do CPC de 2015: "Denomina-se coisa julgada material a autoridade que torna imutável e indiscutível a decisão de mérito não mais sujeita a recurso."

Lima Marques que esse tipo de diálogo é "exatamente no sentido contrário da revogação ou ab-rogação clássica, em que uma lei era superada e 'retirada' do sistema pela outra." (MARQUES, 2012, p. 32).[251]

Em relação ao diálogo sistemático de complementariedade e subsidiariedade, assevera ainda Claudia Lima Marques:

> A própria subsidiariedade é um diálogo, um diálogo de complementariedade, pois até para saber qual das leis se aplica prioritariamente já aplicamos as duas leis conjuntamente, a descobrir qual deverá ter aplicação subsidiária. Há um diálogo de complementariedade no tempo da aplicação: primeiro esgota-se a aplicação de uma lei, depois, no que couber, aplica-se conjuntamente (e subsidiariamente) a outra. Observe-se que aplicação subsidiária significa tempo e ordem. Uma lei é aplicada totalmente (ordem de aplicação) e só depois (tempo), no que for necessário e complementar, a outra é chamada a aplicar-se no que couber. Mas mesmo aqui a finalidade ou função das normas no sistema pode ser decisiva. (MARQUES, 2011, 650).

O diálogo de complementariedade está presente, por exemplo, na aplicação na execução trabalhista do art. 475-O do CPC[252] ou 520

---

[251] Nesse caso, Cláudia Lima Marques fornece o seguinte exemplo: "As cláusulas gerais de uma lei podem encontrar uso subsidiário ou complementar em caso regulado pela outra lei. Subsidiariamente o sistema geral de responsabilidade civil sem culpa ou o sistema geral de decadência podem ser usados para regular aspectos de casos de consumo, se trazem normas mais favoráveis ao consumidor. Este 'diálogo' é exatamente contraposto, ou no sentido contrário da revogação ou ab-rogação clássicas, em que uma lei era 'superada' e 'retirada' do sistema pela outra. Agora há escolha (pelo legislador, veja os arts. 777, 721 e 732 da Lei 10.406 de 2002, ou pelo juiz no caso concreto do *favor debilis* do art. 7º do CDC) daquela que vai 'complementar' a *ratio* da outra (veja também o art. 729 da Lei 10.406 de 2002 sobre aplicação conjunta das leis comerciais)." (MARQUES, 2011, p. 649-650).

[252] Dispõe o art. 475-O do CPC. "A execução provisória da sentença far-se-á, no que couber, do mesmo modo que a definitiva, observadas as seguintes normas: I – corre por iniciativa, conta e responsabilidade do exequente, que se obriga, se a sentença for reformada, a reparar os danos que o executado haja sofrido; II – fica sem efeito, sobrevindo acórdão que modifique ou anule a sentença objeto da execução, restituindo-se as partes ao estado anterior e liquidados eventuais prejuízos nos mesmos autos, por arbitramento; III – o levantamento de depósito em dinheiro e a prática de atos que importem alienação de propriedade ou dos quais possa resultar grave dano ao executado dependem de caução suficiente e idônea, arbitrada de plano pelo juiz e prestada nos próprios autos.
§ 1º No caso do inciso II do *caput* deste artigo, se a sentença provisória for modificada ou anulada apenas em parte, somente nesta ficará sem efeito a execução.

do CPC de 2015[253], na medida em que CLT se limita a estabelecer a possibilidade da execução provisória, mas apenas até determinado momento, ou seja, até a penhora (art. 899). Assim, todos os atos posteriores à penhora deverão ser praticados segundo as regras estabelecidas pelos arts. 475-O do CPC/1973 e 520 do CPC/2015.

A complementariedade também está autorizada pelo *caput* do art. 7º da CR/88, que determina a aplicação da norma mais favorável ao trabalhador, deixando claro que as normas constitucionais podem, nessa hipótese, ser complementadas por normas infraconstitucionais ou, mesmo, por aquelas fruto de negociação coletiva.

No mesmo sentido, o art. 114, §2º, da CR/88, permite a solução de conflitos coletivos por meio da arbitragem, sem, contudo, estabelecer os contornos e alcances desse meio alternativo de solução de conflitos, o que impõe o recurso à Lei n. 9.307/96, que dispõe sobre a arbitragem.

Ainda na linha da complementariedade, tem-se o art. 5º, §2º, da CR/88, que promove a abertura do sistema jurídico interno

---

§ 2º A caução a que se refere o inciso III do *caput* deste artigo poderá ser dispensada: I – quando, nos casos de crédito de natureza alimentar ou decorrente de ato ilícito, até o limite de sessenta vezes o valor do salário-mínimo, o exequente demonstrar situação de necessidade; II - nos casos de execução provisória em que penda agravo perante o Supremo Tribunal Federal ou o Superior Tribunal de Justiça (art. 544), salvo quando da dispensa possa manifestamente resultar risco de grave dano, de difícil ou incerta reparação.
§ 3º Ao requerer a execução provisória, o exequente instruirá a petição com cópias autenticadas das seguintes peças do processo, podendo o advogado declarar a autenticidade, sob sua responsabilidade pessoal: I – sentença ou acórdão exequendo; II – certidão de interposição do recurso não dotado de efeito suspensivo; III – procurações outorgadas pelas partes; IV – decisão de habilitação, se for o caso; V – facultativamente, outras peças processuais que o exequente considere necessárias."

253 Art. 520 do CPC/2015: "O cumprimento provisório da sentença impugnada por recurso desprovido de efeito suspensivo será realizado da mesma forma que o cumprimento definitivo, sujeitando-se ao seguinte regime: I - Corre por iniciativa e responsabilidade do exequente, que se obriga, se a sentença for reformada, a reparar os danos que o executado haja sofrido; II – fica sem efeito, sobrevindo decisão que modifique ou anule a sentença objeto da execução, restituindo-se as partes ao estado anterior e liquidando-se eventuais prejuízos nos mesmos autos; III – se a sentença objeto de cumprimento provisório for modificada ou anulada apenas em parte, somente nesta ficará sem efeito a execução; IV – o levantamento de depósito em dinheiro e a prática de atos que importem transferência de posse ou alienação de propriedade ou de outro direito real, ou dos quais possa resultar grave dano ao executado, dependem de caução suficiente e idônea, arbitrada de plano pelo juiz e prestada nos próprios autos."

às normas de direito internacional. Lembre-se, nesse sentido, da complementaridade da Convenção n. 132 da OIT, no que se refere, por exemplo, ao direito às férias proporcionais do trabalhador que se demite antes de completar doze meses de serviço (Súmula n. 261 do TST[254]).

O diálogo de subsidiariedade está presente, por exemplo, entre a Lei n. 5.889/73 (que trata da relação de emprego do rurícola), o Decreto n. 73.626 (que a regulamentou) e o art. 71, §4º, da CLT, no sentido de que a não concessão total ou parcial do intervalo mínimo intrajornada de uma hora ao trabalhador rural (fixado no Decreto n. 73.626, de 12.2.1974), acarreta o pagamento do período total, acrescido do respectivo adicional, por aplicação subsidiária do art. 71, §4º, da CLT (Súmula n. 437 do TST[255]). **(iii) diálogo de coordenação e adaptação sistemática:** "há o diálogo das influências recíprocas sistemáticas, como a redefinição do campo de aplicação, a transposição das conquistas do *Richterrecht* (Direito dos Juízes) alcançadas em uma lei para outra, influência do sistema especial no geral e do geral no especial" (MARQUES, 2012, p. 32), indicando, por exemplo,

> [...] as definições de consumidor *stricto sensu* e de consumidor equiparado podem sofrer influências finalísticas do novo Código Civil, uma vez que esta lei nova vem justamente para regular as relações entre iguais, dois iguais-consumidores ou dos iguais-fornecedores entre si, no caso de dois fornecedores tratam-se de relações empresariais típicas, em que o destina-

---

254 Súmula n. 261 do TST: "FÉRIAS PROPORCIONAIS. PEDIDO DE DEMISSÃO. CONTRATO VIGENTE HÁ MENOS DE UM ANO. O empregado que se demite antes de complementar 12 (doze) meses de serviço tem direito a férias proporcionais".

255 Súmula n. 437 da SDI-1 do TST: "INTERVALO INTRAJORNADA PARA REPOUSO E ALIMENTAÇÃO. APLICAÇÃO DO ART. 71 DA CLT (conversão das Orientações Jurisprudenciais nºs 307, 342, 354, 380 e 381 da SBDI-1) - Res. 185/2012, DEJT divulgado em 25, 26 e 27.09.2012. I - Após a edição da Lei nº 8.923/94, a não-concessão ou a concessão parcial do intervalo intrajornada mínimo, para repouso e alimentação, a empregados urbanos e rurais, implica o pagamento total do período correspondente, e não apenas daquele suprimido, com acréscimo de, no mínimo, 50% sobre o valor da remuneração da hora normal de trabalho (art. 71 da CLT), sem prejuízo do cômputo da efetiva jornada de labor para efeito de remuneração. II - É inválida cláusula de acordo ou convenção coletiva de trabalho contemplando a supressão ou redução do intervalo intrajornada porque este constitui medida de higiene, saúde e segurança do trabalho, garantido por norma de ordem pública (art. 71 da CLT e art. 7º, XXII, da CF/1988), infenso à negociação coletiva".

tário final fático da coisa ou do fazer comercial é um outro empresário ou comerciante, ou como no caso da possível transposição das conquistas do *Richterrecht* (Direito dos Juízes) alcançadas em uma lei para a outra. É a influência do sistema especial no geral e do geral no especial, um diálogo de *double sens*. (MARQUES, 2011, p. 650).[256]

Para Alberto do Amaral Junior, o diálogo de coordenação e adaptação "decorre da necessidade de relacionar tratados e subsistemas normativos a fim de integrarem um todo dotado de sentido, o 'diálogo' de complementariedade deseja a aplicação complementar das normas e dos princípios que as informam. O julgamento pela CIJ, em fevereiro de 2007, da controvérsia entre Bósnia-Herzegovina e Sérvia-Montenegro, é um exemplo insofismável de 'diálogo' das fontes, tal como aqui exposto." (AMARAL JUNIOR, 2010, p. 17).

Essa modalidade de diálogo ocorre, por exemplo, quando a Constituição estabelece que o alcance das suas normas pode ser alterado por meio da negociação coletiva (art. 7º, VI, XIII e XIV) e dispõe que a participação nos lucros ou resultados terá os contornos definidos em lei (art. 7º, XI).

Lembre-se, ainda, da definição dos fundamentos da responsabilidade civil, porquanto a previsão constante do art. 927 do Código Civil/2002 no sentido de que "haverá obrigação de reparar o dano, independentemente de culpa, nos casos especificados em lei, ou quando a atividade normalmente desenvolvida pelo autor do dano implicar, por sua natureza, riscos para os direitos de outrem" tem influência na definição das situações em que ao empregador pode ser atribuída responsabilidade pelos danos sofridos pelo trabalhador vítima de acidente de trabalho. Note-se que a Constituição, no inciso XXVIII do art. 7º só fala em responsabilidade em caso de dolo ou culpa, ao passo que o Código Civil de 2002 introduz uma nova modalidade de responsabilidade, a responsabilidade objetiva.

O diálogo que interfere no campo de aplicação de uma norma em razão da edição de outra ocorreu, ainda como exemplo, com o

---

256 Bruno Miragem alinha como exemplos deste tipo de diálogo, "o sentido e os efeitos do princípio da boa-fé no direito das obrigações, o abuso do direito e a compreensão contemporânea que lhe dá o Código de Defesa do Consumidor." (MIRAGEM, 2012, p. 78).

advento do CDC. É que a Lei da Ação Civil Pública, em sua redação original, autorizava o ajuizamento dessa demanda apenas para a defesa de direitos difusos ou coletivos[257], mas o seu alcance foi ampliado pelo art. 83 do CDC[258], que passou a prever que as ações coletivas, dentre elas a ação civil pública, poderiam também versar sobre direitos individuais homogêneos.

Na mesma linha, a opção do legislador adotada no CDC (art. 84[259]) em relação ao cumprimento da obrigação de fazer ou não fazer influenciou o CPC, que adotou postura no mesmo sentido (art. 461[260]).

---

257 "Art. 1º Regem-se pelas disposições desta Lei, sem prejuízo da ação popular, as ações de responsabilidade por danos causados: I - ao meio-ambiente; II - ao consumidor; III – à ordem urbanística."

258 "Art. 83. Para a defesa dos direitos e interesses protegidos por este código são admissíveis todas as espécies de ações capazes de propiciar sua adequada e efetiva tutela."

259 "Art. 84. Na ação que tenha por objeto o cumprimento da obrigação de fazer ou não fazer, o juiz concederá a tutela específica da obrigação ou determinará providências que assegurem o resultado prático equivalente ao do adimplemento. § 1° A conversão da obrigação em perdas e danos somente será admissível se por elas optar o autor ou se impossível a tutela específica ou a obtenção do resultado prático correspondente. § 2° A indenização por perdas e danos se fará sem prejuízo da multa (...). § 3° Sendo relevante o fundamento da demanda e havendo justificado receio de ineficácia do provimento final, é lícito ao juiz conceder a tutela liminarmente ou após justificação prévia, citado o réu. § 4° O juiz poderá, na hipótese do § 3° ou na sentença, impor multa diária ao réu, independentemente de pedido do autor, se for suficiente ou compatível com a obrigação, fixando prazo razoável para o cumprimento do preceito. § 5° Para a tutela específica ou para a obtenção do resultado prático equivalente, poderá o juiz determinar as medidas necessárias, tais como busca e apreensão, remoção de coisas e pessoas, desfazimento de obra, impedimento de atividade nociva, além de requisição de força policial."

260 "Art. 461. Na ação que tenha por objeto o cumprimento de obrigação de fazer ou não fazer, o juiz concederá a tutela específica da obrigação ou, se procedente o pedido, determinará providências que assegurem o resultado prático equivalente ao do adimplemento. (Redação dada pela Lei nº 8.952, de 13.12.1994) § 1o A obrigação somente se converterá em perdas e danos se o autor o requerer ou se impossível a tutela específica ou a obtenção do resultado prático correspondente. (Incluído pela Lei nº 8.952, de 13.12.1994). § 2o A indenização por perdas e danos dar-se-á sem prejuízo da multa (art. 287). (Incluído pela Lei nº 8.952, de 13.12.1994). § 3o Sendo relevante o fundamento da demanda e havendo justificado receio de ineficácia do provimento final, é lícito ao juiz conceder a tutela liminarmente ou mediante justificação prévia, citado o réu. A medida liminar poderá ser revogada ou modificada, a qualquer tempo, em decisão fundamentada. (Incluído pela Lei nº 8.952, de 13.12.1994). § 4o O juiz poderá, na hipótese do parágrafo anterior ou na sentença, impor multa diária ao réu, independentemente de pedido do autor, se for suficiente ou compatível com a obrigação, fixando-lhe prazo razoável para o cumprimento do preceito. (Incluído pela Lei nº 8.952, de 13.12.1994).§ 5o Para a efetivação da tutela específica ou a obtenção do resultado

Podem ser acrescentados, ainda, os reflexos do CPC no direito processual do trabalho. Nesse sentido, o CPC/1973 (art. 365, IV, acrescentando pela Lei n. 11.382/06[261]) passou a prever, a partir de dezembro de 2006, que o advogado poderia declarar a autenticidade dos documentos apresentados em juízo, sob sua responsabilidade, solução que foi adotada pela CLT (art. 830, com a redação dada pela Lei n. 11.925/09), em abril de 2009. Influência marcante pode ser observada, ainda, no confronto entre o direito processual do trabalho e a Lei n. 9.099/95, que dispõe sobre os Juizados Especiais Cíveis e Criminais, posto que essa Lei incorpora não só regras como também princípios do direito processual do trabalho, em especial a oralidade, a simplicidade, a celeridade e o prestígio da conciliação. O direito processual do trabalho influenciou, ainda, o próprio direito processual civil, notadamente no que se refere à valorização da prévia tentativa de conciliação (art. 331 do CPC/1973).

Vale mencionar, por fim, que o art. 770 da CLT prevê que os atos processuais serão realizados nos dias úteis das 6 às 20 horas, mas esse lapso temporal é reduzido por força do que dispõe o art. 172, §3º, do CPC/1973, ou seja, quando o ato tiver que ser praticado em determinado prazo, por meio de petição, esta deverá ser apresentada no protocolo, dentro do horário de expediente do órgão jurisdicional respectivo.

---

prático equivalente, poderá o juiz, de ofício ou a requerimento, determinar as medidas necessárias, tais como a imposição de multa por tempo de atraso, busca e apreensão, remoção de pessoas e coisas, desfazimento de obras e impedimento de atividade nociva, se necessário com requisição de força policial. (Redação dada pela Lei nº 10.444, de 7.5.2002). § 6o O juiz poderá, de ofício, modificar o valor ou a periodicidade da multa, caso verifique que se tornou insuficiente ou excessiva. (Incluído pela Lei nº 10.444, de 7.5.2002). No CPC/2015, o artigo correspondente é o de número 497: "Na ação que tenha por objeto a prestação de fazer ou de não fazer, o juiz, se procedente o pedido, concederá a tutela específica ou determinará providências que assegurem a obtenção de tutela pelo resultado prático equivalente." Em sentido semelhante são as previsões contidas nos arts. 536 do CPC/2015 ("No cumprimento de sentença que reconheça a exigibilidade de obrigação de fazer ou de não fazer, o juiz poderá, de ofício ou a requerimento, para a efetivação da tutela específica ou a obtenção de tutela pelo resultado prático equivalente, determinar as medidas necessárias à satisfação do exequente") e 537 ("A multa independe de requerimento da parte e poderá ser aplicada na fase de conhecimento, em tutela provisória ou na sentença, ou na fase de execução, desde que seja suficiente e compatível com a obrigação e que se determine prazo razoável para cumprimento do preceito").

261 No CPC/2015 o artigo correspondente é o de nº 425, IV.

No que comporta a influência da jurisprudência sobre a lei, destaque-se que a Lei n. 1.533/51, que disciplinava o mandado de segurança, foi revogada pela Lei n. 12.016/09, por meio da adoção, em muitos casos, da jurisprudência sedimentada pelo STF e pelo STJ. Cite-se como exemplo o reconhecimento de que comete crime de desobediência o não cumprimento das decisões proferidas em mandado de segurança, agora, expressamente, previsto no art. 26 da Lei n. 12.016/09. Merece destaque, ainda, nesse tipo de diálogo a influência da jurisprudência do TST (OJs. 307, 342, 354, 380 e Súmula n. 437[262], em sua redação original) na criação e redação dos parágrafos 4º e 5º do art. 71 da CLT[263].

---

262 Atual redação da Súmula n. 437: "INTERVALO INTRAJORNADA PARA REPOUSO E ALIMENTAÇÃO. APLICAÇÃO DO ART. 71 DA CLT (conversão das Orientações Jurisprudenciais nºs 307, 342, 354, 380 e 381 da SBDI-1) - Res. 185/2012, DEJT divulgado em 25, 26 e 27.09.2012. I - Após a edição da Lei nº 8.923/94, a não-concessão ou a concessão parcial do intervalo intrajornada mínimo, para repouso e alimentação, a empregados urbanos e rurais, implica o pagamento total do período correspondente, e não apenas daquele suprimido, com acréscimo de, no mínimo, 50% sobre o valor da remuneração da hora normal de trabalho (art. 71 da CLT), sem prejuízo do cômputo da efetiva jornada de labor para efeito de remuneração. II - É inválida cláusula de acordo ou convenção coletiva de trabalho contemplando a supressão ou redução do intervalo intrajornada porque este constitui medida de higiene, saúde e segurança do trabalho, garantido por norma de ordem pública (art. 71 da CLT e art. 7º, XXII, da CF/1988), infenso à negociação coletiva. III - Possui natureza salarial a parcela prevista no art. 71, § 4º, da CLT, com redação introduzida pela Lei nº 8.923, de 27 de julho de 1994, quando não concedido ou reduzido pelo empregador o intervalo mínimo intrajornada para repouso e alimentação, repercutindo, assim, no cálculo de outras parcelas salariais. IV - Ultrapassada habitualmente a jornada de seis horas de trabalho, é devido o gozo do intervalo intrajornada mínimo de uma hora, obrigando o empregador a remunerar o período para descanso e alimentação não usufruído como extra, acrescido do respectivo adicional, na forma prevista no art. 71, caput e § 4º da CLT."

263 "Art. 71 - Em qualquer trabalho contínuo, cuja duração exceda de 6 (seis) horas, é obrigatória a concessão de um intervalo para repouso ou alimentação, o qual será, no mínimo, de 1 (uma) hora e, salvo acordo escrito ou contrato coletivo em contrário, não poderá exceder de 2 (duas) horas. [...]. § 4º - Quando o intervalo para repouso e alimentação, previsto neste artigo, não for concedido pelo empregador, este ficará obrigado a remunerar o período correspondente com um acréscimo de no mínimo 50% (cinquenta por cento) sobre o valor da remuneração da hora normal de trabalho. (Incluído pela Lei nº 8.923, de 27.7.1994). § 5o O intervalo expresso no *caput* poderá ser reduzido e/ou fracionado, e aquele estabelecido no § 1o poderá ser fracionado, quando compreendidos entre o término da primeira hora trabalhada e o início da última hora trabalhada, desde que previsto em convenção ou acordo coletivo de trabalho, ante a natureza do serviço e em virtude das condições especiais de trabalho a que são submetidos estritamente os motoristas, cobradores, fiscalização de campo

Outrossim, destaca Claudia Lima Marques que,

> [...] efetivamente, essa solução sistemática pós-moderna chega em um momento posterior à decodificação, à tópica e à microrrecodificação, e procura uma eficiência não só hierárquica, mas funcional do sistema plural e complexo de nosso direito contemporâneo; deve ser mais fluida, mais flexível, tratar diferentemente os diferentes, a permitir maior mobilidade e fineza de distinções. A chave aqui é o campo de aplicação da lei. (MARQUES, 2012, p. 33).[264]

Por outro lado, Miguel Reale sustenta que duas qualidades inerentes às fontes – a validade autônoma e objetiva e o seu sentido prospectivo – permitem afirmar que "o conteúdo das fontes somente é adequado e plenamente compreendido em termos de regras ou normas de direito, quando, entre elas, se dá realce aos modelos jurídicos" (REALE, 1994, p. 29), definindo modelos jurídicos como espécies, especificações ou tipificações das normas jurídicas, podendo um modelo jurídico coincidir com uma única norma de direito, mas, geralmente, "o modelo jurídico resulta de uma pluralidade de normas entre si articuladas compondo um todo irredutível às suas partes componentes." (REALE, 1994, p. 30). Acrescenta esse autor que

> [...] a norma jurídica é, via de regra, dotada de certa *elasticidade*, de tal modo que o intérprete pode adaptá-la ou adequá-la a imprevistas circunstâncias, graças a um processo hermenêutico histórico-evolutivo e *omni-compreensivo*, ou, por melhor dizer, inserido concretamente na dialeticidade da experiência social. Ora, só a compreensão do conteúdo das fontes de direito em termos de modelo jurídico tem a virtude de torná-lo suscetível de realizar-se ou efetivar-se na plenitude de sua *potencial*

---

e afins nos serviços de operação de veículos rodoviários, empregados no setor de transporte coletivo de passageiros, mantida a remuneração e concedidos intervalos para descanso menores ao final de cada viagem."

264 Afirma, ainda, Claudia Lima Marques que "a regra no direito brasileiro é, pois, como desejamos frisar, a da continuidade das leis, forçando o intérprete, sempre e novamente, a decidir-se pela aplicação de uma das normas. Iludem-se os que consideram que a solução do conflito de leis viria somente do próprio legislador, sem a necessidade de uma maior atuação do intérprete. Ao contrário, no mais das vezes, é o aplicador da lei que soluciona as aparentes contradições no sistema do direito e casuisticamente, daí a importância do diálogo das fontes, que já parte da premissa de que haverá aplicação simultânea das leis, variando apenas a ordem e o tempo dessa aplicação, de forma a restabelecer a coerência no sistema". (MARQUES, 2012, p. 34).

validade, não somente possibilitando que a regra jurídica seja vista como *algo objetivo e válido de per si* (independentemente da intenção originária de quem a pôs *in esse*) e também que ela se *efetive* em todo o leque de suas virtualidades, até que surja imperiosa necessidade da revogação da norma vigente para dar lugar a novo processo normativo. (REALE, 1994, p. 32).[265]

Assim, a *elasticidade* da norma jurídica também permite o diálogo das fontes; ou seja, possibilita "estabelecer as conexões sistemáticas existente entre as normas." (DINIZ, 2012, p. 181).[266]

Anote-se sobre a *elasticidade* das normas jurídicas o que aduz Alberto Amaral Junior:

> Cabe atentar, simultaneamente, tanto para a intenção que originou o aparecimento da regra quanto para os fatos e valores existentes no momento em que o conteúdo da fonte é objeto de interpretação. O conteúdo da fonte, na condição de modelo jurídico, é um dever-ser que se concretiza na experiência social, correlacionando-se com conjunturas factuais e exigências axiológicas. Desvincula-se, até certo ponto, da intenção dos autores da norma para abranger fatos e valores que não foram previstos. A norma jurídica, por força da elasticidade que lhe é intrínseca, adapta-se, pela interpretação, à incessante mudança da realidade. (AMARAL JUNIOR, 2010, p. 19).

Em suma, todas as formas de diálogo já mencionadas encontram campo fértil de aplicação tanto no direito material quanto no direito processual do trabalho.

---

[265] Anota, ainda, Miguel Reale que, "é da consequência, a meu ver, relevantíssima a compreensão do conteúdo das fontes em termos de modelos jurídicos, porquanto, a essa luz, o seu conteúdo se desprende, como vimos, da intenção originária do legislador ou dos demais agentes instauradores das normas, permitindo que estas – sem olvido dos motivos inicialmente determinantes de sua instauração – possam atender, prospectivamente, a fatos e valores supervenientes suscetíveis de serem situados no âmbito de validez das regras em vigor tão-somente mediante seu novo entendimento hermenêutico." (REALE, 1994, p. 31).

[266] Reitere-se a necessidade de análise sistemática do Direito, observando-se que, o "processo sistemático é o que considera o sistema em que se insere a norma, relacionando-a com outras normas concernentes ao mesmo objeto. O sistema jurídico não se compõe de um único sistema normativo, mas de vários, que constituem um conjunto harmônico e interdependente, embora cada qual esteja fixado em seu lugar próprio. Poder-se-ia até dizer que se trata de uma técnica de apresentação de atos normativos, em que o hermeneuta relaciona umas normas a outras até vislumbrar-lhes o sentido e o alcance." (DINIZ, 2012, p. 181).

4.6.4. O diálogo das fontes, as cláusulas gerais e os conceitos indeterminados

O diálogo das fontes é favorecido pela técnica das cláusulas gerais, que consiste na "formulação de uma hipótese legal dotada de grande generalidade a fim de abranger e submeter a tratamento jurídico todo um domínio de casos"[267] (ENGISCH, 1983, p. 229). Constituem exemplos de cláusulas gerais: boa-fé objetiva (arts. 113 e 422 do CC[268]), função social do contrato (art. 421 CC[269]), bons costumes (art. 122 do CC[270]), reparação de danos por culpa (art. 185 e 929, *caput*, CC), abuso de direito (art. 187 do CC[271]), enriquecimento sem causa (arts. 884, 885 e 886 do CC[272]) e improbidade (art. 482, "a", da CLT[273]).

---

267 Registra Karl Engish que, "se o conceito multissignificativo de '*cláusula geral*' [...] há de ter uma significação própria, então faremos bem em olhá-lo como conceito que se contrapõe a uma elaboração 'casuística' das hipóteses legais. 'Casuística' é aquela configuração da hipótese legal (enquanto somatório dos pressupostos que condicionam a estatuição) que circunscreve particulares grupos de casos na sua especificidade própria." (ENGISCH, 1996, p. 228-229).

268 Art. 113: "os negócios jurídicos devem ser interpretados conforme a boa-fé e os usos do lugar de sua celebração", e o 422 desse mesmo dispositivo legal que "os contratantes são obrigados a guardar, assim na conclusão do contrato, como em sua execução, os princípios de probidade e boa-fé."

269 "Art. 421: "A liberdade de contratar será exercida em razão e nos limites da função social do contrato."

270 Art. 122: "São lícitas, em geral, todas as condições não contrárias à lei, à ordem pública ou aos bons costumes; entre as condições defesas se incluem as que privarem de todo efeito o negócio jurídico, ou o sujeitarem ao puro arbítrio de uma das partes."

271 Art. 187: "Também comete ato ilícito o titular de um direito que, ao exercê-lo, excede manifestamente os limites impostos pelo seu fim econômico ou social, pela boa-fé ou pelos bons costumes."

272 Art.. 884: "Aquele que, sem justa causa, se enriquecer à custa de outrem, será obrigado a restituir o indevidamente auferido, feita a atualização dos valores monetários. Parágrafo único. Se o enriquecimento tiver por objeto coisa determinada, quem a recebeu é obrigado a restituí-la, e, se a coisa não mais subsistir, a restituição se fará pelo valor do bem na época em que foi exigido". O art. 885 do CC prevê que: "A restituição é devida, não só quando não tenha havido causa que justifique o enriquecimento, mas também se esta deixou de existir", e o art. 886, por sua vez, dispõe que "não caberá a restituição por enriquecimento, se a lei conferir ao lesado outros meios para se ressarcir do prejuízo sofrido."

273 Art.. 482: "Constituem justa causa para rescisão do contrato de trabalho pelo empregador: a) ato de improbidade."

Teresa Arruda Alvim Wambier se refere às cláusulas gerais como "poros" ou "janelas abertas para a mobilidade da vida em sociedade." (WAMBIER, 2009, p. 161)[274].

Para Pietro Perlingieri, "ao lado da técnica de legislar com normas regulamentares (ou seja, através de previsões específicas e circunstanciais), coloca-se a técnica das cláusulas gerais". Isso "significa deixar ao juiz, ao intérprete, uma maior possibilidade de adaptar a norma às situações de fato." (PERLINGIERI, 1997, p. 27).[275]

As cláusulas gerais também são conhecidas como "'conceitos elásticos', 'conceitos-válvula', 'órgãos respiratórios', 'conceitos com sentido em branco', 'noções de conteúdo variável', 'hipóteses típicas abertas' [...]. No direito norte-americano, diante da influência do pensamento de Roscoe Pound, prevalece a denominação *standards* ou *legais standards'*. Em todas as expressões referenciadas percebe-se o sentido de 'permeabilidade', de 'flexibilidade', em oposição à rígida predisposição normativa." (JORGE JUNIOR, 2004, p. 23).

Cláusulas gerais são "normas jurídicas incorporadas de princípios éticos, orientadoras das partes e do juiz na solução do caso concreto, autorizando-o a que estabeleça, de acordo com aquele princípio, a conduta que deveria ter sido originalmente adotada." (CAMBLER, 2003, p. 18).

Gustavo Tepedino assevera que o *Estatuto da Criança e do Adolescente*, o *Código de Defesa do Consumidor*, o *Estatuto da Cidade* e

---

274 Miguel Reale assevera que, "poderíamos dizer, em suma, que os modelos jurídicos, integrativos de fatos e valores, uma vez postos em vigor, atual sobre o meio social, suscitando novos processos axiológicos ou assumindo dimensões axiológicas diversas, pela intercorrência de fatos imprevisíveis. No decurso do tempo, o modelo vive em um processo dialético, que possui eficácia nos limites da elasticidade de sua vigência: quando o índice máximo de adaptação é atingido, põe-se, com urgência, o problema de sua revogação formal, ou seja, da estruturação de outros modelos. Nem faltam exemplos de soluções obtidas graças a modelos jurídicos elaborados pela doutrina e pela jurisprudência, antecipando-se criadoramente à ação insuficiente ou tardia dos legisladores, contornando-se os empecilhos das normas legais esclerosadas através do instrumento tão sutil quão prudente da *fictio juris*, em cujo emprego se distinguem os jurisconsultos romanos." (REALE, 1999, p. 216).

275 Pietro Perlingieri afirma que constituem cláusulas gerais "aquelas de equidade, de diligência e de lealdade no adimplemento, de boa fé no contrato" existentes no Código Civil italiano. (PERLINGIERI, 1997, p. 27).

o *Código Civil* são exemplos da utilização da técnica das cláusulas gerais associada a *normas descritivas de valores*, tornando necessário "que o intérprete promova a conexão axiológica entre o corpo codificado e a Constituição da República, que define os valores e os princípios fundantes da ordem pública", ressaltando que as cláusulas gerais devem ser "lidas e aplicadas segundo a lógica da solidariedade constitucional e da técnica interpretativa contemporânea." (TEPEDINO, 2003, p. XV-XXV). Acrescenta esse autor:

> A escolha da dignidade da pessoa humana como fundamento da República, associada ao objetivo fundamental de erradicação da pobreza, a da redução das desigualdades sociais, juntamente com a previsão do §2º do art. 5º, no sentido da não exclusão de quaisquer direitos e garantias, mesmo que não expressos, desde que decorrentes dos princípios adotados pelo Texto Maior, configuram uma verdadeira cláusula geral de tutela e promoção da pessoa humana, tomada como valor máximo pelo ordenamento. (TEPEDINO, 2003, p. XV-XXV).

Sabe-se que já não é mais possível que o Direito regule todas as situações que nascem das relações complexas da vida contemporânea, principalmente decorrentes da tecnologia da informação, sendo cabível nesse contexto a utilização da técnica das cláusulas gerais para propiciar ao julgador a construção da melhor solução para o caso concreto, tendo mais flexibilidade para fazer valer os valores do ordenamento jurídico "em todas as situações novas que, desconhecidas do legislador, surgem e se reproduzem como realidade mutante na sociedade tecnológica de massa." (TEPEDINO, 2004, p. 318).

Observe-se, outrossim, que a utilização da técnica das cláusulas gerais aproximou o sistema do *civil law* do sistema do *common law*, pelos seguintes aspectos:

> Primeiramente, a cláusula geral reforça o papel da jurisprudência na criação de normas gerais: a reiteração da aplicação de uma mesma *ratio decidendi* dá especificidade ao conteúdo normativo de uma cláusula geral, sem, contudo, esvaziá-la; assim ocorre, por exemplo, quando se entende que tal conduta típica é ou não exigida pelo princípio da boa-fé. Além disso, a cláusula geral funciona como elemento de conexão, permitindo ao juiz fundamentar a sua decisão em casos precedentemente julgados. (DIDIER JR., 2014, p. 6).

A adoção de cláusulas gerais outorga aos juristas um papel bem mais relevante, na medida em que lhes é possível solucionar antinomias e preencher lacunas, dando vida ao sistema jurídico, a partir de "enunciados normativos dotados de razoável *extensão* (aplicam-se a uma gama generalizada de fatos sociais), caracterizados por um elevado teor *valorativo* [...] e que as mais das vezes se utilizam de *conceitos jurídicos indeterminados.*" (JORGE JÚNIOR, 2004, p. XVII).

As cláusulas gerais permitem a adaptação das normas à realidade social[276] (mobilidade externa do sistema jurídico), fazendo com que a dinamicidade das relações sociais seja acompanhada pelo Direito. Ademais, por meio desta técnica, como aduz Judith Martins-Costa, a norma estabelecida vai além do caso concreto "pela reiteração dos casos e pela reafirmação, no tempo, da *ratio decidendi* dos julgados", o que permite especificar "não só o sentido da cláusula geral, mas a exata dimensão da sua normatividade." (MARTINS-COSTA, 1998, p. 10).

De outro lado, a cláusula geral possibilita que a decisão seja adequada ao caso concreto, atuando, portanto, como técnica individualizadora, na medida em que conduz "ao direito do caso." (MARTINS-COSTA, 1998, p. 10).

As cláusulas gerais permitem, ainda, a integração *intrassistemática* entre as disposições contidas no mesmo diploma legal, conferindo mobilidade interna ao sistema jurídico. Ou seja, várias normas do mesmo microssistema podem ser coordenadas para a solução do caso concreto, acrescentando-se que tais cláusulas também permitem a integração *intersistemática*, "facilitando a migração de conceitos e valores entre o Código, a Constituição e as leis especiais." (MARTINS-COSTA, 1998, p. 11).

As cláusulas gerais, em síntese, consideradas as duas últimas funções mencionadas, possibilitam o diálogo entre normas do mesmo microssistema e normas de microssistemas distintos.

Segundo Alberto Gosson Jorge Junior,

> [...] as cláusulas gerais funcionariam como elementos de conexão entre as regras presentes no interior do sistema jurídico e,

---

276 Não pode ser esquecido que o art. 5º da LINDB determina que, "na aplicação da lei, o juiz atenderá aos fins sociais e às exigências do bem comum".

para alguns autores, caracterizar-se-iam por uma função bem mais ampla, qual seja, a de propiciar o ingresso de valores situados fora do sistema jurídico e que podem, através das cláusulas gerais, vir a ser nele introduzidos pela atividade jurisdicional. (JORGE JUNIOR, 2004, p. 23).

A adoção das cláusulas gerais impede a cisão entre o ordenamento jurídico e realidade social e combate a postura passiva da doutrina e da jurisprudência, além de, ao lado da concepção sistemática do Direito, favorecer a intercomunicação entre as fontes do direito processual e ampliar o campo de aplicação da analogia (meios de realizar valores e soluções construídas a partir de determinados valores podem transitar entre os microssistemas processuais). As cláusulas gerais conferem flexibilidade e abertura da ordem jurídica às novas experiências e exigências sociais, contribuindo, assim, para a constante renovação dos seus institutos, tudo isso informado pelos valores fundamentais consagrados constitucionalmente, que, nesse sentido, asseguram a estabilidade e a segurança jurídica.

Na lição de Clóvis do Couto e Silva, as cláusulas gerais evitam "os malefícios da inflação legislativa":

> Em alargado campo de matérias – notadamente os ligados à tutela dos direitos de personalidade e à funcionalização de certos direitos subjetivos –, a concreção das cláusulas gerais insertas no Código Civil com base na jurisprudência constitucional acerca dos direitos fundamentais evita os malefícios da inflação legislativa, de modo que, ao surgimento de cada problema novo, não deva, necessariamente, corresponder nova emissão legislativa. (COUTO E SILVA, 1986, p. 145).

Acrescente-se que a utilização das cláusulas gerais processuais "está inserida na ideia de jurisdição constitucional e é corolário do neoconstitucionalismo e da supremacia dos direitos fundamentais, haja vista o vigente ordenamento infraconstitucional." (HENRIQUES FILHO, 2008, p. 221).

António Menezes Cordeiro aduz que existem "três grandes tipos de cláusulas gerais", quais sejam:

> Restritivo, extensivo e regulativo. O tipo restritivo opera contra uma série de permissões singulares, delimitando-as, como no caso da *exceptio doli*; o tipo extensivo amplia uma regulação dispersa em vários preceitos [...]; o tipo regulativo não se ordena,

como as anteriores, em função de outras disposições, surgindo de modo independente. (CORDEIRO, 2007, p. 1184).

É importante ressaltar que as cláusulas gerais não significam reconhecer a discricionariedade do intérprete, ao qual cumpre, sempre, atentar para as regras e os princípios constitucionais, bem como para os princípios do ramo jurídico em que se insere a norma que contém uma cláusula aberta.

Nesse sentido, adverte Karl Engish que "as cláusulas gerais não contêm qualquer delegação de discricionariedade, pois que remetem para valorações objectivamente válidas." ENGISH, 1983, p. 233). No mesmo compasso, Ruy Alves Henriques Filho destaca que a amplitude das disposições contidas nas cláusulas gerais deve ser aplicada de "forma serena", pois,

> [...] a abertura do sistema interpretativo, como nova modalidade de legislar, confere amplos poderes aos julgadores, posto que remete a eles a aplicação e integração de terminologia positivada, a exemplo de: "quando julgar necessário"; "a critério do juiz"; "meio mais adequado"; "poderá dispensar a citação"; "é facultado ao juiz", entre outros termos já conhecidos. Estas cláusulas de conteúdo indeterminado ou aberto são reflexos do Estado que agora defere ao julgador a adequação do processo como meio mais idôneo e adequado à realidade das partes, tudo sem olvidar da devida e necessária fundamentação – razão de fato e de direito – das decisões judiciais, proferidas em quaisquer instâncias ou colegiados. (HENRIQUES FILHO, 2008, p. 222).[277]

Judith Martins-Costa chega a afirmar que:

As normas cujo grau de vagueza é mínimo implicam que ao juiz seja dado tão-somente o poder de estabelecer o significado enunciado normativo; já no que respeita às normas formuladas através de cláusula geral, compete ao juiz um poder extraordinariamente

---

277 Para José Roberto dos Santos Bedaque, "não tem o juiz, portanto, o poder de optar por uma entre várias soluções possíveis. Caso se verifiquem os pressupostos legais, a única alternativa é aquela prevista pela norma. É claro que quanto maior a imprecisão dos conceitos contidos na lei, tanto maior será a liberdade no exame desses requisitos. Mas essa circunstância não torna discricionário o ato judicial. Daí a necessidade de o julgador estar suficientemente preparado para assumir essa relevante função. Compete a ele interpretar corretamente os termos vagos utilizados pelo legislador, conferindo-lhe significado compatível com as necessidades do processo civil moderno." (BEDAQUE, 2000, p. 147).

mais amplo, pois não estará tão-somente estabelecendo o significado do enunciado normativo, mas por igual criando direito, *ao completar a fattispecie e ao determinar ou graduar as consequências (estatuição) que entenda correlatas à hipótese normativa indicada na cláusula geral.* (MARTINS-COSTA, 1998, p. 9).

É a fundamentação das decisões judiciais que permitirá o controle das partes sobre a utilização das cláusulas gerais, sendo que

> [...] para o controle sadio, certamente lembraremos dos métodos de hermenêutica, valoração de princípios e regras jurídicas. A fundamentação estará no caminho correto quando: i) a solução encontrada puder se inserir na moldura do ordenamento jurídico; ii) a sua aplicação seja justificada por um processo anterior, com ampla oportunidade de participação dos juridicamente interessados, e com uma motivação considerada razoável para legitimá-la socialmente; iii) forem observados os valores dominantes no momento (histórico, ético, político, econômico, cultural etc.) em que a decisão é tomada. (CAMBI, 2003, p. 112).

Vê-se, assim, que as cláusulas gerais, por possuírem conteúdo aberto, conferem ao jurista o poder de estabelecer o significado do enunciado normativo, seja a partir de elementos jurídicos, sociais, econômicos e morais ou por utilizá-las para fazer a integração (multidisciplinar) do sistema, com vistas à construção da melhor solução para o caso concreto, respeitados os valores e fins fixados na Constituição e consagrados no ramo jurídico em que se insere a norma contendo cláusula aberta. Não se olvide que "é preciso atentar para o fato de que a extrema abertura do sistema não conduza à sua própria desaparição, porquanto tal caminho levaria a um estado de incerteza jurídica incompatível com os próprios postulados da democracia." (MARTINS-COSTA, 1991, p. 18-19). Esse risco pode ser afastado pela adoção da Constituição como parâmetro e limite para a atuação dos juristas.

Pode ser citado como exemplo de cláusula geral processual a contida no art. 461, *caput* e §5º do CPC/1973:

> Na ação que tenha por objeto o cumprimento de obrigação de fazer ou não fazer, o juiz concederá a tutela específica da obrigação ou, se procedente o pedido, *determinará providências que assegurem o resultado prático equivalente ao do adimplemento.*

(...); § 5º. Para a efetivação da tutela específica ou a obtenção do resultado prático equivalente, poderá o juiz, de ofício ou a requerimento, *determinar as medidas necessárias*, tais como a imposição de multa por tempo de atraso, busca e apreensão, remoção de pessoas e coisas, desfazimento de obras e impedimento de atividade nociva, se necessário com requisição de força policial.[278]

Comentando esse dispositivo legal, assevera Luiz Guilherme Marinoni:

> Quando se percebeu que, para bem tratar das novas situações de direito substancial, era necessário dar maior mobilidade ao juiz – até porque o Judiciário deixou de ser pensado como "inimigo público" – foi conferida ao autor a possibilidade de escolher o meio executivo adequado, e ao juiz não apenas o poder de admiti-lo, mas também o poder de, ao considerá-lo inidôneo, conceder outro. Vale dizer que, diante das cláusulas gerais executivas, além de a lei não definir o meio executivo que deve ser utilizado, dando ao autor a possibilidade de postular o que reputar oportuno, o juiz não está mais adstrito ao meio executivo solicitado, podendo determinar aquele que lhe parecer o mais adequado ao caso concreto. (MARINONI, 2004, p. 298).

A técnica mencionada anteriormente é colocada à disposição do juiz, visando à realização do direito fundamental à tutela jurisdicional adequada e efetiva.[279]

Digno de registro que as cláusulas gerais previstas no Código Civil, notadamente, as da boa-fé e da lealdade, são perfeitamente aplicáveis no direito do trabalho. Nesse aspecto, o empregador que não orienta o trabalhador quanto ao correto uso dos equipamentos

---

[278] Correspondente no CPC/2015 são o *caput* ("No cumprimento de sentença que reconheça a exigibilidade de obrigação de fazer ou de não fazer, o juiz poderá, de ofício ou a requerimento, para a efetivação da tutela específica ou a obtenção de tutela pelo resultado prático equivalente, determinar as medidas necessárias à satisfação do exequente") e o parágrafo 1º do art. 536 ("Para atender ao disposto no *caput*, o juiz poderá determinar, entre outras medidas, a imposição de multa, a busca e apreensão, a remoção de pessoas e coisas, o desfazimento de obras e o impedimento de atividade nociva, podendo, caso necessário, requisitar o auxílio de força policial").

[279] Ensina Luiz Guilherme Marinoni que "a providência jurisdicional deve ser: i) adequada e ii) necessária. Adequada é a que, apesar de faticamente idônea à proteção do direito, não viola valores ou os direitos do réu. Necessária é a providência jurisdicional que, além de adequada, e faticamente efetiva para a tutela do direito material, e além disso, produz a menor restrição possível ao demandado; é, em outras palavras, a mais suave." (MARINONI, 2005, p. 8).

de proteção individual e que pune este mesmo trabalhador pelo seu uso incorreto não age com lealdade.

Observe-se que as cláusulas gerais não se confundem com os princípios. Cláusula geral "não é princípio – é norma. Mas é norma especial à medida em que, por seu intermédio, um sistema jurídico fundado na tripartição nos poderes do estado e no direito escrito permite ao juiz 'a conformação à norma, à luz dos princípios de valor não codificado'". Isso significa que "as cláusulas gerais atuam instrumentalmente como meios para" a concretização dos princípios. (MARTINS-COSTA, 1991, p. 21). Para Judith Martins-Costa,

> [...] a grande diferença entre princípios e cláusulas gerais, do ponto de vista da atividade judicial, está, pois, em que estas permitem a formação da norma não através da interpretação do princípio, mas pela criação, através da síntese judicial, onde encontram como elemento de atuação fatos ou valores éticos, sociológicos, históricos, psicológicos, ou até mesmo soluções advindas da análise comparatista, atuando tais critérios tradicionalmente tidos como extralegais através das verdadeiras 'janelas' consubstanciadas em tais cláusulas. (MARTINS-COSTA, 1991, p. 21-22).

Ao lado da técnica das cláusulas gerais, podem ser incluídos também como técnica de abertura do sistema os conceitos jurídicos indeterminados. A ideia de conceitos indeterminados se contrapõe ao ponto de vista segundo o qual "deveria ser possível estabelecer uma clareza e segurança jurídicas absolutas através de normas rigorosamente elaboradas, e especialmente, garantir uma absoluta univocidade a todas as decisões jurídicas e a todos actos administrativos." (ENGISH, 1983, p. 206).

No entanto, como adverte Karl Engish, as leis

> [...] são hoje, em todos os domínios jurídicos, elaboradas por tal forma que os juízes e os funcionários da administração não descobrem e fundamentam as suas decisões tão-somente através da subsunção a conceitos jurídicos fixos, a conceitos cujo conteúdo seja explicitado com segurança através da interpretação, mas antes são chamados a valorar autonomamente e, por vezes, a decidir e a agir de um modo semelhante ao do legislador. (ENGISH, 1983, p. 208).[280]

---

280 Adverte Karl Engish que, "de modo algum se poderá dizer, portanto, que todos os conceitos indeterminados sejam ao mesmo tempo 'normativos'. Todavia os conceitos normativos são frequentemente indeterminados num grau particularmente elevado e oferecem, por isso, muitos exemplos ilustrativos da indeterminação." (ENGISH, 1983, p. 210).

Para António Menezes Cordeiro, conceito indeterminado

> [...] ocorre sempre que um conceito não permita comunicações claras quanto ao seu conteúdo, por polissemia, vaguidade, ambiguidade, porosidade ou esvaziamento: polissemia quando tenha vários sentidos, vaguidade quando permita uma informação de extensão larga e compreensão escassa, ambiguidade quando possa reportar-se a mais de um dos elementos integrados na proposição onde o conceito se insira, porosidade quando ocorra uma evolução semântica com todo um percurso onde o sentido do termo se deva encontrar e esvaziamento quando falte qualquer sentido útil". (CORDEIRO, 1997, p. 1176-1177).[281]

Acrescenta António Menezes Cordeiro, ainda sobre os conceitos indeterminados, que

> [...] esta terminologia levanta, ainda, dúvidas em dois pontos, sendo o primeiro o de saber se todos os conceitos indeterminados são carecidos de valoração. O conceito indeterminado pode reportar-se a realidades fáticas, como "escuridão", "sossego nocturno", "barulho", "perigo" ou "coisa", ou a realidades normativas, como "desonroso" ou "baixo", ditos descritivos e normativos, respectivamente. Apenas os conceitos normativos careceriam de valoração. Não é assim. O conceito descritivo é tão incapaz, como qualquer outro conceito indeterminado, de prescindir da mediação constituinte do intérprete-aplicador. Vai-se mesmo mais longe: a consciência hermenêutica da relevância do pré-entendimento demonstra que o aplicador, quando valore um conceito fáctico, fá-lo tendo em mira uma decisão pré-encontrada, jogando, em simultâneo, com a valoração de conceitos normativos e com todas as apreciações que as facetas do caso concitem. A distinção possível entre conceitos indeterminados descritivos e normativos – pois é certa, por intuição, a presença de uma clivagem efectiva entre esses dois tipos de realidades – atende à natureza da linguagem utilizada: comum no primeiro caso e técnico-jurídica, no segundo. A esta luz, o conceito indeterminado "local ermo" será descritivo e o de "bons costumes", normativo, exigindo-se, neste último caso, um tipo de valoração mais marcado [...]. O segundo ponto duvidoso, liga-se à exten-

---

[281] Segundo António Menezes Cordeiro, "a decisão amparada a nível de conceito indeterminado exige uma ponderação prévia das possibilidades várias que a sua comunicação permite: tais possibilidades são ordenadas, selecionando-se uma que será apresentada como justificação da saída encontrada. Pode, assim, afirmar-se que os conceitos indeterminados se tornam juridicamente actuantes mediante a sua complementação com valorações; obtém-se, desse modo, a regra do caso. Os conceitos indeterminados dizem-se carecidos de preenchimento ou de valoração." (CORDEIRO, 2007, p. 1178).

são dos conceitos indeterminados. Em rigor, com exceção dos conceitos susceptíveis de expressão matemática – por exemplo, o de maioridade – todos implicam áreas maiores ou menores de indeterminação. (CORDEIRO, 1997, p. 1179-1180).

José Carlos Barbosa Moreira ensina que

> [...] nem sempre convém, e às vezes é impossível, que a lei delimite com traços de absoluta nitidez o campo de incidência de uma regra jurídica, isto é, que descreva em termos pormenorizados e exaustivos todas as situações fáticas a que há de ligar-se este ou aquele efeito no mundo jurídico. (MOREIRA, 1988, p. 64).

É nesse contexto que surgem os conceitos indeterminados. Observe-se que, como assinala Judith Martins-Costa, os conceitos jurídicos indeterminados não se confundem com as cláusulas gerais, podendo aqueles se apresentar de duas formas: os conceitos referentes a valores, que "se reportam a realidades valorativas, encerrando, portanto, fundamental conteúdo axiológico"; e os conceitos descritivos, ou seja, que aludem a realidades fáticas, tais como

> [...] coisas necessárias à economia doméstica" que a mulher se presume autorizada pelo marido a comprar [...]. Por igual, os "animais bravios" de que trata o art. 593, I, o "dinheiro necessário" às "despesas ordinárias" com o sustento do menor, que pode ser conservado em poder do tutor (art. 432) [...]. Todos estes termos ou expressões podem [...] ter o seu significado tornado preciso – com base nas regras de experiências, às quais deve o juiz recorrer. (MARTINS-COSTA, 2000, p. 325).

Essa doutrinadora acrescenta, distinguindo as cláusulas gerais dos conceitos indeterminados, que esses "integram, sempre, a descrição do 'fato' que a norma pretende abranger [...]. Por integrarem a descrição do fato, a liberdade do aplicador se exauri na fixação da premissa." (MARTINS-COSTA, 1991, p. 22).

A adoção dos conceitos jurídicos indeterminados é uma técnica legislativa que visa afastar excesso de rigidez no ordenamento jurídico e o mantê-lo em sintonia com a realidade social. Assim, a hipótese não é de permissão para discricionariedade.

Como ensina Teresa Arruda Alvim Wambier:

> A liberdade do juiz em decidir não se confunde, em hipótese alguma, com aquela que existe quando se exerce o poder que se convencionou chamar de discricionário na esfera da Adminis-

tração Pública. Para o magistrado, há, nesses casos, em que habitualmente a doutrina assevera que estaria exercendo poder discricionário, liberdade para chagar à decisão correta, que é uma só, em face de certo caso concreto. (WAMBIER, 2001, p. 357).

O conceito jurídico indeterminado é interpretado pela subsunção da norma ao caso concreto.[282] Só permite uma solução em conformidade com o sistema jurídico, sendo certo que a interpretação não é uma escolha entre várias opções, mas um método intelectual para encontrar a única solução cabível para o caso concreto, que, inclusive, pode ser revista pela instância superior, o que nem sempre é possível em se tratando de alguns atos administrativos.[283]

4.6.5. Diálogo das fontes na jurisprudência

O método do diálogo das fontes tem sido utilizado e desenvolvido pela jurisprudência brasileira, notadamente nas decisões relacionadas ao Código Civil de 2002 e ao Código de Defesa do Consumidor. Podem ser citados como exemplo os casos em que se discute a questão da prescrição para interposição de ação civil pública pelo Ministério Público versando sobre a abusividade das cláusulas de contratos de plano de saúde, em que se tem entendido aplicável o Código Civil (art. 205 – norma geral), ao invés do art. 27 do CDC (norma especial), o que significa fixar o prazo prescricional em dez anos, em favor da realização do mandamento constitucional de proteção ao consumidor, como se vê da decisão seguinte:

> Processual civil – Recurso especial – Ação civil pública – Ministério Público – Plano de saúde – Interesse individual indisponível – Reajuste – Cláusula abusiva – Prescrição – Art. 27 do CDC

---

282 Anota Karl Engish que "a interpretação do conceito jurídico é o pressuposto lógico da subsunção, a qual, por seu turno, uma vez realizada, representa um novo material ou termo de comparação [...]. a tarefa da interpretação é fornecer ao jurista o conteúdo e o alcance (extensão) dos conceitos jurídicos". (ENGISH, 1983, p. 96 e 126). Acrescenta esse autor que "somente o jurista que se esforça por atingir o verdadeiro sentido e a correcta compreensão dos preceitos jurídicos torna plausível a afirmação de que a ciência jurídica é uma das ciências do espírito, pois que, segundo as concepções modernas, o sentido e a compreensão são o critério decisivo de tais ciências." (ENGISH, 1983, p. 128).

283 Registre-se que no CPC de 2015 (2015) há previsão no sentido de que "não se considera fundamentada qualquer decisão judicial, seja ela interlocutória, sentença ou acórdão, que: [...]; II – empregar conceitos jurídicos indeterminados, sem explicar o motivo concreto de sua incidência no caso" (art. 489, §1º, II). Com isso, as partes podem fiscalizar a utilização da técnica em destaque.

– Inaplicabilidade – Lei 7.347/1985 omissa – Aplicação do art. 205 do CC/2002 – Prazo prescricional de 10 anos – Recurso não provido. 1. A previsão infraconstitucional a respeito da atuação do Ministério Público como autor da ação civil pública encontra-se na Lei 7.347/1985, que dispõe sobre a titularidade da ação, objeto e dá outras providências. No que concerne ao prazo prescricional para seu ajuizamento, esse diploma legal é, contudo, silente. 2. Aos contratos de plano de saúde, conforme disposto no art. 35-G, da Lei 9.656/1998, aplicam-se as diretrizes consignadas no CDC, uma vez que a relação em exame é de consumo, porquanto visa à tutela de interesses individuais homogêneos uma coletividade. 3. A única previsão relativa à prescrição contida no diploma consumerista (art. 27) tem seu campo de aplicação restrito às ações de reparação de danos causados por fato do produto ou do serviço, não se aplicando, portanto, à hipótese dos autos, em que se discute a abusividade de cláusula contratual. 4. Por outro lado, **em sendo o CDC lei especial para as relações de consumo – as quais não deixam de ser, em sua essência, relações civis – e o CC, lei geral sobre direito civil, convivem ambos os diplomas legislativos no mesmo sistema, de modo que, em casos de omissão da lei consumerista, aplica-se o CC.** 5. **Permeabilidade do CDC, voltada para a realização do mandamento constitucional de proteção ao consumidor, permite que o CC, ainda que lei geral, encontre aplicação quando importante para a consecução dos objetivos da norma consumerista**. 6. Dessa forma, frente à lacuna existente, tanto na Lei 7.347/1985 quanto no CDC, no que concerne ao prazo prescricional aplicável em hipóteses em que se discute a abusividade de cláusula contratual, e considerando-se a subsidiariedade do CC às relações de consumo, deve-se aplicar, na espécie, o prazo prescricional de 10 (dez) anos disposto no art. 205 do CC. (STJ. Processo: REsp. 995.995-DF. Rel. Min. Nancy Andrighi. **DJe** de 16.11.2010, grifo nosso).

Também adotando o diálogo das fontes como critério de solução de antinomias, decidiu o STJ:

> O mandamento constitucional de proteção do consumidor deve ser cumprido por todo o sistema jurídico, em diálogo de fontes, e não somente por intermédio do CDC. (STJ. Processo: REsp. 1009591-RS. Relatora: Min. Nancy Andrighi. 3ª Turma. **DJe de** 23.08.2010).
>
> PROCESSUAL CIVIL. RECURSO ESPECIAL. NOMEAÇÃO À PENHORA DE DEBÊNTURES EMITIDAS PELA COMPANHIA VALE DO RIO DOCE. POSSIBILIDADE DE RECUSA. DESOBEDIÊNCIA

DA ORDEM LEGAL DE PREFERÊNCIA DOS BENS PENHORÁ-VEIS. 1 [...]. 3. As debêntures podem ser penhoradas, desde que se tenha tentado penhorar o dinheiro (BACENJUD – art. 655, I, CPC) e os demais bens que precedem os títulos e valores mobiliários com cotação em mercado (art. 655, X, CPC) e não se tenha conseguido. Com efeito, após a entrada em vigor da Lei n. 11.382/2006, a norma aplicável às execuções fiscais não é mais o art. 11 da Lei n. 6.830/80, e sim o art. 655 do CPC, com a redação dada pela nova lei, em atenção ao que a doutrina chama de **"diálogo das fontes"**. Consoante decidiu esta Turma, ao julgar o REsp 1.024.128/PR (Rel. Min. Herman Benjamin, DJe 19.12.2008), a novel legislação é mais uma etapa da denominada reforma do CPC", conjunto de medidas que vêm modernizando o ordenamento jurídico para tornar mais célere e eficaz o processo como técnica de composição de lides. Trata-se de nova concepção aplicada à teoria geral do processo de execução, que, por essa *ratio*, reflete-se na legislação processual esparsa que disciplina microssistemas de execução, desde que as normas do CPC possam ser subsidiariamente utilizadas para o preenchimento de lacunas. **Aplicação, no âmbito processual, da teoria do "diálogo das fontes". Esse entendimento, aliás, veio a ser consolidado pela Primeira Seção, em sede de recurso especial repetitivo** (REsp 1.184.765/PA, Rel. Min. Luiz Fux, DJe 3.12.2010). 4. Recurso especial provido para restabelecer a decisão que, no processo de execução fiscal, ante a recusa justificada da exequente, intimou a executada para que ofereça outros bens à penhora, no prazo de cinco dias, sob pena de lhe serem penhorados tantos bens quantos bastem para a garantia da execução. (STJ. Processo: REsp 1241063/RJ. Relator: Min. Mauro Campbell Marques. Segunda Turma. **DJe de** 13.12.2011, grifo nosso).

PROCESSUAL CIVIL E BANCÁRIO. AÇÃO CIVIL PÚBLICA. TÍTULOS DE CAPITALIZAÇÃO. CLÁUSULA INSTITUIDORA DE PRAZO DE CARÊNCIA PARA DEVOLUÇÃO DE VALORES APLICADOS. ABUSIVIDADE. NÃO OCORRÊNCIA. 1 [...]. 3. Nos contratos de capitalização, é válida a convenção que prevê, para o caso de resgate antecipado, o prazo de carência de até 24 (vinte e quatro) meses para a devolução do montante da provisão matemática. 4. Não pode o juiz, com base no CDC, determinar a anulação de cláusula contratual expressamente admitida pelo ordenamento jurídico pátrio se não houver evidência de que o consumidor tenha sido levado a erro quanto ao seu conteúdo. No caso concreto, não há nenhuma alegação de que a recorrente tenha omitido informações aos aplicadores ou agido de maneira a neles incutir falsas expectativas. 5. **Deve ser utilizada a técnica do** "diálogo das fontes" para harmonizar a aplicação concomitante de dois diplomas legais ao mesmo negócio jurídico; no caso, as normas específicas que regulam os títulos de capitalização e o CDC, que assegura aos investidores a transparência e as informações necessárias ao perfeito conhecimento do produto. 6. Recurso especial conhecido e provido. (STJ. Processo: REsp 1216673/SP. Relator: Min. João Otávio de Noronha. **DJe** de 09.06.2011, grifo nosso).

Cláudia Lima Marques dá notícia de adoção do diálogo das fontes no julgamento da ADI n. 2.591:

> O Supremo Tribunal Federal, no histórico julgamento da Adin 2.591, que concluiu pela constitucionalidade da aplicação do CDC a todas as atividades bancárias, reconheceu a necessidade atual do "diálogo das fontes". Do voto do Min. Joaquim Barbosa extrai-se a seguinte passagem: "Entendo que o regramento do sistema financeiro e a disciplina do consumo e da defesa do consumidor podem perfeitamente conviver. Em muitos casos, o operador do direto irá deparar-se com fatos que conclamam aplicação de normas tanto de uma como de outra área do conhecimento jurídico. Assim ocorre em razão dos diferentes aspectos que uma mesma realidade apresenta, fazendo com que aquela possa moldar-se aos âmbitos normativos de diferentes leis". Em relação ao alegado confronto entre lei complementar disciplinadora da estrutura do sistema financeiro e CDC, o Min. Joaquim Barbosa, referindo-se à técnica do diálogo das fontes, observa: "Não há, *a priori*, porque falar em exclusão formal entre as espécies normativas, mas, sim, em influências recíprocas, em aplicação conjunta das duas normas ao mesmo tempo e ao mesmo caso, seja complementarmente, seja subsidiariamente, seja permitindo a opção voluntária das partes sobre a fonte prevalente. (MARQUES, 2010, p. 90).

Os Tribunais Trabalhistas também têm utilizado o diálogo das fontes na solução de antinomias e de lacunas legais, como demonstram as decisões abaixo transcritas:

> EXECUÇÃO PROVISÓRIA – LIBERAÇÃO DO DEPÓSITO RECURSAL – ART. 475-O DO CPC – APLICAÇÃO AO PROCESSO DO TRABALHO – O art. 475-O do CPC é plenamente aplicável ao Processo do Trabalho, não só pela autorização contida no art. 769 da CLT, mas também porque a natureza do crédito trabalhista se harmoniza com normas de índole protetiva que visem à otimização do princípio da efetividade da prestação jurisdicional. Assim, sempre que o Processo Civil, em razão das recentes reformas legislativas, visar o aperfeiçoamento dos procedimen-

tos executivos, com o objetivo de se alcançar de forma efetiva a satisfação dos créditos reconhecidos judicialmente, devemos estabelecer a heterointegração do sistema mediante o **diálogo das fontes** normativas. Como preceituado no dispositivo legal em comento, a execução provisória em si não impede o levantamento da importância, pelo exequente, sem a caução exigida pelo art. 475-O, III, CPC, até o limite de sessenta vezes o valor do salário mínimo, porque dispensável pelo juiz, quando o crédito for de natureza alimentar, e o autor se encontrar em estado de necessidade, conforme art. 475-O, §2º, I, CPC. Neste contexto, merece provimento o presente agravo, porque atendidos os pressupostos legais. (TRT 3ª Região; Processo: 01010-2011-112-03-00-5 AP; Sexta Turma; Relator: Des. Jorge Berg de Mendonca. **DEJT** de 08.07.2013, grifo nosso).

ENTE PÚBLICO. RESPONSABILIDADE SUBSIDIÁRIA. CONFLITO DE NORMAS. O artigo 71, § 1º, da Lei 8.666/91, ao resguardar os interesses do poder público, isentando-o do pagamento dos direitos sociais aos que venham a lhe prestar serviços, subverte a teoria da responsabilidade civil e atenta contra a Constituição vigente. Admitir a isenção contida nessa norma implica conceder à Administração Pública beneficiária da atividade dos empregados um privilégio injustificável em detrimento da dignidade da pessoa humana e dos valores sociais do trabalho preconizados pela própria Constituição, como fundamentos do Estado Democrático de Direito (art. 1º, III e IV). **Trata-se de antinomia legislativa que se resolve pelo grau de importância das normas contraditórias, orientando-se o intérprete pela disposição principal contida na norma supraordenada, no caso, a Constituição da República, com a adoção de interpretação ab-rogante.** É o que recomenda Francesco Ferrara na obra Ensaio sobre a Teoria da Interpretação. Coimbra: Armênio Amado Editor, 1987, p. 152. Trad.: Manuel A. Domingues de Andrade. Hipótese que atrai a aplicação do inciso IV da Súmula 331 do Col. TST, segundo o qual o tomador dos serviços, inclusive ente público, responderá subsidiariamente pelo inadimplemento das obrigações trabalhistas a cargo da empresa prestadora, na medida em que se aproveitou do trabalho do empregado contratado por esta última. (TRT 3ª Região; Processo: 00868-2008-101-03-00-3 RO. Sétima Turma. Relatora. Desa. Alice Monteiro de Barros. **DEJT** de 24.09.2009, grifo nosso).

1 – APLICAÇÃO SUBSIDIÁRIA DO DIREITO PROCESSUAL COMUM (CIVIL E PENAL) AO PROCESSO DO TRABALHO – POSSIBILIDADE A PARTIR DO DIÁLOGO DAS FONTES E DO ART. 769 DA CLT. O Direito é um conjunto de sistemas que se intercomu-

nicam e, a partir da teoria do **Diálogo das Fontes, desenvolvida por ERIK JAYME**, o intérprete deve conduzir a heterointegração das disciplinas e normas que gravitam e se complementam entre si, compartilhando de uma mesma base principiológica. Essa integração é legalmente prevista no art. 769 da CLT, que estabelece a aplicação subsidiária do processo comum ao processo do trabalho nas hipóteses de omissão normativa, ontológica ou axiológica. Tramitando dezenas de processos repetitivos perante o mesmo órgão judiciário, com provas diferentes mas que, no conjunto, induzem à mesma conclusão e revelam cabalmente a verdade real, pode-se utilizar dos documentos produzidos em outros autos para a formação do convencimento, evitando decisões contraditórias, na senda do disposto no art. 234 do CPP, aplicado subsidiária e teleologicamente ao processo do trabalho. Ademais, não se pode ignorar as máximas da experiência, aquelas noções decorrentes de acontecimentos semelhantes e reiterados que, mediante o raciocínio indutivo, é possível tirar ilações gerais, ou seja, se determinadas coisas costumam ocorrer sempre de igual modo, pode-se concluir que assim aconteceram no passado ou têm possibilidade de ocorrência futura. As regras de experiência são o resultado daquilo que normalmente acontece – *eo quod plerunque accidit* – podendo juntamente com a prova produzida auxiliar na formação do convencimento do magistrado, notadamente na existência de sucessão. 2 – GRUPO ECONÔMICO SEGUIDO DE SUCESSÃO –x POSSIBILIDADE DE RECONHECIMENTO NA EXECUÇÃO AINDA QUE AS PARTES NÃO TENHAM PARTICIPADO DA RELAÇÃO PROCESSUAL DE CONHECIMENTO. Caracterizado o grupo econômico ou a sucessão trabalhista na fase de execução, possui o Juízo a prerrogativa legal de incluir de ofício os integrantes do grupo e/ou os sucessores no polo passivo da demanda, oportunizando-lhes o contraditório e a ampla defesa. Entendimento consolidado na OJ EX SE 40, I, do E. TRT/9ª Região, que não ofende a coisa julgada material e o devido processo legal, com as suas garantias inerentes. (TRT 9ª Região. Processo: AP-02671.2011.021.09.00-8. Rel. Des. Paulo Ricardo Pozzolo. **DEJT** de 01.10.2013, grifo nosso).

José Roberto Freire Pimenta, atuando como Relator do recurso TST-AIRR-19163-81.2010.5.04.0000, adotou o diálogo das fontes como fundamento do seu voto:

> O mandamento constitucional de proteção à liberdade de associação, ainda que com os influxos da unicidade sindical, não pode ser materializado por um ou outro dispositivo isoladamente, mas em diálogo de fontes por todas as normas que possam conduzir a uma decisão justa e equânime, à luz dos vetores

constitucionais, conducentes a assegurar a justiça como valor supremo. Como conclusão, considera-se que a representatividade da Federação tem como consequência inseparável a contribuição dos sindicatos e, no caso, o critério utilizado pela Federação autora para buscar a representatividade não encontra respaldo no ordenamento jurídico pátrio. (TST. Processo: AIRR-19163-81.2010.5.04.0000. Relator: Min. José Roberto Freire Pimenta. **DEJT** de 15.08.2014).

4.7. Conclusões parciais

A realização concreta dos direitos metaindividuais trabalhistas e o combate ao descumprimento reiterado das normas trabalhistas exigem que "o Direito estenda seu manto aos seres humanos em todas e quaisquer circunstâncias, passando da compartimentalização à convergência, alimentada pela identidade do propósito comum do *corpus júris*." (CANÇADO TRINDADE, 2003, p. 434).

As normas que asseguram direitos, em especial direitos humanos e direitos fundamentais, devem alcançar eficácia e efetividade plena. Destaca Martha Halfeld Furtado de Mendonça Schmidt que, "para a concretude dos direitos trabalhistas, não basta a mobilização internacional. É preciso que a ordem interna absorva a onda de efetividade dos direitos, para que haja sincronização da vontade político-legislativa e jurídica internacional e nacional." (SCHMIDT, 2010, p. 465 .

O direito processual do trabalho, possibilitando a efetividade do processo e da jurisdição, atua em favor da eficácia e da efetividade das normas materiais que atribuem direitos, contribuindo, quando se trata de direitos humanos e fundamentais, para a tutela e a promoção da dignidade humana.

A eventual existência de antinomias e lacunas não constitui barreira intransponível para a realização concreta do direito material e pode ser afastada pela técnica do diálogo das fontes, orientado, especialmente, pelos valores e fins consagrados constitucionalmente[284] e

---

[284] Como adverte Pietro Perlingieri: "o respeito aos valores e aos princípios fundamentais da República representa a passagem essencial para estabelecer uma correta e rigorosa relação entre poder do Estado e poder de grupos, entre maioria e minoria, entre poder econômico e os direitos dos marginalizados, dos mais desfavorecidos." (PERLINGIERI, 1997, p. 6).

pelos princípios *pro homine* e o da norma mais favorável, ressaltando-se que o Direito deve proporcionar estabilidade e progresso, sendo que o respeito aos princípios mencionados confere estabilidade ao Direito, ao mesmo tempo em que contribui para o seu progresso.

Nessa perspectiva, o pluralismo jurídico, ao invés de ser um elemento complicador, servirá ao ser humano, na medida em que significa a criação de alternativas, opções e possibilidades. O ser humano será valorizado quando o diálogo permitido pelo pluralismo das fontes for direcionado pelos valores e fins constitucionais, o princípio *pro homine* e o princípio da norma mais favorável, bem como contribuirá para a construção de um processo mais justo e efetivo.

O sistema jurídico deve ser tomado como um sistema aberto à influência não só interna (ao diálogo entre microssistemas), como também externa (ao diálogo entre o Direito interno e o Direito externo). Há de ser valorizada, ainda, a abertura do sistema pela aplicação dos princípios gerais e pelas técnicas das cláusulas gerais e dos conceitos jurídicos indeterminados, que permitem o diálogo entre a norma e a realidade social (diálogo entre o Direito e a realidade social), iluminada pelas particularidades do caso concreto (diálogo entre a norma e o caso concreto).

Fazer valer os direitos trabalhistas é assegurar a todos os trabalhadores as condições mínimas necessárias para uma vida digna.

O diálogo das fontes coaduna-se com as necessidades "pós-modernas", notadamente com vistas à concretização dos direitos metaindividuais trabalhistas, com ênfase nos de natureza fundamental, destacando-se que

> [...] pós-moderno é o direito a ser (e continuar) diferente, como afirma Erik Jayme *o droit à la difference* é o direito à igualdade material (e tópica) reconstruída por ações positivas (*Rechte auf positive Handlugen*) do Estado em prol do indivíduo identificado com determinado grupo. Não se deve surpreender, portanto, que o Código de Defesa do Consumidor tenha hierarquia superior, uma vez que todas suas normas civis são de ordem pública (ex vi do art. 1º do CDC), e de lei especial, pois está à procura de equidade, do tratamento casuístico/tópico da justiça contratual, com calma e equilíbrio, não voltado para o igual geral, mas para o diferente. (MARQUES, 2011, p. 664-665).

Anota Augusto Morello:

> É possível remover barreiras conceituais, técnicas e critérios interpretativos ultrapassados, como condição para encontrar soluções para os problemas e as necessidades humanas que emergem, cada vez mais, complexos e urgentes. Não pode ser negado valor ao fato de que as pressões do contexto conduzem à eleição de alternativas, diferentes opções e original leitura dos fenômenos jurídicos. (MORELLO, 2006, p. 23, tradução nossa).[285]

É importante ressaltar que na aplicação da técnica do diálogo das fontes à expressão *fonte* deve ser conferido sentido mais amplo possível, para alcançar a própria sociedade: o Direito deve dialogar de forma constante com a sociedade, o que pode ocorrer pela via das audiências públicas e do instituto do *amicus curiae*. Destaque-se como exemplo de diálogo entre Direito e sociedade a 1ª Jornada de Direito Material e Processual do Trabalho na Justiça do Trabalho, promovida pelo TST, ANAMATRA e ENAMAT, em Brasília, em 23/11/2007.[286] É que, considerando-se que o Direito tem uma função social a realizar,

> não pode ser concebido, de modo realista, sem referência à sociedade que deve reger. É porque o direito, em todas as suas manifestações, insere-se no meio social, que a sociologia do direito adquire, em nossa concepção do direito, uma importância crescente. (PERELMAN, 1999, p. 241).

O jurista contemporâneo não pode ter o pensamento estático, baseado em conceitos e soluções imutáveis, devendo agir de forma criativa no pensar, interpretar e aplicar o Direito, adequando-se

---

[285] No original: "Es posible remontar barreras conceptuales, ténicas y criterios interpretativos agotados involucrando-nos en ele esfuerzo de que los problemas que emergem, má complexos y urgentes, son solucionables y que sus respuestas están al alcance de nuestras possibilidades, si nos enpeñamos en compreenderlos. Las pressiones del contexto conducen a la elección de alternativas, diferentes opciones y original lectura de los fenómenos jurídicos".

[286] Vale registrar a iniciativa pioneira do TRT da 3ª Região, manifestada no contexto dos encontros realizados pelo Sistema Integrado de Gestão Judiciária e Participação da Primeira Instância na Administração da Justiça do Tribunal Regional do Trabalho da 3ª Região – SINGESPA, de aproximação e diálogo constante entre o Poder Judiciário e a sociedade, visando a adoção de medidas de gestão e prevenção de conflitos de massa e de demandas repetitivas, o que resultou na realização de uma audiência pública envolvendo a terceirização no setor de telecomunicações. (Disponível no em: www.trt3.jus.br/singespa).

às inevitáveis e constantes evoluções e necessidades humanas. Vale mencionar que

> [...] o fator decisivo nas formas de organização são as ideias que prevalecem na mente dos homens. É o tipo de pensamento preponderante, que corresponde a forma concreta da estrutura social em um determinando momento. E as mudanças históricas na sociedade se devem às modificações do pensamento, do modo de conceber o mundo. A humanidade progride, porque a mente humana se desenvolveu. (SICHES, 1968, p. 46).

A complexidade da ordem jurídica e o novo método aqui proposto – o diálogo das fontes – exigem uma nova postura da doutrina e da jurisprudência, que devem olhar para além da norma individualizada e alcançar todo o sistema jurídico, além de considerar o Direito não apenas em sua estrutura mas, especialmente, sob o prisma funcional: o Direito é uma criação humana e tem como finalidade o ser humano.

Devem ser evitados os extremos mencionados por Konrad Hesse, ou seja, a "norma vazia de realidade" e a "realidade vazia de normatividade" (HESSE, 1991, p. 63), por meio de uma luta contínua e incansável contra a deficiência de instrumental técnico processual que dificulte ou inviabilize o acesso à justiça e aos direitos assegurados pela ordem jurídica.

CAPÍTULO 5

O MICROSSISTEMA DE DIREITO PROCESSUAL METAINDIVIDUAL DO TRABALHO: FORMAÇÃO À LUZ DA TÉCNICA DO DIÁLOGO DAS FONTES

> Existem problemas novos convivendo com antigos – a persistência da pobreza e de necessidades essenciais não satisfeitas, fomes coletivas [...] e ameaças cada vez mais graves ao nosso meio ambiente e à sustentabilidade de nossa vida econômica e social. (SEN, 2000, p. 9).

Neste capítulo, é enfrentado o tema referente à suficiência ou não do microssistema do direito processual metaindividual do trabalho para a adequada e efetiva tutela dos direitos trabalhistas de dimensão coletiva. O microssistema de direito processual metaindividual do trabalho será examinado sob os seguintes prismas: elementos da sua teoria geral, quais sejam, a ação, a jurisdição e o processo coletivo, objeto da tutela jurisdicional coletiva, escopos do processo coletivo, princípios, interpretação e solução dos problemas centrais do processo coletivo, à luz da técnica do diálogo das fontes. Em seguida, serão realizadas breves considerações sobre o tratamento dispensado à tutela de direitos metaindividuais em alguns países. Ao final, serão apresentadas as conclusões a respeito da análise da suficiência do microssistema de direito processual metaindividual do trabalho para a adequada e efetiva tutela dos direitos trabalhistas de dimensão coletiva, à luz da técnica do diálogo das fontes.

5.1. Introdução

Diante da possibilidade de desrespeito aos direitos assegurados pela ordem jurídica, esta mesma ordem jurídica garante a toda pessoa o direito de recorrer a um órgão jurisdicional, visando à sua tutela, o que constitui, inclusive, um direito humano, consoante o art. VIII da *Declaração Universal dos Direitos Humanos*[287], observando Mauro Cappelletti e Bryant Garth que o acesso à justiça constitui "o mais básico dos direitos humanos." (CAPPELLETTI; GARTH, 1988, p. 12).

O direito processual civil clássico foi concebido para fazer valer direitos individuais, decorrendo daí o seu caráter individualista, o que pode ser percebido, por exemplo, quando disciplina a legitimidade para a ação (art. 6º do CPC/1973[288]) e o alcance subjetivo da coisa julgada (art. 472 do CPC[289]).[290] É que vive-se em uma "sociedade ou civilização de produção em massa, de troca e de consumo de massa, bem como de conflitos ou conflituosidade de massa (em matéria de trabalho, de relações entre classes sociais, entre raças, entre religiões, etc.)", decorrendo daí que as situações de vida

> [...] que o Direito deve regular são tornadas sempre mais complexas, enquanto, por sua vez, a tutela jurisdicional – a 'Justiça' – será invocada não mais somente contra violações de caráter individual, mas sempre mais frequente contra violações de caráter essencialmente coletivo, enquanto envolvem grupos, classes e coletividades. Trata-se em outras palavras, de 'violações de massa'. (CAPPELLETTI, 1977, p. 130).

Assim, a partir do momento em que

---

287 Art. VIII: "Toda pessoa tem o direito de receber dos Tribunais nacionais competentes recurso efetivo para os atos que violem os direitos fundamentais que lhe sejam reconhecidos pela Constituição ou pela lei."

288 Correspondente no CPC/2015 é o art. 18: "Ninguém poderá pleitear direito alheio em nome próprio, salvo quando autorizado pelo ordenamento jurídico."

289 Correspondente no CPC de 2015/2015 é o art. 506 cuja redação é a seguinte: "A sentença faz coisa julgada às partes entre as quais é dada, não prejudicando terceiros."

290 São características do modelo individualista de processo: "a) a ação judicial é bipolar, organizada como uma competição entre dois indivíduos ou dois interesses, minimamente unitários, colocados em posição diametralmente opostas; b) a litigância é retrospectiva, versando sobre eventos completos e passados; c) direito e remédio judicial são interdependentes, a prestação jurisdicional é mais ou menos logicamente decorrente da violação do direito substantivo, sob a premissa de que ao autor deve ser dada uma compensação medida pela lesão causada pelo réu; d) a ação judicial é um episódio autocontido, no sentido de que o impacto do julgamento se confina ao interesse das partes; e) o processo é parte-iniciado e parte-controlado, significando que é organizado a partir das iniciativas das partes, que definem as principais questões submetidas ao juízo [...]. A forma de iniciar a ação, a colocação das partes no processo, as bases de decisão e as características da atuação do órgão jurisdicional, sob os vários aspectos salientam uma ou outra característica indicativa de elementos próprios do chamado modelo tradicional de adjudicação." (SALLES, 2003, p. 71).

[...] as ações e relacionamentos assumiram, cada vez mais, caráter mais coletivo que individual, as sociedades modernas necessariamente deixaram para trás a visão individualista dos direitos, refletida nas 'declarações de direitos', típicas dos séculos dezoito e dezenove. O movimento fez-se no sentido de reconhecer os direitos e deveres sociais dos governos, comunidades, associações e indivíduos. (CAPPELLETTI; GARTH, 1988, p. 11-12).[291]

Roger Perrot assevera que

[...] a teoria da ação judiciária foi elaborada no século XIX em uma perspectiva liberal e individualista. Era, portanto, normal que a difusão dos reagrupamentos sociais de todo tipo, que é a característica de nossa economia moderna, devesse comportar numerosos problemas de adaptação. (PERROT[292] apud CAPPELLETTI, 1977, p. 129).

Assim, a visão individualista dos direitos deu lugar ao reconhecimento de direitos cuja titularidade pertence a grupos ou à cole-

---

[291] Sobre a necessidade de um processo adequado aos conflitos de massa, anote-se a seguinte decisão: "AÇÃO CIVIL PÚBLICA. DIREITOS METAINDIVIDUAIS, DIFUSOS, COLETIVOS E INDIVIDUAIS HOMOGÊNEOS. DANOS MORAIS COLETIVOS E IMPORTÂNCIA DA TUTELA INIBITÓRIA - A sociedade moderna edificou-se sobre a liberdade, a produção, o consumo e o lucro. A pós-modernidade, exacerbadora desses valores, luta para inserir o homem neste quarteto, isto é, nestes quatro fios com os quais se teceu o véu do desenvolvimento econômico global, uma vez que a exclusão social muito aguda poderia comprometer o sistema. Produção em massa, consumo em massa, trabalho em massa, lesão em massa, desafiando um processo trabalhista típico e específica para a massa, concentrando o que está pulverizado, e que, em última análise, nada mais é do que um processo em que se procura tutelar direitos metaindividuais, também denominados de coletivos em sentido amplo, transindividuais, supra-individuais, globais, e tantos outros epítetos, mas todos com a marca indelével da lesão em massa, que é o seu núcleo, a sua alma, a sua essência, ou o seu diferencial. A evolução do dano moral no nosso sistema jurídico permite, atualmente, com base na Constituição e na legislação ordinária, a reparação dos danos morais coletivos. Objetiva-se, com essa indenização, oferecer à coletividade de trabalhadores, tendo como pano de fundo a sociedade, uma compensação pelo dano sofrido, atenuando, em parte, as consequências da lesão, ao mesmo tempo em que visa a aplicar uma sanção de índole inibitória pelo ato ilícito praticado pela empresa. Restando configurada a lesão aos interesses transindividuais, pertencentes a toda a sociedade, que ultrapassam a esfera de interesses meramente individuais de cada pessoa lesada, torna-se pertinente a reparação do dano moral coletivo." (TRT 3ª Região. Pje n: 0010536-85.2013.5.03.0073 (RO). Primeira Turma. Relator: Des. Luiz Otavio Linhares Renault. **DEJT** de 18.12.2014).

[292] PERROT, Roger. *L'action em justice des syndicats professionnels, des associations et des ordres professionnels*. In **Annales Universitatis Scientiarum Budapestinensis de Rolando Eötvös Nominatae**, *Sectio Juridica*, X, Budapest, 1969, p. 99 e 106.

tividade, isto é, de direitos metaindividuais. Tal reconhecimento trouxe à luz a necessidade de um novo instrumental processual, apto a realizar a sua adequada e efetiva tutela[293], o que se dá porque, como adverte Andrea Proto Pisani, a instrumentalidade do direito processual em relação ao direito material

> [...] não significa neutralidade; o direito processual – nos muitos procedimentos e nas várias formas de tutela em que se articula – não é, não pode ser, indiferente a respeito da natureza dos interesses em conflito: não o é – e por isto não é correto falar em neutralidade – porque da predisposição de procedimentos idôneos a fornecer tutela jurisdicional adequada às especificidades das situações de vantagem depende a existência ou o modo de existência mesmo do direito substancial. (PISANI, 2002, p. 6, tradução nossa).[294]

Como aduz Augusto Mario Morello, é necessário adaptar o Direito "às novas realidades e exigências da complexa e desafiante litigação da atualidade, que, sem cessar, pressiona o arsenal das técnicas do processo, a fim de que, a outro ritmo, custo e funcionalidade alcancem resultados adequados e oportunos." (MORELLO, 2006, p. 103. tradução nossa).[295] É necessário mencionar que o progresso do Direito "consiste em realizar uma ordem social mais perfeita e mais justa. O grau de civilização de uma nação se mede

---

293 Como assinala Andrea Proto Pisani, o processo é uma espécie de contrapartida à proibição ao exercício arbitrário das próprias razões, que, "para ser efetiva, deve traduzir-se na predisposição de meios de tutela jurisdicional (de procedimentos, provimentos e medidas coercitivas) adequados às necessidades da tutela das singulares situações de direito substancial" (PISANI, 2003, p. 7, tradução nossa), o que implica a necessária adequação dos meios (instrumentos jurídicos processuais) aos fins do processo e, portanto, a adequação do processo às necessidades do direito material. (No original: "Per essere effettiva, deve tradursi nella predisposizione di mezzi di tutela giurisdizionale (di procedimenti, provvedimenti e misure coercitive) adeguati ai bisogni di tutela dele singole situazioni di diritto sostanziale.").

294 No original: "Non significa neutralità; il diritto processuale – nei molti procedimenti e nelle varie forme di tutela in cui ci articola – non è, non può essere, indifferente rispetto alla natura degli interessi in conflitto; non lo è – e per questo non è corretto parlare di neutralità – poiché dalla predisposizione di procedimenti idonei a fornire forme di tutela giurisdizionale adeguate agli specifici bisogni delle singole situazione di vantaggio dipendi l'esistenza dello stesso diritto sostanziale".

295 No original: "a nuevas realidades y exigencias da complexa e instigante de estas horas que, sim cesar, pressiona el arsenal de las técnicas del processo a fim de que, a outro costo ritmo, costo y funcionalidade, alcancen resultados adecuados y oportunos".

pelo valor de suas instituições para a proteção da pessoa humana, e pela perfeição técnica das regras que asseguram seu funcionamento." (RIPERT; BOULANGER, 1956, p. 17, tradução nossa).[296]

A necessidade de adaptação não se dá, no entanto, somente no campo das normas. Como assevera Augusto Mario Morello, são necessários, ainda, "o manejo de critérios interpretativos finalistas e dinâmicos que procurem assegurar as consequências jurídicas úteis que hão de decorrer da sua aplicação" e o reconhecimento da "necessidade de a hermenêutica não ser paralisante e se ajustar a uma leitura realista do Direito, em harmonia com as manifestações da sociedade de risco e com a velocidade das transformações." (MORELLO, 2006, p. 63, tradução nossa) [297]. O autor ressalta, ainda, que "a coisa julgada, os efeitos gerais de determinados pronunciamentos e o ingresso de processos coletivos obrigam a adaptar explicações teóricas clássicas à nova e diferente maneira com que se expressa a litigância moderna." (MORELLO, 2006, p. 64, tradução nossa).[298]

Aliás, como prevê o art. 111 da Constituição italiana, a jurisdição deve atuar mediante o justo processo e, consoante aduz Giuseppe Tarzia, o processo, para ser justo, "deve antes de tudo ser adequado ao escopo para o qual é destinado." (TARZIA, 2007, p. 6, tradução nossa).[299]

Acrescente-se que o Direito desempenha várias funções na sociedade e sem a possibilidade de recorrer a instrumentos processuais aptos a fazê-lo respeitar essas funções não serão efetivadas. Ou, como assinala, Ramiro Podetti, os diversos ramos do Direito

---

[296] No original: "consiste en realizar un orden social más perfecto y más justo. El grado de civilización de una nación se mide por el valor de sus instituciones para la protección de la persona humana, y por la perfección técnica de las naciones que han llegado al mismo estado de progreso material, se rigen por derechos, que no descansan sobre los mismos princípios."

[297] No original: "El manejo de critérios interpretativos finalistas y dinâmicos, que procuran asegurar las consecuencias útiles que han de seguirse de su aplicación, y la necesidad de que la hermenêutica no sea paralisante y se ajuste a uma lectura realista del Derecho, en coincidencia con las manifestaciones de la sociedad del riesgo y la velocidad de los câmbios."

[298] No original: "La cosa juzgada, los efectos generales de determinados pronunciamentos y el ingresso de los procesos colectivos obligan a adaptar explicaciones teóricas clássicas a esa novedosa y diferente manera con que se expressa la litigación moderna."

[299] No original: "Deve anzitutto essere *adequato allo scopo* cui è destinato."

"não cumpririam a missão para a qual foram criados."[300] (PODETTI, 1963, p. 85, tradução nossa).

Aduz Luiz Guilherme Marinoni:

> Como é intuitivo, a forma ideal de proteção do direito é a que impede a sua violação. Ter direito, ou ter uma posição jurídica protegida, é, antes de tudo, ter direito a uma forma de tutela que seja capaz de impedir ou inibir a violação do direito. Essa forma de tutela é importante sobretudo para os direitos não patrimoniais, isto é, para os direitos que não podem ser reparados por um equivalente monetário. (MARINONI, 2006, p. 247).

Em suma, a visão individualista do Direito cedeu lugar a uma visão coletiva, o que fez surgir os conflitos coletivos. O surgimento dos conflitos de massa impôs ao direito processual a abertura para a tutela de direitos metaindividuais, os quais como necessidades especiais, levaram ao surgimento de microssistemas de direito material. A necessidade de tutelar de forma adequada e efetiva os direitos metaindividuais fez surgir o microssistema de direito processual metaindividual, isto é, o conjunto das regras que disciplinam a solução judicial e a tutela jurisdicional de direitos metaindividuais.[301]

Não se olvide, em sintonia com Carlos Henrique Bezerra Leite, de que, diante da intensa litigiosidade que acomete a sociedade brasileira, "a coletivização do acesso ao Judiciário seria a alternativa mais rápida, econômica, adequada e democrática para desencorajar o comportamento dos grandes litigantes do Judiciário brasileiro."[302] (LEITE, 2014, p. 11).

---

300 No original: "No llenarían la misión para a qual fueron creadas".

301 Anote-se que "a introdução das ações coletivas em nosso sistema jurisdicional trouxe sérias e profundas transformações para as normas e princípios de processo civil implicadas nessa área. Altera-se substancialmente a natureza da matéria colocada sob deliberação judicial, acarretando uma transformação no próprio modelo de processo decisório implicado nessas questões. Com isso torna-se possível delimitar um objeto específico de estudo, o que conduz à possibilidade de afirmação da existência de um processo civil de interesse público. A aceitação da especificidade desse objeto de estudo é um primeiro passo para que o direito processual possa dar um tratamento teórico e metodológico diferenciado, adequando-se às questões surgidas dessa realidade." (SALLES, 2003, p. 39-77).

302 Acrescenta Carlos Henrique Bezerra Leite que "vivemos uma sociedade massificada, degradação ambiental em massa, consumo de massa, produção em massa, distribuição em massa; logo, temos que ter um processo de massa, no qual devem ser defendidos os direitos fundamentais dos grupos mais vulneráveis, como trabalhadores, consumidores, mulheres, negros, pessoas com deficiência, etc. Precisamos de mais democracia com distribuição de justiça social."

5.2. Microssistema do direito processual metaindividual do trabalho: composição

O microssistema é formado pelo conjunto de normas que disciplinam uma relação jurídica específica, de direito material ou de direito processual. É autônomo, posto que conta com regras e princípios próprios, além de doutrina e jurisprudência específicas, valendo mencionar que ele não visa à tutela de direitos residuais, mas surge em razão da relevância social de determinados direitos, dos seus titulares (menores, idosos, trabalhadores e consumidores, por exemplo) e da dimensão dos direitos objeto de disputa judicial (direitos difusos e coletivos, por exemplo).

O microssistema do direito processual metaindividual do trabalho é formado pelo conjunto de regras e princípios que disciplinam a tutela jurisdicional dos direitos metaindividuais trabalhistas, definidos por meio da técnica do diálogo das fontes, tendo como diretrizes a Constituição da República[303] e os princípios *pro homine* e o da norma mais favorável à melhoria da condição humana[304], social e econômica[305] do homem que vive da alienação da sua força de trabalho.[306]

Compõem o microssistema do direito processual metaindividual do trabalho: a Constituição da República de 1988, as regras e

---

303 Lembre-se que a Constituição é farta em modelos jurídicos abertos, contendo "janelas abertas para a mobilidade da vida", autorizando o diálogo com outros corpos normativos. (MARTINS-COSTA, 2000, p. 285). Como exemplo de cláusula geral aberta contida na Constituição, merece destaque a "melhoria da condição social" do trabalhador prevista no *caput* do art. 7º.

304 Expressão utilizada por Jorge Luiz Souto Maior em seu livro **Curso de Direito do Trabalho. Teoria Geral do Direito do Trabalho**. v. I – parte I. São Paulo: LTr, 2011.

305 A Constituição quando assegura, por exemplo, o direito ao trabalho e a participação nos lucros aponta no sentido de que o trabalhador tem direito à melhoria da sua condição econômica, o que decorre do reconhecimento de que constituem princípios da ordem econômica a redução das desigualdades sociais e a busca do pleno emprego.

306 Devem ser interpretados conjuntamente os arts. 7º, *caput*, 170, *caput*, 193, *caput*, da CR/88, que demonstram preocupação com a condição social do trabalhador (art. 7º, *caput*) e também com o trabalhador individual enquanto merecedor de uma vida digna e de bem-estar e justiça social (art. 170, *caput*, e 193, *caput*). Está plenamente justificada, portanto, a referência à melhoria da condição humana, social e econômica do trabalhador.

princípios que constituem o direito processual do trabalho, a Lei da Ação Popular (Lei n. 4.717, 29 de junho de 1965), a Lei de Ação Civil Pública (Lei n. 7.347, de 24 de julho de 1985), o Estatuto das Pessoas Portadoras de Deficiência (Lei n. 7.853/89, de 24 de outubro de 1989), a Lei de Proteção aos investidores no mercado de valores mobiliários (Lei n. 7.913, de 7 de dezembro de 1989), a Lei do Mandado de Injunção (Lei n. 8.038, de 28 de maio de 1990), o Código de Defesa do Consumidor (Lei n. 8.078, de 11 de setembro de 1990), o Estatuto da Criança e do Adolescente (Lei nº 8.069, de 13 de julho de 1990), a Lei da Improbidade Administrativa (Lei n. 8.429, de 02 de junho de 1992), o Estatuto do Ministério Público (Lei Complementar n. 75/1993), a Lei de prevenção e repressão às infrações contra a ordem econômica (Lei n. 8.884, de 11 de junho de 1994), o Estatuto da OAB (Lei nº 8.906, de 04 de julho de 1994)[307], a Lei da Ação Direta de Inconstitucionalidade e da Ação Declaratória de Constitucionalidade (Leis n. 9.868 e 9.882, de 10 de novembro de 1999), a Lei que trata da Arguição de Descumprimento de Preceito Fundamental (Lei n. 9.882, de 3 de dezembro de 1999), o Estatuto da Cidade (Lei n. 10.257, de 10 de julho de 2001), o Estatuto do Idoso (Lei n. 10.741, 1º de outubro de 2003), o Estatuto de Defesa do Torcedor (Lei n. 10.671, de 15 de maio de 2003), a Lei Complementar n. 132 de 07 de outubro de 2009 que organizou a Defensoria Pública, a Lei do Mandado de Segurança (Lei n. 12.016/2009) e a Lei n. 12.529/11, que estrutura o Sistema Brasileiro de Defesa da Concorrência e dispõe sobre a prevenção e repressão às infrações contra a ordem econômica.

---

307 Dispõe o art. 44 da Lei n. 8.906/94 que "a Ordem dos Advogados do Brasil – OAB, serviço público, dotada de personalidade jurídica e forma federativa, tem por finalidade: I – defender a Constituição, a ordem jurídica do Estado democrático de direito, os direitos humanos, a justiça social, e pugnar pela boa aplicação das leis, pela rápida administração da justiça e pelo aperfeiçoamento da cultura e das instituições jurídicas; II – promover, com exclusividade, a representação, a defesa, a seleção e a disciplina dos advogados em toda a República Federativa do Brasil". A legitimação para agir consta do art. 54 que define que compete ao Conselho Federal da OAB: "II – representar, em juízo ou fora dele, os interesses coletivos ou individuais dos advogados", e "XIV – ajuizar ação direta de inconstitucionalidade de normas legais e atos normativos, ação civil pública, mandado de segurança coletivo, mandado de injunção e demais ações cuja legitimação lhe seja outorgada por lei", não excluindo outras hipóteses também previstas em lei, como, por exemplo, no art. 82, IV, do CDC.

Vale lembrar, ainda, do próprio CPC/1973 e o de 2015, que, embora não tratem da tutela de direitos metaindividuais, funcionam como fontes subsidiárias de várias normas acima mencionadas, como previsto, por exemplo, no art. 19 da Lei n 7.347/85, no art. 769 da CLT e no art. 15 do CPC de 2015. Observe-se, no entanto, que esta aplicação não é automática, mas limitada, eis que condicionada à dupla compatibilidade: "a) formal (inexistência de disposição legal acerca da matéria no direito processual coletivo comum); e b) material (a regra do Código de Processo Civil só será aplicável se não ferir o espírito do direito processual coletivo comum)." (CAMBI, 2008, p. 581-598). Cumpre acrescentar que a aplicação subsidiária não resultará na inviabilidade do direito fundamental à tutela coletiva efetiva.

Observe-se que o microssistema do direito processual metaindividual do trabalho é composto também por códigos (CPC e CDC). Isso se deve ao fato de que não é negado valor aos códigos existentes. Estes códigos se inserem em um sistema maior, sem que este mesmo sistema tenha que ser organizado em um novo código.[308]

Acrescente-se que o art. 5º, §2º, da CR/88 impõe o diálogo entre o ordenamento jurídico brasileiro e o direito internacional, de forma que os tratados e as convenções de que o Brasil seja signatário também compõem o microssistema de direito processual metaindividual do trabalho, em especial diante da existência de direitos humanos processuais, quais sejam "direitos que cabem a todos os homens no contexto do processo judicial, em razão de sua condição humana, e que constituem pressupostos elementares da igualdade, da liberdade e da dignidade humana, como tais reconhecidos pelo Direto Internacional dos Direitos Humanos."

---

308 Observe-se que, tradicionalmente, os códigos ou tratam de direito material ou tratam de direito processual, como se direito material e direito processual fossem categorias sem qualquer contato entre si. Logo, um código de direito processual coletivo certamente conteria apenas normas de direito processual. No entanto, a CLT, assim como o CDC, o ECA e o Estatuto do Idoso, por exemplo, contêm regras de direito material e de direito processual, o que demonstra uma nova postura, que aponta no sentido do necessário diálogo entre direito material e direito processual.

(ALMEIDA, Cleber, 2013, p. 155).[309] Vale mencionar como exemplos de normas de Direito Internacional de Direitos Humanos o *Pacto Internacional sobre Direitos Civis e Políticos* (arts. 2º, n. 3, "a", e 14) e a *Convenção Americana sobre Direitos Humanos* (art. 8º). Estas normas, ao lado das Constituição e das Convenções da OIT, compõem o direito internacional do trabalho, formado, ainda, pelos princípios adotados por esse Direito.[310] O diálogo entre o direito interno e o direito internacional do trabalho, notadamente, aquelas convenções e aqueles tratados que versam sobre direitos humanos, constitui uma exigência do fato de o Homem ser "sujeito tanto do direito interno quanto do direito internacional, dotado em ambos de personalidade e capacidade jurídicas próprias", como destaca Antônio Augusto Cançado Trindade na apresentação do livro *Direitos Humanos e o Direito Constitucional Internacional* de autoria de Flávia Piovesan. (PIOVESAN, 2014, p. 57).[311]

Para Antonio Gidi, a Lei de Ação Civil Pública e o CDC "fazem as vezes de Código de Processo Civil Coletivo brasileiro." (GIDI, 2008, p. 9). Estes textos legais, no entanto, apenas constituem parte do microssistema das ações coletivas, formado, como dito acima, por várias outras normas.

---

309 Registre-se que no CPC de 2015 há previsão de que "a jurisdição civil será regida pelas normas processuais brasileiras, ressalvadas as disposições específicas previstas em tratados, convenções ou acordos internacionais de que o Brasil seja parte", propiciando, ainda aqui, o diálogo do sistema interno com o sistema externo.

310 Não há como negar valor, por exemplo, à Declaração da OIT sobre os princípios que devem inspirar a política relacionada ao mundo do trabalho, dentre os quais que o trabalho não é mercadoria e que empregados e empregadores devem discutir em igualdade com os governos e tomar com eles decisões de caráter democrático, visando ao bem comum (este princípio reconhece o valor do diálogo entre os atores da relação capital e trabalho.

311 Antônio Augusto Cançado Trindade afirma que "o direito internacional e o direito interno, longe de operarem de modo estanque ou compartimentalizado, se mostram em constante interação, de modo a assegurar a proteção eficaz do ser humano. Como decorre de disposições expressas dos próprios tratados de direitos humanos, e da abertura do direito constitucional contemporâneo aos direitos internacionalmente consagrados, não mais cabe insistir na primazia das normas do direito internacional ou do direito interno, porquanto o primado é sempre da norma – de origem internacional ou interna – que melhor proteja os direitos humanos. O Direito dos Direitos Humanos efetivamente consagra o critério da primazia da norma mais favorável às vítimas." (PIOVESAN, 2014, p. 57).

Lembre-se, porém, que o "progresso do direito não depende da abundância de leis nem da data recente de sua criação", mas da "proteção legal concedida aos mais fracos dentre os sujeitos de direito."[312] (RIPERT; BOULANGER, 1956, p. 17, tradução nossa). Isso significa que a existência do microssistema do direito processual metaindividual do trabalho não se justifica por si só, mas na medida em que seja capaz de realizar concretamente os direitos trabalhistas e de promover e tutelar a dignidade humana daqueles que sobrevivem da alienação da sua força de trabalho.

As normas que compõem o microssistema do direito processual metaindividual do trabalho consagram valores e fins comuns, tais como a proteção de pessoas vulneráveis, a facilitação do acesso à justiça e a tutela adequada e efetiva de direitos de dimensão coletiva, o que impõe um constante diálogo entre elas.

Este diálogo é realizado de três formas:

a) Diálogo sistemático de coerência - normas do mesmo microssistema ou de microssistemas distintos são aplicadas simultaneamente, servindo uma de base conceitual para outra, notadamente quando uma lei de caráter geral estabelece conceitos úteis à aplicação de uma lei especial.

b) Diálogo sistemático de complementação e subsidiariedade - uma norma serve de complemento para outra.

c) Diálogo sistemático de coordenação e adaptação - o sentido e o alcance de uma norma sofrem influências de outras normas ou da jurisprudência estabelecida na sua interpretação.

5.3. Ação coletiva. Processo coletivo. Jurisdição coletiva

Piero Calamandrei assinala que

> [...] a finalidade última para a qual tende a garantia jurisdicional é a de operar na vida das relações humanas no sentido de con-

---

[312] No original: "El progreso del derechos no depende de la abundancia de leyes, ni de la fecha reciente de su creación" e "protección legal acordada a los más débiles de entre los sujetos de derechos".

seguir, prescindindo da vontade do obrigado, o mesmo resultado prático (ou um resultado equivalente) que teria sido obtido [...] se a norma jurídica tivesse sido observada voluntariamente. (CALAMANDREI, 1999, p. 115).

Os três pilares em que se assenta o processo civil foram afetados pelo "acesso crescente dos conflitos metaindividuais, insuflado pela explosão de litigiosidade prenunciada por Mauro Cappelletti no último quartel do século passado", como é destacado por Rodolfo de Camargo Mancuso:

> (i) a *ação* se otimizou, ganhando aderência aos impactantes conflitos sociais de largo espectro, indo muito além das lides intersubjetivas, para já agora concernir a vastas coletividades (interesses coletivos em sentido estrito), ou mesmo à inteira sociedade (interesses difusos), ou ainda a um grupo expressivo de indivíduos, coalizados pela origem comum do prejuízo experimentado por cada qual (interesses individuais homogêneos); (ii) o *processo* depassou a finalidade de servir como instrumento para a judicialização de conflitos entre sujeitos determinados (singulares ou litisconsorciados), engajando-se no esforço comum de *participação social por meio da Justiça*, exigindo, com isso, uma *mudança de mentalidade* dos operadores do Direito e uma releitura das categorias básicas como a legitimação, o interesse de agir, a coisa julgada; enfim, (iii) a *Jurisdição* passou a ser vista menos em sua configuração estática, enquanto Poder da República, e mais como uma *função* do Estado, como tal sujeita às exigências de *eficiência e transparência*, o que trouxe, para os juízes, o gradual distanciamento da postura de neutralidade, substituída por uma conduta *proativa*, comprometida com a oferta de uma resposta judiciária de boa qualidade, idônea a atender às prementes necessidades da sociedade contemporânea. (MANCUSO, 2009, p. 329).

A atividade jurisdicional é colocada em movimento pelo ajuizamento de uma ação. Quando se trata da tutela jurisdicional de direitos metaindividuais, a ação para tanto promovida recebe a denominação de *ação coletiva*. Assim, ação coletiva é aquela ajuizada com a intenção de promover a tutela jurisdicional de direitos metaindividuais. Ou, dito de outra forma, trata-se de ação voltada para a solução "de litígios cujo objeto, por sua dimensão social, pode interessar, e efetivamente interessará, a uma pluralidade de sujeitos", consoante assevera José Roberto Freire Pimenta. (PIMENTA, 2009, p. 12-25).

O que qualifica a ação como coletiva ou individual é a natureza, coletiva ou individual, respectivamente, do direito deduzido em juízo, sendo ressalvada a hipótese do direito individual homogêneo, cuja defesa pode ser realizada por meio de ação coletiva em razão da sua dimensão social. Assim, é lícito falar em tutela de direitos coletivos (difusos e coletivos) e tutela coletiva de direitos individuais homogêneos.

Vittorio Denti afirma que "com a ação coletiva são deduzidas em juízo situações que transcendem necessariamente a parte, envolvendo coletividade mais ou menos ampla de cidadãos." (DENTI, 1988, p. 19).

Ações coletivas, segundo Sergio Chiarloni, são aquelas "ajuizadas por um sujeito singular no interesse de uma pluralidade de sujeitos (a classe) que se encontram em uma situação jurídica comum carente de tutela jurisdicional." (CHIARLONI, 2007, p. 26).

A ação coletiva tem por objeto a defesa de direitos metaindividuais, apresentando, no confronto com a ação individual, legitimidade, objeto e limites subjetivos da coisa julgada especiais. Por essa razão, Antonio Gidi propõe o conceito da ação coletiva, em que realça esses seus aspectos específicos, afirmando que coletiva "é a ação proposta por um legitimado autônomo (*legitimidade*), em defesa de um direito coletivamente considerado (*objeto*), cuja imutabilidade do comando da sentença atingirá uma comunidade ou coletividade (*coisa julgada*)." (GIDI, 1995, p. 16).

Para Kazuo Watanabe, a natureza verdadeiramente coletiva da demanda depende da legitimidade ativa para a ação e da natureza dos direitos nela tutelados, assim como "da causa de pedir invocado e do tipo de abrangência do provimento jurisdicional postulado e, ainda, da relação de adequação entre esses elementos objetivos da ação e a legitimação *ad causam* passiva." (WATANABE, 1992, p. 23).

A evolução das relações sociais conduziu ao reconhecimento de direitos de titularidade coletiva, o que torna presente a necessidade de um instrumental processual apto à sua adequada e efetiva tutela, dentre os quais a ação coletiva. Assevera Joaquín Silguero Estagnam que "o Direito está a serviço da sociedade e que desta relação instrumental, deriva a obrigação de adaptar-se ao contexto social em que deve ser aplicado." (ESTAGNAM, 1995, p. 37, tradução nossa)[313].

Consoante Augusto M. Morello,

> [...] a necessidade de implementar ações coletivas – isto é, reconhecer a titularidade para agir ante a justiça ou a administração, nos particulares e principalmente naquelas organizações que têm por fim assegurar os bens ou valores de que se trata, de poder exercer faculdades de caráter público ou de índole coletiva promovidas por particulares – faz parte das mudanças, transformações e adaptações de uma nova ordem jurídica, que, frente às novas exigências das sociedades do fim do século exigem que as técnicas de direito e garantias constitucionais sejam efetivas em concreto, para admitir o rol de mecanismos mais funcionais e eficazes para estes fins. (MORELLO, 1994, p. 91, tradução nossa).[314]

Constituem espécies do gênero ações coletivas: a) dissídio coletivo (arts. 114, §2º, da CR/88[315] e 616 da CLT); b) ação de cumprimento (art. 872 da CLT); c) mandado de segurança coletivo (art. 5º, LXX, alínea 'a', da CF/88 e Lei n. 12.016/09)[316]; d) mandado de in-

---

313 No original: "El Derecho está ao servicio de la sociedad y, de esta relación instrumental, si deriva la obrigación de adaptarse al contexto social em que debe ser aplicado."

314 No original: "La necesidad de implementar *acciones colectivos* – es decir reconocer la titularidad para operar ante la justicia o la administración, en los particulares y sobremanera en aquellas *organizaciones* que tienen por fin asegurar los bienes o valores de que se trata, de poder ejercer facultamientos de carácter público o de índole colectiva promovidas por particulares – forma parte de las mudanzas, transformaciones y adaptaciones de un nuevo orden jurídico. Que frente a los nuevos requerimientos de las scoiedades finiseculares obligan a las técnicas del Derecho y las garantías constitucionales a que sean efectivas en concreto. A admitir el rol de mecanismos más funcionales y efectivos para esos fines."

315 § 2º: "Recusando-se qualquer das partes à negociação coletiva ou à arbitragem, é facultado às mesmas, de comum acordo, ajuizar dissídio coletivo de natureza econômica, podendo a Justiça do Trabalho decidir o conflito, respeitadas as disposições mínimas legais de proteção ao trabalho, bem como as convencionadas anteriormente."

316 A ação de mandado de segurança é uma garantia constitucional para a defesa de direito líquido e certo, individual ou coletivo, de pessoa física ou jurídica, que não seja o de locomoção (direito amparado por *habeas corpus*) e que não tenha por objeto o conhecimento ou a retificação de dados relativos à pessoa do impetrante constantes de registros ou bancos de dados de entidades governamentais ou de caráter público (direito amparado por *habeas data*), contra ilegalidade ou abuso de poder praticado por autoridade pública ou agente de pessoa jurídica no exercício de atribuições do Poder Público. Dispõe o art. 21, parágrafo único, da Lei n. 12.016/09, que disciplina o mandado de segurança que: a) direitos coletivos, assim entendidos

junção coletivo (art. 5º, LXXI, da CR/88); e) ação civil pública (Lei n. 7.347/85 e art. 129, III, da CR/88)[317]; f) ação civil coletiva (arts. 91 a 102 do *CDC*)[318]; g) *arguição de descumprimento de preceito fundamental (art. 102, §1º, da CR/88 e Lei n. 9.882/1999)*; e h) *ação direta de inconstitucionalidade e ação declaratória de constitucionalidade (art. 102, I, "a", da CR/88 e Lei n. 9.868/99).*

Na seara trabalhista, as ações coletivas têm sido utilizadas para defender o meio ambiente do trabalho e a saúde dos trabalhadores e para combater o trabalho infantil, o trabalho escravo e forçado, a exigência de jornadas extenuantes, as terceirizações ilícitas, a discriminação no trabalho e a contratação pública sem concurso público, por exemplo.[319] O ajuizamento da ação coletiva faz surgir o *processo coletivo*. Assevera Cleber Lúcio de Almeida que

> [...] processo coletivo é método, instituído e estruturado pelo ordenamento jurídico, destinado à solução de conflitos que en-

---

"os transindividuais, de natureza indivisível, de que seja titular grupo ou categoria de pessoas ligadas entre si ou com a parte contrária por uma relação jurídica básica"; b) direitos individuais homogêneos, "assim entendidos os decorrentes de origem comum e da atividade ou situação específica da totalidade ou de parte dos associados ou membros do impetrante."

317 A ação civil pública é o meio processual apto para provocar a jurisdição visando à tutela de direito difusos, coletivos e individuais homogêneos, disciplina pela Lei n. 7.437/85.

318 Para Raimundo Simão de Melo, a ação civil coletiva é "espécie do gênero ação civil pública", que tem "natureza reparatória concreta, visando justamente à obtenção de reparação pelos danos sofridos pelos trabalhadores lesados, mediante reconhecimento genérico da obrigação de indenizar [...]. Trata-se [...] de uma ação destinada à reparação dos danos individualmente sofridos pelas vítimas, no caso da esfera trabalhista, os trabalhadores, ao contrário da ação civil pública que busca, em regra, o cumprimento de uma obrigação de fazer ou não fazer e uma condenação genérica, conforme o caso, pelos danos já causados aos interesses difusos e coletivos dos trabalhadores." (MELO, 2008, p. 206-208).

319 Ressalte-se que o direito processual do trabalho foi um dos primeiros a prever a possibilidade da tutela coletiva. Destaca Nelson Nery Júnior neste sentido que "a primeira vez que, no direito positivo brasileiro, viu a preocupação de tutelar coletivamente os interesses de um grupo ou da sociedade, foi justamente na área do Direito do Trabalho", na medida em que "a ação de dissídio coletivo (CLT, arts. 956 e ss) é forma de defesa, na Justiça do Trabalho, de direitos difusos, coletivos e individuais homogêneos", sendo por ele concluído que "deve-se à CLT, portanto, o pioneirismo em tratar, no âmbito legislativo, da problemática da tutela dos direitos transindividuais em juízo." (NERY JÚNIOR, 2000, p. 151). Aliás, o próprio direito do trabalho surge do movimento coletivo dos trabalhadores como reação às condições de trabalho a que eram submetidos no contexto da Revolução Industrial.

volvem interesses ou direitos difusos, coletivos ou individuais homogêneos (processo coletivo em sentido estático) ou a série de atos praticados pelas partes, juiz, auxiliares da justiça e eventualmente por terceiros, interdependentes, ordenados em fases sucessivas e coordenados ao objetivo de solucionar o conflito de interesses submetido ao Poder Judiciário e realizar concretamente direitos difusos, coletivos em sentido estrito ou individuais homogêneos atribuídos pela ordem jurídica (processo coletivo em sentido dinâmico). (ALMEIDA, 2014, p. 1285).

Fredie Didier Jr e Hermes Zaneti Jr conceituam processo coletivo como sendo aquele

> [...] instaurado por ou em face de um legitimado autônomo, em que se postula um direito coletivo *lato sensu* ou se afirma a existência de uma situação jurídica coletiva passiva, com o fito de obter um provimento jurisdicional que atingirá uma coletividade, um grupo ou um determinado número de pessoas. (DIDIER JR; ZANETTI JR, 2009, p. 43).

O ajuizamento da ação coletiva coloca em movimento a *jurisdição coletiva*, no sentido de atividade estatal voltada para a solução de conflitos coletivos de interesses e a tutela de direitos metaindividuais. Neste sentido, dispõe o art. 5º, XXXV, da CR/88 que a lei não excluirá da apreciação do Poder Judiciário lesão ou ameaça a direito, observando-se que não se fez referência a direitos apenas individuais, o que implica dizer que foi constitucionalmente reconhecido o direito à tutela jurisdicional de direitos metaindividuais. Este fato é confirmado, por exemplo, pelo art. 8º, III, da CR/88, que permite aos sindicatos ajuizarem ação visando à tutela de direitos e interesses coletivos, assim como pelo art. 129, III, também da CR/88, que confere legitimidade ao Ministério Público para promover ação civil pública visando à tutela de interesses difusos e coletivos.

A jurisdição coletiva valoriza a atuação judicial, por força do alcance da coisa julgada da decisão proferida em seu exercício. Com efeito, enquanto no processo individual a atuação judicial beneficia apenas as partes do processo, no processo coletivo esta atuação possui alcance bem superior - ou seja, "erga omnes" ou "ultra partes".

De outro lado, a dimensão coletiva dos direitos metaindividuais fez com que o legislador municiasse o juiz de poderes diferenciados. Vale mencionar neste sentido os poderes de que tratam os arts. 84 do CDC, segundo o qual na ação que tenha por objeto o cumprimento de obrigação de fazer ou não fazer o juiz está autorizado a conceder tutela específica da obrigação ou determinar providências que assegurem o resultado prático equivalente, concedendo, inclusive, a tutela liminar, com possibilidade de impor multa diária ao réu, sem que haja pedido do autor, o que só posteriormente passou a ser uma regra geral no nosso sistema processual, por força do art. 461 do CPC/1973.

Ademais, os próprios escopos do processo coletivo, que serão examinados no item **5.5** deste capítulo, trazem à luz a relevância da jurisdição coletiva, valendo mencionar que a tutela de direitos metaindividuais envolve, quando se trate de direitos fundamentais, a tutela da própria dignidade humana dos respectivos titulares. Isso significa que a tutela jurisdicional reforça a proteção da dignidade humana, lembrando-se, ainda, da estreita relação entre direitos fundamentais e Estado Democrático de Direito.

5.4. Direitos metaindividuais: difusos, coletivos e individuais homogêneos. Definição

A ação coletiva visa à tutela de direitos metaindividuais. Direitos metaindividuais constituem gênero do qual são espécies os direitos difusos, coletivos e individuais homogêneos, segundo definido no art. 81 do Código de Defesa do Consumidor, que aqui será utilizado como parâmetro, anotando-se que

> [...] consequência direta da nova dignidade constitucional dos direitos metaindividuais foi a previsão, no Código de Defesa do Consumidor dos direitos metaindividuais (Lei 8078, de 1990), de instrumentos conceituais capazes de auxiliar os operadores do direito na identificação dos direitos de massa. Dada a importância a eles atribuída pelo ordenamento e a dificuldade de se reconhecê-los na prática e na teoria jurídica da época, identificaram-se e normativizaram-se três categorias de direitos de grupos: direitos difusos, coletivos e individuais homogêneos. (GIDI, 2013, p. 19).

O art. 81 do Código de Defesa do Consumidor faz alusão, ao definir o objeto da tutela coletiva, a *interesses* ou *direitos*. E o fez, segundo Kazuo Watanabe, para "evitar que dúvidas e discussões doutrinárias, que ainda persistem a respeito dessas categorias jurídicas, possam impedir ou retardar a efetiva tutela dos interesses ou direitos dos consumidores e das vítimas ou seus sucessores". Explica o autor que os termos *interesses* e *direitos* foram usados como sinônimos e que, "a partir do momento em que passam a ser amparados pelo direito, os 'interesses' assumem o mesmo *status* de 'direitos', desaparecendo qualquer razão prática, e mesmo teórica, para a busca de uma diferenciação ontológica entre eles." (WATANABE, 2007, p. 819).

O legislador, portanto, utiliza as expressões *direitos* e *interesses* como sinônimas, no intuito de evitar embates sobre o objeto possível da tutela coletiva (interesses ou direitos), já que existia uma corrente doutrinária que negava a possibilidade de proteção judicial a interesses coletivos em sentido amplo, em prejuízo da sua efetividade. Como hvia riscos de "possível reducionismo, que poderia recair sobre a utilização da expressão 'interesses' ao invés de 'direitos', optou por uma solução conciliatória que acabou prestigiando a ambas, tornando-as equivalentes para fins de tutela jurisdicional." (VENTURI, 2007, p. 47).

Não fora isso, no ordenamento jurídico não existe qualquer consequência jurídica decorrente de diferença entre direitos e interesses legítimos, "diferentemente do que ocorre, por exemplo, na Itália, cuja Constituição se refere a direito e interesse legítimo como bens tuteláveis de modo diverso (a violação a um mero interesse implica o exercício da chamada 'jurisdição administrativa')." (PIZZOL, 2006, p. 93). Neste livro, as expressões *interesses* e *direitos* são utilizadas como sinônimas, dando preferência à expressão "direitos" apenas para evitar repetições.

As expressões *direitos metaindividuais* e *direitos transindividuais* são utilizadas para designar direitos cuja titularidade ultrapassa a esfera do indivíduo. O prefixo "meta", de origem grega, significa "além", "transcendência", ao passo que o prefixo "trans", que tem origem no latim, significa "movimento para além de", "através de" e "posição para além de".

Direitos metaindividuais ou direitos transindividuais não podem ser cindidos em esferas individuais, cuja titularidade é coletiva.

Ou seja, toda a sociedade, um grupo, uma categoria ou uma classe de pessoas. Há "apenas um único titular – e muito bem determinado: uma comunidade no caso dos direitos difusos, uma coletividade no caso dos direitos coletivos ou um conjunto de vítimas indivisivelmente considerado no caso dos direitos individuais homogêneos." (GIDI, 1995, p. 22).

Os direitos difusos e coletivos se referem a

> [...] um bem (*latíssimo sensu*) indivisível, no sentido de insuscetível de divisão (mesmo *ideal*) em 'quotas atribuíveis individualmente a cada qual dos interessados. Estes se põem numa espécie de comunhão tipificada pelo fato de que a satisfação de um só implica por força a satisfação de todos, assim como a lesão de um só constitui, *ipso facto*, lesão da inteira coletividade'.
> (MOREIRA, 1984, p. 184).

Consoante dispõe o art. 81, parágrafo único, do Código de Defesa do Consumidor (CDC), a defesa coletiva será exercida quando se tratar de:

a) "Interesses ou direitos difusos, assim entendidos, para efeitos deste Código, os transindividuais, de natureza indivisível, de que sejam titulares pessoas indeterminadas e ligadas por circunstâncias de fato" (parágrafo único, I,);

b) "Interesses ou direitos coletivos, assim entendidos, para efeitos deste Código, os transindividuais de natureza indivisível, de que seja titular grupo, categoria ou classe de pessoas ligadas entre si ou com a parte contrária por uma relação jurídica base" (parágrafo único, II);

c) "Interesses ou direitos individuais homogêneos, assim entendidos os decorrentes de origem comum" (parágrafo único, III).[320]

Cumpre definir, então, tais categorias:

---

320 Este conceito, por ser mais amplo, é o que será adotado neste livro. A Lei n. 12.153/2009, que trata do mandado de segurança coletivo, adotou um conceito mais restritivo de direitos individuais homogêneos que seriam, segundo dispõe, "os decorrentes de origem comum e da atividade ou situação específica da totalidade ou de parte dos associados ou membros do impetrante."

a) Direitos difusos

Direitos difusos são direitos transindividuais, de natureza indivisível, de que sejam titulares pessoas indeterminadas e ligadas por circunstâncias de fato. Os direitos difusos são transindividuais (direitos cuja titularidade pertence a pessoas indeterminadas ligadas por circunstâncias de fato), indivisíveis (em razão da indivisibilidade do seu objeto) e de fruição conjunta por todos os seus titulares (do que resulta que a sua satisfação ou lesão atinge a todos os seus titulares).

Os direitos difusos podem ser caracterizados a partir de dois aspectos, quais sejam: subjetivo - os titulares dos direitos são pessoas indeterminadas e ligadas por circunstâncias de fato; e objetivo - o bem jurídico objeto do direito é indivisível, o que significa que a sua lesão a todos prejudica e sua tutela a todos beneficia.

Péricles Prade define direitos difusos como aqueles que "pertencem de maneira idêntica a uma pluralidade de sujeitos mais ou menos vasta e mais ou menos determinada, a qual pode ser ou não unificada e unificada mais ou menos estreitamente, em uma coletividade", alinhando as seguintes características:

a) ausência de vínculo associativo;
b) alcance de uma cadeia abstrata de pessoas;
c) potencial e abrangente conflituosidade (a conflituosidade, convém destacar, parece ser uma nota constante nos interesses difusos);
d) ocorrência de lesões disseminadas (difusas) em massa; e
e) vínculos fáticos entre os titulares dos interesses. (PRADE, 1987, p. 45).

Como exemplos de direitos difusos podem ser citados: meio ambiente saudável, publicidade honesta, correto uso do solo urbano, retirada de produto nocivo do mercado, patrimônio histórico, artístico, estético, turístico ou paisagístico e gestão da coisa pública.

Na seara trabalhista, refletem situações que envolvem direitos difusos: greve em serviços ou atividade essenciais, contratação de empregados sem concurso público pela Administração Pública, discriminação na contratação de trabalhadores negros, portadores de deficiências físicas e mulheres em razão da gravidez e terceirização indiscriminada de mão de obra.

b) Direitos coletivos

Direitos coletivos são direitos transindividuais, de natureza indivisível, de que sejam titulares grupo, categoria ou classe de pessoas ligadas entre si ou com a parte contrária por uma relação jurídica base. Trata-se de direitos transindividuais (direitos que têm por titular determinado grupo, determinada categoria ou classe de pessoas ligadas entre si ou com a parte contrária por uma relação jurídica base), indivisíveis (em razão da indivisibilidade do seu objeto) e de fruição conjunta por todos os seus titulares (do que resulta que sua satisfação ou lesão atinge todos os seus titulares).

Direito coletivo é o direito de "grupo de pessoas não nominadas, mas integradas numa única força de pretensão que é comum a todos." (MOREIRA, 1977, p. 111).

Para Sérgio Shimura

> [...] um dos traços distintivos do interesse coletivo é a *organização*, visto que, sem ela, os interesses não podem aglutinar-se de forma coesa e eficaz no seio de grupo determinado. Essa organização, no entanto, nem sempre está delineada, com nitidez, sob pena de sufocar interesses *potencialmente* coletivos, ainda emergentes, incipientes e espontâneos. Também se caracteriza como interesse coletivo a existência de um vínculo jurídico básico, congregando em forma homogênea os que integram o grupo, a classe ou a categoria. (SHIMURA, 2006, p. 29).

Os direitos coletivos caracterizam-se pelos seguintes aspectos: subjetivo (trata-se de direito de titularidade de grupo, categoria ou classe de pessoas ligadas entre si ou com a parte contrária por uma relação jurídica base) e objetivo (indivisibilidade do bem da vida objeto do direito, sendo que a sua lesão a todos prejudica, ao passo que a sua tutela a todos beneficia).

Constituem exemplo de situação que envolve direitos coletivos as cláusulas abusivas constantes de contratos de adesão elaborados por instituições financeiras, ao passo que na esfera trabalhista podem ser mencionadas eliminação ou diminuição dos riscos no meio ambiente de trabalho e a dispensa coletiva de trabalhadores durante greve, como retaliação pela participação no movimento.

Anota Kazuo Watanabe que a diferença entre direitos difusos e direitos coletivos reside na

> [...] determinabilidade das pessoas titulares, seja por meio da relação jurídica base que as une (membros de uma associação de classe ou ainda acionistas de uma mesma sociedade), seja por meio do vínculo jurídico que as liga à parte contrária (contribuintes de um mesmo tributo, prestamistas de um mesmo sistema habitacional ou contratantes de um segurador com um mesmo tipo de seguro, estudantes de uma mesma escola etc.). (WATANABE, 2007, p. 824).

c) Direitos individuais homogêneos

Direitos individuais homogêneos são aqueles direitos cuja titularidade pertence a pessoas indeterminadas, mas determináveis, divisíveis, de fruição individual e decorrentes de origem comum. São direitos individuais que recebem tratamento coletivo em razão de sua origem comum e de sua transcendência social.

Nas palavras de José Carlos Barbosa Moreira, direitos de

> [...] dimensão social em razão do grande número de interessados e das graves repercussões na comunidade; numa palavra: do 'impacto de massa'. Motivos de ordem prática, ademais, tornam inviável, inconveniente ou, quando menos, escassamente compensadora, pouco significativa nos resultados, a utilização em separado dos instrumentos comuns de proteção jurídica, no tocante a cada uma das 'parcelas', consideradas como tais. (MOREIRA, 1984, p. 196).

A intenção do legislador ao incluir os direitos individuais homogêneos no rol dos direitos tuteláveis pela via coletiva foi conferir maior proteção a direitos individuais que, pela abrangência do fato danoso (origem comum), possuem dimensão coletiva.

Aduz Teori Albino Zavascki que os direitos individuais homogêneos são, "essencialmente, direitos subjetivos individuais que, embora passíveis de tutela coletiva na via judicial, nem por isso perdem a sua natureza, sob o ponto de vista material, de direitos pertencentes a pessoas determinadas, que sobre eles mantêm o domínio jurídico." (ZAVASCKI, 2011, p. 48).

Segundo Sérgio Shimura, os direitos individuais homogêneos têm origem em circunstância fática comum e representam um feixe de interesses individuais, mas a forma pela qual são exercidos é coletiva. Explica o autor que os direitos individuais homogêneos e os direitos difusos se diferenciam em razão da "divisibilidade da lesão" e da "determinabilidade do titular do direito ofendido." (SHIMURA, 2006, p. 30).

Assim, direitos individuais homogêneos são direitos de pessoas indeterminadas, mas determináveis, de natureza individual e decorrentes de origem comum. A origem comum dos direitos é que lhes confere homogeneidade e possibilita seu tratamento conjunto e uniforme, sem que, para isso, percam a sua condição de direitos individuais.

Como esclarece de Teori Albino Zavascki,

> [...] a homogeneidade não altera nem compromete a essência do direito, sob o seu aspecto material, que, independentemente dela, continua sendo um direito subjetivo individual. A homogeneidade decorre de uma visão do conjunto desses direitos materiais, identificando pontos de afinidade e de semelhança entre eles e conferindo-lhes um agregado formal próprio, que permite e recomenda a defesa conjunta de todos eles. (ZAVASCKI, 2011, p. 146).

Como exemplos de situações que envolvem direitos individuais homogêneos na esfera trabalhista, citam-se: ausência de pagamento de adicionais de insalubridade e periculosidade a determinado grupo de trabalhadores sujeitos às mesmas condições de trabalho e exigência de apresentação de atestado de esterilização por todas as empregadas de determinada empresa.

Observe-se que:

> Um único fato pode dar origem a interesses distintos. É o que acontece, por exemplo, se a chaminé defeituosa de uma usina esfumaçasse um bairro próximo, poluísse o seu próprio ambiente e provocasse doença de alguns empregados. Nessa hipótese, interesse seria *difuso* no tocante aos moradores do bairro, *coletivo* no que se refere ao grupo inteiro de empregados e *individual homogêneo* em relação aos doentes. (VIANA, 1995, p. 182-184).

Por conta dessa possibilidade, é a partir dos elementos do caso concreto que será definida a natureza dos direitos afetados.

O direito processual do trabalho não estabelece o que sejam direitos difusos, coletivos e individuais homogêneos, razão pela qual o art. 81, parágrafo único, do CDC serve como sua fonte subsidiária. Consoante assinala Michele Taruffo, não são somente os consumidores que necessitam de tutela coletiva: "basta pensar na infinidade de situações que dão a *mass torts* [...], para individualizar uma série de situações nas quais existem grupos, também bastante numerosos, de sujeitos cujas situações não poderão obter adequada proteção se não na forma coletiva." (TARUFFO, 2007, p. 14). Ainda segundo Michele Taruffo, "a tutela coletiva concebida como forma *geral* de proteção dos direitos e interesses transindividuais, não deve ser limitada a uma particular categoria de sujeitos ou a tipos particulares de situações jurídicas." (TARUFFO, 2007, p. 15).

5.5. Escopos do processo coletivo

O processo não constitui um fim em si mesmo, mas atende a um complexo de escopos, que decorrem da sua natureza instrumental. Destaca Cândido Rangel Dinamarco que

> [...[todo instrumento, como tal, é *meio*; e todo meio só é tal e se legitima, em função dos *fins* a que se destina. O raciocínio teleológico há de incluir então, necessariamente, a fixação dos escopos do processo, ou seja, dos *propósitos* norteadores da sua instituição e das condutas dos agentes estatais que o utilizam. (DINAMARCO, 2008, p. 176).

Cândido Rangel Dinamarco atribui ao processo *escopos sociais, políticos* e *jurídicos*.

Para ele, os *escopos sociais* dizem respeito à realização da paz social, que é abalada pelo conflito de interesses. Mas, segundo afirma, não se trata de uma paz social resultante apenas da decisão do conflito, devendo estes serem eliminados "mediante critérios justos – eis o mais elevado escopo social das atividades jurídicas do Estado." Ele acrescenta que também constitui escopo social do processo a educação, "na medida em que a população confie em seu Poder Judiciário, cada um dos seus membros tende a ser sempre mais zeloso dos próprios direitos e se sente mais responsável pela observância dos alheios." (DINAMARCO, 2008, p. 188-193).

Sobre o aspecto educacional, registra Cândido Rangel Dinamarco que a "educação do povo" consiste em conscientizar os membros da sociedade sobre seus direitos e suas obrigações para o cumprimento e respeito da ordem jurídica, destacando-se a observância do direito alheio e a luta pelo próprio direito. Segundo ele, "um objetivo a ser conseguido com a finalidade de chamar a própria população a trazer as suas insatisfações a serem remediadas em juízo." (DINAMARCO, 2008, p. 193). Afirma, ainda, que hoje em dia é reconhecida a existência de uma íntima ligação entre o sistema do processo e o modo de vida da sociedade e que

> [...] constituem inevitáveis realidades as insatisfações que afligem as pessoas, as quais são estados psíquicos capazes de comprometer sua felicidade pessoal e trazem em si uma perigosa tendência expansiva (conflitos que progridem, multiplicam-se, degeneram em violência etc.). Ignorar as insatisfações pessoais importaria criar clima para possíveis explosões generalizadas de violência e de contaminação do grupo, cuja unidade acabaria por ficar comprometida. (DINAMARCO, 2009, p. 131).

O escopo *político* do processo, segundo Cândido Rangel Dinamarco, pode ser considerado sob três aspectos:

> *Primeiro*, afirmar a capacidade estatal de decidir imperativamente (*poder*), sem o qual nem ele mesmo se sustentaria, nem teria razão de ser para o seu ordenamento jurídico, projeção positivada do seu poder e dele próprio; *segundo*, concretizar o culto ao valor liberdade, com isso limitando e fazendo observar os contornos do poder e do seu exercício, para a dignidade dos indivíduos sobre as quais ele se exerce; *finalmente*, assegurar a participação dos cidadãos, por si mesmos ou através de suas associações, nos destinos da sociedade política. Poder (autoridade) e liberdade são dois polos de um equilíbrio que, mediante o exercício da jurisdição o Estado procura manter. Participação é um valor democrático inalienável, para a legitimidade do processo político. (DINAMARCO, 2008, p. 198-199).

Outrossim, observe-se que "um dos meios de exercer a cidadania no Estado Democrático de Direito é a participação política dos membros da sociedade, premissa essa que repercute no sistema processual mediante a implantação e o estímulo a certos remédios destinados à participação política." (DINAMARCO, 2009, p. 134). Dentre os quais, podem ser destacadas a ação popular, a ação direta de inconstitucionalidade, a ação civil de improbidade administrativa e a ação civil pública.[321]

O *escopo jurídico* diz respeito à missão de efetivar a "vontade concreta do direito", ou seja, ao modo como o processo concorre para a vida do Direito, como "instrumento a serviço de uma ordem exterior", sendo esta ordem exterior "representada pelo conjunto de normas e princípios que atribuem bens da vida às pessoas, disciplinam condutas e ditam organização da convivência social – ou seja, ela é representada pelo que se denomina *direito substancial*" (DINAMARCO, 2008, p. 213), mas a partir de "uma ótica solidarista e mediante soluções destinadas também a grupos de indivíduos, e não somente a indivíduos enquanto tais." (DINAMARCO, 2008, p. 329). Destaca Cândido Rangel Dinamarco que "hoje, importa menos dar a cada um o que é seu, do que promover o bem de cada um através do bem comum da sociedade, tratando o indivíduo como membro desta e procurando a integração de todos no contexto social." (DINAMARCO, 2008, p. 329).

Conclui Cândido Rangel Dinamarco que os escopos do processo (sociais, políticos e jurídicos) integram a sua efetividade, posto que

> [...] a efetividade do processo, entendida como se propõe, significa a sua almejada aptidão a eliminar insatisfações, com justiça e fazendo cumprir o direito, além de valer como meio de educação geral para o exercício e respeito aos direitos e canal de participação dos indivíduos nos destinos da sociedade e assegurar-lhes a liberdade. Sempre, como se vê, é a visão dos objetivos que vem a iluminar os conceitos e oferecer condições para o aperfeiçoamento do sistema. (DINAMARCO, 2008, p. 320).

A todos é assegurado o direito de recorrer a um órgão jurisdicional para a tutela de seus direitos no caso de ameaça ou lesão. A

---

[321] O escopo político do processo inclui o exercício da liberdade individual e associativa contra os atos do Estado. "Estamos no campo das chamadas liberdades públicas e notadamente das garantias de preservação do princípio liberal nas relações entre o indivíduo e o ente político. O Estado democrático define-se e faz a solene promessa de observá-las e limitar o exercício do poder, de modo a não invadir a esfera de liberdade reservada aos indivíduos, com dano à vida em grupo ou ao desenvolvimento dos objetivos comuns; mas a realidade mostra episódios de transgressão a esses propósitos do Estado-de-direito, que de tempos em tempos avulta de modo insuportável." (DINAMARCO, 2008, p. 199). Para a defesa contra esses abusos, podem ser citados, exemplificadamente, o *habeas corpus*, o mandado de segurança individual ou coletivo, o mandado de injunção e o *habeas data*.

partir desta perspectiva, pode-se afirmar que a finalidade primeira do processo, enquanto instrumento de atuação da jurisdição, é a solucionar conflitos de interesses entre aquele que afirma ser titular de um direito e aquele a quem é atribuída a responsabilidade pela sua ameaça ou lesão. Trata-se de manifestação do escopo jurídico do processo.

Estabelecida a existência do direito deduzido em juízo, como consequência da solução do conflito de interesses submetido ao Poder Judiciário, cumpre promover sua realização concreta. Daí, por exemplo, dispor o direito processual do trabalho (art. 878 da CLT) que constitui dever do juiz promover a execução de ofício, o que se dá porque tutelar um direito não é apenas afirmar a sua existência quando ela tenha sido contestada, mas torná-lo uma realidade, entregando ao seu titular o bem da vida que constitui seu objeto. Dessa forma, o escopo jurídico do processo abarca a realização concreta do direito cuja existência é confirmada em juízo. Neste sentido, o processo serve ao direito material, sendo relevante mencionar a lição de Luiz Guilherme Marinoni de que

> [...] no Estado constitucional, pretender que o processo seja neutro em relação ao direito material é o mesmo que lhe negar qualquer valor. Isso porque ser indiferente ao que ocorre no plano dos direitos materiais *é ser incapaz de atender às necessidades de proteção ou de tutela reveladas pelos novos direitos e, especialmente, pelos direitos fundamentais.* Portanto, outorgar à jurisdição o escopo de tutela dos direitos é imprescindível para dar efetividade aos direitos fundamentais, inclusive ao direito fundamental à tutela jurisdicional efetiva. Com é óbvio, esta forma de conceber a função jurisdicional faz com que a ação neutra (única) perca sustentação, já que *essa ação é completamente incapaz de atentar para o papel que o direito hegemônico desenvolve diante da sociedade e do Estado.* (MARINONI, 2006, p. 241).

Note-se que falar em escopo jurídico do processo significa ter em mente a sua relação com o direito material, posto que ele tem como uma de suas finalidades precípuas "a efetiva realização do direito material, de modo a se alcançar a necessária justiça do caso concreto." (OLIVEIRA, 2012, p. 305-317).

O processo não tem por finalidade somente solucionar conflitos de interesses (pacificação social com justiça) e concretizar o direito material, ou seja, escopos jurídicos. Com efeito, como aduz José

Roberto dos Santos Bedaque, o processo "não tem por objetivo apenas a paz social, mas o acesso efetivo a valores jurídicos: paz social legítima é aquela obtida segundo os valores jurídicos da sociedade." (BEDAQUE, 2006, p. 60).

Neste contexto, o processo deve atender às normas que compõem a ordem jurídica e realizá-las corretamente. Contudo, o processo tutela não só direitos e a ordem jurídica, como serve à própria Constituição, o que fica mais patente nos casos, por exemplo, da ação direta de inconstitucionalidade e da ação declaratória de constitucionalidade. A realização concreta de valores e fins consagrados pela Constituição permeia, portanto, os escopos sociais, políticos e jurídicos do processo.

O processo, portanto, serve ao direito material e à ordem jurídica, além de contribuir para a concretização dos fins e dos valores constitucionalmente consagrados.

Neste sentido, José Roberto dos Santos Bedaque afirma que a verdadeira dimensão do processo é a

> [...] de instrumento voltado para fora do sistema, pois tem o escopo de conferir eficácia a outro direito – o material (jurídico), para, a final, atingir seus escopos últimos (social e político). Parece que o objetivo imediato da atividade jurisdicional é o jurídico, enquanto o social e o político constituem escopos do próprio Estado, que busca alcançá-los através de suas atividades. Pode-se afirmar que o escopo jurídico absorve o social e o político. Daí as decisões proferidas em conformidade com as regras de direito material serem aptas a pacificar e afirmar a autoridade do Estado, salvo nos casos excepcionais em que o próprio ordenamento substancial não corresponda à realidade social de seu tempo. Também por isso parece correto afirmar que o direito processual, como ramo do Direito, não tem por objetivo apenas a paz social, mas o acesso efetivo a valores jurídicos: paz social legítima é aquela obtida segundo os valores jurídicos da sociedade. No escopo jurídico da atuação da vontade concreta da lei estão compreendidos os escopos social e político, que parecem muito mais ligados ao próprio direito material a ser atuado pelo juiz. Deve ele servir como canal de comunicação entre a regra e a sociedade, a fim de adequá-la à realidade e às necessidades de seu tempo. Esse escopo social, todavia, configura fenômeno muito mais próximo do direito material. Resulta da interpretação a ser dada pelo juiz. Em última análise, o escopo do processo é jurídico, não obstante deva

o juiz atuar a vontade concreta da norma de direito material de modo a adequá-la à realidade social, atingindo, assim, o escopo social do processo. (BEDAQUE, 2006, p. 59-60).[322]

No mesmo compasso, Carlos Alberto Salles destaca que o processo produz "outras implicações não limitadas à realização do direito que assiste à parte", quais sejam:

> O de estimular as partes a uma solução amigável, na qual a 'máxima coincidência' dificilmente se realiza, uma vez que a solução conciliatória só é atingida porque elas abrem mão de parcela de seus interesses [...]. A tutela jurisdicional tem o significado de um recurso potencial, exercendo um importante papel simbólico para afastar o descumprimento da regra de direito material sem mesmo chegar a ser demandado. Por fim, as decisões judiciais, mesmo quando versando sobre interesses atomizados, têm notória influência na implementação das políticas públicas contidas nos textos legais, exercendo importante papel na realização de objetivos sociais neles contidos. (SALLES, 2003, p. 39-75).

Para Dinaura Godinho Pimentel Gomes, o processo é um instrumento ético:

> O processo, apesar de ser um instrumento dirigido à tutela de direitos (normalmente) privados, representa, contudo, uma função pública, que, longe de ser um fim em si mesmo, não é outra coisa a não ser um instrumento ético, como ensina Mauro Cappelletti. Assim, suas normas são dirigidas à resolução dos conflitos de interesses, de modo a garantir a efetividade do direito material, tal como ocorre de forma bem específica no processo do trabalho, que se coloca a serviço da realização dos valores sociais expressos em princípios e regras constitucionais e infraconstitucionais, onde vêm insculpidos inclusive os direitos fundamentais sociais (arts. 6º e 7º da CF/88). (GOMES, 2007, p. 42).

Nas palavras de Humberto Theodoro Júnior, o "devido processo legal ultrapassa a técnica de compor os litígios mediante a observância apenas das regras procedimentais, para assumir pesados

---

322 Flávio Luiz Yarshell assevera que "a ideia de que os escopos sociais e políticos da jurisdição estão diretamente atrelados ao escopo jurídico (atuação da vontade concreta do direito objetivo), e deste são consequência, visto que incumbe precipuamente ao direito material (não contudo exclusivamente à lei) a tarefa de estabelecer a fórmula para eliminação dos conflitos; ao atuá-lo, via jurisdição, o Estado estará promovendo a pacificação com justiça e reafirmando sua própria identidade." (YARSHELL, 1993, p. 17).

compromissos éticos com resultados *justos*." (THEODORO JÚNIOR, 2014, p. 188). Conclui o referido doutrinador:

> Daí falar-se, no século atual, em garantia de um processo *justo*, de preferência a um devido processo legal apenas. Mesmo no plano de aplicação das regras do direito material, o juiz não pode limitar-se a uma exegese fria das leis vigentes. Tem de interpretá-las e aplicá-las, no processo, de modo a conferir-lhes o sentido *justo*, segundo o influxo dos princípios e regras maiores retratados na Constituição [...]. Da evolução do devido processo legal surgiu o processo justo que assumiu, dentro da ordem constitucional, o *status* de direito fundamental, cujas dimensões ultrapassam uma estruturação justa do procedimento (aspecto formal), para apresentar-se também como 'um meio para atingir um fim, que é a *decisão justa*' (aspecto substancial). (THEODORO JÚNIOR, 2014, p. 188).

Adriana Goulart de Sena Orsini destaca que "alguns autores tratam dos chamados novos escopos do sistema processual, que seriam, pois, dirigidos à resolução dos conflitos: a capacitação (ou empoderamento) das partes, que é a educação para a composição das controvérsias, e a validação, que se traduz na compreensão recíproca das partes." (ORSINI, 2010, p. 143-173). Isso representa uma visão mais ampla da função educativa a que se refere Cândido Rangel Dinamarco (educação para o exercício dos próprios direitos e respeito aos direitos alheios), na medida em que comporta a educação para a própria solução dos conflitos.

O processo coletivo possui os mesmos escopos do processo individual em geral, ou seja, social, político e jurídico.

Com efeito, o processo coletivo:

a) É destinado à solução de conflitos e à realização concreta de direitos materiais metaindividuais, observando-se que ele contribui para a facilitação do acesso à justiça, e, com isso, para a manifestação em juízo de insatisfação quanto ao desrespeito à ordem jurídica, o que implica que ele contribui para a participação popular na solução dos conflitos.

Aduzem, a propósito, Mauro Cappelletti e Bryant Garth:

> O acesso à justiça é a pedra de toque do regime democrático. Não se pode falar de democracia sem o respeito pela garantia dos direitos dos cidadãos, que, por sua vez, não existem se o sistema

jurídico e judicial não for livre e de igual acesso a todos, independentemente da sua classe social, sexo, raça, etnia e religião. Daí porque resultam de grande valia como instrumento de atuação da Justiça o processo e a garantia de seus predicamentos, esta alçada à dignidade de direito fundamental: o direito ao devido processo legal que, haurido do Estado de Direito, além de atuar como instrumento de defesa do cidadão perante as intervenções estatais, contribui, por meio de sua efetividade, para o estabelecimento do Estado Democrático de Direito consagrado pelo Texto Constitucional em vigor. Nesse contexto o acesso à justiça pode, portanto, ser encarado como o requisito fundamental – o mais básico dos direitos humanos – de um sistema jurídico moderno e igualitário que pretenda garantir, e não apenas proclamar, os direitos de todos. (CAPPELLETTI; GARTH, 1988, p. 12).

b) Opera em favor do princípio da igualdade em relação à lei, na medida em que evita decisões conflitantes sobre controvérsias semelhantes, ressaltando-se que a uniformidade das decisões sobre situações idênticas contribui para aumentar a confiança na atuação do Poder Judiciário.

c) Favorece a duração razoável do processo, sendo relevante mencionar que o *Pacto de San José de Costa Rica* dispõe, em seu art. 8º, inciso 1, que toda pessoa tem direito a ser ouvida em juízo dentro de um prazo razoável.[323]

d) Contribui para a economia processual, uma vez que permite que em um processo único sejam solucionadas demandas que poderiam vir a juízo por meio de diversas

---

[323] Rodolfo de Camargo Mancuso chama a atenção para a "*crise de efetividade* que perpassa a Justiça estatal em nosso país", causando "uma frustação à expectativa, generalizada entre os jurisdicionados, de que a Justiça dará 'a cada um o que é seu', promessa implícita na indeclinabilidade/inafastabilidade da jurisdição (CF, art. 5º, XXXV), mas de difícil, senão remota, aplicabilidade prática, ao menos na perspectiva dos *clientes eventuais* do Judiciário", concluindo que "no interno da sociedade vão se infiltrando a insatisfação, a desconfiança e o descrédito na Justiça, ao passo que, entre os juristas preocupados com esse *déficit* avaliatório, avulta a desalentada percepção de que a decisão de mérito, que deveria representar o *ponto ótimo* da função judicial do Estado, hoje já não consegue atender – mormente quanto às lides plurisubjetivas, policêntricas e socialmente impactantes – aos quesitos de uma resposta de qualidade: *justa* (equânime, ponderada); *jurídica* (tecnicamente consistente e suficientemente motivada); *econômica* (balanço positivo no custo-benefício), *tempestiva* (razoável duração: CF, art. 5º, LXXVIII – EC 45/2004) e *razoavelmente previsível* (contrapondo-se à loteria judiciária)." (MANCUSO, 2009, p. 255).

ações individuais. A propósito, assinala Antonio Gidi que "o objetivo mais imediato das ações coletivas é o de proporcionar eficiência e economia processual, ao permitir que uma multiplicidade de ações individuais repetitivas em uma tutela de uma mesma controvérsia seja substituída por uma única ação coletiva." (GIDI, 2007, p. 25).

e) Fortalece o Poder Judiciário, "racionalizando o seu trabalho, permitindo que o Judiciário participe das grandes controvérsias nacionais; vale dizer que o processo coletivo tem sempre grande relevância social e política." (PIZZOL, 2006, p. 89).

f) Desempenha papel preventivo de lesões coletivas, posto que a tutela dos direitos metaindividuais estimula o cumprimento voluntário da ordem jurídica, registrando-se que o receio de possibilidade da tutela coletiva e da

> [...] consequente responsabilidade civil em massa, faz com que potenciais infratores se sintam desencorajados de praticar condutas ilícitas coletivas e resistam à tentação de obter lucros fáceis em detrimento de direitos e interesses de uma coletividade que, de outra forma, estaria completamente indefesa e vulnerável (*deterrence*). (GIDI, 2007, p. 36).

Esclarece José Roberto Freire Pimenta:

> A tutela metaindividual, se aplicada sistematicamente à esfera trabalhista, possibilitará a eliminação de vários vazios de tutela antes existentes, relativos a direitos trabalhistas de natureza difusa ou coletiva e com a natureza de direito fundamental social mas sem expressão patrimonial imediata e que, exatamente por isso, não podem ser adequadamente enfrentados pela reclamação trabalhista individual ajuizada pessoalmente pelo trabalhador interessado só depois de sua saída do emprego e visando apenas ao ressarcimento pecuniário de seus direitos individuais já definitivamente lesados. Ou seja, vários direitos trabalhistas hoje sistematicamente lesados ou ameaçados de lesão de forma impune, no curso da relação empregatícia, contarão com instrumentos processuais aptos a prevenir ou a inibir, de imediato, a ocorrência ou a continuação desses ilícitos na vigência dos contratos individuais de trabalho por meio de provimentos judiciais capazes de propiciar a tutela específica final desses direitos (e, se necessário, com a antecipação total ou parcial dos efeitos da tutela final de mérito pretendida, nos termos do art. 84 do CDC, com aplicação subsidiária dos arts.

273 e 461 do CPC). Em outras palavras, o Direito Material do Trabalho (constitucional e infraconstitucional) ganhará muito em efetividade, sob esse ângulo. (PIMENTA, 2009, p. 63-64).

g) Serve de instrumento para o equilíbrio de forças entre os litigantes, sendo relevante mencionar que, como aduz Antônio Baylos, "através da tutela da diferença, protege-se a igualdade em termos globais, consegue-se um direito desigual sem desigualdades." (BAYLOS, 1999, p. 19).

h) Realiza a dessubjetivação dos favorecidos, sendo digno de nota que a ação coletiva evita que o trabalhador sofra retaliação ou perseguição pelo ajuizamento de uma ação individual, registrando Antonio Gidi que

> [...] a ação coletiva também pode tutelar os interesses de pessoas temerosas de enfrentar diretamente o responsável pela conduta ilícita, com receio de represálias ou porque mantêm com ele uma relação que não querem ou não podem interromper. São os casos, por exemplo, das ações coletivas trabalhistas e em proteção de franqueados numa relação de *franchising*. (GIDI, 2007, p. 31).

i) Atua em favor da realização da cidadania e da democracia, porquanto, favorecendo o acesso à justiça e contribuindo para a efetividade dos direitos fundamentais, constitui valioso instrumento para a realização da cidadania, ao passo que, mediante a participação popular na administração da justiça, implica democracia participativa.

Assevera Ada Pellegrini Grinover:

> Pode-se afirmar, por certo, que os processos coletivos transformaram no Brasil o processo civil, hoje aderente à realidade social e política subjacente e às controvérsias que constituem seu objeto, conduzindo-o pela via da eficácia e da efetividade. E que, por intermédio dos processos coletivos, a sociedade brasileira vem podendo afirmar, de mais articulada e eficaz, seus direitos de cidadania. (GRINOVER, 2000, p. 23).

Ainda segundo Ada Pellegrini Grinover,

> [...] a participação na administração da justiça, ou seja no próprio exercício da jurisdição, representa, como bem disse Vittorio Denti, instrumento de garantia, de controle e de transformação; e responde à exigência de legitimação democrática do exercício da jurisdição e às instâncias prementes de educação cívica, segundo salienta Mauro Cappelletti. (GRINOVER, 1998, p. 116).

Aliás, as ações coletivas democratizam o próprio acesso à justiça, contemplando grupos e coletividades. "Ademais, há o reconhecimento da existência de conflitos que não são de natureza individual, mas o indivíduo em sua especificidade, isto é, como consumidor, como criança, como idoso, como negro, como deficiente físico, como portador de uma doença, como desprovido de habitação", concluindo-se que "é um instrumento para corrigir desigualdades, um instrumento de justiça distributiva." (SADEK, 2005, p. 286).

j) Fortalece os sindicatos, na medida em que lhes permite desempenhar o papel que lhes atribui a Constituição da República, no art. 8º, III. Os sindicatos serão fortalecidos à medida que utilizarem com eficiência todo o instrumental disponível para a defesa dos interesses e direitos da categoria que representa. O processo coletivo, atendendo esses escopos, fortalece o próprio direito do trabalho, posto que contribui para a realização concreta dos direitos que ele assegura aos trabalhadores, com vistas a proporcionar a melhoria da sua condição social e humana. Fortalecendo o direito do trabalho, o processo metaindividual favorece a democracia, quando se trate de direitos fundamentais, na medida em que estes criam as condições necessárias para a atuação política dos trabalhadores. Assinala Ingo Wolfgang Sarlet:

> Verifica-se que os direitos fundamentais podem ser considerados simultaneamente pressuposto, garantia e instrumento do princípio democrático da autodeterminação do povo por intermédio de cada indivíduo, mediante o reconhecimento do direito de igualdade (perante a lei e de oportunidade), de um espaço de liberdade real, bem como por meio da outorga do direito à participação (com liberdade e igualdade), na conformação da comunidade e do processo político, de tal sorte que a positivação e a garantia do efetivo exercício de direitos políticos (no sentido de direitos de participação e conformação do *status* político) podem ser considerados o fundamento funcional da ordem democrática e, neste sentido, parâmetro de sua legitimidade. (SARLET, 2012, p. 61).

Não se pode olvidar que o acesso aos direitos fundamentais metaindividuais constitui uma exigência do respeito à dignidade humana do homem que vive da alienação da sua força de trabalho.

Com isso, tornando concretos aqueles direitos, o processo coletivo atua em favor da dignidade humana, além do que o respeito à dignidade humana é uma condição para a construção do Estado Democrático de Direito.

k) Constitui fato de inclusão social, porquanto

> [...] nisso que credencia certos entes exponenciais – Ministério Público, associações, órgãos públicos, entes políticos – a portarem em juízo pretensões concernentes a vastas comunidades, empolgando interesses metaindividuais (defesa do consumidor, tutela do patrimônio público, preservação do meio ambiente) que, de outro modo, ou bem ficariam a depender de providências dos outros Poderes, ordinariamente sujeitas a trâmite intrincados e condicionados pelo ambiente político do momento; ou ainda, num panorama indesejável, tais mega-conflitos viriam pulverizados em multifárias demandas individuais. O antídoto para esse sombrio ambiente consiste no reconhecimento de um vero *interesse social* no encaminhamento dos conflitos de largo espectro para o plano processual coletivo. (MANCUSO, 2009, p. 334-335).

Por outro lado, Antonio Gidi assinala que constituem escopos do processo coletivo promover a economia e a eficiência processual, facilitar o acesso à justiça e a aplicação voluntária e "autoritativa do direito material" e promover políticas públicas. (GIDI, 2007, p. 25). Para Antonio Gidi,

> [...] o objetivo mais imediato das ações coletivas é o de proporcionar eficiência e economia processual, ao permitir que uma multiplicidade de ações individuais repetitivas em tutela de uma mesma controvérsia seja substituída por uma única ação coletiva [...]. Como observado pelo Comitê Consultivo da reforma de 1966, referindo-se às *class actions* do tipo 23 (b) (3), mas em expressão aplicável a todas as ações coletivas, as ações coletivas visam a 'atingir economia de tempo, esforço e despesas e a promover uniformidade das decisões entre pessoas em situação semelhante, sem sacrifício da justiça processual ou formação de outros resultados indesejáveis. (GIDI, 2007, p. 25-26).[324]

---

[324] Adverte Antonio Gidi que a economia processual proporcionada pelas ações coletivas "tem um aspecto negativo e socialmente indesejável. A ação coletiva viabiliza a tutela de um grande número de interesses individuais em uma única ação. Embora o procedimento coletivo tenha um custo apenas marginalmente superior ao de uma ação individual, a sentença coletiva tem um valor geometricamente potencializado, de acordo com o número de membros do grupo. A desproporção entre o baixo custo do

Sobre o *acesso à justiça*, afirma Antonio Gidi que, por meio das ações coletivas, são colocadas várias pessoas hipossuficiente e lesadas e o réu em um único processo, sujeitos a uma única sentença e em uma posição de igualdade. Com efeito, aduz Antonio Gidi:

> Situação em que a importância das ações coletivas é manifesta são as condutas ilícitas cometidas em larga escala, prejudicando um grande grupo de pessoas de forma similar. Isso é verdade principalmente nos casos em que, muito embora o valor total do dano causado ao grupo seja elevado, as correspondentes pretensões individuais são tão dispersas e tão reduzidas, que a propositura de ações individuais por cada lesado seria financeiramente inviável e irrealista (*small claims class actions*[325]). Esse tipo de violação em massa dos direitos é extremamente corriqueiro no mundo moderno, em que uma simples decisão de uma empresa pode prejudicar nas áreas do consumidor, antitruste e mercado de valores [...]. A ação coletiva também pode proporcionar a proteção de interesses de pessoas hipossuficientes, que nem mesmo sabem que seus direitos foram violados ou não possuem a iniciativa, independência ou organização necessárias para fazê-los valer em juízo. Potenciais beneficiárias são crianças, deficientes físicos ou mentais, pessoas pobres ou de pouca educação ou simplesmente ignorantes dos fatos ou dos seus direitos. A ação coletiva também pode tutelar os interesses de pessoas temerosas de enfrentas diretamente o responsável pela conduta ilícita, com receio de represálias ou porque mantêm com ele uma relação que não querem ou não podem interromper. Sãos os casos, por exemplo, das ações coletivas trabalhistas e em proteção de franqueados numa relação de *franchising*. (GIDI, 2007, p. 30-31).

Quanto ao escopo de *tornar efetivo o direito material e promover as políticas públicas do Estado*, assinala Antonio Gidi que ele pode ser obtido de duas formas, quais sejam:

> A primeira é através da realização *autoritativa* da justiça no caso concreto de ilícito coletivo, corrigindo de forma coletiva

---

> processo e o alto valor da sentença faz com que mesmo uma ação com uma pequena possibilidade de vitória seja economicamente viável para o grupo e extremamente perigosa para o réu. A situação de desigualdade entre as partes persiste, mas agora de forma invertida; a empresa-ré passa a estar em situação de desvantagem: deixa de ser opressora para se oprimida. Essa desproporção existente entre os interesses em jogo do grupo e os riscos para o réu está na base dos abusos existentes na prática das ações coletivas americanas, mas decorre da própria natureza das coisas e não pode ser evitada." (GIDI, 2007, p. 29).

325 Ações coletivas de pequenas causas.

o ilícito coletivamente causado (*corrective justice*). A segunda é realizada de forma profilática, através do estímulo da sociedade ao cumprimento voluntário do direito, através do desestímulo à prática de condutas ilícitas coletivas, por meio da sua efetiva punição (*deterrence*). Numa posição intermediária, entre compensação e prevenção, está o cumprimento *voluntário* através da ameaça de realização *autoritativa*: os acordos coletivos. O principal fator de estímulo à prática de ilícitos de pequeno valor contra um grupo de pessoas em uma sociedade desprovida da tutela coletiva de direitos é a sua alta lucratividade associada à certeza de impunidade [...]. Esse objetivo, assim, é diretamente associado aos dois anteriores: exatamente porque se proporciona o acesso econômico e efetivo à justiça de pretensões de pequeno valor, estimula-se a aplicação voluntária e autoritativa do direito material. (GIDI, 2007, p. 33).[326]

Destaca, ainda, Antonio Gidi que

> [...] a *class action* é uma forma extremamente efetiva de realização das políticas públicas, uma vez que permite ao Estado conhecer e resolver a totalidade da controvérsia coletiva em um único processo. Essa visão global e unitária da controvérsia permite ao Judiciário levar em consideração todas as consequências da sua decisão, na medida em que toma conhecimento de todos os diversos interesses existentes dentro do grupo e não somente dos interesses egoísticos das partes em uma ação individual. Ademais, obriga a parte que cometeu o ilícito coletivo a responder em juízo pela totalidade da conduta ilícita realizada contra a comunidade, o que potencializa a sua função de *deterrence* [...]. O direito norteamericano moderno percebeu que a forma mais eficiente de controlar o cumprimento (*enforcement*) de alguns tipos de leis com dimensões sociais (como as leis do consumidor, antitruste, civil *rights, securities* etc.) é atribuir tal con-

---

[326] Fredir Didier Jr e Hermes Zaneti Jr aduzem que os processos coletivos "servem à 'litigação de interesse público'; ou seja, servem às demandas judiciais que envolvam, para além dos interesses meramente individuais, aqueles referentes à preservação da harmonia e à realização dos objetivos constitucionais da sociedade e da comunidade. Interesses de uma parcela da comunidade constitucionalmente reconhecida, a exemplo dos consumidores, do meio ambiente, do patrimônio artístico, histórico e cultural, bem como, na defesa dos interesses dos necessitados e dos interesses minoritários nas demandas individuais clássicas [...]. Não interesses 'minoritários', mas sim interesses e direitos 'marginalizados', já que muitas vezes estão representados em número infinitamente superior aos interesses ditos 'majoritários' na sociedade, embora não tenham voz, nem vez [...]. A defesa do interesse público primário através dos litígios cíveis, inclusive na atuação de controle e realização de políticas públicas através desta 'litigação.'" (DIDIER JR; ZANETTI JR; 2009, p. 36).

trole diretamente às pessoas interessadas, e não somente através do controle monopolístico do Estado. Essa concepção deu origem à *private attorney general litigation*, ações de interesse social (cuja legitimidade, no Brasil, seria tendencialmente atribuída ao Ministério Público), propostas de forma privada diretamente pelas pessoas cujos direitos foram violados. (GIDI, 2007, p. 34)[327]

Acrescenta Antonio Gidi que as ações coletivas exercem uma *função educativa*. Tendo em vista a "limitação do Estado e da desconfiança na atuação competente e desinteressada dos funcionários públicos, a iniciativa privada é vista como um importante e desejável complemento à ação estatal." (GIDI, 2007, p. 35). São consideradas, ainda, como instrumentos centrais do processo regulatório da sociedade (*regulatory process*), porquanto, mesmo que a ação coletiva não traga benefício financeiro efetivo para os membros do grupo, isso não quer dizer que o seu prosseguimento seja inútil, pois o que importa é punir aquele que praticou a conduta ilícita, impedindo-o de auferir lucros com a conduta ilícita, desmotivando-a.

O processo coletivo "ostenta caráter de interesse público, porquanto consubstancia-se em respeitável instrumento de participação política da sociedade na gestão pública e na construção do bem comum", destacando-se que

> [...] sobrepõe-se ao processo individual, em importância, por assegurar o acesso à justiça e a efetividade da prestação jurisdicional, realizando direitos fundamentais na perspectiva do Estado Democrático de Direito [...]. O Estado Democrático de Direito é, portanto, um Estado no qual o poder – constituído democraticamente como resultado da soberania popular – é exercido dentro de limites juridicamente estabelecidos e que se pauta nos ditames dos direitos fundamentais, tornando o cidadão corresponsável pelos destinos da sociedade. É o mote onde as relações entre Estado e sociedade são redesenhadas na busca pela complementariedade entre a realização pessoal do indivíduo e a harmonia das relações sociais. Entremeio às premissas de participação e de cidadania ativa, de inclusão nos

---

[327] Segundo Antonio Gidi, "o cidadão, ao lutar pelo seu interesse pessoal, está tutelando o interesse da comunidade à qual pertence. A legitimidade para agir é dada ao cidadão, mas a função da ação proposta é a mesma daquela proposta pelo *attorney general*: a tutela do interesse público. É o que também poderia ser chamado de 'administração privado do interesse público', em uma paráfrase à famosa expressão de Zanobini, definindo a jurisdição voluntária." (GIDI, 2007, p. 35).

centros de poder, elevando o conteúdo emancipador da democracia, incorpora-se a essencialidade da tutela processual coletiva como instrumento de transformação da realidade social e de consumação de direitos fundamentais. (VASCONCELOS; THIBAU; OLIVEIRA, 2014, 66-67).[328]

O "caráter de interesse público" dos processos coletivos acima mencionado se justifica, porquanto

> [...] servem às demandas judiciais que envolvam, para além dos interesses meramente individuais, àqueles referentes à preservação da harmonia e à realização dos objetivos constitucionais da sociedade e da comunidade. Interesses de uma parcela da comunidade constitucionalmente reconhecida, a exemplo dos consumidores, do meio ambiente, do patrimônio artístico, histórico e cultural, bem como, na defesa dos interesses dos necessitados e dos interesses minoritários nas demandas individuais clássicas (não os dos habituais polos destas demandas, credor/devedor). Melhor dizendo, não interesses 'minoritários', mas sim interesses e direitos 'marginalizados', já que muitas vezes estes estão representados em número infinitamente superior aos interesses ditos 'majoritários' na sociedade, embora não tenham voz, nem vez. (DIDIER JR; ZANETI JR; 2009, p. 35-36).

Aliás,

> [...] o próprio conceito de interesse público deve ser repensado: não é um interesse mais importante daquele privado, mas um interesse de todos ou muitos, ou um interesse instrumental (ou intermediário), que deve ser satisfeito a fim de que outros interesses individuais sejam, por sua vez, satisfeitos. (PERLINGIERI, 2008, p. 146).

A ordem jurídica consagra fins e valores. O processo, assegurando o respeito à ordem jurídica, serve a esses fins e valores, atuando, portanto, na defesa da própria sociedade.[329] Ele também possui

---

328 Ademais, "o manto sobre o qual se realiza o processo coletivo é tecido sobre um ideal de *sensibilidade social*, uma vez que as decisões proferidas na sede de ação coletiva possuem a qualidade de imprimir reflexos a um maior número de pessoas e, assim, o potencial de soluções mais equânimes e democráticas, dirigidas às demandas de interesse público." (VASCONCELOS; THIBAU; OLIVEIRA, 2014, p. 69).

329 Assinala Carlos Alberto de Salles que "a prestação jurisdicional pretendida nas ações coletivas, embora tendo por base a própria atividade reguladora estatal, tem como objeto o cumprimento dos objetivos sociais contidos nos textos legais ou decorrentes de opções valorativas realizadas pela Constituição. Nessa medida, a tutela jurisdicional pode dirigir-se tanto à implementação direta daqueles objetivos, exigindo de

um escopo *humanizante*, em duplo sentido. É inerente à dignidade humana a capacidade de ter direitos, o que significa que negar esta capacidade é negar a própria humanidade da pessoa. Assim, possibilitando a luta pelo direito, o processo humaniza o seu titular. De outro lado, realizando concretamente direitos humanos e fundamentais, serve à dignidade humana. O escopo humanizante do processo traduz a centralidade da dignidade humana na ordem jurídica e social.

Anote-se que, assim como o processo não é um fim em si mesmo, ele próprio não pode se desenvolver de qualquer forma, ou seja, desconsiderando as garantias processuais, notadamente as constitucionalizadas, das partes, e também desconstruindo o que é assegurado aos trabalhadores pela ordem jurídica (assim como pode concretizar direitos, o processo pode ser utilizado para negar-lhe concretude).

Sobre o processo justo, Michele Taruffo assinala que existem pelo menos duas noções diferentes de processo justo. Para a primeira, é aquele em que "são postas em práticas todas as garantias processuais fundamentais, e em particular aquelas que concernem às partes." Para a segunda, "o processo é justo se arquitetado de modo que, além de assegurar que se ponham em prática as garantias, faça com que nele se obtenham decisões justas." (TARUFFO, 2012, p. 141). Segundo o doutrinador em destaque, a primeira destas concepções "tem a característica de não levar em consideração a natureza e a qualidade da decisão que encerra o procedimento. O processo, por conseguinte, é justo se e desde que seja correto o procedimento em que se articula; o que diz respeito à decisão é, sob esse prisma, irrelevante", ao passo que, quanto à segunda concepção,

---

particulares o cumprimento de determinadas posturas legais, ou como ao próprio Estado, para que atenda a obrigações legais de realizar determinada providência ou de exercer seu poder de polícia, levando em conta, inclusive, a possibilidade de agências ou órgãos públicos haverem sido 'capturados' ou 'cooptados' por interesses puramente privados. Nesse último caso, o processo judicial se presta a suprir deficiência do processo político. Trata-se, na verdade, do reconhecimento de uma necessária ampliação das funções jurisdicionais para apreciação de interesses que permaneciam subrepresentados na sociedade, os quais, sem essa abertura da justiça cível, quedar-se-iam sem a devida representação [...]. As chamadas ações coletivas vieram preencher essa lacuna." (SALLES, 2003, p. 39-73).

> [...] dificilmente se poderia considerar justo um processo sistematicamente orientado a produzir decisões injustas, ou para o qual fosse irrelevante que a decisão fosse injusta. Para prevenir tal eventualidade não é suficiente que o processo articule-se em um procedimento correto sob o prisma das garantias. Não vale em verdade, o argumento meramente retórico e conceitualmente circular segundo o qual seriam justas por definição as decisões derivadas desse procedimento. É verdadeiro, na realidade, o contrário. Mesmo um processo em que as garantias fundamentais são postas em práticas podem produzir uma decisão injusta, como ocorre – por exemplo – se for violada ou mal aplicada a norma substancial que regula a situação que é objeto do processo. (TARUFFO, 2012, p. 142).

Em suma, processo justo é aquele em que são respeitas as garantias processuais das partes e em que é realizada a justa e equânime solução dos conflitos de interesses levados ao Poder Judiciário, garantindo a adequada e efetiva tutela a quem tem um direito a ser protegido.

Quanto às garantias processuais a serem respeitadas, vale observar que elas não são apenas aquelas estabelecidas pela Constituição, cumprindo sejam respeitadas também aquelas asseguradas pelo direito internacional dos direitos humanos.

Quanto a este último aspecto, registre-se o direito internacional dos direitos humanos reconhece a todos os homens não só a titularidade de direitos humanos materiais, como também o direito de acesso à justiça, deste decorrendo o direito à jurisdição e ao processo (arts. 8º e 10 da *Declaração Universal dos Direitos do Homem*, arts. 2º, n. 3, "a", e 14 do *Pacto Internacional sobre Direitos Civis e Políticos* e arts. 8º e 25 da *Convenção Americana sobre Direitos Humanos*). Além disto, a *Declaração Universal dos Direitos Humanos* garante a todos o direito de receber dos tribunais competentes recurso efetivo para os atos que violem os direitos fundamentais reconhecidos pela Constituição ou pela lei (art. 8º). O *Pacto Internacional sobre Direitos Civis e Políticos* também estabelece o compromisso dos Estados dele signatários de assegurar que toda pessoa cujos direitos e liberdades nele reconhecidos hajam sido violados disponham de recurso efetivo, mesmo que a violência tenha sido perpetrada por pessoas que agiam no exercício de funções oficiais (art. 3, "a"). A *Convenção Americana sobre Direitos Humanos* dispõe em seu art. 25 que toda pessoa tem direito a um recurso simples e rápido ou a qualquer outro recurso efetivo, perante os juízes ou tribunais competentes que a proteja contra atos que violem seus direitos fundamentais reconhecidos pela Constituição, pela lei ou pela própria Convenção. Assim, o processo justo deve atentar também para os direitos humanos processuais, operando-se, portanto, o diálogo entre a ordem jurídica interna e a externa.

Registre-se, por fim, que são encontradas na doutrina afirmações no sentido de que o direito processual coletivo é insuficiente para a adequada e efetiva tutela dos direitos metaindividuais:

> O processo coletivo é insuficiente para o trato das demandas de massa. Primeiro, porque inúmeras demandas envolvem certos direitos individuais homogêneos, que, por força de lei, são excluídos da tutela coletiva. Segundo, porque há pontos sensíveis relativamente à legitimidade extraordinária, principalmente, em países como o Brasil, onde não há cultura associativa. Terceiro, porque há os problemas atinentes à (des)vinculação de terceiros ao resultado da demanda coletiva, o que muitas vezes não impede o ajuizamento de milhares de ações individuais, mesmo diante da pendência de ação coletiva. E, quarto, mas não menos importante, porque as ações coletivas 'promovem o rompimento político-ideológico com o dissenso, o pluralismo e as iniciativas individuais'. (ATAÍDE JR, 2014, p. 47).

Antônio do Passo Cabral também sustenta a insuficiência do processo coletivo para a tutela das demandas de massa:

> Não obstante os interesses relevantes na efetividade da tutela coletiva, sistemas automaticamente inclusivos e as técnicas de legitimidade extraordinária, além de dificultarem o exercício de faculdades processuais, promovem um rompimento político-ideológico com o dissenso, o pluralismo e as iniciativas individuais. A condução do processo por um ente estranho à coletividade pode esconder dissidências dentro da classe, vilipendiando a liberdade de talvez milhares de pessoas com opiniões divergentes, que poderiam inclusive ter adotado estratégia processual diversa se tivessem ajuizado demandas individuais. Em suma, é uma disciplina discrepante do princípio dispositivo, o devido processo legal e o pluralismo que deve nortear o contraditório moderno, compreendido como a ampla capacidade de influir, condicionar a decisão estatal expressa na sentença. A recente percepção destes problemas vem levando a doutrina

moderna a pregar a necessidade de equilibrar harmonicamente os interesses dos ausentes com as exigências da tutela coletiva. (CABRAL, 2011, p. 125).

Em que pese o respeito que merecem esses pontos de vista, as razões aqui invocadas para sustentar que a tutela coletiva é insuficiente para o trato das demandas de massa não se aplicam àquelas oriundas da relação de emprego, notadamente, porque, sabe-se, perfeitamente, que o trabalhador, por não contar com a garantia de emprego, tem receios de reclamar judicialmente contra seu empregador e sofrer represálias, que incluem até mesmo, a sua dispensa. Isso significa que a ação coletiva não afeta as iniciativas individuais, mas as substitui, favorecendo o acesso à justiça e ao próprio direito, ao passo que as questões processuais encontram respostas no microssistema do direito processual metaindividual do trabalho, como será demonstrado mais adiante.

Ao contrário do que argumentam os dois últimos doutrinadores citados, na esfera trabalhista o cenário é auspicioso:

> Nos tempos hodiernos, a utilização das demandas coletivas cada vez mais se amplia, com expansão das hipóteses de sua aplicação. Nada mais coerente, diante da complexidade das relações sociais e da assim chamada 'sociedade de massa'. Nesse contexto social, a grande maioria dos litígios envolve muitos sujeitos, de forma igual e simultânea. Por isso, essa modalidade de ação possibilita maior efetividade, celeridade e segurança na prestação jurisdicional. Por meio de apenas uma demanda, várias pessoas passam a ter a mesma pretensão defendida em juízo. Isso sem dúvida representa economia processual de relevo, possibilitando-se maior celeridade na entrega da tutela pelo Poder Judiciário, decorrente da redução do número de demandas propostas. Além disso, questões iguais passam a ter a mesma solução (decisão), fortalecendo a segurança jurídica e a confiabilidade na prestação jurisdicional. Em síntese, a efetividade da tutela jurisdicional encontra forte aliada nas ações coletivas. (GARCIA, 2010, p. 65).

5.6. Os princípios do microssistema do direito processual metaindividual do trabalho

O microssistema do direito processual metaindividual do trabalho possui seus próprios princípios ou diretrizes fundamentais, consagrados expressamente nas regras que o compõem ou que delas podem ser inferidos. Estes princípios têm origem constitucional e nas normas infraconstitucionais, valendo ressaltar que, ao lado deles, podem ser aplicados no processo coletivo, desde que com eles sejam compatíveis, os princípios de direito processual individual.

É importante ressaltar que, como adverte Giuseppe Chiovenda, "os processos das diferentes épocas, e também os distintos processos de uma mesma época e de um mesmo lugar, distinguem-se entre si pela diversidade dos princípios que os informam." (CHIOVENDA, 1977, p. 149, tradução nossa)[330]. Isso faz com que sejam considerados os princípios consagrados no sistema jurídico atual.[331]

5.6.1. *Princípios constitucionais*

São princípios **constitucionais** do microssistema do direito processual metaindividual do trabalho:

a) **Princípio do acesso coletivo à justiça**. A Constituição da República de 1988 reconhece direitos de natureza metaindividual. Também reconhece, expressamente, o direito de recorrer ao Poder Judiciário para a tutela de direitos coletivos (art. 5º, XXI e XXXV, 8º, III, e 129, III). Com efeito, o fato de o art. 5º, XXXV, da CR/88 não fazer distinção entre direitos individuais e direitos coletivos, ao lado da previsão no sentido de que podem ser propostas ações voltadas à tutela de interesses metaindividuais, por entes privados e públicos, deixa clara essa diretriz. Ou seja, que qualquer lesão ou ameaça a direito metaindividual não será excluída da apreciação do Poder Judiciário.

Vale ressaltar que esse princípio é também consagrado pela legislação infraconstitucional, observando-se que, para a defesa de direitos metaindividuais, podem ser propostos todos os tipos de

---

330 "Los processos de las diferentes épocas, y aun los distintos processos de una misma época y de un mismo lugar, distinguense entre sí por la diversidad de los princípios que los informan."

331 Ademais, "o direito ao acesso efetivo tem sido progressivamente reconhecido como sendo de importância capital entre os novos direitos individuais e sociais, uma vez que a titularidade de direitos é destituída de sentido, na ausência de mecanismos para sua efetiva reivindicação." (CAPPELLETTI; GARTH, 1988, p. 12).

ação (arts. 83 e 91 do CDC e art. 1º, II, e 21 da Lei n. 7.347/85), ao passo que vários são os entes legitimados para a propositura da ação coletiva (art. 81 e 82, do CDC; 5º XVII, 8º, III, 129, da CR/88).

Dentre os fatos que permitem afirmar a existência do princípio do acesso coletivo à justiça está a pluralidade dos entes legitimados para a propositura da ação coletiva, ressaltando-se que

> [...] a ideia-força, na tutela de interesses metaindividuais é a do *pluralismo* nas iniciativas judiciais, o que é facilmente constatável em vários pontos do ordenamento positivo: (*i*) a legitimação do M.P. à ação civil pública não exclui a de terceiros': CF, §1º do art. 129; (*ii*) a legitimação ativa nas ações pelo controle direto de constitucionalidade é assegurada a várias Autoridades e órgãos públicos: CF, art. 103; (*iii*) o mandado de segurança coletivo pode ser impetrado por 'partido político (...), organização sindical, entidade de classe ou *associação* [...]': CF, art. 5º, LXX; (*iv*) as ações fundadas em ato de improbidade administrativa podem ser propostas pelo M.P. ou pela Fazenda lesada: Lei 8.429/92, art. 17; (*v*) as 'entidades associativas' (sic) 'têm legitimidade para representar seus filiados judicial ou extrajudicialmente': CF, art. 5º, XXI. (MANCUSO, 2012, p. 568-569).

Assim, o acesso coletivo à justiça é uma exigência da própria democracia, além do que, como assinala Boaventura de Sousa Santos, "o tema do acesso à justiça é aquele que mais diretamente equaciona as relações entre o processo civil e a justiça social, entre igualdade jurídico-formal e desigualdade sócio-econômica." (SANTOS, 1997, p. 167).

Anote-se que "o acesso à justiça é um movimento em prol da afirmação do caráter instrumental e socializante do processo, bem como de análise crítica dos instrumentos oferecidos aos indivíduos para tornar efetiva a prestação jurisdicional", sendo da sua essência a "concepção do processo como um instrumento de realização efetiva dos direitos violados ou ameaçados de violação." (VASCONCELOS; THIBAU; OLIVEIRA, 2012, p. 72).

Não se olvide, outrossim, que, como assinala Luigi Paolo Comoglio, constituem causas que obstacularizam o acesso à justiça:

> a) a herança ideológica [...] de uma concepção meramente 'formal' do acesso à justiça, na esteira do individualismo liberalista do século XIX;
>
> b) uma 'igualdade de armas' não menos 'formal', privada de eficiente garantia que faz depender o êxito do juízo de mérito não

da habilidade e da capacidade diferenciada das contrapostas defesas das partes, no exercício dos instrumentos processuais disponíveis, mas do acertado e objetivo fundamento das demandas judiciais propostos;

c) os intoleráveis custos, econômicos e sociais, dos procedimentos contenciosos;

d) a sua duração irracional, que conduz, por isso mesmo, a verdadeira e própria 'denegação de justiça';

e) a tradicional ineficiência daqueles sistemas de *legal aid* para os não abastados;

f) a inadequação dos meios e das formas de tutela dos interesses 'coletivos', 'fragmentados' ou 'difusos', insuscetíveis de ação meramente individual, mas tecnicamente melhor tuteláveis por 'ações de classe' (ou de categoria);

g) a crônica e grave ineficiência dos meios de execução forçada dos provimentos jurisdicionais condenatórios. (COMOGLIO, 2004, p. 24-26).

Explica Adriana Goulart de Sena Orsini:

> Na concepção de um processo justo, o clássico direito de ação se transforma não apenas em meio de se recorrer ao Poder Judiciário para a defesa dos direitos individuais, mas também para o estabelecimento de um verdadeiro direito material da justiça, que requer a remoção dos obstáculos econômicos e sociais que impedem o efetivo acesso à jurisdição. (ORSINI, 2010, p. 143-174).

A adoção pelo microssistema de direito processual metaindividual do trabalho do princípio do acesso coletivo à justiça exige a luta firme e constante contra esses obstáculos.

A *Carta dos Direitos Fundamentais da União Europeia* reconhece aos trabalhadores o direito de recorrer em caso de conflitos de interesses às ações coletivas para a defesa de seus interesses (art. 28[332]). Isso demonstra que o acesso coletivo à justiça constitui uma preocupação que não se apresenta apenas no Brasil. O mesmo pode ser dito em relação a outros países da América Latina, observando-

---

[332] "Os trabalhadores e as entidades patronais, ou as respectivas organizações, têm, de acordo com o direito comunitário e as legislações e práticas nacionais, o direito de negociar e de celebrar convenções colectivas, aos níveis apropriados, bem como de recorrer, em caso de conflito de interesses, a acções colectivas para a defesa dos seus interesses, incluindo a greve."

-se, neste sentido, que a Constituição colombiana de 1991 faz referência, no art. 88, à ação popular voltada à "proteção dos direitos e interesses coletivos" e à ação de grupo, destinada à reparação de "danos causados a um número plural de pessoas" (AYARZA; RODRÍGUEZ; RAMOS. 2013, p. 13). Vale fazer referência, ainda, ao *Código General del Proceso do Uruguai*, que também alude à defesa de interesses difusos, em seu art. 42.[333]

No território europeu, destaque-se, ainda, a legislação portuguesa, que, além de dispor que "a todo o direito, excepto quando a lei determine o contrário, corresponde a acção adequada a fazê-lo reconhecer em juízo, a prevenir ou reparar a violação dele e a realizá-lo coercitivamente, bem como os procedimentos necessários para acautelar o efeito útil da acção" (art. 2º, 2, do Código de Processo Civil), dispõe no art. 26-A, que

> têm legitimidade para propor e intervir nas acções e procedimentos cautelares destinados, designadamente, à defesa da saúde pública, do ambiente, da qualidade de vida, do património cultural e do domínio público, bem como a protecção do consumo de bens e serviços, qualquer cidadão no gozo dos seus direitos civis e políticos, as associações e fundações defensoras dos interesses em causa, as autarquias locais e o Ministério Público, nos termos previstos na lei.

b) **Princípio da duração razoável do processo.** Está consagrado no art. 5º, LXXVIII, da CR/88, segundo o qual, "a todos, no âmbito judicial e administrativo, são assegurados a razoável duração do processo e os meios que garantam a celeridade de sua tramitação". Alcança os processos coletivos, posto que não basta assegurar o acesso à justiça para a defesa de direitos metaindividuais, devendo a resposta ao pedido de tutela ser dada no menor espaço de tempo possível, sem dilações indevidas.

Como assinala Vitor Salino de Moura Eça,

---

[333] "No caso de questões relativas à defesa do meio ambiente, de valores culturais ou históricos e, em geral, que pertençam a um grupo indeterminado de pessoas, estarão legitimados indistintamente para promover o processo pertinente, o Ministério Público, qualquer interessado e as instituições ou associações de interesse social que segundo a lei ou a juízo do tribunal garantam uma adequada defesa do interesse comprometido." (Código General del Proceso Uruguay. Montevideo: Euros, 2005, p. 19, tradução nossa).

> [...] o direito ao exercício do direito de ação, com um processo de duração razoável de tempo, suplanta todos os objetivos fundamentais do Estado até aqui, pois permite ao cidadão não só exercer o seu direito, mas obtê-lo num espaço de tempo satisfatório, ou seja, útil às suas necessidades e expectativas. (EÇA, 2008, p. 95).

Digno de nota que "a duração do processo em tempo adequado reverte como proveito para todos, não só para os litigantes. Um verdadeiro fator de promoção social, educando os cidadãos." (EÇA, 2008, p. 96).

O direito processual do trabalho já consagra este princípio, como se vê do art. 765 da CLT, que impõe ao juiz o dever de cuidar para que o processo se desenvolva de forma rápida, isto é, sem dilações indevidas, o que implica reconhecimento do direito à duração razoável do processo.

O CPC de 2015, no art. 6º, atribui a todos os sujeitos do processo o dever de cooperar para que se obtenha, em tempo razoável, decisão de mérito justa e efetiva, reafirmando o princípio em questão.

c) Princípio da universalidade da jurisdição. O acesso aos órgãos jurisdicionais deve ser assegurado da forma mais ampla possível, o que constitui uma tônica do direito processual metaindividual, registrando-se que é por seu intermédio "que as massas têm a oportunidade de submeter aos tribunais as novas causas [...]. O tratamento coletivo de interesses e direitos comunitários é que efetivamente abre as portas à universalidade da jurisdição." (GRINOVER, 2007, p. 29-30).

Cândido Rangel Dinamarco esclarece:

> A garantia de ingresso em juízo (ou o chamado 'direito de demanda') consiste em assegurar às pessoas o acesso ao Poder Judiciário, com suas pretensões e defesas a serem apreciadas, só lhes podendo ser negado o exame em casos perfeitamente definidos em lei (universalização do processo e da jurisdição). Hoje busca-se evitar que conflitos pequenos ou pessoas menos favorecidas fiquem à margem do Poder Judiciário; legitimam-se pessoas e entidades à postulação judicial (interesses difusos, mandado de segurança coletivo, ação direta de inconstitucionalidade estendida a diversas entidades representativas); e o Poder Judiciário, pouco a pouco, vai chegando mais perto do exame do mérito dos atos administrativos, superando a ideia

fascista da discricionariedade e a sutil distinção entre direitos subjetivos e interesses legítimos, usadas como escudo para assegurar a imunidade deles à censura jurisdicional. Nessa e em outras medidas voltadas à universalidade do processo e da jurisdição reside o primeiro significado da garantia constitucional do controle judiciário e o primeiro passo para o acesso à justiça. (DINAMARCO, 2008, p. 359-360).

Este princípio é inferido no art. 5º, XXXV ("a lei não excluirá da apreciação do Poder Judiciário lesão ou ameaça a direito"), LIII ("ninguém será processado nem sentenciado senão pela autoridade competente") e LIV ("ninguém será privado da liberdade ou de seus bens sem o devido processo legal") da CR/88. O CPC de 2015, no art. 3º, reafirma o que consta do art. 5º, XXXV, da CR/88.

A universalidade da jurisdição constitui, inclusive, um direito humano, expressamente, consagrado no art. VIII da *Declaração Universal dos Direitos Humanos*, segundo o qual "toda pessoa tem o direito de receber dos Tribunais nacionais competentes recurso efetivo para os atos que violem os direitos fundamentais que lhe sejam reconhecidos pela Constituição ou pela lei" (MAZZUOLI, 2013, p. 798), bem como no art. XVIII, da *Declaração Americana dos Direitos e Deveres do Homem*, *in verbis*: "Toda pessoa pode recorrer aos tribunais para fazer respeitar os seus direitos [...]." (MAZZUOLI, 2013, p. 835).

Não se olvide de que este princípio "deve ser entendido, à luz dos valores e princípios do nosso tempo, como inspirador da regra de que todos têm o direito a uma tutela efetiva e eficaz" e de que "a celeridade, a efetividade e a resolução do conflito são 'valores' para o Judiciário trabalhista consoante pode se extrair de suas estatísticas e, também e principalmente, em face da atuação de seus magistrados", como destaca Adriana Goulart Sena Orsini. (ORSINI, 2010, p. 143-174).

d) **Princípio da participação**. No Estado Democrático de Direito, a participação é da essência do modelo processual, observando-se que, como aduz Ada Pellegrini Grinover,

> [...] enquanto no processo civil individual a participação se resolve na garantia constitucional do contraditório (*participação no processo*), no processo coletivo a participação se faz também *pelo processo*. A participação popular pelo processo contava

com exemplo clássico no processo penal brasileiro, pela instituição do Tribunal do Júri. Para os demais processos, sustentava-se enquadrar-se também no momento participativo o exercício da função jurisdicional por advogados e membros do MP, por força do quinto constitucional; e, ainda, da atividade de conciliadores, como nos Juizados Especiais e, mais timidamente, no processo comum. Mas se tratava de exemplos pontuais, ao passo que com o acesso das massas à justiça, grandes parcelas da população vêm participar do processo, conquanto por intermédio dos legitimados à ação coletiva. Aliás, uma consideração deve ser feita que distingue a *participação no processo*, pelo contraditório, entre o processo individual e o processo coletivo. Enquanto no primeiro o contraditório é exercido diretamente, pelo sujeito da relação processual, no segundo – o processo coletivo – o contraditório cumpre-se pela atuação do portador, em juízo, dos interesses ou direitos difusos e coletivos (transindividuais) ou individuais homogêneos. Há, assim, no processo coletivo, em comparação com o individual, uma participação maior *pelo processo*, e uma participação menor *no processo*: menor, por não ser exercida individualmente, mas a única possível num processo coletivo, onde o contraditório se exerce pelo chamado 'representante adequado'. (GRINOVER, 2007, p. 30).[334]

As ações coletivas propiciam a participação popular na tutela jurisdicional dos direitos metaindividuais, tratando-se de "efetivo instrumento ligado à ideia de democracia participativa ou de incremento da participação direta no poder e na vida social." (MARINONI, 2006, p. 429). Anota, ainda, Luiz Guilherme Marinoni:

> O particular participa, ainda que indiretamente, através das ações coletivas, na busca de tutela dos direitos transindividuais, os quais, não fossem tais ações certamente ficariam sem instrumentos judiciais capazes de lhes dar proteção. Para a efetividade dos direitos transindividuais foi necessário repensar a legitimidade para a causa, que antes era relacionada apenas com a titularidade do direito material [...]. As ações coletivas, além

---

334 Francesco Carnelutti adverte que "uma concepção simplista do processo pode levar a crer que, a proposição das razões e das provas, tudo se reduza a um ataque e a uma resposta; o autor propõe suas razões e suas provas e o demandado lhe opõe as suas [...]. Segundo esta concepção simplista, não apenas o comparecimento exauriria o intercâmbio das alegações, como também a discussão porque, apresentados um e outro escrito, o juiz, de repente, poderia decidir [...]. A experiência mais elementar nos ensina que não pode ser assim [...]. O fato de o ataque e a resposta se transformarem em um diálogo, que nem sempre será breve, é uma verdade que a reflexão descobre com facilidade e que a experiência confirma com segurança." (CARNELUTTI, 2004, p. 171-172).

de objetivarem a tutela dos direitos fundamentais que exigem prestações sociais e proteção normativa e fática, constituem condutos ou vias para a participação do cidadão, ainda que essa participação se dê através de entes legitimados [...] O processo, nessa dimensão, assume a condição de via ou conduto de participação, e não apenas de tutela jurisdicional. Além de instrumento da jurisdição para a tutela dos direitos na perspectiva dos direitos fundamentais, o processo para a ser instrumento para que o cidadão possa participar em busca da realização e da proteção dos seus direitos fundamentais e patrimônio público. Ou melhor: o processo, nessa perspectiva, mais do que instrumento do poder, é instrumento para a *participação no poder*, contribuindo para a otimização da participação do povo ou, em outros termos, para democratizar a democracia através da participação. (MARINONI, 2006, p. 430).

Este princípio está consagrado nos arts. 5º, LXIX, LXX, letras "a" e "b"[335], e LXXIII[336], 37, §§4º e 5º[337] da CR/88 (estes últimos dispositivos foram regulamentados pela Lei n. 8.429/92). A autorização constitucional para o ajuizamento de mandado de segurança, ação popular e ação civil de improbidade administrativa voltados à punição de atos ilícitos praticados pela Administração Pública e ressarcimento aos cofres públicos demonstra a opção pela participação popular pelo e no processo.

---

335 Dispõe o art. 5º, LXIX, LXX, letras "a" e "b": "LXIX - conceder-se-á mandado de segurança para proteger direito líquido e certo, não amparado por "habeas-corpus" ou "habeas-data", quando o responsável pela ilegalidade ou abuso de poder for autoridade pública ou agente de pessoa jurídica no exercício de atribuições do Poder Público; LXX: "o mandado de segurança coletivo pode ser impetrado por: a) partido político com representação no Congresso Nacional; b) organização sindical, entidade de classe ou associação legalmente constituída e em funcionamento há pelo menos um ano, em defesa dos interesses de seus membros ou associados.

336 Prevê o inciso LXXIII do art. 5º da CR/88: "Qualquer cidadão é parte legítima para propor ação popular que vise a anular ato lesivo ao patrimônio público ou de entidade de que o Estado participe, à moralidade administrativa, ao meio ambiente e ao patrimônio histórico e cultural, ficando o autor, salvo comprovada má-fé, isento de custas judiciais e do ônus da sucumbência."

337 "§ 4º - Os atos de improbidade administrativa importarão a suspensão dos direitos políticos, a perda da função pública, a indisponibilidade dos bens e o ressarcimento ao erário, na forma e gradação previstas em lei, sem prejuízo da ação penal cabível.
§ 5º - A lei estabelecerá os prazos de prescrição para ilícitos praticados por qualquer agente, servidor ou não, que causem prejuízos ao erário, ressalvadas as respectivas ações de ressarcimento."

Valorizando a participação das partes no processo, dispõe o art. 10 do CPC de 2015 que o juiz não pode decidir com base em fundamento a respeito do qual não se tenha dado às partes oportunidade de se manifestar, ainda que se trate de matéria sobre a qual deva decidir de ofício, ao passo que segundo o art. 489, IV, do mesmo Código, não considera fundamentada qualquer decisão judicial que não enfrentar todos os argumentos deduzidos no processo capazes de, em tese, infirmar a conclusão adotada pelo julgador, valendo mencionar, ainda, que, se o juiz constatar de ofício fato novo, sobre ele ouvirá as partes antes de decidir (art. 493, parágrafo único do CPC/2015).

e) **Princípio da economia**. A Constituição da República de 1988, ao impor aos poderes públicos o respeito ao princípio da eficiência (art. 37, *caput*), permite afirmar que o processo, enquanto instrumento por meio do qual é desenvolvida uma atividade estatal (jurisdição), deve produzir o maior resultado prático possível com um mínimo emprego de atividades processuais e dispêndios econômicos, sendo a observância da eficiência expressamente imposta ao juiz pelo art. 8º do CPC de 2015.

Ademais, as ações coletivas atendem à necessidade de economia processual, uma vez que permitem que em um processo único sejam solucionadas demandas que poderiam vir a juízo por meio de diversas ações individuais, o que significa que a economia processual deve ser a sua tônica.

f) **Princípio da tutela jurisdicional coletiva adequada e efetiva**. O microssistema de direito processual metaindividual do trabalho tem como diretrizes fundamentais a facilitação do acesso à justiça e a tutela jurisdicional adequada e efetiva dos direitos assegurados pela ordem jurídica.

Este princípio é inferido do inciso XXXV do art. 5º da CR/88, na medida em que por meio dele é assegurado o direito à tutela adequada e efetiva contra qualquer lesão ou ameaça de direito, assim como do inciso LIX do mesmo art. 5º, posto que "devido processo legal" é aquele capaz de assegurar tutela jurisdicional adequada e efetiva a quem recorre ao Poder Judiciário.

Este princípio é confirmado pelo art. 83 do CDC, que faz expressa referência às ações capazes de propiciar a adequada e efetiva tutela dos direitos metaindividuais, bem como pelo art. 84 do CDC, segundo o qual, "na ação que tenha por objeto o cumprimento da obrigação de fazer ou não fazer, o juiz concederá a tutela específica da obrigação ou determinará providências que assegurem o resultado prático equivalente ao do adimplemento".

Digna de registro, ainda, a Lei Complementar n. 80/94, que organiza a Defensoria Pública da União, do Distrito Federal e dos Territórios e prescreve normas gerais para sua organização nos Estados e dá outras providências, cujo art. 4º inclui entre as funções institucionais da Defensoria Pública:

> VII – promover ação civil pública e todas as espécies de ações capazes de propiciar a adequada tutela dos direitos difusos, coletivos ou individuais homogêneos quando o resultado da demanda puder beneficiar grupo de pessoas hipossuficientes; [...]; X – promover a mais ampla defesa dos direitos fundamentais dos necessitados, abrangendo seus direitos individuais, coletivos, sociais, econômicos, culturais e ambientais, sendo admissíveis todas as espécies de ações capazes de propiciar, sua adequada e efetiva tutela.

Quem recorre ao Poder Judiciário tem direito à tutela adequada. Ressalta J. J. Gomes Canotilho que o direito à tutela jurisdicional não pode ser aniquilado "em virtude da inexistência de uma *determinação legal* da via judicial adequada" e da "determinação dos caminhos judiciais [...] de tal modo confusa (ex.: através de reenvios sucessivos de competência) que o particular se sinta tão desprotegido como se não houvesse via judiciária nenhuma". Acrescenta que em qualquer destas situações "haverá violação do princípio do Estado de direito e do direito fundamental de acesso ao direito e à via judiciária." (CANOTILHO, 2003, p. 497).

Luiz Guilherme Marinoni e Daniel Mitidiero afirmam que o direito à tutela adequada significa a existência

> (i) de *procedimentos com nível de cognição apropriado* à tutela do direito pretendida; (ii) de distribuição adequada do *ônus da prova*, inclusive com possibilidade de *dinamização e inversão*; (iii) de *técnicas antecipatórias* idôneas a distribuir isonomicamente o ônus do tempo no processo, seja em face da *urgência*, seja em face da *evidência*; (iv) de *formas de tutela jurisdicional com executividade intrínseca*; (v) de *técnicas executivas* idône-

as; e (vi) de *standards para valoração probatória* pertinentes à natureza do direito material debatido em juízo. (MARINONI; MITIDIERO; 2012, p. 630-631).

Pode ser alinhada ainda como elemento da tutela adequada a capacidade do processo de atender às especificidades do direito objeto de disputa judicial. Cada direito deve contar com uma proteção jurisdicional que atenda a suas especificidades. O reconhecimento do direito à tutela adequada, "mediante a consideração das várias necessidades de direito substancial, dá ao juiz o poder-dever de encontrar a técnica processual idônea à proteção (ou à tutela) do direito material." (MARINONI, 2009, p. 125-126). Note-se, nesse sentido, por exemplo, que os arts. 798 do CPC/1973 e 297 do CPC/2015[338] (permitem ao juiz deferir medidas cautelares não previstas de forma expressa, mas que sejam adequadas à garantia da utilidade prática do processo, em uma clara demonstração da existência do poder-dever a que se refere Luiz Guilherme Marinoni. O mesmo pode ser dito em relação ao disposto no art. 461 do CPC/1973 (497[339] e 536[340] do CPC de 2015) e no art. 84 do CDC, segundo os quais o juiz poderá tomar as medidas necessárias para garantir a efetivação da tutela específica.

J. J. Gomes Canotilho inclui entre as condições da tutela adequada:

> (1) a proibição de requisitos processuais desnecessários ou desviados de um sentido conforme ao direito fundamental de acesso aos tribunais;
>
> (2) a existência de fixação legal prévia dos requisitos e pressupostos processuais dos recursos e ações;
>
> (3) a *sanação* de irregularidades processuais como exigência do direito à tutela judicial. (CANOTILHO, 2003, p. 499).

---

338 Dispõe o art. 297 do CPC de 2015 que "o juiz poderá determinar as medidas que considerar adequadas para efetivação da tutela provisória."

339 Segundo o art. 497 do CPC de 2015, "na ação que tenha por objeto a prestação de fazer ou de não fazer, o juiz, se procedente o pedido, concederá a tutela específica ou determinará providências que assegurem a obtenção de tutela pelo resultado prático equivalente."

340 Prevê o art. 536 do CPC de 2015 que "no cumprimento de sentença que reconheça a exigibilidade de obrigação de fazer ou de não fazer, o juiz poderá, de ofício ou a requerimento, para a efetivação da tutela específica ou a obtenção de tutela pelo resultado prático equivalente, determinar as medidas necessárias à satisfação do exequente."

Ainda de acordo com J. J. Gomes Canotilho, compõem o direito à tutela adequada a tutela jurisdicional eficaz e temporalmente adequada e a execução das decisões judiciais, na medida em que ao demandante de tutela jurisdicional "deve ser reconhecida a possibilidade de, em *tempo útil* ('adequação temporal', 'justiça temporalmente adequada'), obter uma sentença executória com *força de caso julgado.*" Acrescente-se

> [...] uma proteção jurídica eficaz pressupõe o direito à execução das sentenças ('fazer cumprir as sentenças') dos tribunais através dos tribunais (ou de outras autoridades públicas), devendo o Estado fornecer todos os meios jurídicos e materiais necessários e adequados para dar cumprimento às sentenças dos juízes. (CANOTILHO, 2003, p. 499-500).[341]

Por outro lado, a tutela, além de adequada, deve ser efetiva, aquela que alcança os resultados perseguidos pela ordem jurídica. Nessa linha de raciocínio, Kazuo Watanabe adverte sobre a "máxima coincidência entre a tutela jurisdicional e o direito que assiste à parte." (WATANABE, 2003, p. 41).

Luigi Paolo Comoglio, Corrado Ferri e Michele Tarufo, após assinalarem que a simples afirmação de que o processo serve para tutelar direitos é abstrata e muito genérica, asseveram que essa tutela deve ser efetiva, possuindo essa efetividade duas dimensões, quais sejam:

> O primeiro aspecto deriva da exigência de que os remédios processuais sejam acessíveis a todo aquele que deles necessite para fazer atuar direito próprio, que sejam razoavelmente eficientes em termos de tempo, custos e atividade necessária para colocá-los em prática e que, enfim, garantam resultados adequados à natureza da situação concreta merecedora de tutela [...]. O segundo importante aspecto da efetividade da tutela jurisdicional deriva do fato que, diante da proliferação e da evolução contínua de situações concretas que necessitam de tutela, cada um dos quais apresenta conteúdo e características estruturais e necessidades diferentes, o uso de algumas formas simples e técnicas processuais é cada vez mais inadequado. Por um lado, as técnicas processuais tradicionais, baseadas em con-

---

341 Tutelar um direito não é apenas confirmar a sua existência, mas fazê-lo valer concretamente, o que já constitui uma diretriz do direito processual do trabalho, inferida, por exemplo, da autorização para que o juiz execute de ofício as suas decisões.

ceitos relacionados com situações subjetivas clássicas do direito privado, não parecem ser capazes de assegurar uma tutela efetiva a situações novas e estruturalmente diferentes [...]. Por conseguinte, a tendência à criação de procedimentos de vários modos 'especiais', que se ofereçam como parcial ou total alternativa em relação ao procedimento ordinário, que satisfaçam a necessidade de assegurar formas eficientes de tutela cautelar e que ensejem a oportunidade de articular as formas de tutela executiva de modo a garantir também o êxito concreto da tutela jurisdicional. (COMOGLIO; FERRI; TARUFFO, 2006, p. 34-35, tradução nossa).[342]

Concluem Luigi Paolo Comoglio, Corrado Ferri e Michele Tarufo que

[...] em linha geral, a existência de uma tutela jurisdicional efetiva representa uma variável dependente da disponibilidade de remédios processuais construídos realisticamente em função das necessidades que surgem nos diversos tipos de situações substanciais e da eficiência destes remédios em termos de acessibilidade e funcionalidade. (COMOGLIO; FERRI; TARUFFO, 2006, p. 35, tradução nossa).[343]

Para José Carlos Barbosa Moreira, cinco são as condições para que a tutela jurisdicional seja efetiva:

---

342   No original: "Il primo aspetto è rappresentato dall'esigenza che i rimedi processuali siano accessibili a chiunque ne abbia bisogno per l'attuazione di un proprio diritto, che essi siano ragionevolmente efficienti in termini di tempi, costi ed attività necessarie per porli in essere, e che, infine, garantiscano risultati adeguati alla natura della situazione concreta bisognosa di tutela [...]. Il secondo importante aspetto dell'effettività della tutela giurisdizionale deriva dal fato che, di fronte al proliferare e al continuo evolversi di situazioni concrete bisognose di tutela, ognuna delle quali presenta contenuti e caratteri strutturali diversi e diverse esigenze, il ricorso a poche e semplici forme e tecniche processuali appare sempre più inadeguato. Per un verso, le tecniche processuali tradizionali, fondate su concetti legati alle situazioni soggettive classiche del diritto privato, non sembrano capaci di assicurare una tutela effettiva in situazioni nuove e strutturalmente diverse [...]. Donde la tendenza alla creazione di procedimenti in vario modo 'speciali' che si pongono in parziale o totale alternativa a rispetto al processo ordinario, la necessità di assicurare forme efficienti di tutela cautelare, e l'opportunità di articolare le forme della tutela esecutiva in modo da garantire anche gli esiti concreti della tutela giurisdizionale."

343   No original: "In linea generale l'esistenza di una tutela giurisdizionale effettiva rapresenta una variabile dipendente dalla disponibilità di rimedi processuali costruiti realisticamente in funzione dei bisogni che emergono nei diversi tipi di situazioni sostanziali, e dall'efficienza di questi rimedi in termini di accessibilità e funzionalità."

a) o processo deve dispor de instrumentos de tutela adequados, na medida do possível, a todos os direitos (e outras posições jurídicas de vantagem) contemplados no ordenamento, quer resultem de expressa previsão normativa, quer se possam inferir do sistema;

b) esses instrumentos devem ser praticamente utilizáveis, ao menos em princípio, sejam quais forem os supostos titulares dos direitos (e das outras posições jurídicas de vantagem) de cuja preservação ou reintegração se cogita, inclusive quando indeterminado ou indeterminável o círculo dos eventuais sujeitos;

c) impende assegurar condições propícias à exata e completa reconstituição dos fatos relevantes, a fim de que o convencimento do julgador corresponda, tanto quanto puder, à realidade;

d) em toda a extensão da possibilidade prática, o resultado do processo há de ser tal que assegure à parte vitoriosa o gozo pleno da específica utilidade a que faz jus segundo o ordenamento;

e) cumpre que se possa atingir semelhante resultado com o mínimo dispêndio de tempo e energias. (MOREIRA, 1984, p. 27-28).

Explicita Carlos Alberto Alvaro de Oliveira:

A efetividade qualificada, numa perspectiva dinâmica, implica, em primeiro lugar, o direito da parte à possibilidade séria e real de obter do juiz uma decisão de mérito, adaptada à natureza das situações subjetivas tuteláveis, de modo a que seja plenamente satisfeita a 'necessidade de tutela' manifestada na demanda. Para tanto, é altamente desejável que sejam elásticas e diferenciadas as formas de tutela, levando em conta as peculiaridades das crises sofridas pelo direito material e as exigências do caso concreto. Essencial, ainda, que outorguem o máximo de efetividade, desde que preservados outros direitos fundamentais, a exemplo do direito ao processo justo, que é a concretização deontológica do valor segurança no Estado constitucional. Significa isto, não só afastar, na medida do possível, a tipicidade das formas de tutela, como também elastecer o seu leque para abarcar todas as formas de direito material e as crises por ele sofridas (direito individual ou coletivo, condenação, constituição, declaração, mandamento e execução), bem como assegurar formas repressivas ou preventivas, com ou sem receio de lesão, de modo a preencher totalmente a exigência de adequação. Também é indispensável que a tutela possa refletir efetivamente no mundo social. Não basta apenas declarar a existência do direito, mas realizá-lo quando necessário. (OLIVEIRA, 2009, p. 31-48).

Consoante Piero Calamandrei, "a defesa do direito que o Estado realiza através da jurisdição não se esgota nos raciocínios do juiz; a forma de que estes possam tornar-se realidade, é necessário que, por trás da balança do julgador, vigie a espada do executor." (CALAMANDREI, 1999, p. 137). Isso significa que tutela efetiva é aquela que faz valer o direito reconhecido em juízo.

A efetividade da tutela é uma imposição "que respeita aos próprios fundamentos do Estado Constitucional, já que é facílimo perceber que a força normativa do Direito fica obviamente combalida quando esse carece de atuabilidade." É certo que a "efetividade compõe o princípio da segurança jurídica – um ordenamento jurídico só é seguro se há confiança na realização do direito que se conhece." (MARINONI; MITIDIERO; 2012, p. 637).

O Direito Internacional dos Direitos Humanos consagra, expressamente, o direito à efetividade da jurisdição, como se vê em seu art. VIII, segundo o qual "toda pessoa tem o direito de receber dos Tribunais nacionais competentes recurso efetivo para os atos que violem os direitos fundamentais que lhe sejam reconhecidos pela Constituição ou pela lei." (MAZZUOLI, 2013, p. 798).

Registre-se que o CPC de 2015 faz expressa referência à efetividade, como se vê do seu art. 6º, que reconhece às partes o dever de cooperar entre si para que se obtenha decisão de mérito justa e efetiva.

g) **princípio do contraditório**. É expressamente consagrado no art. 5º, LV, da CR/88. Envolve o direito das partes de serem cientificadas dos atos praticados e a serem praticados (direito de informação), de apresentar defesa e contradição (direito de reação), de produzir prova dos fatos alegados (direito à prova) e de influenciar na formação da decisão (direito de influência).

Como aduz Leonardo Cunha, o contraditório constitui "garantia de efetiva participação das partes no desenvolvimento de todo o litígio, mediante a possibilidade de influírem, em igualdade de condições, no convencimento do magistrado, contribuindo na descrição dos fatos, na produção de provas e no debate das questões de direito." (CUNHA, 2012, p. 363). No mesmo sentido, aduz Giuseppe Tarzia que o contraditório "compreende poderes que correspondem a uma 'possibilidade de participar ativamente do desenvolvimento do processo e portanto de influir sobre o provimento do juiz'." (TARZIA, 1994, p. 60, tradução nossa.).[344]

O princípio do contraditório deve ser observado durante todo o transcorrer do processo, sendo digno de nota que ele, notadamente por não se reduzir ao direito de defesa reconhecido ao réu, também beneficia o autor da demanda, ou seja,

> o escopo principal do princípio do contraditório deixou assim de ser a *defesa*, no sentido negativo de oposição ou resistência à actuação alheia, para passar a ser a *influência*, no sentido positivo de direito de incidir activamente no desenvolvimento e no êxito do processo. (FREITAS, 2006, p. 109).[345]

Para Luiz Guilherme Marinoni,

> [...] é possível dizer que o contraditório exterioriza a defesa, ou que a defesa é o fundamento do contraditório. Porém, tais conceitos, ainda que corretos, são incompletos, uma vez que o direito de ação também necessita do contraditório. A confusão certamente deriva da circunstância de que a defesa, para ser exercida em sua fase inicial, isto é, diante da petição inicial apresentada pelo autor, requer a efetivação do contraditório, que tecnicamente pressupõe informação e possibilidade de reação (na generalidade dos casos). Ou seja, relaciona-se defesa com contraditório porque o réu necessita ser informado e ter à sua disposição os meios técnicos (prazo adequado, advogado) capazes de lhe permitir a reação. (MARINONI, 2006, p. 313-314).

O respeito ao princípio do contraditório é uma garantia de imparcialidade do juiz, ressaltando-se que:

> O Estado democrático não se compraz com a ideia de atos repentinos, inesperados, de qualquer dos seus órgãos, mormente daqueles destinados à aplicação do Direito. A efetiva participação dos sujeitos processuais é medida que consagra o princípio democrático inspirador da Constituição de 1988, cujos fundamentos são vetores hermenêuticos para aplicação das normas

---

344 No original: "compreende poteri che corrispondono ad una 'possibilità di participare ativamente allo svolgimento del processo e pertanto di influire sui provvedimenti del giudice."

345 Digno de registro a recente alteração da CLT para nela se incluir o §2º do art. 897-A dispondo que "eventual efeito modificativo dos embargos de declaração somente poderá ocorrer em virtude da correção de vício na decisão embargada e desde que ouvida a parte contrária, no prazo de 5 (cinco) dias", ficando patente a preocupação do legislador de que a parte contrária não seja pega de surpresa no curso do processo.

jurídicas [...]. O processo, para ser efetivo, deve ser estruturado de forma dialética, atendendo ao princípio do *contraditório*, em virtude do qual o processo há de ser *participativo*. E nem poderia ser diferente, porquanto a participação, própria do contraditório, é inerente ao regime democrático. A composição participativa é inerente a qualquer processo, o que revela seu objetivo político. Para que se concretize o contraditório no processo, é preciso que se possibilite a participação das partes litigantes na atividade processual, na coleta de provas e no convencimento do juiz, a fim de que se obtenha um resultado justo, fruto de ampla colaboração. (CUNHA, Leonardo, 2012, p. 368).

O contraditório é, destarte, uma exigência da democracia, posto que esta tem como pressuposto a possibilidade de participação e de influência nos processos decisórios.

O CPC de Portugal, realçando a importância do contraditório, dispõe no n. 3 do art. 3º:

O juiz deve observar e fazer cumprir, ao longo de todo o processo, o princípio do contraditório, não lhe sendo lícito, salvo caso de manifesta desnecessidade, decidir questões de direito ou de facto, mesmo que de conhecimento oficioso, sem que as partes tenham tido a possibilidade de sobre elas se pronunciarem.

O princípio do contraditório possui uma dimensão ainda maior no processo coletivo, tendo em vista a amplitude da demanda e das pretensões envolvidas e, em especial, do alcance da coisa julgada.

A preocupação com o contraditório se apresenta no CPC de 2015, cujo art. 7º estabelece que constitui dever do juiz zelar pelo efetivo contraditório. No CPC/2015, consta, ainda, que não será proferida decisão contra uma das partes sem que ela seja previamente ouvida (art. 9º) e que "o juiz não pode decidir, em grau algum de jurisdição, com base em fundamento a respeito do qual não se tenha dado às partes oportunidade de se manifestar, ainda que se trate de matéria sobre a qual deva decidir de ofício." (art. 10).

5.6.2. Princípios infraconstitucionais

O microssistema de direito processual metaindividual do trabalho possui, além de princípios constitucionais, princípios consagrados ou inferidos das normas infraconstitucionais, os quais serão examinados em seguida.

a) **Princípio da solidariedade processual.** A pluralidade de legitimados para a ação coletiva, estabelecida pelos arts. 8º, III, e 129, §1º, da CR/88, 81, *caput* e parágrafo único, 82, 83, 91, 92, 94, 95, 97, 98, 100, 102, 103, 104, 105, do CDC e do art. 5º, *caput* e seus parágrafos, da Lei n. 7.347/85, por exemplo, resulta no estabelecimento de verdadeira solidariedade na defesa dos direitos metaindividuais, o que atende ao mandamento constitucional da construção de uma sociedade solidária, erradicação da pobreza, da redução das desigualdades sociais e da promoção do bem comum (art. 3º, I, III e IV, da CR/88).

O princípio da solidariedade atua como verdadeiro "dever jurídico, ainda que inexistente no meio social a fraternidade enquanto virtude cívica. A solidariedade prende-se à ideia de responsabilidade de todos pelas carências ou necessidades de qualquer indivíduo do grupo social." (COMPARATO, 2005, p. 64).

Anota Maria Celina Bodin de Moraes:

> A expressa referência à solidariedade feita pelo legislador constituinte estabelece em nosso ordenamento um princípio jurídico inovador, a ser levado em conta não só no momento da elaboração legislativa ordinária e na execução de políticas públicas, mas também nos momentos de interpretação e aplicação do Direito, por seus operadores e demais destinatários, isto é, por todos os membros da sociedade. Se a solidariedade fática decorre da necessidade imprescindível da coexistência humana, a solidariedade como valor deriva da consciência racional dos interesses em comum, interesses esse que implicam, para cada membro, a obrigação moral de 'não fazer aos outros o que não se deseja que lhe seja feito'. Esta regra não tem conteúdo material, enunciando apenas uma forma, a forma de reciprocidade, indicativa de que cada um, seja o que for que possa querer, deve fazer-se pondo-se de algum modo no lugar de qualquer outro. É o conceito dialético de 'reconhecimento' do outro. (MORAES, 2003, p. 111-112). [346]

---

346 Lembre-se que, "com base no princípio da solidariedade, passaram a ser reconhecidos como direitos humanos os chamados direitos sociais, que se realizam pela execução de políticas públicas, destinadas a garantir amparo e proteção social aos mais fracos e mais pobres; ou seja, aqueles que não dispõem de recursos próprios para viver dignamente. Os direitos sociais englobam, de um lado, o direito ao trabalho e os diferentes direitos do trabalhador assalariado; de outro lado, o direito à seguridade social (saúde, previdência e assistência social), o direito à educação; e, de modo geral, como diz no

Não se olvide, como adverte José Carlos Barbosa Moreira, de que

> [...] passageiros do mesmo barco, os habitantes deste irriquieto planeta vão progressivamente tomando consciência clara da alternativa essencial com que se defrontam: salvar-se juntos, ou juntos naufragar. A história individual terá sempre, naturalmente, o seu lugar nos registros cósmicos; acima dela, porém, e em grande parte a condicioná-la, vai-se inscrevendo, em cores mais berrantes, a história coletiva. Os olhos da humanidade começam a voltar-se antes para o que diz respeito a todos, ou a muitos, do que para o que concerne a poucos, ou a um só. (MOREIRA, 1984, p. 173).

b) **Princípio da dimensão coletiva da tutela jurisdicional metaindividual.** Os efeitos da decisão judicial proferida no processo coletivo transcendem a esfera individual, para atingir uma coletividade (direito difuso), grupo, classe ou categoria de pessoas (direito coletivo) e um grupo de pessoas atingido pelo mesmo ato ilícito (direitos individuais homogêneos). O alcance *erga omnes* e *ultra parts* dos efeitos da coisa julgada é uma demonstração da dimensão coletiva da tutela jurisdicional (art. 103 do CDC), o que também encontra respaldo constitucional na atribuição aos sindicatos de legitimidade para a defesa de interesses coletivos (art. 8º, III) e na autorização para impetração de mandado de segurança coletivo (art. 5º, LXIX).

c) **Princípio da finalidade social.** O microssistema de direito processual metaindividual do trabalho tem em vista a tutela de direitos de dimensão social. Isso faz com que dele constitua uma diretriz fundamental, na interpretação e aplicação das normas que o compõem, o respeito à sua finalidade social, o que ganha especial relevo quando se trate de direitos metaindividuais trabalhistas, posto que relacionados com a promoção e tutela da dignidade humana daqueles que vivem da alienação da sua força de trabalho. Isso significa que o microssistema do direito processual metaindi-

---

Pacto Internacional sobre Direitos Econômicos, Sociais e Culturais de 1966 (art. 11), 'o direito de toda pessoa a um nível de vida adequado para si próprio e sua família, inclusive à alimentação, vestimenta e moradia adequadas, assim como a uma melhoria contínua de suas condições de vida'."(COMPARATO, 2005, p. 64).

vidual não pode desconsiderar a plena realização da dignidade humana como seu objetivo maior.

No CPC de 2015, em seu art. 8º, é disposto que, "ao aplicar o ordenamento jurídico, o juiz atenderá aos fins sociais e às exigências do bem comum, resguardando e promovendo a dignidade da pessoa humana e observando a proporcionalidade, a razoabilidade, a legalidade, a publicidade e a eficiência". Com isso, é ressaltada a importância da promoção da dignidade da pessoa humana, o que está no cerne do direito do trabalho.

Adverte José Carlos Barbosa Moreira:

> Fique bem claro que não estou atribuindo a processo algum, por mais efetivo que seja, a virtude de tornar por si só menos iníquas as estruturas sociais, de corrigir-lhes as tristes deformidades que as marcam em países como o nosso. Não se promove uma sociedade mais justa, ao menos primariamente, por obra do aparelho judicial. É todo o edifício, desde as fundações, que para tanto precisa ser revisto e reformado. Pelo prisma jurídico, a tarefa básica inscreve-se no plano do direito material. Não se deve inferir daí, porém, que o processo, enquanto tal, não tenha o que fazer no trabalho de renovação. Há quem encare com total cepticismo a possibilidade de qualquer contribuição processual nesse terreno e prefira aguardar as grandes mudanças do ordenamento desde as raízes mais profundas. É uma posição só aparentemente progressista: renuncia a um pouco do que se pode tentar conseguir hoje ou amanhã, em nome do muito que, em hipótese otimística, apenas a longo prazo se tem razoável expectativa de ver acontecer. Seja como for, vale a advertência de que, nesta oportunidade, é mais o *caminho*, em si, do que a *meta*, que me atrai a mirada. Estarei de olhos postos antes na estrada que no ponto final do itinerário, sem que isso signifique, é claro, minimizar-lhe a importância. Não se há de entender, pois, a expressão 'processo socialmente efetivo' como se designasse processo apto a conduzir por *força*, mediante uma sentença ou o respectivo cumprimento, a resultado socialmente desejável, senão – com maior modéstia – processo apto a abrir passagem mais desimpedida a interesses socialmente relevantes, quando necessitem transitar pela via judicial. (MOREIRA, 2004, p. 15-27).

d) Princípio da instrumentalidade das formas. As formas processuais não constituem um fim em si mesmas. Por isso, não podem ser utilizadas para impedir que o processo coletivo alcance os fins a que se destina, como permitem afirmar os arts. 794 da CLT[347] e 244 do CPC/1973[348] e 277 do CPC/2015[349], dos quais resulta que devem ser prestigiadas a solução do mérito do conflito levado a juízo e a satisfação plena do credor na execução.

A técnica processual deve estar a serviço da plena realização do direito material, o que exige sejam prestigiadas a solução do mérito da demanda e a interpretação aberta e flexível das normas que compõem o microssistema do direito processual metaindividual do trabalho.[350]

Como ressalta Ada Pellegrini Grinover, "o princípio geral do processo coletivo – capaz de transmitir-se ao processo individual – é muito claro, nesse campo: observado o contraditório e não havendo prejuízo à parte, as formas do processo devem ser flexibilizadas." (GRINOVER, 2007, p. 307).

Como anota Elton Venturi,

> [...] é preciso que a análise das condições da ação e pressupostos de desenvolvimento válido e regular do processo coletivo seja levada a termo de acordo com as perspectivas e aspirações da tutela coletiva, profundamente diferente daquelas observadas nas demandas individuais, sob pena de se transformar a festejada instrumentalidade do processo em belo discurso jurídico, confinado, todavia, às obras doutrinárias. (VENTURI, 2007, 155).[351]

---

347 "Art. 794 - Nos processos sujeitos à apreciação da Justiça do Trabalho só haverá nulidade quando resultar dos atos inquinados manifesto prejuízo às partes litigantes." Esse artigo, assim como os demais artigos da CLT que tratam da nulidade dos atos processuais, aponta no sentido de que o direito processual do trabalho prestigia o resultado do processo, que não deve ceder diante de exigências meramente formais.

348 "Art. 244. Quando a lei prescrever determinada forma, sem cominação de nulidade, o juiz considerará válido o ato se, realizado de outro modo, lhe alcançar a finalidade."

349 "Art. 277. Quando a lei prescrever determinada forma, o juiz considerará válido o ato se, realizado de outro modo, lhe alcançar a finalidade."

350 Neste âmbito, o art. 317 do CPC/2015 prevê que, "antes de proferir decisão sem resolução de mérito, o juiz deverá conceder à parte oportunidade para, se possível, corrigir vício."

351 Elton Venturi dá notícia de pesquisa de campo coordenada por Paulo Cézar Pinheiro Carneiro, entre os anos 1996 e 1999, sobre a ação civil pública, que "o número de extinções sem o julgamento do mérito é praticamente quatro vezes superior ao número de pedidos julgados improcedentes, e, ainda que um número significativo de extinções decorreu ou do reconhecimento da ilegitimidade (50%), ou de perda de objeto (27,77%), situações mais fáceis de lidar para o magistrado do que aquelas relativas ao mérito, repita-se, em regra, de grande complexidade, que envolvem ramos novos e específicos de nosso ordenamento jurídico." (VENTURI, 2005, p. 154).

e) **Princípio da paridade de armas.** A justa solução dos conflitos levados ao Poder Judiciário exige a maior paridade de forças possível entre os litigantes no acesso à justiça, no tratamento dispensado às partes (art. 125, I, do CPC/1973 e arts. 7º[352] e 139, I, do CPC/2015[353]) e no uso de todos os meios disponíveis para a defesa do direito deduzido em juízo.

Anote-se, em sintonia com Piero Perlingieri, que

> [...] as disparidades de condições econômicas e sociais podem, ou melhor, devem, ser tratadas de forma diversa, isto é, sem paridade [...]. Quando existe desigualdade de fato, não existe espaço para o princípio da paridade de tratamento. O princípio da paridade de tratamento pressupõe a paridade de condições. (PERLINGIERI, 1997, p. 38).

Não é "legítimo o poder exercido em um processo em que as partes não podem efetivamente participar ou em que apenas uma delas possui efetivas condições de influir sobre o convencimento do juiz", pois um processo deste "tipo certamente não é 'um processo justo' ou um processo democrático", motivo pelo qual se diz "que as partes não só têm o direito de participar do processo, como também o direito de participar em paridade de armas." (MARINONI, 2006, p. 410).

Uma das formas de atuação deste princípio no processo coletivo é encontrada no art. 18 da Lei da Ação Civil Pública, segundo o qual "não haverá adiantamentos de custas, emolumentos, honorários periciais e quaisquer outras despesas, nem condenação da associação autora, salvo se for comprovada má-fé, em honorários de advogado, custas e despesas processuais"[354], o que atua no sentido de

---

352 Este princípio encontra-se previsto no art. 7º do CPC de 2015: "É assegurada às partes paridade de tratamento em relação ao exercício de direitos e faculdades processuais, aos meios de defesa, aos ônus, aos deveres e à aplicação de sanções processuais, competindo ao juiz zelar pelo efetivo contraditório."

353 Dispõe o art. 139 que "o juiz dirigirá o processo conforme as disposições deste Código, incumbindo-lhe: I – assegurar às partes igualdade de tratamento."

354 Neste mesmo sentido, é a previsão contida no art. 87, do CDC, *in verbis*: "Nas ações coletivas de que trata este Código não haverá adiantamento de custas, emolumentos, honorários periciais e quaisquer outras despesas, nem condenação da associação autora, salvo comprovada má-fé, em honorários de advogado, custas e despesas processuais." O direito processual do trabalho, também visando a paridade de armas, dispensa o recolhimento prévio de custas, estabelecendo que elas deverão ser pagas "pelo vencido, após o trânsito em julgado da decisão. No caso de recurso, as custas serão pagas e comprovado o recolhimento dentro do prazo recursal." (art. 789, §1º, da CLT).

facilitar o exercício dos direitos processuais, o mesmo ocorrendo com a inversão do ônus da prova (art. 6º do CDC).

As partes que pleiteiam justiça devem ser colocadas no processo em "absoluta paridade de condições; e isso manifesta-se sobretudo no princípio do contraditório (*audiatur et altera pars*), na repartição do ónus de prova, nas normas que garantem a defesa e a comunicação recíproca dos documentos, no princípio da aquisição processual." (MIRANDA, 2003, p. 284-304). Acrescenta Jorge Miranda que

> [...] o princípio da igualdade das armas significa equilíbrio entre as partes na apresentação das respectivas teses na perspectiva dos meios processuais de que para o efeito dispõem, e, sem implicar embora uma identidade formal absoluta de meios, exige que o autor e o réu tenham direitos processuais idênticos e estejam sujeitos também a ónus e cominações idênticos, sempre que a sua posição no processo for equiparável. O princípio impede a introdução de discriminações em função da natureza subjectiva da parte em causa. (MIRANDA, 2003, p. 284-304).

O art. 6º da *Convenção Europeia* reconhece a necessidade de respeitar um processo equitativo, no sentido de "um processo em que nenhuma das partes tenha mais direito do que a outra e em que ambas estejam em pé de igualdade quer quanto ao modo de exporem as suas razões, quer quanto às consequências que se tirarão do modo como são expostas." (MIRANDA, 2003, p. 284-304).[355]

A paridade de armas é um direito processual de estatura de direito humano, previsto no art.10 da *Declaração Universal dos Direitos Humanos*, *in verbis*: "Toda pessoa tem o direito, em condições de plena igualdade, de ser ouvida publicamente e com justiça por um tribunal independente e imparcial, para a determinação de seus direitos e obrigações ou para o exame de qualquer acusação contra ela em matéria penal."

f) **Princípio da facilitação da produção da prova**. A confirmação judicial da existência do direito deduzido pela parte exige a prova da ocorrência de seus fatos constitutivos. Impedir ou dificultar a

---

355 Para a Corte Europeia dos Direitos do Homem, "a igualdade de armas implica a obrigação de oferecer a cada parte a possibilidade de apresentar a sua causa, incluindo as suas provas, em condições que a não coloquem em situação de nítida desvantagem em relação ao seu adversário." (BARRETO, 2005, p. 135).

prova é impedir ou dificultar o acesso ao próprio direito, razão pela qual a relevância social dos direitos de dimensão metaindividual torna indispensável conferir às partes e ao juiz a maior liberdade em matéria de prova. O CDC visando facilitar o acesso à justiça e ao próprio direito, autoriza a inversão do ônus da prova quando for verossímil a alegação ou o consumidor hipossuficiente, segundo as regras ordinárias de experiência, consoante se vê do seu art. 6º, VIII.[356] Além disso, considerando-se o maior prestígio conferido pelo direito processual metaindividual ao acesso ao direito, deve ser abandonada a distribuição rígida do ônus da prova, consagrada, por exemplo, no art. 333 do CPC/1973 e art. 373 do CPC/2015, em favor da sua distribuição dinâmica. O ônus da prova deve ser atribuído à parte que esteja mais bem aparelhada para produzí-la:

> Nos casos previstos em lei ou diante de peculiaridades da causa, relacionadas à impossibilidade ou à excessiva dificuldade de cumprir o encargo nos termos do *caput* ou à maior facilidade de obtenção da prova do fato contrário, poderá o juiz atribuir o ônus da prova de modo diverso, desde que o faça por decisão fundamentada, casos em que deverá dar à parte a oportunidade de se desincumbir do ônus que lhe foi atribuído. (§ 1º do art. 373 do CPC de 2015).

Segundo o CPC de 2015, a regra de distribuição do ônus da prova deixará de ser uma regra de julgamento, transformando-se em uma regra de procedimento. Portanto, é no curso do processo que o juiz definirá o ônus probatório de cada parte.

A distribuição dinâmica do ônus da prova decorre da exigência de justiça e equidade no caso concreto, dos deveres de lealdade, probidade, boa-fé e de colaboração das partes[357] e do papel ativo do

---

[356] Dispõe o art. 6º, VIII, do CDC: "São direitos básicos do consumidor: (...); VIII – a facilitação da defesa de seus direitos, inclusive com a inversão do ônus da prova, a seu favor, no processo civil, quando, a critério do juiz, for verossímil a alegação ou quando for ele hipossuficiente, segundo as regras ordinárias de experiência".

[357] Para Carlos Alberto Alvaro de Oliveira, "a recuperação do valor essencial do diálogo judicial na formação do juízo, que há de frutificar pela cooperação das partes com o órgão judicial e deste com as partes, segundo as regras formais do processo. O colóquio assim estimulado, assinale-se, deverá substituir com vantagem a oposição e o confronto, dando azo ao concurso das atividades dos sujeitos processuais, com ampla colaboração, tanto na pesquisa dos fatos quanto na valorização da causa." (OLIVEIRA, 2006, p. 17-18).

juiz na condução do processo. Aliás, o Projeto de Lei n. 5.139/2009 (sobre a nova ação civil pública), em seu art. 3º, VII, dispõe, dentre os princípios da tutela coletiva, o "dever de colaboração de todos, inclusive pessoas jurídicas públicas e privadas, na produção das provas, no cumprimento das decisões judiciais e na efetividade da tutela coletiva."

Inés Lépori White explica que os fundamentos da distribuição dinâmica do ônus da prova podem ser assim resumidos:

> Concepção dinâmica do processo, brindar a objetiva concretização da justiça, perseguir uma resolução justa, busca de uma solução justa para o caso, encontrar o justo equilíbrio entre as partes, critério de equidade na relação processual, deveres de lealdade, probidade e boa-fé, dever das partes de colaborar com o esclarecimento da verdade, dever das partes de colaborar com a verdade jurídica objetiva, dever de cooperação dos profissionais. (WHITE, 2004, p. 69, tradução nossa).[358]

Para Augusto M. Morello, a justificativa para a dinamização do ônus da prova repousa sobre a visão solidarista do ônus da prova, que deriva do princípio da cooperação (ou da efetiva colaboração) e do princípio da solidariedade e da boa-fé. (MORELLO, 2001, p. 85).

Note-se, ainda, que a afirmação de improcedência do pedido por insuficiência de prova não impede o ajuizamento da mesma ação, inclusive por aquele que a propôs, desde que fundado em nova prova. Se a ação pode ser repetida com base em nova prova, nada mais natural do que assegurar a ampla liberdade em matéria de prova. Isto é, a prova que pode ser produzida em processos distintos deve ser admitida no processo em curso.

g) **Princípio da não taxatividade das ações coletivas.** Para a defesa dos direitos coletivos são admissíveis *todas as espécies de ações capazes de propiciar a sua adequada e efetiva tutela*, consoante prevê o art. 83 do CDC, *in verbis*: "Para a defesa dos direitos e interesses protegidos por este Código são admissíveis todas as es-

---

358 No original: "concepción dinámica del proceso, brindar la objetiva concreción de la justicia, perseguir una resolución justa, búsqueda de una solución justa para el caso, hallar el justo equilíbrio entre las partes, criterio de equidad en la relación procesal, deberes de lealtad, probidad y buena fe, deber de las partes de colaborar con el esclarecimiento de la verdad, deber de las partes de colaborar con la verdad, deber de las partes de colaborar con la verdad jurídica objetiva, deber de cooperación de los profesionales."

pécies de ações capazes de propiciar sua adequada e efetiva tutela". Isso também decorre do direito fundamental à tutela jurisdicional adequada e efetiva, assegurado no art. 5º, XXXV e LIV da CR/88.

Não existe, portanto, um rol taxativo das ações que podem ser ajuizadas visando à tutela de direitos metaindividuais. O legitimado para a ação é autorizado a ajuizar a ação que, segundo o caso concreto, se apresente como a mais idônea para a adequada e efetiva tutela do direito deduzido em juízo.

O princípio referido também é consagrado nos arts. 21 da LACP, 212 do ECA (Lei n. 8.069/90) e 82 do Estatuto do Idoso (Lei n. 10741/03).

A não taxatividade das ações coletivas decorre das diferentes necessidades de cada direito deduzido em juízo. É a partir dessas necessidades que deve ser definida a ação a ser proposta. Como registra Luiz Guilherme Marinoni, "é imprescindível tomar consciência das necessidades que vêm do direito material, as quais traduzem diferentes desejos de tutela." (MARINONI, 2004, p. 147-148). Aduz o autor que o intuito do art. 83 do CDC vai muito além, pois, "quando fala em *ações capazes de propiciar* a efetiva tutela dos direitos, expressa a necessidade de a ação se estruturar de modo a viabilizar a prestação da tutela do direito, valendo-se do procedimento, da sentença e do meio executivo adequados." (MARINONI, 2006, p. 288).

h) **Princípio da socialização da legitimação.** O direito processual individual, como decorre dos arts. 6º do CPC/1973 e 18 do CPC/2015[359], atribui legitimidade para agir em juízo ao titular do direito que se pretende tutelado, admitindo, em caráter excepcional, que quem não seja titular do direito compareça em juízo visando à sua tutela (substituição processual).

O microssistema do direito processual metaindividual do trabalho adota outra postura, atribuindo a legitimidade para a ação a vários entes, operando, portanto, a sua socialização, isso na tentativa de criar as condições necessárias para a tutela adequada e efetiva dos direitos metaindividuais trabalhistas.

---

359 "Art. 18. Ninguém poderá pleitear direito alheio em nome próprio, salvo quando autorizado pelo ordenamento jurídico."

Com efeito, a legitimação no direito processual coletivo é concorrente e plural, consoante se vê nos arts. 129, §1º, 125, §2º, e 103 da Constituição da República de 1988, assim como nos arts. 5º da LACP, 82 do CDC e 3º da Lei n. 7.883/1989 (Lei de Proteção das Pessoas Portadoras de Deficiência), por exemplo.

Desta feita, a legitimidade ativa no direito processual coletivo não deve ser interpretada de "forma fechada ou restritiva, mas de forma aberta e flexível, em razão de decorrer de princípio constitucional. A mesma orientação também está presente no art. 103 CF/88, em relação ao direito processual coletivo especial (controle abstrato e concentrado da constitucionalidade)", como destaca Gregório Assagra de Almeida (ALMEIDA, Gregório, 2007, p. 66).

i) **Princípio do impulso oficial.** O processo inicia-se por provocação das partes, mas prossegue por impulso oficial, o que mais se justifica no processo metaindividual, ante a relevância social os direitos metaindividuais. Destaca Ada Pellegrini Grinover, que

> [...] a soma de poderes atribuídos ao juiz é questão intimamente ligada ao modo pelo qual se exerce o princípio do impulso oficial. Embora o aumento dos poderes do juiz seja, atualmente, visto como ponto alto do processo individual, a soma de poderes atribuídos ao juiz do processo coletivo é incomensuravelmente maior. Trata-se da *defining function* do juiz, de que fala o direito norte-americano para as *class actions*. (GRINOVER, 2007, p. 305).

Se no processo individual o juiz é obrigado a impulsioná-lo para que o conflito seja resolvido de forma mais rápida possível (art. 765 da CLT e art. 2º do CPC/2015), sua atuação no processo metaindividual deve ser ainda mais ativa, dada a dimensão social do direito metaindividual. Por essa razão, o microssistema de direito processual metaindividual do trabalho concede ao juiz maiores poderes de impulso processual, consoante se vê dos arts. 11 e 12 da Lei da Ação Civil Pública (Lei n. 7.347/85). No CDC é previsto, neste sentido, conforme seu art. 84, §4º, que o juiz poderá, independente de pedido do autor, impor multa ao réu em caso descumprimento do comando judicial (liminar ou sentença), ao passo que, visando ao efeito prático da decisão, pode determinar as medidas que forem necessárias, tais como busca e apreensão, remoção de coisa e pessoas, desfazimento de obra, impedimento de atividade nociva e requisição de força policial (art. 84 §5º). Na mesma toada estão o art. 213 da Lei n. 8.069, 1990 (Estatuto da Criança e do Adolescente) e o art. 7º, I, alínea "a", da Lei da Ação Popular (Lei n. 4.717/65), segundo os quais o juiz, ao despachar a petição inicial, ordenará a requisição às entidades públicas dos documentos que tiverem sido referidos pelo autor, bem como de outros necessários ao esclarecimento dos fatos, com prazo de quinze a trinta dias para atendimento.

j) **Princípio da tutela jurisdicional coletiva diferenciada.**
Por tutela jurisdicional diferenciada

> [...] entende-se tanto as tutelas que podem ser realizadas mediante cognição sumária, porque aptas desde logo a realizar o direito afirmado pelo litigante (referimo-nos às tutelas executiva e mandamental), quanto qualquer possibilidade de especialização ou sumariedade que proporcione diferenciação em relação ao processo comum. (MUNHOZ, 2000, p. 141).

Italo Andolina e Giuseppe Vignera ressaltam que

> [...] o problema da denominada tutela jurisdicional diferenciada consiste no definir se a tutela jurisdicional dos direitos deve ser assegurada sempre com um tipo de processo ou se, ao invés, é consentido ao legislador ordinário prever em abstrato [...] procedimentos *especiais* próprios para particulares categorias de relações jurídicas ou na presença de determinados pressupostos de fato. (ANDOLINA; VIGNERA, 1997, p. 112, tradução nossa[360]).

Esses autores afirmam que a doutrina e a jurisprudência constitucionais predominantes são no sentido de que

> [...] a tutela jurisdicional não é uma forma abstrata, indiferente às características da situação substancial carente de tutela, mas ao contrário é um *quid* extremamente concreto que se modela sob a particularidade e sob a exigência de tutela da situação substancial deduzida em juízo (ANDOLINA; VIGNERA, 1997, p. 112, tradução nossa[361]).

---

360 No original: "il problema della c.d. tutela giurisdizionale differenziata, consistente nello stabilire se la tutela giurisdizionale dei diritti debba essere assicurata sempre con un unico tipo di processo ovvero se, vice-versa, sia consentito al legislatore ordinario prevedere in astratto [...] dei procedimenti *speciali* funzionanti in relazione a particolari categorie di rapporti giuridici od in presenza di determinati presupposti di fatto."

361 No original: "La tutela giurisdizionale non è una forma astratta, indifferente alle caratteristiche della situazione sostanziale bisognosa di tutela, ma all'opposto è un

A dimensão coletiva dos direitos metaindividuais exige uma tutela diferenciada, que não pode ser assegurada pelo instrumental processual individual, bastando lembrar neste sentido a legitimação para agir e os limites da coisa julgada. É essa exigência de tutela diferenciada que faz surgir o microssistema do direito processual metaindividual do trabalho.

Como aduz Andrea Proto Pisani, "a função jurisdicional, para atender o seu escopo primário de assegurar ao titular do direito à mesma utilidade garantida pelo direito substancial, deve articular-se de modo extremamente variado e complexo." (PISANI, 2002, p. 49, tradução nossa)[362]. Isso autoriza afirmar que as necessidades próprias dos direitos metaindividuais exigem instrumental processual e tutela jurisdicional diferenciados.

Por outro lado, consoante assinala Luiz Guilherme Marinoni, "os bens e as pessoas merecem tratamento diferenciado" (MARINONI, 2004, p. 62), sendo destacado por esse doutrinador que, "existindo situações de direito substancial e posições sociais justificadoras de distintos tratamentos, a diferenciação de procedimentos está de acordo com o direito à tutela jurisdicional efetiva." (MARINONI, 2004, p. 190).[363]

Cumpre mencionar que, como assevera Donaldo Armelin, existem dois posicionamentos sobre o conceito de tutela diferenciada,

> [...] um, adotando como referencial da tutela jurisdicional diferenciada a própria tutela, em si mesma, ou seja, o provimento jurisdicional que atende a pretensão da parte, segundo o tipo de necessidade de tutela ali veiculado. Outro, qualificando a tutela

---

quid di estremamente concreto che si modella sulle particolarità e sulle esigenze di tutela della situazione sostanziale dedotta in giudizio."

362 No original: "La funzione giurisdizionale, per assolvere il suo scopo primário di assicurare al titolare del diritto le stesse utilità garantitegli dal diritto sostanziale, debba articolarsi in modo estremamente vario e complesso."

363 Anota, ainda, Luiz Guilherme Marinoni que a "tutela sumária antecipatória, como vimos, destina-se à realização antecipada do direito da parte. Portanto, é uma espécie de tutela jurisdicional diferenciada. Tutela jurisdicional diferenciada quer significar, em um certo sentido, tutela adequada à realidade do direito material. Se uma determinada pretensão de direito material está envolvida numa situação emergencial a única forma de tutela adequada desta pretensão é aquela que pode satisfazer com base em cognição sumária." (MARINONI, 1992, p. 290).

jurisdicional diferenciada pelo prisma de sua cronologia no *iter* procedimental em que se insere, bem assim como a antecipação dos seus efeitos, de sorte a escapar das técnicas tradicionalmente adotadas neste particular. (ARMELIN, 1992, p. 45-55).

Donaldo Armelin acrescenta que o primeiro destes posicionamentos não pode implicar "o reconhecimento de uma diferenciação de tutelas à exigência de um *ens novum*, mas sim cingir-se a possíveis formas e efeitos de tipos já existentes", isto é, "declaração, constituição, condenação, comandos judiciais e atos de satisfação ou de asseguramento". O autor assinala que a diversidade há de ser buscada na qualidade dos efeitos das tutelas já estabelecidas pelo ordenamento jurídico. (ARMELIN, 1992, p. 45.55). Sob esse prisma, a diferenciação não está no tipo de tutela (declaração, constituição ou condenação, por exemplo), mas na forma de sua realização, destacando-se a antecipação de tutela, o acolhimento de pretensão com base em cognição sumária, a tutela específica, a criação de varas especializadas e de juizados especiais, a sumarização do procedimento e a criação de procedimentos especiais. Destaca Humberto Theodoro Júnior que "o ponto alto, todavia, da política de diferenciação de tutelas, hoje, se situa especialmente no campo das chamadas *tutelas de urgência* [...], nelas compreendidas as medidas cautelares (*conservativas*) e as medidas de antecipação de tutela (*satisfativas*)." (THEODORO JÚNIOR, 2010, p. 18).[364]

Em relação aos direitos metaindividuais, na comparação com a tutela de direitos individuais, têm-se como fatores de diferenciação, por exemplo, a legitimidade para a ação, o alcance subjetivo da coisa julgada e a relação entre a prova produzida no processo e a negativa definitiva do direito deduzido.

A função da jurisdição é tutelar os direitos. Cada direito exige uma tutela que atenda às suas particularidades, ou seja, uma tutela diferenciada, notadamente porque, como adverte Humberto Theodoro Júnior,

---

[364] Acrescenta Humberto Theodoro Júnior que "o direito processual moderno concebeu uma *tutela jurisdicional diferenciada*, que recebe o nome de *tutela de urgência*, desdobrada, no direito brasileiro, em duas espécies distintas: a) a *tutela cautelar*, que apenas preserva a utilidade e eficiência do futuro e eventual provimento; e b) a *antecipação de tutela*, que, por meio de liminares ou de medidas incidentais, permite à parte, antes do julgamento definitivo de mérito, usufruir, provisoriamente, do direito subjetivo resistido pelo adversário." (THEODORO JÚNIOR, 2010, p. 18).

> [...] o processo, na consciência da doutrina atual, não é, nem pode ser, uma entidade *abstrata* e sempre *igual*. É, isto sim, algo *complexo* e *variável*, em função de escolhas políticas, derivadas da evolução histórica, obviamente complexa e variável, ocorrendo no amplo universo comandado pelas normas do direito [...]. A possibilidade de recorrer, *in casu*, a remédios processuais adequados ao tratamento individualizado segundo as particularidades da situação a tutelar, torna-se imperiosa, sob pena de não se respeitar a *funcionalidade* e a *eficiência* do processo. (THEODORO JÚNIOR, 2010, p. 13).

Ainda consoante Humberto Theodoro Júnior:

> O direito processual é dinâmico e não pode perder-se em conceitualismo e estruturalismo estático, incompatíveis com a função maior a desempenhar em prol da efetiva prestação de tutela ao direito e interesses materiais envolvidos em conflito. Daí por que, quanto maior for a possibilidade de se diferenciar a tutela jurisdicional, em função das características do caso concreto, melhor e mais moderno será o direito processual de um povo que pretenda se organizar e viver sob o regime de um autêntico Estado Democrático de Direito. (THEODORO JÚNIOR, 2010, p. 23).

Roberto Omar Berizonce afirma que existem direitos, por exemplo, direito à vida, à saúde, a uma existência digna, ao trabalho, e à seguridade social, que exigem uma tutela jurisdicional diferenciada, a ser realizada por uma justiça "de rosto mais humano", com a finalidade de "assegurar o reconhecimento dos direitos e sua operatividade concreta." (BERIZONCE, 2009, p. 131-163, tradução nossa[365]). A realização concreta de direitos metaindividuais trabalhistas, notadamente daqueles inerentes à dignidade humana do trabalhador, exige, sem dúvidas, uma Justiça mais humana, seja no que comporta ao papel desempenhado pelo juiz e pelas partes no processo, seja colocando o ser humano como fundamento e finalidade da ordem jurídica.

Anota Elton Venturi que

> [...]constitui pressuposto fundamental para o implemento da tutela coletiva perceber as peculiaridades do objeto a ser tutelado por intermédio do processo coletivo, distintas daquelas

---

[365] No original: "justicia auxiliatoria, de acompañamiento o protección, de roso más humano que tiene como finalidad asegurar el reconocimiento de los derechos y su operatividad en concreto."

ínsitas aos direitos de cunho individual. Desenvolve-se, intuitivamente, em virtude das notórias vantagens oferecidas pela tutela coletiva em face da individual, a ideia segundo a qual aquela seria prioritária, o que implicaria alterações no próprio procedimento judicial, tais como sua distribuição para tramitação em regime de urgência, a ampla divulgação pelos meios de comunicação sobre sua existência e sobre seu julgamento, com a publicação da fundamentação da sentença ou acórdão, inclusive no intuito de respaldar uma plena justificação social da solução do conflito metaindividual, além das necessárias modificações a serem operadas por ocasião da liquidação e execução coletivas. (VENTURI, 2007, p. 140-141).

Tutela diferenciada, para Ada Pellegrini Grinover é

aquela que se contrapõe à obtida pelo procedimento ordinário, considerado o paradigma das formas processuais em boa parte do século passado, por possibilitar a solução dos conflitos de maneira segura, cercando o exercício da função jurisdicional das mais plenas garantias e culminando com a sentença de mérito e a estabilidade da coisa julgada. (GRINOVER, 2005, p. 214-232).

Atenta a esta realidade, a CLT, em seu art. 765, assegura ao juiz "ampla liberdade na direção do processo" e a este impõe o dever de velar "pelo andamento rápido das causas, podendo determinar qualquer diligência necessária ao esclarecimento delas." Isto é, cabe ao juiz adotar as técnicas processuais necessárias para tornar efetivos os direitos metaindividuais, respeitando as particularidades do direito a ser tutelado, não podendo ser olvidado que, "se o processo pode ser visto como um instrumento, é absurdo pensar em neutralidade do processo em relação ao direito material e à realidade social." (MARINONI, 2004, p. 191).

Vale destacar que,

[...] no sistema processual trabalhista, a hipossuficiência de uma das partes é uma das características que o constitui. Na verdade, o referido sistema corresponde a um verdadeiro sistema de tutela jurisdicional diferenciada: seja pela concentração; seja pela simplificação das fases e dos atos processuais; seja pela técnica de sumarização da cognição, típica das medidas cautelares e antecipatórias. (ORSINI, 2010, p. 143-173).

k) Princípio da indisponibilidade da tutela jurisdicional coletiva. A relevância social dos direitos metaindividuais trabalhistas conduz à indisponibilidade da tutela jurisdicional coletiva, o que está consagrado nos arts. 5º, §3º, e 15 da Lei da Ação Civil Pública, segundo os quais, "em caso de desistência infundada ou abandono da ação por associação legitimada, o Ministério Público ou outro legitimado assumirá a titularidade ativa" e, "decorridos 60 (sessenta) dias do trânsito em julgado da sentença condenatória, sem que a associação autora lhe promova a execução, deverá fazê-lo o Ministério Público, facultada igual iniciativa aos demais legitimados", respectivamente, assim como no art. 3º, §6º, da Lei n. 7.853/1989 (Lei de Proteção às Pessoas portadoras de Deficiência) e art. 223 e seus parágrafos, da Lei n. 8.069/1990 (Estatuto da Criança e do Adolescente).

l) **Princípio da obrigatoriedade de atuação do Ministério Público.** A dimensão coletiva dos direitos metaindividuais, que conduz ao interesse público na sua realização concreta, não apenas leva à atribuição ao Ministério Público do dever de ajuizar a ação coletiva (art. 5º, *caput*, da Lei da Ação Civil Pública) como impõe a sua participação obrigatória nos processos coletivos (art. 5º, §1º, da Lei 7.347/85) e o obriga a assumir a titularidade da ação no caso de desistência infundada ou abandono da causa por qualquer outro legitimado (art. 5º, §3º, da Lei 7.347/85).

Se, porventura, a desistência da ação for requerida pelo Ministério Público, o juiz, dela discordando, poderá aplicar analogicamente o disposto no art. 28 do CPP, submetendo a desistência ao conhecimento à apreciação do chefe da respectiva Instituição do Ministério Público.

Destarte, é incompatível com o direito processual metaindividual a extinção do processo sem resolução do mérito, com base nos arts. 267, II e III, do CPC/1973 e 485, II e III, do CPC/2015[366] (contumácia bilateral ou unilateral, respectivamente), bem como a ocorrência de perempção em sede de demandas coletivas (art. 5º, §3º, da Lei n. 7.347/85 e art. 9º da Lei n. 4.717/65).

Este princípio também é abstraído do art. 9º, *caput* e seus parágrafos, da Lei da Ação Civil Pública, *in verbis*:

---

[366] "Art. 485. O juiz não resolverá o mérito quando: [...]; II – o processo ficar parado durante mais de 1 (um) ano por negligência das partes; III – por não promover os atos e as diligências que lhe incumbir, o autor abandonar a causa por mais de 30 (trinta) dias."

Se o órgão do Ministério Público, esgotadas todas as diligências, se convencer da inexistência de fundamento para a propositura da ação civil, promoverá o arquivamento dos autos do inquérito civil ou das peças informativas, fazendo-o fundamentadamente. §1º Os autos do inquérito civil ou das peças de informação arquivadas serão remetidos, sob pena de se incorrer em falta grave, no prazo de 3 (três) dias, ao Conselho Superior do Ministério Público. §2º Até que, em sessão do Conselho Superior do Ministério Público, seja homologada ou rejeitada a promoção de arquivamento, poderão as associações legitimadas apresentar razões escritas ou documentos, que serão juntados aos autos do inquérito ou anexados às peças de informação. §3º A promoção de arquivamento será submetida a exame e deliberações do Conselho Superior do Ministério Público, conforme dispuser o seu Regimento. §4º Deixando o Conselho Superior de homologar a promoção de arquivamento, designará, desde logo, outro órgão do Ministério Público para o ajuizamento da ação.

O art. 5º da Lei n. 7.853/1989 (Lei de Proteção às Pessoas Portadoras de Deficiência) também impõe a participação do Ministério Público nas ações coletivas, dispondo que "o Ministério Público intervirá obrigatoriamente nas ações civis públicas, coletivas ou individuais, em que se discutam interesses relacionados a deficiência das pessoas".

A Lei n. 7.913/1989, que trata da Ação Civil Pública de responsabilidade por danos causados aos investidores no mercado de valores mobiliários, também contém previsão de obrigatoriedade de atuação do Ministério Público, para "evitar prejuízos ou obter ressarcimento de danos causados aos titulares de valores mobiliários e aos investidores do mercado", quando decorrerem de

> I - operação fraudulenta, prática não equitativa, manipulação de preços ou criação de condições artificiais de procura, oferta ou preço de valores mobiliários;
>
> II – compra ou venda de valores mobiliários, por parte dos administradores e acionistas controladores de companhia aberta, utilizando-se de informação relevante, ainda não divulgada para conhecimento do mercado ou a mesma operação realizada por quem a detenha em razão de sua profissão ou função, ou por quem quer que a tenha obtido por intermédio dessas pessoas;
>
> III – omissão de informação relevante por parte de quem estava obrigado a divulgá-la, bem como sua prestação de forma incompleta, falsa ou tendenciosa. (art. 1º).

A obrigatoriedade de participação do Ministério Público também é estabelecida pelos arts. 210, inciso I, §§1º e 2º, e 217 da Lei n. 8.069/1990 (Estatuto da Criança e do Adolescente) e pelo §4º, do art. 17 da Lei n. 8.429/1992 (Lei de Improbidade Administrativa).

m) **Princípio do não retrocesso da tutela processual metaindividual trabalhista.** O nível das garantias processuais que podem ser atuadas em favor da tutela dos direitos metaindividuais não pode ser reduzido. É que a Constituição Federal confere estatura de direitos fundamentais aos direitos processuais elencados em seu art. 5º, o que atrai a restrição constante do seu art. 60, §4º, IV, que estabelece o princípio do não retrocesso. Vale acrescentar que a melhoria da condição social e humana do trabalhador, imposta pelo *caput* do art. 7º da CR/88, abrange a tutela jurisdicional dos seus direitos.

A *Convenção Americana de Direitos Humanos* reconhece vários direitos processuais e estabelece no art. 29 que nenhuma de suas disposição podem ser interpretadas visando "a) suprimir [...] o gozo dos direitos e liberdades reconhecidos na Convenção ou limitá-los em maior medida do que a nela prevista [...]; c) excluir outros direitos e garantias inerentes ao ser humano ou que decorrem da forma democrática representativa de governo; d) excluir ou limitar o efeito que possam produzir a Declaração Americana dos Direitos e Deveres do Homem e outros atos internacionais da mesma natureza." Adota, com isso, a vedação de retrocesso no nível de tutela jurisdicional assegurada a quem sofra ameaça ou lesão em seus direitos, não podendo ser olvidado que esta Convenção compõe o ordenamento jurídico brasileiro, por força do art. 5º, §2º, da CR/88, segundo o qual os direitos previstos na Constituição não excluem outros decorrentes dos tratados internacionais em que a República Federativa do Brasil seja parte.

Para Eduardo Cambi,

> [...] o princípio da proibição de retrocesso, no direito brasileiro, além de poder ser retirada da garantia fundamental do devido processo legal em sentido substancial, também encontra fundamentação na noção de Estado Democrático de Direito (art. 1, caput da CF) e no princípio da segurança jurídica (art. 5, caput da CF) [...]. O princípio da proibição de retrocesso teve formulação marcadamente ideológica, voltada à vedação da evolução

reacionária, pressupondo uma direção e uma meta emancipatória, unilateralmente definida: o aumento contínuo de prestações sociais. (CAMBI, 2010, p. 229).

Ingo Wolfgang Sarlet e Tiago Fensterseifer aduzem que a proibição de retrocesso

> [...] diz respeito mais especificamente a uma garantia de proteção dos direitos fundamentais (e da própria dignidade da pessoa humana) contra a atuação do legislador, tanto no âmbito constitucional quanto – e de modo especial – infraconstitucional (quando estão em causa medidas legislativas que impliquem supressão ou restrição no plano das garantias e dos níveis de tutela dos direitos já existentes), mas também proteção em face da atuação da administração pública. A proibição de retrocesso, de acordo com o entendimento consolidado na doutrina, consiste em um princípio constitucional implícito, tendo como fundamento constitucional, entre outros, o princípio do Estado (Democrático e Social) de Direito, o princípio da dignidade da pessoa humana, o princípio da máxima eficácia e efetividade das normas definidoras de direitos fundamentais, o princípio da segurança jurídica e seus desdobramentos, o dever de progressividade em matéria de direitos sociais, econômicos, culturais e ambientais (DESCA), apenas para citar os mais relevantes fundamentos jurídico-constitucionais invocados. (SARLET; FENSTERSEIFER, 2013, p. 288).

Digna de nota, também, a lição de J.J. Gomes Canotilho, no sentido de que

> [...] os direitos sociais e econômicos (ex.: direito dos trabalhadores...), uma vez obtido um determinado grau de realização, passam a constituir, simultaneamente, uma garantia institucional e um direito subjetivo [...]. O núcleo essencial dos direitos sociais já realizado e efectivado através de medidas legislativas [...] deve considerar-se constitucionalmente garantido, sendo inconstitucionais quaisquer medidas estaduais que, sem a criação de outros esquemas alternativos ou compensatórios, se traduzam, na prática, numa 'anulação', 'revogação' ou 'aniquilação' pura e simples desse núcleo essencial [...]. A liberdade de conformação do legislador e inerente auto-reversibilidade têm como limite o núcleo essencial já realizado, sobretudo quando o núcleo essencial se conduz à garantia do mínimo de existência condigna inerente ao respeito pela dignidade humana. (CANOTILHO, 2003, *p. 338-340)*.[367]

---

367 Estas observações alcançam as garantias processuais constitucionalmente estabelecidas.

n) **Princípio da primazia da solução do mérito da demanda coletiva.** O processo não é um fim em si mesmo, posto que voltado à solução de conflitos e a realização concreta de direitos, o que impõe seja facilitada a solução do mérito da demanda coletiva.

Com efeito, assevera Gregório Assagra Almeida:

> O Poder Judiciário deve flexibilizar os requisitos de admissibilidade processual, para enfrentar o mérito do processo coletivo e legitimar sua função social. Não é mais admissível que o Poder Judiciário fique preso em questões formais, muitas delas colhidas em uma filosofia liberal individualista já superada e incompatível com o Estado Democrático de Direito, deixando de enfrentar o mérito, por exemplo, de uma ação coletiva cuja causa de pedir se fundamenta em improbidade administrativa ou em dano ao meio ambiente. (ALMEIDA, Gregório, 2007, p. 572).

A disciplina das nulidades no processo do trabalho aponta no sentido do favorecimento do julgamento do mérito (arts. 794 e segs. da CLT), por deixar claro que somente excepcionalmente deverá ser declarada a nulidade dos atos processuais, uma tendência que se observa, inclusive, no CPC de 2015, que, em seu art. 139, IX, impõe ao juiz o dever de "determinar o suprimento de pressupostos processuais e o saneamento de outros vícios processuais."

Este princípio é consagrado no art. 6º do CPC de 2015, que atribui às partes o dever de atuar no sentido de que se obtenha uma decisão de mérito da demanda.

o) **Princípio de proibição de neutralidade judicial.** A satisfação dos direitos metaindividuais é de interesse público, o que exige do juiz uma atuação mais ativa no processo coletivo. Destarte, o juiz não pode ser neutro quando se trate de facilitar o acesso à justiça e realizar concretamente os direitos metaindividuais trabalhistas, destacando-se que "o fenômeno contraditório, segundo concepção moderna, não está limitado à atividade das partes", abrangendo "também a ideia de participação ativa do juiz no desenvolvimento da relação processual e na construção do conjunto probatório como fator importante de equilíbrio do contraditório." (BEDAQUE, 2002, p. 22).

Como aduz Piero Calamandrei, "o perigo maior que ameaça os juízes em uma democracia, e em geral, a todos os funcionários públicos, é o perigo do hábito, da indiferença burocrática, da irresponsabilidade anônima." (CALAMANDREI, 2006, p. 69).

Ser ativo não é ser parcial, na medida em que não implica assumir a defesa do interesse de uma ou de outra parte, mas estar acima desses interesses, para fazer valer a ordem jurídica democraticamente estabelecida, ressaltando-se que "o juiz tem interesse em que sua função atinja determinados objetivos, consistentes nos escopos da jurisdição", sendo que a "neutralidade passiva, supostamente garantidora da imparcialidade, não corresponde aos anseios por uma Justiça efetiva, que propicie acesso efetivo à ordem jurídica justa." (BEDAQUE, 2002, p. 21).

José Roberto dos Santos Bedaque alude ao "juiz participativo", em razão da

> [...] crescente complexidade das situações regidas pelo direito substancial, a enorme disparidade econômica entre os sujeitos do direito, a integração cada vez maior de culturas jurídicas diferentes, determinada pelo que se convencionou chamar de globalização, tudo isso exige maior preocupação do representante estatal com o resultado do processo. (BEDAQUE, 2002, p. 21).

Anote-se que essa diretriz encontra-se presente, por exemplo, no art. 7º da Lei da Ação Civil Pública, ao determinar que: "Se, no exercício de suas funções, os juízes e tribunais tiverem conhecimento de fatos que possam ensejar a propositura da ação civil, remeterão as peças ao Ministério Público para as providências cabíveis."

Anota Ada Pellegrini Grinover que o Poder Judiciário, em razão do seu novo papel em razão da configuração constitucional do Estado Democrático de Direito, como forma de expressão estatal, "deve estar alinhado com os escopos do próprio Estado, não se podendo mais falar numa neutralização da sua atividade. Ao contrário, o Poder Judiciário encontra-se constitucionalmente vinculado à política estatal." (GRINOVER, 2008, p. 12).

Digno de registro, também, o entendimento de Maria Cecília Máximo Teodoro, no sentido de que

> [...] o Poder Judiciário não mais se limita a fazer o contrapeso aos demais poderes. Ele não é mais um 'contra poder', uma vez que passa a exercer um verdadeiro poder normativo e a pro-

mover um 'diálogo normativo entre os poderes'. Ao exercer sua função, o juiz faz escolhas. Ao fazê-las, o juiz exercita sua função política. Esse elemento é determinante no processo de afirmação da jurisdição como poder comparável aos outros dois. (TEODORO, 2011, p. 153).

Reforça Pedro Lenza:

> É fundamental que o *direito* exercido pela magistratura seja *socialmente eficaz*, buscando-se, ao máximo, a diminuição do grande abismo existente entre este último – o *direito socialmente eficaz* – e o *direito formalmente vigente*, o que a sociologia americana denominou de conflito existente entre a *law in books* X *law in action*. (LENZA, 2005, p. 287).

Não se olvide que o juiz é um agente político, devendo estar comprometido com o resultado do processo, ou seja, com a produção de resultados úteis para toda a sociedade, em especial quando se trate da tutela de direitos fundamentais, na medida em que "o juiz, no Estado constitucional, além de atribuir significado ao caso concreto, compreende a lei na dimensão dos direitos fundamentais." (MARINONI, 2006, p. 405).

p) **Principio da boa-fé processual.** Todos aqueles que participam do processo, inclusive coletivo, devem agir com boa-fé, honestidade e lealdade, não frustrando a confiança dos demais participantes do processo e não abusando dos seus direitos processuais. Neste sentido, o art. 14, II, do CPC/1973 estabelece que constitui dever das partes "proceder com lealdade e boa fé". Os arts. 17 e 18 do mesmo comando legal tipificam várias formas de litigância de má-fé e estabelecem a sua punição. Os destinatários deste dever são todos aqueles que, de uma forma ou de outra, participam do processo. O CPC de 2015 também trata do tema, como se vê do seu art. 5º, segundo o qual, "aquele que de qualquer forma participa do processo deve comportar-se de acordo com a boa-fé."[368]

---

368 Destaque-se que o art. 80 do CPC de 2015 estabelece que "considera-se litigante de má-fé aquele que: I – deduzir pretensão ou defesa contra texto expresso de lei ou fato incontroverso; II – alterar a verdade dos fatos; III – usar do processo para conseguir objetivo ilegal; IV – opuser resistência injustificada ao andamento do processo; V – proceder de modo temerário em qualquer incidente ou ato do processo; VI – provocar incidente manifestamente infundado; VII – interpuser recurso com intuito manifestamente protelatório."

O princípio da boa-fé impõe limites para à atuação processual de todos aqueles que participam do processo, como forma de garantia do direito à tutela tempestiva, adequada e efetiva. Esse princípio "representa um ideal de ética jurídico-processual dos sujeitos processuais" e, como "o processo constitui um método dialético de composição de conflitos, não se poderia admitir que os sujeitos processuais atuassem de forma ímproba ou imoral para a consecução dos seus interesses", porquanto

> [...] o processo permeado pelo interesse público na composição pacífica dos conflitos e na observância do devido processo legal, não se limitando ao interesse meramente privado das partes. (SANTOS, 2013, p. 159-172).

Também é importante pontuar:

> Da ideia de Estado democrático extrai-se a boa-fé objetiva ou, simplesmente, *boa-fé lealdade*, que se relaciona com a honestidade, probidade ou lealdade com a qual a pessoa mantém em seu comportamento. Todos devem atuar com retidão, colaborando para a decisão final, sendo certo afirmar que o princípio da boa-fé atua como norma legitimadora do processo. Ora, na medida em que o processo se funda na boa fé objetiva, proíbe-se o comportamento contraditório, não se permitindo que o sujeito pratique um ato que contradiga uma conduta anterior. A participação, além de efetiva, deve ser proba. (CUNHA, Leonardo, 2012, p. 353).

Anote-se que, como prevê o princípio n. 11.2 dos Princípios *ALI/UNIDROIT* do Processo Civil Transnacional, "as partes dividem com o tribunal a responsabilidade de promover uma justa, eficaz e razoavelmente rápida solução do processo", o que, sem dúvidas, deve informar também o microssistema do direito processual metaindividual do trabalho.[369]

q) **Princípio da complementariedade das fontes do Direito.** O microssistema de direito processual metaindividual é aberto ao diálogo entre as várias normas que compõem o ordenamento jurídico, entre microssistemas e entre sistemas, no sentido de torná-los

---

369 Referidos princípios foram elaborados pela *American Law Institute* (ALI) e o *Instituto Internacional para a unificação do direito privado* (*UNIDROIT*), com a intenção de estabelecer as bases para um direito processual universal. A eles, portanto, falta força normativa, possuindo apenas caráter informativo.

complementares, com vistas a encontrar a melhor solução para os conflitos sociais. Este princípio é consagrado nos arts. 769 e 889 da CLT, 19 e 21 da Lei da Ação Civil Pública e 90 do CDC, por exemplo.

Observe-se que no CPC de 2015, em seu art. 15, é disposto que "na ausência de normas que regulem processos eleitorais, trabalhistas ou administrativos, as disposições deste Código lhes serão aplicadas supletiva e subsidiariamente." Nos dizeres do Relator do PLS n. 166/2010 (CPC de 2015), deputado Efraim Filho, a "aplicação subsidiária visa ao preenchimento de lacuna; aplicação supletiva, à complementação normativa." (EFRAIM FILHO, apud MEIRELES, 2014, p. 129-137). Segundo Edilton Meireles, "a regra subsidiária visa preencher a lacuna integral (omissão absoluta) do corpo normativo", enquanto

> [...] a regra supletiva tem por objeto dar complementação normativa ao que foi regulado de modo incompleto (omissão parcial). Ali falta a regra, aqui a regra é incompleta. Ali, supre-se a ausência da regra; aqui, complementa-se a regra que não esgota a matéria. (MEIRELES, 2014, p. 129-137)[370].

r) **Princípio da cooperação**. O CPC de 2015 consagra, expressamente, o dever de cooperação das partes, estabelecendo, no art. 6º,

---

370 Observe-se que Edilton Meireles afirma que "o art. 769 da CLT será revogado em face do art. 15 do NCPC a partir da vigência deste [...]. Contudo, ainda que assim seja, por óbvio que ao se recorrer à regra subsidiária ou supletiva não se pode aplicar norma que seja incompatível com o que se pretende integrar ou complementar, sob pena de, ou se revogar na prática a regra principal (omissa ou incompleta) ou se criar uma antinomia, isto é, um conflito entre normas. Logo, em qualquer caso, a regra supletiva ou subsidiária deve guardar coesão e compatibilidade com o complexo normativo ou a regra que se pretenda integrar ou complementar." (MEIRELES, 2014, p. 129-137). Não se olvide que, "ao permitir a aplicação do CPC sempre que houver omissão e compatibilidade, a CLT não diz tudo. Quase sempre, a operação de transplante exige que as regras igualitárias do processo comum sejam sensibilizadas pelos princípios do processo trabalhista [...]. Assim, 'ao particularismo do Direito do Trabalho deve corresponder o particularismo do Direito Processual do Trabalho'. Um e outro têm de levar em conta o estado de necessidade em que se acha o trabalhador." (VIANA, 1996, p. 414). A hipótese não é de revogação do art. 769 da CLT. Primeiro, porque ele inclui entre as fontes subsidiárias do direito processual do trabalho o direito processual comum, ao passo que o CPC de 2015 só faz referência ao direito processual civil. Segundo, porque o art. 769 da CLT estabelece uma condição que não pode ser desprezada, qual seja, a compatibilidade da norma a ser importada do direito processual civil com o direito processual do trabalho.

que "todos os sujeitos do processo devem cooperar entre si, para que se obtenha, em tempo razoável, decisão de mérito justa e efetiva."

O CPC de Portugal, sob o título *princípio da cooperação*, dispõe no art. 266º, que:

> 1. Na condução e intervenção no processo, devem os magistrados, os mandatários judiciais e as próprias partes cooperar entre si, concorrendo para se obter com brevidade e eficácia, a justa composição do litígio.
>
> 2. O juiz pode, em qualquer altura do processo, ouvir as partes, seus representantes ou mandatários judiciais, convidando-os a fornecer os esclarecimentos sobre a matéria de facto ou de direito que se afigurem pertinentes, e dando-se conhecimento à outra parte dos resultados da diligência.
>
> 3. As pessoas referidas no número anterior são obrigadas a comparecer sempre que para isso forem notificadas e a prestar os esclarecimentos que lhes forem pedidos, sem prejuízo do disposto no nº 3 do artigo 519.
>
> 4. Sempre que alguma das partes alegue justificadamente dificuldade séria em obter documento ou informação que condicione o eficaz exercício de faculdade ou o cumprimento de ônus ou dever processual, deve o juiz, sempre que possível, providenciar pela remoção do obstáculo. (ALMEDINA, 2010, p. 191).

De outro lado, estabelece o art. 519 do CPC de Portugal que as "partes têm o dever de prestar sua colaboração para a descoberta da verdade, respondendo ao que lhes for perguntado, submetendo-se às inspeções necessárias, facultado o que for requisitado e praticando os actos que forem determinados."

Em suma, de acordo com o CPC de Portugal, as partes têm o dever de cooperar para a obtenção, com brevidade e eficácia, da justa composição do litígio, prestar esclarecimentos sobre matéria de fato ou de direito que se afigurem pertinentes, comparecer e prestar esclarecimentos que lhes forem solicitados e colaborar para a descoberta da verdade. Ao juiz cumpre o dever de remover os obstáculos que se coloquem na obtenção de documento ou informação.

José Lebre de Freitas, tratando do tema, aduz que

> [...] partes e juízes devem cooperar entre si para que o processo realize a sua função em prazo razoável ('para se obter, com brevidade e eficácia, a justa composição do litígio'). O apelo à reali-

zação da função processual aponta para a cooperação dos intervenientes no processo no sentido de nele se apurar a verdade sobre a matéria de facto e, com base nela, se obter a adequada decisão do litígio. O apelo ao prazo razoável aponta para a sua cooperação no sentido de, sem dilações inúteis, proporcionarem as condições para que essa decisão seja proferida no menor período de tempo compatível com as exigências do processo, ou, na ação executiva, para que tenham lugar com brevidade as providências executivas. No primeiro sentido, poder-se-ia falar duma cooperação em sentido material; no segundo, duma cooperação em sentido formal. (FREITAS, 2006, p. 164).

Para José Lebre de Freitas, a cooperação no sentido material é tratada no art. 266, ns. 2 e 3, e 519. Implica o dever de esclarecimento, de comparecer e prestar esclarecimentos e de colaborar para a descoberta da verdade, ao passo que a cooperação no sentido formal diz respeito ao dever de o juiz "providenciar o *suprimento de obstáculos* com as partes se defrontem na obtenção de informação ou documento necessário ao exercício duma faculdade, à observância de algum ônus ou ao cumprimento dum dever processual." (FREITAS, 2006, p. 164-167). Segundo este autor, a progressiva afirmação do princípio da cooperação "leva frequentemente a falar duma *comunidade de trabalho* [...] entre as partes e o tribunal para a realização da função processual." (FREITAS, 2006, p. 168).

Na Alemanha, o Código de Processo Civil (ZPO) impõe ao juiz o dever de colaborar com as partes no esclarecimento do litígio (dever de esclarecimento) e de com elas discutir os pontos de vista que não foram por elas mencionados no curso do processo e que podem servir de fundamento para a decisão (dever de discussão e de evitar decisão surpresa).

Prevê em sentido semelhante o art. 139 do Código de Processo Civil (ZPO) da Alemanha, sob o título *impulso processual material*, que:

> 1) O tribunal tem que esclarecer a relação de fato e a lide e, enquanto seja necessário, com as partes nas questões de fato e de direito, aclarando-as e realizando perguntas. Ele tem que fazer com que as partes, em forma oportuna e completa se manifestem sobre fatos relevantes, em especial esclarecendo insuficiências relativas aos fatos invocados e com o fim de complementá-los, para descobrir os meios de prova e para apresentar as petições que se adequem à causa.

2) Caso haja um ponto de vista que não tenha sido mencionado por uma das partes ou que haja sido considerado irrelevante, o tribunal pode nele fundar a sua decisão sempre que advirta dele as partes e lhes confira a possibilidade para se manifestar a respeito e não se trate de crédito acessório.

3) O tribunal tem que chamar a atenção sobre considerações que por seu conteúdo devam ser levadas em conta de ofício.

4) As observações, de acordo com estas disposições, devem realizar-se o mais rápido possível e ser registradas em expediente (*apud acta*). Sua realização pode ser provada somente pelo conteúdo registrado nos expedientes. Contra o conteúdo contido nos expedientes é somente admissível a alegação de falsidade.

5) Em caso em que não seja possível para uma parte se manifestar de forma imediata com relação ao aviso judicial, o tribunal, a pedido dela, pode estabelecer um prazo dentro do qual pode apresentar a manifestação por escrito. (KONRAD-ADENAUER, 2006, p. 195, tradução nossa).[371]

Em relação aos deveres das partes, o Código de Processo Civil (ZPO) da Alemanha estabelece a possibilidade de o tribunal ordenar o seu comparecimento para prestar esclarecimentos (art. 141, 1) e que elas apresentem documentos ou outros objetos que se encontrem em seu poder (art. 141, I).

---

[371] "1) El tribunal tiene que esclarecer la relación de hecho y la litis y, en tanto ello sea necesario, con las partes en las cuestiones de hecho y de derecho aclarándolas y realizando preguntas. Él tiene que lograr que las partes en forma oportuna y completa declaren sobre los hechos relevantes, en especial aclaraciones insuficientes que hacen a los hechos invocados a los efectos de completarlos para describir los medios de prueba y para interponer las peticiones que se adecuen a la causa.
2) En tanto exista un punto de vista que no haya sido reconocido por una parte o que haya sido considerado como irrelevante, el tribunal puede fundar su resolución sobre él siempre que advierta de ello a las partes y les otorgue la posibilidad para que se expresen al respecto y no se trate de un crédito acesorio.
3) El tribunal tiene que llamar la atención sobre consideraciones que por su contenido deben ser consideradas de oficio.
4) Las observaciones, de acuerdo con estas disposiciones, deben realizarse lo más pronto posible y ser registradas en expediente (*apud acta*). Su realización puede ser probada solo por el contenido registrado en los expedientes. Contra el contenido de los expedientes es solamente admisible la acreditación de falsedad.
5) En caso de que no sea posible para una parte declarar en forma inmediata con relación a un aviso judicial, el tribunal a petición de aquella puede otorgar un plazo dentro del cual realizar la declaración en forma escrita.

O CPC de 1973, apesar de não tratar do dever de colaboração nos moldes do CPC de Portugal e da Alemanha, acaba por estabelecê-lo de forma indireta quando impõe às partes o dever de exposição dos fatos conforme a verdade e "de colaborar com o Poder Judiciário para o descobrimento da verdade" (art. 14, I, e art. 339, respectivamente – o que implica o dever de atuar no sentido de alcançar a verdade e, por meio dela, a justa composição do litígio), de não produzir provas, nem praticar atos inúteis ou desnecessários à declaração ou defesa do direito (art. 14, III – o que traduz dever de colaborar para a mais rápida solução do conflito ou satisfação do credor) e de comparecer e prestar esclarecimentos (art. 342), o mesmo ocorrendo quando ao juiz é imposto o dever de ordenar a exibição de documentos que se encontrem em poder da parte contrária ou de terceiro (arts. 355 e 360 – o que implica dever de atuar no sentido de afastar obstáculos à obtenção de informações e provas).

Como dito, o CPC de 2015 consagra o princípio da cooperação, valendo mencionar que, na linha do CPC alemão, impõe ao juiz a prévia oitiva das partes sobre fundamento que pretenda incluir na decisão e que ainda não tenha sido objeto de manifestação delas mesmo que se trate de matéria apreciável de ofício (art. 10), bem como de ouvi-las sobre fatos novos constatados de ofício (art. 493, parágrafo único)[372], tudo isto na intenção de evitar decisão-surpresa ou decisão de "terceira opinião" ou, ainda, de "terceira via".[373] Ademais, o contraditório como influência exige que as partes participem, concretamente da construção da decisão judicial, o que restaria prejudicado se o juiz fosse autorizado a incluir na decisão questões de fato ou de direito não discutidas com as partes. O CPC de 2015, nos artigos citados, consagra o direito de ser ouvido, o que é essencial ao contraditório e ao Estado Democrático de Direito.

---

372 "Art. 493. Se, depois da propositura da ação, algum fato constitutivo, modificativo ou extintivo do direito influir no julgamento do mérito, caberá ao juiz tomá-lo em consideração, de ofício ou a requerimento da parte, no momento de proferir a decisão. Parágrafo único. Se constatar de ofício o fato novo, o juiz ouvirá as partes sobre ele antes de decidir."

373 Essas expressões são de Sergio Chiarloni, para quem o juiz tem o dever de provocar o contraditório em relação às questões não discutidas pelas partes. (CHIARLONI, 2012, p. 87).

Observa Othmar Jauernig que "o princípio processual mais importante e elemento irrenunciável de todo o ordenamento processual de Estado de direito é o *direito de ser ouvido – isto é – a ser judicialmente ouvido.*" (JAUERNIG, 2002, p. 167).

Assinala Leonardo Carneiro da Cunha:

> A aplicação do princípio da cooperação acarreta um redimensionamento da máxima *iura novit cúria*, porquanto ao juiz cabe pronunciar-se sobre a norma jurídica a ser aplicada ao caso depois de realizar o necessário diálogo com as partes. Ao juiz cabe – não restam dúvidas – aplicar o direito ao caso concreto, mas se lhe impõe, antes de promover tal aplicação, *consultar* previamente as partes, colhendo suas manifestações a respeito do assunto. Na verdade, o princípio da cooperação restringe a *passividade do juiz*, afastando-se da ideia liberal do processo como uma 'luta' ou 'guerra' entre as partes, meramente arbitrada pelo juiz. O princípio da cooperação tem base constitucional, sendo extraído da cláusula geral do devido processo legal, bem como do princípio do contraditório. A cooperação resulta, em última análise, da própria ideia de Estado democrático. Se o contraditório exige participação e, mais especificamente, uma soma de esforços para melhor solução da disputa judicial, o processo realiza-se mediante uma atividade de sujeitos em cooperação. A cooperação impõe deveres para todos os intervenientes processuais, a fim de que se produza, no âmbito do processo civil, uma 'eticização' semelhante à que já se obteve no direito material, com a consagração de cláusulas gerais como as da boa-fé e do abuso de direito. O princípio da cooperação destina-se, enfim, a transformar o processo civil numa 'comunidade de trabalho', potencializando o franco diálogo entre todos os sujeitos processuais, a fim de se alcançar a solução mais adequada e justa ao caso concreto. O processo, diante disso, deve ser entendido como uma 'comunidade de comunicação', desenvolvendo-se por um diálogo pelo qual se permite uma discussão a respeito de todos os aspectos de fato e de direito considerados relevantes para a decisão da causa. (CUNHA, Leonardo, 2012, p. 368-369).

A atribuição às partes e ao juiz do dever de colaboração atende à função social do processo, que é a mais rápida, econômica e justa solução do conflito de interesses levado ao Poder Judiciário. O reconhecimento deste dever em relação às partes não implica dizer que elas não podem proceder de forma que conduza ao acolhimento de suas pretensões. O que delas é exigido é que o façam tendo em conta a função social do processo e, ainda, o interesse social na efetividade da ordem jurídica.

Ainda como assevera José Lebre de Freitas,

> [...] o princípio da cooperação é tido hoje como uma das traves mestras do direito processual civil, para o que se fala dum *arbeitsgemeinschaft*, já há décadas propugnada por Rosenberg e ainda há dois anos reafirmada como princípio fundamental do processo civil no IX Congresso Mundial de Direito Judiciário. Como tal deverá acompanhar todo o processo, implicando uma maior responsabilização das partes perante o tribunal (mediante, nomeadamente, a consagração dum dever geral de comparecer e de informar, em termos mais amplos e ais eficazes do que o atual), mas também deveres do juiz e do tribunal para com as partes e os seus advogados (dever de providenciar pela remoção de obstáculos que à parte se apresentem, dever de informação sobre atrasos nos processos, dever de pontualidade, dever de marcação de diligências mediante prévio acordo, dever de transparência nas notificações. (FREITAS, 2009, p. 25).

Anote-se que não há consenso doutrinário sobre o dever de cooperação das partes entre si e para com o juiz. Lenio Luiz Streck, Lúcio Delfino, Rafael Giogio Dalla Barba e Ziel Ferreira Lopes, por exemplo, afirmam:

> A discussão sobre a cooperação não é nova. Exigir que as partes "cooperem" ou "colaborem" é ir muito além das balizas profissionais devidas para o exercício advocacia. Dentro da licitude penal e cível, o processo segue por ônus. Mesmo o abuso na litigância é sempre mais bem controlado por ulterior penalização financeira dos atos manifestamente protelatórios do que por cerceamento das garantias fundamentais processuais. Queremos crer que, neste estranho desenho institucional do artigo 6º, houve uma apropriação indevida daquilo que defendem os mais destacados doutrinadores da cooperação/colaboração/comparticipação. Mesmo um defensor mais estatalista da cooperação como Daniel Mitidiero não concorda com a tese de que as partes devam colaborar entre si. Em todo caso, cooperação ou colaboração não parecem mesmo ser os melhores "nomen juris" para designar o processualismo pós--liberalista e pós-socialista, ora sob recomposição paradigmática no Estado Democrático de Direito. Nosso aparente preciosismo terminológico é sutileza que se ora esgarça no artigo 6º Mesmo quando calcadas apenas no juiz (o que não é o caso da redação do CPC de 2015), "cooperação" e "colaboração" pare-

cem ficar aquém do dever de prestar uma Resposta Adequada à Constituição. É dizer, no sentido usual do termo: o juiz não deve apenas "cooperar" ou "colaborar" com as partes; não se trata de liberalidade, de ("boa") vontade judicial, mas de correlação forçosa entre direitos-garantias das partes e deveres-poderes do juiz, escapando estes últimos a qualquer uso discricionário. Juiz decide e não escolhe. (STRECK; DELFINO; DALLA BARBA; LOPES, 2014, p. 4-5).

É importante ressaltar, no entanto, que a cooperação que se persegue é aquela voltada para a mais rápida e justa solução do conflito, acrescentando-se que a decisão rápida e justa é um pressuposto da pacificação social, consistindo esta em uma das funções do Direito. Aliás, como adverte Othmar Jauernig, "os deveres das partes não são corpos estranhos no processo civil. Aqui é condenado o comportamento desonesto, tal como nas relações jurídicas privadas. A luta pelo direito não consente todos os meios." (JAUERNIG, 2002, p. 151).

Cumpre mencionar que o dever de colaboração do juiz e das partes não é estranho à CLT, que impõe ao juiz o dever de agir no sentido do mais rápido andamento da causa (art. 765) e o dever de executar de ofício suas decisões (art. 877) e às partes o dever de comparecer e prestar esclarecimentos (art. 848). Esse dever mais se reforça quando se trate da tutela de direitos de dimensão coletiva, dado o alcance social da sua satisfação.

5.7. A interpretação das normas que compõem o microssistema de direito processual metaindividual do trabalho

Interpretar uma norma é definir o seu significado para o caso concreto. Na interpretação das normas que compõem o microssistema do direito processual metaindividual do trabalho, além dos métodos tradicionais de interpretação[374], o intérprete não pode olvidar a força normativa da Constituição, prevendo o art. 1º do CPC de 2015, neste sentido, que o direito processual civil será interpretado conforme os valores e as normas fundamentais estabelecidos na Constituição da República.

---

374 Gramatical, histórico e teleológico, por exemplo.

Como assevera Luis Roberto Barroso, toda interpretação jurídica é interpretação constitucional, pois se interpreta e aplica-se a Constituição em qualquer operação de realização do Direito, seja direta, seja indiretamente, acrescentando esse doutrinador que a interpretação ocorre:

> a) diretamente, quando alguma pretensão se funda em dispositivo do próprio texto constitucional; b) indiretamente, quando alguma pretensão se funda, em dispositivo do direito infraconstitucional, por duas razões: (i) na aplicação do direito infraconstitucional sempre haverá embutida uma operação de controle incidental de constitucionalidade; (ii) o sentido e alcance da norma infraconstitucional deverá ser atribuído para realizar os valores e fins constitucionais [...]. Com o tempo, as premissas ideológicas sobre as quais se erigiu o sistema de interpretação tradicional deixaram de ser integralmente satisfatórias, quer quanto ao papel da norma, quer quanto ao papel do intérprete. De fato, quanto ao: a) Papel da norma: a solução dos problemas jurídicos nem sempre se encontra no relato abstrato da norma. Muitas vezes só é possível produzir a resposta constitucionalmente adequada à luz do problema, dos fatos relevantes, analisados topicamente; b) Papel do juiz: já não será apenas um papel de conhecimento técnico, voltado para revelar o sentido contido na norma. O juiz torna-se co-participante do processo de criação do Direito, ao lado do legislador, fazendo valorações próprias, atribuindo sentido a cláusulas abertas e realizando escolhas. (BARROSO, 2005, p. 510 e 516).[375]

Como assinala Pietro Perlingieri, na perspectiva constitucional, "o problema do processo não diz respeito somente ao seu ser, mas ao seu dever-ser, ao como deve ser. O processo, o juízo, qualquer que seja, deve garantir os valores e os princípios constitucionais." (PERLINGIERI, 2008, p. 42). Registra o autor:

> Cada forma de poder que se exprima por meio de regras e princípios – e, portanto, também cada espécie de poder normativo

---

[375] Destaca Luís Roberto Barroso que a ascensão do direito constitucional e que este deve ser "a janela pela qual se olha para o mundo", "mais do que isto, o direito constitucional passou a ser não apenas um modo de olhar e pensar o Direito, mas também um modo de desejar o mundo: fundado na dignidade da pessoa humana, na centralidade dos direitos fundamentais, na busca por justiça material e na tolerância, no respeito ao próximo, assim o igual como o diferente [...]. Nessa quadra da história da humanidade, o constitucionalismo é a última ideologia que nos restou. Uma fé racional que nos ajuda a acreditar no bem e na justiça, mesmo quando não estejam ao alcance dos olhos." (BARROSO, 2005, p. 510-518).

> *lato sensu*, 'privado' – não poderá ser exercido senão dentro da unidade construída pela Constituição e mantida por um método hermenêutico que dela se faça instrumento consciente. (PERLINGIERI, 2008, p. 308).

Destarte, a interpretação das normas que compõem o microssistema do direito processual metaindividual do trabalho deve ter como parâmetro primeiro a Constituição.

Por outro lado, o direito processual do trabalho tem em vista a realização concreta do direito do trabalho, e este tem como função primordial tutelar e promover a dignidade humana daqueles que sobrevivem da alienação de sua força de trabalho. Destarte, na fixação de significados das normas integrantes do microssistema do direito processual metaindividual do trabalho deve ser considerada esta especial função do direito do trabalho[376], o que implica o dever do jurista de "interpretar a legislação à luz do direito fundamental à tutela jurisdicional, estando obrigado a extrair a regra processual, sempre com a finalidade de efetivamente tutelar os direitos, a sua máxima potencialidade." (MARINONI, 2004, p. 189).

O respeito do juiz à dignidade humana é reafirmado no art. 8º do CPC de 2015, segundo o qual, "ao aplicar o ordenamento jurídico, o juiz atenderá aos fins sociais e às exigências do bem comum, resguardando e promovendo a dignidade da pessoa humana [...]."

Registre-se que, ao lançar um "olhar ao sentido humano e social do processo, afirmando a supremacia da dignidade da pessoa humana, faremos dele um instrumento a serviço do homem para construir uma sociedade mais justa e reconciliada" (ALARCÓN, 2001, p. 47, tradução nossa)[377], ressaltando que

> [...] o processo, para ser justo, não pode ser alheio à supremacia da dignidade humana, aos valores e direitos que derivam dela (com seus correspondentes deveres), nem à realidade social onde se desenvolve, senão pelo contrário, deve ser visto e desenvolvido como um instrumento a serviço do homem – e não

---

376 Anote-se que "nunca é demais lembrar que o Direito do Trabalho só tem sentido enquanto instrumento de proteção do trabalhador. Sua estratégia – contrária à do Direito Civil – é a de incorporar desigualdades para reduzir desigualdades. Sem ela, *ele próprio* se torna Direito Civil." (VIANA, 2001, 155-159).

377 No original: "la mirada al sentido humano y social del proceso, afianzando la sumpremacía de la dignidad humana, haremos de él un instrumento útil al servicio del hombre para construir una sociedad más justa y reconciliada."

o homem a serviço do processo – para a defesa e efetividade de seus direitos, assim como para alcançar a paz social e a justiça. Por consequência, devem superar-se as barreiras endógenas (como a morosidade nos andamentos processuais, os purismos formais e os tecnicismos legais irracionais) e as exógenas (como a pobreza, a desigualdade, o desconhecimento dos direitos, a falta de juízes especializados, etc.) que impedem chegar à justiça concreta. (ALARCÓN, 2001, p. 69, tradução nossa)[378].

Como anota Cleber Lúcio de Almeida,

> ao atribuir à dignidade humana a condição de fundamento da República, a Constituição impõe ao intérprete situar o homem no centro e como finalidade primeira da ordem econômica, jurídica e social, o que impõe uma interpretação humanista das normas jurídicas. (ALMEIDA, Cleber, 2014, p. 167).

Não se pode olvidar, ainda, que o *caput* do art. 7º da CR/88 aponta no sentido de que no enfrentamento de casos concretos deve ser adotada a solução que traduza a melhoria da condição social, humana e econômica dos trabalhadores. Com isso, as normas que compõem o microssistema do direito processual metaindividual do trabalho devem ser interpretadas no sentido de garantir a sua maior eficácia possível no que concerne ao acesso à justiça e à realização concreta dos direitos assegurados pela ordem jurídica, lembrando-se que o conflito de massa potencializa a necessidade de que o processo produza resultado útil, acrescentando-se que

> [...] a efetiva operacionalidade do sistema das ações coletivas passou a ser encarada não mais como mera consequência, mas como condição de existência e prevalência da democracia. O processo coletivo demonstrou ter a singular aptidão de, extrapolando os lindes de uma relação processual, tornar superlativos os seus efeitos. (MARTINEZ, 2010, p. 197-201).[379]

---

[378] No original: "El proceso, para ser justo, no puede ser ajeno a la supremacia de la dignidad humana, a los valores y derechos que derivan de ella (con sus correspondientes deberes), ni a la realidad social donde se desarrolla, sino por el contrario, debe ser visto y desarrollado como un instrumento al servicio del hombre – y no el hombre al servicio del proceso – para la defensa y efectividad de sus derechos, así como para alcanzar la paz social y la justicia. Conforme a ello, deben superarse las barreras endógenas (como la morosidad en las actuaciones procesales, los purismos formales y los tecnicismos legales irracionales) y las exógenas (como la pobreza, la desigualdad, el desconocimiento de los derechos, la falta de jueces especializados, etc.) que impiden llegar a la justicia concreta."

[379] Destaca Luciano Martinez que os efeitos da democracia engloba três ordens distintas: "a) no campo político, pela ampliação do propósito pacificador, quando comparado

Para Guilherme Guimarães Ludwig, cabe ao juiz, nas lides coletivas, promover

> [...] a adequação, pelo caminho interpretativo, em ponderação com os demais princípios constitucionalmente envolvidos, dos mecanismos finalisticamente considerados como necessários e idôneos à consecução na maior medida possível da efetividade processual, multiplicando-se assim a eficácia dos provimentos judiciais. (LUDWIG, 2012, p. 205).

A interpretação das normas que tratam da tutela jurisdicional dos direitos metaindividuais trabalhistas deve ser *aberta, progressista* e *elástica*, como assinala Rodolfo de Camargo Mancuso (MANCUSO, 2004, p. 271-272), notadamente porque o titular do direito lesado não tem legitimidade para pleitear a sua tutela. Isso impõe a concessão da maior amplitude possível à legitimidade ativa, à produção da prova e à extensão da coisa julgada, por exemplo. Acrescenta Rodolfo de Camargo Mancuso que

> [...] essa interpretação *especial* que devem merecer esses princípios tradicionais, quando se trate de ações à finalidade coletiva, repousa em duas ordens de argumentos: em primeiro lugar, nos interesses difusos, o homem não é tomado em sua acepção *singular*, e sim em *dimensão coletiva*, vale dizer, enquanto *integrante* de uma coletividade mais ou menos vasta [...]. Em segundo lugar, as garantias individuais do *due process of law* (especialmente as referentes à defesa, contraditório e limites subjetivos do julgado) hão que ser vistas sob a óptica de garantias de índole *coletiva*, consentâneas com a natureza e finalidade dessas novas exigências sociais. (MANCUSO, 2004, p. 274).[380]

àquele correspondente ao modelo tradicional de solução dos conflitos de interesses; b) no campo econômico, por garantir maior efetividade e menor dispêndio de tempo e de dinheiro, além de ser oferecido tratamento mais favorável ao autor quanto a custas, emolumentos, honorários periciais e honorários de advogado; c) no campo político, ao fomentar a participação dos cidadãos no controle das políticas de distribuição dos direitos sociais." (MARTINEZ, 2010, p. 197-201).

380 Lembre-se que "as formas, solenidades, estruturas e categorias do direito processual não podem ser únicas, rígidas, inflexíveis ou absolutas. Prevalecem enquanto úteis ou necessárias à realização da justa composição do conflito de direito material. Quando essa meta exigir vias alternativas que melhor se adequem à tutela efetiva do direito subjetivo a resguardar ou restaurar, haverá de se franquear o caminho procedimental que a tanto se afeiçoa." (THEODORO JÚNIOR, 2010, p. 3-24).

Nas palavras de Peter Häberle, "interpretar é um processo aberto", não se trata de "um processo de passiva submissão, nem se confunde com a recepção de uma ordem. A interpretação conhece possibilidades e alternativas diversas", em que

> [...] a vinculação se converte em liberdade na medida que se reconhece que a nova orientação hermenêutica consegue contrariar a ideologia da subsunção. A ampliação do círculo dos intérpretes aqui sustentada é apenas a consequência da necessidade, por todos defendida, de integração da realidade no processo de interpretação. É que os intérpretes em sentido amplo compõem essa realidade pluralista. Se se reconhece que a norma não é uma decisão prévia, simples e acabada, há de se indagar sobre os participantes no seu desenvolvimento funcional, sobre as forças ativas da *law in public action* (personalização, pluralização da interpretação constitucional). (HÄBERLE, 2002, p. 30).

Ainda sobre o tema, necessário se faz registrar a lição de Fábio Konder Comparato:

> Assim como o fato cultural só cobra sentido quando compreendido e mergulhado no momento histórico em que aparece, assim também a verdadeira interpretação jurídica não tem por objeto só normas isoladas da vida, mas sim comportamentos humanos efetivos, relacionados a normas. O trabalho hermenêutico do jurista principia com a análise e a qualificação dos fatos, não com uma reflexão sobre a norma. A leitura abstrata da lei não conduz a uma interpretação jurídica, mas simplesmente literária. O sentido da norma só se ilumina quando o seu texto é posto em contato com um problema social concreto. O jurista experimentado, de resto, sabe que é esta a razão explicativa da polissemia dos textos legais – que tanto escandaliza o leigo – e que essa pluralidade de sentidos tende a crescer e não a diminuir, com o passar do tempo e a sucessiva admissão da norma à experiência de novos fatos sociais. A esse respeito, aliás, a comparação da hermenêutica jurídica com a interpretação musical é esclarecedora. A obra musical depende por completo da interpretação. A música, a rigor, só existe se e quando interpretada. Entre uma e outra execução, ela é mera potência e não ato, como diriam os aristotélicos. Nesse sentido, não há interpretação musical que não seja criadora. Não se pode, sem dúvida, dizer o mesmo da interpretação jurídica, pois a vigência e aplicação de um sistema jurídico não exige a sua permanente exegese. Mas toda vez que um problema da vida social provoca a necessidade de se compreender o sentido de uma norma de direito, a inter-

pretação executa um trabalho criativo: o intérprete produz um resultado que, embora latente no texto, só chegou a vir à luz com a maiêutica interpretativa. Aquele que se contenta com a exegese *in abstracto* de um texto de lei é semelhante ao leitor mudo de uma partitura instrumental: limita-se a imaginar os sons sugeridos pelas notações gráficas, sem poder reproduzi--los. (COMPARATO, 1995, p. 277-283).

Destacam Antonio Baylos Grau e Joaquín Pérez Rey:

> É evidente que a interpretação é uma operação hermenêutica e culturalmente complexa, que chama o juiz a confrontar-se com um sistema de valores, externo à norma, do qual deve fazer-se intérprete sensível, e dela deriva 'uma certa ideia de cultura industrial' que lhe converte em um instrumento ativo que gestiona e administra regras não escritas, mas por isso mesmo muito relevantes no ambiente social de referência. (GRAU; REY, 2009, p. 67).

Vale mencionar que "a lei deve ser vista como uma forma viva, mutável, dinâmica, sempre aberta a receber um sentido novo. Em sua criação, há um *momento do legislador e um momento do juiz*" (VIANA, 1996, p. 405), cabendo aos juízes serem

> como que vanguardeiros do seu tempo, vivendo como antenas soltas no espaço social, captando o que há de constante e sentindo por igual o que há de variável, com acenos de transformação dos velhos quadros econômicos, políticos e sociais. (MORAIS FILHO[381] apud VIANA, 1996, p, 405).

Por fim, anote-se que as normas que compõem o microssistema de direito processual metaindividual do trabalho devem ser interpretadas em seu conjunto e na perspectiva da sua complementariedade.

5.8. Problemas centrais do processo coletivo

Neste livro é realçada a técnica do diálogo das fontes do Direito como instrumento apto ao afastamento de lacunas e à solução de antinomias, o qual pugna pela aplicação coordenada e complementar dessas fontes. Passa-se, agora, a aplicar esta técnica na construção de soluções para os problemas centrais do processo

---

381 MORAIS FILHO, Evaristo de. **A justa causa na rescisão do contrato de trabalho**. Rio de Janeiro: FORENSE, 1968, p. 243.

coletivo, que são definidos a partir dos maiores questionamentos surgidos no contexto dos processos envolvendo a tutela dos direitos metaindividuais trabalhistas, consoante se infere da doutrina e da jurisprudência.

5.8.1. Legitimação para a ação coletiva

Para ajuizar ou contestar ação é necessário ter legitimidade. A legitimidade para a ação no processo individual é atribuída, em regra, a quem alega ser o titular do direito para o qual é postulada a tutela jurisdicional. É permitido o ajuizamento da ação por quem não seja o titular do direito reivindicado somente em casos excepcionais, expressamente previstos em lei, consoante decorre dos arts. 6º do CPC/1973 e 18 do CPC/2015[382].

No processo coletivo, a legitimidade para a ação não guarda relação com a titularidade do direito deduzido, sendo atribuída, por expressa previsão legal, a entes, públicos e privados, que o legislador reputa aptos à defesa em juízo de direitos que transcendem a esfera individual, com exceção feita à ação popular, que pode ser ajuizada pelo cidadão. O que se persegue na definição da legitimidade para agir nas ações coletivas é a ampliação do acesso à justiça e a adequada defesa judicial dos direitos metaindividuais.

Vincenzo Vigoriti assevera que no processo coletivo a definição daquele que pode ajuizar ação ou contestá-la é "antes de tudo, uma questão de escolha de política legislativa e, pois, um problema técnico." (VIGORITI, 1979, p. 66, tradução nossa[383]).

O diálogo entre as normas que compõem o microssistema do direito metaindividual do trabalho permite afirmar que possuem legitimidade para ajuizar ação coletiva em geral:

    a)   o Ministério Público (art. 129, III, da Constituição Federal, art. 83 da Lei Complementar n. 75/93[384] e art. 82, I, da Lei n. 8.078/90);

---

382 "Art. 18. Ninguém poderá pleitear direito alheio em nome próprio, salvo quando autorizado pelo ordenamento jurídico."

383 No original: "È prima di tutto una questione di scelte di politica legislativa e, poi, un problema tecnico".

384 Dispõe o art. 83 da LC n. 75/93: "Compete ao Ministério Público do Trabalho o exercício das seguintes atribuições junto aos órgãos da Justiça do Trabalho: I – promover as ações

b) organização sindical, entidade de classe e associação legalmente constituída e em funcionamento há pelo menos um ano, em defesa dos interesses de seus membros ou associados (arts. 5º, XXI e LXX, 8º, III, da Constituição Federal e 82, IV, da Lei n. 8.078/90);

c) partido político com representação no Congresso Nacional (art. 5º, LXX, a, da Constituição Federal);

d) o cidadão, na hipótese de interesse cuja tutela pode ser concedida em sede de ação popular (Lei n. 4.717/65 e art. 5º, LXXIII, da Constituição Federal);

e) a União, os Estados, os Municípios e o Distrito Federal (art. 82, II, da Lei n. 8.078/90);

f) entidades e órgãos da administração pública, direta ou indireta, ainda que sem personalidade jurídica, especi-

---

que lhe sejam atribuídas pela Constituição Federal e pelas leis trabalhistas; II – manifestar-se em qualquer fase do processo trabalhista, acolhendo solicitação do juiz ou por sua iniciativa, quando entender existente interesse público que justifique a intervenção; III – promover a ação civil pública no âmbito da Justiça do Trabalho, para defesa de interesses coletivos, quando desrespeitados os direitos sociais constitucionalmente garantidos; IV – propor as ações cabíveis para declaração de nulidade de cláusula de contrato, acordo coletivo ou convenção coletiva que viole as liberdades individuais ou coletivas ou os direitos individuais indisponíveis dos trabalhadores; V – propor as ações necessárias à defesa dos direitos e interesses dos menores, incapazes e índios, decorrentes das relações de trabalho; VI – recorrer das decisões da Justiça do Trabalho, quando entender necessário, tanto nos processos em que for parte, como naqueles em que oficiar como fiscal da lei, bem como pedir revisão dos Enunciados da Súmula de Jurisprudência do Tribunal Superior do Trabalho; VII – funcionar nas sessões dos Tribunais Trabalhistas, manifestando-se verbalmente sobre a matéria em debate, sempre que entender necessário, sendo-lhe assegurado o direito de vista dos processos em julgamento, podendo solicitar as requisições e diligências que julgar convenientes; VIII – instaurar instância em caso de greve, quando a defesa da ordem jurídica ou o interesse público assim o exigir; IX – promover ou participar da instrução e conciliação em dissídios decorrentes da paralisação de serviços de qualquer natureza, oficiando obrigatoriamente nos processos, manifestando sua concordância ou discordância, em eventuais acordos firmados antes da homologação, resguardando o direito de recorrer em caso de violação à lei e à Constituição Federal; X – promover mandado de injunção, quando a competência for da Justiça do Trabalho; XI – atuar como árbitro se assim for solicitado pelas partes, nos dissídios de competência da Justiça do Trabalho; XII – requerer as diligências que julgar convenientes para o correto andamento dos processos e para a melhor solução das lides trabalhistas; XIII – intervir obrigatoriamente em todos os feitos nos segundo e terceiro graus de jurisdição da Justiça do Trabalho, quando a parte for pessoa jurídica de Direito Público, Estado estrangeiro ou organismo internacional".

ficamente destinados à defesa dos direitos dos consumidores (art. 82, III, da Lei n. 8.078/90);

g) Conselho Federal da OAB, na defesa dos interesses coletivos ou individuais dos advogados (art. 54, II, da Lei n. 8.906/94); e

h) a Defensoria Pública (Lei Complementar n. 132/09, que alterou o art. 4º e seus incisos da LC n. 80/94).

Em relação às ações coletivas trabalhistas, cumpre destacar que o art. 8º, III, da CR/88 não exclui a possibilidade de a lei infraconstitucional ampliar a legitimação para agir, estendendo-a a outros atores sociais, consoante decidiu o Supremo Tribunal Federal, *in verbis*:

> SUBSTITUIÇÃO PROCESSUAL – NATUREZA DA MATÉRIA. De início, a substituição processual não tem contornos constitucionais. Pouco importa, na espécie, que se tenha feito referência a normas estritamente legais como a regulamentar o inciso III do art. 8º da Carta da República. O preceito nele incluído não veda a possibilidade de o legislador ordinário incluir no cenário jurídico outras hipóteses em que seja possível demandar em nome próprio na defesa de direito alheio. (Supremo Tribunal Federal, AGRAG 157.797-S, Rel. Min. Marco Aurélio, DJU 12.05.1995).

A legitimidade para a ação atribuída aos entes sindicais (art. 8º, III, da CR/88) não exclui a legitimação para agir concedida à Defensoria Pública pela Lei Complementar n. 132, de 7 de outubro de 2009, posto que o trabalhador também é hipossuficiente em relação a seu empregador. Com efeito, estipula o art. 4º, inciso VII e X, da LC n. 132/2009, *in verbis*:

> Art. 4º. São funções institucionais da Defensoria Pública, dentre outras: [...]; VII – promover ação civil pública e todas as espécies de ações capazes de propiciar a adequada tutela dos direitos difusos, coletivos ou individuais homogêneos quando o resultado da demanda puder beneficiar grupo de pessoas hipossuficientes; [...]; promover a mais ampla defesa dos direitos fundamentais dos necessitados, abrangendo seus direitos individuais, coletivos, sociais, econômicos, culturais e ambientais, sendo admissíveis todas as espécies de ações capazes de propiciar sua adequada e efetiva tutela.

A necessidade de facilitar o acesso à justiça e aos próprios direitos trabalhistas assegurados pela ordem jurídica, em especial os de natureza fundamental, impede que se atribua apenas ao Ministério

Público do Trabalho e às organizações sindicais a legitimação para o ajuizamento de ações coletivas. Daí porque têm a Defensoria Pública, as entidades de classe e as associações legalmente constituídas e em funcionamento há pelo menos um ano legitimidade para a ação judicial com vistas à tutela dos direitos e interesses de seus membros ou associados.[385]

Assim, como resultado do diálogo entre as normas que compõem o microssistema do direito processual metaindividual do trabalho, pode ser afirmado que possuem legitimidade para propor ações coletivas perante a Justiça do Trabalho: o Ministério Público do Trabalho, a Defensoria Pública, as organizações sindicais, as entidades de classe e a associação legalmente constituída e em funcionamento há pelo menos um ano.

A legitimação para agir nas ações coletivas visando à tutela de direitos difusos e coletivos é de natureza ordinária especial, visto que:

> a) o titular da ação não vai a juízo de forma extraordinária. Ele age em juízo na defesa de seus interesses institucionais ou no cumprimento de dever institucional. Extraordinário é aquilo que foge ao ordinário, o que é excepcional, o que não ocorre em relação à legitimação para as ações coletivas visando à tutela de direitos difusos e coletivos; b) a legitimação é especial, porque é reconhecida em face da necessidade de facilitar o acesso à justiça e de conferir adequada tutela ao direito de natureza difusa ou coletiva. A legitimidade é especial, ainda, em razão da indivisibilidade do objeto do direito e da indeterminação dos seus titulares. A indivisibilidade do objeto do direito e a indeterminação dos seus titulares exigem legitimação especial para que se busque em juízo a sua tutela. (ALMEIDA, Wânia, 2013, p. 166).

No que importa à ação ajuizada visando à tutela de direito individual homogêneo, é possível adotar a classificação permitida pelos arts. 6º do CPC/1973 e 18 do CPC/2015, ou seja, a legitimidade é extraordinária, sendo hipótese de típica substituição processual,

---

385 As associações, inclusive de trabalhadores, têm legitimidade para a defesa judicial de seus filiados (arts. 5º, XXI e LXX, da Constituição Federal e 82, IV, do Código de Defesa do Consumidor), sendo relevante observar que a combinação dos arts. 81, 82, IV, e 83 do Código de Defesa do Consumidor permite concluir que as associações não tiveram a sua legitimidade limitada à defesa de direitos individuais homogêneos. Os sindicatos têm o monopólio da negociação coletiva, mas não das ações coletivas (art. 8º, VI, da Constituição Federal).

posto que os direitos individuais homogêneos são direitos de que são titulares pessoas determináveis e com objeto divisível, o que significa que em relação a eles o titular da ação age na propositura da ação em nome próprio, mas visando à defesa de direito que pertence a um terceiro identificável. Logo, é o caso de substituição processual, nos moldes do art. 6º do CPC, na medida em que o titular do direito é determinável e se trata de direito divisível, constituindo a substituição processual meio apto e adequado para perseguir em juízo a sua tutela. Note-se que o legislador considera ser a hipótese de substituição processual, como se vê do art. 91 do CDC, digna de nota, porém, a Lei n. 12.016/09, que trata do mandado de segurança coletivo, optou por considerar que o impetrante, mesmo quando se trate de direitos coletivos, atua como substituto processual, como se vê do seu art. 22.

Aduziu o Ministro Gilmar Mendes, nos autos do Recurso Extraordinário n. 193.503/SP:

> Quando o art. 8º, inciso III, da Constituição faz menção aos 'direitos e interesses coletivos ou individuais da categoria', quer significar os direitos e interesses coletivos (transindividuais, de natureza indivisível de que seja titular grupo, categoria ou classe de pessoas ligadas entre si ou com a parte contrária por uma relação jurídica base) e os direitos e interesses individuais homogêneos. No primeiro caso, o sindicato possui legitimação ordinária. A hipótese da substituição processual restringe-se aos casos em que estejam em discussão os direitos individuais homogêneos [...]. Para a defesa dos direitos e interesses de cunho coletivo, o sindicato deve exercer papel preponderante na defesa da categoria profissional, hipótese na qual atuará como legitimado processual ordinário. Na defesa dos direitos e interesses individuais que são comuns à toda a categoria, a atuação do sindicato como substituto processual é, certamente, o meio mais eficaz de se assegurar esses direitos. (STF. Processo: RE-193.503/SP. Relator: Min. Carlos Velloso. **DJU** de 24.08.2007).

A legitimação para a ação coletiva é: *concorrente*, o que significa que a legitimidade de um ente não exclui a dos demais (art. 5º da Lei da Ação Civil Pública e art. 82 do Código de Defesa do Consumidor)[386]; *disjuntiva*, pois qualquer ente legitimado pode propor a

---

386 Anota Antonio Gidi que, "atento para os riscos de transformar os chamados 'corpos intermediários' em verdadeiros centros de poder e de opressão, o legislador pátrio

ação sem a necessidade de autorização dos demais co-legitimados, o que não impede, no entanto, que seja formado litisconsórcio voluntário entre os legitimados; e *exclusiva*, no sentido de que somente estão legitimados para a ação coletiva os entes expressamente referidos na lei (Código de Defesa do Consumidor, art. 82, e Lei da Ação Civil Pública, art. 5º, por exemplo).

Destacam Ada Pellegrini Grinover, Kazuo Watanabe e Linda Mullenix que nos países de *civil law* existem três opções em relação à legitimação para agir:

(a) *Privada* - legitimidade exclusivamente da pessoa física e/ou associação;

(b) *Pública* - apenas os entes públicos são legitimados; e

(c) *Mista* - legitimação tanto das pessoas físicas e/ou associações quanto dos entes públicos, com vistas a atender aos anseios de mais amplo acesso à justiça e ao princípio de universalização da jurisdição, prevalecendo a legitimação mista.

Asseveram estes autores que nos países de *common law* as pessoas físicas, associações e entes governamentais detêm a legitimação para agir. (GRINOVER; WATANABE; MULLENIX, 2008, p. 301-302). No Brasil, consoante resta claro da definição dos entes legitimados para a ação coletiva, foi adotado o sistema da legitimação mista.

A aferição da representatividade adequada nos países de *civil law* é adotada em poucos países, como: Uruguai (por entendimento jurisprudencial), Argentina e Paraguai. Nos países de *common law*, a representatividade adequada é verificada pelo juiz, que examina as

---

cercou-se de cautelas ao legitimar concorrentemente várias entidades, públicas e privadas. Isso sem prejuízo de outras formas de prevenção à fraude, como a intervenção obrigatória do Ministério Público como custos legis, a possibilidade de outro legitimado assumir a condução do processo ou do recurso em caso de desistência ou abandono, a não-formação da coisa julgada coletiva em caso de improcedência por insuficiência de provas, a não-extensão da coisa julgada coletiva na esfera individual dos interessados nos casos de improcedência etc. [...]. Afinal, alguém há que ser ordinariamente legitimado para a propositura de uma ação coletiva para que possa haver um outro que o seja extraordinariamente. O extraordinário é um conceito relacional, e pressupõe a existência do ordinário da mesma forma que o especial pressupõe a existência do comum." (GIDI, 1995, p. 36).

"condições do representante e também as do seu advogado, e sem que conclua afirmativamente pela presença desse pré-requisito, a ação coletiva não poderá ter prosseguimento." (GRINOVER; WATANABE; MULLENIX, 2008, p. 303).

No sistema jurídico brasileiro, a única hipótese de aferição da representatividade adequada do ente legitimado é a que decorre da possibilidade de o juiz verificar se a associação preenche os requisitos previstos em lei (estar legalmente constituída há, pelo menos, um ano e a previsão da defesa dos interesses de seus associados entre os seus fins institucionais) para ajuizar ação coletiva (*ope legis*).[387] Isso contraria o que ocorre na ação de classe (*class action*) norte-americana, em que a legitimidade é verificada *ope judicis*, cabendo ao juiz conferir se a associação possui adequada representatividade dos membros e da classe que representa.

Eduardo Cambi assevera que a preocupação com a representatividade adequada deriva do direito norte-americano, "onde a *adequacy of representation* é um pressuposto de admissibilidade de toda *class action*", com vista a "evitar que, pela propositura dessa ação por pessoa desqualificada, o bem jurídico coletivo não seja tutelado adequadamente, já que a coisa julgada – salvo na improcedência por falta de provas – é *erga omnes* ou *ultra partes*." (CAMBI, 2008, p. 235). Ainda segundo esse doutrinador, a representatividade adequada possui preocupações democráticas:

> Quando grupos ou instituições sociais – associações civis, Ministério Público etc. – atuam, em nome do cidadão, a participação deste se dá de forma *indireta*, devendo aquelas instituições bem representar o conjunto dos anseios populacionais na proteção do meio ambiente, patrimônio público, consumidor etc., enfim, do bem jurídico coletivo, objeto de tutela. (CAMBI, 2008, p. 235).

---

387 O juiz pode dispensar tais requisitos quando houver manifesto interesse social caracterizado pela dimensão ou característica do dano ou pela relevância do bem jurídico a ser tutelado, nos termos do §4º, do art. 5º da Lei da Ação Civil Pública. Aliás, neste sentido, decidiu o STJ que: "Presente o interesse social pela dimensão do dano e sendo relevante o bem jurídico a ser protegido, como na hipótese, pode o juiz dispensar o requisito da pré-constituição superior a um ano da associação autora da ação de que trata o inc. III do parágrafo único do art. 82 do CDC, que cuida da defesa coletiva dos interesses ou direitos individuais homogêneos." (STJ-REsp. 140.097/SP. Rel. Min. Cesar Asfor Rocha, **DJU** de 11.09.2000).

No Código Modelo de Processos Coletivos para a Ibero-América, a legitimidade para o agir na ação coletiva é ampliada, sendo estabelecido que qualquer pessoa física pode ajuizar ação para a defesa dos interesses ou dos direitos difusos de que seja titular um grupo, categoria ou classe de pessoas ligadas por circunstâncias de fato. O membro do grupo, categoria ou classe também está legitimado para a defesa dos interesses ou dos direitos difusos de que seja titular grupo, categoria ou classe de pessoas ligadas entre si ou com a parte contrária por uma relação jurídica base e para a defesa de interesses ou direitos individuais homogêneos.[388] Registre-se que o Código mencionado estabelece como requisito da demanda coletiva a adequada representatividade do legitimado, definindo, ainda, os critérios que o juiz deverá observar em sua análise: credibilidade, capacidade, prestígio e experiência do legitimado, seu histórico na proteção judicial e extrajudicial dos interesses ou direitos dos membros do grupo, categoria ou classe, sua conduta em outros processos coletivos, coincidência entre os interesses dos membros do grupo, categoria ou classe e o objeto da demanda, tempo de instituição da associação e a representatividade desta ou da pessoa física perante o grupo, categoria ou classe. A aludida representatividade, como prevê o Código, pode ser verificada a qualquer tempo e em qualquer grau do procedimento.[389]

---

388 "Art. 3o. Legitimação ativa. São legitimados concorrentemente à ação coletiva:
I – qualquer pessoa física, para a defesa dos interesses ou direitos difusos de que seja titular um grupo, categoria ou classe de pessoas ligadas por circunstâncias de fato;
II – o membro do grupo, categoria ou classe, para a defesa dos interesses ou direitos difusos de que seja titular grupo, categoria ou classe de pessoas ligadas entre si ou com a parte contrária por uma relação jurídica base e para a defesa de interesses ou direitos individuais homogêneos."

389 "Art 2º. Requisitos da ação coletiva - São requisitos da demanda coletiva:
I – a adequada representatividade do legitimado;
II – a relevância social da tutela coletiva, caracterizada pela natureza do bem jurídico, pelas características da lesão ou pelo elevado número de pessoas atingidas.
§1º. Para a tutela dos interesses ou direitos individuais homogêneos, além dos requisitos indicados nos n. I e II deste artigo, é também necessária a aferição da predominância das questões comuns sobre as individuais e da utilidade da tutela coletiva no caso concreto.
§2º. Na análise da representatividade adequada o juiz deverá analisar dados como:
a – a credibilidade, capacidade, prestígio e experiência do legitimado;

Vale chamar a atenção para o fato de o Código Modelo atribuir legitimidade a "qualquer pessoa física" e a "membro de um grupo, categoria ou classe". Ou seja, ao trabalhador, para o ajuizamento de ação coletiva, não ampliará o acesso à Justiça do Trabalho, diante das possíveis pressões e represálias que ele sofreria, como já ocorre quando ajuíza ação individual no curso do contrato de trabalho. Certamente, essas pressões e represálias seriam ainda mais acentuadas se o trabalhador ajuizasse ação coletiva visando à tutela de direitos metaindividual de que seja titular um grupo, categoria ou classe de trabalhadores.

A ação coletiva proposta por "qualquer pessoa física" não resultaria em melhoria no acesso ao direito assegurado pela ordem jurídica trabalhista. Com efeito, embora a possibilidade de pressões e represálias seja menor no caso de ação proposta por um não empregado do demandado, há o risco da ausência de conhecimentos técnicos e fáticos por parte dessa pessoa sobre as questões a serem discutidas no processo, não podendo ser desconsiderada a possibilidade de o empregador utilizar "terceiros" para obter a formação da coisa julgada a ele favorável.

5.8.2. Competência

O direito processual do trabalho não define a competência para as ações coletivas, salvo em relação aos dissídios coletivos (art. 677 da CLT) e à ação de cumprimento (arts. 651 e 872, parágrafo único, da CLT).

O Código de Defesa do Consumidor fixa a competência para ajuizamento da ação coletiva no foro do lugar onde ocorreu ou deva ocorrer o dano. Com efeito, dispõe o art. 93 deste Código:

---

b – seu histórico na proteção judicial e extrajudicial dos interesses ou direitos dos membros do grupo, categoria ou classe;
c – sua conduta em outros processos coletivos;
d – a coincidência entre os interesses dos membros do grupo, categoria ou classe e o objeto da demanda;
e – o tempo de instituição da associação e a representatividade desta ou da pessoa física perante o grupo, categoria ou classe.
§3º – O juiz analisará a existência do requisito da representatividade adequada a qualquer tempo e em qualquer grau do procedimento, aplicando, se for o caso, o disposto no parágrafo 4o do artigo 3o."

Ressalvada a competência da Justiça Federal, é competente para a causa a justiça local: I - no foro do lugar onde ocorreu ou deva ocorrer o dano, quando de âmbito local; II - no foro da Capital do Estado ou no do Distrito Federal, para os danos de âmbito nacional ou regional, aplicando-se as regras do Código de Processo Civil aos casos de competência concorrente.

O art. 2º da Lei da Ação Civil Pública estabelece que a ação será proposta no foro do local onde ocorrer o dano, sendo esta competência funcional.

Assim, promovendo o diálogo do direito processual do trabalho com estes dispositivos legais, é possível, suprimindo a omissão e complementando o direito processual do trabalho, definir a competência para as ações coletivas a partir da extensão do dano, observando-se aqui a influência da jurisprudência neste aspecto, na medida em que o TST, por meio da sua SDI-2, pacificou entendimento no sentido de que:

> Orientação Jurisprudencial n. 130: I – A competência para a Ação Civil Pública fixa-se pela extensão do dano.
>
> II – Em caso de dano de abrangência regional, que atinge cidades sujeitas à jurisdição de mais de uma Vara do Trabalho, a competência será de qualquer das varas das localidades atingidas, ainda que vinculadas a Tribunais Regionais do Trabalho distintos.
>
> III – Em caso de dano de abrangência suprarregional ou nacional, há competência concorrente para a ação civil pública das varas do trabalho das sedes dos Tribunais Regionais do Trabalho.
>
> IV – Está prevento o juízo a que a primeira ação houver sido distribuída.

A Orientação Jurisprudencial n. 130 da SDI-2 do TST não faz referência ao dano local, o que autoriza invocar, também em relação a ele, os arts. 93 do CDC e 2º da Lei da Ação Civil Pública, isto é, neste caso, a ação deve ser proposta no foro do lugar onde ocorreu ou deva ocorrer o dano.

Em suma, o diálogo entre os arts. 651, 677 e 872, parágrafo único, da CLT, 93 do CDC e 2º da Lei da Ação Civil Pública, iluminado pela Orientação Jurisprudencial n. 130 da SDI-2 do TST, autoriza afirmar que a competência para a ação coletiva é fixada a partir da extensão do dano, que pode ser local, suprarregional ou nacional.

A competência para as ações coletivas é fixada considerando-se a extensão territorial do dano que se pretende reparado ou evitado; ou seja, é de natureza territorial. Contudo, o art. 2º da Lei de Ação Civil Pública dispõe ser a competência também funcional, o que se deu, consoante registram Marcelo Abelha Rodrigues e Rodrigo Klippel, porque o legislador pretendeu impedir que fosse atribuída natureza relativa à competência em questão, o que significa que se trata de competência "territorial absoluta, porque neste caso o local é determinado pelo interesse público", concluindo que "o legislador quis instituir foi uma exceção ao regime geral que as regras de competência territorial possuem, que é o relativo [...]. Apenas a título de lembrança histórica, é de Chiovenda a ideia de que a competência territorial, quando absoluta, se define como funcional." (RODRIGUES; KLIPPEL, 2009, p. 15). Com isso, as partes não podem dispor da competência para a ação coletiva, apesar de ser ela, na essência, territorial.

5.8.2.1. Limites territoriais da coisa julgada

A competência para as ações coletivas foi estabelecida segundo o critério territorial. A Lei n. 9.494/97 alterou o art. 16 da Lei n. 7.347/85, limitando o alcance da coisa julgada também a partir de critério territorial.

Com efeito, prescreve o art. 16 da Lei n. 7.347/85:

> A sentença civil fará coisa julgada *erga omnes*, nos limites da competência territorial do órgão prolator, exceto se o pedido for julgado improcedente por insuficiência de provas, hipótese em que qualquer legitimado poderá intentar outra ação com idêntico fundamento, valendo-se de nova prova.

Assim, a sentença de procedência fará coisa julgada *erga omnes*, mas apenas nos limites da competência territorial do órgão prolator da decisão, o que significa que os limites da competência são aplicados à extensão da coisa julgada. Destarte, mesmo que o ato ilícito seja o mesmo e que o pedido de indenização nele embasado seja julgado procedente, se aquele ato produziu efeitos em áreas abrangidas pela jurisdição de vários juízos, em cada um deles deve ser proposta ação idêntica.

A restrição em exame:
   a) desconsidera o princípio da economia processual, exigindo o ajuizamento de várias ações com o mesmo objeto, e o princípio da igualdade, ao possibilitar o proferimento de decisões distintas sobre os mesmos fatos;
   b) contraria o art. 103 do Código de Defesa do Consumidor, que não contém restrição similar;
   c) confunde limites subjetivos da coisa julgada com a competência do órgão prolator da decisão; e
   d) promove a "fragmentação da coisa julgada, ou melhor, dos limites subjetivos da mesma, mediante a restrição territorial da competência jurisdicional". (SILVA, 2004, p. 176).

Para Luiz Norton Baptista Mattos, a limitação imposta pelo art. 16 da Lei n. 7.347/85:
   a) embaralha os institutos da competência enquanto medida ou limite da jurisdição e da coisa julgada cujos efeitos transcendem o âmbito da competência territorial do órgão prolator. As regras de competência não fixam parâmetros territoriais ou subjetivos para a coisa julgada, mas apenas informam qual órgão jurisdicional detém poder funcional para processar e julgar determinada demanda, de maneira a permitir que o respectivo processo se desenvolva validamente perante ele;
   b) desconsidera os princípios constitucionais da razoabilidade e da proporcionalidade, na medida em que "desfigura, debilita, mutila e amesquinha a ação coletiva, projetada para o tratamento concentrado, em um único processo, de diversas lides, ao gerar a sua fragmentação em milhares de demandas repetitivas e desnecessárias, proporcionalmente ao número de circunscrições judiciárias existentes no País, com resultados deletérios para a economia processual e para a racionalidade do funcionamento do Poder Judiciário, transgredindo, por

extensão, a eficiência que deve nortear todos os Poderes estatais, nos termos do art. 37, *caput*, da Carta Magna";

c) onera os legitimados extraordinários com a renovação da mesma ação em foros diferentes, não obstante o êxito obtido na primeira delas;

d) exacerba e complica a atuação do réu em sua defesa, pela necessidade de repeti-la em vários processos com o mesmo objeto, multiplicando uma atividade que poderá ocorrer apenas uma vez;

e) coloca-se em contradição com a natureza indivisível dos bens jurídicos difusos e coletivos tutelados, infensa a julgamento de mérito que não seja marcado pela uniformidade, não sendo razoável que uma mesma conduta acarrete lesão a um bem jurídico em uma comarca ou Estado, mas não seja nociva ao mesmo bem jurídico na comarca vizinha ou em outro Estado;

f) menospreza a isonomia e a previsibilidade das relações jurídicas, pelo agigantamento do risco de decisões contraditórias para indivíduos e casos que se encontram exatamente na mesma moldura fática ou jurídica. (MATTOS, 2007, p. 207-208).

Registre-se que o TST já afastou a incidência do art. 16 da Lei. 7.347/85, como se vê da decisão seguinte:

> AÇÃO CIVIL PÚBLICA AJUIZADA PERANTE A VARA DO TRABALHO DE JUIZ DE FORA. DEFESA DE DIREITOS INDIVIDUAIS HOMOGÊNEOS. ALCANCE NACIONAL. COISA JULGADA. EFEITOS. INCONGRUÊNCIA DA LIMITAÇÃO DA COISA JULGADA À COMPETÊNCIA TERRITORIAL. NÃO INCIDÊNCIA DO ARTIGO 16 DA LEI N.º 7.347/85. 1. Consoante entendimento consagrado pelo Exmo. Ministro Luiz Philippe Vieira de Mello Filho por ocasião do julgamento do Processo n.º TST-RR-65600-21.2005.5.01 .0072, divulgado no DEJT de 22/06/2012, -a competência representa a parcela da jurisdição atribuída ao órgão julgador. Divide-se de acordo com três critérios: material, territorial e funcional. O critério territorial relaciona-se à extensão geográfica dentro da qual ao magistrado é possibilitado o exercício de sua função jurisdicional, e não se confunde com a abrangência subjetiva da coisa julgada, que depende dos sujeitos envolvidos no litígio (art. 472 do CPC). Em se tratando de demanda cole-

tiva, que visa à defesa de direitos difusos, cujos titulares são pessoas indeterminadas, ligadas por circunstâncias de fato, e que titularizam direitos transindividuais indivisíveis (art. 81, parágrafo único, I, do CDC), os efeitos da coisa julgada serão erga omnes (art. 103, I, do mencionado diploma legal), sob pena de não se conferir a tutela adequada à situação trazida a exame do Poder Judiciário, em patente afronta à finalidade do sistema legal instituído pelas Leis nos 7.347/85 e 8.078/90, qual seja a defesa molecular de interesses que suplantem a esfera juridicamente protegida de determinado indivíduo, por importarem, também, ao corpo social. Nessa senda, o art. 16 da Lei nº 7.347/85 (com a redação que lhe foi conferida pela Lei nº 9.494/97), ao limitar os efeitos da decisão proferida em ação civil pública à competência territorial do órgão prolator da sentença, confunde o mencionado instituto com os efeitos subjetivos da coisa julgada, por condicioná-los a contornos que não lhes dizem respeito-. Impõe-se, portanto, mitigar a aplicação do referido dispositivo legal, dando-se consequências aos efeitos consagrados no artigo 103 do Código de Defesa do Consumidor. 2. Tal entendimento tem plena aplicabilidade à hipótese dos autos, em que se tutela direitos individuais homogêneos, relacionados com o cumprimento, pelo Banco demandado, de obrigações de fazer e de não fazer derivadas da legislação que define normas de conteúdo mínimo de proteção ao trabalho - como, por exemplo, implementar de forma efetiva o programa de controle médico de saúde ocupacional; consignar em registro mecânico os horários de entrada, saída e intervalos efetivamente praticados por empregados; conceder aos empregados o descanso mínimo entre jornadas de onze horas consecutivas; pagamento das horas extras efetivamente laboradas; abster-se de prorrogar a jornada de trabalho dos empregados além do limite legal -, por força do disposto no artigo 103, III, do CDC. 3. Nesse contexto, considerando a necessidade de se preservar a própria essência do instituto, a própria finalidade que distingue as ações coletivas das ações individuais; considerando a relevância do objeto da presente ação, que alcança todos os empregados do reclamado, e não apenas aqueles que se ativam no âmbito da jurisdição da Vara para a qual foi distribuída a presente ação civil pública, e considerando, principalmente, a aplicabilidade subsidiária do critério previsto no inciso III do artigo 103 do Código de Defesa do Consumidor, que consagra o efeito erga omnes das sentenças judiciais proferidas em sede de ações ajuizadas na defesa de interesses individuais homogêneos, torna-se imperioso o provimento do presente recurso, a fim de estender a todo o Território Nacional os efeitos da sentença proferida na presente ação civil pública. 4. Recurso de embargos conhecido e provido. (TST. Processo: E-ED-RR-32500-65.2006.5.03.0143. Redator: Min. Lelio Bentes Corrêa. SEDI-I. **DEJT** de 19.12.2014).

Sobre o tema, decidiu o STJ:

> DIREITO PROCESSUAL. RECURSO REPRESENTATIVO DE CONTROVÉRSIA (ART. 543-C, CPC). DIREITOS METAINDIVIDUAIS. AÇÃO CIVIL PÚBLICA. APADECO X BANESTADO. EXPURGOS INFLACIONÁRIOS. EXECUÇÃO/LIQUIDAÇÃO INDIVIDUAL. FORO COMPETENTE. ALCANCE OBJETIVO E SUBJETIVO DOS EFEITOS DA SENTENÇA COLETIVA. LIMITAÇÃO TERRITORIAL. IMPROPRIEDADE. REVISÃO JURISPRUDENCIAL. LIMITAÇÃO AOS ASSOCIADOS. INVIABILIDADE. OFENSA À COISA JULGADA. 1. Para efeitos do art. 543-C do CPC: 1.1. A liquidação e a execução individual de sentença proferida em ação civil pública pode ser ajuizada no foro do domicílio do beneficiário, independentemente de limitação territorial, porquanto os efeitos e a eficácia da sentença coletiva não estão circunscritos a lindes geográficos, mas aos limites objetivos e subjetivos do que foi decidido, para tanto levando-se em conta sempre a extensão do dano e a qualidade dos interesses metaindividuais postos em juízo (arts. 468, 472 e 474, CPC e 93 e 103, CDC). 1.2. A sentença proferida na ação civil pública ajuizada pela Apadeco, que condenara o Banestado ao pagamento dos chamados expurgos inflacionários sobre cadernetas de poupança, não limitou seu alcance aos associados, muito menos aos domiciliados na comarca de Curitiba/PR, na verdade irradiou seus efeitos a todos os poupadores da instituição financeira do Estado do Paraná, por isso descabe a alteração do seu alcance em sede de liquidação/execução individual, sob pena de vulneração da coisa julgada. Assim, não se aplica ao caso a limitação contida no art. 2º-A, caput, da Lei n. 9.494/97. 2. Recurso especial parcialmente conhecido e não provido. (STJ. Processo: REsp. 1.243.887-PR. Relator: Min. Luis Felipe Salomão. **DJ** de 12.12.2011).

5.8.3. Conexão, continência e litispendência

No processo coletivo também se apresenta o tema da relação entre demandas, que pode envolver demandas coletivas e demanda coletiva e demanda individual, o que traz à baila os temas conexão, continência e litispendência.

5.8.3.1. Conexão e continência entre ações coletivas e entre ação coletiva e ação individual

Segundo prevê o art. 55 do CPC/2015 (art. 103 do CPC/1973), se duas ou mais ações tiverem em comum o objeto ou causa de pedir, haverá conexão entre elas, ao passo que se entre duas ou mais ações existir identidade quanto às partes e à causa de pedir, mas o pedido de uma, por ser mais amplo, abrange o das demais, dar-se-á a continência, nos termos do art. 56 do CPC/2015 (art. 104 do CPC/1973).

Presente a conexão os processos "serão reunidos para decisão conjunta, salvo se um deles já houver sido sentenciado" (§ 1º, do art. 55). Anote-se que "serão reunidos para julgamento conjunto os processos que possam gerar risco de prolação de decisões conflitantes ou contraditórias caso decididos separadamente, mesmo sem conexão entre eles." (§3º do art. 55).

O art. 57 do CPC de 2015 dispõe que "quando houver continência e a ação continente tiver sido proposta anteriormente, no processo relativo à ação contida será proferida sentença sem resolução de mérito, caso contrário, as ações serão necessariamente reunidas." Registre-se que "a reunião das ações propostas em separado far-se-á no juízo prevento, onde serão decididas simultaneamente."

A reunião dos processos não é de faculdade do juiz, mas de verdadeiro dever. Neste sentido, para Celso Agrícola Barbi, o juiz "tem o dever legal de mandar reunir as várias ações." (BARBI, 2008, p. 357).

Em sentido contrário é a doutrina majoritária, registrando-se a lição de Hugo Nigro Mazzilli:

> Deve mesmo existir uma certa margem de discricionariedade para o juiz avaliar até que ponto convém ou não a reunião das ações, para o que deverá levar em conta: (a) a fase processual de cada uma delas no momento em que se identifica o nexo; (b) qual o grau ou intensidade da conexão entre elas, e em que nível seu julgamento em separado poderá provocar decisões inconciliáveis. Caso seja muito tênue o grau de conexidade e nula a possibilidade de conflito entre eventuais julgados isolados, a reunião poderá ser recusada. (MAZZILLI, 2008, p. 257).

A conexão e a continência podem ocorrer no confronto entre ações coletivas, registrando-se, inclusive, que a possibilidade da conexão é expressamente admitida no art. 2º, parágrafo único, da Lei n. 7.347/85, *in verbis*: "A propositura da ação prevenirá a jurisdição do juízo para todas as ações posteriormente intentadas que possuam a mesma causa de pedir ou o mesmo objeto."[390]

O microssistema do direito processual metaindividual do trabalho, embora só contenha norma sobre a prevenção de competência fundada na conexão, deixa claro, por meio do art. 2º, parágrafo único, da Lei n. 7.347/85, que a caracterização da conexão e a da continência ocorrerão nos mesmos moldes dos arts. 103 e 104 do CPC/1973 ou 55 a 59 do CPC/2015.

A reunião de ações coletivas no caso de conexão[391] ou de continência[392] é apenas uma possibilidade, vez que ela somente é justificada quando ainda forem possíveis a instrução e o julgamento simultâneos das ações.

O STJ tem admitido a ocorrência de continência no processo coletivo, nos moldes do art. 104 do CPC/1973 (art. 56 do CPC/2015), conforme decisão abaixo transcrita:

---

[390] Dispõe o art. 59 do CPC/2015 que "o registro ou a distribuição da petição inicial torna prevento o juízo."

[391] Para Hugo Nigro Mazzilli são exemplos de conexão: a) estando em andamento ações individuais ou, até mesmo, ações coletivas para a defesa de interesses individuais homogêneos ou coletivos, quando, simultaneamente, se ajuíze ação civil pública ou coletiva para a defesa de interesses difusos conexos com os interesses objetivados nas ações já em curso; b) estando em andamento a ação civil pública ou coletiva, nada impede o posterior ajuizamento de ações individuais conexas. Para que haja o benefício dos efeitos *ultra partes* ou *erga omnes* da coisa julgada coletiva pelas vítimas individuais ou seus sucessores, é preciso que aqueles possuam ação individual em andamento, pois, em caso positivo deverão requerer a sua suspensão. De modo geral, o ajuizamento de ação civil pública ou coletiva, que vise tutelar direitos difusos não interfere nas ações individuais, "diversamente do que pode ocorrer com as ações civis públicas ou coletivas que versem a defesa de interesses coletivos ou individuais homogêneos. Por exceção, porém, pode ocorrer que o julgamento da ação civil pública que verse interesses difusos venha a ser aproveitado *in utilibus* pelos indivíduos lesados." (MAZZILLI, 2008, p. 251-252.); c) é possível que uma associação civil proponha uma ação civil pública visando ao encerramento de atividades de uma empresa que polui e, paralelamente, o Ministério Público proponha uma ação civil pública contra a mesma empresa, visando a obter sua condenação na obrigação de fazer consistente em colocar um filtro adequado na chaminé de sua fábrica. A causa de pedir é a mesma (combate à poluição), mas o pedido difere. (MAZZILLI, 2008, p. 250).

[392] Hugo Nigro Mazzilli aponta como exemplo de continência entre ações coletivas a situação em que "uma associação civil ajuíze ação civil pública visando ao fechamento de uma empresa que polui, enquanto o Ministério Público, simultaneamente, ajuíza uma ação civil pública visando ao fechamento da mesma empresa, pelo mesmo motivo, mas pedindo, ainda, indenização pelos danos já causados. A causa de pedir é a mesma, mas o pedido da segunda ação é mais abrangente que o da primeira. (MAZZILLI, 2008, p. 251).

DIREITO PROCESSUAL CIVIL. CONTINÊNCIA DE AÇÕES COLETIVAS PROPOSTAS POR ENTIDADES DISTINTAS. No caso em que duas ações coletivas tenham sido propostas perante juízos de competência territorial distinta contra o mesmo réu e com a mesma causa de pedir e, além disso, o objeto de uma, por ser mais amplo, abranja o da outra, competirá ao juízo da ação de objeto mais amplo o processamento e julgamento das duas demandas, ainda que ambas tenham sido propostas por entidades associativas distintas. Se, na situação descrita, o polo ativo da ação de objeto mais amplo abrange os indivíduos representados na ação de objeto mais restrito, caracteriza-se a identidade entre as partes necessária à caracterização da continência (art. 104 do CPC), uma vez que os substituídos é que suportarão os efeitos da decisão. Nesse contexto, inclusive, deve-se ressaltar que o aspecto subjetivo da litispendência nas ações coletivas deve ser visto sob a ótica dos beneficiários atingidos pelos efeitos da decisão, e não pelo simples exame das partes que figuram no polo ativo da demanda. Dessa maneira, considerando, além da identidade entre as partes – por se tratar de legitimados concorrentes –, a existência de idênticas causas de pedir e a abrangência de um pedido pelo outro, tem-se por configurada a continência, o que implica reunião das ações, para que se evitem decisões contraditórias. Além disso, nesse contexto, analisar a existência de continência demanda o revolvimento da matéria fática, o que é vedado pela Súmula 7 do STJ. Precedente citado: AgRg no REsp 1.186.059-RS, Primeira Turma, DJe 22/2/2011. (STJ. Processo: REsp 1.318.917-BA. Relator: Min. Antonio Carlos Ferreira. **DJe** 12.3.2013).

É possível a ocorrência de conexão entre uma ação coletiva visando à defesa de um direito difuso e uma ação coletiva voltada à defesa de um direito coletivo. É o que ocorre, por exemplo, na poluição do meio ambiente ou no rompimento de uma barragem, acidentes que podem atingir simultaneamente direitos difusos e coletivos (e, até mesmo, direitos individuais homogêneos).

Registre-se que o Anteprojeto de Código Modelo de Processos Coletivos para Ibero-América, em seu art. 29, prevê que

> [...] se houver conexão entre as causas coletivas, ficará prevento o juízo que conheceu da primeira ação, podendo o juiz, de ofício ou a requerimento da parte, determinar a reunião de todos os processos, mesmo que nestes não atuem integralmente os mesmos sujeitos processuais. (GRINOVER; WATANABE; MULLENIX; 2008, p. 328).

Hugo Nigro Mazzilli admite a possibilidade de haver continência entre uma ação coletiva e uma ação individual, citando como exemplo o caso em que os consumidores lesados estejam acionando individualmente o responsável pelo dano,

> [...] quando sobrevém o ajuizamento de ação coletiva em defesa de interesses coletivos ou interesses individuais homogêneos. Esta última hipótese, aliás, é prevista expressamente no CDC, segundo o qual, proposta a ação coletiva para defesa de interesses individuais homogêneos, será publicado edital no órgão oficial, a fim de que os interessados possam intervir no processo coletivo como litisconsortes. Essa regra vale para lesados que compartilhem tanto interesses individuais homogêneos como, analogicamente, interesses coletivos. (MAZZILLI, 2008, p. 251).

Não obstante, nas ações coletivas não há defesa de direito específico de pessoa determinada, não havendo que se falar, assim, em continência entre ação coletiva e ação individual.

O Anteprojeto de Código Brasileiro de Processos Coletivos, apresentado ao Ministério da Justiça, em 2007, sobre a conexão e continência dispõe:

> Art. 6º. *Relação entre demandas coletivas* – Observado o disposto no art. 22 deste Código[393], as demandas coletivas de qualquer espécie poderão ser reunidas, de ofício ou a requerimento das partes, ficando prevento o juízo perante o qual a demanda foi distribuída em primeiro lugar, quando houver: I – conexão, pela

---

[393] Prevê o 22 do Anteprojeto mencionado que: "Competência territorial – É absolutamente competente para a causa o foro: I – do lugar onde ocorreu ou deva ocorrer o dano, quando de âmbito local; II – de qualquer das comarcas ou sub-seções judiciárias, quando o dano de âmbito regional compreender até 3 (três) delas, aplicando-se no caso as regras de prevenção; III – da Capital do Estado, para os danos de âmbito regional, compreendendo 4 (quatro) ou mais comarcas ou sub-seções judiciárias; IV – de uma das Capitais do Estado, quando os danos de âmbito interestadual compreenderem até 3 (três) Estados, aplicando-se no caso as regras de prevenção; V – do Distrito Federal, para os danos de âmbito interestadual que compreendam mais de 3 (três) Estados, ou de âmbito nacional. § 1º A amplitude do dano será aferida conforme indicada na petição inicial da demanda. §2º Ajuizada a demanda perante juiz territorialmente incompetente, este remeterá incontinenti os autos ao juízo do foro competente, sendo vedada ao primeiro juiz a apreciação de pedido de antecipação de tutela. §3º No caso de danos de âmbito nacional, interestadual e regional, o juiz competente poderá delegar a realização da audiência preliminar e da instrução ao juiz que ficar mais próximo dos fatos. §4º Compete ao juiz estadual, nas comarcas que não sejam sede da Justiça federal, processar e julgar a ação coletiva nas causas de competência da Justiça federal."

identidade de pedido ou causa de pedir ou da defesa, conquanto diferente os legitimados ativos, e para os fins da ação prevista no Capítulo II, os legitimados passivos; II – conexão probatória, desde que não haja prejuízo à duração razoável do processo; III – continência, pela identidade de partes e causa de pedir, observado o disposto no inciso anterior, sendo o pedido de uma das ações mais abrangentes do que o das demais.

§ 1º Na análise da identidade do pedido e da causa de pedir, será considerada a identidade do bem jurídico a ser protegido.

§2º Na hipótese de conexidade entre ações coletivas referidas ao mesmo bem jurídico, o juiz prevento, até o início da instrução, deverá determinar a reunião de processos para julgamento conjunto e, iniciada a instrução, poderá determina-la, desde que não haja prejuízo à duração razoável do processo.

§3º Aplicam-se à litispendência as regras dos incisos I e III deste artigo, quanto à identidade de legitimados ativos ou passivos, e a regra de seus §1º, quanto à identidade do pedido e da causa de pedir ou da defesa. (GRINOVER; WATANABE; MULLEX; 2008, p. 343).

O CPC de 2015, em seu art. 55, §§ 1º e 3º, tratando da conexão, o faz de maneira extremamente evoluída e prática, que muito ajudará na solução dos conflitos em um tempo razoável, porque estabelece a reunião das ações que possam gerar risco da prolação de decisões conflitantes ou contraditórias caso decididas separadamente, mesmo sem conexão entre elas. Este tratamento evita decisões conflitantes ou contraditórias, proporcionando segurança jurídica e preservando o princípio da igualdade de situações semelhantes ou iguais. Ante a ausência de disciplina no microssistema de direito processual metaindividual do trabalho aplica-se, perfeitamente referidos dispositivos legais na relação entre ações coletivas e na relação entre ações coletivas e ações individuais, mesmo que não haja conexão entre elas.

O art. 57 do CPC/2015 [394] contempla medida de extrema economia processual, pois se a ação continente tiver sido ajuizada antes da ação contida esta será extinta, posto que o seu objeto está inse-

---

394 "Art. 57. Quando houver continência e a ação continente tiver sido proposta anteriormente, no processo relativo à ação contida será proferida sentença sem resolução de mérito, caso contrário, as ações serão necessariamente reunidas."

rido no da ação continente. Contudo, se a ação contida tiver sido ajuizada antes da ação continente os processos serão reunidos para julgamento conjunto.

Observe-se que as previsões dos arts. 55 a 61 do CPC de 2015 são mais abrangentes e de maior praticidade do que aquelas contidas nos Anteprojetos de Código de Processo Coletivo.

5.8.4.2. Litispendência

Segundo o Código de Processo Civil de 1973,

a) "verifica-se a litispendência ou a coisa julgada, quando se reproduz ação anteriormente ajuizada" (art. 301, §1º);

b) "uma ação é idêntica à outra quando tem as mesmas partes, a mesma causa de pedir e o mesmo pedido" (art. 301, §2º);

c) "há litispendência, quando se repete ação, que está em curso" (art. 301, §3º).

Assim, a ocorrência de litispendência deverá ser declarada quando for repetida ação em curso, ao passo que uma ação é idêntica à outra quando tiverem as mesmas partes, a mesma causa de pedir e o mesmo pedido. Verificada a litispendência, como estabelecem os arts. 267, V, do CPC/1973 e 485, V, do CPC/2015, o processo relativo à segunda ação deverá ser julgado extinto, sem resolução de mérito.

No CPC de 2015, a litispendência é definida da mesma forma que o CPC de 1973, ou seja, verifica-se a litispendência quando se reproduz ação anteriormente ajuizada (§1º do art. 337). Uma ação é idêntica a outra quando possui as mesmas partes, a mesma causa de pedir e o mesmo pedido (§2º do art. 337). Há litispendência quando se repete ação que está em curso (§3º do art. 337). Verifica-se, então, que não há muita diferença no tratamento outorgado pelo CPC de 2015 à litispendência em relação ao CPC de 1973.

Segundo Giuseppe Chiovenda, a proibição de repetição de ação tem por finalidade "evitar inútil duplicação de atividade pública" (CHIOVENDA, 1998, p. 336-337), acrescentando Giuseppe Tarzia que a aludida proibição atende ao princípio da economia processual e à necessidade de evitar a formação de duas coisas julgadas conflitantes sobre a mesma lide. (TARZIA, 2007, p. 78).

Para o direito processual individual, o reconhecimento da litispendência exige a identidade de ações; ou seja, que entre as ações existam identidade de partes, causa de pedir e pedido.

No processo coletivo, a litispendência deve ser analisada na relação entre ações coletivas e na relação entre ação coletiva e uma ação individual. Será examinada primeiro a relação entre ações coletivas.

Ação coletiva é aquela ajuizada por uma parte ideológica em defesa de direito difuso, coletivo ou individual homogêneo. A ação coletiva tem como elementos identificadores as partes, a causa de pedir e o pedido.

O Código de Defesa do Consumidor não trata da concomitância de duas ações coletivas ajuizadas em defesa dos mesmos direitos, uma vez que, consoante se vê no seu art. 104, somente disciplina a relação entre ação coletiva e ação individual, estabelecendo, *in verbis*:

> As ações coletivas, previstas nos incisos I e II do parágrafo único do art. 81, não induzem litispendência para as ações individuais, mas os efeitos da coisa julgada *erga omnes* ou *ultra partes* a que aludem os incisos II e III do artigo anterior não beneficiarão os autores das ações individuais, se não for requerida sua suspensão no prazo de trinta dias, a contar da ciência nos autos do ajuizamento da ação coletiva.

Sendo impossível o trâmite simultâneo de duas ações envolvendo as mesmas partes, causa de pedir e pedidos, pode-se afirmar que ocorrerá litispendência quando for ajuizada ação coletiva idêntica à ação coletiva pendente de julgamento. No entanto, no processo civil individual a legitimidade para a ação é atribuída, em regra, a apenas uma pessoa (titular do direito ou substituto processual), ao passo que no processo coletivo a legitimação para a ação é atribuída a vários entes. Com isso, para a ocorrência da litispendência entre duas ações coletivas basta a identidade da causa de pedir e do pedido. Assim, se o Ministério Público e o Sindicato, concomitantemente, ajuizarem ações coletivas com a mesma causa de pedir e o mesmo pedido, presente estará a litispendência, porque em ambas as ações o que se pretende é alcançar o mesmo resultado prático acerca da mesma relação jurídica controvertida.[395]

---

[395] Ada Pellegrini Grinover ensina que entre uma ação civil pública intentada pelo Ministério Público e outra intentada por uma associação, tendo ambas o mesmo objeto

O importante, quando se trate do exame da litispendência no processo coletivo, no que importa à relação entre ações coletivas, é a definição das pessoas que serão beneficiadas pela coisa julgada produzida no caso de procedência do pedido. Nas ações individuais, a relevância da identidade das partes decorre da extensão subjetiva da coisa julgada (que é limitada às *partes*), enquanto nas ações coletivas o que deve prevalecer é a definição das *pessoas* que serão atingidas pelos efeitos da sentença que será proferida.

Com acerto, portanto, adverte Antônio Gidi:

> [...] A litispendência entre duas ações coletivas ocorre sempre que se esteja em defesa do mesmo direito. É o que acontece quando há identidade de causa de pedir e pedido. É preciso ressaltar que, se uma ação coletiva do CDC, uma ação civil pública, uma ação popular, um mandado de segurança ou qualquer outra ação coletiva ocorrer identidade de causa de pedir e de pedido, haverá litispendência entre essas duas ações. Serão a mesma e única ação coletiva, apenas propostas com base em leis processuais diferentes. (GIDI, 1995, p. 219).

No processo metaindividual, por conseguinte, quando se tratar da verificação de litispendência entre ações coletivas, a doutrina da tríplice identidade deve ser substituída pela teoria da identidade da relação jurídica substancial (duas ações serão idênticas quando tiverem em comum a mesma causa de pedir e o mesmo pedido).

Com propriedade, observa Cândido Rangel Dinamarco que a existência das mesmas partes, da mesma causa de pedir e do mesmo pedido

> [...] não é suficiente em si mesma para delimitar com precisão o âmbito de incidência do impedimento causado pela litispendência. Considerado o objetivo do instituto (evitar o *bis in idem*), o que importa é evitar dois processos instaurados com o fim de produzir o mesmo resultado prático. (DINAMARCO, 2009, p. 62-63).

---

e a mesma causa de pedir, haverá litispendência, o mesmo ocorrendo em relação a ação civil pública intentada para a defesa da moralidade pública e a ação popular constitucional, esclarecendo que nesta segunda hipótese a pedra de toque para o exame dos nexos entre as ações é dada pela análise do pedido e da causa de pedir. Para ela, "o que importa nesses casos, conforme sempre oportuna lição de Kazuo Watanabe, é verificar 'o que o autor da demanda coletiva traz para o processo. Vale dizer, o seu objeto litigioso'." (GRINOVER, 2007, p. 942).

A litispendência, em relação às ações coletivas, exige, portanto, apenas a identidade de causa de pedir e pedido.[396]

Cumpre anotar que a litispendência entre ações coletivas é objeto de disciplina em vários projetos de lei ou de código, como se vê a seguir:

a) No projeto de Código de Processo Civil Coletivo: um Modelo para Países de Direito Escrito, de autoria de Antonio Gidi, é previsto, no art. 19, que "a primeira ação coletiva proposta induz litispendência para as demais ações coletivas relacionadas à mesma controvérsia coletiva. As ações coletivas posteriores serão extintas, mas os seus autores poderão intervir na primeira ação coletiva" (DIDIER JR.; ZANETI JR; 2009, p. 449);

b) No art. 30 do Anteprojeto de Código Modelo de Processos Coletivos para Ibero-América é previsto que "a primeira ação coletiva induz litispendência para as demais ações coletivas que tenham por objeto controvérsia sobre o mesmo bem jurídico, mesmo sendo diferentes o legitimado ativo e a causa de pedir." (GRINOVER; WATANABE; MULLENIX; 2008, p. 328);

c) No Anteprojeto de Código Brasileiro de Processos Coletivos: elaborado no âmbito dos programas de Pós-graduação da UERJ e UNESA, é estabelecido que:

> Art. 7º Litispendência e continência – A primeira ação coletiva induz litispendência para as demais ações coletivas que tenham o mesmo pedido, causa de pedir e interessados. § 1º Estando o objeto da ação posteriormente proposta contido no da primeira, será extinto o processo ulterior sem o julgamento do mérito. § 2º Sendo o objeto da ação posteriormente proposta mais

---

[396] Sobre o assunto, registre-se a seguinte decisão do TST: "RECURSO DE REVISTA. LITISPENDÊNCIA. AÇÃO COLETIVA DO SINDICATO E AÇÃO CIVIL PÚBLICA. CONFIGURAÇÃO. Desde que haja identidade de pedido e de causa de pedir, ocorre litispendência entre a ação proposta pelo Sindicato e a ação civil pública ajuizada pelo Ministério Público, nas quais, tanto o órgão sindical, quanto o parquet, atuam na qualidade de substitutos processuais dos empregados de uma mesma empresa, uma vez presente a identidade jurídica de partes, a caracterizar a tríplice identidade. Recurso de revista não conhecido. (TST. Processo: RR-20130/2002-900-05-00.5. Relatora: Min. Rosa Maria Weber Candiota da Rosa. **DJ** de 05.8.2009).

abrangente, o processo ulterior prosseguirá tão somente para a apreciação do pedido não contido na primeira demanda, devendo haver reunião dos processos perante o juiz prevento em caso de conexão. § 3º Ocorrendo qualquer das hipóteses previstas neste artigo, as partes poderão requerer a extração ou remessa de peças processuais, com o objetivo de instruir o primeiro processo instaurado.

d) No Projeto de Lei n. 5.139/2009 (alteração da Lei de Ação Civil Pública) assim está previsto:

> Art. 5º A distribuição de uma ação coletiva induzirá litispendência para as demais ações coletivas que tenham o mesmo pedido, causa de pedir e interessados e prevenirá a competência do juízo para todas as demais ações coletivas posteriormente intentadas que possuam a mesma causa de pedir ou o mesmo objeto, ainda que diferentes os legitimados coletivos, quando houver: I – conexão, pela identidade de pedido ou causa de pedir, ainda que diferentes os legitimados; II – conexão probatória; ou III – continência, pela identidade de interessados e causa de pedir, quando o pedido de uma das ações for mais abrangente do que o das demais. § 1º Na análise da identidade da causa de pedir e do objeto, será preponderantemente considerado o bem jurídico a ser protegido. § 2º Na hipótese de litispendência, conexão ou continência entre ações coletivas que digam respeito ao mesmo bem jurídico, a reunião dos processos poderá ocorrer até o julgamento em primeiro grau. § 3º Iniciada a instrução, a reunião dos processos somente poderá ser determinada se não houver prejuízo para a duração razoável do processo.

No processo civil individual, a ocorrência da litispendência conduz à extinção do processo sem resolução do seu mérito (art. 267, V, do CPC/1973 e 485, V, do CPC/2015). Esta mesma solução deve ser adotada no processo coletivo, ou seja, constatada a ocorrência de litispendência entre ações coletivas, a ação distribuída em segundo lugar deverá ser julgada extinta, sem resolução de mérito.

Passa-se, agora, ao exame da litispendência entre ações coletivas e ações individuais, tema que será subdividido da seguinte forma:

a) ação coletiva tratando de direitos difusos e coletivos e ação individual;

b) ação coletiva tratando de direitos individuais homogêneos e ação individual.

Dispõe o art. 104 do Código de Defesa do Consumidor:

As ações coletivas, previstas nos incisos I e II do parágrafo único do art. 81, não induzem litispendência para as ações individuais, mas os efeitos da coisa julgada *erga omnes* ou *ultra partes* a que aludem os incisos II e III do artigo anterior não beneficiarão os autores das ações individuais, se não for requerida sua suspensão no prazo de trinta dias, a contar da ciência nos autos do ajuizamento da ação coletiva.

A doutrina sustenta que o legislador pretendia no art. 104 do CDC fazer alusão à coisa julgada a que mencionam os incisos I, II e III do art. 103 do CDC, devendo o citado artigo, portanto, ser entendido da seguinte forma:

> As ações coletivas, previstas nos incisos I, II e III do parágrafo único do art. 81, não induzem litispendência para as ações individuais, mas os efeitos da coisa julgada *erga omnes* ou *ultra partes* a que aludem os incisos I, II e III do artigo anterior não beneficiarão os autores das ações individuais, se não for requerida sua suspensão no prazo de 30 (trinta) dias, a correr da ciência nos autos do ajuizamento da ação coletiva. (GIDI, 1995, p. 193).

Do art. 104 do Código de Defesa do Consumidor podem ser extraídas duas regras:

1) Não há litispendência entre ações coletivas versando sobre direito difuso ou coletivo e ação individual.
2) Como não existe litispendência entre essas ações, ao autor da ação individual restam duas alternativas:
a) insistir no julgamento da ação individual, ficando, no entanto, fora do alcance dos efeitos da sentença de procedência proferida na ação coletiva. Isso significa que, mesmo que a sentença projete seus efeitos *erga omnes* ou *ultra partes* (nos termos dos incisos I a III do art. 103, c/c seus §§1º e 2º), o autor da ação individual não será por ela beneficiado. Assim, a ação individual pode ter curso normal, por inexistir litispendência, mas o autor assume os riscos do resultado desfavorável, ainda que na ação coletiva seja proferida decisão de procedência (o autor da ação individual não é beneficiado pelo princípio geral da extensão subjetiva do julgado, *in utilibus*);
b) requerer a suspensão do processo instaurado em razão da ação individual, no prazo de 30 dias a contar da ciên-

cia do ajuizamento da ação coletiva. Nesse caso, será ele beneficiado pela coisa julgada favorável que se formar na ação coletiva. Sendo improcedente a ação coletiva, o processo individual retomará seu curso.

Note-se que havendo opção pela continuidade da ação individual poderão coexistir coisas julgadas contraditórias (procedência da ação coletiva e improcedência da ação individual, por exemplo).

Por força do que dispõe o art. 104 do Código de Defesa do Consumidor, como assevera Antônio Gidi, "está livre o consumidor para propor a sua ação individual, ainda que a correlata ação coletiva esteja ou venha a estar em curso. O princípio é o da absoluta liberdade do consumidor para propor sua ação individual e conduzi-la até o final, ou aguardar o desfecho da ação coletiva" e que,

> [...] ainda quando o consumidor tenha proposto a sua ação individual, esse fato não ilide a possibilidade de que ele venha a ser beneficiado pela extensão *in utilibus* da imutabilidade do comando do julgado. Todavia, para que possa ser beneficiado pela eventual procedência da correspondente ação coletiva, precisa requerer a suspensão do seu processo individual no prazo estipulado. (GIDI, 1995, p. 187-188).

O art. 22, §1º, da Lei n. 12.016/09 estabelece que o mandado de segurança coletivo não induz litispendência para as ações individuais, mas ressalva que os efeitos da coisa julgada não beneficiarão o impetrante a título individual que não requerer a desistência do mandado de segurança no prazo de trinta dias, contados da ciência comprovada da impetração da segurança coletiva. Portanto, a Lei n. 12.016/09 afasta expressamente a litispendência, mas estabelece que a coisa julgada não beneficiará o impetrante a título individual que não requerer a desistência do mandado de segurança. Já o CDC, no art. 104, condiciona a extensão dos efeitos da coisa julgada coletiva ao autor da ação coletiva ao simples pedido de suspensão do processo individual.

A ausência de litispendência entre ação coletiva ajuizada para a defesa de direito difuso ou coletivo e a ação individual ajuizada para a defesa de direito individualmente sofrido decorre da diferença das respectivas causas de pedir, posto que na ação coletiva a causa de pedir é o dano ao direito difuso ou coletivo, enquanto na ação individual, a causa de pedir é o dano a direito individual.

Por outro lado, o pedido nas ações coletivas versando sobre direitos difusos ou coletivos consiste na recomposição do bem coletivo ou difuso, enquanto na ação individual o que se pretende é a reparação de dano singular, de pessoa determinada. Na hipótese, não há identidade de pedidos, o que também impede a configuração da litispendência.

Sobre a litispendência entre ações coletivas voltadas à defesa de direitos individuais homogêneos e ações individuais, a doutrina consagra diversos pontos de vista:

(i) existência de litispendência - é afirmado que o art. 104 do CDC não afasta a litispendência entre ação coletiva e ação individual, admitindo, com isso, a sua ocorrência;

(ii) ausência de litispendência - é sustentado que se aplica o art. 104 do CDC a toda e qualquer ação coletiva, visando a tutela de direitos difusos, de direitos coletivos ou de direitos individuais homogêneos;

(iii) não há litispendência, mas continência - cuja consequência é a reunião dos processos ou a suspensão prejudicial da ação individual.[397]

Nas ações coletivas para a tutela de direitos individuais homogêneos, o pedido é de imposição da obrigação genérica de indenizar, não sendo requerida, portanto, a reparação de um lesado determinado. Na ação coletiva, o juiz não julga pretensão individual. Já na ação individual o autor postula indenização específica e particular, que não alcançará qualquer outro lesado. A diversidade de pedidos impede falar em litispendência entre ação coletiva ajuizada para a defesa de direitos individuais homogêneos e ação individual, restando ao autor da ação individual a opção do art. 104

---

[397] Anota Pedro Lenza que, para evitar "decisões contraditórias, a sentença individual dependerá da solução de julgamento da ação coletiva que, se procedente, a todos beneficiará. Mas neste caso, também, julgada improcedente a ação coletiva não se poderá prejudicar as demandas individuais, vislumbrando-se, por conseguinte, uma certa relação de prejudicialidade secundum *eventum litis*, já que o resultado negativo da ação coletiva em nada afetará o direito de os interessados proporem as suas ações de indenização a título individual." (LENZA, 2005, p. 259).

do CDC, qual seja, requerer a continuidade da ação individual ou a sua suspensão.[398]

Como não há litispendência, os efeitos da coisa julgada produzida no processo coletivo não beneficiarão os autores das ações individuais se não for requerida a sua suspensão no prazo de trinta dias, contados da ciência do ajuizamento da ação coletiva. Assim, o autor da ação individual tem trinta dias, a contar da ciência nos autos da ação coletiva, para requerer a suspensão, para que possa ser beneficiado pela coisa julgada coletiva.[399]

O autor, portanto, deverá ser intimado da existência da ação coletiva, devendo constar da intimação informações sobre: o autor da ação, o pedido apresentado, os fundamentos do pedido (causa de pedir), a fase do processo e as provas produzidas, além de outros dados que sejam, no caso concreto, relevantes para a sua opção.

---

[398] Sobre o tema anotem-se as seguintes decisões: "[...] **SUSPENSÃO DO PROCESSO. LITISPENDÊNCIA. AÇÃO CIVIL PÚBLICA RELATIVA AO PAGAMENTO DE HORAS EXTRAORDINÁRIAS. AÇÃO INDIVIDUAL.** As ações coletivas que visam à tutela dos interesses coletivos ou difusos não induzem litispendência para as ações individuais, mas os efeitos da coisa julgada não beneficiarão os autores de ações individuais, caso não seja requerida sua suspensão no prazo de trinta dias, a contar da ciência nos autos do ajuizamento da ação coletiva. Exegese do art. 104, parte final, da Lei nº 8.078/90. Precedentes desta c. Corte. Recurso de revista não conhecido." (TST. Processo: RR-15600-50.2009.5.17.0001. Relator: Min. Aloysio Corrêa da Veiga. **DEJT** de 27.9.2013.) e "[...] **Litispendência. AÇÃO CIVIL PÚBLICA**. A decisão monocrática proferida não merece reforma, pois a jurisprudência desta Corte firma-se no sentido da inexistência de litispendência entre a Ação Civil Pública e a Ação Individual, quer porque o artigo 104 do CDC preleciona que as ações coletivas que visam à tutela dos interesses coletivos ou difusos não induzem litispendência para as ações individuais, quer por ausência de identidade de partes, nos termos do artigo 301, § 2º, do CPC. Nesse sentido, os precedentes indicados na decisão agravada." (TST. Processo: Ag-RR-8400-89.2009.5.17.0001. Relator: Min. Emmanoel Pereira. **DEJT** de 16.5.2014).

[399] Em recurso concedido repercussão geral, o STJ pacificou entendimento no sentido de que: "SUSPENSÃO DE PROCESSO INDIVIDUAL ante a existência de ação coletiva. 1. Ajuizada ação coletiva atinente a macro-lide geradora de processos multitudinários, suspendem-se as ações individuais, no aguardo do julgamento da ação coletiva. 2.- Entendimento que não nega vigência aos arts. 51, IV e § 1º, 103 e 104 do Código de Defesa do Consumidor; 122 e 166 do Código Civil; e 2º e 6º do Código de Processo Civil, com os quais se harmoniza, atualizando-lhes a interpretação extraída da potencialidade desses dispositivos legais ante a diretriz legal resultante do disposto no art. 543-C do Código de Processo Civil, com a redação dada pela Lei dos recursos Repetitivos (Lei n. 11.672, de 8.5.2008)". (STJ. Processo: REsp n. 1110549-RS. Relator: Min. Sidnei Beneti. **DJe** de 14.12.2009).

A intimação não se dará na forma do art. 94 do CDC[400], ou seja, por meio de edital, uma vez que o art. 94 alude à intimação para efeito de habilitação como litisconsortes. Isto é, não trata da intimação para o exercício da opção a que se refere o art. 104. A intimação deve ser realizada por carta, com aviso de recebimento. É possível, ainda, que em eventual audiência realizada na ação individual o autor seja cientificado pelo juiz da existência da ação coletiva, tendo-se com essa cientificação por intimado da ação individual.

Ainda que não ocorra a intimação, se houver por qualquer outra forma inequívoca ciência da ação coletiva, a partir dessa ciência tem início o prazo para o autor da ação individual exercer o direito de opção.

Para Elton Venturi, a intimação do autor da ação individual acerca da existência da ação coletiva é ônus do demandado ou do magistrado da causa, podendo ocorrer em qualquer tempo e grau de jurisdição (art. 301, §4º, combinado com o art. 267, §3º, do CPC), por se tratar de matéria de ordem pública. (VENTURI, 2007, p. 355-356). Segundo Antonio Gidi, a obrigação de comunicar ao autor da ação individual a existência da ação coletiva é do réu[401], embora nada impeça que o juiz o faça de ofício.

A responsabilidade pela comunicação da existência da ação coletiva é do réu, posto que ele é quem tem conhecimento das ações, coletivas e individuais, contra ele ajuizadas. Porém, quais são as consequências da ausência de intimação do autor da ação individual da existência da ação coletiva?

O art. 104 do Código de Defesa do Consumidor deixa claro que o autor da ação individual somente não será beneficiado pela coisa julgada produzida na ação coletiva se tiver ciência dessa ação e não requerer a sua suspensão. Logo, se o autor da ação individual não é cientificado da ação coletiva, ficando impedido, com isso, de

---

400 "Art. 94 do CDC. Proposta a ação, será publicado edital no órgão oficial, a fim de que os interessados possam intervir no processo como litisconsortes, sem prejuízo de ampla divulgação pelos meios de comunicação social por parte dos órgãos de defesa do consumidor."

401 Afirma Antonio Gidi que "o réu identificará ao juiz da ação coletiva e ao representante do grupo as ações individuais relacionadas à mesma controvérsia, à medida em que sejam propostas". (GIDI, 2003, p. 111).

exercer a opção prevista no art. 104 do Código de Defesa do Consumidor, a ele não podem ser negados os benefícios da coisa julgada produzida na ação coletiva. Essa solução impede que o réu se beneficie com a atomização das ações individuais.

O Anteprojeto de Código Brasileiro de Processos Coletivos, adotando essa solução, prevê que, caso o demandado não se desincumba do seu ônus relativo à adequada informação ao demandante individual acerca da pendência de demanda coletiva conexa (que verse sobre idêntico bem jurídico), o autor individual beneficiar-se-á "da coisa julgada coletiva mesmo no caso de a demanda individual ser rejeitada" (art. 7º, §1º).

O prazo para a opção pela suspensão da ação é de trinta dias, não tendo sido fixado prazo de duração da suspensão, afirmando Ada Pellegrini Grinover que, nesse caso, ante a ausência de limite legal, a suspensão da ação individual poderá perdurar pelo tempo que for necessário para a formação da coisa julgada na ação coletiva. Esta regra, segundo ela, não se aplica no caso de concomitância entre ação coletiva de tutela de direitos individuais homogêneos e ação individual com objeto idêntico, em relação ao qual a solução seria a aplicação da previsão contida no art. 265, IV, 'a', do CPC, podendo a suspensão ocorrer por apenas um ano. Transcorrido esse prazo, a ação individual retornaria a seu curso normal. (GRINOVER, 2007, p. 966-967).

É mais salutar que a ação individual permaneça suspensa até o trânsito em julgado da decisão proferida na ação coletiva. Aliás, o processo é suspenso justamente para que o autor da ação individual possa ser beneficiado pela coisa julgada produzida na ação coletiva. Assim, o processo deve ficar suspenso até que seja definitivamente julgada a ação coletiva. Se for o caso de procedência, o autor da ação individual será beneficiado pela decisão; se for o caso de improcedência, o autor da ação individual requererá a retomada do seu curso.

Por fim, se o autor da ação individual não se manifestar no prazo de trinta dias, contados da intimação da existência da ação coletiva, presume-se que fez opção pelo curso normal da ação individual e renunciou aos benefícios da coisa julgada produzida no processo coletivo.

5.8.4. Litisconsórcio, assistência e intervenção de terceiro

Dá-se o litisconsórcio quando duas ou mais pessoas litigam no mesmo processo em conjunto, ativa ou passivamente (art. 46 do CPC/1973 e art. 113 do CPC/2015).

A pluralidade de pessoas em uma ou em ambas as posições da relação processual não é incompatível com o processo coletivo, registrando-se neste sentido que o art. 5º, §5º, da Lei n. 7.347/85 autoriza a formação de litisconsórcio ativo entre membros do Ministério Público. No mesmo sentido, o art. 94 do CDC dispõe que, proposta ação civil coletiva, será publicado edital no órgão oficial, para que os interessados possam intervir no processo como litisconsortes. O art. 103, §2º, do CDC também alude ao litisconsórcio, tornando induvidosa a sua compatibilidade com o processo coletivo.

Em suma, o microssistema de direito processual coletivo permite, a partir do diálogo das fonte, o litisconsórcio inicial (formado na distribuição da ação) e o ulterior ou posterior (formado no curso do processo), valendo observar que o litisconsórcio é também admitido pelo direito processual do trabalho, como se vê dos arts. 455 (contrato de subempreitada) e 842 (ações plúrimas) da CLT.

Por outro lado, não pode ser negada a possibilidade de assistência no processo coletivo, nos moldes, inclusive, dos arts. 54 do CPC/1973 e 124 do CPC/2015, segundo o qual considera-se litisconsorte da parte principal o assistente toda vez que a sentença houver de influir na relação jurídica entre ele e o adversário do assistido, como é o caso de o trabalhador que atua como assistente do sindicato na ação ajuizada para defesa de direito individual homogêneo. A possibilidade de assistência também encontra eco no art. 6º, § 5º, da Lei n. 4.717/65, que autoriza qualquer cidadão a habilitar-se como litisconsorte ou assistente do autor da ação popular, além do que a Súmula n. 82 do TST confirma a compatibilidade da assistência com o processo do trabalho[402]. Digno de registro, ainda, a previsão contida no art. 118 da Lei n. 12.529/11, que trata da prevenção e repressão às infrações contra a ordem econômica, no sentido de que,

---

402 Súmula n. 82 do TST: "A intervenção assistencial, simples ou adesiva, só é admissível se demonstrado o interesse jurídico e não meramente econômica."

"nos processos judiciais em que se discuta a aplicação desta Lei, o Cade deverá ser intimado para, querendo, intervir no feito na qualidade de assistente", que permite a assistência no processo coletivo. Destarte, o diálogo entre os citados comando legais autoriza afirmar a possibilidade de assistência no processo coletivo.

O art. 88 do CDC dispõe que, "na hipótese do art. 13, parágrafo único deste Código, a ação de regresso poderá ser ajuizada em processo autônomo, facultada a possibilidade de prosseguir-se nos mesmos autos, vedada a denunciação da lide." Comentando este dispositivo legal, assevera Kazuo Watanabe:

> Por razões de economia processual, permite o Código, no art. 88, que a ação de regresso seja aforada no próprio juízo da ação de indenização e com o aproveitamento dos mesmos autos de processo. É a idêntica técnica utilizada pelo legislador pátrio para a cobrança da multa imposta ao locador, em favor do locatário, por desvio de uso do imóvel retomado [...]. A denunciação da lide, todavia, foi vedada para o direito de regresso que trata o art. 13, parágrafo único, do Código, para evitar que a tutela jurídica processual dos consumidores pudesse ser retardada e também porque, em regra, a dedução dessa lide incidental será feita com a invocação de uma causa de pedir distinta. Com isso, entretanto, não ficará prejudicado o comerciante, que poderá, em seguida ao pagamento da indenização, propor ação autônoma de regresso nos mesmos autos da ação originária. (WATANABE, 2007, p.871-872).

O TRT da 3ª Região já decidiu sobre a assistência no processo coletivo que:

> AÇÃO COLETIVA. ASSISTÊNCIA LITISCONSORCIAL DO SUBSTITUÍDO. INDEFERIMENTO. AUSÊNCIA DE PREJUÍZO. Tratando-se de interesse individual homogêneo, em caso de improcedência da ação coletiva, seja qual for o fundamento, os interessados poderão propor as suas ações individuais, salvo se houverem intervindo no processo como assistentes litisconsorciais (art. 103, III e §1º e §2º, do CDC), daí porque o indeferimento da habilitação do Impetrante na condição de assistente litisconsorcial não lhe acarretará qualquer prejuízo. (TRT 3ª Região. Processo: 01595-2008-000-03-00-0 MS. 1a Seção Espec. de Dissídios Individuais. Relator: Des. Anemar Pereira Amaral. **DEJT** de 11.09.2009).

A denunciação da lide não é compatível com o direito processual metaindividual do trabalho, o mesmo ocorrendo, inclusive, com o direito processual do trabalho com relação às formas de intervenção de terceiro, por conta, principalmente, da limitação da competência da Justiça do Trabalho, estabelecida pelo art. 114 da CR/88.

5.8.5. Alteração da causa de pedir e do pedido

O autor da demanda deverá apontar na petição inicial os fatos dos quais decorre o direito cuja existência requer seja reconhecida (arts. 282 do CPC/1973, 319 do CPC/2015 e 840, §1º, da CLT), ou seja, declinar, naquela peça, a causa de pedir. A causa de pedir é "representada pelo fato constitutivo do vínculo jurídico, bem como o fato afirmado pelo autor que torna necessária a intervenção jurisdicional", sendo "elemento essencial da ação, pois revela a conexão entre o provimento jurisdicional pleiteado pelo autor e a pretensão por ele formulada. O provimento será emitido em razão de uma situação jurídica material." (BEDAQUE, 2002, p. 28-29). Na petição inicial, de outro lado, o autor deverá formular pedido certo e determinado (arts. 282 e 286 do CPC/1973, 319 e 322 do CPC/2015 e 840, §1º, da CLT), sobre o qual o Poder Judiciário irá se pronunciar (arts. 2º, 128 e 460 do CPC/1973, 16, 141 e 492 do CPC/2015 e 832 da CLT).

O art. 264, *caput*, do CPC/1973 estabelece que, efetuada a citação, é defeso ao autor modificar o pedido ou a causa de pedir, sem o consentimento do réu.[403] Ada Pellegrini Grinover critica a solução, afirmando que

> [...] frequentemente é com a instrução probatória que o pedido e a causa de pedir se delineiam com perfeição. Sem chegar-se ao extremo de se permitir a alteração do pedido e da causa de pedir

---

403 No processo civil, a estabilização da demanda ocorre no momento da citação do réu. No processo do trabalho, a alteração dos elementos da ação é permitida, independentemente da concordância do reclamado, até o recebimento da defesa. O processo do trabalho tem como características a simplificação dos atos e procedimentos e a facilitação do julgamento do mérito, o que exige seja conferido o máximo aproveitamento aos atos processuais praticados. Com isso, tendo sido notificado o reclamado e frustrada a tentativa de conciliação em audiência, qualquer alteração nos elementos da ação deve ser permitida até o efetivo recebimento da defesa, garantindo-se, sempre, o direito de o reclamado adaptar sua defesa à nova realidade da demanda. Assim, no processo do trabalho, a estabilização da demanda ocorre no momento em que é recebida a defesa do réu.

em grau de apelação, como previsto em alguns ordenamentos – o que demandaria a observância do contraditório em segundo grau de jurisdição – certamente pedido e causa de pedir devem poder ser alterados até a sentença, desde que a modificação seja feita de boa-fé, não represente prejuízo injustificado para a parte contrária e o contraditório seja preservado. Melhor reabrir o contraditório (alegando e provando) no mesmo processo, do que relegar a matéria ao ajuizamento de uma nova demanda. É uma questão de economia processual voltada a evitar a multiplicidade de processos. (GRINOVER, 2009, p. 24).

Já o CPC/2015 prevê, em seu art. 329, I e II, que "o autor poderá: I – até a citação, aditar ou alterar o pedido ou a causa de pedir, independentemente de consentimento do réu; II – até o saneamento do processo, aditar ou alterar o pedido e a causa de pedir, com o consentimento do réu, assegurado o contraditório mediante a possibilidade de manifestação deste no prazo mínimo de 15 (quinze) dias, facultado o requerimento de prova suplementar."

O Anteprojeto de Código Modelo de Processos Coletivos para Ibero-América possui previsão bem mais ampla do que a do CPC, como se vê a seguir:

> Art. 10. *Pedido e causa de pedir* – Nas ações coletivas, o pedido e a causa de pedir serão interpretados extensivamente. § 1º. Ouvidas as partes, o juiz permitirá a emenda da inicial para alterar ou ampliar o objeto da demanda ou a causa de pedir. §2º O juiz permitirá a alteração do objeto do processo a qualquer tempo e em qualquer grau de jurisdição, desde que seja realizada de boa-fé, não represente prejuízo injustificado para a parte contrária e o contraditório seja preservado.

No Anteprojeto de Código Brasileiro de Processos Coletivos, existe previsão semelhante à constante do Anteprojeto de Código Modelo de Processos Coletivos para Ibero-América, com duas diferenças, que dizem respeito à previsão de prazo para manifestação do réu após as alterações do pedido ou da causa de pedir e à possibilidade de prova complementar (art. 5º, parágrafo único).

Anote-se que o Código de Processo Civil português permite a alteração do pedido e da causa de pedir por acordo a qualquer tempo. Salvo se a alteração ou a ampliação prejudicarem a instrução, a discussão e o julgamento da demanda (art. 272), autoriza a alteração ou a ampliação da causa de pedir na réplica do autor à contestação se o processo a admitir. A não ser que a alteração ou a ampliação sejam consequência de confissão feita pelo réu e aceita pelo autor (art. 273, I), permite a alteração ou ampliação do pedido na réplica do autor na contestação, assim como a redução ou a ampliação do pedido até o encerramento da discussão em primeira instância, desde que a ampliação seja o desenvolvimento ou a consequência do pedido primitivo (art. 273, II). É, portanto, mais flexível do que o modelo adotado pelo CPC de 1973.

O microssistema de direito processual metaindividual é omisso quanto ao momento da estabilização da demanda. Tal fato, no entanto, não é suficiente para impedir a alteração do pedido ou da causa de pedir após a citação do réu. A indeterminação dos seus titulares, a indivisibilidade do seu objeto, a relevância social e a alta conflituosidade dos direitos metaindividuais exigem uma solução diferenciada, qual seja, a admissão da alteração da causa de pedir e do pedido até a sentença, desde que seja realizada de boa-fé e que seja assegurada ampla defesa ao réu.

Nesse sentido é a lição de Daniela Monteiro Gabby

> Em se tratando de processo coletivo, se o autor formula o pedido de modo restritivo, restará aberta ao juiz a via interpretativa para garantir o direito que é assegurado à coletividade, diante de fatos muitas vezes complexos e contingenciais subjacentes, desde que observadas as garantias constitucionais do contraditório e da ampla defesa. Somente desta maneira restará preservada a indisponibilidade deste direito, que não pertence a um único indivíduo, tampouco àquele que postula em juízo em virtude de legitimação conferida por lei. (GABBY, 2010, p. 115).

Em favor da admissão de alteração da causa de pedir e do pedido até o proferimento da decisão está o fato de que na liquidação de sentença proferida em ação civil coletiva seja produzida prova do dano e definidos os beneficiários pela decisão coletiva. Neste sentido, decidiu o STJ:

> DIREITO PROCESSUAL CIVIL. CAUSA DE PEDIR EM AÇÃO COLETIVA. Na hipótese em que sindicato atue como substituto processual em ação coletiva para a defesa de direitos individuais homogêneos, não é necessário que a causa de pedir, na primeira fase cognitiva, contemple descrição pormenorizada das situações individuais de todos os substituídos. De fato, é

clássica a concepção de que o interesse de agir é identificado pela análise do binômio necessidade-utilidade. Em outras palavras, a referida condição da ação se faz presente quando a tutela jurisdicional mostrar-se necessária à obtenção do bem da vida pretendido e o provimento postulado for efetivamente útil ao demandante, proporcionando-lhe melhora em sua situação jurídica. Tem prevalecido no STJ o entendimento de que a aferição das condições da ação deve ocorrer *in status assertionis*, ou seja, à luz das afirmações do demandante (teoria da asserção). Assim, em ações coletivas, é suficiente para a caracterização do interesse de agir a descrição exemplificativa de situações litigiosas de origem comum (art. 81, III, do CDC), que precisam ser solucionadas por decisão judicial; sendo desnecessário, portanto, que a causa de pedir contemple descrição pormenorizada das situações individuais de cada substituído. Isso porque, no microssistema do processo coletivo, prevalece a repartição da atividade cognitiva em duas fases: num primeiro momento, há uma limitação da cognição às questões fáticas e jurídicas comuns às situações dos envolvidos; apenas em momento posterior, em caso de procedência do pedido, é que a atividade cognitiva é integrada pela identificação das posições individuais de cada um dos substituídos. (STJ. Processo: REsp 1.395.875-PE. Relator: Min. Herman Benjamin. **DJe** de 20.02.2014).

5.8.6. *Arguição de prescrição*

A pretensão surgida da violação do direito tem a sua eficácia extinta pela prescrição. O CDC, a Lei de Ação Civil Pública e o direito processual do trabalho não tratam de forma específica sobre a prescrição quanto aos direitos difusos e coletivos. Por outro lado o CDC disciplina, no art. 27[404], a prescrição relativa à pretensão reparatória manifestada por consumidor individualmente lesado. Isso implica dizer que este dispositivo legal não alcança a pretensão surgida da lesão a direito difuso e direito coletivo.

A Lei n. 8.429/92, em seu art. 23, dispõe: "as ações destinadas a levar a efeito as sanções previstas nesta Lei podem ser propostas: I – até cinco anos após o término do exercício de mandato, de cargo

---

[404] "Art. 27. Prescreve em cinco anos a pretensão à reparação pelos danos causados por fato do produto ou do serviço prevista na Seção II deste Capítulo, iniciando-se a contagem do prazo a partir do conhecimento do dano e de sua autoria".

em comissão ou de função de confiança; II – dentro do prazo prescricional previsto em lei específica para faltas disciplinares puníveis com demissão a bem do serviço público, nos casos de exercício de cargo efetivo ou emprego", disciplinando, portanto, a pretensão relativa à aplicação de sanções, não alcançando, destarte, a pretensão reparatória, até mesmo porque o art. 37, §5º, da CR/88 considera imprescritível esta pretensão.[405]

A Lei n. 12.529/11, em seu art. 46, estabelece que: "Prescrevem em 5 (cinco) anos as ações punitivas da administração pública federal, direta e indireta, objetivando apurar infrações da ordem econômica, contados da data da prática do ilícito ou, no caso de infração permanente ou continuado, do dia em que tiver cessada a prática do ilícito". Isso significa que só trata de pretensão punitiva.

Já o art. 47 da Lei n. 12.529/11 prevê: "Os prejudicados, por si ou pelos legitimados referidos no art. 82 da Lei n. 8.078, de 11 de setembro de 1990, poderão ingressar em juízo para, em defesa de seus interesses individuais ou individuais homogêneos, obter a cessação de práticas que constituam infração da ordem econômica, bem como o recebimento de indenização por perdas e danos sofridos, independentemente do inquérito ou processo administrativo, que não será suspenso em virtude do ajuizamento de ação."

Nota-se que não houve fixação do prazo prescricional em relação à demanda a ser proposta pelos prejudicados pela infração à Ordem Econômica. No entanto, esta Lei estabelece que são aplicadas nos processos judiciais dela decorrentes as disposições do CDC, que, como foi dito, somente estabelece prescrição para a pretensão relativa a danos individuais.

De outro lado, a Lei n. 4.717/65, que trata da Ação Popular, prevê, em seu art. 21, que "a ação prevista nesta Lei prescreve em 5 (cinco) anos."

Pelo fato de a Lei n. 4.717/65 tratar da tutela de direitos difusos e coletivos, afirma-se que

---

405 O que não foi alterado pelo art. 1º-C da Lei n. 9.494/97, posto que ele diz respeito a pretensão do particular em relação a danos causados por agentes de pessoas jurídicas de direito público e de pessoas jurídicas de direito privado prestadoras de serviços públicos.

> [...] a grande afinidade entre ação popular e ação civil pública, estabelecida pela semelhança do rito e, sobretudo, pelo vasto domínio comum das pretensões que por elas podem ser veiculadas, impõe que se adote como prazo prescricional desta última, pelo menos no que se refere a pretensões que se inserem no domínio jurídico comum a ambas, o prazo quinquenal do art. 21 da Lei n. 4.717, de 1965. (ZAVASKI, 2011, p. 70).

No entanto, a prescrição pressupõe a omissão do titular do direito lesado na provocação do Poder Judiciário em busca de tutela jurisdicional. Quando se trata de direitos difusos e coletivos, seus titulares não possuem legitimidade para ajuizar ação visando à sua tutela, razão pela qual, em relação a eles, não há que se falar em omissão, o que impede a ocorrência da prescrição. Dito de outra forma, em relação aos direitos difusos e coletivos não corre prescrição, porquanto os titulares dos bens tutelados não podem demandar em juízo e por isso não podem ser prejudicados pela inércia dos entes legitimados, cujo rol é taxativo, não permitindo o ajuizamento da ação coletiva por quem a lei não autoriza.

Segundo Ricardo de Barros Leonel:

> Tanto a decadência como a prescrição são fenômenos estabelecidos com o escopo não apenas de segurança jurídica, ao obstar a perpetuação de litígios, mas também para sancionar a inércia no exercício das faculdades inerentes a quem ostenta uma posição jurídica protegida, impedindo o benefício dela decorrente pela inação por lapso temporal relevante. Se o titular da posição protegida não age porque não pode, pois o ordenamento não lhe confere legitimação, não há razão para o curso do prazo, que é pressuposto para a incidência da sanção pela inércia. (LEONEL, 2013, p. 391).[406]

Cumpre ressalvar, não obstante, que a imprescritibilidade sustentada alcança a pretensão de respeito aos direitos difusos e coletivos, ou seja, a qualquer tempo pode ser requerido em juízo que cesse a ameaça ou a lesão a estes direitos. Quando se trata de pretensão reparatória, porém, devem ser observados os prazos estabelecidos no art. 7º, XXIX, da CR/88, registrando-se, neste senti-

---

[406] Registre-se que o STJ decidiu, nos autos do REsp. 1.084.916, que se aplica, por analogia, o disposto no art. 21 da Lei n. 4.717/65, que trata da ação popular, o que implica dizer que a pretensão prescreve em cinco anos, contados da lesão do direito.

do, que até mesmo a pretensão reparatória de danos a direitos da personalidade é prescritível, como decorre dos arts. 12 e 206, §3º, inciso V, do Código Civil.

Quanto aos direitos individuais homogêneos, por serem direitos singulares de pessoas determinadas, cujo objeto comporta divisão e a tutela pode ser buscada individualmente, não há como negar a possibilidade de ocorrência de prescrição. Lembre-se de que os direitos individuais homogêneos apenas são tutelados de forma coletiva por causa da sua origem comum e da alta conflituosidade que os envolve. Deve, então, a eles ser aplicado o mesmo prazo prescricional definido no art. 7º, XXIX, da CR/88.

O ajuizamento da ação coletiva interrompe a prescrição para fins de ajuizamento da ação individual, nos termos dos arts. 202, V, e 203 do Código Civil[407] e da OJ 359 do TST, da SDI-1, *in verbis*: "SUBSTITUIÇÃO PROCESSUAL. SINDICATO. LEGITIMIDADE. PRESCRIÇÃO. INTERRUPÇÃO. A ação movida por sindicato, na qualidade de substituto processual, interrompe a prescrição, ainda que tenha sido considerado parte ilegítima 'ad causam'."

Note-se que, para definir o efeito da ação proposta pelo sindicato, recorre-se ao Código Civil, em um inegável diálogo entre fontes.

Cumpre observar que o art. 17 do *Código Modelo de Processos Coletivos para Ibero-América* prevê que "a citação válida para a ação coletiva interrompe o prazo de prescrição das pretensões individuais e transindividuais direta ou indiretamente relacionadas com a controvérsia, retroagindo o efeito à data da propositura da demanda"

Prevê o art. 9º do Anteprojeto de Código Brasileiro de Processos Coletivos idêntica disposição.

Registre-se, ainda, que a previsão contida no art. 100 do CDC[408] não significa prazo prescricional para a liquidação, mas prazo para

---

407 Dispõe o art. 202, V, do Código Civil de 2002 que a prescrição é interrompida "por qualquer ato judicial que constitua em mora o devedor", ao passo que, de acordo como art. 203 do Código Civil, "a prescrição pode ser interrompida por qualquer interessado".

408 "Art. 100. Decorrido o prazo de um ano sem habilitação de interessados em número compatível com a gravidade do dano, poderão os legitimados do art. 82 promover a liquidação e execução da indenização devida."

a execução coletiva de indenização destinada ao fundo de que trata o art. 13 da Lei n. 7.347/85[409].

5.8.7. Acordo. Renúncia. Desistência

Não há incompatibilidade entre processo coletivo e celebração de acordo. Tanto isto é verdade, que o art. 13, §2º, da Lei n. 7.347/85 faz expressa referência ao acordo, dispondo que:

> § 2º Havendo acordo ou condenação com fundamento em dano causado por ato de discriminação étnica nos termos do disposto no art. 1o desta Lei, a prestação em dinheiro reverterá diretamente ao fundo de que trata o *caput* e será utilizada para ações de promoção da igualdade étnica, conforme definição do Conselho Nacional de Promoção da Igualdade Racial, na hipótese de extensão nacional, ou dos Conselhos de Promoção de Igualdade Racial estaduais ou locais, nas hipóteses de danos com extensão regional ou local, respectivamente.

Destarte, também em relação ao processo coletivo é possível falar em meio alternativo interno de solução de conflito, no sentido que lhe é atribuído por Luigi Paolo Comoglio, ou seja, como alternativa ao curso ulterior do processo ou alternativa à decisão final. Segundo esse doutrinador, a solução alternativa de conflitos é "*externa* ao processo e compreende os meios de tutela que são a este último radicalmente *alternativos*, visando preveni-lo ou, também, a substituí-lo integralmente". Já a alternativa pode ser interna ao processo, compreendendo os "meios técnicos de tutela endo-

---

409 Dispõe o art. 13: "Havendo condenação em dinheiro, a indenização pelo dano causado reverterá a um fundo gerido por um Conselho Federal ou por Conselhos Estaduais de que participarão necessariamente o Ministério Público e representantes da comunidade, sendo seus recursos destinados à reconstituição dos bens lesados.
§ 1º Enquanto o fundo não for regulamentado, o dinheiro ficará depositado em estabelecimento oficial de crédito, em conta com correção monetária.
§ 2º Havendo acordo ou condenação com fundamento em dano causado por ato de discriminação étnica nos termos do disposto no art. 1o desta Lei, a prestação em dinheiro reverterá diretamente ao fundo de que trata o *caput* e será utilizada para ações de promoção da igualdade étnica, conforme definição do Conselho Nacional de Promoção da Igualdade Racial, na hipótese de extensão nacional, ou dos Conselhos de Promoção de Igualdade Racial estaduais ou locais, nas hipóteses de danos com extensão regional ou local, respectivamente."

processuais, que não podem dizer-se propriamente *alternativas ao processo*, enquanto o pressupõe já ter sido promovido, mas se configurando como alternativa ao seu *curso ulterior* e, sobretudo, como alternativa à decisão final." (COMOGLIO, 2000, p. 322-323, tradução nossa).[410] As partes, portanto, dispõem, no processo coletivo, da alternativa representada pelo acordo.

No entanto, a Lei n. 8.429/92 (Improbidade Administrativa), em seu art. 17, §1º[411], veda o acordo nas demandas voltadas à aplicação de sanções por prática de atos de improbidade administrativa, razão pela qual nesta situação não é possível a celebração de acordo.

Vale ressaltar que não se confundem acordo e transação. O art. 840 do Código Civil, definindo a transação, dispõe que é "lícito aos interessados prevenirem ou terminarem o litígio mediante concessões mútuas". Logo, a transação é o negócio jurídico por meio do qual as partes de determinada relação jurídica fazem concessões recíprocas, visando prevenir ou pôr fim a um litígio nela fundada.[412]

Como somente aquele que tem o poder de disposição sobre o bem jurídico objeto de disputa pode transigir (art. 104, I, do Código

---

410 No original: "è externa al processo e comprende i mezzi di tutela che sono a quest'ultimo radicalmente *alternativi*, mirando a prevenirlo e, comunque, a sostituirsi integralmente ad esso. La seconda è, invece, *interna* e comprende quei mezzi tecnici di tutela endoprocessuale, che non possono dirsi propriamente *alternativi al processo*, in quanto ne presuppongono il già avvenuto promovimento, ma si configurano come *alternativi al suo corso ulteriore* e soprattutto come *alternativi alla decisione finale*."

411 "Art. 17. A ação principal, que terá o rito ordinário, será proposta pelo Ministério Público ou pela pessoa jurídica interessada, dentro de trinta dias da efetivação da medida cautelar. § 1º É vedada a transação, acordo ou conciliação nas ações de que trata o *caput*."

412 Anota Rodolfo de Camargo Mancuso que "transacionar (de *trans* e *agire*: superar, transpor) não significa *obter tudo* (o que caracterizaria a *submissão* da parte à pretensão da outra), tampouco *perder tudo* (o que caracterizaria a *renúncia*), mas apresenta um conteúdo específico e equilibrado, assim explicitado por Petrônio Calmon Filho: 'A transação situa-se entre a renúncia e a submissão, ou, em outras palavras, entre o abandono da pretensão material e o abandono da resistência a essa pretensão. Renúncia e submissão são as duas espécies de autocomposição unilateral, enquanto transação é a espécie de autocomposição bilateral'. Assim, o acordo pressupõe uma postura generosa dos transatores, no sentido de que, se cada qual perder um pouco, ambos ganharão com a eliminação da lide, que de outro modo se converteria num processo judicial ou levaria à continuidade daquele que está em curso. Daí dizer Franco Carresi que 'la transazione è il contrato con cui le parti compongono la lite su uma linea necessariamente mediana', situando-se essa 'linha mediana' na virtude do meio-termo, que sinaliza para o afastamento dos excessos e das posturas exacerbadas, em prol da eliminação das arestas e do *acordo possível*." (MANCUSO, 2009, p. 239).

Civil), os direitos difusos e coletivos não podem ser objeto de transação, posto que não pertencem ao legitimado que propôs a ação coletiva. Aplica-se à hipótese o art. 104, I, do Código Civil, com o qual dialoga, nesse aspecto, o microssistema de direito processual coletivo do trabalho. Assim, em relação a estes direitos não é possível qualquer concessão por parte do titular da ação.

Já os direitos individuais homogêneos podem ser objeto de transação, desde que seja concedida aos substituídos a oportunidade de oposição, manifestada em assembleia de trabalhadores convocada para essa finalidade ou em audiência também designada com essa finalidade, o que permite amplo debate sobre o conteúdo de eventual transação.[413] A manifestação em assembleia ou audiência protege os trabalhadores contra eventuais pressões do demandado.

Anote-se que o sistema norte-americano admite, conforme a *Rule 23*, a transação. Afirma Antonio Gidi que naquele sistema o juiz pode promover audiências para oitiva dos advogados das partes e dos interessados, propiciando amplo debate sobre os termos da solução amigável do conflito, pois a "adequada informação é a arma mais poderosa que o juiz possui contra a aprovação de acordos inadequados" e a "informação completa, precisa e imparcial sobre os múltiplos aspectos da causa é extremamente difícil de se obter", na medida em que o réu quer solucionar o problema o mais rápido possível e reduzir suas despesas e o advogado do gru-

---

413 Nesse sentido é a decisão oriunda do TST: "AGRAVO DE INSTRUMENTO EM RECURSO DE REVISTA. EFEITOS DE ACORDO CELEBRADO ENTRE A CELESC E O MPT EM AÇÃO CIVIL PÚBLICA. ALCANCE. Hipótese em que registrado pelo Colegiado local a existência de acordo judicial firmado entre o MPT e a CELESC, em sede de ação civil pública, em que ficou -convencionada a rescisão dos contratos de trabalho de empregados aposentados, nos prazos lá estabelecidos e de acordo com o regime jurídico previdenciário próprio de cada empregado-. Consignada, ainda, a premissa de que o reclamante fora admitido na lide na condição de -litisconsorte passivo necessário e unitário-, estando inclusive representado -naquele ato por procurador regularmente constituído, ao qual foram atribuídos inclusive poderes para 'transigir, firmar conciliação, acordo e compromisso judicial ou extrajudicial' (procuração da p. 01 do m. 15)-. Nessa hipótese, o acordo homologado na ação civil pública produz efeitos em relação aos empregados que dele participaram na condição de assistentes litisconsorciais do Ministério Público do Trabalho, a atrair os óbices das Súmulas 100, V, e 259 do TST, uma vez que somente por ação rescisória é impugnável o acordo homologado em juízo. Agravo de instrumento conhecido e não provido. (TST. Processo: AIRR - 4761-96.2012.5.12.0001. Relator Ministro: Hugo Carlos Scheuermann. 1ª Turma. **DEJT** de 14.11.2013).

po "quer diminuir os riscos e ser ressarcido das altas despesas já efetuadas e receber seus 'gordos' honorários." (GIDI, 2007, p. 333). Não obstante, Antonio Gidi assevera que o juiz dispõe de outras fontes para diminuir os riscos de se confiar inteiramente nos advogados, que são o representante e os membros ausentes do grupo insatisfeitos com a condução do processo, outros advogados interessados em assumir o papel de advogado do grupo, corréus e auxiliares especiais da justiça nomeados pelo juiz que deve ter o mais completo conhecimento do processo. (GIDI, 2007, p. 333).[414]

Sobre o papel do juiz na análise de transação celebrada no processo coletivo no sistema norte-americano, anota Francisco Verbic:

> No que se refere concretamente à evolução do acordo transacional, o magistrado deve verificar seu alcance para estabelecer se se apresenta como solução que protege devidamente os interesses em jogo. Ao final, se consideram diversos fatores entre os quais exigem especial relevância o número de impugnações apresentadas pelos integrantes da classe (já que estas se apresentam como um indicador acerca da conveniência da transação), as possibilidades com que conta a classe para triunfar no pleito, a complexidade das questões de fato e de direito envolvidas no assunto, o montante do acordo comparado com aquele pretendido na demanda, o custo que continuar com a disputa resultaria, o plano de distribuição apresentado com o acordo assim como as possibilidades de seu cumprimento por parte dos demandados, e finalmente a regularidade das notificações sobre o acordo aos membros ausentes. (VERBIC, 2007, p. 353, tradução nossa).[415]

---

[414] Segundo Antonio Gidi, se for necessário, inclusive, "o juiz pode ordenar que os advogados promovam uma produção informal de provas (*evidentiary hearing*) na audiência de justificação do acordo, com a produção de documentos, testemunhas e peritos. É preciso que haja essa audiência pública, em que os membros ausentes poderão participar e obter mais informações sobre o processo, para poderem fazer uma análise informada sobre a boa-fé do processo de negociação e dos termos do acordo." (GIDI, 2007, p. 334.

[415] No original: "En lo que se refiere concretamente a la evaluación del acuerdo transacional, el magistrado debe verificar sus alcances para establecer si se presenta como una solución que protege debidamente los intereses en juego. A tal fin, se consideran diversos factores entre los cuales cobran especial relevância el número de impugnaciones presentadas por los integrantes de la classe (ya que éstas se presentan como un indicador acerca de la conveniência de la transacción), las possibilidades con que cuenta la clase para triunfar en el pleito, la complejidad de las cuestiones de hecho y de derechos involucradas en el assunto, el monto del acuerdo comparado con aquel

A ausência de regra específica sobre a transação no processo coletivo brasileiro é criticada por Antonio Gidi, para quem deve ser atribuída ao juiz, com o auxílio do Ministério Público, a função de aprovar a transação, inclusive em se tratando de direitos difusos e coletivos, argumentando que

> [...] a aprovação deveria ser precedida de notificação às associações legitimadas e à comunidade titular do direito, convidando-os a opinar em uma audiência pública sobre a viabilidade e a adequação do acordo proposto pelas partes. Como forma adicional de proteção aos interesses da comunidade, a sentença homologatória do acordo poderia ser submetida, por exemplo, ao 'reexame necessário' por parte do tribunal superior, mais isso não é estritamente necessário. Todavia, parece que a verdadeira obsessão que permeia a ideologia do direito brasileiro, através da concepção paternalista de 'direitos indisponíveis', impediria uma maior flexibilidade na matéria. Ademais, a realidade é que a realização de acordos judiciais e o cumprimento voluntário do direito não fazem mesmo parte da cultura jurídica dos países de *civil law* e, por mais que se criem 'audiências preliminares' ou de 'conciliação', essa tendência não será mitigada sem uma profunda alteração na cultura, no Judiciário e no direito substancial, que crie incentivos para o cumprimento voluntário do direito. (GIDI, 2007, p. 359).

Para Ricardo de Barros Leonel, os entes públicos legitimados estão habilitados a promover a defesa dos interesses metaindividuais, mas "não lhes foi conferida legitimação para abdicar, nem mesmo parcialmente, da proteção outorgada pelo ordenamento jurídico aos interesses supraindividuais", não estando autorizados a realizar "composição em que haja o afastamento da tutela integral ao interesse com renúncia, ainda que parcial, ao direito material." (LEONEL, 2013, p. 355). Esclarece este doutrinador:

> Mesmo quando caracterizados interesses patrimoniais, ao ganharem dimensão coletiva adquirem conotação social, tornando-se indisponíveis processualmente, não obstante o lesado possa individualmente dispor de sua parcela. Ademais, os legitimados também não podem deles dispor por não serem ti-

---

pretendido en la demanda, el costo que irrogaría proseguir con el proceso, el plan de distribuición presentado con el acuerdo así como las posibilidades de su cumplimiento por parte de los demandados, y finalmente la regularidad de las notificaciones sobre el acuerdo a los miembros ausentes."

tulares de tais interesses. A renúncia mesmo parcial implicaria, nos individuais homogêneos, a necessidade de manifestação de todos os indivíduos titulares dos referidos direitos, o que seria inviável e fugiria a concepção e sistemática do processo coletivo. (LEONEL, 2013, p. 355).

Em outro sentido é o entendimento de Daniel Amorim Assumpção Neves:

> O raciocínio simples dos conflitos individuais de que para a transação cada uma das partes renuncia parcialmente a sua pretensão e resistência é inaplicável à tutela coletiva. E isso porque não cabe nessa tutela a renúncia do direito, nem mesmo parcialmente. Na tutela coletiva a transação não tem como objeto o direito material, mas sim as formas de exercício desse direito, tais como os modos e momento de cumprimento da obrigação. O direito ao meio ambiente saudável é irrenunciável, mas são, por exemplo, variadas as maneiras de se restaurar uma área degradada, sendo justamente sobre essas maneiras de tutelas do meio ambiente saudável que recairá a transação. (NEVES, 2012, p. 425).

Fredie Didier Jr e Hermes Zaneti Jr sustentam que é possível a realização de transação dos "chamados direitos coletivos (*lato sensu*)", por aplicação do art. 841 do Código Civil, pelas seguintes razões:

> a) o dispositivo foi editado sob o manto de uma ordem jurídica diversa; b) no momento em que se reconhece constitucionalmente a tutela dos direitos coletivos não se pode impedir a efetivação deles, cerceando a atuação de quem por eles compete lutar; c) as normas relativas à vetusta substituição processual não se aplicam aos legitimados a proteger os direitos difusos e coletivos, pois a sua legitimação é fundamentalmente diferente; d) a indispensabilidade não será afetada, na medida em que visa, com a transação, a sua maior efetivação [...]. Com a nova redação dada ao *caput* do art. 331 do CPC, ratifica-se a possibilidade de tentativa de conciliação nas causas coletivas, que deve ser observada pelos operadores do direito como etapa obrigatória do procedimento. (DIDIER JR; ZANETI JR; 2004, P. 312-313).

Na doutrina, encontra-se referência ao art. 5º, §6º, da Lei n. 7.347/85 (LACP)[416], que permite o chamado "Termo de Ajustamen-

---

416 Dispõe o § 6º do art. 5º da Lei n. 7.347/85 que "os órgãos públicos legitimados poderão tomar dos interessados compromisso de ajustamento de sua conduta às exigências

to de Conduta" (TAC) para sustentar a possibilidade de realização de acordo nas ações coletivas, mas com as mesmas limitações impostas a este: não se pode dispensar a satisfação do direito metaindividual, mas apenas acertar o modo como será reparada sua lesão.

Com efeito, assevera Geisa de Assis Rodrigues que:

> A conciliação judicial tem as mesmas limitações que o compromisso de ajuste de conduta [...]. Portanto, é cabível falar em ajuste de conduta judicial e extrajudicial, posto que mesmo se tratando de questão posto em juízo não há possibilidade de transigir sobre o objeto do direito, apenas sendo admissível a definição de prazos, condições, lugar e forma de cumprimento, ainda que se utilize o termo de transação. (RODRIGUES, 2002, p. 131).

Para parte da doutrina ao TAC é atribuída a natureza jurídica de negócio jurídico[417] e para outra parte, a de transação.[418]

Anote-se que o STJ tem admitido a transação em se tratando de direitos difusos quanto ao cumprimento de obrigações de fazer e não fazer, como se vê da decisão a seguir transcrita:

> PROCESSO CIVIL – AÇÃO CIVIL PÚBLICA POR DANO AMBIENTAL – AJUSTAMENTO DE CONDUTA – TRANSAÇÃO DO MINISTÉRIO PÚBLICO – POSSIBILIDADE. 1. A regra geral é de não serem passíveis de transação os direitos difusos. 2. Quando se tratar de direitos difusos que importem obrigação de fazer ou não fazer deve-se dar tratamento distinto, possibilitando dar à controvérsia a melhor solução na composição do dano, quando impossível o retorno ao *status quo ante*. 3. A admissibilidade de transação de direitos difusos é exceção à regra. (STJ. Processo: REsp. n. 299.400-RJ. Relator: Min. Peçanha Martins. **DJe** de 02.08.2006).

Digna de registro a advertência de Fredie Didier Jr e Hermes Zaneti Jr:

> Questão preocupante nos acordos em causas coletivas diz respeito à eficácia *erga omnes* da coisa julgada surgida com a homologação judicial do acordo. Como é cediço, o regime de produção da coisa julgada nas demandas coletivas é distinto do regramento comum; a eficácia subjetiva da coisa julgada é

---

legais, mediante cominações, que terá eficácia de título executivo extrajudicial."
417   Fredie Didier Jr, Hermes Zaneti Jr e Geisa de Assis Rodrigues, por exemplo.
418   Marco Antônio Marcondes Pereira, por exemplo.

um dos pontos distintivos determinantes. Assim, havendo homologação de acordo judicial em causa coletiva, haverá produção da coisa julgada *erga omnes*, impedindo a repropositura da demanda por qualquer dos co-legitimados, inclusive por aqueles que não participaram da celebração do negócio jurídico. O acordo firmado não produz efeitos apenas em relação aos acordantes, pois o seu objeto é direito transindividual [...]. o terceiro titular de direito individual, que se sinta afetado com o acordo celebrado, não poderá, entretanto, recorrer da sentença que homologa acordo judicial em ação coletiva. Esse terceiro não tem qualquer interesse recursal – e, portanto, legitimidade -, na medida em que a coisa julgado coletiva só se estende às demandas individuais *in utilibus* (art. 103, §3º, do CDC). (DIDIER JR; ZANETI JR, 2009, p. 314).

A celebração de acordo, como registrado anteriormente, conta com expressa previsão legal, ao passo que é vedada a transação em relação a direitos difusos e coletivos, sendo que, quanto aos direitos individuais homogêneos, a transação é possível com as restrições já apontadas.

Valorizando o diálogo entre as partes como forma de solucionar conflitos, o CPC de 2015, em seu art. 3º, §§ 2º e 3º, estimula a conciliação, a mediação e outros métodos de solução consensual de conflitos.

Os efeitos da coisa julgada produzida pela sentença homologatória de acordo celebrado em ação coletiva somente alcançam as ações individuais se os seus autores optaram pela sua suspensão, sendo os interessados também alcançados por aquela coisa julgada quando tiverem atuado como litisconsorte na ação coletiva.[419]

---

[419] Nesse sentido é a seguinte decisão: "ACORDO JUDICIAL HOMOLOGADO NA AÇÃO CIVIL PÚBLICA. PARTICIPAÇÃO DO RECLAMANTE NA AÇÃO CIVIL PÚBLICA COMO LITISCONSORTE PASSIVO NECESSÁRIO. PEDIDOS FORMULADOS PELO RECLAMANTE, NA AÇÃO EM CURSO, FORAM OBJETO DO ACORDO CELEBRADO NAQUELA AÇÃO. COISA JULGADA. Nos termos da jurisprudência sumulada nesta Corte, o acordo homologado judicialmente convola-se em decisão irrecorrível, somente passível de desconstituição mediante ação rescisória. Nesse sentido é a Súmula nº 100, item V, deste Tribunal Superior, cujo teor é o seguinte: -AÇÃO RESCISÓRIA. DECADÊNCIA. V - O acordo homologado judicialmente tem força de decisão irrecorrível, na forma do artigo 831 da CLT. Assim sendo, o termo conciliatório transita em julgado na data da sua homologação judicial-. Disso resulta que somente por ação rescisória seria impugnável o termo de conciliação, conforme teor da Súmula nº 259 desta corte, *in verbis*: -Só por ação rescisória é impugnável o termo de conciliação previsto no parágrafo único do artigo 831 da CLT-. Na hipótese o Regional consignou, expressamente, que foi judicialmente

O autor da ação coletiva não é titular do direito cuja tutela é por meio dela pleiteada. Desta feita, a ele não é lícito renunciar a esse direito.

O substituído também não pode renunciar ao direito objeto da demanda. Primeiro, porque os direitos decorrentes da relação de emprego são irrenunciáveis. Segundo, porque admitir a renúncia é inviabilizar a própria ação coletiva, que tem dentre suas justificativas, em especial quando se trate de créditos trabalhistas, permitir o acesso à justiça sem que o trabalhador sofra pressões e represálias do empregador.

O autor da ação coletiva pode dela desistir. Contudo, se a desistência for infundada o Ministério Público, ou outro legitimado, assumirá a titularidade ativa (art. 5º, §3º, da Lei n. 7.347/85).

O substituído pode desistir da ação coletiva ajuizada para a tutela de direitos individuais homogêneos, desde que a sua manifestação conte com a assistência sindical ou do Ministério Público do Trabalho ou seja ratificada em Juízo. A assistência sindical ou do Mi-

---

homologado acordo em Ação Civil Pública ajuizada pelo Ministério Público do Trabalho em face da reclamada e que o próprio autor reconheceu que integrou o polo passivo da ação pública como assistente litisconsorcial necessário. Assim, como o reclamante participou como litisconsorte passivo necessário da citada Ação Civil Pública, são-lhe aplicáveis os efeitos oriundos do acordo nela pactuado, por força do disposto no artigo 55 do CPC, subsidiariamente aplicável ao processo do trabalho (CLT, artigo 769). Por outro lado, dos termos do acordo celebrado na Ação Civil Pública, verifica-se que foi pactuada a manutenção dos empregados da CELESC, aposentados pelo INSS, até completarem o tempo previsto para fazerem jus à aposentadoria complementar paga pela CELOS. Já na ação em curso, ajuizada em 2008, o reclamante (aposentado pelo INSS) pretende evitar sua dispensa que ocorreria em 2009, quando completaria o tempo para o recebimento da complementação de aposentadoria pela CELOS, conforme acordo celebrado na ação civil pública. Portanto, o pedido formulado pelo reclamante (permanência no emprego/impossibilidade de dispensa) foi objeto do acordo celebrado na ACP, estando abrangido pela coisa julgada. No tocante ao pedido alternativo (verbas a serem pagas na demissão), constata-se que o acordo celebrado na ACP estabelece quais as verbas devidas na dispensa dos empregados da CELESC (aposentados pelo INSS). Assim, esse pedido alternativo também foi objeto do referido acordo judicial. Desse modo, o Tribunal de origem, ao desconsiderar os termos do acordo homologado nos autos da ação civil pública nº 2794-2003-001-12-00-8, em que o reclamante participou como assistente litisconsorcial necessário, violou o artigo 5º, inciso XXXVI, da Constituição Federal. Recurso de revista conhecido e provido." (TST. Processo: RR 541085-62.2008.5.12.0035. Relator: Min. José Roberto Freire Pimenta. 2ª Turma. **DEJT** 10.10.2014).

nistério Público e a manifestação em juízo servem para proteger o trabalhador contra eventuais pressões e represálias do empregador.

5.8.8. Das provas

A confirmação da existência do direito deduzido em juízo tem como condição a demonstração da ocorrência do fato do qual ele decorre. Este fato já demonstra a relevância da prova no processo judicial. O microssistema de direito processual metaindividual do trabalho acentua ainda mais a importância da prova.

O art. 6º, VIII, do CDC dispõe que constitui direito básico do consumidor a facilitação da defesa dos seus direitos, inclusive com a inversão do ônus da prova a seu favor "quando, a critério do juiz, for verossímil a alegação ou quando for ele hipossuficiente, segundo as regras ordinárias de experiências". Assim, para facilitar o acesso ao direito foi estabelecida uma regra especial em relação ao ônus da prova. A impossibilidade de produzir prova afeta seriamente o acesso ao próprio direito, sendo esta a razão pela qual o CDC, preocupado com a concretização dos direitos de dimensão coletiva e tendo em vista a disparidade de forças dos litigantes, prestigia a facilitação da defesa de direitos, por meio da inversão do ônus da prova.[420]

---

[420] Para Carlos Roberto Barbosa Moreira, o poder de o juiz inverter o ônus da prova em favor do consumidor, "parece" não encontrar correspondente exato no direito estrangeiro, não se encontrando nada semelhante na Diretiva n. 85/374 da Comunidade Econômica Europeia, havendo, contudo, tendência na jurisprudência dos Estados Unidos da América, a promover "casuisticamente a inversão, naquelas hipóteses em que da aplicação das regras sobre a distribuição do ônus da prova poderia resultar especial dificuldade em tornar certo os fatos favoráveis ao consumidor." (MOREIRA, 1999, p. 125). Assevera, ainda, este autor que na *Ley Federal de Protección al Consumidor do México* apesar de conter dispositivo idêntico ao do art. 6º, do CDC, foi suprimido o inciso VIII que trata da inversão do ônus da prova, havendo em seu lugar previsão de "outorga de facilidades aos consumidores para a defesa dos seus direitos". Aduz que no Direito italiano encontra-se, talvez, a disposição que mais se aproxima do art. 6º, VIII, do CDC: "no decreto presidencial nº 224, de 24.05.1988, que buscou incorporar ao ordenamento interno daquele país as regras traçadas na Diretiva nº 85/374 da *Comunidade Econômica Europeia* [...], estabeleceu-se a possibilidade de o juiz determinar que as despesas necessárias à realização da perícia sejam antecipadas pelo adversário da vítima", estando presente em ambos os casos um juízo de mera verossimilhança, com vistas à facilitação da defesa do consumidor.

De outro lado, o art. 16 da Lei da Ação Civil Pública prevê que a sentença civil fará coisa julgada *erga omnes*, "exceto se o pedido for julgado improcedente por insuficiência de prova, hipótese em que qualquer legitimado poderá intentar outra ação com idêntico fundamento, valendo-se de nova prova". No mesmo compasso, o art. 103, I e II, do CDC prevê que a sentença fará coisa julgada: "I - *erga omnes*, exceto se o pedido for julgado improcedente por insuficiência de provas, hipótese em que qualquer legitimado poderá intentar outra ação, com idêntico fundamento valendo-se de nova prova, na hipótese do inciso I do parágrafo único do art. 81; II - *ultra partes*, mas limitadamente ao grupo, categoria ou classe, salvo improcedência por insuficiência de provas, nos termos do inciso anterior, quando se tratar da hipótese prevista no inciso II do parágrafo único do art. 81."

Destarte, a ausência da prova não implica negativa definitiva do direito deduzido em juízo, o que se deve à relevância social dos direitos metaindividuais.[421] Esta relevância é que permite, no caso de insuficiência de prova, a repetição da ação, desde que fundada em nova prova, ou seja, em prova não produzida nos autos em que foi proferida a decisão de improcedência.

É importante esclarecer que não se trata de ajuizamento de outra ação para nova avaliação da prova produzida na ação já julgada. O que conta com autorização legal é o ajuizamento de outra ação coletiva baseada em novos elementos de convicção. Essa autorização está em perfeita sintonia com a facilitação do acesso aos direitos assegurados pela ordem jurídica. Esses direitos perseguem fins que o legislador reputou relevantes o suficiente para adotar uma solução distinta daquela consagrada pelo direito processual individual: desde que exista nova prova, o direito antes negado pode ser reconhecido em outra demanda.

No processo individual, de cunho individualista, a responsabilidade pelo não gozo de um direito é da parte. No processo coletivo, tem-se em mente a importância social do gozo do direito deduzido

---

421 No processo individual, o fato de o juiz julgar improcedente o pedido por insuficiência de prova implica negativa definitiva do direito deduzido em juízo, razão pela qual não há possibilidade da ação ser novamente ajuizada ainda que fundada em nova prova.

em juízo, o que faz com que eventual incapacidade da parte não seja suficiente para negá-lo de forma definitiva.[422]

Como a prova está relacionada ao acesso ao direito e o reconhecimento da sua insuficiência não implica negativa definitiva deste direito, as partes e o juiz devem ter a maior liberdade possível em matéria probatória, ao passo que o juiz deve ter um papel ativo na instrução do processo. Ademais, podendo a ação ser proposta mais de uma vez, desde que fundada em novas provas, mostra-se razoável, até mesmo para evitar novas ações, conferir ampla liberdade de prova no processo em curso.[423] Sob este prisma, os arts. 6º, VIII, e 103 do CDC e 16 da Lei da Ação Civil Pública impõem a maior liberdade em matéria de prova e exigem uma atuação ativa do juiz na instrução do processo.

O diálogo entre o direito processual do trabalho e as demais fontes do microssistema de direito processual metaindividual do trabalho encontra respaldo no art. 852-D da CLT, que, embora dizendo respeito a dissídios individuais, alcança todos os processos de competência da Justiça do Trabalho, no sentido de que neles as partes e o juiz possuem ampla liberdade em matéria probatória.

A opção pela facilitação da prova também está presente no art. 729 da CLT, que autoriza cominação de pena para o empregador que impedir ou tentar impedir que seu empregado preste depoimento perante a Justiça do Trabalho ou dispense empregado que prestou depoimento como testemunha na Justiça do Trabalho.

---

422 A improcedência por insuficiência de prova deve constar expressamente da parte conclusiva da sentença, visto que é este fato que autoriza o ajuizamento de outra ação.

423 Registre-se, outrossim, que a prova "e suas questões imanentes devem ser informadas por regras publicistas de um Estado Social que, por sua vez, deixa órfão o modelo individual/privatista do anterior. Portanto, o critério privatista da prova, visto como instrumento particular e relativo ao direito (ou suposto) alegado, de modo que seria algo tão dispositivo quanto o direito cuja existência ela demonstra, não existe mais. A prova deve ser vista sim como algo intrínseco, necessário e indisponível à ordem jurídica justa. Há estreita e, diríamos, umbilical ligação entre a prova e a coisa julgada como instrumento de pacificação social. Se a coisa julgada é instrumento político da busca pela paz e harmonia, é certo também que a prova é o elemento ou instrumento idôneo para que a coisa julgada dê, efetivamente, justiça." (RODRIGUES, Marcelo, 2007, p. 252).

Na linha do maior prestígio conferido ao acesso ao direito metaindividual, deve ser abandonada no processo coletivo a distribuição rígida do ônus da prova, consagrada, por exemplo, no art. 333 do CPC de 1973 e no art. 373, I e II, do CPC/2015, em favor da sua distribuição dinâmica.

Anote-se que no Código Modelo de Processos Coletivos para Ibero-América é previsto no art. 12:

> §1º O ônus da prova incumbe à parte que detiver conhecimentos técnicos ou informações específicas sobre os fatos, ou maior facilidade em sua demonstração. Não obstante, se por razões de ordem econômica ou técnica, o ônus da prova não puder ser cumprido, o juiz determinará o que for necessário para suprir à deficiência e obter elementos probatórios indispensáveis para a sentença de mérito, podendo requisitar perícias à entidade pública cujo objeto estiver ligado à matéria em debate, condenando-se o demandado sucumbente ao reembolso. Se assim mesmo a prova não puder ser obtida, o juiz poderá ordenar sua realização, a cargo do Fundo de Direitos Difusos e Individuais Homogêneos. §2º Durante a fase instrutória, surgindo modificação de fato ou de direito relevante para o julgamento da causa, o juiz poderá rever, em decisão motivada, a distribuição do ônus da prova, concedido à parte a quem for atribuída a incumbência prazo razoável para a produção da prova, observado o contraditório em relação à parte contrária. §3º O juiz poderá determinar de ofício a produção de provas, observado o contraditório.

No mesmo compasso, o Anteprojeto de Código Brasileiro de Processos Coletivos prevê:

> Art. 11. *Provas* – São admissíveis em juízo todos os meios de prova, desde que obtidos por meios lícitos, incluindo a prova estatística ou por amostragem.
>
> § 1º. Sem prejuízo do disposto no art. 333 do Código de Processo Civil, o ônus da prova incumbe à parte que detiver conhecimentos técnicos ou informações específicas sobre os fatos, ou mais facilidade em sua demonstração.
>
> §2º. O ônus da prova poderá ser invertido quando, a critério do juiz, for verossímil a alegação, segundo as regras ordinárias de experiência, ou quando a parte for hipossuficiente.
>
> §3º. Durante a fase instrutória, surgindo modificação de fato ou de direito relevante para o julgamento da causa (parágrafo

único do art. 5º deste Código), o juiz poderá rever, em decisão motivada, a distribuição do ônus da prova, concedendo à parte a quem for atribuída a incumbência prazo razoável para sua produção, observado o contraditório em relação à parte contrária (art. 25, § 5º, inciso IV).

§4º. O juiz poderá determinar de ofício a produção de provas, observado o contraditório.

§5º. Para a realização de prova técnica, o juiz poderá solicitar a elaboração de laudos ou relatórios a órgãos, fundações ou universidades públicas especializadas na matéria.

Na mesma esteira, tem-se o CPC de 2015, cujo §1º do art. 373 dispõe que "nos casos previstos em lei ou diante de peculiaridades da causa, relacionadas à impossibilidade ou à excessiva dificuldade de cumprir o encargo nos termos do *caput* ou à maior facilidade de obtenção da prova do fato contrário, poderá o juiz atribuir o ônus da prova de modo diverso, desde que o faça por decisão fundamentada, caso em que deverá dar à parte a oportunidade de se desincumbir do ônus que lhe foi atribuído", o que implica consagração da teoria da distribuição dinâmica do ônus da prova, segundo a qual o ônus da prova será fixado pelo juiz caso a caso, destacando-se que no §2º do art. 373 é estabelecido que "a decisão prevista no § 1º deste artigo não pode gerar situação em que a desincumbência do encargo pela parte seja impossível ou excessivamente difícil".[424]

Observe-se que, segundo o CPC de 2015, a distribuição do ônus da prova deixará de ser uma regra de julgamento, transformando-se em uma regra de procedimento, significando que é no curso do processo que o juiz definirá o ônus probatório de cada parte, quando for ele estabelecido de forma diferente da regra geral do 373 do CPC/2015, aplicável subsidiariamente ao processo do trabalho.

A distribuição dinâmica do ônus da prova decorre da exigência de justiça e equidade no caso concreto, dos deveres de lealdade, probidade e boa-fé, de colaboração das partes e do papel ativo do juiz

---

[424] A exigência de fundamentação da flexibilização da regra de distribuição do ônus da prova permite o seu controle pelas partes e pelas instâncias superiores. A distribuição diversa do ônus da prova não pode decorrer situação em que a desincumbência do encargo pela parte seja impossível ou excessivamente difícil, ou seja, a vedação à *probatio diabólica* aplica-se à distribuição dinâmica do ônus da prova.

na condução do processo.[425] Aliás, no Projeto de Lei n. 5.139/2009 (sobre a nova ação civil pública) foi incluído entre os princípios da tutela coletiva, como se vê do art. 3º, VII, o "dever de colaboração de todos, inclusive pessoas jurídicas públicas e privadas, na produção das provas, no cumprimento das decisões judiciais e na efetividade da tutela coletiva."

Para Inés Lépori White, os fundamentos da distribuição dinâmica do ônus da prova podem ser resumidos em:

> Concepção dinâmica do processo, favorecer a objetiva concretização da justiça, perseguir uma resolução justa, busca de uma solução justa para o caso, encontrar o justo equilíbrio entre as partes, critério de equidade na relação processual, deveres de lealdade, probidade e boa-fé, dever das partes de colaborar com o esclarecimento da verdade, dever das partes de colaborar com a verdade jurídica objetiva, dever de cooperação dos profissionais. (WHITE, 2004, p. 69, tradução nossa).[426]

Para Augusto M. Morello, a justificativa para a dinamização do ônus da prova repousa sobre a visão solidarista do ônus da prova, que deriva do princípio da cooperação (ou da efetiva colaboração), e do princípio da solidariedade e da boa-fé. (MORELLO, 2001, p. 85).

Ensina Cleber Lúcio de Almeida:

> A doutrina da distribuição dinâmica ou flexível do ônus da prova encontra respaldo na necessidade de assegurar às partes litigantes paridade concreta de armas, observando que tal paridade, além de ser um direito reconhecido expressamente pela Declaração Universal dos Direitos Humanos (art. 10), constitui uma exigência da democracia processual. Lembre-se que, como aduz Ireneu Cabral Barreto, um processo justo 'exige, como elemento

---

[425] Para Carlos Alberto Alvaro de Oliveira, "a recuperação do valor essencial do diálogo judicial na formação do juízo, que há de frutificar pela cooperação das partes com o órgão judicial e deste com as partes, segundo as regras formais do processo. O colóquio assim estimulado, assinale-se, deverá substituir com vantagem a oposição e o confronto, dando azo ao concurso das atividades dos sujeitos processuais, com ampla colaboração, tanto na pesquisa dos fatos quanto na valorização da causa." (OLIVEIRA, 2006, p. 17-18).

[426] No original: "concepción dinámica del proceso, brindar la objetiva concreción de la justicia, perseguir una resolución justa, búsqueda de una solución justa para el caso, hallar el justo equilíbrio entre las partes, criterio de equidad en la relación procesal, deberes de lealtad, probidad y buena fe, deber de las partes de colaborar con el esclarecimiento de la verdad, deber de las partes de colaborar con la verdad, deber de las partes de colaborar con la verdad jurídica objetiva, deber de cooperación de los profesionales."

conatural, que cada parte tenha possibilidades razoáveis de defender os seus interesses numa posição não inferior à da parte contrária; ou, de outro modo, a parte deve deter a garantia de apresentar o seu caso perante o tribunal em condições que a não coloquem em substancial desvantagem face ao seu oponente'. Ademais, a participação na construção dos provimentos jurisdicionais 'é problema que se coloca entre iguais, não só juridicamente, mas também e, sobretudo, cultural e economicamente', com o que o reconhecimento do direito à participação das partes na formação do provimento pressupõe igualdade concreta de armas na produção de provas. (ALMEIDA, Cleber, 2013, p. 61).

A distribuição dinâmica do ônus da prova não é uma regra de inversão do ônus da prova, sendo "uma regra não *apriori* que impõe uma sorte de colaboração entre o autor e o réu na coleta das provas." (AIRASCA, 2004, p. 137, tradução nossa).[427]

A distribuição dinâmica está em perfeita harmonia com a postura adotada pelo direito processual metaindividual em relação à prova, em especial com o disposto no art. 6º, VIII, do CDC, que também parte da premissa da necessidade de exigir das partes a maior colaboração na produção da prova e de vencer a disparidade de forças das partes.

Pode-se acrescentar em favor da distribuição dinâmica do ônus da prova quando se trate de direitos metaindividuais trabalhistas o disposto no art. 2º da CLT. Com efeito, de acordo com este dispositivo legal, os riscos da atividade econômica pertencem ao empregador, o que autoriza a distribuição dinâmica do ônus da prova, nos moldes do CPC de 2015.[428] Ademais, a atribuição ao empregador do risco do empreendimento autoriza a distribuição dinâmica da prova, em favor da facilitação do reconhecimento e satisfação dos

---

[427] No original: "y que es una regla no apriorística que impone una suerte de colaboración entre la actora y demandada en la recolección del material probatório."

[428] Não se olvide que "[...] o processo do trabalho, em última análise, é consequência da atividade econômica; assim, ao criar o risco da atividade, o empregador atrai para si, com primazia, o risco do processo. De outro, porque, como se disse, a lei apenas começa a ser feita com o legislador; o trabalho de acabamento pertence ao juiz. De resto, não se pode esquecer, como nota Magda Biavaschi, que o Direito do Trabalho, em sua origem... '...é tuitivo da classe trabalhadora, sua razão de ser, sua teleologia' [...]. Mas, o próprio juiz não pode agir sozinho, sem limites, irresponsável. Ao procurar a norma que incidirá sobre o fato, o seu olhar há de ser, como diz Tarso Genro... '... o olhar da sociedade.'" (VIANA, 1996, p. 418).

direitos metaindividuais trabalhistas, quando estiver em melhores condições de produzir a prova dos fatos controversos.

Necessário trazer à tona a advertência de Ivana María Airasca:

> O juiz, na hora de valorar as provas produzidas pela parte que está em melhores condições técnicas, fáticas ou profissionais de produzi-la, deverá ter em conta que esta parte também está em melhores condições de destruí-la ou adulterá-la em seu favor. Portanto, deverá ser muito cuidadoso em sua apreciação e deverá cotejá-la com as demais provas reunidas em juízo, se as teve, e sempre à luz das regras de 'sana' crítica. (AIRASCA, 2004, p. 151, tradução nossa).[429]

5.8.9. Tutelas provisórias

O processo deve assegurar a adequada e efetiva tutela do direito deduzido em juízo. Isso exige que a sua utilidade prática seja preservada e que o direito por meio dele feito valer seja usufruído de forma oportuna e plena. Diante destas exigências, o ordenamento jurídico estabelece *tutelas provisórias*, de *urgência* ou de *evidência*.

A *tutela de urgência* pode ser caráter cautelar ou antecipada. A primeira, tem por finalidade garantir a utilidade prática do processo, enquanto, a última, tem por escopo a produção imediata dos efeitos da tutela definitiva pleiteada.[430] A função da tutela antecipada é antecipar o efeito da decisão de mérito – função satisfativa do

---

[429] No original: "El juez, a la hora de valorar las pruebas aportadas por la parte que está en mejores condiciones técnicas, fácticas o profesionales de producirla, deberá tener en cuenta que esa parte también está en mejores condiciones de destruirla, o adulterarla en su favor, por lo tanto deberá ser muy cuidadoso en su apreciación y deberá cotejarlas con las demás probanzas reunidas en el juicio, si las hubiera, y siempre a la luz de las reglas de la sana crítica."

[430] Anota Humberto Theodoro Júnior que, "sem embargo do caráter instrumental, pois o processo cautelar serve à realização prática de outro processo - e de sua acessoriedade -, pois sempre depende da existência ou da probabilidade de um processo principal (art. 796), é inegável a autonomia técnica do processo cautelar. Essa autonomia decorre dos fins próprios perseguidos pelo processo cautelar que são realizados independentemente da procedência ou não do processo principal. Inegável, perante a mais atualizada doutrina, que a jurisdição compreende três espécies distintas de atividade, a cognição, a execução e a cautela, de modo que o processo cautelar se introduz assim qual 'tertius genus' de processo contencioso, ao lado do processo de execução e de cognição." (THEODORO JÚNIOR, 2010, p. 55).

direito reivindicado. A função da tutela cautelar é assegurar que o efeito da futura decisão produza-se concretamente – função assecuratória da utilidade prática do processo ou de defesa da jurisdição.[431]

A tutela antecipatória é tratada nos arts. 273 e seguintes do CPC/1973[432] e, a cautelar, nos arts. 796 e seguintes deste mesmo dispositivo legal.[433]

---

[431] Anota Luiz Guilherme Marinoni que "a tutela antecipatória constitui o grande sinal de esperança em meio à crise que afeta a Justiça Civil. Trata-se de instrumento que, se corretamente usado, certamente contribuirá para a restauração da igualdade no procedimento. Embora Chiovenda houvesse anunciado, com absoluta clareza e invulgar elegância, que o processo deve dar a quem tem direito tudo aquilo e exatamente aquilo que ele tem o direito de obter, e, ainda, que o processo não deve prejudicar o autor que tem razão, a doutrina jamais compreendeu, porque não quis enxergar o que se passava na realidade da vida, que o tempo do processo não é um ônus do autor. **A técnica antecipatória, é bom que se diga, é uma técnica de distribuição do ônus do tempo do processo**. A antecipação certamente eliminará uma das vantagens adicionais do réu contra o autor que não pode suportar, sem grave prejuízo, a lentidão da Justiça." (MARINONI, 2006, p. 23, grifo nosso).

[432] Segundo o art. 273 do CPC/1973: "O juiz poderá, a requerimento da parte, antecipar, total ou parcialmente, os efeitos da tutela pretendida no pedido inicial, desde que, existindo prova inequívoca, se convença da verossimilhança da alegação e: I – haja fundado receio de dano irreparável ou de difícil reparação; ou II – fique caracterizado o abuso do direito de defesa ou o manifesto propósito protelatório do réu. § 1º Na decisão que antecipar a tutela, o juiz indicará, de modo claro e preciso, as razões do seu convencimento. § 2º Não se concederá a antecipação da tutela quando houver perigo de irreversibilidade do provimento antecipado. § 3º A efetivação da tutela antecipada observará, no que couber e conforme sua natureza, as normas previstas nos arts. 588, 461, §§ 4º e 5º, e 461-A. § 4º A tutela antecipada poderá ser revogada ou modificada a qualquer tempo, em decisão fundamentada. § 5º Concedida ou não a antecipação de tutela, prosseguirá o processo até o final julgamento. § 6º A tutela antecipada também poderá ser concedida quando um ou mais dos pedidos cumulados, ou parcela deles, mostrar-se incontroverso. § 7º Se o autor, a título de antecipação de tutela, requerer providência de natureza cautelar, poderá o juiz, quando presentes os respectivos pressupostos, deferir a medida cautelar em caráter incidental do processo ajuizado."

[433] "Art. 796. O procedimento cautelar pode ser instaurado antes ou no curso do processo principal e deste é sempre dependente. Art. 797. Só em casos excepcionais, expressamente autorizados por lei, determinará o juiz medidas cautelares sem a audiência das partes. Art. 798. Além dos procedimentos cautelares específicos, que este Código regula no Capítulo II deste Livro, poderá o juiz determinar as medidas provisórias que julgar adequadas, quando houver fundado receio de que uma parte, antes do julgamento da lide, cause ao direito da outra lesão grave e de difícil reparação. Art. 799. No caso do artigo anterior, poderá o juiz, para evitar o dano, autorizar ou vedar a prática de determinados atos, ordenar a guarda judicial de pessoas e depósito de bens e impor a prestação de caução. Art. 804. É lícito ao juiz conceder liminarmente ou após justificação prévia a medida cautelar, sem ouvir o réu, quando verificar que

No CPC de 2015, o Livro que tratava do processo cautelar[434] foi substituído pelo que trata da tutela provisória, que pode fundamentar-se em urgência ou evidência (art. 294, *caput*), sendo previsto, ainda, que a "tutela provisória de urgência, cautelar ou antecipada, pode ser concedida em caráter antecedente ou incidental." (art. 294, parágrafo único).

Anota Tereza Arruda Alvim que:

> O Novo CPC agora deixa clara a possibilidade de concessão de tutela de urgência e de tutela à evidência. Considerou-se conveniente esclarecer de forma expressa que a resposta do Poder Judiciário deve ser rápida não só em situações em que a urgência decorre do risco de eficácia do processo e do eventual perecimento do próprio direito. Também em hipóteses em que as alegações da parte se revelam de juridicidade ostensiva deve a tutela ser antecipadamente (total ou parcialmente) concedida, independentemente de periculum in mora, por não haver razão relevante para a espera, até porque, via de regra, a demora do processo gera agravamento do dano. Ambas estas espécies de tutela vêm disciplinadas na Parte Geral, tendo também desaparecido o livro das Ações Cautelares. A tutela de urgência e da evidência podem ser requeridas antes ou no curso do procedimento em que se pleiteia a providência principal. (ALVIM apud FUX, 2011, p. 17).

O Livro que trata da tutela provisória é dividido em três Títulos, sendo o primeiro deles destinado às disposições gerais (arts. 294 a 299), o segundo, à tutela de urgência (arts. 300 a 310), e, o terceiro, à tutela da evidência.

---

este, sendo citado, poderá torná-la ineficaz; caso em que poderá determinar que o requerente preste caução real ou fidejussória de ressarcir os danos que o requerido possa vir a sofrer. Art. 806. Cabe à parte propor a ação, no prazo de 30 (trinta) dias, contados da data da efetivação da medida cautelar, quando esta for concedida em procedimento preparatório. Art. 808. Cessa a eficácia da medida cautelar: I - se a parte não intentar a ação no prazo estabelecido no art. 806; II - se não for executada dentro de 30 (trinta) dias; III - se o juiz declarar extinto o processo principal, com ou sem julgamento do mérito. Parágrafo único. Se por qualquer motivo cessar a medida, é defeso à parte repetir o pedido, salvo por novo fundamento."

434 Segundo Luiz Fux "a eliminação do livro próprio permitiu conferir o adequado tratamento à tutela cautelar, sendo certo que, quando antecedente, inicia o processo e na mesma relação processual instaura-se a ação principal. A tutela de urgência satisfativa, que na sua essência se difere da tutela cautelar pela diversidade do *periculum in mora*, neste último caso, incidente sobre a utilidade do processo, ao passo que naquele outro o risco é para o direito da parte, por isso que Calamandrei aduzia à instrumentalidade ao quadrado da tutela acautelatória, submete-se ao mesmo regime quando antecedente." (FUX, 2011, p. 18).

Nas disposições gerais, o CPC de 2015 estabelece a inexigibilidade do pagamento de custas quando a tutela provisória for requerida de forma incidental (art. 295), bem como que a tutela provisória conserva a sua eficácia na pendência do processo, mas pode, a qualquer tempo ser revogada ou modificada (art. 296, *caput*), com a ressalva de que, salvo decisão judicial em contrário, a tutela provisória conservará a eficácia durante o período de suspensão do processo (art. 296, parágrafo único).

Ainda sob a rubrica disposições gerais, o CPC de 2015 trata: dos poderes do juiz, dispondo que ele "poderá determinar as medidas que considerar adequadas para efetivação da tutela provisória" (art. 297)[435]; do procedimento de efetivação da tutela provisória (art. 297, parágrafo único); da motivação da decisão que conceder, negar, modificar ou revogar a tutela, estabelecendo que ela deverá ser clara e precisa (art. 298); da competência para exame da tutela provisória, estipulando que ela será requerida ao juízo da causa e, quando antecedente, ao juízo competente para conhecer do pedido principal (art. 299).

Sobre a rubrica tutela de urgência, o CPC/2015 contém disposições gerais (arts. 300 a 302), normas sobre o procedimento da tutela antecipada antecedente (arts. 303 e 304) e normas sobre o procedimento da tutela cautelar antecedente (arts. 305 a 310).

Quanto às disposições gerais da tutela de urgência, o CPC prevê que ela será concedida quando existirem elementos que evidenciem a probabilidade do direito e o perigo de dano ou o risco ao resultado útil do processo, liminarmente ou após justificação prévia (art. 300, *caput* e §2º do CPC/2015), ressalvando, contudo, que a tutela de urgência de natureza antecipada não será concedida quando houver perigo de irreversibilidade dos efeitos da decisão (art. 300, §3º, do CPC/2015).[436] O CPC também dispõe sobre a possibilidade de exigência de caução para ressarcir eventuais danos sofridos pela

---

[435] O juiz possui, portanto, verdadeiro poder geral de urgência.
[436] A irreversibilidade significa a impossibilidade de retorno das partes ao estado anterior (*status quo ante*) à antecipação. O que impede o deferimento da antecipação é a possibilidade de irreversibilidade dos efeitos do provimento antecipado. Esta restrição visa a resguardar a segurança jurídica do demandado.

parte contrária, salvo quando se tratar de parte economicamente suficiente incapaz de oferecê-la (art. 300, §1º).

Dispondo sobre as formas que pode assumir a tutela cautelar, prevê o CPC/2015 que ela pode ser efetivada mediante arresto, sequestro, arrolamento de bens, registro de protesto contra alienação de bem e qualquer outra medida idônea para assegurar o direito (art. 301).[437]

Verifica-se, no confronto entre o CPC de 1973 e o CPC de 2015, que o legislador optou, neste último Código, por não tratar de forma pormenorizada de cada uma das medidas cautelares que o juiz pode deferir, indicando, exemplificadamente, algumas destas medidas, conferindo ao juiz o poder para definir, no caso concreto, qual é a medida idônea para a asseguração do direito.

No que concerne ao procedimento da tutela antecipada antecedente, o CPC/2015 estabelece, no art. 303 que, "nos casos em que a urgência for contemporânea à propositura da ação, a petição inicial pode limitar-se ao requerimento da tutela antecipada e à indicação do pedido de tutela final, com a exposição da lide, do direito que se buscar realizar e do perigo de dano ou do risco ao resultado útil do processo." No parágrafo 1º deste dispositivo legal é previsto que: "Concedida a tutela antecipada a que se refere o *caput* deste artigo: I – o autor deverá aditar a petição inicial, com a complementação de sua argumentação, a juntada de novos documentos e a confirmação do pedido de tutela final, em 15 (quinze) dias ou em outro prazo maior que o juiz fixar;[438] II – o réu será citado e intimado para a audiência de conciliação ou de mediação na forma do art. 334; III – não havendo autocomposição, o prazo para contestação será con-

---

437 Dispõe o art. 302 do CPC/2015 que, "independentemente da reparação por dano processual, a parte responde pelo prejuízo que a efetivação da tutela de urgência causar à parte adversa, se: I – a sentença lhe for desfavorável; II – obtida liminarmente a tutela em caráter antecedente, não fornecer os meios necessários para a citação do requerido no prazo de 5 (cinco) dias; III – ocorrer a cessação da eficácia da medida em qualquer hipóteses legal; IV – o juiz acolher a alegação de decadência ou prescrição da pretensão do autor." No parágrafo único deste dispositivo legal está previsto que a indenização será liquidada nos autos em que a medida tiver sido concedida, sempre que possível."

438 A ausência do aditamento da inicial implicará extinção do processo sem resolução de mérito (art. 303, §2º).

tado na forma do art. 335." Nota-se, assim, que se trata de uma ação única, em que o autor poderá limitar-se ao requerimento de tutela antecipada e, sendo ela concedida, aditar a petição inicial, pleiteando a confirmação de tutela final, como decorre do art. 303, §3º, segundo o qual o aditamento dar-se-á nos mesmos autos, sem incidência de novas custas processuais. De outro lado, em homenagem ao princípio da economia processual, o juiz, caso entenda que não há elementos para a concessão da tutela antecipada determinará a emenda da petição inicial, sob pena do seu indeferimento, isto é, o autor poderá reforçar os seus argumentos em favor da concessão da tutela antecipada, antes do processo ser julgado extinto sem provimento de mérito (art. 303, §6º).

Na tutela antecipada antecedente, o réu será citado e intimado para a audiência de conciliação ou mediação, podendo apresentar contestação se não houver autocomposição (art. 303, §1º, itens II e III).

Digno de registro que, concedida a tutela e não sendo interposto recurso, a decisão torna-se estável e o processo será extinto, mas qualquer das partes poderá demandar a outra com o intuito de rever, reformar ou invalidar a tutela antecipada estabilizada que conservará seus efeitos enquanto não for revista, reformada ou invalidada por decisão de mérito proferida na ação ajuizada com este objetivo (art. 304, §§ 1º, 2º e 3º do CPC/2015). A decisão que concede a tutela não fará coisa julgada, mas a estabilidade dos respectivos efeitos só será afastada por decisão que a revir, reformar ou invalidar, proferida em ação ajuizada por uma das partes, nos termos do § 6º do art. 304 do CPC/2015. O prazo para rever, reformar ou invalidar a tutela antecipada extingue-se após 2(dois) anos, contados da ciência da decisão que extinguiu o processo. (§5º do art. 304 do CPC/2015).

Por outro lado, enfrentando a questão do procedimento da tutela cautelar antecedente, o CPC/2015, no art. 305, dispõe que "a petição inicial da ação que visa à prestação de tutela cautelar em caráter antecedente indicará a lide e seu fundamento, a exposição sumária do direito que se objetiva assegurar e o perigo de dano ou o risco ao resultado útil do processo", estabelecendo, ainda, a possibilidade do pedido ser acatado como sendo de natureza antecipada, ou seja, a fungibilidade das medidas provisórias (art. 305, parágrafo único).

No caso de ser "efetivada a tutela cautelar, o pedido principal terá de ser formulado pelo autor no prazo de 30 (trinta) dias, caso em que será apresentado nos mesmos autos em que deduzido o pedido de tutela cautelar, não dependendo do adiantamento de novas custas processuais." (art. 308 do CPC/2015). Assim, para apresentar o pedido principal não há necessidade de uma nova ação, na qual a causa de pedir poderá ser aditada no momento da formulação do pedido principal (art. 308, §2º).

O pedido principal pode ser formulado conjuntamente com o pedido de tutela cautelar (art. 308, §1º).

Na tutela cautelar antecedente, o réu será citado para contestar o pedido, sendo que, efetivada a tutela e apresentado o pedido principal, o réu será intimado para comparecer em uma audiência de conciliação ou mediação, independentemente de nova citação, e somente após ser constatada a impossibilidade de autocomposição é que terá início o prazo para contestação do pedido principal (arts. 306 e 308, §§3º e 4º).

Cessa a eficácia da tutela antecipatória antecedente concedida se o autor não deduzir o pedido principal no prazo legal, a medida não for efetivada no prazo de 30 dias, o pedido principal for julgado improcedente ou se o processo for julgado extinto sem resolução de mérito, sendo vedado à parte renovar o pedido, salvo sob novo fundamento (art. 309, I, II, III e parágrafo único do CPC/2015).[439]

O deferimento de antecipação de tutela a título de tutela de urgência pressupõe a probabilidade do direito e o perigo de dano, enquanto o deferimento da tutela cautelar a título de urgência pressupõe a probabilidade do direito e o risco ao resultado útil (art. 300).

Por fim, a *tutela da evidência* é tratada no Livro III da tutela provisória. Neste sentido, estabelece o art. 311 do CPC/2015 que esta tutela "será concedida, independentemente da demonstração de perigo de dano ou de risco ao resultado útil do processo, quando: I – ficar caracterizado o abuso do direito de defesa ou o manifesto propósito protelatório da parte; II – as alegações de fato puderem ser comprovadas apenas documentalmente e houver tese firmada

---

[439] Anote-se que "o indeferimento da tutela cautelar não obsta a que a parte formule o pedido principal, nem influi no julgamento desse, salvo se o motivo do indeferimento for o reconhecimento de decadência ou de prescrição" (art. 310 do CPC/2015).

em julgamento de casos repetitivos ou em súmula vinculante; III – se tratar de pedido reipersecutório fundado em prova documental adequada do contrato de depósito, caso em que será decretada a ordem de entrega do objeto custodiado, sob cominação de multa; IV – a petição inicial for instruída com prova documental suficiente dos fatos constitutivos do direito do autor, a que o réu não oponha prova capaz de gerar dúvida razoável. Parágrafo único. Nas hipóteses dos incisos II e III, o juiz poderá decidir liminarmente."

Observa Luiz Fux, sobre a tutela da evidência, que:

> A novidade também se operou quanto aos direitos líquidos e certos de uma parte em face da outra. Entendeu a comissão que nessas hipóteses em que uma parte ostenta direito evidente, não se revelaria justo, ao ângulo do princípio da isonomia, postergar a satisfação daquele que se apresenta no processo com melhor direito, calcado em prova inequívoca, favorecendo a parte que, ao menos *prima facie*, não tem razão. A tutela da evidência não é senão a tutela antecipada que dispensa o risco de dano para ser deferida, na medida em que se funda no direito irretorquível da parte que inicia a demanda. (FUX, 2011, p. 18).

Também o processo metaindividual deve ser útil e permitir o usufruto oportuno e pleno dos direitos assegurados pela ordem jurídica. Desta feita, não há como negar a pertinência das tutelas provisórias com o processo metaindividual.

A pertinência das tutelas provisórias com o processo metaindividual é confirmada pelos arts. 4º, 5º e 12[440] da Lei n. 7.347/85, que fazem expressa referência à ação cautelar, assim como pela Lei n. 8.429/92, que dispõe sobre medidas cautelares no contexto do pro-

---

440 Dispõe o art. 4º que: "Poderá ser ajuizada **ação cautelar** para os fins desta Lei, objetivando, inclusive, evitar dano ao patrimônio público e social, ao meio ambiente, ao consumidor, à honra e à dignidade de grupos raciais, étnicos ou religiosos, à ordem urbanística ou aos bens e direitos de valor artístico, estético, histórico, turístico e paisagístico"; o art. 5º que: "Têm legitimidade para **propor a ação principal e a ação cautelar**"; o art. 12 que: "Poderá o juiz **conceder mandado liminar, com ou sem justificação prévia**, em decisão sujeita a agravo. § 1º A requerimento de pessoa jurídica de direito público interessada, e **para evitar grave lesão à ordem, à saúde, à segurança e à economia pública**, poderá o Presidente do Tribunal a que competir o conhecimento do respectivo recurso **suspender a execução da liminar, em decisão fundamentada**, da qual caberá agravo para uma das turmas julgadoras, no prazo de 5 (cinco) dias a partir da publicação do ato. § 2º A multa cominada liminarmente só será exigível do réu após o trânsito em julgado da decisão favorável ao autor, mas será devida desde o dia em que se houver configurado o descumprimento." (Grifo nosso).

cesso envolvendo atos de improbidade administrativa (art. 7º, 16 e parágrafo único do art. 20)[441], observando-se que tanto esta última Lei quanto a Lei n. 7.437/85 estabelecem o diálogo entre o microssistema de direito processual metaindividual e o CPC, como se vê dos seus arts. 16 e 19, respectivamente. O mesmo ocorre com o CDC (art. 90), o que permite recorrer, no processo coletivo, ao CPC, para definir a medida mais adequada em cada caso concreto.

No que comporta ao microssistema do direito processual metaindividual do trabalho, esse diálogo é autorizado pelo art. 769 da CLT, sendo relevante ressaltar que a dimensão coletiva dos direitos metaindividuais trabalhistas exige a adoção de medidas voltadas à garantia da utilidade prática do processo (medidas cautelares) e a imediata satisfação do direito, nas hipóteses dos arts. 273 do CPC/1973, 297, 300 e 311 do CPC/2015, observando-se que o art. 659, IX e X, da CLT autoriza a concessão de medida liminar quando se pretenda tornar sem efeito a transferência de trabalhador ou reintegração de dirigente sindical afastado, suspenso ou dispensado, isto é, antecipação de tutela, o que torna induvidosa a compatibilidade destes dispositivos legais com o microssistema do direito processual metaindividual do trabalho.

Ao deferir as tutelas provisórias (de urgência, cautelar ou antecipada, ou a da evidência), o juiz pode cominar multa diária para o

---

441 A Lei n. 8429/92 prevê as seguintes medidas cautelares: art. 7º. "Quando o ato de improbidade causar lesão ao patrimônio público ou ensejar enriquecimento ilícito, caberá a autoridade administrativa responsável pelo inquérito **representar ao Ministério Público, para a indisponibilidade dos bens do indiciado**. Parágrafo único. **A indisponibilidade a que se refere o caput deste artigo recairá sobre bens que assegurem o integral ressarcimento do dano, ou sobre o acréscimo patrimonial resultante do enriquecimento ilícito**; art. 16 "Havendo fundados indícios de responsabilidade, a comissão representará ao Ministério Público ou à procuradoria do órgão para que requeira ao juízo **competente a decretação do sequestro dos bens do agente ou terceiro que tenha enriquecido ilicitamente ou causado dano ao patrimônio público**. § 1º O pedido de sequestro será processado de acordo com o disposto nos arts. 822 e 825 do Código de Processo Civil. § 2º Quando for o caso, **o pedido incluirá a investigação, o exame e o bloqueio de bens, contas bancárias e aplicações financeiras mantidas pelo indiciado no exterior, nos termos da lei e dos tratados internacionais**"; art. 20 e seu parágrafo único dispõem que: "A perda da função pública e a suspensão dos direitos políticos só se efetivam com o trânsito em julgado da sentença condenatória. Parágrafo único. A autoridade judicial ou administrativa competente **poderá determinar o afastamento do agente público do exercício do cargo, emprego ou função, sem prejuízo da remuneração, quando a medida se fizer necessária à instrução processual**." (Grifos nossos).

caso de descumprimento de sua determinação, que será exigível do réu após o trânsito em julgado da decisão favorável ao autor, mas que será devida desde o dia em que se houver configurado o descumprimento da ordem judicial (art. 12, §2º, da Lei n. 7.347/85). Semelhante previsão contém os arts. 213, §§1º e 2º, da Lei n. 8.069/90 (ECA), 99 da Lei n. 12.529/11 (Estrutura o Sistema Brasileiro de Defesa da Concorrência) e 83, §§1º e 2º, da Lei n. 10.741/03 (Estatuto do Idoso), registrando-se, ainda, que a cominação de multa visando ao cumprimento de decisão judicial é expressamente autorizada pelo art. 729 da CLT, o que torna este tipo de medida compatível com o microssistema de direito processual metaindividual do trabalho.

Em suma, o microssistema de direito processual metaindividual do trabalho comporta as tutelas provisórias de urgência (cautelar ou antecipada) ou a da evidência, por meio do diálogo das fontes, sendo relevante mencionar que Humberto Theodoro Júnior, embora não faça expressa referência ao diálogo entre ordenamentos jurídicos, sugere sua realização no que comporta às tutelas de urgência, ao afirmar que, "tendo em vista os resultados práticos que o *référé* já vem produzindo, não só na França, mas em outros países europeus, é hora, segundo penso, de cotejar nossa tutela antecipada com aquela que, modernamente, marca os novos rumos do processo civil europeu." (THEODORO JÚNIOR, 2009, p. 387-403).[442] A proposta deste doutrinador, portanto, é de diálogo entre sistemas jurídicos diferenciados.

Observe-se que não há incompatibilidade entre o art. 303 (tutela antecipada em caráter antecedente), os arts. 497 e 498 do CPC/2015

---

442 Assinala esse doutrinador, que no direito francês o *référé*, a tutela de urgência, "ocorre em processo cognitivo sumário, provisório, mas que não depende de posterior processo principal para confirmação do provimento emergencial [...]. O procedimento do *référé*, no processo civil francês, cumpre o papel da tutela de urgência permitindo a adoção rápida de equacionamento para questões de mérito, tal como acontece na antecipação de tutela no direito brasileiro. Não o faz, entretanto, em incidente do processo de conhecimento, nem em ação cautelar preparatória de futura ação principal. Instaura-se, simplesmente, um processo autônomo e sumário, cuja decisão pode ser, ou não, seguida de revisão em processo definitivo." (THEODORO JÚNIOR, 2009, p. 387-403). Vale o registro de que o CPC de 2015 adota, em seu art. 304, a solução adotada pelo Direito francês, prevendo que, deferida a antecipação nos moldes do art. 303, torna-se estável se da decisão que a conceder não for interposto respectivo recurso, situação em que o processo será extinto, ressalvado o direito das partes de propor outra demanda com o intuito de rever, reformar ou invalidar a tutela antecipada satisfativa estabilizada pelo fato de não ter tido recurso.

e 84, §3º, do CDC, porquanto o art. 303 do CPC/2015 trata da tutela antecipada requerida em caráter antecedente em caráter geral, ao passo que o art. 497 e 498 do CPC/2015 e 84 do CDC tratam de medidas envolvendo a tutela específica do direito no caso de obrigação de fazer ou não fazer. Destarte, "a antecipação de tutela nas obrigações de fazer e não fazer reclama os requisitos genéricos do art. 273 do Código de Processo Civil." (MIRAGEM, 2010, p. 1366).

5.8.10. Tutela específica

O ordenamento jurídico manifesta acentuada preocupação com o gozo do direito na forma como é assegurado ao seu titular (gozo do direito *in natura*), permitindo a conversão da obrigação a ele correspondente em perdas e danos de forma apenas excepcional (excepcionalidade da tutela reparatória substitutiva)[443]. Isto se deve ao fato de que

> [...] foi a tomada de consciência da superioridade da tutela específica sobre a tutela ressarcitória pelo equivalente econômico (e principalmente a ideia de que esta última, ao ser concedida somente ao final do procedimento de cognição plena e exauriente, é em si mesma, em muitos casos, causa de prejuízo irreparável ou de difícil reparação) o fator determinante, nas sociedades contemporâneas, da crescente demanda pela tutela antecipatória e da consequente ampliação de seu espaço de atuação [...]. Tutela jurisdicional efetiva não é somente uma tutela rápida, mas também aquela específica, que forneça à parte que tem razão o gozo da mesma utilidade ou do mesmo bem da vida que ela teria obtido, caso a parte contrária houvesse espontaneamente se comportado de acordo com os ditames do direito substancial; a tutela específica corresponde ao postulado da maior coincidência possível entre o direito material e os resultados práticos obtidos através da tutela jurisdicional ou ao princípio do exato adimplemento das obrigações legais e convencionais.(PIMENTA, 2001, p. 569-570).

De acordo com Luiz Guilherme Marinoni:

> A proteção ou tutela específica do direito material é a que está preocupada com a integridade do direito, e assim não objetiva dar o seu equivalente monetário ao lesado. Tutela específica é

---

[443] Dispõe o art. 499 do CPC/2015 que "a obrigação somente será convertida em perdas e danos se o autor o requerer ou se impossível a tutela específica ou a obtenção de tutela pelo resultado prático equivalente."

o contrário de tutela pelo equivalente monetário, ou melhor, da tutela jurisdicional que protege o direito mediante a entrega de indenização em pecúnia ou da entrega do valor equivalente ao da obrigação descumprida ou cumprida de modo imperfeito [...]. O surgimento do conceito de direito autônomo de ação eliminou a possibilidade de se pensar que a tutela específica fosse viável apenas diante de algumas espécies de ação. Ora, como a ação, há mais de um século, é indiscutivelmente aceita como autônoma e atípica, é pouco mais do que evidente que o direito de propor a ação ou de invocar a jurisdição não é – nem nunca foi nos últimos cento e cinquenta anos – obstáculo para a obtenção da tutela específica. (MARINONI, 2006, p. 228).[444]

Neste sentido, tratando da obrigação de fazer e não fazer, os arts. 84 do CDC[445], 461 do CPC/1973[446], 497 do CPC/2015[447], 11 da Lei n.

---

[444] Acrescenta Luiz Guilherme Marinoni: "*Não há dúvida de que o ressarcimento em pecúnia, como forma de proteção jurisdicional dos direitos, não está de acordo com os valores do Estado constitucional. O dever estatal de proteger os direitos, especialmente os direitos fundamentais, obviamente demonstra a preocupação com a proteção da integridade dos direitos. Com a proteção da integridade do meio ambiente, do direito do consumidor, do direito à saúde, do direito à educação etc. Na verdade, tais direitos têm uma natureza que não admite a sua transformação em dinheiro. Bem por isso exigem a proteção jurisdicional na forma específica e não a tutela ressarcitória pelo equivalente.*" (MARINONI, 2006, p. 229, os grifos constam do original).

[445] Dispõe o art. 84 do CDC: "Na ação que tenha por objeto o cumprimento da obrigação de fazer ou não fazer, o juiz concederá a tutela específica da obrigação ou determinará providências que assegurem o resultado prático equivalente ao do adimplemento.
§1º A conversão da obrigação em perdas e danos somente será admissível se por elas optar o autor ou se impossível a tutela específica ou a obtenção do resultado prático correspondente.
§2º A indenização por perdas e danos se fará sem prejuízo da multa (art. 287, do Código de Processo Civil).
§3º Sendo relevante o fundamento da demanda e havendo justificado receio de ineficácia do provimento final, é lícito ao juiz conceder a tutela liminarmente ou após justificação prévia, citado o réu.
§4º O juiz poderá, na hipótese do § 3º ou na sentença, impor multa diária ao réu, independentemente de pedido do autor, se for suficiente ou compatível com a obrigação, fixando prazo razoável para o cumprimento do preceito.
§5º Para a tutela específica ou para a obtenção do resultado prático equivalente, poderá o juiz determinar as medidas necessárias, tais como busca e apreensão, remoção de coisas e pessoas, desfazimento de obra, impedimento de atividade nociva, além de requisição de força policial."

[446] Incluído no CPC no final de 1994.

[447] "Art. 497. Na ação que tenha por objeto a prestação de fazer ou de não fazer, o juiz, se procedente o pedido, concederá a tutela específica ou determinará providências que assegurem a obtenção de tutela pelo resultado prático equivalente. Parágrafo único. Para a concessão da tutela específica destinada a inibir a prática, a reiteração ou a continuação de um ilícito, ou a sua remoção, é irrelevante a demonstração da

7.347/85[448], 213 da Lei n. 8.069/90 (ECA), 83 da Lei n. 10.941/03 (Estatuto do Idoso) e 95 da Lei n. 12.529/11 determinam que o juiz conceda a tutela específica da obrigação e adote providências que assegurem o resultado prático equivalente ao seu adimplemento, estabelecendo a excepcionalidade da conversão da obrigação em perdas e danos. Estes dispositivos legais autorizam o juiz a determinar as medidas necessárias à plena satisfação do direito assegurado, inclusive cominando multa por tempo de atraso (multa progressiva), com o objetivo de constranger o devedor a cumprir de forma espontânea a sua obrigação.

O direito processual do trabalho autoriza a imposição de multa, visando constranger o devedor ao cumprimento espontâneo de sua obrigação, indicando que também faz opção por assegurar o gozo do direito, tal como garantido pela ordem jurídica, como se vê do art. 729 da CLT, que permite a fixação de multa para o empregador que deixar de cumprir decisão judicial passada em julgado sobre a readmissão ou reintegração de empregado, assim como do art. 659, IX e X, da CLT, que autoriza a concessão de antecipação de tutela, visando à garantia de permanência do trabalhador no local original da prestação de serviços quando de sua transferência ilícita.

As normas que tratam das tutelas específicas contêm cláusulas abertas, conferindo poderes ao juiz para adotar os instrumentos processuais que conduzam à fruição *in natura* do direito assegurado, consistindo exemplo de uma cláusula aberta a previsão de que

---

ocorrência de dano ou da existência de culpa ou dolo." **Esta última ressalva, ausente tanto do CDC quanto do CPC/1973, deixa claro que a concessão de tutela inibitória independe da ocorrência de dano (o que se pretende evitar é o próprio ilícito ou a sua reiteração ou repetição), ao passo que também não há necessidade, para seu deferimento, de demonstração de culpa ou dolo (o que importa é o ato em si e não a sua causa), o que, sem dúvida, se insere no microssistema de direito processual metaindividual do trabalho, no qual está presente, de forma inequívoca, a ideia de garantia de satisfação dos direitos *in natura*, como autoriza afirmar, por exemplo, o art. 84 do CDC, que trata especificamente da tutela de direitos metaindividuais.**

448 O art. 11 da Lei n. 7.347/85 dispõe que "o juiz determinará o cumprimento da prestação da atividade devida ou a cessação da atividade nociva, sob pena de execução específica, ou de cominação de multa diária, se esta for suficiente ou compatível, independentemente de requerimento do autor."

o juiz determinará providências que *assegurem a obtenção de tutela pelo resultado prático equivalente*.

Digno de registro, ainda, que

> [...] na concepção que se tem de tutela específica, o resultado prático *equivalente* nada tem a ver com ressarcimento pelo *equivalente monetário*, pois enquanto o resultado prático específico possibilita a restituição a um *estado equivalente* ao do bem lesado, o ressarcimento pelo equivalente degrada a tutela dos direitos, *convertendo-os* em uma *soma equivalente* em dinheiro [...], portanto, não há razão para se confundir a obtenção de um bem equivalente com o equivalente monetário do bem não obtido, afirmação essa válida tanto para os direitos não patrimoniais quanto para direitos patrimoniais. (MARANHÃO, 2003, p. 219).

Clayton Maranhão destaca que as formas de tutela jurisdicional específica com *função preventiva* (do ilícito ou do inadimplemento) podem ser:

> i) tutela mandamental inibitória assistida por técnicas de coerção indireta;

> ii) tutela preventiva executiva assistida por técnicas de sub-rogação;

> iii) tutela de remoção do ilícito assistida por técnicas coercitivas indiretas ou tutela executiva do adimplemento assistida por técnicas sub-rogatórias. (MARANHÃO, 2003, p. 219).

Clayton Maranhão arrola como formas de tutela jurisdicional específica com função *repressiva* (do dano): "i) a tutela mandamental ressarcitória na forma específica assistida por técnicas de coerção indireta; e ii) a tutela executiva ressarcitória na forma específica assistida por técnicas de sub-rogação." (MARANHÃO, 2003, p. 219).

Registre-se que, também em relação à tutela específica, verifica-se a aproximação entre sistemas jurídicos:

> É muito clara a semelhança desse novo sistema de prestação de tutela jurisdicional com os correspondentes sistemas de atuação coativa dos direitos típicos da *common law*: num e noutro, o juiz dispõe de poderes de *imperium*, podendo expedir ordens às partes, sob a ameaça de aplicação de medidas

coercitivas patrimoniais ou pessoais (estas de natureza civil ou criminal, no caso da *common law*, ou exclusivamente criminal, no caso brasileiro), combinadas ou não com medidas sub-rogatórias, de caráter atípico (o que confere grande plasticidade e flexibilidade aos mecanismos de atuação de que pode lançar mão o julgador, permitindo a sua adaptação às especificidades da situação jurídica material tutelada). (PIMENTA, 2001, p. 845).

Vale observar que alguns direitos, como os direitos da personalidade, não são tutelados de forma efetiva por meio da tutela ressarcitória. Registra Andrea Proto Pisani neste sentido que "a tutela ressarcitória concerne ao patrimônio, não ao direito ao bem. Como tal, será sempre inadequada a assegurar uma tutela jurisdicional efetiva a direitos de conteúdo e função não patrimonial." (PISANI, 2003, p. 676, tradução nossa)[449]. Isso torna indispensável quanto a eles a tutela específica, que permite o exercício do direito ao bem jurídico respectivo, e não apenas ao seu equivalente monetário. Assim, em se tratando de direitos da personalidade do trabalhador, não há dúvida de que a tutela ressarcitória é inadequada para a sua proteção, exigindo esta, ainda consoante Andrea Proto Pisani, uma tutela preventiva, inibitória e urgente. (PISANI, 2003, p. 678).

É importante mencionar que a Constituição assegura a tutela também contra a ameaça ao direito, o que torna certa a existência do direito à tutela específica, lembrando que a constitucionalização de vários direitos assegurados aos trabalhadores, notadamente os metaindividuais, autoriza dizer que o "juiz contemporâneo" é um "juiz constitucional", no sentido "substancial de juiz da Constituição, e não especificamente funcional de juiz dos tribunais constitucionais. O juiz está vinculado a normas e princípios fundamentais superiores às próprias leis dos parlamentos." (GASPAR, 2010, p. 115).[450]

---

449 No original: "La tutela risarcitoria concerne il patrimonio, non il diritto al bene: come tale sarà sempre inadeguata ad assicurare una tutela giurisdizionale effettiva a diritti a contenuto e funzione non patrimoniale."

450 Os "poderes aumentaram em razão directa da força normativa *self-executing* e diretamente impositiva das Constituições, na medida em que a aplicação pelos juízes das normas e princípios constitucionais fundamentais se pode fazer em detrimento da lei e, por mais, da lei dos parlamentos. O aumento (ou desenvolvimento) dos poderes do juiz contemporâneo afectou o sossego dos modelos e sistemas 'legicêntricos', e manifesta-se complementarmente como retorno do direito, nas referências mais amplas que a lei

Assim, o diálogo entre a Constituição e os microssistemas processuais conduz à afirmação de que também no microssistema de direito processual coletivo do trabalho deve ser assegurado o gozo *in natura* do direito deduzido em juízo, valendo observar que "o ordenamento jurídico que não conhece a tutela específica admite que a parte mais forte no contrato pode sempre quebrá-lo, bastando estar disposta a pagar por isso." (MARINONI, 2004, p. 385).

Aliás, os tribunais trabalhistas têm manifestado preocupação com a tutela específica, como demonstram as decisões a seguir transcritas:

> IRREGULARIDADE DO CONTROLE DE JORNADA, INTERVALO NÃO USUFRUÍDO E EXCESSO DE HORAS EXTRAS. AÇÃO CIVIL PÚBLICA AJUIZADA PELO MINISTÉRIO PÚBLICO DO TRABALHO. LEGITIMIDADADE ATIVA. O art. 127 da CR atribui ao Ministério Público a defesa dos interesses sociais e individuais indisponíveis, dispondo o art. 129, inciso III, acerca da sua função institucional de promover a ação civil pública para a proteção dos interesses difusos e coletivos em geral. Desse modo, tratando a espécie de ofensa a direitos assegurados pelo ordenamento jurídico, notadamente pelos arts. 5º, II, e 7º, XIII, da CR e arts. 59, 71 e 74 da CLT, tal situação é suficiente para legitimar e tornar necessária e adequada a atuação extraordinária do Ministério Público do Trabalho em juízo para obtenção de tutela específica (registrar corretamente a jornada, conceder intervalo intrajornada e abster-se de exigir mais de duas horas extras diárias), nos precisos termos das normas da Constituição, da Lei Complementar nº 75/93 e da Lei nº 7.347/85, esta disciplinadora da ação civil pública. (TRT 3ª Região. Processo: 0000927-68.2011.5.03.0099 RO. Relator: Juíza convocada Gisele de Cassia V. D. Macedo. **DEJT** de 03/05/2013).

> AÇÃO CIVIL PÚBLICA - DANO MORAL COLETIVO - CONDUTA DISCRIMINATORIA - TUTELA INIBITÓRIA. Ensinam Luiz Guilherme Marinoni e Sérgio Cruz Arenhart que "... se o ordenamento jurídico não prevê tutela inibitória e, ao mesmo tempo, afirma a existência de um direito não-patrimonial, ele está apenas, e infelizmente, 'enganando' os cidadãos, pois na reali-

---

e no incremento da responsabilidade do intérprete. Neste contexto, como fenômeno a um tempo complementar e determinante, a adoção de textos de direito internacional de proteção de direitos fundamentais, com os seus próprios intérpretes judiciais, produziu um novo modelo que se poderia designar de 'cosmopolitismo judicial', como processo de estabelecimento de instâncias judiciais internacionais ou supranacionais." (GASPAR, 2010, p. 115).

dade está admitindo que todos podem lesar tal 'direito' desde que se disponham a pagar por ele, o que é muito conveniente quando se sabe que, nesse caso, o agressor do direito somente teria que desembolsar algum dinheiro que fosse condenado e executado, e isso ocorreria, na melhor das hipóteses, depois de longos anos de batalha judicial". Cabe, outrossim, ao Poder Judiciário, por meio da ação mandamental, antecipar-se a eventuais descumprimentos das obrigações de não fazer, legalmente impostas, constrangendo o empregador, desde já, a abster-se de realizar qualquer prática discriminatória ou retaliatória contra empregados, que assegurem a plena eficácia do comando exequendo. Para tal, determina o art. 84 do CDC, aplicável à tutela dos direitos difusos e coletivos, que o juiz concederá a tutela específica da obrigação ou, se procedente o pedido, determinará providencias que assegurem o resultado prático equivalente ao do adimplemento. Ainda, segundo os §3º c/c §4º do referido dispositivo, sendo relevante o fundamento da demanda e havendo justificado receio de ineficácia do provimento, é lícito ao juiz impor multa diária ao réu, independentemente de pedido, fixando prazo razoável para o cumprimento do preceito. (TRT 3ª Região. Processo: 0182100-67.2009.5.03.0043 RO. Relator Des. Anemar Pereira Amaral. **DEJT** de 30/09/2011).

ANOTAÇÃO DA CTPS. MULTA. As sanções pecuniárias - medidas coercitivas representadas pela multa e destituídas de caráter reparatório - configuram meio de persuasão do devedor para o cumprimento espontâneo das obrigações. As *astreintes* têm por finalidade assegurar a eficácia do comando judicial, podendo ser aplicadas até mesmo de ofício, sem que se cogite em vulneração ao disposto no artigo 460, do CPC. A previsão do artigo 39 da CLT é medida meramente subsidiária, que não afasta a obrigação principal da empregadora de proceder à anotação da CTPS da trabalhadora, como meio de satisfação da tutela específica pretendida. (TRT 3ª Região. Processo: 0000203-13.2012.5.03.0040 RO; Relator Juiz convocado Vitor Salino de Moura Eça. **DEJT** de 30/01/2015).

REGISTRO DO CONTRATO DE TRABALHO EM CTPS. OBRIGAÇÃO DE FAZER. NÃO CUMPRIMENTO. ASTREINTES. A obrigação de fazer consistente na anotação do contrato de trabalho na CTPS do trabalhador deve ser cumprida pela real empregadora, sob pena de imposição de *astreintes*. Isso decorre da aplicação subsidiária do § 5º do artigo 461 do CPC ao Processo do Trabalho, com fulcro no artigo 769 da CLT, que estabelece que, "para a efetivação da tutela específica ou a obtenção do resultado prático equivalente, poderá o juiz, de ofício ou a requerimento, determinar as medidas necessárias, tais como a imposição de multa por tempo de atraso, busca e apreensão, remoção de pessoas e coisas, desfazimento de obras e impedimento de atividade nociva, se necessário com requisição de força policial" (grifos acrescidos). No caso dos autos, a tutela específica não é outra senão a devida anotação da CTPS obreira. Nesse aspecto, sabidamente, com as reformas processuais ocorridas nos últimos anos, nota-se que a tutela específica passou a ter preponderância sobre a indenização por perdas e danos ou mesmo sobre a possibilidade de obtenção do resultado prático equivalente (que, no caso, seria a aplicação do art. 39 da CLT, isto é, a retificação da CTPS pela Vara), porquanto ela melhor satisfaz os interesses da parte, sendo exatamente este o seu intuito, quando do ajuizamento da demanda. Nesse contexto, o registro da CTPS da Reclamante impõe a aplicação direta do artigo 461, § 5º, do CPC, com a consequente imposição de *astreintes* às empresas Rés, caso não cumpram a obrigação de fazer que lhes foi imposta, nos exatos moldes já determinados em primeiro grau. (TRT 3ª Região; Processo: 0002206-62.2011.5.03.0108 RO; Relator: Marcio Ribeiro do Valle. **DEJT** de 20/02/2014).

Dano moral - indenização. O dano moral tem contornos próprios e advém da ofensa a algum dos direitos integrantes da personalidade, dentre os quais a honra, a imagem e a dignidade, que integram o patrimônio moral da pessoa. No âmbito do Direito do Trabalho, a proteção dos direitos da personalidade, assim como dos valores sociais a eles ligados, ganha dimensão bastante peculiar e significativa, em virtude da tutela específica conferida pelo ordenamento jurídico às relações de trabalho, tutela que recebeu atenção especial da própria Constituição. Com efeito, os valores sociais do trabalho, juntamente com a dignidade da pessoa humana, constituem fundamentos do Estado Democrático de Direito que se pretende ver realizado no país (CF/88, art. 1º, IV). Ora, a finalidade precípua do Direito do Trabalho não é outra senão a de assegurar boas condições sociais aos trabalhadores, com vistas à construção de uma "sociedade livre, justa e solidária", tal como preconizado no inciso I do art. 3º da Constituição, o que exige o respeito à dignidade do trabalhador. Se em determinadas circunstâncias verifica-se ofensa relevante a esse sentimento de dignidade, é legítima a reparação do dano. Esta, de resto, está prevista também no texto constitucional que, em seu art. 5º, inciso X, assegura o direito à indenização pelo dano moral decorrente da violação dos direitos da personalidade. (TRT 3ª Região. Processo: 0111700-68.2009.5.03.0062 RO. Relator: Marcus Moura Ferreira. **DEJT** de 26/08/2010).

Não se olvide, ainda, em sintonia com Teori Albino Zavascki que:

O processo, instrumento que é para a realização de direitos, comente obtém êxito integral em sua finalidade quando for capaz de gerar, pragmaticamente, resultados idênticos aos que decorreriam do cumprimento natural e espontâneo das normas jurídicas. Daí dizer-se que o processo ideal é o que dispõe de mecanismos aptos a produzir ou a induzir a concretização do direito mediante a entrega da prestação efetivamente devida, da prestação *in natura*. E quando isso é obtido, ou seja, quando se propicia, judicialmente, ao titular do direito a obtenção de tudo aquilo e exatamente daquilo que pretendia, há prestação de tutela jurisdicional específica. (ZAVASCKI, 2004, p. 34-35).

5.8.11. Amicus curiae

No contexto do processo, o diálogo possível e necessário não envolve apenas as fontes do Direito. Existe uma outra forma de diálogo, que agora envolve não as fontes do Direito, mas o Poder Judiciário e a sociedade. Trata-se do *amicus curiae*, que constitui verdadeiro diálogo social no contexto de um concreto conflito de interesses.

O instituto do *amicus curiae* está previsto nos arts. 482, §§2º e 3º, 543-A, §6º, 543-C, §4º, do CPC/1973, e 138, 950, §§ 2º e 3º, 1035, §4º, e 1038, I, do CPC/2015.[451] Recentemente, foi introduzido no processo do trabalho, como se vê do art. 896-C, §8º, da CLT[452], acrescentado pela Lei nº 13.015/2014, segundo a qual, no caso de recursos repetitivos, o relator do recurso no TST poderá admitir a manifestação de pessoa, órgão ou entidade com interesse na controvérsia, inclusive como assistente simples. Isso demonstra a evolução do processo do trabalho no sentido do diálogo dos julgadores com a sociedade.

O art. 543-A, §6º, do CPC/1973 e o art. 1035, §4º, do CPC/2015 fazem menção à qualidade de *terceiro* do *amicus curiae.* Carlos Gustavo Rodrigues Del Prá assevera que a figura do *amicus curiae*

> [...] é instrumento de participação em processos cuja questão debatida possua caráter, transcendência ou interesse público.

---

451 A Lei n. 11.418/2006 incluiu no CPC o art. 543-A, que, em seu §6º, prevê que "o relator poderá admitir, na análise da repercussão geral, a manifestação de terceiros, subscrita por procurador habilitado, nos termos do Regimento Interno do Supremo Tribunal Federal."

452 A manifestação de terceiros também é prevista na Lei n. 11.417/06 (art. 3º, §2º), que trata da proposta de súmula vinculante.

Ou seja, ainda que se trate de lide individual, a transcendência do objeto do processo para além das partes litigantes parece justificar sua admissão. (DEL PRÁ, 2008, p. 30).

Para Cássio Scarpinella Bueno:

> O que nos parece pertinente e suficiente para concluir este capítulo é destacar que o *amicus curiae* assim entendido, por ora e despreocupadamente, como um 'colaborador do juiz', é alguém que pode, desde suas primeiras aparições, encontrar, neste contexto, seu melhor ambiente para desenvolvimento. Acreditamos que é justamente nesses casos, em que o legislador empregou a técnica das normas jurídicas abertas, que o *amicus* poderá ser aquele que fornece ao magistrado valores e esclarecimentos que possam ser úteis para auxiliá-lo a construir o tipo jurídico. Sobretudo, vale a pena frisar, quando o resultado dessa 'construção' passa, gradativamente (inclusive, mas recentemente, para a nossa própria experiência jurídica), a dizer respeito a outros que não os litigantes do específico caso julgado, a 'terceiros', portanto. (BUENO, 2006, p. 36-38).

Vê-se, assim, que o *amicus curiae* é um terceiro que colabora com o juiz, não sendo parte e, por consequência, não sofre os efeitos da decisão judicial. O *amicus curiae* não se confunde com o assistente nem outras espécies de terceiros intervenientes do processo civil, ressaltando-se que sua participação decorre do interesse público que envolve a questão submetida ao Judiciário, visando encontrar a melhor solução para o conflito de interesses.[453] O *amicus curiae* "deve acrescentar algum elemento, alguma informação, algum dado, alguma coisa, enfim, para que o juiz tenha melhores condições de julgar a causa." (BUENO, 2006, p. 554). Deve, ainda, agir com lealdade e boa-fé, observando-se que ele pode apresentar memoriais e sustentar oralmente as suas razões, por exemplo.

---

[453] Anota Cassio Scarpinella Bueno que, "se, pois é certo, que há algo de 'diferente' no *jurídico* e no *público* que legitimam a intervenção do *amicus curiae*, convém que a ciência designe diferentemente. Justamente para evidenciar que, do ponto de vista do direito, são coisas diversas. E por isso – só por isso – é que propomos o emprego do nome '*interesse institucional*' como designativo do interesse que justifica, legitima, o ingresso do *amicus curiae*. O interesse *institucional*, contudo, é interesse *jurídico*, especialmente qualificado, porque transcende o interesse *individual* das partes. E é jurídico no sentido de estar previsto pelo sistema, a ele pertencer, e merecedor, por isso mesmo, de especial proteção ou salvaguarda. Trata-se, inequivocamente, de 'direito' porque digno de tutela no plano material e, no que nos interessa mais de perto (...), também no plano *processual*". (BUENO, 2006, p. 502).

Destaque-se que o *amicus curiae*

> [...] em quaisquer das hipóteses legislativas que autorizam sua participação, sem atravancar o processo ou lhe prejudicar a celeridade, têm contribuído verdadeiramente para (i) a qualidade das decisões judiciais; (ii) a aceitação social e acomodação dos julgamentos tidos como mais legítimos; (iii) a realização concreta do princípio da isonomia, pulverizando conclusões jurídicas e uniformizando a jurisprudência dos tribunais; (iv) o amadurecimento de debates com potencial repercussão extraprocessual e, finalmente, (v) o alargamento do acesso ao Poder Judiciário. (TUPINAMBÁ, 2011, p. 124-125).

A presença do *amicus curiae* torna mais democrática a decisão, que passa a ser resultado do diálogo transparente entre o Poder Judiciário e a sociedade, além de permitir o exercício da democracia participativa.

Não pode ser olvidado que,

> [...] se abrirmos as janelas do Direito Processual para a sociedade, e com isto também para a justiça, verificamos uma inter-relação do direito com a sociologia e a economia, que também são condicionantes da evolução da ciência do processo e, paralelamente, de sua técnica instrumental (MORELLO, 2005, p. 19, tradução nossa).[454]

O CPC de 2015, sobre o *amicus curiae*, prevê:

> Art. 138. O juiz ou o relator, considerando a relevância da matéria, a especificidade do tema objeto da demanda ou a repercussão social da controvérsia, poderá, por decisão irrecorrível, de ofício ou a requerimento das partes ou de quem pretenda manifestar-se, solicitar ou admitir a manifestação de pessoa natural ou jurídica, órgão ou entidade especializada, com representatividade adequada, no prazo de quinze dias da sua intimação.
>
> § 1º. A intervenção de que trata o *caput* não implica alteração de competência nem autoriza a interposição de recursos, ressalvada a oposição de embargos de declaração e a hipótese do §3º.
>
> § 2º. Caberá ao juiz ou relator, na decisão que solicitar ou admitir a intervenção, definir os poderes do *amicus curiae*.

---

454 No original: "Si abrimos las ventanas del Derecho Procesal a la sociedad, y con ello también a la justicia, verificamos una interrelación del derecho con la sociología y la economía, que también son condicionantes de la evolución de la ciencia del proceso y, paralelamente, de su técnica instrumental."

§3º O *amicus curiae* pode recorrer da decisão que julgar o incidente de resolução de demandas repetitivas.

[...];

Art. 948. Arguida, em controle difuso, a inconstitucionalidade de lei ou de ato normativo do poder público, o relator, após ouvir o Ministério Público e as partes, submeterá a questão à turma ou à câmara à qual competir o conhecimento do processo.

[...];

Art. 950 [...];

§2º A parte legitimada à propositura das ações previstas no art. 103 da Constituição Federal poderá manifestar-se, por escrito, sobre a questão constitucional objeto de apreciação, no prazo previsto pelo regimento interno, sendo-lhe assegurado o direito de apresentar memoriais ou de requerer a juntada de documentos.

§3º Considerando a relevância da matéria e a representatividade dos postulantes, o relator poderá admitir, por despacho irrecorrível, a manifestação de outros órgãos ou entidades. [...];

Art. 1035. O Supremo Tribunal Federal, em decisão irrecorrível, não conhecerá do recurso extraordinário quando a questão constitucional nele versada não tiver repercussão geral, nos termos deste artigo.

§ 4º O relator poderá admitir, na análise da repercussão geral, a manifestação de terceiros, subscrita por procurador habilitado, nos termos do regimento interno do Supremo Tribunal Federal.[455]

---

[455] Ao tratar do julgamento dos recursos extraordinários e especial repetitivos, o CPC/2015 possui previsão semelhante à do § 4º, do art. 1035, ou seja, no inciso I do art. 1038, está disposto que o relator poderá "solicitar ou admitir manifestação de pessoas, órgãos ou entidades com interesse na controvérsia, considerando a relevância da matéria e consoante dispuser o regimento interno", observando Jaldemiro Rodrigues de Ataíde Jr que "a comissão de juristas responsável pela elaboração do Projeto de CPC de 2015, atentando para o fato de que (*i*) as decisões a serem proferidas nas demandas de massa tem um inegável caráter paradigmático e, (*ii*) também para o fato de que a participação do *amicus curiae* contribui para o enriquecimento do debate, proporcionando condições ao juiz de 'proferir decisão mais próxima às reais necessidades das partes e mais rente à realidade do país'; preocupou-se em prever a participação do *amicus curiae* não só no incidente de uniformização de demandas repetitivas, mas em qualquer demanda e desde o primeiro grau de jurisdição (art. 138), se assim o autorizar a relevância da matéria, a especificidade do tema objeto da demanda ou a repercussão social da lide." (ATAÍDE JR, 2014, p. 55).

5.8.12. Audiência pública

O *amicus curiae* não é a única forma de diálogo entre o Poder Judiciário e a sociedade no contexto da solução de conflitos concretos. A audiência pública constitui instrumento de participação popular na construção da solução para o conflito social submetido ao Poder Judiciário, propiciando o diálogo social e a maior democratização do próprio processo judicial.[456] Ela possibilita a troca de informações, o exercício da cidadania e o respeito ao princípio do devido processo legal em sentido substantivo, notadamente porque estão presentes a oralidade e o debate efetivo, além de atuar contra erros de julgamentos decorrentes de desconhecimento ou conhecimento apenas parcial dos fatos da causa. Ademais, como adverte Piero Calamandrei, "o juiz deve ser fiel intérprete da sociedade em que vive." (CALAMANDREI, 2006, p. 59, tradução nossa)[457]. Isso exige maior proximidade possível com esta sociedade, o que é favorecido pelas audiências públicas.

Hugo Nigro Mazzilli assevera:

> A audiência pública constitui uma importante contribuição para a passagem de uma democracia representativa para uma democracia participativa. A primeira depositava toda a responsabili-

---

[456] Constitui característica do Estado Democrático de Direito a participação direta da população, influenciando a gestão, o controle e as decisões do Estado, como decorrência do princípio democrático. A democracia participativa é consequência da insuficiência da democracia representativa que reinou no final do século XX e decorre da exigência da presença direta da população na tomada de decisões coletivas, através das audiências públicas, por exemplo (art. 1º, da CR/88). Anota Peter Häberle que "'povo não é apenas um referencial quantitativo que se manifesta no dia da eleição e que, enquanto tal, confere legitimidade democrática ao processo de decisão. Povo é também um elemento pluralista para a interpretação que se faz presente de forma legitimadora no processo constitucional: como partido político, como opinião científica, como grupo de interesse, como cidadão. A sua competência objetiva para a interpretação constitucional é um direito da cidadania no sentido do art. 33 da Lei Fundamental (NT 8). Dessa forma, os Direitos Fundamentais são parte da base de legitimação democrática para a interpretação aberta tanto no que se refere ao resultado, quanto no que diz respeito ao círculo de participantes." (HÄBERLE, 2002, p. 37). Observe-se que o art. 33, I, da Lei Fundamental alemã consagra a igualdade de direitos e obrigações do cidadão alemão. Em sentido semelhante é o art. 5º, I, da CR/88 ao prevê que: "Todos são iguais perante a lei, sem distinção de qualquer natureza, garantindo-se aos brasileiros e aos estrangeiros residentes no País a inviolabilidade do direito à vida, à liberdade, à igualdade, à segurança e à propriedade, nos termos seguintes: I - homens e mulheres são iguais em direitos e obrigações, nos termos desta Constituição."

[457] No original: "El juez sabe ser fiel intérprete de la sociedad en que vive."

dade que deriva do exercício do governo exclusivamente na parcela da sociedade integrada pelos governantes; os governados quedavam num tipo de posição passiva, de meros espectadores, carentes de capacidade de iniciativa, controle ou decisão. Já a audiência trata de tirar os governados da letargia e de levá-los a tomar responsabilidades, a assumir um papel que deles exige protagonismo e que ajuda a compatibilizar posições adversas e gerar o melhor conhecimento recíproco entre os distintos setores da sociedade; [...] pode-se concluir que as audiências públicas não só têm servido como resposta aos reclamos dos cidadãos como também permitem que as autoridades melhorem a qualidade da gestão pública. (MAZZILLI, 1999, p. 326).

A audiência pública permite a atuação do que Peter Häberle denomina "sociedade aberta dos intérpretes da constituição", possibilitando a produção de uma decisão o mais compartilhada possível, o que é de suma importância em uma sociedade plural em que impera o pluralismo jurídico. Com efeito, assevera Peter Häberle:

> Povo não é apenas um referencial quantitativo que se manifesta no dia da eleição e que, enquanto tal, confere legitimidade democrática ao processo de decisão. Povo é também um elemento pluralista para a interpretação que se faz presente de forma legitimadora no processo constitucional: como partido político, como opinião científica, como grupo de interesse, como cidadão. [...] Dessa forma, os Direitos Fundamentais são parte da base de legitimação democrática para a interpretação aberta tanto no que se refere ao resultado, quanto no que diz respeito ao círculo de participantes. (HÄBERLE, 2002, p. 37).[458]

A audiência pública, além de subsidiar a função judiciária, favorece o desempenho da função legislativa, conforme art. 58, §2º, II, da Constituição da República de 1988[459], da missão institucio-

---

[458] Acrescenta Peter Häberle que "o juiz constitucional já não interpreta, no processo constitucional, de forma isolada: muitos são os participantes do processo; as formas de participação ampliam-se acentuadamente [...]. O Direito Constitucional material – vivido – surge de um número enorme de funções 'corretamente' exercidas: aquelas desempenhadas pelo legislador, pelo juiz constitucional, pela opinião pública, pelo cidadão, mas também pelo Governo e pela oposição. Essa reflexão sobre a interpretação constitucional demonstra que, de uma perspectiva funcional-processual, correção funcional da interpretação constitucional leva praticamente a uma diversidade da interpretação constitucional. A interpretação correta depende, pois, de cada órgão, do procedimento adotado, de sua função e de suas qualificações." (HÄBERLE, 2002, p. 41 e 52).

[459] Dispõe o art. 58: "O Congresso Nacional e suas Casas terão comissões permanentes e temporárias, constituídas na forma e com as atribuições previstas no respectivo regimento ou no ato de que resultar sua criação. § 1º - Na constituição das Mesas e de

nal do Ministério Público (art. 27, parágrafo único, IV, da Lei nº 8.625/1993)[460] e da Defensoria Pública (art. 4º, XXII, da Lei Complementar n. 80/94)[461].

Ademais, a audiência pública é uma ferramenta de suma importância para fortalecer a ação coletiva, pois "quanto maior for o número de ideias presente no debate coletivo, melhor será o fundamento da sentença e maior sua aceitação comunitária", acrescentando-se que

> [...] a abertura ao diálogo multissetorial dentro do processo atual, desta maneira, como um novo elemento legitimante do sistema de geração de soluções jurídicas e, em consequência, como

---

cada Comissão, é assegurada, tanto quanto possível, a representação proporcional dos partidos ou dos blocos parlamentares que participam da respectiva Casa.
§ 2º - às comissões, em razão da matéria de sua competência, cabe: I - discutir e votar projeto de lei que dispensar, na forma do regimento, a competência do Plenário, salvo se houver recurso de um décimo dos membros da Casa; **II - realizar audiências públicas com entidades da sociedade civil;** III - convocar Ministros de Estado para prestar informações sobre assuntos inerentes a suas atribuições; IV - receber petições, reclamações, representações ou queixas de qualquer pessoa contra atos ou omissões das autoridades ou entidades públicas; V - solicitar depoimento de qualquer autoridade ou cidadão; VI - apreciar programas de obras, planos nacionais, regionais e setoriais de desenvolvimento e sobre eles emitir parecer." (Destacou-se).

460 A Lei nº 8.625, de 12/02/1993, dispõe, em seu art. 27, que: "Cabe ao Ministério Público exercer a defesa dos direitos assegurados nas Constituições Federal e Estadual, sempre que se cuidar de garantir-lhe o respeito: I - pelos poderes estaduais ou municipais; II - pelos órgãos da Administração Pública Estadual ou Municipal, direta ou indireta; III - pelos concessionários e permissionários de serviço público estadual ou municipal; IV - por entidades que exerçam outra função delegada do Estado ou do Município ou executem serviço de relevância pública.
Parágrafo único. No exercício das atribuições a que se refere este artigo, cabe ao Ministério Público, entre outras providências: I - receber notícias de irregularidades, petições ou reclamações de qualquer natureza, promover as apurações cabíveis que lhes sejam próprias e dar-lhes as soluções adequadas; II - zelar pela celeridade e racionalização dos procedimentos administrativos; III - dar andamento, no prazo de trinta dias, às notícias de irregularidades, petições ou reclamações referidas no inciso I; **IV - promover audiências públicas e emitir relatórios, anual ou especiais, e recomendações dirigidas aos órgãos e entidades mencionadas no *caput* deste artigo, requisitando ao destinatário sua divulgação adequada e imediata, assim como resposta por escrito**". (Destacou-se).

461 Prevê o inciso XXII, do art. 4º da Lei Complementar n. 80/94: "convocar audiências públicas para discutir matérias relacionadas às suas funções institucionais", ressaltando-se que "as funções institucionais da Defensoria Pública serão exercidas inclusive contra as Pessoas Jurídicas de Direito Público." (§2º, do art. 4º da Lei Complementar n. 80/94).

um fator determinante no melhoramento de sua efetividade. (VERBIC, 2007, p. 70, tradução nossa).[462]

As audiências públicas realizadas pelo Poder Judiciário foram, inicialmente, previstas pelas Leis n. 9.868/99[463] e n. 9.882/99[464], que tratam do processo e do julgamento das ações diretas de inconstitucionalidade, ações declaratórias de constitucionalidade e arguições de descumprimento de preceito fundamental.

Na atualidade, o diálogo do Poder Judiciário com a sociedade por meio das audiências públicas está expressamente previsto na legislação trabalhista, em razão da Lei nº 13.015/2014, que inseriu o art. 896-C à CLT, dispondo em seu §8º que "o relator poderá admitir manifestação de pessoa, órgão ou entidade com interesse na controvérsia, inclusive como assistente simples, na forma da Lei nº 5.869, de 11 de janeiro de 1973 (Código de Processo Civil)" e, que, por meio do Ato nº 491, do Ministro Presidente do TST, em seu art. 16, dispõe que, "para instruir o procedimento, pode o Relator fixar data para, em audiência pública, ouvir depoimentos de pessoas com experiência e conhecimento na matéria."

No STF, as audiências públicas foram regulamentadas pela Emenda Regimental 29/2009, que atribuiu competência ao presidente ou ao relator, nos termos dos arts. 13, XVII, e 21, XVII, do Regimento Interno, para "convocar audiência pública para ouvir o depoimento de pessoas com experiência e autoridade em determinada matéria,

---

462 No original: "Cuanto mayor sea el número de ideas presentes en el debate colectivo, mejor será el fundamento de la sentencia y mayor su aceptación comunitaria. La apertura al diálogo multisectorial dentro del proceso actúa de esta manera como un nuevo elemento legitimante del sistema de generación de soluciones jurídicas y, en consecuencia, como un factor determinante en el mejoramiento de su efectividad."

463 A Lei nº 9.868, de 10/11/1999, em seu no art. 9º, §1º, estabelece que "em caso de necessidade de esclarecimento de matéria ou circunstância de fato ou de notória insuficiência das informações existentes nos autos, poderá o relator requisitar informações adicionais, designar perito ou comissão de peritos para que emita parecer sobre a questão, ou fixar data para, em audiência pública, ouvir depoimentos de pessoas com experiência e autoridade na matéria".

464 Os §§1º e 2º, do art. 4º desta Lei estabelecem que: "§1º. Se entender necessário, poderá o relator ouvir as partes nos processos que ensejaram a arguição, requisitar informações adicionais, designar perito ou comissão de peritos para que emita parecer sobre a questão, ou ainda, fixar data para declarações, em audiência pública, de pessoas com experiência e autoridade na matéria. §2º. Poderão ser autorizadas, a critério do relator, sustentação oral e juntada de memoriais, por requerimento dos interessados no processo".

sempre que entender necessário o esclarecimento de questões ou circunstâncias de fato, com repercussão geral e de interesse público relevante" debatidas no Tribunal. O procedimento a ser observado consta do art. 154, parágrafo único, do Regimento Interno.

O TST, em maio de 2011, por meio do Ato Regimental n. 1/2011, incluiu em seu Regimento Interno o inciso XXXVI, ao artigo 35, dispondo a possibilidade de realização de audiência pública com o objetivo de ouvir o depoimento de pessoas com experiência e autoridade em determinada matéria de grande repercussão social ou econômica, pendente de julgamento naquele Tribunal.[465]

No CPC de 2015 há previsão de realização de audiência pública nos Incidentes de Resolução de Demandas Repetitivas, nos termos a seguir transcritos:

> Art. 983. O relator ouvirá as partes e os demais interessados, inclusive pessoas, órgãos e entidades com interesse na controvérsia, que, no prazo comum de 15 (quinze) dias, poderão requerer a juntada de documentos, bem como as diligências necessárias para a elucidação da questão de direito controvertida; e em seguida, manifestar-se-á o Ministério Público, no mesmo prazo.
>
> § 1º. Para instruir o incidente, o relator poderá designar data para, em audiência pública, ouvir depoimentos de pessoas com experiência e conhecimento na matéria.
>
> Art. 984. No julgamento do incidente, observar-se-á a seguinte ordem:
>
> I – o relator fará a exposição do objeto do incidente;
>
> II – poderão sustentar suas razões, sucessivamente: a) o autor e o réu do processo originário e o Ministério Público, pelo prazo de 30 (trinta) minutos; b) os demais interessados, no prazo de 30 (trinta) minutos, divididos entre todos, sendo exigida inscrição com 2 (dois) dias de antecedência.

O CPC de 2015 também prevê a possibilidade de designação de audiência pública em seu art. 1038, II, quando trata do julgamento de recursos extraordinários e especiais repetitivos. Com efeito,

---

[465] Com efeito, prevê o inciso XXXVI do Ato Regimental n. 001/2001 que: "excepcionalmente, convocar audiência pública, de ofício ou a requerimento de cada uma das Seções Especializadas ou de suas Subseções, pela maioria de seus integrantes, para ouvir o depoimento de pessoas com experiência e autoridade em determinada matéria, sempre que entender necessário o esclarecimento de questões ou circunstâncias de fato, subjacentes a dissídio de grande repercussão social ou econômica, pendente de julgamento no âmbito do Tribunal."

dispõe referido dispositivo legal que o relator poderá "fixar data para, em audiência pública, ouvir depoimentos de pessoas com experiência e conhecimento na matéria, com a finalidade de instruir o procedimento."

A designação de audiência pública é facultativa, mas quando determinada a sua realização, a participação da população pode se dar de forma direta ou indireta. Ou seja, na primeira hipótese, o próprio particular, pessoalmente, em nome próprio, comparece e expõe as suas razões, participando do debate. Na segunda hipótese, quem participa é organização ou associação legalmente reconhecida, fundações, partidos políticos, pessoas públicas nacionais, supranacionais, internacionais, sociedades civis ou todo e qualquer ente representativo, cuja participação permita defender os interesses daqueles que por eles são representados.

As sugestões apresentadas pelos interessados não possuem efeito vinculante, mas apenas caráter consultivo, dispondo o §2º do art. 984 do CPC/2015 que "o conteúdo do acórdão abrangerá a análise de todos os fundamentos suscitados concernentes à tese jurídica discutida, sejam favoráveis ou contrários".

5.8.13. Decisão coletiva

A decisão (sentença e acórdão) contém a resposta do Poder Judiciário às pretensões manifestadas pelas partes. Pode ter conteúdos diversos, como a declaração da impossibilidade de exame de mérito (situações dos arts. 267 do CPC/1973 e 485 do CPC/2015) e resolução de mérito (situações dos arts. 269 do CPC/1973 e 487 do CPC/2015).

Assim como no processo individual, a decisão poderá ser declaratória, constitutiva, condenatória[466], mandamental ou executiva "lato sensu".[467]

---

466 Anote-se que, "se o pedido da parte é declaratório e a sentença o acolhe, esta também apresenta tal natureza declaratória; se o pedido é condenatório, condenatória será a sentença que o acolher, e assim por diante. Por isso é que 'a doutrina classifica a sentença de acordo com a ação de que provém'." (FUX, 2014, p. 283).

467 A respeito das decisões mandamentais e executivas ensina Luiz Guilherme Marinoni que "a sentença mandamental manda que se cumpra a prestação mediante o emprego

No caso de decisão condenatória, pode ser imposta ao demandado a obrigação de fazer, não fazer, entregar coisa ou pagar quantia em dinheiro (art. 3º da Lei da Ação Civil Pública, arts. 84 e 95 do CDC, art. 832 da CLT e arts. 797 a 911 do CPC/2015), observando-se que "na ação que tenha por objeto o cumprimento da obrigação de fazer ou não fazer, o juiz concederá a tutela específica da obrigação ou determinará providências que assegurem o resultado prático equivalente ao do adimplemento." (Art. 84 do CDC).[468]

Do ponto de vista da sua estrutura as decisões coletivas devem atender ao disposto nos arts. 458 do CPC/1973, 489 do CPC/2015 e 832 da CLT.

De outro lado, no caso de ação civil coletiva (art. 91 do CDC) a decisão poderá ser genérica. Com efeito, dispõe o art. 95 do CDC: "em caso de procedência do pedido, a condenação será genérica, fixando a responsabilidade do réu pelos danos causados".[469]

---

de coerção indireta. Na ação condenatória são apenas criados os pressupostos para a execução forçada. Na sentença mandamental há ordem para que se cumpra; há um 'mandado' [...]. Na sentença mandamental [...] há ordem de adimplemento que não é mera ordem, mas ordem atrelada à coerção indireta. A sentença que ordena mediante o emprego de coerção indireta já usa a força do Estado, ao passo que a sentença que condena apenas abre oportunidade para o uso da força [...]. A essência da mandamentalidade está no mandamento, vale dizer, na ordem imposta mediante emprego de coerção [...]. O provimento condenatório condena ao adimplemento, criando o pressuposto para a execução forçada, ao passo que o provimento mandamental ordena sob pena de multa (ou sob pena de prisão) [...]. O que define a mandamentabilidade é a possibilidade de se requerer ordem sob pena de multa ou sob pena de prisão." (MARINONI, 2000, p. 397-398).

468 Recorde-se que "a conversão da obrigação em perdas e danos somente será admissível se por elas optar o autor ou se impossível a tutela específica ou a obtenção do resultado prático correspondente" (§1º, art. 84, do CDC), o juiz poderá, na sentença, "impor multa diária ao réu, independentemente de pedido do autor, se for suficiente ou compatível com a obrigação, fixando prazo razoável para o cumprimento do preceito" (§4º, art. 84, do CDC) e que, "para a tutela específica ou para a obtenção do resultado prático equivalente, poderá o juiz determinar as medidas necessárias, tais como busca e apreensão, remoção de coisas e pessoas, desfazimento de obras, impedimento de atividade nociva, além de requisição de força policial." (§5º, art. 84, do CDC).

469 Embora o art. 95 do CDC disponha que a decisão será genérica, isso nem sempre ocorrerá, posto que, havendo possibilidade, nela poderão ser estabelecidos os valores devidos e as pessoas a quem eles devem ser repassados. Neste sentido, observa Aluísio Gonçalves de Castro Mendes que "nem sempre haverá a ausência de determinação dos beneficiários da sentença e liquidez da condenação." (MENDES, 2014, p. 288).

Assim, na situação em questão, a decisão poderá ser genérica, no sentido de que identificará os danos passíveis de reparação e fixará a responsabilidade por esta reparação, restando a precisa determinação do *quantum* devido e das pessoas beneficiadas pela decisão para a fase de liquidação. Note-se que não se trata de decisão carente de certeza, posto que deverão ser definidos com precisão os danos causados e a responsabilidade pela sua reparação, estando o caráter genérico da decisão relacionado com as pessoas concretamente por ela beneficiadas e os danos sofridos por cada uma delas. Quanto a estes aspectos, a decisão é ilíquida, isto é, não fixará o valor devido e as pessoas a serem indenizadas.

Como adverte Ada Pelegrini Grinover,

> [...] o fato de a condenação ser genérica não significa que a sentença não seja certa ou precisa. A certeza é condição essencial do julgamento, devendo o comando da sentença estabelecer claramente os direitos e obrigações, de modo que seja possível executá-la. E essa certeza é respeitada na medida em que a sentença condenatória estabelece a obrigação de indenizar pelos danos causados, ficando os destinatários e a extensão da reparação para serem apurados na liquidação da sentença [...].
> A sentença genérica do art. 95 é, portanto, certa e ilíquida. Enquadra-se no disposto no art. 586, § 1º do CPC, que contempla a condenação genérica como aquela que, reconhecendo em definitivo o direito, há de ser liquidada para 'estabelecer o *quantum*, ou *res*, ou o *facere* ou *non facere*. (GRINOVER, 2004, p. 904).

Vale chamar a atenção para o fato de que, embora a autorização para o proferimento de decisão genérica se limite à hipótese de ação civil coletiva, não se pode afastar, definitivamente, a possibilidade de sentenças condenatórias genéricas proferidas em outras espécies de ações, desde que tratando sobre direitos individuais homogêneos. Observe-se, por exemplo, que uma ação civil pública pode versar sobre danos difusos, coletivos e individuais homogêneos, sendo a decisão quanto a estes danos genérica. Neste caso, apesar de não se tratar de ação civil coletiva, a decisão poderá ser genérica, nos moldes do art. 95 do CDC, em relação aos direitos individuais homogêneos. Resta claro, portanto, que o art. 95 do CDC alcança todas as ações coletivas condenatórias que versem sobre direitos individuais homogêneos. Em relação aos direitos difusos e coletivos, a decisão não poderá ser genérica, porquanto se trata de dano único a titulares determinados (coletividade, grupos, categoria ou classe de pessoas).

5.8.14. Recursos

No processo coletivo, podem ser interpostos todos os recursos admitidos pelo direito processual do trabalho, observando-se os respectivos pressupostos de admissibilidade, consoante o que é estabelecido, principalmente, nos arts. 893 a 900 da CLT e na Lei n. 7.701/88.

No que comporta aos atos judiciais passíveis de recursos, vale lembrar que, por força do art. 893, §1º, da CLT, somente as decisões definitivas são passíveis de recurso imediato, salvo as hipóteses da Súmula 214 do TST[470].

Quanto aos recursos cabíveis, registre-se que o direito processual do trabalho comporta os seguintes recursos: embargos de declaração, recurso ordinário, agravo de instrumento, recurso de revista, embargos, recurso extraordinário, agravo de petição e agravo regimental. Registre-se, ainda, a possibilidade da apresentação de recurso adesivo (art. 500 do CPC/1973, 997, §§ 1º e 2º do CPC/2015 e Súmula 283 do TST).

O recurso pode ser interposto pela parte vencida, pelo terceiro prejudicado e pelo Ministério Público, como parte ou fiscal da ordem jurídica (art. 499 do CPC/1973 e 996 do CPC/2015). Os legitimados estranhos ao processo são considerados terceiros para fins de interposição de recurso (terceiro é aquele que não é parte no processo). Da mesma forma, também pode ser considerado terceiro o substituído nas ações que versem sobre direitos individuais homogêneos (o art. 94 do CDC, inclusive, determina a publicação de editais quando da propositura da ação civil coletiva, exatamente

---

[470] "Súmula nº 214 DECISÃO INTERLOCUTÓRIA. IRRECORRIBILIDADE - Nova redação - Res. 127/2005, DJ 16.03.2005. Na Justiça do Trabalho, nos termos do art. 893, § 1º, da CLT, as decisões interlocutórias não ensejam recurso imediato, salvo nas hipótese de decisão: a) de Tribunal Regional do Trabalho contrária à Súmula ou Orientação Jurisprudencial do Tribunal Superior do Trabalho; b) suscetível de impugnação mediante recurso para o mesmo Tribunal; c) que acolhe exceção de incompetência territorial, com a remessa dos autos para Tribunal Regional distinto daquele a que se vincula o juízo excepcionado, consoante o disposto no art. 799, § 2º, da CLT."

diante da possibilidade de o substituído intervir no processo, o que abarca a possibilidade de interposição de recurso).

No caso de condenação em pecúnia, deve o réu efetuar o depósito recursal de que trata o art. 899, §1º, da CLT. Com efeito, este dispositivo legal se refere a dissídio individual, apenas para deixar claro que no dissídio coletivo a admissão do recurso não tem como condição a realização do depósito recursal, o que se explica, posto que o depósito recursal tem a natureza de garantia da execução e a sentença proferida em dissídio coletivo não é objeto de execução, mas de ação de cumprimento.

Embora os arts. 14 da Lei n. 7.347/85 (LACP), 215 da Lei n. 8.069/90 (ECA) e 85 da Lei n. 10.741/03 (Estatuto do Idoso) autorizem o juiz a conferir efeito suspensivo ao recurso aforado contra a sentença que acolher o pedido inicial, não se pode olvidar que no processo do trabalho, como prevê o art. 899 da CLT, os recursos têm efeito meramente devolutivo. Assim, pretendendo obter efeito suspensivo ao recurso, o recorrente deverá aforar ação cautelar com esse objetivo, estando o acolhimento da sua pretensão subordinado à demonstração do *fumus boni iuris* e do *periculum in mora*, como se dá em relação a qualquer medida cautelar. Observe-se, inclusive, que o art. 14 da Lei n. 7.3475/85 faz expressa referência à necessidade de comprovar a possibilidade de dano irreparável à parte. Somente nas situações previstas no art. 2-B da Lei n. 9.494/97 - ou seja, quando a sentença tiver por objeto a inclusão em folha de pagamento ou a reclassificação, equiparação e concessão de vantagens a servidores da União, dos Estados, do Distrito Federal e dos Municípios, inclusive de suas autarquias e fundações é que os recursos terão efeito suspensivo.

Em relação ao prazo recursal, deve ser observado o que estipulam o art. 6º da Lei n. 5.584/70, que fixa em oito dias o citado prazo, como regra geral, o art. 897-A da CLT, que dispõe sobre o prazo para interposição de embargos de declaração, o art. 1º, III, do Decreto-Lei n. 779/69, referente ao privilégio da Fazenda Pública e o art. 188 do CPC/1973 e 180 do CPC/2015[471], relativo ao prazo especial do Ministério Público. Também no processo coletivo deve ser observada

---

471 "Art. 180. O Ministério Público gozará de prazo em dobro para manifestar-se nos autos, que terá início a partir de sua intimação pessoal, nos termos do art. 183, §1º."

a remessa obrigatória, na forma do art. 475 do CPC/1973 e 496 do CPC/2015.

O recurso poderá ser objeto de desistência (art. 501 do CPC/1973 e 998 do CPC/2015), aplicando-se a hipótese, no entanto, o disposto no art. 5º, §3º, da Lei n. 7.347/85. Isto é, em caso de desistência infundada, o Ministério Público, ou outro legitimado, assumirá a titularidade ativa. O mesmo se aplica à hipótese de renúncia (art. 502 do CPC/1973 e 999 do CPC/2015). Vale esclarecer que a renúncia precede a apresentação do recurso, ao passo que a desistência se dá após a interposição do recurso.

Destaque-se que, consoante prevê o art. 87 do CDC, "nas ações coletivas de que trata este Código não haverá adiantamento de custas, emolumentos, honorários periciais e quaisquer outras despesas, nem condenação da associação autora, salvo comprovada má-fé, em honorários de advogado, custas e despesas processuais."[472] No processo do trabalho, não há adiantamento de custas, mas estas devem ser recolhidas pelo vencido dentro do prazo recursal, na forma do art. 789, §1º, da CLT.

No que comporta aos honorários advocatícios, a condenação ao seu pagamento pode ocorrer nas ações promovidas pelo Sindicato atuando como substituto processual (arts. 14 e 16 da Lei 5.584/76 e Súmula 219, III, do TST) e nos casos em que for comprovada a má-fé da associação autora (art. 18 da Lei 7.347/85 e 87, parágrafo único, do CDC).

5.8.15. *Recursos repetitivos*

Antes de examinar a técnica de julgamento de recursos repetitivos, vale proceder à análise do papel dos precedentes no sistema jurídico brasileiro. Tradicionalmente, aos precedentes judiciais é negada força vinculante. No entanto, nos últimos anos, em razão de alterações legislativas e, até, constitucionais, vem sendo conferida maior relevância aos precedentes judiciais, por força do diálogo do

---

[472] No parágrafo único deste art. 87 está estabelecido que, "em caso de litigância de má-fé, a associação autora e os diretores responsáveis pela propositura da ação serão solidariamente condenados em honorários advocatícios e ao décuplo das custas, sem prejuízo da responsabilidade por perdas e danos."

sistema brasileiro, filiado à tradição do *civil law*, com o *common law*. Em consequência deste diálogo, os precedentes judiciais deixam de ter eficácia meramente persuasiva, para adquirir eficácia vinculante, tanto para o tribunal que o estabeleceu (eficácia interna) quanto para os órgãos jurisdicionais inferiores (eficácia externa).[473]

Citem-se, como exemplos de medidas que traduzem a maior valorização dos precedentes: a) a adoção da súmula vinculante pela Emenda Constitucional nº 45, que acrescentou o art. 103-A à Constituição Federal/88, autorizando o STF, após reiteradas decisões sobre matéria constitucional, a aprovar súmula com efeito vinculante em relação aos demais órgãos do Poder Judiciário e à Administração Pública Direta e Indireta[474]; b) a adoção da súmula impeditiva de recursos (art. 518, §1º, da CPC/1973), por força da qual o juiz não receberá a apelação quando a sentença estiver em conformidade com súmulas dos tribunais superiores; e c) a concessão de novos poderes ao relator, que passa a ser autorizado a negar seguimento ou dar provimento a recurso com fundamento em súmula ou jurisprudência dominante (arts. 557 do CPC/1973, 932, IV, "a", "b" e "c", do CPC/2015 e 894, §3º, da CLT).

Merece referência, ainda, a criação do incidente de recursos repetitivos, na seara tanto do direito processual civil (arts. 543-B e

---

[473] Vale mencionar que não se confundem o *common law* com o respeito aos precedentes (*stare decisis*). Neste aspecto, observa Luiz Guilherme Marinoni que o respeito aos precedentes é apenas "um elemento do moderno *common law*." (MARINONI, 2013, p. 32). Ressaltam José Rogério Cruz e Tucci que "o *usus* do *precedente*, acentuado na casuística, constitui um método cuja característica fundamental independe da época, do sistema jurídico ou da natureza da função exercida pelas pessoas que o empregam." (CRUZ E TUCCI, 2004, p. 24). Portanto, não há incompatibilidade entre o respeito aos precedentes e o *civil law*, operando-se, na atualidade, a adoção, no sistema brasileiro, de um método já consagrado pelo *common law*.

[474] "Art. 103-A. O Supremo Tribunal Federal poderá, de ofício ou por provocação, mediante decisão de dois terços dos seus membros, após reiteradas decisões sobre matéria constitucional, aprovar súmula que, a partir de sua publicação na imprensa oficial, terá efeito vinculante em relação aos demais órgãos do Poder Judiciário e à administração pública direta e indireta, nas esferas federal, estadual e municipal, bem como proceder à sua revisão ou cancelamento, na forma estabelecida em lei.
§1º A súmula terá por objetivo a validade, a interpretação e a eficácia de normas determinadas, acerca das quais haja controvérsia atual entre órgãos judiciários ou entre esses e a administração pública que acarrete grave insegurança jurídica e relevante multiplicação de processos sobre questão idêntica."

543-C, do CPC/1973 e 1036 a 1041 do CPC/2015)[475] quanto do direito processual do trabalho (arts. 896-I, 896-C, acrescentados pela Lei n. 13.015/2014).

---

[475] RECURSO ESPECIAL REPRESENTATIVO DE CONTROVÉRSIA (ART. 543-C DO CPC). TEMA 710/STJ. DIREITO DO CONSUMIDOR. ARQUIVOS DE CRÉDITO. SISTEMA "CREDIT SCORING". COMPATIBILIDADE COM O DIREITO BRASILEIRO. LIMITES. DANO MORAL. I - TESES: 1) O sistema "credit scoring" é um método desenvolvido para avaliação do risco de concessão de crédito, a partir de modelos estatísticos, considerando diversas variáveis, com atribuição de uma pontuação ao consumidor avaliado (nota do risco de crédito) 2) Essa prática comercial é lícita, estando autorizada pelo art. 5º, IV, e pelo art. 7º, I, da Lei n. 12.414/2011 (lei do cadastro positivo). 3) Na avaliação do risco de crédito, devem ser respeitados os limites estabelecidos pelo sistema de proteção do consumidor no sentido da tutela da privacidade e da máxima transparência nas relações negociais, conforme previsão do CDC e da Lei n. 12.414/2011. 4) Apesar de desnecessário o consentimento do consumidor consultado, devem ser a ele fornecidos esclarecimentos, caso solicitados, acerca das fontes dos dados considerados (histórico de crédito), bem como as informações pessoais valoradas. 5) O desrespeito aos limites legais na utilização do sistema "credit scoring", configurando abuso no exercício desse direito (art. 187 do CC), pode ensejar a responsabilidade objetiva e solidária do fornecedor do serviço, do responsável pelo banco de dados, da fonte e do consulente (art. 16 da Lei n. 12.414/2011) pela ocorrência de danos morais nas hipóteses de utilização de informações excessivas ou sensíveis (art. 3º, § 3º, I e II, da Lei n. 12.414/2011), bem como nos casos de comprovada recusa indevida de crédito pelo uso de dados incorretos ou desatualizados. II - CASO CONCRETO: A) Recurso especial do CDL: 1) Violação ao art. 535 do CPC. Deficiência na fundamentação. Aplicação analógica do óbice da Súmula 284/STF. **2) Seguindo o recurso o rito do art. 543-C do CPC, a ampliação objetiva (territorial) e subjetiva (efeitos "erga omnes") da eficácia do acórdão decorre da própria natureza da decisão proferida nos recursos especiais representativos de controvérsia, atingindo todos os processos em que se discuta a mesma questão de direito em todo o território nacional. 3) Parcial provimento do recurso especial do CDL para declarar que "o sistema "credit scoring" é um método de avaliação do risco de concessão de crédito, a partir de modelos estatísticos, considerando diversas variáveis, com atribuição de uma pontuação ao consumidor avaliado (nota do risco de crédito)" e para afastar a necessidade de consentimento prévio do consumidor consultado. B) Recursos especiais dos consumidores interessados: 1) Inviabilidade de imediata extinção das ações individuais englobadas pela presente macro-lide (art. 104 do CDC), devendo permanecer suspensas até o trânsito em julgado da presente ação coletiva de consumo, quando serão tomadas as providências previstas no art. 543-C do CPC** (Recurso Especial n. 1.110.549-RS). 2) Necessidade de demonstração de uma indevida recusa de crédito para a caracterização de dano moral, salvo as hipóteses de utilização de informações excessivas ou sensíveis (art. 3º, § 3º, I e II, da Lei n. 12.414/2011). **3) Parcial provimento dos recursos especiais dos consumidores interessados apenas para afastar a determinação de extinção das ações individuais, que deverão permanecer suspensas até o trânsito em julgado do presente acórdão.**" (STJ. Processo: REsp 1457199/RS. Relator: Min. Paulo de Tarso Sanseverino. Segunda Seção. **DJe** 17.12.2014, grifos nossos).

O CPC/2015 reforça o diálogo entre o *civil law* e o *common law* também no sentido da valorização dos precedentes, atribuindo aos tribunais do dever de uniformizar sua jurisprudência como se vê em seus arts. 926, 927 e 928, *in verbis*:

> Art. 926. Os tribunais devem uniformizar sua jurisprudência e mantê-la estável, íntegra e coerente.
>
> §1º Na forma estabelecida e segundo os pressupostos fixados no regimento interno, os tribunais editarão enunciados de súmula correspondentes a sua jurisprudência dominante.
>
> §2º Ao editar enunciados de súmula, os tribunais devem ater-se às circunstâncias fáticas dos precedentes que motivaram sua criação.
>
> Art. 927. Os juízes e os tribunais observarão:
>
> I - as decisões do Supremo Tribunal Federal em controle concentrado de constitucionalidade;
>
> II - os enunciados de súmula vinculante;
>
> III - os acórdãos em incidente de assunção de competência ou de resolução de demandas repetitivas e em julgamento de recursos extraordinário e especial repetitivos;
>
> IV - os enunciados das súmulas do Supremo Tribunal Federal em matéria constitucional e do Superior Tribunal de Justiça em matéria infraconstitucional;
>
> V - a orientação do plenário ou do órgão especial aos quais estiverem vinculados.
>
> § 1º Os juízes e os tribunais observarão o disposto no art. 10 e no art. 489, § 1o, quando decidirem com fundamento neste artigo.
>
> § 2º A alteração de tese jurídica adotada em enunciado de súmula ou em julgamento de casos repetitivos poderá ser precedida de audiências públicas e da participação de pessoas, órgãos ou entidades que possam contribuir para a rediscussão da tese.
>
> § 3º Na hipótese de alteração de jurisprudência dominante do Supremo Tribunal Federal e dos tribunais superiores ou daquela oriunda de julgamento de casos repetitivos, pode haver modulação dos efeitos da alteração no interesse social e no da segurança jurídica.
>
> § 4º A modificação de enunciado de súmula, de jurisprudência pacificada ou de tese adotada em julgamento de casos repetitivos

observará a necessidade de fundamentação adequada e específica, considerando os princípios da segurança jurídica, da proteção da confiança e da isonomia.

§ 5o Os tribunais darão publicidade a seus precedentes, organizando-os por questão jurídica decidida e divulgando-os, preferencialmente, na rede mundial de computadores.[476]

Art. 928. Para os fins deste Código, considera-se julgamento de casos repetitivos a decisão proferida em:

I - incidente de resolução de demandas repetitivas;

II - recursos especial e extraordinário repetitivos.

Parágrafo único. O julgamento de casos repetitivos tem por objeto questão de direito material ou processual."

O direito processual do trabalho também consagrou a valorização dos precedentes, como pode ser visto no art. 896, §3º, da CLT[477], com a redação que lhe conferiu a Lei n. 13.015/14. Ressalte-se, ainda, que esta mesma Lei estabeleceu a possibilidade da apresentação de recursos de embargos quando a decisão proferida por turma do TST contrariar súmula vinculante do STF (art. 894-II,

---

[476] Observe-se que "é da essência dos sistemas de precedente a existência de repertórios organizados, a fim de que as instâncias inferiores possam identificar com facilidade os precedentes que devem nortear a solução do caso em julgamento. Basta atentar para o fato de que 'é através do *Law Reporting* (compilações das decisões judiciais) como o *common law* é acessível, tanto à profissão jurídica como a todos que queiram conhecer o direito' [...]. O CNJ editou a Resolução nº 160, de 19.10.2012, dispondo sobre a organização do Núcleo de Repercussão Geral e Recursos Repetitivos (NURER) no STJ, TST, TSE, STM, Tribunais de Justiça dos Estados e do Distrito Federal e nos Tribunais Regionais Federais. O objetivo é que os tribunais locais e os tribunais superiores possam gerenciar melhor as informações sobre os recursos afetados para julgamento sob o rito dos repetitivos com identificação pela matéria; assim como possam acessar mais facilmente informações sobre matérias decididas em sede de repercussão geral e de recursos repetitivos. O mais interessante é que tais informações estarão amplamente disponíveis a toda comunidade jurídica." (ATAÍDE JR, 2014, p. 58).

[477] Art. 896 - Cabe Recurso de Revista para Turma do Tribunal Superior do Trabalho das decisões proferidas em grau de recurso ordinário, em dissídio individual, pelos Tribunais Regionais do Trabalho, quando [...]; § 3º Os Tribunais Regionais do Trabalho procederão, obrigatoriamente, à uniformização de sua jurisprudência e aplicarão, nas causas da competência da Justiça do Trabalho, no que couber, o incidente de uniformização de jurisprudência previsto nos termos do Capítulo I do Título IX do Livro I da Lei nº 5.869, de 11 de janeiro de 1973 (Código de Processo Civil)."

CLT[478]), assim como recurso de revista quando houver contrariedade à súmula vinculante do STF (art. 896, "a", da CLT).

A maior relevância atribuída aos precedentes no sistema *civil law* decorre do diálogo entre sistemas jurídicos, o que conduz ao denominado *transplante jurídico*, isto é, "o processo pelo qual leis e institutos legais desenvolvidos em um país são adotados por outro." (SCHAUER, 2000, *abstract*, tradução nossa).[479] É exatamente esse *transplante jurídico* que tem resultado no Brasil na concessão de caráter vinculante, e não apenas persuasivo, aos precedentes judiciais.

É importante esclarecer, em sintonia com Luiz Guilherme Marinoni, que o *common law* "considera o precedente como fonte do direito", mas,

> [...] quando um precedente interpreta a lei ou a Constituição, como acontece especialmente nos Estados Unidos, há, evidentemente, direito pré-existente com força normativa, de modo que seria absurdo pensar que o juiz, neste caso, cria um direito novo. Na verdade, também no caso em que havia apenas costume, existia um direito pré-existente, o direito costumeiro. A circunstância de o precedente ser admitido como fonte do direito está muito longe de constituir um indício que o juiz cria o direito a partir da sua própria vontade. Nesta perspectiva, a força obrigatória do precedente, ou a admissão do precedente como fonte do direito, não significa que o judiciário tem poder para criar o direito. (MARINONI, 2013, p. 36-37).[480]

---

478 "Art. 894 - No Tribunal Superior do Trabalho cabem embargos, no prazo de 8 (oito) dias: [...]; II – das decisões das Turmas que divergirem entre si ou das decisões proferidas pela Seção de Dissídios Individuais, ou contrárias a súmula ou orientação jurisprudencial do Tribunal Superior do Trabalho ou súmula vinculante do Supremo Tribunal Federal."

479 No original: "The process by which laws and legal institutions developed in one country are then adopted by another".

480 Esse doutrinador esclarece que a afirmação de que o juiz do *common law* cria o direito decorre da "comparação do seu papel com o juiz da tradição do *civil law*, cuja função se limitava à mecânica aplicação da lei. Neste sistema, quando se dizia que ao juiz cabia apenas as palavras ditadas pelo legislador, o direito era concebido unicamente como lei. A tarefa do judiciário se resumia apenas à aplicação das normas gerais." (MARINONI, 2013, p. 37). Acrescenta Luiz Guilherme Marinoni que a ausência de respeito aos precedentes no *civil law* decorre da concepção segundo a qual "a lei seria suficiente para garantir a certeza e a segurança jurídica", ou seja, "que a segurança jurídica apenas seria viável se a lei fosse estritamente aplicada. A segurança seria garantida mediante a certeza advinda da subordinação do juiz à lei", mas "a segurança jurídica

O prestígio dos precedentes encontra como justificativas no sistema jurídico brasileiro: segurança jurídica (que se manifesta por meio da previsibilidade das decisões futuras e da estabilidade ou certeza do direito), igualdade (perante a jurisdição, a lei e a interpretação da lei), coerência da ordem jurídica, garantia de imparcialidade do juiz, possibilidade de orientação jurídica, definição de expectativas, desestímulo à litigância, favorecimento de acordos, despersonalização das demandas, racionalização do duplo grau de jurisdição, contribuição para a duração razoável do processo, maior eficiência do Poder Judiciário e atendimento ao princípio da universalidade. Tudo isso "entendido como exigência natural de que casos substancialmente iguais sejam tratados de modo semelhante." (CRUZ E TUCCI, 2004, p. 25).[481]

Na doutrina norte-americana, tem-se a lição de Toni M. Fine, para quem constituem vantagens do sistema de precedentes:

> 1) previsibilidade: "o uso de precedentes proporciona previsibilidade ao direito e estabilidade em todos os tipos de relações, inclusive nas relações comerciais. Os princípios do *stare decisis* também promovem estabilidade e consistência no desenvolvimento de princípios legais, que por sua vez podem levar ao aumento da estabilidade econômica e do crescimento";
>
> 2) justiça: "uma das premissas subjacentes à doutrina do stare decisis é a justiça fundamental, que surge quando casos semelhantes são decididos de forma similar [...]. Um sistema de precedentes cria a sensação de justiça e evita decisões ar-

---

apenas pode ser garantida frisando-se a igualdade perante as decisões judiciais e, assim, estabelecendo-se o dever judicial de respeito aos precedentes [...]. A segurança jurídica, romanticamente desejada na tradição da *civil law* pela estrita aplicação da lei, não mais pode dispensar o sistema de precedentes, há muito estabelecido no *common law*, em que a possibilidade de decisões diferentes para casos iguais nunca deixou de ser percebida e, por isso, fez surgir o princípio de que os casos similares devem ser tratados do mesmo modo." (MARINONI, 2013, p. 17).

[481] Vale observar que, consoante Oscar G. Chase, nos Estados Unidos, a atribuição de força vinculante aos precedentes está relacionada ao ideal antiestatal e anti-hierárquico da cultura norte-americana (CHASE, 2003, p. 115-140), enquanto na Inglaterra "o juiz esteve ao lado do parlamento na luta contra o arbítrio do monarca, reivindicando a tutela dos direitos e das liberdades dos cidadãos [...]. Assim, aí não houve qualquer necessidade de afirmar a prevalência da lei [...] sobre os magistrados, mas sim a força do direito comum diante do poder real" (MARINONI, 2013, p. 34 e 44), estando a atribuição de força vinculante aos precedentes relacionada, portanto, mais diretamente com a segurança jurídica, previsibilidade e igualdade.

bitrárias, assim como dá uma aparência de neutralidade ao processo de tomada de decisão judicial";

3) eficiência judiciária: "a utilização do precedente judicial como uma diretriz dentro do sistema jurídico pode promover uma grande eficiência. Stare decisis significa que a Corte não precisa considerar novamente todos os princípios legais a ela apresentados. Pode utilizar casos decididos anteriormente que envolvam as mesmas questões legais e utilizá-los como um guia. É importante notar que, uma vez que a regra do stare decisis se torna um princípio diretor, as partes que não têm suas pretensões amparadas por precedentes serão desencorajadas e, espera-se, dissuadidas de trazer casos sem importância e apelações não fundamentadas em questões legais já bem definidas pelo Judiciário. Por estas razões, o sistema de precedentes vinculantes objetiva alcançar eficiência em induzir os acordos nas controvérsias e aumentar a eficiência judiciária";

4) integridade do sistema judicial: "o uso dos precedentes pode aperfeiçoar a integridade do sistema e dos processos judiciais. Quando os cidadãos e entidades, ao atuarem em um estado, perceberem que as Cortes tratam as partes que se encontram em posições similares da mesma forma, surge grande confiança no sistema, o que de outra maneira não aconteceria. Um sistema jurídico baseado em precedentes cria entre os cidadãos a sensação de estabilidade e aumenta a confiança no sistema legal";

5) decisão judicial conscienciosa: "devido ao fato de que a doutrina da stare decisis significa que as decisões judiciais de hoje serão os precedentes de amanhã, os juízes que se oporem sob um sistema de precedentes vinculantes têm um incentivo ainda maior para tomar cuidado na formulação de suas opiniões, apresentando uma *rationale* adequada para as suas decisões." (FINE, 2011, p. 76-78).

Discorrendo sobre o respeito aos precedentes, assevera José Rogério Cruz e Tucci que "o Judiciário não se presta exclusivamente para decidir conflitos concretos, ainda deve cuidar para que as suas decisões possam servir de orientação para os casos futuros." (CRUZ E TUCCI, 2004, p. 25). Acrescenta Luiz Guilherme Marinoni "que, o juiz, além de liberdade para julgar, tem dever para com o Poder de que faz parte e para com o cidadão. Possui o dever de manter a coerência do ordenamento e de zelar pela respeitabilidade e pela credibilidade do Poder Judiciário." (MARINONI, 2013, p. 63). Ressalva este último doutrinador que,

[...] como é evidente, diante de casos distintos o juiz não precisa decidir de acordo com o tribunal superior ou em conformidade com decisão que anteriormente proferiu. Cabe-lhe, nesta situação, realizar o que o *common law* conhece como *distinguished*, isto é, a diferenciação do caso que está para julgamento. (MARINONI, 2013, p. 63).

Anota Cândido Rangel Dinamarco:

> No sistema do *common law* costuma ser dito que a força vinculante dos *holdings* (máximas contidas nos julgamentos) propicia a quádrupla vantagem expressa nas palavras *igualdade-segurança-economia-respeitabilidade*. Vendo agora o avesso representado pela imensa fragmentação de julgados presente na realidade brasileira, tem-se que nos julgamentos repetitivos e absolutamente desvinculados residem fatores que podem comprometer cada um desses ideais da boa justiça [...]. Não se afasta a consciência de que a força vinculante dos *holdings* constitui fator inerente ao sistema da *common law*, como ponte de passagem entre os princípios gerais de direito e cada um dos casos concretos a serem objeto de julgamento. Além da mera *influência* que no plano puramente moral alguns precedentes particularmente exercem sobre o espírito dos juízes no futuro, uma máxima colocada como *holding* traz em si mesma a imperatividade que não está presente em outras nem nas considerações integrantes do que se chama *obter dictum*. Mesmo atentos às notórias diferenças estruturais que existem entre o sistema do *stare decisis* e o vigente nas famílias jurídicas de direito escrito, ainda assim as advertências e os bons exemplos vindos de outras plagas merecem frutificar entre nós – obviamente com as salvaguardas e adaptações necessárias a aprimorar o sistema sem comprometer-lhes as raízes mais profundas. (DINAMARCO, 2000, p. 166-185).

Destaca Arruda Alvim que

> [...] um dos mais significativos valores funcionais do direito é o da certeza, particularmente vista sob a ótica da previsibilidade, para se identificar a conduta a ser observada em decorrência de determinado comando normativo. As normas são vocacionadas a comportarem uma única interpretação numa mesma quadra histórica. A dualidade de interpretações conspira contra a segurança-previsibilidade [...]. Os sistemas têm conhecido diversos meios destinados à recondução da norma a uma mesma interpretação. Todavia, todos esses sistemas, em realidade, alguns funcionando melhor do que outros, não

impunham o resultado da inteligência da lei coativamente, e, ademais, não havia prática ou propriamente meios para o prevalecimento direto da hipótese sumulada. É justamente essa imposição coativa do que haja sido vinculantemente sumulado que se inaugura agora no direito brasileiro contemporâneo, com a EC 45 e, mais recentemente, com a Lei 11.417. (ALVIM, 2008, p. 1.147).

Lenio Luiz Streck e Rosivaldo Toscano dos Santos Júnior, apesar de ressaltarem que a repercussão geral e o instituto dos recursos repetitivos *são frutos do mesmo paradigma* e constituem medidas salutares, advertem:

> O difícil, porém, é que da forma com que esses institutos são tratados, termina por reforçar a vontade de poder das cúpulas, de modo a hierarquizar o Judiciário e encobrir a facticidade, as especificidades dos casos. Na ânsia de exercer o controle, sob o auspício da luta contra a demanda (e, também, por vezes, na pretensão por vezes também utópica), formulam-se, pretens(ios)amente, respostas a priori de casos ainda não conhecidos E isso se dá por meio de *standards*, de padrões antecipados de sentido. E isso somente pode ser feito adotando-se uma quimera: a abstração da concretude dos casos para se tentar um controle geral, ainda que ocasionando prejuízos à qualidade do provimento jurisdicional e, por reflexo, julgamentos que não guardam pertinência com a situação concreta posta em juízo, uma vez que não há como cindir questões de direito e questões de fato, senão via contorcionismos metafísicos que produzem uma violência contra as partes – pela desconsideração das peculiaridades do caso – e contra o julgador de instância inferior – por ter sua independência funcional erodida. (STRECK; SANTOS JÚNIOR, 2014, p. 184).

É relevante mencionar que não se confundem jurisprudência e precedentes, que apresentam distinções de caráter quantitativo e qualitativo, porquanto

> [...] a primeira diferença, de caráter quantitativo, consiste na aplicação do precedente a um caso concreto, ao contrário da jurisprudência, em que há uma pluralidade de decisões relativas a vários e diversos casos concretos. Neste caso, é difícil estabelecer qual é a decisão realmente relevante para o julgador na hora de aplicar a jurisprudência. Nos sistemas que se baseiam tradicionalmente e tipicamente no precedente, geralmente a decisão que assume o caráter de precedente é uma só. Deste modo, é fácil identificar qual a decisão que realmente 'gera pre-

cedente'. Ao contrário, nos sistemas como o nosso, em que se reclama a jurisprudência, faz-se referência a muitas decisões. Isto implica várias consequências, incluindo a dificuldade, muitas vezes difícil de superar, em estabelecer qual seria realmente relevante (se houver uma) ou em decidir quais decisões são necessárias para que se possa dizer que existe uma jurisprudência relativa à determinada interpretação de uma norma. Já no que diz respeito à diferença de caráter qualitativo, observa-se que o precedente fornece uma regra que pode ser aplicada como critério de decisão no caso sucessivo, em função da identidade dos fatos relevantes do primeiro e do segundo caso. É o juiz do caso sucessivo que estabelece se existe ou não precedente e assim cria o precedente, sendo que essa análise é sempre fundada nos fatos, ou seja, um só precedente é suficiente para fundar a decisão do caso sucessivo. Na análise da jurisprudência há uma ausência dos fatos (é formada pela reunião de várias decisões judiciais), pelo menos na grande maioria dos casos, realçando o problema consistente em analisar no que realmente constitui precedente. (MADEIRA, 2011, p. 525-578). [482]

Ensina Michele Taruffo:

O precedente fornece uma regra (universalizável, como já foi dito) que pode ser aplicada como critério de decisão no caso subsequente em função da identidade ou – como acontece na lei – pela analogia entre os fatos do primeiro caso e os fatos do segundo caso. Naturalmente, a analogia dos dois casos fáticos (caso concreto) não é dada *in re ipsa*, e é confirmada ou excluída pelo Juiz do caso subsequente, dependendo se ele considera prevalente os elementos de identidade ou os elementos de diferença entre os fatos dos dois casos. É, portanto, o juiz do caso sucessivo que estabelece se existe ou não existe o precedente, e se seguida – por assim dizer – 'cria' o precedente. (TARUFFO, 2007, p. 798, tradução nossa).[483]

---

[482] Ademais, "enquanto o *precedente* consiste numa única decisão [...], a *jurisprudência*, ou a *jurisprudência dominante*, pressupõe uma coleção de decisões reiteradas no mesmo sentido em dado tribunal ou num conjunto de tribunais ou órgãos jurisdicionais. O precedente constitui a diretriz a ser seguida no julgamento de futuros casos análogos, assegurando-se, assim maior previsibilidade na solução dos litígios e conferindo tratamento isonômico a quem se encontre na mesma situação, porquanto as soluções de casos similares passam a ser as mesmas." (CUNHA L. 2012, p. 358). Em síntese, como aduz José Rogério Cruz e Tucci, os *"precedentes,* na verdade, são vinculantes, mesmo que exista apenas um único pronunciamento pertinente." (CRUZ E TUCI, 2004, p. 13).

[483] No original: "Il precedente fornisce una regola (universalizzabile, come già si è detto) che può essere applicata come criterio di decisione nel caso successivo in funzione della

Também não se confundem precedentes e súmulas, vez que estas traduzem "enunciados do tribunal acerca das suas decisões, e não uma decisão que se qualifica como precedente." (MARINONI, 2013, p. 215). Acrescente-se que

> [...] o precedente obrigatório, embora se relacione com pessoas que não participaram do processo, tem a sua legitimidade condicionada a ter sido proferido em processo com adequada participação dos litigantes em contraditório, os quais zelam para que a tese jurídica não seja desfigurada. (MARINONI, 2013, p. 215).

José Rogério Cruz e Tucci esclarece que "todo *precedente judicial* é composto por duas partes distintas: a) a circunstância de fato que embasam a controvérsia; e b) a tese ou princípio jurídico assentado na motivação (*ratio decidendi*) do provimento decisório." (CRUZ E TUCCI, 2004, p. 12).

Cumpre acrescentar que a *ratio decidendi*

> [...] constitui a essência da tese jurídica suficiente para decidir o caso concreto (*rule of law*). É essa regra de direito (e, jamais, de fato) que vincula os julgamentos futuros *inter alia* [...]. A submissão ao *precedente*, comumente referida pela expressão *stare decisis*, indica o dever jurídico de conformar-se às *rationes* dos *precedentes* [...]. A *ratio decidendi* encerra uma escolha, uma opção hermenêutica de cunho universal [...]. Como regra necessária à decisão, não se confunde com o *obiter dictum*, vale dizer, passagem da motivação do julgamento que contém argumentação marginal ou simples opinião, prescindível para o deslinde da controvérsia. (CRUZ E TUCCI, 2004, p. 175-177).[484]

A propósito, observa Daniela Pereira Madeira que a *ratio decidendi* (para os "norte-americanos, a *holding*) constitui os fundamentos jurídicos que sustentam a decisão. Trata-se da tese jurídica

---

identità o – come accade di regola – dell'analogia tra i fatti del primo caso e i fatti del secondo caso. Naturalmente l'analogia delle due fattispecie concrete non è data in re ipsa, e viene affermata o esclusa dal giudice del caso successivo a seconda che costui ritenga prevalenti gli elementi di identità o gli elementi di differenza tra i fatti dei due casi. E´ dunque il giudice del caso sucessivo che stabilisce se esiste il non esiste il precedente, e quindi – per cosi dire – 'crea' il precedente."

484 Segundo esse doutrinador, o efeito vinculante é estabelecido pela "tese jurídica suficiente a decidir o caso concreto (*rule of law*), e não a parte dispositiva da decisão, que produz eficácia vinculante e que deve nortear a interpretação judicial em momento posterior", o que exige que o juiz parta "de um processo mental indutivo e empírico, cotejando (*distinguishing*) o caso a ser julgado com a *ratio decidendi* de casos já solucionados. Raciocina-se, pois do particular para o geral'. (CRUZ E TUCCI, 2004, p. 183).

acolhida pelo órgão julgador no caso concreto. É a opção hermenêutica adotada na decisão, sem a qual esta não teria sido proferida como foi." (MADEIRA, 2011, p. 525-578). Não pode ser olvidado, porém, que também a indicação dos fatos relevantes compõe a *ratio decidendi*, o que implica que quando os mesmos fatos ocorrerem novamente e forem levados a juízo, a mesma solução deve ser dada ao conflito, devendo-se seguir o precedente e sublinhar que "os fatos não precisam ser absolutamente idênticos, mas devem permitir o uso da mesma estrutura de pensamento aplicada na primeira decisão." (MADEIRA, 2011, p. 525-578).

Não obstante, destaca Jaldemiro Rodrigues de Ataíde Jr:

> Na Inglaterra e nos Estados Unidos, há uma certa dificuldade na identificação da *ratio decidendi*, porque, tratando-se de sistema de casos (*case law*), os *common lawyers* relutam em ver um julgado com vários *ratio decidendi*. Isso tem a ver com a ideia de que o precedente reflete a solução 'do caso', e não a solução das questões nesse envolvidas. Basta compreender que o precedente de um caso pode resolver mais de uma questão, para se aceitar como *ratio decidendi* as razões com base nas quais se julgam as causas de pedir cumuladas; as questões favoráveis ao vencido; as questões preliminares e prejudiciais etc. (ATAÍDE JR, 2014, p. 56).

A aproximação do sistema brasileiro do *common law* no que concerne ao respeito aos precedentes, como registra Guido Fernando Silva Soares, exige uma alteração no método de atuação dos juízes e dos advogados, na medida em que, "enquanto no nosso sistema a primeira leitura do advogado e do juiz é a lei escrita e, subsidiariamente, a jurisprudência, na *common law* o caminho é inverso: primeiro, os *cases* e, a partir da constatação de uma lacuna, vai à lei escrita." (SOARES, 2000, p. 39).

Por força da relevância dos precedentes no sistema norte-americano, aduz Toni M. Fine que "ler, analisar e sumarizar o *case law* é um aspecto da prática jurídica (e do estudo do direito) no país." (FINE, 2011, p. 3-4). Ela ressalta que existem vários fatores que determinam se um precedente é ou não vinculante, quais sejam:

> a) questão legal apresentada: cumpre 'saber se a mesma questão legal - ou uma questão similar – foi suscitada em casos decididos anteriormente e no caso que está sendo avaliado perante a Corte'; b) relação entre as Cortes: 'o precedente é vinculante

a uma Corte subsequente somente nos casos em que tenha sido decidido por uma Corte prevalente, com base em questões de hierarquia e jurisdição, sobre a Corte agora chamada a decidir um caso similar'; c) similaridade dos fatos: 'a doutrina do *stare decisis* está baseada na fundamental e implícita similitude entre casos e também no pressuposto de que casos semelhantes devem ser resolvidos de formas semelhantes [...]. Considerando que fatos advindos de casos diferentes são incomuns ou raramente são os mesmos que os fatos de um caso anterior envolvendo outras partes, as cortes devem procurar determinar quais fatos foram relevantes para a definição dos resultados nos casos já decididos'; d) 'se o princípio legal sob o qual o caso anterior é citado como precedente é uma declaração da Corte (*dictum*) oposta como sendo parte do *holding* dela': 'dicta são pronunciamentos judiciais que vão além dos fatos ou questões legais trazidas à Corte pelas partes. Uma Corte já se referiu à *dicta* como sendo nada mais do que 'observações vagas'. A *dicta* não deve ser considerada parte do *holding* da corte, sob o argumento de que tais questões não devem ter sido objeto de consideração completa da Corte durante a argumentação adversarial entre as partes. Ela não é parte do *holding* da Corte e, tecnicamente, não merece possuir eficácia do *stare decisis* ou efeito de precedente. (FINE, 2011, p.79-83).

Já foram apontadas medidas legislativas que valorizam a jurisprudência e os precedentes. Vale acrescentar o efeito vinculante da decisão definitiva de mérito proferida pelo STF nas ações diretas de inconstitucionalidade e nas ações declaratórias de constitucionalidade (art. 102, §2º, da CR/88[485]), bem assim da decisão proferida pelo STF a partir do reconhecimento da existência de repercussão geral de questão constitucional, situação em que o STF, em decisão única proferida no *leading case*, uniformiza a interpretação constitucional. Isso dispensa de decidir múltiplos casos versando sobre a mesma questão constitucional (art. 102, §3º, da CR/88[486] e Lei n.

---

485 "§ 2º As decisões definitivas de mérito, proferidas pelo Supremo Tribunal Federal, nas ações diretas de inconstitucionalidade e nas ações declaratórias de constitucionalidade produzirão eficácia contra todos e efeito vinculante, relativamente aos demais órgãos do Poder Judiciário e à administração pública direta e indireta, nas esferas federal, estadual e municipal."

486 Art. 102, §3º, da CR/88: "No recurso extraordinário o recorrente deverá demonstrar a repercussão geral das questões constitucionais discutidas no caso, nos termos da lei, a fim de que o Tribunal examine a admissão do recurso, somente podendo recusá-lo pela manifestação de dois terços de seus membros."

11.418/2006, que regulamentou a repercussão geral, por meio da inclusão dos arts. 543-A, §3º e §5º e 543-B do CPC/1973 e 1035, §§ 1º e 3º[487], e 1036[488] do CPC/2015).

A repercussão geral obsta a subida dos recursos repetitivos aos Tribunais Superiores. Com isso, desafoga esses Tribunais, bem como evita que nos Tribunais Regionais do Trabalho e Federais e Tribunais de Justiça sejam praticados atos desnecessários e proferidas decisões contrárias ao posicionamento sedimentado nos Tribunais Superiores.

Registre-se em relação à repercussão geral que, julgado o *leading case*, os recursos sobrestados serão apreciados pelos tribunais, turmas de uniformização ou turmas recursais, que poderão declará-los prejudicados ou retratar-se (art. 543-B, §3º, do CPC/1973, e 1035, § 8º, do CPC/2015), ao passo que, mantida a decisão e admitido o recurso, poderá o STF cassar ou reformar, liminarmente, o acórdão contrário à orientação firmada (art. 543-B, §4º, do CPC/1973 e 1039, parágrafo único, e 1040 e 1041 do CPC/2015).

Acrescente-se, por ser importante, que o CPC de 2015 contém regra expressa de que todos os processos em curso (recursos, ações de conhecimento que estiverem em 1ª Instância, execuções) devem ter seu prosseguimento suspenso até que se decida o recurso em que foi reconhecida a repercussão geral (art. 1035, § 5º, e 1036, § 1º). Verifica-se, assim, que está ocorrendo uma expansão do sistema dos efeitos da repercussão geral nos recursos repetitivos.

---

[487] Art. 1035 do CPC: "O Supremo Tribunal Federal, em decisão irrecorrível, não conhecerá do recurso extraordinário, quando a questão constitucional nele versada não tiver repercussão geral, nos termos deste artigo. §1º. Para efeito de repercussão geral, será considerada a existência ou não de questões relevantes do ponto de vista econômico, político, social ou jurídico, que ultrapassem os interesses subjetivos do processo. [...]. § 3º. Haverá repercussão geral sempre que o recurso impugnar acórdão que: I – contrarie súmula ou jurisprudência dominante do Supremo Tribunal Federal; II – tenha sido proferido em julgamento de casos repetitivos; III – tenha reconhecido a inconstitucionalidade de tratado ou de lei federal, nos termos do art. 97 da Constituição Federal."

[488] Art. 1036 do CPC: "Sempre que houver multiplicidade de recursos extraordinários ou especiais com fundamento em idêntica questão de direito, haverá afetação para julgamento de acordo com as disposições desta Subseção, observado o disposto no Regimento Interno do Supremo Tribunal Federal e no do Superior Tribunal de Justiça."

Não se olvide, contudo, em sintonia com Lenio Luiz Streck e Rosivaldo Toscano dos Santos Júnior, que:

> Ao contrário das corporações, a jurisdição não produz produtos. Distribui justiça. Não é fábrica. É realizadora da Constituição. A decisão judicial produzida em linha de montagem e com peças já pré-fabricadas esconde o que há de mais importante em uma causa: a concretude do caso. Há uma lógica de mercado que pretende transformar a decisão judicial em coisa. Mas direitos não podem ser reduzidos a entes sem um ser, sem sua facticidade, e nem serem tratados como coisa fungível. Dentro dessa pretensão de combate à morosidade a todo custo, ao modo de um discurso extremado, de 'guerra' contra o acúmulo de processos, cai-se em um fosso perigoso. Pois se até mesmo na guerra há preceitos a serem observados, há regras (Convenções de Genebra), na luta contra a morosidade a normatividade é rompida em nome do utilitarismo. Entra-se no discurso do vale-tudo. Mas será que vale-tudo quando estamos a lidar com um Estado Democrático de Direito? (STRECK; SANTOS JÚNIOR, 2014, p. 182).[489]

Por outro lado, Jaldemiro Rodrigues de Ataíde Jr. assevera que, na prática, tem-se observado equívocos constantes,

---

[489] Esses autores comentam a decisão proferida no REsp n. 1.251.331, pelo Superior Tribunal Justiça, em que estendeu os efeitos dos recursos repetitivos aos juizados especiais estaduais: "Trata-se de um caso no qual se discute, em suma, a legitimidade da cobrança das tarifas administrativas para concessão e cobrança dos créditos objetos de contratos bancários. Houve, originariamente, a aplicação do instituto dos recursos repetitivos, previsto no art. 543-C do Código de Processo Civil, com a suspensão dos recursos em andamento nos Tribunais de Justiça. A FEBRABAN ingressou como *amicus curiae* e, em sua sustentação, alegou que feitos que tramitam perante a primeira instância, os Juizados Especiais e as Turmas Recursais continuam sendo julgados em desacordo com o entendimento pacificado pelo STJ. Requereu a extensão dos efeitos da decisão que suspendeu o trâmite nos tribunais às turmas recursais e aos juizados especiais, de modo a que a suspensão pudesse englobá-los. O argumento: o de sempre. A segurança jurídica. Juntou estimativas numéricas (claro) milionárias. A partir daí, constrói-se um modo de se decidir que se baseia em critérios realistas e, claro, alicerçado em utilitarismos. Ocorre que não há, em nossa ordem jurídica, a possibilidade do Superior Tribunal de Justiça conhecer de recurso especial que tenha por objeto ato de turmas recursais ou de juizados especiais. Se, por um lado, é função precípua do Superior Tribunal de Justiça promover a interpretação do direito federal, não lhe compete dizer qualquer coisa sobre qualquer coisa e nem legislar sobre processo, usurpando a competência legislativa do Congresso Nacional, criando hipótese não prevista em lei para extensão dos efeitos do instituto dos recursos especiais repetitivos." (STRECK; SANTOS JÚNIOR, 2014, p. 182-183).

(i) quer no sobrestamento de recursos que versam sobre matéria diversa da que é objeto do recurso afetado ao STF ou STJ, sob o rito dos recursos repetitivos; (ii) quer na aplicação da *ratio decidendi* do acórdão de recurso extraordinário ou especial repetitivo a casos que contêm relevantes traços distintivos; tudo isso em decorrência da má confrontação entre o caso em julgamento e o caso paradigma. (ATAÍDE JR, 2014, p. 56).

Realizados estes registros, passa-se ao exame do incidente de recursos repetitivos na forma em que foi disciplinado pela Lei n. 13.015/04, que acrescentou à CLT os arts. 896-B e 896-C, ressaltando-se que a técnica de julgamento de recursos repetitivos acaba por consagrar o efeito vinculante da decisão proferida no caso piloto.

A Lei n. 13.015/14 acrescentou à CLT o art. 896-B, prevendo que "aplicam-se ao recurso de revista, no que couber, as normas da Lei n. 5.869, de 11 de janeiro de 1973 (Código de Processo Civil) relativas aos julgamentos dos recursos extraordinários e especiais repetitivos."[490]

A citada Lei também acrescentou à CLT o art. 896-C, que dispõe:

> Art. 896-C. Quando houver multiplicidade de recursos de revista fundados em idêntica questão de direito, a questão poderá ser afetada à Seção Especializada em Dissídios Individuais ou ao Tribunal Pleno, por decisão da maioria simples de seus membros, mediante requerimento de um dos Ministros que compõem a Seção Especializada, considerando a relevância da matéria ou a existência de entendimentos divergentes entre os Ministros dessa Seção ou das Turmas do Tribunal.[491]

---

[490] Dispõe o art. 1046, §4º, do CPC/2015 que: "as remissões a disposições do Código de Processo Civil revogado, existentes em outras leis, passam a referir-se às que lhes são correspondentes neste Código." Novo CPC: Lei n. 13.105, de 16.03.2015.

[491] Anota Claudio Brandão que: "A tanto se pode concluir pela conjunção disjuntiva 'ou' inserida no dispositivo. Os requisitos são cumulativos. Significa dizer que se deve identificar a existência de vários recursos em que o tema seja discutido, até para que se possa justificar o epíteto de 'recursos repetitivos', e, aliado a esse requisito, um dos dois fundamentos mencionados na norma: **relevância da questão jurídica** ou **divergência interna na Corte** (na própria SBDI-1 ou entre Turmas) como se pode constatar (destaques postos) [...]. Manoel Antonio Teixeira Filho propõe critério objetivo destinado à compreensão do conceito de 'multiplicidade'. Para ele, a partir do significado do adjetivo multíplice encontrado no *Dicionário Houaiss da Língua Portuguesa* ('quantidade maior do que três'), estaria presente a partir de quatro recursos. Ainda que se trate de conceito jurídico indeterminado ('multiplicidade de recursos de revista'), a ideia é interessante porque afasta certa margem de

§1º O Presidente da Turma ou da Seção Especializada, por indicação dos relatores, afetará um ou mais recursos representativos da controvérsia para julgamento pela Seção Especializada em Dissídios Individuais ou pelo Tribunal Pleno, sob o rito dos recursos repetitivos.

§2º O Presidente da Turma ou da Seção Especializada que afetar processo para julgamento sob o rito dos recursos repetitivos deverá expedir comunicação aos demais Presidentes de Turma ou de Seção Especializada, que poderão afetar outros processos sobre a questão para julgamento conjunto, a fim de conferir ao órgão julgador visão global da questão.

§3º O Presidente do Tribunal Superior do Trabalho oficiará os Presidentes dos Tribunais Regionais do Trabalho para que suspendam os recursos interpostos em casos idênticos aos afetados como recursos repetitivos, até o pronunciamento definitivo do Tribunal Superior do Trabalho.

§4º Caberá ao Presidente do Tribunal de origem admitir um ou mais recursos representativos da controvérsia, os quais serão encaminhados ao Tribunal Superior do Trabalho, ficando suspensos os demais recursos de revista até o pronunciamento definitivo do Tribunal Superior do Trabalho.

§5º O relator no Tribunal Superior do Trabalho poderá determinar a suspensão dos recursos de revista ou de embargos que tenham como objeto controvérsia idêntica à do recurso afetado como repetitivo.

---

discricionariedade do Ministro ao pretender suscitar o procedimento em havendo, por exemplo, apenas dois casos a serem apreciados. Certo é, contudo, que, diante da verdadeira 'avalanche de processos' distribuídos, facilmente se poderá alcançar a quantidade sugerida [...] Os ensinamentos de De Plácido e Silva, em obra clássica, permitem compreender o exato sentido do que representa o núcleo conceitual da matéria a ser solucionada. Para o citado autor, a palavra 'questão' exprime, originariamente, a própria controvérsia, litígio ou contenda, em que se debatem; em linguagem jurídica, significa, especialmente, o ponto ou pontos, em que se infere a dita controvérsia ou em que se apoia o dito litígio. É o ponto contestado, é a matéria objeto da divergência ou o motivo da demanda ou do litígio sobre o qual se deve manifestar o julgador na decisão. 'Questão de direito (*quaestio juris*) é aquela na qual se debatem somente pontos de vista jurídicos, isto é, matéria de Direito'. Assinale-se que, apesar de ser 'de direito', a questão posta também alcançará os fatos que lhe deram origem, o que justifica a referência à 'situação de fato' contida no §16 do artigo comentado. Não se discutem os fatos, frise-se, até mesmo em função do óbice contido na Súmula n. 126 do TST, mas a decisão sobre a questão jurídica encampa o suporte de realidade fática da qual emana a controvérsia." (BRANDÃO, 2015, p. 158).

§6º O recurso repetitivo será distribuído a um dos Ministros membros da Seção Especializada ou do Tribunal Pleno e a um Ministro revisor.

§7º O relator poderá solicitar, aos Tribunais Regionais do Trabalho, informações a respeito da controvérsia, a serem prestadas no prazo de 15 (quinze) dias.

§8º O relator poderá admitir manifestação de pessoa, órgão ou entidade com interesse na controvérsia, inclusive como assistente simples, na forma da Lei no 5.869, de 11 de janeiro de 1973 (Código de Processo Civil).

§9º Recebidas as informações e, se for o caso, após cumprido o disposto no § 7º deste artigo, terá vista o Ministério Público pelo prazo de 15 (quinze) dias.

§10. Transcorrido o prazo para o Ministério Público e remetida cópia do relatório aos demais Ministros, o processo será incluído em pauta na Seção Especializada ou no Tribunal Pleno, devendo ser julgado com preferência sobre os demais feitos.

§ 11. Publicado o acórdão do Tribunal Superior do Trabalho, os recursos de revista sobrestados na origem: I - terão seguimento denegado na hipótese de o acórdão recorrido coincidir com a orientação a respeito da matéria no Tribunal Superior do Trabalho; ou II - serão novamente examinados pelo Tribunal de origem na hipótese de o acórdão recorrido divergir da orientação do Tribunal Superior do Trabalho a respeito da matéria.

§12. Na hipótese prevista no inciso II do § 11 deste artigo, mantida a decisão divergente pelo Tribunal de origem, far-se-á o exame de admissibilidade do recurso de revista (os §§ 11, II, e 12 dizem respeito ao acórdão atacado mediante recurso de revista, o que indica que o recurso em razão do qual foi proferida a decisão atacada mediante recurso de revista é que será reexaminado na origem).

§13. Caso a questão afetada e julgada sob o rito dos recursos repetitivos também contenha questão constitucional, a decisão proferida pelo Tribunal Pleno não obstará o conhecimento de eventuais recursos extraordinários sobre a questão constitucional.

§14. Aos recursos extraordinários interpostos perante o Tribunal Superior do Trabalho será aplicado o procedimento previsto no art. 543-B da Lei no 5.869, de 11 de janeiro de 1973 (Código de Processo Civil), cabendo ao Presidente do Tribunal Superior do Trabalho selecionar um ou mais recursos representativos da controvérsia e encaminhá-los ao Supremo Tribunal Federal, sobrestando os demais até o pronunciamento definitivo da Corte, na forma do §1º do art. 543-B da Lei no 5.869, de 11 de janeiro de 1973 (Código de Processo Civil).

§15. O Presidente do Tribunal Superior do Trabalho poderá oficiar os Tribunais Regionais do Trabalho e os Presidentes das Turmas e da Seção Especializada do Tribunal para que suspendam os processos idênticos aos selecionados como recursos representativos da controvérsia e encaminhados ao Supremo Tribunal Federal, até o seu pronunciamento definitivo.

§16. A decisão firmada em recurso repetitivo não será aplicada aos casos em que se demonstrar que a situação de fato ou de direito é distinta das presentes no processo julgado sob o rito dos recursos repetitivos.[492]

§17. Caberá revisão da decisão firmada em julgamento de recursos repetitivos quando se alterar a situação econômica, social ou jurídica, caso em que será respeitada a segurança jurídica das relações firmadas sob a égide da decisão anterior, podendo o Tribunal Superior do Trabalho modular os efeitos da decisão que a tenha alterado.

Destarte, havendo multiplicidade de recursos de revista fundados em idêntica questão de direito, um ou mais recurso representativo da controvérsia serão levados a julgamento, sob o rito dos recursos repetitivos. A decisão proferida nos *casos piloto* ou *processos modelo* deverá ser observada pelos tribunais perante os quais foram interpostos os recursos de revista repetitivos. Dispõe o art. 896-C, § 11, neste sentido que, publicada esta decisão, os recursos de revista sobrestados na origem "terão seguimento denegado na hipótese de o acórdão recorrido coincidir com a orientação a respeito da matéria no Tribunal Superior do Trabalho." Eles serão novamente examinados pelo Tribunal de origem na hipótese de o acórdão recorrido divergir da orientação do Tribunal Superior do

---

[492] Registre-se que, "nesse sentido, é preciso advertir que a igualdade, que irá possibilitar a salvaguarda da integridade e coerência do direito através da aplicação dos precedentes oriundos dos mecanismos dos recursos repetitivos e do instituto da repercussão geral, deve decorrer da similitude jurídica e fática dos casos confrontados, e não apenas da tese jurídica. Pensar de modo diferente, ou seja, de que é possível a coerência e integridade no direito apenas em face da questão jurídica, é acreditar em conceitos sem coisas – espécie de metafísica no (do) direito." (SAUSEN, 2013, p. 103-104).

Trabalho a respeito da matéria. Observe-se que nesta segunda hipótese, se for mantida a decisão divergente proferida pelo tribunal de origem, far-se-á o exame de admissibilidade do recurso de revista (art. 896-C, § 12). Assim, a decisão do caso piloto terá efeito vinculante em relação aos recursos sobrestados, atuando, portanto, como verdadeiro precedente obrigatório, ressalvado, no entanto, que, como prevê o §16, do art. 896-C da CLT, o precedente não será aplicado nos casos em que forem distintas as situações de fato ou de direito (*distinguished*), além do que, dada a dinamicidade das relações sociais, como é previsto no §17 deste mesmo artigo:

> Caberá **revisão da decisão** firmada em julgamento de recursos repetitivos quando se **alterar a situação econômica, social ou jurídica,** caso em que será respeitada a segurança jurídica das relações firmadas sob a égide da decisão anterior, podendo o Tribunal Superior do Trabalho **modular os efeitos** da decisão que a tenha alterado.[493]

---

[493] Constata-se em referido dispositivo legal a adoção das técnicas *overruling* e *overriding*, a primeira, "se caracteriza quando o próprio tribunal que firmou o precedente decide pela perda de sua força vinculante, por haver sido substituído (*overruled*) por outro. Assemelha-se à revogação de uma lei por outra e pode ocorrer de forma expressa (*express overruling*), quando resolve, expressamente, adotar uma nova orientação e abandonar a anterior, ou tácita (*implied overruling*), quando essa nova orientação é adotada em confronto com a anterior, embora sem que o faça de modo expresso. Em ambos os casos, exige-se uma carga de motivação maior, que contenha argumentos até então não suscitados e justificação complementar capaz de incentivar o Tribunal a modificar a tese jurídica – *ratio decidendi*, ou razão de decidir -, o que, convenha-se, não deve ocorrer com frequência, em virtude da necessidade de preservação da segurança jurídica. A natureza da motivação foi identificada objetivamente no dispositivo em análise: 'alteração da situação econômica, social ou jurídica', mas há que se exigir elemento qualitativo que justifique a mudança; não é, portanto, o simples desejo do Tribunal ou mesmo a alteração em sua composição que a legitimará: deve ser significativa e, ainda assim, preservada a segurança jurídica. É mais um exemplo de norma que insere, no seu texto, conceitos jurídicos indeterminados, cuja densificação ficará a cargo do Poder Judiciário, especialmente no que toca à relevância. Possível do ponto de vista teórico, a substituição com eficácia *ex tunc* (*retrospective overruling*) – mudança retroativa, portanto -, não é admitida, por dicção da própria Lei, quando atinja as relações jurídica firmada a partir da tese encampada anteriormente. A segunda, o *overriding*, também pode ser identificada na norma. É a técnica de superação que se diferencia da anterior por ser de menor alcance. Neste caso, o tribunal apenas limita o âmbito de incidência do precedente, em função da superveniência de uma regra ou princípio legal. Não há superação total, mas parcial do precedente, semelhante ao que ocorre com a revisão das súmulas vinculantes [...] Novidade também é a adoção da técnica da modulação dos efeitos da decisão, prevista no dispositivo em foco. O sistema recursal trabalhista passa a contar com regra de mitigação dos efeitos temporais da

A sistemática do recurso repetitivo foi regulamentada por meio do Ato n. 491, de 23 de setembro de 2014 – TST/SEGJUD. GP[494], que dispõe, por exemplo, que os casos pilotos (recursos afetados como recursos repetitivos) deverão ser julgados no prazo de um ano e terão preferência sobre os demais feitos (art. 14) e que o acórdão paradigma abrangerá a análise de todos os fundamentos suscitados à tese jurídica discutida, favoráveis ou contrárias (art. 17), há, ainda, expressa referência à realização de audiência pública para ouvir depoimento de pessoas com experiência e conhecimento da matéria, consagrando, portanto, uma relevante espécie de diálogo entre o Poder Judiciário e a sociedade, que são as audiências públicas (art. 16).

Ainda do mencionado Ato consta que:

a) publicado o acórdão paradigma, o presidente ou vice-presidente, do tribunal de origem "negará seguimento aos recursos de revista sobrestados, se o acórdão recorrido coincidir com a orientação do Tribunal Superior do Trabalho" (art. 21, I);

b) "O órgão que proferiu o acórdão recorrido, na origem, reexaminará a causa de competência originária ou recurso anteriormente julgado, na hipótese de o acórdão recorrido contrariar a orientação do Tribunal Superior" (art. 21, II), sendo que, "para fundamentar a decisão de manutenção do entendimento, o órgão que proferiu o acórdão recorrido demonstrará fundamentadamente a existência de distinção, por se tratar de caso particularizado por hipótese fática distinta ou

---

decisão para fixá-los para momento posterior à decisão ou para o futuro e, com isso, preservar as situações jurídica consolidadas ao tempo da tese jurídica anteriormente consagrada pelo TST [...]. A novel regra trabalhista consagra, de modo expresso, o respeito à **segurança jurídica**, como fundamento a ser observado na modulação. Também se pode acrescentar o princípio da **proteção da confiança**, reconhecido pela doutrina, que deve reger a atuação do Poder Judiciário, consagrado, de modo expresso, no Novo CPC, especialmente no que se refere à mudança da orientação contida em súmulas da jurisprudência dos tribunais." (BRANDÃO, 2015, p. 180-183).

494 Referido Ato foi republicado no Diário Eletrônico da Justiça do Trabalho n. 1603, no dia 14.11.2014.

questão jurídica não examinada, a impor solução jurídica diversa." (Art. 21, II e § 1º);

c) "Os processos suspensos em primeiro e segundo graus de jurisdição retomarão o curso para julgamento e a aplicação da tese firmada pelo Tribunal Superior." (Art. 21, III).

O incidente de resolução de recursos repetitivos implica afetar ao TST o julgamento de questão jurídica comum a vários recursos de revista, com o proferimento de decisão vinculante para as instâncias inferiores.[495] Esse incidente, portanto, tem estreita relação com um dos objetivos das ações coletivas, qual seja, o de enfrentar em conjunto as questões que devem ser resolvidas de uma só vez e de uma mesma maneira, com eficácia não apenas para as partes dos processos pilotos, mas também para todos aqueles que se encontrem na mesma situação. Isso contribui para o atendimento do princípio da igualdade, além de favorecer a economia processual e a razoável duração do processo, não podendo ser olvidado, ainda, que a uniformidade na interpretação das fontes do Direito constitui um fator de segurança jurídica.

A adoção desse incidente constitui mais um capítulo do diálogo entre sistemas jurídicos, ressaltando-se que a Corte Europeia

---

[495] Registra Claudio Brandão que "outro ponto que merece comentários diz respeito à imprescindibilidade de existência de múltiplos processos, quando o requerimento se fundar na relevância da matéria, diante do quanto contido no *caput* do art. 896-C e no parágrafo único do art. 7º do Ato n. 391/2014, este último transcrito com destaques: 'Parágrafo único. A afetação a que se refere o *caput* deste artigo **não pressupõe, necessariamente, a existência de diversos processos em que a questão relevante seja debatida**. Sobre o tema, Manoel Antonio Teixeira Filho sustenta que a regra em foco representa a 'inserção de um elemento heterodoxo incompatível com o incidente de recursos repetitivos', exceto se for inferido que, neste caso, '[...] não haveria necessidade de atendimento ao requisito da *multiplicidade*, bastando a existência de um só recurso contendo *matéria* relevante, para autorizar a instauração do incidente – que não seria de recursos *repetitivos*, senão que de recurso *solitário*!' Ao final, conclui ser essa interpretação menos desaconselhável. De fato, não se há de exigir que já se encontrem no TST múltiplos recursos, mas devem existir razões justificadas que autorizem a manifestação prévia da Corte, o que pode ser evidenciado, por exemplo, pela grande divergência entre os Tribunais, o tema ser objeto de ações pulverizadas em todo o território nacional ou mesmo estar relacionado com a eficácia dos direitos fundamentais assegurados na Constituição, enfim, temas que ainda não estejam com a interpretação sedimentada no TST. A aferição da relevância da matéria, portanto, é prévia e caberá ao Tribunal estabelecer, com precisão, o seu alcance." (BRANDÃO, 2015, p. 162).

de Direitos Humanos, motivada por um número cada vez maior de petições, criou o "denominado *Pilot-Juldgment Procedure*. Tal procedimento consiste na escolha de um ou mais processos quando se verificar que inúmeros requerimentos dirigidos à Corte são derivados da mesma causa comum." (BARBOSA; CANTOARIO, 2011, p. 435-523).[496]

É importante mencionar que o CPC de 2015, ao tratar da fundamentação das decisões judiciais, no art. 489, §1º, estabelece que não se considera fundamentada qualquer decisão judicial, seja ela interlocutória, sentença ou acórdão, que: "VI – deixar de seguir enunciado de súmula, jurisprudência ou precedente invocado pela parte, sem demonstrar a existência de distinção no caso em julgamento ou a superação do entendimento". Esta disposição acentua ainda mais a força vinculante dos precedentes jurisdicionais.

Não há impedimento para a aplicação de recursos repetitivos no processo coletivo quando atendidas as condições estabelecidas no art. 896-C da CLT. De outro lado, esse incidente não afeta a relevância das ações coletivas, notadamente porque ele poderá ser aplicado quando existirem várias ações versando sobre o mesmo objeto. No caso de direitos individuais homogêneos, a ação coletiva serve exatamente para evitar o ajuizamento de várias ações individuais com o mesmo objeto, além do que, quando a hipótese for de ação civil coletiva, será proferida uma decisão única que beneficiará todas as vítimas e seus sucessores. Já no caso do recurso repetitivo, deverá ser proferida decisão em cada um dos processos sobrestados, o que implica, inclusive, que a execução será sempre individu-

---

[496] Anote-se que "essa 'causa comum' tem sido interpretada exclusivamente como disfunções da legislação interna dos países contratantes, que possam estar causando violações em massa aos direitos jurisdicionados. Os processos escolhidos como 'líderes' passam a tramitar em regime de prioridade e a decisão sobre a questão comum neles proferida abrange todos os processos que compreendem a mesma situação [...]. A ideia central *Pilot-Judgment Procedure* é proporcionar uma tutela mais célere dos direitos fundamentais dos requerentes nos casos em que há um grande número de petições referentes à mesma questão. A espera seria muito mais se todos esses casos fossem apreciados individualmente. Contudo, recentes estudos sobre o assunto têm demonstrado que o julgamento piloto pode não ser a medida adequada para todos os processos repetitivos. Muitas vezes a Corte tem optado por flexibilizar o *Pilot-Judgment Procedure*, como ocorreu no caso Lukenda contra Eslovênia, em que se optou pela não suspensão dos processos pendentes." (BARBOSA; CANTOARIO. 2011, p. 435-523).

al, o que nem sempre ocorre na ação civil coletiva, cuja execução pode ser coletiva.

Sobre o assunto, anota Claudio Brandão que:

> Trata-se de novidade sem igual, na medida em que introduz a força obrigatória do precedente judicial e modifica, substancialmente, o procedimento de julgamento dos recursos nos quais vier a ser suscitado o incidente, que passarão a fixar a tese jurídica ou o precedente judicial que, doravante, servirá de paradigma obrigatório no âmbito da respectiva jurisdição. Ademais, a inovação busca contemplar solução para as demandas igualmente de massa, característica marcante da sociedade contemporânea. Some-se a busca pela segurança jurídica e preservação do princípio da igualdade, valorizados pela sistematização de identidade de teses jurídicas aplicáveis a casos semelhantes. (BRANDÃO, 2015, p. 148).

Não obstante, vale destacar a advertência de José Miguel Garcia Medina, Alexandre Freire e Alonso Reis Freire, no sentido de que:

> O sistema de precedentes judiciais jamais eliminará a contradição e a divergência. Ele apenas reduz sua ocorrência, conferindo-lhe maior integridade sistêmica. Nem mesmo significa a perda do livre convencimento do juiz – desde que por livre convencimento se entenda a possibilidade de os juízes demonstrarem que, em determinado caso, os fatos e a situação são distintos o bastante daqueles em que se firmou o precedente judicial *prima facie* obrigatório, de tal modo que seguir o precedente iria contra as próprias razões de existir do *stare decisis*. (MEDINA; FREIRE, Alexandre; FREIRE, Alonso; 2013, p. 683).

Digna de registro também a advertência de Claudio Brandão, no sentido de que:

> Mas, não será uma tarefa fácil a implantação e solidificação desses novos conceitos e todas as mudanças que representarão na estrutura consolidada há mais de setenta anos, muito embora não se possa dizer que é algo inteiramente novo, pois muito já existe dessa teoria, sobretudo se for considerada a força persuasiva das decisões do TST, consolidadas, mais tarde, em súmulas e orientações jurisprudenciais que barram recursos de decisões proferidas em conformidade com as teses nelas fixadas ou autorizam julgamentos de mérito, muito embora – e esse é o grande diferencial – não fossem capazes de 'barrar' novas decisões em sentido contrário às teses por ele fixadas. Isso sem se falar na força vinculante atribuída às súmulas do STF, editadas com tal atributo. (BRANDÃO, 2015, p. 152).

5.8.16. Coisa julgada

A partir do momento em que deixa de ser passível de impugnação por meio de recurso, a decisão transita em julgado, momento em que adquire a qualidade de imutável e indiscutível. Assim, coisa julgada é uma qualidade da decisão, que é traduzida pela sua imutabilidade e indiscutibilidade.

O art. 467 do CPC/1973 dispõe que é denominada coisa julgada material "a eficácia, que torna imutável e indiscutível a sentença não mais sujeita a recurso ordinário ou extraordinário". Já o art. 502 do CPC/2015 estabelece que "denomina-se coisa julgada material a autoridade que torna imutável e indiscutível a decisão de mérito não mais sujeita a recurso." Com o trânsito em julgado da sentença, seu conteúdo fica imune à modificação (imutabilidade) e à impugnação (indiscutibilidade), sendo nele tornado claro o que já se subtendia da previsão constante do art. 467 do CPC/1973, o qual tratava, embora sem expressa referência a elas, da coisa julgada material e da decisão de mérito.

A coisa julgada é instituída por conveniência prática, o que, para Giuseppe Chiovenda, remonta aos romanos, que justificavam a coisa julgada "com razões inteiramente práticas, de utilidade social. Para que a vida social se desenvolva o mais possível segura e pacífica, é necessário imprimir certeza ao gozo dos bens da vida, e garantir o resultado do processo." (CHIOVENDA, 1998, p. 447).

Anote-se que:

> O bem da vida que o autor deduziu em juízo (*res in iudicium deducta*) com a afirmação de que uma vontade concreta de lei o garante a seu favor ou nega ao réu, depois de que o juiz o reconheceu ou desconheceu com a sentença de recebimento ou rejeição da demanda, converte-se em coisa julgada (*res iudicata*) [...]. A coisa julgada não é senão o bem julgado, o bem reconhecido ou desconhecido pelo juiz [...]. O bem julgado torna-se incontestável (*finem controversiarum accipit*): a parte a que se denegou o bem da vida não pode mais reclamar; a parte a quem se reconheceu, não só tem o direito de consegui-lo praticamente em face da outra, mas não pode sofrer, por parte desta, ulteriores contestações a esse direito e esse gozo. Essa é a autoridade da coisa julgada. (CHIOVENDA, 1998, p. 446-447).

Francesco Carnelutti assevera:

> a) a expressão 'coisa julgada', da qual pela força do costume não cabe prescindir, tem mais de um significado. *Res iudicata* é, na realidade, o litígio julgado, ou seja, o litígio depois da decisão; ou mais precisamente, levando-se em conta a estrutura diversa entre o latim e o italiano, o *juízo dado sobre o litígio*, ou seja, sua decisão. Em outras palavras: o ato e, por sua vez, o *efeito* de decidir, que realiza o juiz em torno do litígio.
>
> b) Se se descompusesse esse conceito (ato e efeito), o segundo dos lados que dele resultam, ou seja, o efeito de decidir, recebe também e especialmente o nome de coisa julgada que, por conseguinte, serve para designar, tanto a *decisão* em conjunto, quanto em particular sua *eficácia*. Não resta dúvida, por exemplo, de que no primeiro desses sentidos emprega-se a palavra pelo legislador nos arts. 1.350 e 1.351 do Código Civil, onde ao falar de 'autoridade que a lei atribui à coisa julgada', ou de 'autoridade da coisa julgada', por coisa julgada há de se entender a decisão e não sua eficácia. (CARNELUTTI, 2004, p. 406, v. I).

A coisa julgada é justificada pela necessidade de certeza, estabilidade[497] e segurança jurídica nas relações sociais[498] e de paz social,[499] assim como de evitar decisões conflitantes sobre a mesma lide.

---

497 Antonio Gidi assevera que "essa garantia de estabilidade é anseio não somente da parte vencedora, como também da parte vencida e da população como um todo, que precisa movimentar o comércio e as relações jurídicas em geral com estabilidade e segurança. Com efeito, justiça sem estabilidade seria equivalente a nenhuma justiça." (GIDI, 1995, p. 8).

498 Segundo Cândido Rangel Dinamarco, "a segurança nas relações jurídicas, proporcionada tanto pela coisa julgada material quanto pela formal, é importantíssimo fator de pacificação e tranquilidade, sabendo-se que a insegurança é um estado perverso que prejudica os negócios, o crédito, as relações familiares e, por isso, a felicidade pessoal das pessoas ou grupos. A imutabilidade da sentença e seus efeitos é um dos importantes pesos responsáveis pelo equilíbrio entre exigências opostas, inerentes a todo sistema processual: enquanto a garantia do contraditório, direito à prova, e à regularidade dos atos do processo, os recursos etc., proporcionam o aprimoramento da qualidade dos julgamentos mediante a refletida ponderação do juiz em torno da pretensão e dos pontos duvidosos que a envolvem (Calamandrei), a imutabilidade implica pôr um ponto final nos debates e nas dúvidas, oferecendo a solução final destinada a eliminar o conflito (coisa julgada material) ou ao menos a extinguir os vínculos inerentes à relação processual (coisa julgada formal)." (DINAMARCO, 2009, p. 301-302).

499 Sobre o assunto, assevera Humberto Theodoro Júnior que a coisa julgada "é, em última análise, a própria lei que quer que haja um fim à controvérsia da parte. A paz social o exige." (THEODORO JÚNIOR, 2007, p. 598).

A segurança jurídica em relação ao direito constitui

> [...] decisão, com vitória de um dos litigantes e derrota do outro, é para ambos o fim e a negação das expectativas e incertezas que os envolviam e os mantinham em desconfortável estado de angústia. As decisões judiciárias, uma vez tomadas, isolam-se dos motivos e do grau de participação dos interessados e imunizam-se contra novas razões ou resistências que se pensasse em opor-lhes (Niklas Luhmann, Tércio Sampaio Ferraz Jr.), chegando a um ponto de firmeza que se qualifica como estabilidade e que varia de grau conforme o caso. (DINAMARCO, 2003, p. 11).

A coisa julgada pode ser formal ou material. A primeira traduz a impossibilidade de modificar ou rediscutir a decisão no processo em que foi proferida. A segunda significa a imutabilidade e indiscutibilidade da decisão de mérito no processo em que foi proferida e em qualquer outro processo.

Para Luigi Paolo Comoglio, Corrado Ferri e Michele Tarufo, a coisa julgada formal "consiste na definitividade do ato jurisdicional não mais sujeito a impugnação, com a consequente preclusão do reexame de todas questões apenas no âmbito do mesmo processo; mais precisamente, a coisa julgada formal individualiza aquela situação de imutabilidade (relativa) do ato-sentença, não mais sujeito a impugnação ordinária". Já coisa julgada material "individualiza ao contrário um fenômeno diverso, ao lançar a declaração contida na sentença para fora do processo em que é formado." (COMOGLIO; FERRI; TARUFO, 2006, p. 691).

A coisa julgada material pressupõe a formal, uma vez que se a decisão ainda é passível de recurso no processo em que foi proferida, não há que se falar em coisa julgada material. Ela possui limites objetivos que dizem respeito à parte da decisão por ela alcançada (art. 469 do CPC/1973 e 504 do CPC/2015), assim como à extensão em relação ao caso julgado. Registre-se, neste sentido, que, de acordo com o art. 468 do CPC/1973, "a sentença, que julgar total ou parcialmente a lide, tem força de lei nos limites da lide e das questões decididas."[500]

---

[500] O artigo correspondente no CPC/2015 é o de número 503, cuja redação é a seguinte: "A decisão que julgar total ou parcialmente o mérito tem força de lei nos limites da questão principal expressamente decidida."

A coisa julgada também possui limites subjetivos, que dizem respeito a quem será alcançado pelos seus efeitos. No processo civil individual, consoante o art. 472 do CPC/1973, a sentença faz coisa julgada às partes entre as quais é dada, não beneficiando nem prejudicando terceiros, o que é repetido no CPC/2015, em seu art. 506, segundo o qual a decisão faz coisa julgada às partes entre as quais é dada, não prejudicando terceiros, tendo sido excluída, apenas, a referência ao benefício de terceiros (o que está em sintonia com o processo coletivo, no qual a coisa julgada, como se verá mais adiante, pode beneficiar terceiros).

No CPC de 2015, o art. 337, §4º, prevê que ocorre coisa julgada quando há repetição de "ação que já foi decidida por decisão transitada em julgado", o que não difere, na essência, do CPC de 1973 (o art. 301, § 3º, deste Código alude à decisão de que não cabia recurso, ou seja, que transitou em julgado), ao passo que, consoante, o seu art. 503, "a decisão que julgar total ou parcialmente o mérito tem força de lei nos limites da questão principal expressamente decidida", o que também não difere de forma substancial do CPC de 1973, vez que julgar a lide (art. 468 do CPC de 1973) implica julgamento do mérito, enquanto ter força nos limites da lide e das questões decididas equivale, na essência, a ter força nos limites da questão principal decidida.

Tanto o art. 472 do CPC/1973 quanto o art. 506 do CPC/2015 restringem o alcance subjetivo da coisa julgada. No entanto, é da essência do processo metaindividual que a coisa julgada alcance terceiros, posto que é em seu favor que a ação coletiva é promovida e que nesta é perseguida a tutela de direitos indivisíveis (difusos e coletivos) ou que merecem tutela coletiva em razão de sua origem (individuais homogêneos).

Neste sentido, tratando da coisa julgada nas ações coletivas, estabelece o art. 103 do CDC que a sentença fará coisa julgada:

"I   erga omnes, exceto se o pedido for julgado improcedente por insuficiência de provas, hipótese em que qualquer legitimado poderá intentar outra ação, com idêntico fundamento, valendo-se de nova prova", na hipótese de ação coletiva visando à defesa de interesses ou direitos difusos;

"II *ultra partes*, mas limitadamente ao grupo, categoria ou classe, salvo improcedência por insuficiência de provas", hipótese em que qualquer legitimado poderá intentar outra ação, na hipótese de ação coletiva visando à defesa de interesses ou direitos coletivos;

"III *erga omnes*, apenas no caso de procedência do pedido, para beneficiar todas as vítimas e seus sucessores", na hipótese de ação visando à defesa de interesses individuais homogêneos.

Segundo o §1º do art. 103 do Código de Defesa do Consumidor, os efeitos da coisa julgada previstos nos incisos I e II (ação versando sobre interesses ou direitos difusos ou coletivos) não prejudicarão interesses e direitos individuais dos integrantes da coletividade, do grupo, categoria ou classe.

Consoante o §2º do art. 103 do CDC, na hipótese prevista no inciso III (ação versando sobre interesses ou direitos individuais homogêneos), em caso de improcedência do pedido, os interessados que não tiverem intervindo no processo como litisconsortes poderão propor ação de indenização a título individual.

Nos termos do §3º do art. 103 do Código de Defesa do Consumidor, os efeitos da coisa julgada, de que cuida o art. 16, combinado com o art. 13 da Lei n. 7.347, de 24 de julho de 1985,

> [...] não prejudicarão as ações de indenização por danos pessoalmente sofridos, propostas individualmente ou na forma prevista neste Código, mas, se procedente o pedido, beneficiarão as vítimas e seus sucessores, que poderão proceder à liquidação e à execução, nos termos dos art. 96 a 99 do CDC.

Por outro lado, o art. 16 da Lei n. 7.347/85, com a redação que lhe deu a Lei n. 9.494/97, dispõe que

> [...] a sentença civil fará coisa julgada *erga omnes*, nos limites da competência territorial do órgão prolator, exceto se o pedido for julgado improcedente por insuficiência de provas, hipóte-

se em que qualquer legitimado poderá intentar outra ação com idêntico fundamento, valendo-se de nova prova.

Assim, conforme referido dispositivo legal:

a) dá-se a extensão dos efeitos da coisa julgada a terceiros (coisa julgada *erga omnes*) no caso de procedência do pedido ou de improcedência por motivo que não seja a insuficiência de provas, nos limites da competência territorial do órgão prolator;

b) não forma coisa julgada a decisão que julga improcedente o pedido por insuficiência de provas (coisa julgada *secundum eventum probationis*).

As previsões contidas no art. 103 do CDC e nos arts. 13 e 16 da Lei de Ação Civil Pública compõem o microssistema do processo coletivo trabalhista para fins de regulamentação da coisa julgada coletiva, por força do art. 769 da CLT (e também do art. 15 do CPC/2015) e, ainda, do fato de que as fontes do Direito devem dialogar para alcançar resultados que contribuam para a realização concreta dos direitos metaindividuais trabalhistas, notadamente os de natureza fundamental.[501]

Por outro lado, o mandado de segurança, previsto no art. 5º, LXX, da CR/88, foi regulamentado pela Lei n. 12.016/09, cujo art. 22 dispõe que, no mandado de segurança coletivo a sentença fará coisa julgada limitadamente aos membros do grupo ou da categoria substituídos pelo impetrante. A natureza coletiva do direito deduzido em juízo, portanto, exige que a coisa julgada produza efeitos *ultra partes*.

Passa-se, agora, ao exame em separado dos efeitos da coisa julgada em relação aos direitos metaindividuais.

---

[501] Dispõe o art. 21 da Lei da Ação Civil Pública que: "Aplicam-se à defesa dos direitos e interesses difusos, coletivos e individuais, no que for cabível, os dispositivos do Título III da Lei que institui o Código de Defesa do Consumidor." Por outro lado, prevê o art. 90 do Código de Defesa do Consumidor que: "Aplicam-se às ações previstas neste Título as normas do Código de Processo Civil e da Lei n. 7.347, de 24 de julho de 1985, inclusive no que respeita ao inquérito civil, naquilo que não contrariar suas disposições." Tais comandos legais expressam a concepção segundo a qual as fontes de direito devem dialogar entre si.

a) Direitos difusos

Estabelece o art. 103, I, do Código de Defesa do Consumidor que a sentença proferida em ação coletiva versando sobre direitos difusos faz coisa julgada *erga omnes* (perante todos), exceto se o pedido for julgado improcedente por insuficiência de provas, hipótese em que qualquer legitimado poderá intentar outra ação, com idêntico fundamento, valendo-se de nova prova.

Dispõe o §1º do art. 103 do Código de Defesa do Consumidor que os efeitos da coisa julgada previstos no inciso I não prejudicarão os interesses ou direitos individuais dos integrantes da coletividade, do grupo, da categoria ou da classe.

Prevê o art. 104 do Código de Defesa do Consumidor que os efeitos da coisa julgada *erga omnes* não beneficiarão os autores das ações individuais se não for requerida a sua suspensão no prazo de trinta dias, a contar da ciência nos autos do ajuizamento da ação coletiva.

Assim, nas ações coletivas versando a defesa de direitos difusos:

a) em caso de procedência do pedido, a decisão fará coisa julgada em relação às partes, aos demais entes legitimados e a todos os membros da coletividade (coisa julgada *erga omnes*);

b) em caso de improcedência do pedido por fundamento diverso da insuficiência da prova, a decisão fará coisa julgada para todos os entes legitimados (coisa julgada *erga omnes*), mas não prejudicará as ações individuais, com igual fundamento, ajuizadas pelos titulares dos direitos afetados;[502]

c) em caso de improcedência do pedido por insuficiência de prova, a decisão não fará coisa julgada, podendo

---

[502] Anote-se que, "em relação aos autores ideológicos, isto é, dos entes legitimados à tutela dos interesses difusos, a eficácia *erga omnes* da decisão alcança todos os entes indicados no art. 5º da Lei 7.347/85 e 82 da Lei 8.078/90, de modo que, uma vez proposta determinada demanda por uma das pessoas constantes do rol de legitimados, a imutabilidade da coisa julgada material estende-se a todos os demais, que não poderão propor nova demanda com o mesmo objeto e causa de pedir, mesmo que não tenham participado da demanda originária." (SANTOS, 2006, p. 45).

qualquer legitimado intentar outra ação, com idêntico fundamento, valendo-se de nova prova;

d) os efeitos da coisa julgada *erga omnes* não beneficiarão os autores das ações individuais se não for requerida a sua suspensão no prazo de trinta dias, a contar da ciência nos autos do ajuizamento da ação coletiva. Estando em curso uma ação coletiva e uma ação individual, pode o autor individual prosseguir com sua ação ou requerer a sua suspensão até o julgamento final da ação coletiva. Se não for requerida a suspensão da ação individual, a decisão de procedência proferida na ação coletiva não beneficiará o autor da ação individual. Nesta hipótese, o titular da ação individual assume os riscos de um possível resultado desfavorável em sua própria ação;

e) sendo requerida a suspensão da ação individual e julgado procedente o pedido na ação coletiva, o autor daquela ação será beneficiado pelos efeitos *erga omnes* da sentença proferida na ação coletiva, podendo liquidá-la e executá-la. Se o pedido da ação coletiva for julgado improcedente, o autor da ação individual deverá requerer o prosseguimento da sua ação.

A eficácia *erga omnes* da coisa julgada no caso de procedência do pedido decorre da natureza do direito cuja tutela é requerida – trata-se de direito indivisível, de que são titulares pessoas indeterminadas.

No caso de improcedência, quem não participou do processo não pode ser prejudicado pela decisão nele proferida, em razão do direito à inafastabilidade do controle judicial, à ampla defesa e ao contraditório.

Sob a ótica do art. 103, I, do Código de Defesa do Consumidor, se a ação proposta por um sindicato é julgada improcedente por insuficiência de provas pode o Ministério Público ou o próprio sindicato repetir a ação, valendo-se de novas provas. O art. 103, I, autoriza o ajuizamento de uma nova ação por qualquer legitimado. Isso significa dizer que mesmo o autor da ação em que foi proferida a sentença de improcedência pode voltar a juízo com a mesma pretensão, valendo-se de nova prova.

A extensão diferenciada dos efeitos da coisa julgada é também consagrada na Lei n. 7.347/85 (art. 16) e na Lei n. 12.016/09 (art. 22), observando-se, quanto ao processo do trabalho que esta é também uma realidade quando se refere aos dissídios coletivos, posto que a sentença normativa alcança todos os membros da categoria representada pelo suscitante. O diálogo entre estas fontes torna certo que a extensão diferenciada da coisa julgada se impõe ao microssistema do direito processual metaindividual do trabalho.

O *Código Modelo de Processos Coletivos para Ibero-América* (art. 194) e o *Código do Uruguai* (art. 218) contêm disposição idêntica à constante do art. 103, I, do Código de Defesa do Consumidor.

b) Direitos coletivos

Prevê o art. 103, II, do Código de Defesa do Consumidor que a sentença proferida na ação coletiva visando à tutela de direitos coletivos produz coisa julgada *ultra partes*, mas limitada ao grupo, categoria ou classe, salvo improcedência por insuficiência de provas, situação em que qualquer legitimado poderá intentar outra ação, com idêntico fundamento, valendo-se de nova prova.

Dispõe o §1º do art. 103 do Código de Defesa do Consumidor que os efeitos da coisa julgada previstos no inciso II não prejudicarão direitos individuais dos integrantes do grupo, categoria ou classe.

Estabelece, por sua vez, o art. 104 do Código de Defesa do Consumidor que os efeitos da coisa julgada *ultra partes* não beneficiarão os autores das ações individuais se não for requerida a sua suspensão no prazo de trinta dias, a contar da ciência nos autos do ajuizamento da ação coletiva.

Desta feita, nas ações coletivas versando sobre direitos coletivos:
a) a procedência do pedido: a decisão fará coisa julgada *ultra partes*, mas limitada ao grupo, categoria ou classe;
b) a improcedência do pedido por motivo que não seja a insuficiência da prova produzida: a decisão fará coisa julgada para todos os entes legitimados (coisa julgada

ultra partes), mas não impede o ajuizamento de ações individuais, com idêntico fundamento, pelos membros do grupo, categoria ou classe[503];

c) a improcedência do pedido por insuficiência de prova: a decisão não fará coisa julgada, podendo qualquer legitimado intentar outra ação, valendo-se de nova prova;

d) os efeitos da coisa julgada *ultra partes* não beneficiarão os autores das ações individuais, se não for requerida a sua suspensão no prazo de trinta dias, a contar da ciência nos autos do ajuizamento da ação coletiva. Estando em curso uma ação coletiva e uma ação individual, pode o autor individual prosseguir com sua ação ou requerer a sua suspensão até o julgamento final da ação coletiva. Se não for requerida a suspensão da ação individual, a coisa julgada formada na ação coletiva não beneficiará o autor da ação individual. Nesta hipótese, o titular da ação individual assume os riscos de um possível resultado desfavorável em sua ação;

e) sendo requerida a suspensão da ação individual e julgado procedente o pedido na ação coletiva, o autor daquela ação será beneficiado pelos efeitos *ultra partes* da sentença proferida na ação coletiva, podendo liquidá-la e executá-la. Se o pedido da ação coletiva for julgado improcedente, poderá o autor da ação individual requerer o prosseguimento da ação individual.

A eficácia *ultra partes* da coisa julgada, no caso de procedência do pedido, decorre da natureza do direito cuja tutela é requerida –

---

503 Para Antonio Gidi, "como se pode ver na 'definição' legal de direitos difusos e de direitos coletivos (CDC, art. 81, parágrafo único), os titulares desses direitos superindividuais e indivisíveis são uma comunidade (inc. I) ou uma coletividade (inc. II) de pessoas. É intuitivo que quem é atingido pela imutabilidade do comando de uma sentença é o titular do direito material em jogo, o titular da lide, e não o titular da legitimidade *ad causam*. A impossibilidade de que esse ou qualquer outro legitimado volte a repropor a demanda coletiva é mera consequência de o verdadeiro titular do direito já não poder ter a sua lide rediscutida em juízo." (GIDI, 1995, p. 124-125). A possibilidade de ajuizamento de ação individual é expressamente prevista no art. 103, §1º, do Código de Defesa do Consumidor, não sendo possível, como esclarece Antonio Gidi, a repetição da ação em favor de um grupo, categoria ou classe, por força da coisa julgada.

trata-se de direito indivisível de que são titulares pessoas indeterminadas, componentes de grupo, categoria ou classe.

Repita-se que a extensão diferenciada dos efeitos da coisa julgada é também consagrada na Lei n. 7.347/85 (art. 16) e na Lei n. 12.016/09 (art. 22), observando-se, quanto ao processo do trabalho, que esta é também uma realidade quando se refere aos dissídios coletivos, posto que a sentença normativa alcança todos os membros da categoria representada pelo suscitante. O diálogo entre estas fontes torna certo que a extensão diferenciada da coisa julgada se impõe ao microssistema do direito processual metaindividual do trabalho.

c) Direitos individuais homogêneos

Dispõe o art. 103, III, do Código de Defesa do Consumidor que a sentença proferida na ação coletiva versando a tutela de direitos individuais homogêneos faz coisa julgada *erga omnes* apenas no caso de procedência do pedido, para beneficiar todas as vítimas e seus sucessores.

O art. 103, §2º, do Código de Defesa do Consumidor estabelece que em caso de improcedência do pedido objeto da ação coletiva, os interessados que não tiverem intervindo no processo como litisconsortes poderão ajuizar ação de indenização a título individual.

Destarte, na ação coletiva versando sobre direitos individuais homogêneos:

a) a procedência do pedido: a decisão fará coisa julgada *erga omnes*, beneficiando todas as vítimas e seus sucessores;

b) a improcedência do pedido qualquer que seja o seu motivo: a decisão fará coisa julgada em relação às partes e demais entes legitimados, mas os interessados que não tiverem intervindo no processo como litisconsortes poderão ajuizar ação de indenização a título individual, visando à reparação dos danos que houverem experimentado em razão do ato praticado pelo réu. Os interessados que atuaram no processo como litisconsortes serão alcançados pela coisa julgada.

A sentença que julgar procedente o pedido será genérica, devendo ser liquidada e executada, objetivando o ressarcimento dos danos sofridos pelas vítimas ou seus sucessores (art. 95 do Código de Defesa do Consumidor).

A coisa julgada formada na ação coletiva ajuizada em defesa de direitos individuais homogêneos não prejudicará os titulares do direito lesado, salvo quanto ao titular do direito que tenha ingressado no processo como litisconsorte.

Anote-se que também em relação aos direitos individuais homogêneos, consoante prevê o art. 104 do Código de Defesa do Consumidor, os efeitos da coisa julgada *erga omnes* não beneficiarão os autores das ações individuais se não for requerida a sua suspensão no prazo de trinta dias, a contar da ciência nos autos do ajuizamento da ação coletiva. Trata-se aqui do suposto titular do direito que não participa da ação coletiva e que propõe ação individual.

Assim, se estiverem em curso uma ação coletiva e uma ação individual, pode o autor individual prosseguir com sua ação ou requerer a sua suspensão até o julgamento final da ação coletiva. Se não for requerida a suspensão da ação individual, a coisa julgada produzida na ação coletiva não beneficiará o autor da ação individual. Nesta hipótese, o titular da ação individual assume os riscos de um possível resultado desfavorável em sua ação. Desde que requerida a suspensão da ação individual e julgado procedente o pedido na ação coletiva, o autor da ação individual será beneficiado pelos efeitos *erga omnes* da coisa julgada coletiva, podendo liquidá-la e executá-la. Se o pedido da ação coletiva for julgado improcedente, poderá o autor da ação individual requerer o prosseguimento da sua ação singular.

Sobre o assunto, tem decidido o TST:

> AÇÃO COLETIVA AJUIZADA POR SINDICATO COMO SUBSTITUTO PROCESSUAL E AÇÃO INDIVIDUAL PROPOSTA POR EMPREGADO SUBSTITUÍDO. LITISPENDÊNCIA. INEXISTÊNCIA. A Subseção I Especializada em Dissídios Individuais desta Corte adotava entendimento de que a ação ajuizada pelo sindicato da categoria profissional, na qualidade de substituto processual, acarretava litispendência e fazia coisa julgada em relação à reclamação trabalhista com os mesmos pedido e causa de pedir

proposta pelo empregado individualmente. Entretanto, em recente precedente acerca da matéria, a Subseção I Especializada em Dissídios Individuais deste Tribunal Superior, por ocasião do julgamento dos Embargos em Recurso de Revista nº 18800-55.2008.5.22.0003, da relatoria do Ministro Augusto César Leite de Carvalho, em decorrência de interpretação do artigo 104 da Lei nº 8.078/90 (Código de Defesa do Consumidor), segundo o qual a ação coletiva não induz litispendência para a ação individual, à falta da necessária identidade subjetiva, alterou seu posicionamento acerca da matéria, passando a adotar o entendimento de que, na ação coletiva, o sindicato exerce a legitimidade extraordinária para atuar como substituto processual na defesa em juízo dos direitos e interesses coletivos ou individuais da categoria que representa, defendendo direito de outrem, em nome próprio, enquanto, na ação individual, a parte busca o seu próprio direito, individualmente. **Assim, ausente a necessária identidade subjetiva, não se pode ter como configurada a tríplice identidade que caracteriza a coisa julgada.** O aludido precedente fundamentou-se também no fato de que **a tutela coletiva concorre para a igualdade de tratamento e também para a objetivação do conflito trabalhista, sem expor o titular do direito ao risco de uma demanda que não moveu, ou não pôde mover sem oferecer-se à represália patronal.** Portanto, a ação ajuizada pelo sindicato da categoria profissional, na qualidade de substituto processual, **não acarreta litispendência nem faz coisa julgada em relação à reclamação trabalhista idêntica proposta pelo empregado individualmente.** Ressalta-se que, embora a primeira parte do artigo 104 do CDC, literalmente, afaste a litispendência somente entre as ações coletivas que visam à tutela dos interesses ou direitos difusos e coletivos e as ações individuais, a doutrina e a jurisprudência mais atualizadas e igualmente já pacificadas, diante da teleologia desse dispositivo, consideram que essa redação não exclui de sua incidência as ações coletivas de defesa dos interesses individuais homogêneos. Embargos conhecidos e providos. (TST. Processo: E-RR-42100-46.2008.5.22.0003. Relator: Min. José Roberto Freire Pimenta. SEDI-I. **DEJT** de 30.08.2013, grifos nossos).

d) Transporte *in utilibus* da coisa julgada

O art. 103, incisos I, II e III, e §3º do Código de Defesa do Consumidor estabelecem o denominado "transporte *in utilibus* da coisa julgada", que ocorrerá em duas situações:

a) Quando estiverem em curso ação coletiva e ação individual de indenização proposta por uma das vítimas ou sucessores, baseadas no mesmo fato, e o autor da ação individual requerer a sua suspensão até o julgamento da ação coletiva, situação em que poderá se beneficiar da sentença de procedência proferida na ação coletiva.

Nesta hipótese, sendo julgada procedente a ação coletiva, a coisa julgada formada beneficiará o titular da ação individual. Isto é, não haverá necessidade de proferimento de uma nova decisão condenatória na ação individual, passando-se, imediatamente, à liquidação e execução da decisão coletiva relativamente ao autor da ação individual. A condenação genérica proferida na ação coletiva é legalmente ampliada, para incluir o dever de indenização individual. A coisa julgada formada na ação coletiva é aproveitada *in utilibus* nas demandas individuais.

b) Quando a vítima ou seus sucessores promoverem a liquidação e execução da sentença proferida na ação coletiva ou habilitar-se nos autos da liquidação e execução coletiva, conforme resulta dos arts. 97 a 100 do CDC. A vítima ou seus sucessores, portanto, são beneficiados pela coisa julgada coletiva.

e) Coisa julgada *secundum eventum litis* e *secundum eventum probationis*

Em razão do disposto nos arts. 103 do CDC e 16 da Lei n. 7.347/85, nas ações coletivas a coisa julgada atua *secundum eventum litis*. Alcançará terceiros apenas para beneficiá-los, ou seja, no caso de procedência do pedido.

Consoante Ada Pellegrini Grinover,

> [...] é preferível o regime da coisa julgada *secundum eventum litis*, só para favorecer, mas não para prejudicar, as pretensões individuais: do contrário, teríamos de cair no regime do *opt out* do sistema das *class actions*, que tem oferecido, em sua aplicação, inúmeros problemas práticos. (GRINOVER, 2007, p. 927).[504]

---

504 Diante da referência ao regime *opt out*, vale esclarecer que nele o indivíduo membro do grupo pode solicitar a sua exclusão da ação coletiva, o que fará com que não seja

Quando se fala em coisa julgada *secundum eventum litis*, o que se diz é da sua extensão, ou não, a terceiros, e não de sua formação. *Secundum eventum litis* é a extensão da coisa julgada à esfera jurídica de terceiros. Trata-se, portanto, da extensão da coisa julgada a terceiros, *secundum eventum litis*.[505]

Para Andrea Proto Pisani, a eficácia *secundum eventum litis* corresponde "a uma tendência evolutiva comum também no ordenamento estrangeiro." (PISANI, 1974, p. XXX).

O sistema brasileiro segue a diretriz traçada no Anteprojeto de Código Processual Civil Modelo para Ibero-América, que, em seu art. 194, dispõe que a sentença proferida em processos promovidos para a tutela de interesses difusos terá eficácia *erga omnes*, salvo nos casos de absolvição do réu por falta de provas.

O art. 103, I e II, do CDC institui, ainda, a coisa julgada *secundum eventum probationis*, em razão da repercussão social dos direitos metaindividuais e para evitar fraudes e conluio em desfavor da realização desses direitos, evitando-se, ainda, prejuízos àquele que não fez parte do processo.

A coisa julgada *secundum eventum probationis* diz respeito à sua formação. Se o pedido é julgado improcedente por insuficiência de prova, a sentença não fará coisa julgada material.[506]

---

alcançado pela coisa julgada (este regime é adotado na Holanda e em Portugal, por exemplo). No regime *opt in*, de sua feita, membro do grupo pode ingressar na ação coletiva, situação em que será alcançado pela coisa julgada, observando-se que se ele não se manifestar, a coisa julgada não o alcançará (este regime é adotado, por exemplo, na Alemanha e na Colômbia). Existe, ainda, um regime misto, que consagra o *opt out* e o *opt in*, mas reserva este último regime apenas para as demandas de menor valor econômico (é o caso de Israel e da Suécia). Nestes três regimes, é indispensável ampla divulgação da ação coletiva.

505 Enrico Tullio Liebman aduz que, "nestes últimos tempos, importantes correntes da doutrina esforçam-se por alargar o âmbito de extensão da coisa julgada e, em alguns casos, até por quebrar o clássico princípio, invalidando praticamente os seus efeitos. Não estaria talvez errado quem visse, nessas correntes, um reflexo, provavelmente inconsciente, da tendência socializadora e antiindividualística do direito, que vem abrindo caminho em toda parte. O homem já não vive isolado na sociedade. A atividade do indivíduo é de maneira crescente condicionada pelas atividades dos seus semelhantes; aumenta a solidariedade e a responsabilidade de cada um e seus atos se projetam em esfera sempre maior." (LIEBMAN, 1984, p. 13).

506 Quando se diz que a decisão não fará coisa julgada material, o que se pretende assinalar é que é possível novo pronunciamento do Poder Judiciário sobre o mesmo pedido, desde que fundado em nova prova. Na hipótese de improcedência ocorre a coisa julgada material relativamente à decisão fundada na prova existente nos autos.

f) coisa julgada na ação coletiva passiva

Apesar de o objeto deste livro ter em vista a tutela jurisdicional dos direitos metaindividuais de que sejam titulares trabalhadores, considerados individual e coletivamente, não há como deixar de registrar a possibilidade de a ação coletiva ser proposta contra um grupo, isto é, da propositura de uma ação coletiva passiva, ou seja, quando "formula-se demanda contra uma dada coletividade." (DIDIER JR, 2010, p. 740). Aliás, este tipo de ação é comum na seara trabalhista. Cite-se como exemplo o dissídio de revisão de sentença normativa, previsto no art. 873 da CLT.[507] Com efeito, de acordo com o citado comando legal, o dissídio pode ser suscitado pelo empregador, logicamente contra o sindicato da categoria profissional respectiva (art. 873 da CLT)[508]. Pode-se mencionar, ainda, o interdito proibitório ajuizado pela empresa em face do sindicato da categoria, por força da ocupação de um dos seus estabelecimentos durante movimento grevista.

É certo que o CDC e a Lei da Ação Civil Pública não tratam da ação coletiva passiva. A disciplina que conferem à legitimidade para a ação coletiva (os arts. 82 e 91 do CDC e 5º da LACP somente fazem alusão à legitimidade para *propor ação*). Isso, entretanto, não impede a propositura da ação coletiva passiva, em especial diante da previsão constitucional no sentido de que nenhuma lesão ou ameaça a direito está excluída da apreciação do Poder Judiciário (art. 5º, XXXV, da CR/88).[509]

---

507 "Art. 873 - Decorrido mais de 1 (um) ano de sua vigência, caberá revisão das decisões que fixarem condições de trabalho, quando se tiverem modificado as circunstâncias que as ditaram, de modo que tais condições se hajam tornado injustas ou inaplicáveis. Art. 874 - A revisão poderá ser promovida por iniciativa do Tribunal prolator, da Procuradoria da Justiça do Trabalho, das associações sindicais ou de empregador ou empregadores interessados no cumprimento da decisão."

508 "Art. 873 - Decorrido mais de 1 (um) ano de sua vigência, caberá revisão das decisões que fixarem condições de trabalho, quando se tiverem modificado as circunstâncias que as ditaram, de modo que tais condições se hajam tornado injustas ou inaplicáveis."

509 Assevera Fredie Didier Jr que, "no Brasil, um dos principais argumentos contra a ação coletiva passiva é a inexistência de texto legislativo expresso. Sucede que a permissão da ação coletiva passiva é decorrência do princípio do acesso à justiça (nenhuma pretensão pode ser afastada da apreciação do Poder Judiciário). Não admitir a ação coletiva passiva é negar o direito fundamental de ação àquele que contra um grupo pretende

Antonio Gidi, ao discorrer sobre a ação coletiva passiva, afirma que uma *class action* "pode também ser proposta *contra* um grupo de réus", e que no Direito norte-americano essas ações são denominadas *defendant class action*. (GIDI, 2007, p. 390). Referido doutrinador aduz, ainda, que a ação coletiva passiva atua em favor da economia processual, na medida em que pode ser proposta

> [...] nos casos em que há um padrão de conduta ilegal entre um grupo de réus semelhantemente situados, como, por exemplo, várias escolas, penitenciárias, lojas, municípios, cartórios, planos de saúde [...]. Com uma única ação coletiva é possível obrigá-los todos a cumprir a lei através de um único processo e uma única decisão. (GIDI, 2007, p. 391).

Para Fredie Didier Jr, exige-se que "a admissibilidade da ação coletiva passiva que a demanda seja proposta *contra* um 'representante adequado' (legitimado extraordinário para a defesa de uma situação jurídica coletiva) e que a causa se revista de 'interesse social'", destacando-se que

> [...] o que torna a ação coletiva passiva digna de um tratamento diferenciado é a circunstância de a situação jurídica titularizada pela coletividade ser uma situação jurídica passiva. A demanda é dirigida *contra uma coletividade*, que é o sujeito de uma situação jurídica passiva (um dever ou um estado de sujeição, por exemplo). (DIDIER JR, 2010, p. 740).

A ação coletiva passiva, segundo Fredie Didier Jr, pode ser classificada em: *original,* aquela que "dá início a um processo coletivo, sem qualquer vinculação a um processo anterior"; e *derivada*, aquela "que decorre de um processo coletivo 'ativo' anterior e é proposta pelo réu desse processo, como a ação de rescisão da sentença coletiva e a ação cautelar incidental a um processo coletivo". Ressalta referido doutrinador que a classificação é importante, porquanto "nas ações coletivas passivas derivadas não haverá problema na identificação do 'representante adequado', que será aquele legitimado que propôs a ação coletiva de onde ela se originou." (DIDIER JR, 2010, p. 741).

---

exercer algum direito: ele teria garantido o direito constitucional de defesa, mas não poderia demandar. Negar a possibilidade de ação coletiva passiva é, ainda, fechar os olhos para a realidade: os conflitos de interesses podem envolver particular-particular, particular-grupo e grupo-grupo. Na sociedade de massas, há conflitos de massa e conflitos *entre* massas." (DIDIER JR, 2010, p. 746-747).

Esta modalidade de ação é contemplada, inclusive, no *Código Modelo de Processos Coletivos para Ibero-América*, cujo art. 35, sob o título "Ações contra o grupo, categoria ou classe", dispõe que "qualquer espécie de ação pode ser proposta contra uma coletividade organizada ou que tenha representante adequado, nos termos do § 2º do art. 2º deste Código, e desde que o bem jurídico a ser tutelado seja transindividual (art. 1º) e se revista de interesse social."

O Código Modelo acima mencionado estabelece que se aplica "complementarmente às ações coletivas passivas o disposto neste Código quanto às ações coletivas ativas, no que não for incompatível" (art. 38). Isso demonstra que o regime jurídico das ações coletivas passivas é o mesmo das ações coletivas ativas, ressalvadas as hipóteses de incompatibilidade, tendo o Código, no entanto, tratado de forma específica da coisa julgada passiva. A propósito, o Código Modelo estabelece que, em se tratando de interesses ou direitos difusos, a coisa julgada atuará *erga omnes*, vinculando os membros do grupo, categoria ou classe (art. 36). No que concerne aos direitos individuais homogêneos, a coisa julgada terá alcance *erga omnes* no plano coletivo, mas a sentença de procedência não vinculará os membros do grupo, categoria ou classe, que poderão mover ações próprias ou defender-se no processo de execução para afastar a eficácia da decisão na esfera jurídica individual (art. 37). A solução apontada pelo art. 36 decorre da indivisibilidade do direito, de forma que a coisa julgada atinja todos os membros do grupo, categoria ou classe. A hipótese do art. 37 também se justifica, posto que, em se tratando de direitos individuais homogêneos, não há como negar aos seus titulares o direito de proceder a sua defesa em ações individuais.

Note-se que o Código Modelo tratou especificamente da ação coletiva passiva promovida contra o sindicato, como substituto processual da categoria, estabelecendo que neste caso a coisa julgada terá eficácia *erga omnes*, vinculando individualmente todos os membros, mesmo em caso de procedência do pedido (art. 37, parágrafo único), o que, no entanto, por força do próprio art. 37 do Código Modelo, não alcança os direitos individuais homogêneos.

Em relação à legitimidade passiva para essas ações, pode ser aplicado, a *contrário sensu*, o art. 82 do CDC: quem tem legitimidade para ajuizar a ação em defesa de determinado direito de dimensão coletiva também a possui para defender este mesmo direito em juízo, quando for proposta ação coletiva passiva.

5.8.17. Liquidação e execução de decisão coletiva

O processo de conhecimento persegue a certeza sobre o direito deduzido em juízo, ao passo que na execução parte-se da certeza do direito, representada pelo título executivo, para a sua realização concreta. Antes, porém, de proceder a execução, cumpre preparar o título para a sua realização, quando necessário, por meio da liquidação. Liquidação, destarte, é o incidente por meio do qual é determinado o valor da condenação ou individualizado o seu objeto.

a) Liquidação

O CDC só se refere à liquidação de sentença condenatória envolvendo a reparação de danos causados a direitos individuais homogêneos (art. 95). Isto porque a decisão, sendo genérica, exige a sua liquidação posterior (arts. 97 do CDC, 475-A do CPC/1973, 509 do CPC/2015 e 879 da CLT).

Embora a autorização para o proferimento de decisão genérica se limite à hipótese de ação reparatória de danos causados a direitos individuais homogêneos, não se pode afastar definitivamente a possibilidade de sentenças condenatórias genéricas em outras espécies de ações que versem sobre direitos individuais homogêneos.

O CDC, ainda tratando da ação reparatória de danos a direitos individuais homogêneos, permite a liquidação da decisão coletiva pela vítima ou seus sucessores, assim como por qualquer legitimado para a ação coletiva (art. 97).[510] Quando se trate de direitos difusos e coletivos, a execução será coletiva, ou seja, promovida por qualquer um dos legitimados para a ação.

A condenação, em caso de reconhecimento da procedência do pedido objeto de ação civil coletiva será genérica, reconhecendo a

---

[510] Art. 97 do CDC: "A liquidação e a execução de sentença poderão ser promovidas pela vítima e seus sucessores, assim como pelos legitimados de que trata o art. 82."

responsabilidade do demandado pelos danos causados (art. 95 do CDC). Na decisão, portanto, será imposta ao demandado a obrigação, genérica, de indenizar os danos causados aos trabalhadores e seus sucessores, procedendo-se, na liquidação, à prova do dano sofrido pelas vítimas ou seus sucessores e a definição precisa dos beneficiados pela condenação.[511]

Registre-se o que já decidiu o STJ:

> A ação individual destinada à satisfação do direito reconhecido em sentença condenatória genérica, proferida em ação civil coletiva, não é uma ação de execução comum. É a ação de elevada carga cognitiva, pois nela se promove, além da individualização e liquidação do valor devido, também juízo sobre a titularidade do exequente em relação ao direito material. (STJ. Processo: EREsp. 475.566/PR. Relator: Min. Teori Albino Zavascki. DJ de 13.09.2004).

Anotam Luiz Rodrigues Wambier e Teresa Arruda Alvim Wambier:

> O Código de Defesa do Consumidor contém poucos dispositivos a respeito, e disciplina a matéria especificamente no que diz respeito aos direitos individuais homogêneos, embora esses dispositivos também sejam aplicáveis, no que possível foi, à liquidação de sentença que versem direitos coletivos em sentido estrito e direitos difusos, até porque, a nosso ver, a liquidação de sentença e a execução das condenações havidas em ações coletivas sempre serão feitas individualmente, ressalvada apenas a hipótese de reversão para o fundo de direitos difusos, única hipótese em que se pode falar de liquidação propriamente coletiva. Nos outros casos, trata-se de liquidação da sentença coletiva e não de liquidação coletiva da sentença. (WAMBIER, Luiz; WAMBIER, Tereza, 2007, p. 272).

---

511 Veja-se, por exemplo, "se o juiz condenar a empresa X a indenizar todas as pessoas que consumiram determinado medicamento, determinando que o valor da indenização abranja as despesas com o tratamento necessário para o restabelecimento da saúde de tais pessoas, estas deverão demonstrar que se encontram em tal situação fático-jurídica (isto é, que consumiram o aludido medicamento), e não apenas as despesas médicas e hospitalares. Vê-se, assim, que a liquidação da sentença coletiva pode ter por objeto não apenas a definição do *quantum debeatur*. A própria condição de titular do direito deverá, muitas vezes, ser objeto de prova. Assim, o processo de liquidação pode ter por objeto, também, o *cui debeatur* (isto é, saber a quem se deve)." (WAMBIER, Luiz; WAMBIER, Tereza, 2007, p. 273).

Destaca Cândido Rangel Dinamarco que a sentença genérica prevista no art. 95 do CDC "abre caminho para uma 'liquidação' que é mais do que uma liquidação, na medida em que cada sedizente lesado deduzirá, em sede 'liquidatória' individual uma pretensão complexa que aquela ordinariamente deduzida em sede processo liquidatório de cunho tradicional." (DINAMARCO, 2000, p. 166-185). É certo que essa sentença tem uma eficácia mais ampla: "declara a condição de lesado e o *quantum debeatur*, não somente este como se dá no sistema do Código de Processo Civil." (DINAMARCO, 2000, p. 166-185).[512]

Neste sentido, cite-se a decisão seguinte:

> DIREITO PROCESSUAL CIVIL. TUTELA ESPECÍFICA EM SENTENÇA PROFERIDA EM AÇÃO CIVIL PÚBLICA NA QUAL SE DISCUTA DIREITO INDIVIDUAL HOMOGÊNEO. É possível que sentença condenatória proferida em ação civil pública em que se discuta direito individual homogêneo contenha determinações explícitas da forma de liquidação e/ou estabeleça meios tendentes a lhe conferir maior efetividade, desde que essas medidas se voltem uniformemente para todos os interessados. Com efeito, o legislador, ao estabelecer que "a condenação será genérica" no art. 95 do CDC, procurou apenas enfatizar que, no ato de prolação da sentença, o bem jurídico objeto da tutela coletiva (mesmo que se trate de direitos individuais homogêneos) ainda deve ser tratado de forma indivisível, alcançando todos os interessados de maneira uniforme. Ademais, as medidas em questão encontram amparo nos arts. 84, §§ 4º e 5º, e 100 do CDC, que praticamente repetem os termos do art. 461, § 5°, do CPC. (STJ. Processo: REsp 1.304.953-RS. Relator: Min. Nancy Andrighi. **DJe** de 26.08.2014).

A liquidação no processo coletivo pode ser realizada por cálculo, arbitramento ou artigos (art. 475-A do CPC/1973, 509 do CPC/2015 e 879 da CLT). Não obstante, no caso de ação reparatória

---

512 Anota Cândido Rangel Dinamarco que, "examinada no aspecto sistemático e das relações entre o processo e o direito substancial, essa sentença condenatória situa-se a meio caminho entre o abstrato da lei e o concreto da sentença em litígios individuais. É menos abstrata que a primeira, porque já afirma uma determinada responsabilidade, de determinado sujeito, decorrente de determinada conduta. Mas é menos concreta que qualquer sentença tradicional, porque não chega a afirmar quem é o lesado, qual lesão teria sofrido, se a teria sofrido efetivamente, nem o valor da lesão sofrida." (DINAMARCO, 2000, p. 166-185).

de danos a direitos individuais homogêneos, em que a decisão tiver sido genérica (art. 95 do CDC), a liquidação far-se-á por artigos (art. 475-F do CPC/1973 e 509, II, do CPC/2015).[513] É que neste caso a decisão apenas fixa a responsabilidade do réu pelos danos causados, o que impõe a posterior demonstração do dano sofrido pelas vítimas ou seus sucessores e o nexo entre este dano e os fatos que levaram à condenação do demandado (ilícito).[514] Não se pode deixar de vislumbrar, porém, a possibilidade de não ser comprovado o dano sofrido por aquele que se apresenta como vítima do ilícito praticado pelo demandado ou a relação de nexo causal entre a declaração genérica a situação individual, situações em que se estará diante da ausência de crédito a ser executado (crédito zero).

A liquidação pode ser promovida pelos legitimados para a ação coletiva e também pela vítima e seus sucessores (art. 97 do CDC). A primeira será realizada nos próprios autos em que foi proferida a decisão condenatória. A segunda pode ser realizada tanto nos autos em que foi proferida a decisão condenatória (neste caso haverá, como se vê do art. 100 do CDC, habilitação dos interessados nos autos respectivos) quanto em autos apartados, no domicílio da vítima ou de seus sucessores (arts. 98, §2º, I, e 101, I, do CDC e 651 da CLT). Nesta segunda hipótese, a petição inicial deve ser instruída com a certidão da sentença condenatória e a prova do trânsito em julgado (art. 98, §1º, do CDC) e dela deverão constar os artigos (fatos a serem provados), observando-se o procedimento ordinário, no que couber (aplicação do art. 475-F do CPC/1973 e 509, II, do CPC/2015), procedendo-se a intimação do demandado para apresentar impugnação e, posteriormente, a instrução da liquidação. Na

---

513 É da liquidação por artigos que fala o inciso II do art. 509 do CPC/2015, visto que é nela que se pode cogitar de alegação e prova de fato.

514 É importante mencionar que, conforme já decidiu o STJ: "É possível que sentença condenatória proferida em ação civil pública em que se discuta direito individual homogêneo contenha determinações explícitas da forma de liquidação e/ou estabeleça meios tendentes a lhe conferir maior efetividade, desde que essas medidas se voltem uniformemente para todos os interessados. Com efeito, o legislador, ao estabelecer que 'a condenação será genérica' no art. 95 do CDC, procurou apenas enfatizar que, no ato de prolação da sentença, o bem jurídico objeto da tutela coletiva (mesmo que se trate de direitos individuais homogêneos) ainda deve ser tratado de forma indivisível, alcançando todos os interessados de maneira uniforme." (STJ. Processo: REsp 1.304.953-RS. Relatora: Min. Nancy Andrighi. **DJe** de 26.8.2014).

liquidação por artigos, devem ser respeitados os direitos à ampla defesa e ao contraditório, facultando-se a produção de prova de forma mais ampla possível.

A liquidação será encerrada por sentença (art. 98 do CDC) e contra ela não cabe recurso, em razão de sua natureza interlocutória (art. 893, §1º, da CLT), podendo o devedor atacá-la mediante embargos e, o credor, por meio de impugnação (art. 884 da CLT).

Anote-se que, sendo considerados provados os artigos, as partes serão intimadas para apresentar seus cálculos, prosseguindo-se a liquidação na forma do art. 879, §§1º a 3º, da CLT, ou seja, por cálculos.

O CDC, no art. 100, contempla a denominada fluid recovery, estabelecendo que, decorrido o prazo de um ano sem habilitação de interessados em número compatível com a gravidade do dano, poderão os legitimados para a ação coletiva promover a liquidação e execução da indenização devida, caso em que o valor da indenização será revertido ao fundo criado pela Lei da Ação Civil Pública. Como adverte Ada Pellegrini Grinover, a destinação do valor da indenização ao fundo em destaque é "residual [...], só podendo destinar-se ao Fundo se não houver habilitantes em número compatível com a gravidade do dano." (GRINOVER, 2011, p. 163). Na hipótese do art. 100 do CDC, ainda conforme Ada Pellegrini Grinover, a liquidação "terá por objeto a apuração do prejuízo globalmente causado." (GRINOVER, 2001, p. 164). Acrescente-se que se houver habilitantes cujos danos tenham sido liquidados o fluid recovery só alcançará o montante devido aos que não se habilitaram.

b) Execução

O procedimento da execução é definido a partir da natureza da obrigação imposta na decisão. Neste sentido, o CPC/1973 se refere, por exemplo, à execução de obrigações de fazer (arts. 632 a 641) e de não fazer (arts. 642 e 643) e por quantia certa (arts. 646 e seguintes), modalidades também contempladas no CPC/2015.[515]

---

515 O CPC de 2015 trata da execução de obrigações de fazer nos arts. 815 a 821, de não fazer nos arts. 822 e 823 e, de pagar quantia certa nos arts. 824 e seguintes.

Quando se tratar de execução de obrigação de fazer ou não fazer, imposta no processo coletivo, o seu procedimento é aquele definido nos arts. 11 da Lei da Ação Civil Pública, 84 do CDC, 632 a 643 do CPC/1973 e 815 a 821 do CPC/2015.

Na sentença condenatória envolvendo direitos difusos e coletivos, a execução é promovida nos moldes definidos na CLT e no CPC (arts. 769 da CLT, 21 da Lei 7.347/85 e 90 do CDC), observando-se que o disposto no art. 13 da Lei da Ação Civil Pública, isto é, a indenização reverterá a um fundo gerido por um Conselho Federal ou por Conselhos Estaduais de que participem o Ministério Público e representantes da Comunidade, sendo seus recursos destinados à reconstituição dos bens lesados.

No caso de decisão condenatória promovida visando reparar danos a direitos individuais homogêneos (ação civil coletiva), a execução pode ser coletiva ou individual, esclarecendo-se que coletiva é a execução promovida pelo legitimado da ação ou por qualquer um dos legitimados para a sua propositura, enquanto individual é a execução promovida pela vítima ou seus sucessores (art. 98 do CDC[516]).[517]

---

[516] Art. 98 do CDC: "A execução poderá ser coletiva, sendo promovida pelos legitimados de que trata o art. 82, abrangendo as vítimas cujas indenizações já tiverem sido fixadas em sentença de liquidação, sem prejuízo do ajuizamento de outras execuções. § 1º A execução coletiva far-se-á com base em certidão das sentenças de liquidação, da qual deverá constar a ocorrência ou não do trânsito em julgado."

[517] O STJ já decidiu que: "PROCESSUAL CIVIL. ADMINISTRATIVO. PRESTAÇÃO DE SERVIÇO. REQUERIMENTO INDIVIDUAL DE CUMPRIMENTO DA SENTENÇA PROFERIDA NA AÇÃO CIVIL PÚBLICA. POSSIBILIDADE. LEGITIMIDADE ATIVA. AUSÊNCIA DE COISA JULGADA. ACÓRDÃO RECORRIDO EM CONSONÂNCIA COM JURISPRUDÊNCIA DO STJ. SÚMULA 83/STJ. ILEGITIMIDADE DECORRENTE DE INEXISTÊNCIA DE REQUERIMENTO DE SUSPENSÃO DA DEMANDA INDIVIDUAL. FALTA DE PREQUESTIONAMENTO. 1. Pleiteia a agravante, no caso dos autos, a ilegitimidade ativa do agravado para requerer o cumprimento de sentença proferida em processo coletivo, diante da existência de demanda individual julgada improcedente e na qual não foi requerida suspensão, nos termos do artigo 104 da Lei n. 8.078/90 - CDC. 2. O Tribunal a quo decidiu de acordo com jurisprudência desta Corte, no sentido da legitimidade do titular do direito individual para requerer cumprimento de sentença de ação coletiva. Aplicação da Súmula 83/STJ. 3. Impõe-se o não conhecimento do recurso especial por ausência de prequestionamento, entendido como o indispensável exame da questão pela decisão atacada, apto a viabilizar a pretensão recursal. Incidência, por analogia, da Súmulas 282 e 356/STF. Ressalte-se que não foram opostos os cabíveis embargos declaratórios a fim de suscitar a omissão do julgado. Agravo regimental improvido." (STJ. Processo: AgRg no AREsp 218826/PR. Relator: Min. Humberto Martins. Segunda Turma. **DJe** de 04.12.2014).

Como dito, no processo do trabalho o juiz pode promover a execução de ofício (art. 878 da CLT), o que se aplica na decisão proferida em ação civil coletiva, tendo em vista a necessidade de demonstração do dano sofrido pelas vítimas ou seus sucessores e da sua relação com o dano causado pelo demandado à coletividade. Na hipótese de execução individual processada pela vítima ou seus sucessores, ocorrerá verdadeira habilitação de interessados, como estabelece o art. 100 do CDC ("Decorrido o prazo de um ano sem habilitação de interessados em número compatível com a gravidade do dano, poderão os legitimados do art. 82 promover a liquidação e execução da indenização devida"). Transitada em julgado a decisão, deverão se habilitar aqueles que se considerem por ela alcançados, promovendo a sua liquidação. Porém, transcorrido mais de um ano sem habilitação dos interessados, os legitimados para a ação poderão providenciar a liquidação e a execução do julgado.

A execução de decisão coletiva alcança as vítimas cujas indenizações já tiverem sido fixadas em sentença de liquidação (o que significa que se trata de execução em favor de pessoas determinadas) e não prejudica o ajuizamento de outras execuções, coletivas ou individuais (arts. 98 e 103, § 3º, do CDC).[518]

A execução da decisão coletiva far-se-á com base em certidão da sentença de liquidação, da qual deverá constar a ocorrência, ou não, do trânsito em julgado (art. 98, §1º, do CDC). É possível a execução provisória de sentença de liquidação de decisão ainda não transitada em julgado.

A competência para a execução é do juiz ou do presidente do tribunal que tiver conciliado ou julgado originalmente (art. 877 da CLT) ou no foro do domicílio do empregado-exequente (art. 101, I, do CDC combinado com o art. 651 da CLT). Estabelece o art. 98, § 2º, I, do CDC, que trata da execução na ação civil coletiva, que é competente para a execução o juízo da liquidação da sentença ou da ação condenatória, no caso de execução individual, e da ação condenatória, quando coletiva a execução. Cumpre observar que foi vetado pelo presidente da República o parágrafo único do art. 97 do CDC, que permitia a liquidação no foro do domicílio do liquidante, apesar

---

[518] As execuções serão ajuizadas na medida em que forem sendo liquidados os créditos de outras vítimas.

de não ter sido por ele vetado o art. 98, § 2º, I, também do CDC, que permite a execução no foro da liquidação. Contudo, o art. 101, I, do CDC permite que a ação individual seja ajuizada no foro do domicílio do autor, enquanto o art. 651 da CLT dispõe que a competência para a ação trabalhista é do foro do local em que houve a prestação de serviços. Assim, a execução pode ser promovida também no foro do local em que o empregado-exequente residir ou no local em que prestou serviços, cabendo-lhe escolher o que lhe for melhor.

De qualquer forma, no processo do trabalho é competente para a execução o juiz ou presidente do tribunal que tiver conciliado ou julgado originalmente o dissídio (art. 877 da CLT), o que atrai a sua competência também para a liquidação, por ser esta um procedimento preparatório da execução, sem, contudo, afastar a competência do foro do local do domicílio do empregado-liquidante ou do local em que prestou ou presta serviços.

Raimundo Simão de Melo assevera:

> Nesse ponto busca-se facilitar o acesso à jurisdição executória, pois se as vítimas tivessem que ir sempre ao juiz condenatório, muitas vezes distante do seu domicílio, certamente, em muitas situações deixariam, pelas dificuldades de tempo e de despesas, de executar a indenização pelo dano sofrido (MELO, 2008, p. 211).

Sobre o tema, anotem-se as seguintes decisões:

> CONFLITO NEGATIVO DE COMPETÊNCIA. EXECUÇÃO INDIVIDUAL DE SENTENÇA COLETIVA. DOMICÍLIO DO TRABALHADOR DIVERSO DO LOCAL DO PROVIMENTO CONDENATÓRIO. APLICAÇÃO DAS NORMAS QUE COMPÕEM O SISTEMA PROCESSUAL COLETIVO. POSSIBILIDADE DE ELEIÇÃO DO FORO PELO EMPREGADO. Por se tratar de ação de execução individual de sentença transitada em julgado de ação coletiva, admite-se a aplicação de institutos de natureza jurídico-processual que disciplinam essa espécie de ação. O artigo 98 da Lei nº 8.078/1990 autoriza ao hipossuficiente, aqui trabalhador, a executá-la individualmente no juízo de liquidação ou no que a proferiu. Assim, a escolha dentro desses parâmetros deve ser respeitada também em observância aos princípios da proteção do trabalhador e do livre acesso à Justiça, insculpido no artigo 5º, XXXV, da Constituição Federal. Conflito de competência acolhido, para declarar competente o Juízo da 2ª Vara do Trabalho de Macaé. (TST. Processo: CC-20312-70.2014.5.04.000.1. Relator: Min. Cláudio Mascarenhas Brandão, SBDI-II. **DEJT** de 19.12.2014).

CONFLITO NEGATIVO DE COMPETÊNCIA. EXECUÇÃO INDIVIDUAL DE SENTENÇA COLETIVA. PROVIMENTO CONDENATÓRIO PROFERIDO EM MACAÉ-RJ E TRABALHADOR DOMICILIADO EM JUIZ DE FORA-MG. APLICAÇÃO DAS NORMAS QUE COMPÕEM O SISTEMA PROCESSUAL COLETIVO. OPÇÃO DO TRABALHADOR PELO JUÍZO DA CONDENAÇÃO. Com inspiração no ideal protetivo que fundamenta o direito material do trabalho, os critérios legais que definem a competência dos órgãos da Justiça do Trabalho objetivam facilitar ao trabalhador, reputado hipossuficiente pela ordem jurídica, o amplo acesso à justiça (CF, art. 5º, XXXV). Essa a diretriz que deve orientar a solução dos conflitos de competência entre órgãos investidos de jurisdição trabalhista. Cuidando-se, porém, de sentença proferida em ação civil coletiva (art. 91 da Lei 8.078/90), proposta por um dos -entes exponenciais- legalmente legitimados (art. 82 da Lei 8.078/90), são aplicáveis as normas jurídicas que disciplinam o sistema processual das ações coletivas (artigos 129, III, e 134 da CF de 1988 c/c as Leis 4.717/65, 7.347/85 e 8.078/90). Nesse sentido, a competência para a execução caberá ao juízo da liquidação da sentença ou da ação condenatória, no caso de execução individual, ou, ainda ao juízo da ação condenatória, quando a execução se processar de forma coletiva (art. 98, § 2º, I e II, da Lei 8.078/90). Na espécie, a ação de execução individual foi proposta pelo sindicato profissional, na condição de representante de um dos trabalhadores beneficiários da condenação coletiva, perante o juízo prolator da sentença condenatória passada em julgado. Ainda que o trabalhador beneficiário do crédito exequendo resida em município inserido na competência territorial de outro órgão judicial, a eleição do foro da condenação está expressamente prevista em lei, devendo, pois, ser respeitada, sobretudo quando, diferentemente do que foi referido pelo juízo suscitado, não constou da sentença passada em julgado qualquer definição em torno da competência funcional para a execução respectiva. Conflito de competência admitido para declarar a competência do MM. Juízo da 2ª Vara do Trabalho de Macaé-RJ, suscitado. (TST. Processo: CC-602-80.2014.5.03.0037. Relator: Min. Douglas Alencar Rodrigues. SBDI-II. **DEJT** 03.10.2014).

Conflito negativo de competência. Execução individual movida por sindicato profissional. Foro competente. Art. 98, §2º, I, do CDC. A execução individual movida por sindicato profissional, na condição de representante de um dos trabalhadores beneficiários da condenação obtida em sede de ação civil coletiva, pode ser processada no foro da liquidação de sentença (domicílio do empregado) ou da condenação. Por se tratar de jurisdição coletiva, não se aplicam as normas dos art. 651 e 877 da CLT, mas aquelas que regem o sistema normativo do processo civil coletivo brasileiro, em especial no art. 98, §2º, I, do CDC, que confere ao trabalhador o direito de optar pelo foro de seu interesse. De outra sorte, no caso concreto, a sentença coletiva transitada em julgado não fez qualquer determinação a respeito do juízo competente para a execução em questão, devendo prevalecer, portanto, a vontade do exequente individual. Com esses fundamentos, a SBDI-II, por unanimidade, admitiu o conflito negativo de competência suscitado pelo Juiz Titular da 9ª Vara do Trabalho de Belo Horizonte/MG (domicílio do exequente) para declarar competente o juízo da 2ª Vara do Trabalho de Macaé/RJ (prolator da sentença condenatória). (TST. Processo: CC-856-40.2014.5.03.0009. SBDI-II. Relator: Min. Douglas Alencar Rodrigues. **DEJT** de 23.9.2014).

EXECUÇÃO DE SENTENÇA COLETIVA. COMPETÊNCIA. PRECLUSÃO. Em se tratando de ação de liquidação e execução de sentença coletiva, a competência para o seu processamento é regida pelos arts. 98, §2° e 101, I, do CDC. Apesar de coletiva a sentença, a execução é individual, ainda que plúrima. Não há dúvida, portanto, quanto ao caráter relativo da competência do juízo da execução. Proposta a medida perante o juízo recorrido, a agravante não se insurgiu quanto a algumas questões suscitadas no presente agravo (incompetência do Juízo, prescrição e impossibilidade de se promover a execução coletivamente), limitando-se a requerer dilação de prazo para manifestar sobre cálculos de liquidação, dentre outras providências. A agravante chegou até mesmo a apresentar os cálculos de liquidação, operando-se induvidosa preclusão lógica, conceituada por Carlos Henrique Bezerra Leite como sendo: "É a perda da prática de um ato, por estar em contradição com atos anteriores, ofendendo a lógica do comportamento das partes. A preclusão lógica, portanto, ocorre quando a parte pratica um ato incompatível com o já praticado" (Curso de Direito Processual do Trabalho, pág. 77). (TRT 3ª Região. Processo: 0001916-70.2013.5.03.0110 AP. Sétima Turma. Relatora: Juíza Martha Halfeld F. de Mendonca Schmidt. **DEJT** de 10.07.2014).

RECURSO ESPECIAL. ART. 105, INCISO III, ALÍNEA "C", DA CF. COTEJO ANALÍTICO. CIRCUNSTÂNCIAS FÁTICAS. INEXISTÊNCIA. EXECUÇÃO. COMPETÊNCIA. DOMICÍLIO DO AUTOR. POSSIBILIDADE. 1. Não se conhece do recurso especial, interposto com base no art. 105, inciso III, alínea "c", da CF, quando o recorrente limita-se a transcrever ementas de julgados, enfatizando

> trechos e argumentos que se alinham ao pleito recursal, sem providenciar, porém, o necessário cotejo analítico, a fim de demonstrar a similitude fática entre os casos decididos, na forma dos artigos 541, parágrafo único, do CPC, e 255, do Regimento Interno do Superior Tribunal de Justiça. Precedentes. 2. Os artigos 98, inciso I, e 101, inciso I, ambos do Código de Defesa do Consumidor, permitem que a liquidação e execução de sentença coletiva sejam feitas no domicílio do autor. 3. Não se pode obrigar os beneficiários de sentença coletiva a liquidá-la e executá-la no foro em que a ação coletiva fora processada e julgada, sob pena de inviabilizar a tutela dos seus direitos. 4. Recurso especial parcialmente conhecido e, nesta parte, provido (STJ. Processo: REsp 1122292/GO. Relator: Min. Castro Meira. Segunda Turma. **DJe** 04.10.2010).

Observe-se que na jurisprudência existe decisão no sentido de que não é competente para a execução o foro do local da sede do sindicato-autor da ação coletiva, mas, sim, do domicilio de cada substituído, como se vê a seguir:

> AÇÃO DE LIQUIDAÇÃO E EXECUÇÃO DE SENTENÇA COLETIVA. COMPETÊNCIA. AFERIÇÃO. Em se tratando de ação de liquidação e execução de sentença coletiva, a competência para o seu processamento deve ser fixada pelo cotejo do art. 98, §2°, II, do CDC com o art. 101, I, do mesmo diploma, segundo o qual, na ação de responsabilidade civil do fornecedor de produtos e serviços, a ação poderá ser proposta no domicílio do autor. Assim, a competência para o processamento da predita ação de execução poderá ser do juízo do domicílio do substituído, mas nunca deverá ser fixada em função da sede do Sindicato autor da ação. Nesse aspecto, a ausência de indicação dos endereços dos substituídos na ação de execução ajuizada pelo sindicato enseja a extinção do processo, sem resolução do mérito, por ausência de pressupostos de constituição e de desenvolvimento válido e regular do processo, nos termos do art. 267, IV, do CPC, já que o Sindicato autor não comprovou o domicílio de cada um dos substituídos, procedimento indispensável, por se tratar de elemento necessário para a fixação da competência, não se afigurando viável o desmembramento do processo, de forma a determinar a remessa dos autos aos Juízos competentes. (TRT 3ª Região. Processo: 0001181-31.2013.5.03.0112 AP. Sexta Turma. Relator: Juiz João Bosco de Barcelos Coura. **DEJT** de 29.11.2013).

O Anteprojeto de Código de Processo Coletivo redigido pelo IBDP, em sua redação original, nada acrescenta para propiciar maior efetividade à execução de sentença coletiva, pois apenas reproduz o art. 15 da LACP. Registre-se, por fim, que, por força do art. 899 da CLT, admite-se a execução provisória no processo coletivo, com a aplicação subsidiária do art. 475-O do CPC/1973 e do art. 520 do CPC/2015, ressalvando-se, contudo, a impossibilidade de execução provisória contra a Fazenda Pública nos moldes do art. 2-B da Lei n. 9.494/97 ("A sentença que tenha por objeto a liberação de recurso, inclusão em folha de pagamento, reclassificação, equiparação, concessão de aumento ou extensão de vantagens a servidores da União, dos Estados, do Distrito Federal e dos Municípios, inclusive de suas autarquias e fundações, somente poderá ser executada após seu trânsito em julgado.").

5.8.18. Ações repetitivas e ações coletivas. Incidente de resolução de demandas repetitivas

O CPC de 2015 contém algumas novidades diretamente relacionadas com as ações coletivas, o que justifica breves considerações a respeito.

O art. 139, X, do CPC de 2015 autoriza ao juiz a "quando se deparar com diversas demandas individuais repetitivas, oficiar o Ministério Público, a Defensoria Pública e, na medida do possível, outros legitimados a que se referem os arts. 5º, da Lei n. 7.347, de 24 de julho de 1985, e 82 da Lei n. 8.078, de 11 de setembro de 1990, para, se for o caso, promover a propositura de ação coletiva respectiva."[519] Assim, constatada a existência de diversas ações individuais

---

[519] Pela forma em que está redigido, o inciso X, do art. 139 deixa claro que há uma ordem de preferência na comunicação da existência de diversas demandas individuais repetitivas e do ente legitimado para o ajuizamento da ação coletiva: 1º o Ministério Público, 2º a Defensoria Pública e, na medida do possível, outros entes legitimados. Contudo, esta não é a opinião de Humberto Dalla Bernardina Pinho, para quem neste dispositivo encontra-se a chamada "legitimidade primária, que toca ao M.P. e à D.P. e a secundária, prevista no §1º, que abrange os 'demais legitimados' elencados tanto no art. 5º da Lei nº 7.347/85, como o art. 82 da Lei nº 8.079/90. Dessa forma, é retomada uma antiga classificação dos legitimados para a tutela coletiva: a parte prioritária; em outras palavras, todas as instituições que constam nos acima referidos dispositivos legais são legitimados, mas M.P. e D.P. teriam uma legitimidade mais proeminente. Isto não quer dizer que exista alguma ordem de preferência ou maior ou menor relevância dos legitimados. Na verdade, todos tem a chamada autônoma e disjuntiva, ou seja, cada um pode agir independentemente do outro, sem necessitar de qualquer tipo de autorização prévia ou chancela posterior." (PINHO, 2014, p. 4).

repetitivas, o juiz oficiará os entes legitimados para, se for o caso, promover a propositura de ação coletiva. Trata-se, sem dúvidas, de valorização das ações coletivas, especialmente do seu papel de instrumento de garantia de tratamento igual para pessoas na mesma situação fática, além de relevante contributo para a economia processual e duração razoável do processo.[520]

A possibilidade de instauração do incidente de resolução de demandas repetitivas quando, estando presente o risco de ofensa à isonomia e à segurança jurídica, houver efetiva repetição de processos que contenham controvérsia sobre a mesma questão unicamente de direito (art. 976, I e II). O incidente pode ser suscitado perante o tribunal de justiça ou tribunal regional federal, na pendência de qualquer causa de sua competência, sendo dirigido ao seu presidente, e poderá ser arguido

>I – pelo juiz ou relator, por ofício; II – pelas partes, por petição; III – pelo Ministério Público ou pela Defensoria Pública, por petição. (Art. 977, I a III).

A petição de requerimento de instauração do incidente de ações repetitivas deverá ser acompanhada de documentos que comprovem o preenchimento dos requisitos necessários para tanto. Destaca-se que a eventual desistência ou o abandono da causa não impedem o exame do seu mérito, devendo o Ministério Público intervir obrigatoriamente no incidente e, se for o caso, assumir sua titularidade em caso de desistência ou de abandono. (Parágrafo único do art. 977).

O CPC de 2015 dispõe também que, se um dos tribunais superiores, no âmbito de sua respectiva competência, já tiver afetado recurso para definição de tese sobre questão de direito material ou processual repetitivo não caberá o incidente mencionado (art. 976, §4º).

Deverá haver ampla e específica divulgação e publicidade, "por meio de registro eletrônico no Conselho Nacional de Justiça", e os tribunais deverão manter banco eletrônico de dados atualizados

---

520 Não se olvide, como adverte José Carlos Barbosa Moreira, que "construir um sistema de Justiça é como construir uma estrada; quanto melhor for a estrada, maior será o tráfego; e quanto maior o tráfego, mais depressa a estrada acusará o inevitável desgaste [...]. A rapidez no processamento das causas, notável nos primeiros tempos de funcionamento, atuou como chamariz para a grande leva de interessados na solução de problemas." (BARBOSA MOREIRA, 2007, p. 376-377).

com informações específicas sobre questões de direito submetidas ao incidente, comunicando-o imediatamente ao Conselho Nacional de Justiça para inclusão no cadastro. (Art. 979, §§ 1º a 3º).

O CPC de 2015 prevê, ainda, que haverá juízo de admissibilidade do incidente a ser realizado pelo órgão colegiado; se for admitido o incidente, o relator determinará a suspensão dos processos pendentes, individuais ou coletivos, que tramitam no estado ou na região, conforme o caso; poderá requisitar informações a órgãos em cujo juízo corre o processo no qual se discute o objeto do incidente, que as prestarão no prazo de quinze dias, e intimará o Ministério Público para, querendo, manifestar-se também no prazo de quinze dias. (982, I a III).

Durante a suspensão dos processos, se houver pedido de tutela de urgência deverá ser dirigido ao juízo onde tramita o processo suspenso, e o interessado poderá requerer o prosseguimento do seu processo, demonstrando a distinção do seu caso ou, se for o caso, a suspensão de seu processo, evidenciando que a questão jurídica a ser decidida está abrangida pelo incidente a ser julgado. Nestes dois casos, o requerimento deve ser dirigido ao juízo onde tramita o processo, ressaltando-se que a decisão que negar o requerimento é atacável por agravo de instrumento. (Art. 982, §2º).

Por ocasião do julgamento, o relator fará exposição do objeto do incidente. O presidente dará a palavra, sucessivamente, ao autor e ao réu do processo originário, e ao Ministério Público, pelo prazo de trinta minutos, para sustentar suas razões. Em seguida, os demais interessados poderão manifestar-se no prazo de trinta minutos, divididos entre todos, sendo exigida inscrição com dois dias de antecedência e havendo muitos interessados, o prazo poderá ser ampliado, a critério do órgão julgador. (Art. 984).

Destaque-se que:

> Art. 985. Julgado o incidente, a tese jurídica será aplicada: I – a todos os processos individuais ou coletivos que versem sobre idêntica questão de direito e que tramitem na área de jurisdição do respectivo tribunal, inclusive àqueles que tramitem nos juizados especiais do respectivo Estado ou região; II – aos casos futuros que versem idêntica questão de direito e que venham a tramitar no território de competência do tribunal, salvo revisão na forma do art. 986.

§1º Não observada a tese adotada no incidente, caberá reclamação.

§2º Se o incidente tiver por objeto questão relativa a prestação de serviço concedido, permitido ou autorizado, o resultado do julgamento será comunicado ao órgão, ao ente ou à agência reguladora competente para fiscalização da efetiva aplicação, por parte dos entes sujeitos a regulação, da tese adotada.

Art. 986. A revisão da tese jurídica firmada no incidente far-se-á pelo mesmo tribunal, de ofício ou mediante requerimento dos legitimados mencionados no art. 977, inciso III.

No art. 980 do CPC/2015 é fixado o prazo de um ano para julgamento do incidente e que este terá preferência sobre os demais feitos, à exceção daqueles que envolvam réu preso e os pedidos de *habeas corpus*, sendo que, se for ultrapassado este prazo, termina a suspensão dos processos, a não ser que haja decisão fundamentada do relator em sentido contrário.

O §3º do art. 982 dispõe que, em nome da garantia da segurança jurídica, qualquer legitimado para o incidente poderá requerer ao tribunal competente para conhecer de recurso extraordinário ou recurso especial a suspensão de todos os processos individuais ou coletivos em curso no território nacional que versem sobre a questão objeto do incidente já instaurado. Interessante observar que o §4º deste dispositivo assegura que a parte em processo em curso no qual se discuta a mesma questão objeto do incidente é legitimada para requerer a providência prevista no *caput*, independentemente dos limites da competência territorial. No §5º deste artigo está disposto que termina a suspensão prevista em seu *caput* se não for interposto recurso especial ou extraordinário contra a decisão proferida no incidente.

Por fim, o CPC de 2015 estipula, ainda, sobre esta questão:

Art. 987. Do julgamento do mérito do incidente caberá recurso extraordinário ou especial, conforme o caso.

§1º. O recurso tem efeito suspensivo, presumindo-se a repercussão geral de questão constitucional eventualmente discutida.

§2º Apreciado o mérito do recurso, a tese jurídica adotada pelo Supremo Tribunal Federal ou pelo Superior Tribunal de Justiça será aplicada no território nacional a todos os processos individuais ou coletivos que versem sobre idêntica questão de direito.

A Comissão de Juristas responsável pela elaboração do anteprojeto do Código de Processo Civil, destacou, na exposição de motivos do PLS n. 166/2010:

> Criaram-se figuras, no CPC de 2015, para evitar a dispersão excessiva da jurisprudência. Com isso, haverá condições de se atenuar o assoberbamento de trabalho no Poder Judiciário, sem comprometer a qualidade da prestação jurisdicional. Dentre esses instrumentos, está a complementação e o reforço da eficiência do regime de julgamento de recursos repetitivos, que agora abrange a possibilidade de suspensão do procedimento das demais ações, tanto no juízo de primeiro grau, quanto dos demais recursos extraordinários ou especiais, que estejam tramitando nos tribunais superiores, aguardando julgamento, desatreladamente dos afetados. Com os mesmos objetivos, criou-se, com inspiração no direito alemão, o já referido incidente de Resolução de Demandas Repetitivas, que consiste na identificação de processos que contenham a mesma questão de direito, que estejam ainda no primeiro grau de jurisdição, por decisão conjunta. O incidente de resolução de demandas repetitivas é admissível quando identificada, em primeiro grau, controvérsia com potencial de gerar multiplicação expressiva de demandas e o correlato risco da coexistência de decisões conflitantes. É instaurado perante o Tribunal local, por iniciativa do juiz, do MP, das partes, da Defensoria Pública ou pelo próprio Relator. O juízo de admissibilidade e de mérito caberão ao tribunal pleno ou ao órgão especial, onde houver, e a extensão da eficácia da decisão acerca da tese jurídica limita-se à área de competência territorial do tribunal, salvo decisão em contrário do STF ou dos Tribunais superiores, pleiteada pelas partes, interessados, MP ou Defensoria Pública. Há a possibilidade de intervenção de *amicus curiae*. (Disponível em: http://www.senado.gov.br/atividade/materia/getPDF.asp?t=84496).

Assim, as duas soluções preconizadas acima alcançam o processo metaindividual do trabalho, posto que estão em sintonia com seus princípios fundamentais, notadamente o da facilitação do acesso à justiça e o da duração razoável do processo.

5.9. A solução de conflitos metaindividuais no direito estrangeiro: breves considerações

Embora este livro verse sobre a tutela judicial de direitos metaindividuais no sistema jurídico brasileiro, vale a referência, ainda que breve, à forma pela qual esta modalidade de tutela é disciplinada em alguns países, com ênfase para aqueles que serviram de inspiração ao modelo brasileiro. A comparação de modelos far-se-á apenas levando em conta a disciplina legal da solução dos conflitos metaindividuais, correspondendo, assim, ao que Leontin-Jean Constantinesco denomina "microcomparação", no sentido de "confronto de regras ou institutos jurídicos pertencentes a ordenamentos diferentes", e não à macrocomparação, que, ainda segundo o mesmo doutrinador, tem em vista destacar "as reais características das ordens jurídicas", o que significa que os objetos de comparação "devem ser não um micro-fato ou um elemento jurídico isolado, mas as estruturas fundamentais dos ordenamentos analisados." (CONSTANTINESCO, 1998, p. 326-327). Na comparação a ser realizada ter-se-ão em conta apenas questões relacionadas à legitimidade, ao objeto da ação coletiva e à coisa julgada, assim como será perquirida a existência nos países colocados em evidência de um código de processo coletivo.

a) Estados Unidos da América

Ao tratar da tutela de direitos metaindividuais, o legislador brasileiro se inspirou no Direito norte-americano, que, por sua vez, sofreu influência do Direito inglês.[521][522] Em relação a este último aspecto, observa Teori Albino Zavaski que

> [...] desde o século XVII, os tribunais de equidade (*Courts of Chancery*) admitiam, no direito inglês, o b*ill of peace*, um modelo de demanda que rompia com o princípio segundo o qual todos os sujeitos interessados devem, necessariamente, participar do processo, com o que se passou a permitir, já então, que representantes de determinados grupos de indivíduos

---

521 Não se pode olvidar a existência da ação popular, que tem origem no Direito Romano. Esta ação, entretanto, não participa do processo de transformação social que leva ao reconhecimento de direitos de titularidade difusa e coletiva, que, por sua vez, exigiram o estabelecimento de instrumental processual diferenciado.

522 Ada Pellegrini Grinover assinala, ainda, a influência italiana sobre o modelo brasileiro de tutela jurisdicional dos direitos metaindividuais, afirmando que, "mais pragmático, o direito processual brasileiro partiu dos exercícios teóricos da doutrina italiana dos anos setenta, para construir um sistema de tutela jurisdicional dos interesses difusos que fosse imediatamente operativo." (GRINOVER, 2008, p. 230).

atuassem, em nome próprio, demandando por interesses dos representados ou, também, sendo demandados por conta dos mesmos interesses." Assim nasceu, segundo a maioria dos doutrinadores, a ação de classe (*class action*) [...]. O certo é que da antiga experiência das cortes inglesas se originou a moderna ação de classe (*class action*), aperfeiçoada e difundida no sistema norte-americano, especialmente a partir de 1938, com a *Rule 23 das Federal Rules of Civil Procedure*, e da sua reforma, em 1966, que transformaram esse importante método de tutela coletiva em 'algo único e absolutamente novo' em relação aos seus antecedentes históricos. (ZAVASCKI, 2011, p. 23-24).

Em relação ao sistema norte-americano, registre-se que a *Rule 23 da Federal Rules of Civil Procedure* permite que um ou mais membros de determinada classe ajuízem ação visando à tutela dos interesses de todos os seus membros, desde que

(a) seja inviável, na prática, o litisconsórcio ativo dos interessados, (b) estejam em debate questões de fato ou de direito *comuns* a toda classe, (c) as pretensões e as defesa sejam tipicamente de classe e (d) os demandantes estejam em condições de defender eficazmente os interesses comuns. (ZAVASCKI, 2011, p. 26).[523]

---

523 Teori Albino Zavascki destaca na Regra 23 das *Federal Rules of Civil Procedure* os seguintes pontos:
"(a) Pressupostos da *class action*. Um ou mais membros da classe podem demandar, ou serem demandados, como representantes, no interesse de todos, se (1) a categoria for tão numerosa que a reunião de todos os membros se torne impraticável; (2) houver questões de direito e de fato comuns ao grupo; (3) os pedidos ou defesas dos litigantes forem idênticos aos pedidos ou defesa da própria classe; e, (4) os litigantes atuarem e protegerem adequadamente os interesses da classe.
(b) Pressupostos de desenvolvimento da *class action*. Uma ação pode desenvolver-se como *class action* desde que os pressupostos da alínea "a" sejam satisfeitos, e ainda, se:
(1) o ajuizamento de ações separadas por ou em face de membro de grupo faça surgir risco de que (A) as respectivas sentenças nelas proferidas imponham ao litigante contrário à classe comportamento antagônico; ou que (B) tais sentenças prejudiquem ou tornem extremamente difícil a tutela dos direitos de parte dos membros da classe estranhos ao julgamento; ou se
(2) o litigante contrário à classe atuou ou recusou-se a atuar de modo uniforme perante todos os membros da classe, impondo-se um final *injunctive relief* ou *declaratory relief* em relação à classe globalmente considerada; ou se
(3) o tribunal entende que as questões de direito e de fato comuns aos componentes da classe sobrepujam as questões de caráter estritamente individual, e que a *class action* constitui o instrumento de tutela que, no caso concreto, mostra-se mais adequado para o correto e eficaz deslinde da controvérsia.
Na análise de todos esses aspectos, o tribunal deverá considerar: (A) o interesse individual dos membros do grupo no ajuizamento ou na defesa da demanda

separadamente; (B) a extensão e o conteúdo da demanda já ajuizadas por ou em face dos membros do grupo; (C) a conveniência ou não da reunião das causas perante o mesmo tribunal; (D) as dificuldades inerentes ao processamento da demanda na forma de *class action*.

(c) Pronunciamentos sobre a possibilidade de processamento na forma de *class action*: notificação, sentença, demandas parcialmente conduzidas como *class action*.

(1) Na primeira oportunidade, logo após o ajuizamento de uma *class action*, o tribunal deverá determinar se a demanda pode desenvolver-se como *class action*. Tal decisão pode ser condicional e pode ser alterada ou revogada antes da sentença de mérito.

(2) Em qualquer *class action*, fundada na alínea (b) (3), o tribunal deverá ordenar sejam notificados da existência da demanda todos os componentes do grupo. A notificação deverá ser pessoal àqueles cuja identificação seja possível com razoável esforço, e deverá ser a mais eficaz dentro das circunstâncias. Pela notificação, os componentes do grupo deverão ser informados de que (A) podem requerer, no prazo fixado pelo tribunal, a exclusão da classe; (B) a sentença, favorável ou contrária, será vinculante para todos os componentes do grupo que não requererem a sua exclusão; (C) qualquer componente da classe, que não requereu fosse excluído, pode, se desejar, intervir no processo, representado por seu advogado.

(3) A sentença proferida em uma *class action* fundada na alínea (b) (1) ou (b) (2), favorável ou contrária, será vinculante a todos aqueles que o tribunal declarar serem integrantes da classe. A sentença proferida em uma *class action* fundada na alínea (b) (3), favorável ou contrária, será vinculante a todos aqueles que o tribunal declarar serem integrantes da classe, bem como àqueles que foram notificados na forma da alínea (c) (2), e não requereram a sua exclusão.

(4) Se for entendido oportuno (A) uma demanda pode ser ajuizada e processada como *class action* apenas para certas questões; ou (B) uma classe pode ser dividida em subclasses, e cada uma destas será tratada como autônoma, aplicando-se-lhes as normas desta lei.

(d) Pronunciamentos sobre a condução da demanda. Durante o procedimento das demandas reguladas por esta lei, o tribunal pode: (1) disciplinar o curso do processo ou adotar medidas para evitar inúteis repetições ou delongas na apresentação da defesa e das provas; (2) dispor, para a tutela dos membros do grupo ou, ainda, para o correto desenvolvimento do processo, que todos ou apenas alguns componentes sejam informados, mediante notificação, do estado da demanda, ou da extensão dos efeitos da sentença, ou para intervirem formulando pedido ou deduzindo defesa, ou, ainda, para participarem da demanda; (3) impor condições aos representantes e aos intervenientes; (4) dispor que dos autos sejam excluídas as alegações referentes à tutela de membros ausentes do processo, e que a ação prossiga de conformidade com os termos da lei; (5) regular todas as questões procedimentais. Tais determinações devem ser tomadas em consonância com a Regra 16, e podem ser modificadas ou revogadas conforme o caso sob exame.

(e) Renúncia e transação. Os litigantes não podem renunciar ou transigir no âmbito da *class action* sem autorização do tribunal, que disporá sobre a notificação, na forma em que determinar, do conteúdo da renúncia ou da transação a todos os membros do grupo.

(f) Recursos. O tribunal de recursos pode em sua discricionariedade admitir um recurso de uma sentença emanada de um juízo distrital concedendo ou negando a certidão da *class action* sob o fundamento desta lei, se a solicitação for feita no prazo de 10 (dez) dias após o registro da sentença. O recurso não prosseguirá nesse juízo distrital a menos que o juiz distrital ou tribunal de recursos assim ordene." (ZAVASCKI, 2011, p. 25-26, nota n. 9).

As *class actions* permitem a defesa de duas grandes espécies de pretensões:

> (a) pretensões de natureza declaratória ou relacionadas com direitos cuja tutela se efetiva mediante provimentos com ordens de fazer ou não fazer, geralmente direitos civis (*injunctions class actions*); e
>
> (b) pretensões de natureza indenizatória de danos materiais individualmente sofridos (*class actions for damages*). (ZAVASCKI, 2011, p. 26).

As *class actions* atribuem ao juiz papel relevante, ao qual cabe o exame das condições de admissibilidade da ação, da adequada representatividade dos autores e do controle das condições para o seu desenvolvimento regular.

Anota Antonio Gidi que, no sistema norte-americano,

> [...] a *class action* é uma ação representativa (*representative action*), em que o autor representa em juízo os interesses dos demais membros (ausentes) do grupo. O representante do grupo propõe a ação coletiva em nome próprio e em nome de todos os demais que se enquadram em uma situação semelhante à sua (*to sue on behalf of himself anda ll others similarly situated*). Assim, em uma *class action* existem dois pedidos independentes: o pedido individual, em benefício do representante, e o pedido coletivo, em benefício do grupo. Nas ações coletivas, considera-se que o grupo esteja presente em juízo e, assim, a sentença numa *class action* faz coisa julgada *erga omnes*, atingindo todos os seus membros. Ao contrário do que acontece no direito processual civil coletivo brasileiro, porém, o efeito vinculante da sentença coletiva em face das pretensões individuais dos membros do grupo independe do resultado da demanda ou da suficiência do material probatório disponível ao grupo. Seja a sentença favorável ou contrária aos interesses do grupo (...), ela estará revestida pelo manto da imutabilidade do seu comando em face dos direitos individuais e coletivos de todos os membros ausentes do grupo. (GIDI, 2007, p. 271-272).

Sobre a legitimação para a *class action*, registre-se a lição de Owen M. Fiss:

> Enquanto temos uma forte tradição, de origem no fim do século dezenove, que autoriza ações civis iniciadas pelo governo como alternativa à persecução penal, temos sido relutantes em fazer destas ações a única alternativa disponível para lidar com tais

casos. Esta relutância pode refletir a característica descrença americana no governo e o desejo de preservar um espaço para os cidadãos engenhosos e criativos. Mais concretamente, a indisposição de fazer do processo iniciado pelo governo a única opção civil nestas situações pode estar enraizada na desconfiança com o sistema oficial de governança e com o modo como os servidores públicos desempenham seus deveres [...]. Como resultado, a ideia do procurador geral privado surgiu. O cidadão é legitimado ativo para iniciar o processo, mas a função da ação é a mesma da conduzida pelo procurador geral, nomeadamente, reivindicar a tutela do interesse público. (FISS, 2011, p. 22-23, tradução nossa)[524].

Mauro Cappelletti aduz que

> [...] nos Estados Unidos, com base no *Clean Air Act*, de 1970[525], não somente o *Administrador da Environmental Protection Agency* (um órgão público), mas qualquer cidadão privado, ainda que não pessoalmente interessado, pode agir contra sujeito privado ou entidade pública que cause poluição na atmosfera, em violação à lei federal de 1970. Trata-se de uma *citizen action* ou ação popular à tutela da salubridade da atmosfera. (CAPPELLETTI, 1977, p. 145).

A análise da Regra 23 das *Federal Rules of Civil Procedure* e as lições de Teori Zavaski, Antonio Gidi, Owen M. Fiss e Mauro Cappelletti permitem afirmar que as *class action* não têm o alcance das ações coletivas brasileiras, posto que centradas na satisfação de interesses individuais do autor da ação e dos membros do grupo que representa. Além disso, em relação à legitimação para a ação coletiva, no Brasil foi adotado o regime misto, ou seja, qualquer "cidadão é parte legítima para propor ação popular que vise a anular ato lesivo ao patrimônio

---

524 No original: "While we have a strong tradition, dating from the late nineteenth century, that autorizes government-initiated civil suits as an alternative to criminal prosecution, we have been reluctant to make it the only available alternative for dealing with such cases. This reluctance may reflect the characteristic American distrust and imaginative citizen. More concretely, the unwillingness to make the government-initiated lawsuit the only civil option in these situations may be rooted in misgiving with the official system of governance and how public officials discharge their duties. [...] As a result, the idea of the private attorney general has emerged. The power of initiation is vested in the individual citizen, but the function of the suit is the same as one brought by the attorney general, namely, to vindicate the public interest".

525 Esta Lei, conhecida como "Lei do Ar Limpo", sofreu emendas em 1977 e 1990 para incluir outros poluentes em seu rol.

público ou de entidade de que o Estado participe, à moralidade administrativa, ao meio ambiente e ao patrimônio histórico e cultural, ficando o autor, salvo comprovada má-fé, isento de custas judiciais e do ônus da sucumbência" (art. 5º, LXXIII, da CR/88), assim como a ação pode ser ajuizada por entes públicos e privados definidos em lei (Ministério Público, sindicatos, associações, defensoria pública, autarquias e fundações, dentre outros), valendo lembrar, ainda, o controle de representatividade adequada, que é realizado no sistema norte-americano pelo juiz da causa, ao passo que, no Brasil, é o legislador que define os legitimados para a ação.

Os sistemas também se distinguem no que comporta à coisa julgada. No sistema norte-americano, como é o grupo que está em juízo, a coisa julgada produz efeitos *erga omnes*, ou seja, atinge todos os membros do grupo, qualquer que seja o resultado do julgamento (procedência ou improcedência) e da suficiência ou não da prova. No entanto, para que tal aconteça, como assinala Antonio Gidi, é necessário que o juiz tenha jurisdição sobre a pessoa e que seja respeitado o direito dos componentes do grupo de serem cientificados e ouvidos (garantia do devido processo legal) e, ainda, que os seus interesses tenham sido adequadamente representados em juízo. (GIDI, 2007, p. 278-279).[526]

No sistema brasileiro, a coisa julgada, para se formar, depende do resultado do julgamento (procedência ou improcedência), visto

---

[526] Esse doutrinador ressalta que "somente as questões comuns são decididas na ação coletiva e – consequentemente – somente elas são acobertadas pelo manto da coisa julgada. Os membros do grupo (e a parte contrária) estão livres para litigar as questões individuais fora do âmbito da questão coletiva. Por exemplo, a improcedência de uma ação coletiva proposta com base em discriminação no ambiente de trabalho impede a propositura da mesma ação coletiva (mesma causa de pedir e o mesmo pedido), mas não impede que alguns empregados proponham (e vençam) ações individuais alegando discriminação individualizada [...]. As ações coletivas e individuais possuem diferentes objetos: padrão discriminatório na primeira, discriminação individualizada na segunda. Os métodos de prova também são diversos: prova estatística e por amostragem na primeira e prova específica individualizada na segunda." (GIDI, 2007, p. 279). Essa solução se aproxima do sistema brasileiro, mas apenas no que se refere aos direitos individuais homogêneos, na medida em que no caso de improcedência da ação coletiva as vítimas ou seus sucessores podem ajuizar ação de indenização a título individual, desde que não tenha intervindo no processo como litisconsortes (art. 103, §2º, do CDC).

que quando se trate de direitos difusos e coletivos a improcedência por insuficiência da prova não impede que outra ação seja ajuizada, desde que fundada em nova prova. Em relação aos direitos individuais homogêneos, a sentença somente alcançará terceiros no caso de procedência do pedido; isto é, só alcançará terceiro para beneficiá-lo.

b) França

O legislador brasileiro, ainda conforme Teori Albino Zavaski, também sofreu influência da experiência francesa, traduzida pela *Loi Royer*, de 1973, em relação à legitimidade das associações para ajuizamento de ações coletivas. Com efeito, na França, de acordo com o art. 46 da *Loi Royer*, "as associações regularmente declaradas como tendo por objeto estatutário explícito a defesa dos interesses dos consumidores podem, quando autorizadas para esse fim, atuar perante a jurisdição civil relativamente a fatos que produzam prejuízo direto ou indireto ao interesse coletivo dos consumidores", o que se assemelha ao disposto no art. 5º, V, da Lei da Ação Civil Pública. O doutrinador mencionado esclarece, inclusive, que a exposição de motivos da Lei da Ação Civil Pública faz expressa referência à *Loi Royer*. (ZAVASCKI, 2011, p. 29).

Assinala Aluisio Gonçalves de Castro Mendes que, naquele país, a tutela coletiva teve origem na legislação penal, que autorizava o ajuizamento de ação civil visando à reparação de danos decorrentes de ilícito penal, e gradativamente passou a abarcar outras situações, por força da legislação civil, merecendo destaque a Lei 73-1193 (*Loi Royer*)[527], que atribuiu legitimidade às associações para proceder à defesa de consumidores, por meio de ação civil (art.

---

527 Segundo Mauro Cappelletti: "*Loi Royer* de 1973 não se limitou a abrir as portas da justiça às associações de consumidores em caso de 'fatos que trazem um prejuízo direto e indireto aos interesses coletivos dos consumidores'. Ela também instaurou uma série de controles para prevenir os possíveis abusos de tal direito coletivo de ação: esses controles são confiados, em parte, ao próprio Ministério Público, vindo, assim, a configurar um outro interessante exemplo de como, conforme as situações, se pode combinar e reciprocamente integrar o 'zelo partidário dos grupos privados interessados' com o equilíbrio, o destaque, e a neutralidade de um cargo público que está na metade da estrada entre o juiz e a administração pública." (CAPPELLETTI, 1977, p. 145).

46)[528], previsão posteriormente consagrada no Código de Consumo, no art. L. 421-1[529] (MENDES, 2014, p. 151-152).[530]

Ainda consoante Aluisio Gonçalves de Castro Mendes, atendendo à Recomendação da Comissão da União Europeia, a França editou a Lei n 2014-344/14, acrescentando ao Código do Consumo um capítulo destinado às ações de grupo.[531] As associações possuem

---

528 Art. 46: "As associações regularmente autorizadas que tenham por objetivo estatutário explícito a defesa dos interesses dos consumidores podem, se elas forem provocadas para este fim, ajuizar diante de todas as jurisdições a ação civil relativamente aos fatos causadores de prejuízo direto ou indireto a interesse coletivo dos consumidores." (No original: "Les associations régulièrement déclarées ayant pour objet statutaire explicite la défense des intérêts des consommateurs peuvent, si elles ont été agrées à cette fin, exercer devant toutes les jurisdictions l'action civile relativement aux faits portants un préjudice direct ou indirect à intérêt collectif des consommateurs." Disponível em: http://www.legifrance.gouv.fr/affichTexte.do?cidTexte=JORFTEXT000000509757. Acesso em: 10 out. 2014).

529 Art. L. 421-1: "As associações, que estiverem devidamente registradas e cujo escopo, expressamente previsto nos estatutos, for defender os interesses dos consumidores, poderão, se estiverem autorizadas, exercer os direitos reconhecidos à parte civil, relativamente aos fatos que produzam um prejuízo direto ou indireto ao interesse coletivo dos consumidores." (MENDES, 2014, p. 152).

530 Esclareça-se que na França existem duas jurisdições: a Administrativa (competente para processar e julgar os litígios entre Estados, coletividades territoriais ou pessoas jurídicas de direito público em um polo da ação e no outro lado particulares ou nos casos dos polos constituírem em pessoas jurídicas de direito público) e a Judiciária (competente para matéria penal, ações entre particulares e, excepcionalmente, ações entre o Estado e particulares, como nos casos de fixação do valor de indenização em desapropriação, na ausência de acordo entre as partes).

531 A Recomendação da Comissão da União Europeia aponta como finalidade da ação coletiva "facilitar o acesso à justiça, impedir práticas ilícitas e permitir que as partes lesadas obtenham uma reparação em situações de dano em massa resultante de violações de direitos concedidos pelo direito da União, assegurando, simultaneamente, salvaguardas processuais adequadas para evitar a litigância abusiva" (art. 1º), e estabelece que "todos os Estados-Membros devem dispor de mecanismos de tutela coletiva a nível nacional, tanto inibitórios como indemnizatórios, que respeitem os princípios básicos enunciados na presente recomendação. Estes princípios devem ser comuns a toda a União, sem deixar de respeitar as diferentes tradições jurídicas dos Estados-Membros. Os Estados-Membros devem assegurar que os processos de tutela coletiva sejam justos, equitativos, tempestivos e não sejam proibitivamente onerosos." (Art. 2º). De acordo com o art. 3º desta Recomendação: **tutela coletiva** é um "mecanismo jurídico que garanta a possibilidade de duas ou mais pessoas singulares ou coletivas, ou uma entidade com legitimidade para intentar uma ação representativa, pedirem coletivamente a cessação de um comportamento ilegal (tutela coletiva inibitória)" e "um mecanismo jurídico que assegure a possibilidade de duas ou mais pessoas singulares ou coletivas que aleguem terem sofrido danos numa situação de dano em massa, ou uma entidade

legitimação para a propositura de *action civile* no âmbito do direito ambiental (Código Ambiental, art. L.142-2) e para a defesa dos investidores em valores mobiliários ou em produtos financeiros (art. 452-2 do Código Monetário e Financeiro de 1994) em relação aos prejuízos diretos ou indiretos por eles sofridos. As associações antitabagistas possuem legitimidade para defender os direitos reconhecidos à parte civil no Código de Saúde Pública (art. L. 3512-1). (MENDES, 2014, p. 153-154).

Gustavo Maurino, Ezequiel Nino e Martín Sigal afirmam que na França não existe uma regulamentação única e geral das ações coletivas, mas "uma variada quantidade de leis particulares tem reconhecido legitimação às associações para atuar em defesa de interesses coletivos particulares"[532], dentre as quais o Código do Meio Ambiente, o Código do Trabalho e o Código do Consumo. Observam, ainda, que as ações coletivas podem versar sobre meio ambiente, consumidores, direitos trabalhistas, saúde e direitos de minorias. (MAURINO; NINO; SIGAL, 2005, p. 347). Esses doutrinadores destacam que vários são os requisitos e as alternativas no que comporta à legitimação, sendo por eles mencionado que em alguns casos é exigido que a associação tenha sido constituída há seis meses ou até mesmo há cinco anos, ao passo que em outros exige-se que a associação tenha obtido autorização do governo para funcionamento. São diversos os procedimentos relativos a cada uma destas ações, de acordo com a natureza do interesse

---

com legitimidade para intentar uma ação representativa, pedirem coletivamente uma indenização (tutela coletiva indenizatória)"; **dano em massa** é uma "situação em que duas ou mais pessoas singulares ou coletivas alegam terem sofrido danos que causem prejuízos resultantes da mesma atividade ilegal de uma ou mais pessoas singulares ou coletivas"; **ação representativa** é "uma ação intentada por uma entidade representativa, uma entidade certificada *ad hoc* ou uma autoridade pública em nome e por conta de duas ou mais pessoas, singulares ou coletivas, que alegam estarem expostas ao risco de sofrerem danos ou que tenham sido lesadas numa situação de dano em massa, não sendo essas pessoas partes no processo"; e, por fim, que **ação de seguimento coletiva** é "uma ação de tutela coletiva intentada após a adoção, por uma autoridade pública, de uma decisão final que determine ter-se verificado uma violação do direito da União". (MENDES, 2014, p. 431).

532 No original: "Una variada cantidad de leyes particulares ha reconocido legitimación a las asociaciones para actuar en defensa de intereses colectivos particulares."

para o qual se persegue tutela, citando-se como exemplo as ações propostas pelos sindicatos, nas quais estes devem informar aos trabalhadores a propositura da ação. (MAURINO; NINO, SIGAL, 2005, p. 347).

Joaquín Silgueiro Estagnan assevera que os sindicatos franceses podem propor ação coletiva "sempre que exista um prejuízo direto ou indireto ao interesse coletivo da profissão que representa. Interesse que não deve ser confundido com interesse geral, cuja tutela corresponde ao Ministério Público[533], nem tampouco com os interesses individuais dos membros do sindicato". Ressalte-se que no Direito francês "não se distingue com clareza interesse coletivo de interesse geral, com a grave consequência de que a infração deste último somente legitima o Ministério Público para obtenção de sua tutela processual." (ESTAGNAN, 1995, p. 234).[534] Esse doutrinador acrescenta que os sindicatos, para proporem ação, devem atender a dois requisitos, quais sejam, que atuem em defesa da profissão prejudicada e que invoquem um prejuízo direto ou indireto da profissão, de natureza material ou moral. (ESTAGNAN, 1995, p. 234 e 240).[535]

---

533 Mauro Cappelletti afirma que "a experiência francesa demonstra como o Ministério Público, por ser um instrumento eficiente na persecução dos crimes tradicionais de natureza essencialmente individual, é menos capaz na persecução dos delitos novos, de natureza essencialmente coletiva, como a publicidade mentirosa, os abusos nas vendas de títulos acionários, a fraude alimentar, os poluentes, as construções abusivas. Felizmente, na França, como lembrou Giovanni Conso, em suas exposições o Ministério Público não tem, em sentido próprio, um monopólio no exercício das ações em justiça, diversamente de muitos outros países, entre os quais a Itália. É admitida, no entanto, na França, a possibilidade, dentro de certos limites, de um indivíduo ou grupo privado fazer movimentos a ação penal – mesmo sem, e até mesmo contra, a vontade do *Parquet* – constituindo-se *parte civil*. Reconhece-se, geralmente, que tal possibilidade tem dado lugar a resultados, no conjunto, bem positivos, no que se refere à tutela contra aqueles novos crimes coletivos, por cuja persecução o Ministério Público é menos adaptado. E é óbvio que, através da tutela penal e o exercício da ação civil no processo penal, se terá uma eficaz tutela preventiva e repressiva, não só dos aspectos penais, mas, também, dos aspectos civis das normas concernentes aos 'interesses coletivos'." (CAPPELLETTI, 1977, p. 144).

534 Anote-se que a "jurisprudência francesa demonstra uma tendência restritiva, ao proibir a constituição de partes civis nas situações em que o interesse individual ou coletivo se confunde com o interesse geral." (ESTAGNAN, 1995, p. 236).

535 Tratando da capacidade civil dos sindicatos profissionais, o art. L. 2132-3 do Código do Trabalho francês dispõe que "os sindicatos profissionais têm o direito de agir em juízo. Eles podem, perante todas as jurisdições, exercer todos os direitos reservados à

Joaquín Silgueiro Estagnan esclarece, ainda, que uma pessoa pode ajuizar "ação social *uti singuli*" em matéria de sociedades, ao passo que os acionistas de uma sociedade anônima podem outorgar mandato a um ou a alguns deles para ajuizar ação visando exigir a responsabilização dos seus administradores, mas informa que prevalecem as ações propostas por sindicatos e associações. (ESTAGNAN, 1995, p. 236 e 239).

Ainda segundo Joaquín Silgueiro Estagnan, as associações também estão legitimadas para ajuizarem ações coletivas, constituindo requisitos para a sua atuação que o objeto da associação contemple a defesa de interesses coletivos e que exista um prejuízo para os membros da profissão. Assevera esse doutrinador que foi no campo da tutela dos consumidores que a legislação francesa mais se desenvolveu com relação à legitimidade das associações, sendo por ele citada a Lei n. 92-60, de 1992, que reconhece às associações autorizadas legitimidade para a defesa de interesses coletivos e individuais homogêneos dos consumidores, com a ressalva de que é exigido que os representados sejam pessoas físicas determinadas, que estes representados outorguem mandato escrito para a associação e que os danos tenham origem comum. (ESTAGNAM, 1995, p. 244, 249 e 250).

Verifica-se, assim, que a tutela de direitos coletivos *lato sensu* na França não conta com um sistema organizado de tutelas coletivas (o citado país possui apenas leis setoriais). São legitimados para a ação judicial o Ministério Público, na hipótese de direitos ou interesses gerais, e os sindicatos, associações e, excepcionalmente, pessoas naturais, nos casos dos direitos ou interesses coletivos, além de que não há uma clara definição do que sejam direitos ou interesses geral e direitos ou interesses coletivos, o que dificulta a atuação dos sindicatos, das associações e do particular.

---

parte civil concernentes aos fatos que causem prejuízos diretos ou indiretos a interesse coletivo da profissão que representa." (DALLOZ, 2014, p. 494, tradução nossa). No original: "Les syndicats professionnels ont le droit d'agir en justice. Ils peuvent, devant toutes les juridictions, exercer tous les droits réservés à la partie civile concernant les faits portant un préjudice direct ou indirect à l'intérêt collectif de la profession qu'ils représentent."

c) Itália

Com relação à Itália, Aluísio Gonçalves de Castro Mendes assevera que a legitimação dos sindicatos para ajuizar demanda inibitória visando à cassação de conduta antissindical, estabelecida pela Lei 300/30, costuma ser apontada como um dos precedentes da introdução da tutela coletiva naquele país. Esclarece que o modelo italiano sofreu forte influência das orientações contidas na Diretiva 93/13 do *Conselho das Comunidades Europeias*, cujo art. 7º. I, estabelece a criação de meios adequados e eficazes para pôr termo às cláusulas abusivas nos contratos de consumo, prevendo que pessoas ou organizações teriam interesse para ajuizar ação visando à tutela dos consumidores. (MENDES, 2014, p. 105). Por força do atendimento a esta Diretiva, a Lei 349/86 autorizou as associações a ajuizarem ações reparatórias de danos ambientais e visando à anulação de atos administrativos ilegítimos, bem como em defesa dos consumidores. (MENDES, 2014, p. 106-107).

Aluísio Gonçalves de Castro Mendes assinala que

> [...] a tutela coletiva passou a ter um novo *status* e tratamento com a nova lei de defesa dos consumidores. Ao estabelecer a finalidade e o objeto da lei, o art. 1º dispôs que eram reconhecidos e garantidos os direitos e interesses coletivos e individuais dos consumidores, com a promoção da tutela em nível nacional e local também sob a forma coletiva e associativa. (MENDES, 2014, p. 108).

Aluísio Gonçalves de Castro Mendes ressalta a importância do Código de Consumo para a tutela de interesses difusos e coletivos na Itália, em especial do art. 140 *bis*, "estabelecendo uma *azione di classe*, para a tutela dos direitos individuais homogêneos, bem como dos interesses coletivos [...], que poderá ser proposta por qualquer membro da classe e por associação da qual participe", sendo que

> a inovação italiana consiste principalmente na adoção da legitimação do membro da classe, nos moldes da *class action* norte-americana, no sistema italiano, superando, assim, um modelo europeu de *civil law*, até então calcado na atuação das associações e órgãos públicos. (MENDES, 2014, p. 110-111).

Segundo Aluísio Gonçalves de Castro Mendes:

a) a ação de classe italiana deve ser proposta na capital da região em que o demandado possui sede, salvo exceções previstas em lei;
b) é obrigatória a intervenção do Ministério Público, no que comporta ao juízo de admissibilidade da ação;
c) deve ser realizada ampla comunicação da propositura da ação, com a finalidade de propiciar a adesão dos membros da classe;
d) no caso de procedência do pedido, a decisão deve ser líquida e definir os valores devidos aos que aderirem à demanda ou fixar critério homogêneo de cálculo dos valores devidos, sendo que nessa última hipótese será assinalado prazo para que celebrem acordo, após o que, não solucionada amigavelmente a questão, será procedida a liquidação;
e) a decisão produzirá coisa julgada a favor e contra a classe, ressalvado, no entanto, o direito dos membros do grupo que não aderiram à ação coletiva de proporem ações individuais. (MENDES, 2014, p. 110-111).

Com efeito, de acordo com o art. 140-*bis* do Código de Consumo italiano:

a) os direitos individuais homogêneos dos consumidores e os interesses coletivos são tuteláveis também por meio da ação de classe. Para tal fim, qualquer componente da classe, também mediante associação que confere mandato ou comissão de que faça parte, pode atuar para o acertamento da responsabilidade e para a condenação à reparação do dano e a restituição (art. 140-*bis*, 1);[536]
b) por meio das ações de classe podem ser tutelados: direitos contratuais de uma pluralidade de consumidores e usuários em conflito com uma mesma empresa em situação homogênea e direitos homogêneos relativos aos consumidores de determinado produto ou serviço em conflito com o produtor respectivo (art. 140-bis, 2, "a" e "b");

---

[536] Nota-se, assim, que a ação de classe italiana é uma ação reparatória, o que é confirmado pelo art. 140-*bis* do Código de Consumo.

c) os consumidores e os usuários podem intervir na ação coletiva, mas esta intervenção implica renúncia à ação restituitória ou ressarcitória individual fundada no mesmo título, ressalvada a exceção estabelecida legalmente (art. 140-*bis*, 3);

d) o tribunal decidirá previamente sobre a admissibilidade da demanda, não sendo admissível a demanda quando manifestamente infundada, quando existir um conflito de interesses, quer dizer quando o juiz não constata a homogeneidade dos direitos individuais tuteláveis e também quando o autor não se apresenta em condições de defender adequadamente o interesse da classe (art. 140-*bis*, 6);

e) é vedada a intervenção de terceiro;

f) no caso de acolhimento do pedido, será proferida sentença de condenação, na qual deverá ser estabelecida a quantia devida a todos aqueles que aderiram à ação ou estabelecidos os critérios homogêneos para a fixação desta quantia. Neste caso, será conferido prazo para que as partes promovam a tentativa de acordo sobre a liquidação, constituindo o termo respectivo título executivo, ao passo que, não restando celebrado acordo, o juiz fixará a soma devida àqueles que aderiram à ação (art. 140-*bis*, 12);

g) a sentença faz coisa julgada em relação aos consumidores e aos usuários que aderiram à ação, ficando ressalvado o direito de ação individual daqueles que não aderiram à ação coletiva (art. 140-*bis*, 14);

h) não são proponíveis ulteriores ações de classe fundadas nos mesmos fatos e contra a mesma empresa depois de decorrido o prazo para adesão à ação coletiva fixado pelo juiz;[537] e

i) a renúncia e a transação não prejudicam os direitos dos intervenientes que não haja expressamente com eles

---

537 Quem não aderiu à ação coletiva, portanto, somente poderá ajuizar ação a título individual.

consentido. Esses direitos também não são prejudicados no caso de extinção do processo ou de encerramento antecipado do processo (art. 140-*bis*, 15).

Assim, a Itália "conta hoje com um sistema de processos coletivos que cobrem a defesa de interesses difusos e coletivos, assim como de interesses individuais homogêneos (na terminologia ibero-americana), mas limitadamente ao campo dos consumidores e dos usuários." (GRINOVER; WATANABE, MULLENIX, 2007, p. 178).

Mauro Cappelletti dá notícia de "uma lei 'ponte' de 1967 – que esteve limitada por uma bem conhecida e lastimável jurisprudência *contra legem* do Conselho de Estado – legitima 'qualquer um' a agir contra licença e construção editalícia concedida ilegitimamente pela autoridade" e de "formas de ação popular em matéria eleitoral." (CAPPELLETTI, 1977, p. 145-146).

Hermes Zaneti Júnior chama a atenção para o art. 24 da Constituição italiana, segundo o qual "todos podem recorrer em juízo para proteger os próprios direitos e interesses legítimos [...] significando individuais e pessoais", portanto

> [...] não se admite abertura à proteção de direitos coletivos de titularidade indeterminada. Aliando, a essa visão a necessidade de disposição expressa na lei para permitir a substituição processual (art. 81 do CPC italiano) vê-se a dificuldade que a doutrina encontrou para orientar, dentro dessa moldura, a legitimação e a defesa em direitos coletivos *lato sensu*. A solução mais plausível, naquele sistema, foi, portanto, construir a doutrina da legitimação ordinária, buscando, na finalidade associativa e institucional, o elemento legitimador. (ZANETI JR, 2015).

Em relação a conflitos envolvendo direitos trabalhistas, observam Luigi Paolo Comoglio, Corrado Ferri e Michele Taruffo que o Código de Processo Civil limita fortemente o rol das atividades que as organizações sindicais podem desenvolver no processo do trabalho (COMOGLIO; FERRI; TARUFFO, 2006, p. 114). Ressaltam, nesse sentido, que o art. 425 do aludido Código prevê que, a pedido da parte, o sindicato por ela indicado tem a faculdade de comparecer em juízo para prestar informações e observações orais ou escritas. Porém, estes mesmos doutrinadores sustentam que a Lei n. 80/1998, que trata de controvérsias de empregos públicos que envolvam a eficácia, a validade e a interpretação de contratos ou acordos coletivos, permite a intervenção do sindicato que firmou tais instrumentos, enquanto que o sindicato que não interviu na causa pode, como uma espécie de *amicus curiae*, apresentar memoriais sobre o objeto da demanda. (COMOGLIO; FERRI; TARUFFO, 2006, p. 115).

A atuação do sindicato na defesa de interesse coletivo é autorizada pelo art. 28 do Estatuto dos Trabalhadores, de 1970, segundo o qual, em defesa do interesse coletivo na liberdade e atividade sindical, a associação sindical nacional que tenha interesse na solução do conflito pode ajuizar ação contra as condutas antissindicais, estabelecendo um procedimento sumário para sua solução. Outra forma de tutela coletiva de interesses é prevista na Lei n. 125/1991, que versa sobre a discriminação coletiva. Nesse caso, o Conselho de Paridade pode propor ação pública visando à tutela de interesse coletivo na eliminação de discriminação baseada sobre o sexo, sendo destacado por Luigi Paolo Comoglio, Corrado Ferri e Michele Taruffo, no entanto, que o efeito concreto desta ação é muito reduzido, na medida em que nela somente pode ser imposta ao empregador a obrigação de apresentar um plano de remoção da discriminação. (COMOGLIO; FERRI; TARUFFO, 2006, p. 123).

d) Portugal

Em Portugal, segundo José Lebre de Freitas, somente a partir da década de 1980 é que surgiram as primeiras normas tratando da tutela jurisdicional de direitos coletivos e difusos, sendo por ele mencionados a Lei de Defesa do Consumidor, a Lei de Defesa do Patrimônio Português, o Regime das Cláusulas Contratuais Gerais, a Lei das Associações de Defesa do Ambiente e a Lei de Bases do Ambiente, que, segundo afirma, "constituíram a primeira realização, no domínio da legislação ordinária, dum imperativo da República Portuguesa, que, desde 1976, consagra o direito de ação popular para a proteção da saúde pública, do ambiente, da qualidade de vida e do patrimônio cultural." (FREITAS, 2009, p. 206).[538]

---

538 Esse doutrinador ressalta, entretanto, que eram escassas as referências nestas disposições legais "à tutela judiciária dos direitos coletivos e difusos e insuficiente o esquema de

O art. 26º-A do Código de Processo Civil de Portugal, dispondo sobre a ação coletiva para a tutela de interesses difusos, prevê que possuem legitimidade para propor ações destinadas à defesa da saúde pública, do ambiente, da qualidade de vida, do patrimônio cultural e do domínio público, bem como à proteção do consumo de bens e serviços, qualquer cidadão no gozo de seus direitos civil e políticos, as associações e fundações defensoras dos interesses em causa, as autarquias locais e o Ministério Público. Vê-se, assim, que também o cidadão está legitimado para a ação coletiva, o que está em sintonia com o art. 52, n. 3 da Constituição daquele país, segundo o qual, é conferido a todos, pessoalmente ou por intermédio de associações de defesa dos interesses em causa, o direito de ajuizar ação popular, inclusive de natureza reparatória, no que concerne à prevenção, cessação ou perseguição judicial das infrações contra a saúde pública, ao direito dos consumidores, à qualidade de vida e à preservação do ambiente e do patrimônio cultural, bem como assegurar a defesa dos bens do Estado, das regiões autônomas e das autarquias locais.[539]

---

proteção montado." (FREITAS, 2009, p. 205-206). É por ele ressaltado, por exemplo, que, apesar do Código dos Consumidores ter sido editado em agosto de 1981, foi somente com o Regime das Cláusulas Contratuais Gerais, de outubro de 1985, que "as associações de consumidores ganharam legitimidade para propositura de ações destinadas a obter a condenação na abstenção do uso ou da recomendação de cláusulas contratuais gerais, ao lado das associações sindicais, profissionais ou de interesse econômico e do Ministério Público", visto que, anteriormente, as associações somente poderiam intervir nas ações como assistentes do Ministério Público. (FREITAS, 2009, p. 206).

539 A ação inibitória voltada à tutela do consumidor está consagrada no artigo 10º da Lei n. 24/96: "Artigo 10º (Direito à prevenção e acção inibitória) 1. É assegurado o direito de acção inibitória destinada a prevenir, corrigir ou fazer cessar práticas lesivas dos direitos do consumidor consignados na presente lei, que, nomeadamente: a) Atentem contra a sua saúde e segurança física; b) se traduzam no uso de cláusulas gerais proibidas; c) consistam em práticas comerciais expressamente proibidas por lei. 2. A sentença proferida em acção inibitória pode ser acompanhada de sanção pecuniária compulsória, prevista no artigo 829º-A do Código Civil, sem prejuízo da indemnização a que houver lugar." Registre-se que a defesa do consumidor é também prevista na Constituição da República de Portugal que, em seu art. 60, prevê que: "1. Os consumidores têm direito à qualidade dos bens e serviços consumidos, à formação e à informação, à protecção da saúde, da segurança e dos seus interesses económicos, bem como à reparação de danos. 2. A publicidade é disciplinada por lei, sendo proibidas todas as formas de publicidade oculta, indirecta ou dolosa. 3. As associações de consumidores e as cooperativas de consumo têm direito, nos termos da lei, ao apoio do Estado e a ser ouvidas sobre as questões que digam respeito à defesa dos consumidores, sendo-lhes reconhecida legitimidade processual para defesa dos seus associados ou de interesses colectivos ou difusos."

A ação popular foi regulamentada pela Lei n. 83/95. De acordo com o seu art. 1º, constitui instrumento apropriado para a tutela de direitos difusos, coletivos e individuais homogêneos.

No que concerne aos direitos dos trabalhadores, o artigo 56 da Constituição da República Portuguesa prevê:

> 1. Compete às associações sindicais defender e promover a defesa dos direitos e interesses dos trabalhadores que representem.
>
> 2. Constituem direitos das associações sindicais:
>
> a) Participar na elaboração da legislação do trabalho;
>
> b) Participar na gestão das instituições de segurança social e outras organizações que visem satisfazer os interesses dos trabalhadores;
>
> c) Pronunciar-se sobre os planos econômico-sociais e acompanhar a sua execução;
>
> d) Fazer-se representar nos organismos de concertação social, nos termos da lei;
>
> e) Participar nos processos de reestruturação da empresa, especialmente no tocante a acções de formação ou quando ocorra alteração das condições de trabalho.
>
> 3. Compete às associações sindicais exercer o direito de contratação colectiva, o qual é garantido nos termos da lei.
>
> 4. A lei estabelece as regras respeitantes à legitimidade para a celebração das convenções colectivas de trabalho, bem como à eficácia das respectivas normas.

O Código de Processo do Trabalho de Portugal, em seu art. 5º, atribui legitimidade às associações sindicais e patronais para ajuizar ações visando à tutela de interesses coletivos que representem, bem como ao Ministério Público, para ajuizar ação de anulação e interpretação de cláusula de convenção coletiva do trabalho (art. 5-A).

José Lebre de Freitas aduz que as associações, quando propõem ação popular em defesa de direitos coletivos e difusos, exercitam "legitimidade originária específica, legitimidade essa baseada numa norma jurídica que a atribui independentemente da radicação dum direito subjetivo material." (FREITAS, 2009, p. 214).[540]

---

540 Segundo José Lebre de Freitas, "a legitimidade das associações e fundações não depende apenas da personalidade jurídica (como no caso das pessoas singulares): é também

Esse doutrinador esclarece que, quando se trate de ação promovida por um indivíduo, este representa

> [...] todos os demais titulares dos direitos ou interesses em causa, com exceção daqueles que a ele se associem em litisconsórcio sucessivo ou que, pelo contrário, declarem expressamente querer ficar excluídos da representação [...]. Consequentemente, é atribuída *eficácia geral* à sentença que venha a ser proferida [...]. Esta extensão do caso julgado aos interessados ditos representados pelo autor cessa nos casos de improcedência por *insuficiência de provas* e quando o julgador deva decidir por forma diversa, fundada em *motivações próprias do caso concreto*. (FREITAS, 2009, p. 215).[541]

Quanto à coisa julgada, relativamente à ação popular, o art. 19 da Lei n. 84/1995 prevê:

> 1 - As sentenças transitadas em julgado proferidas em acções ou recursos administrativos ou em acções cíveis, salvo quando julgadas improcedentes por insuficiência de provas, ou quando o julgador deva decidir por forma diversa fundado em motivações próprias do caso concreto, têm eficácia geral, não abrangendo, contudo, os titulares dos direitos ou interesses que tiverem exercido o direito de se auto-excluírem da representação.
>
> 2 - As decisões transitadas em julgado são publicadas a expensas da parte vencida e sob pena de desobediência, com menção do trânsito em julgado, em dois dos jornais presumivelmente lidos pelo universo dos interessados no seu conhecimento, à escolha do juiz da causa, que poderá determinar que a publicação se faça por extrato dos seus aspectos essenciais, quando a sua extensão desaconselhar a publicação por inteiro.

José Lebre de Freitas acrescenta que "a lei portuguesa não prevê qualquer controlo judicial da legitimidade do autor da ação popular

---

necessário que, entre as suas atribuições ou objetivos estatutários, esteja a defesa dos interesses em causa no tipo de acção de que se trate, bem como que não exerçam qualquer tipo de atividade profissional concorrente com empresas ou profissionais liberais (art. 3 da Lei 83/95). Quer no domínio da defesa dos direitos do consumidor, quer no da proteção do ambiente, várias associações constituídas operam a nível nacional." (FREITAS, 2009, p. 223).

541 Registre-se que, assim como no modelo brasileiro, a formação da coisa julgada está relacionada com a prova produzida no processo (a improcedência por insuficiência da prova impede a formação da coisa julgada *erga omnes*). A legislação portuguesa acrescenta, entretanto, que a sentença não terá efeito vinculante quando o julgador deva decidir por forma diversa fundado em motivações próprias do caso concreto.

enquanto representante, do qual possa resultar a negação dessa legitimidade por haver o receio de que os interesses dos interessados silenciosos possam vir a ser prejudicados", bem como que "o Ministério Público pode substituir o autor no caso de desistência, transação ou comportamento lesivo dos interesses em causa." (FREITAS, 2009, p. 217-218).

e) Espanha

Na Espanha, o art. 11 da *Ley de Enjuiciamiento Civil* atribui legitimidade às associações de consumidores e usuários legalmente instituídas para defender em juízo direitos e interesses de seus associados, assim como os interesses gerais dos consumidores e usuários, além de conferir legitimidade ao Ministério Fiscal e às entidades habilitadas conforme a Normativa Comunitária Europeia, para o exercício da ação de cassação em defesa dos interesses coletivos e difusos de consumidores e usuários para defender em juízo os interesses coletivos e difusos dos consumidores e usuários. Registre-se que quando os prejudicados pelo ato danoso constituírem um grupo de consumidores ou de usuários cujos componentes estejam perfeitamente determinados ou sejam facilmente determináveis, a ação pode ser proposta pela associação de consumidores e usuários ou por entidades legalmente constituídas para a defesa dos grupos afetados. Quando os prejudicados por um fato danoso constituírem uma pluralidade de consumidores ou usuários indeterminada ou de difícil determinação, somente têm legitimação para a ação as associações de consumidores e usuários que, conforme a lei, os representem. (Art. 11, 2 e 3).

Proposta a ação por associações ou entidades constituídas para a proteção dos direitos e interesses dos consumidores e usuários, o fato deverá ser amplamente divulgado, para que os prejudicados possam intervir no processo, ressaltando-se que a divulgação deste fato deve ser realizada por meio de comunicação que alcance o âmbito territorial em que se deu a lesão (art. 15, 1). Se os afetados forem determinados ou facilmente determináveis, todos eles devem ser previamente informados da propositura da ação, para efeito de sua eventual intervenção no processo (art. 15, 2). Mas se o ato danoso atingiu pessoas indeterminadas ou de difícil determinação, a comunicação da propositura da ação suspenderá o processo por um prazo de até dois meses, após o que o processo prosseguirá com a intervenção dos consumidores e usuários que hajam atendido ao chamamento (art. 15, 3).

Quando for pleiteado o pagamento de determinada quantidade em dinheiro, não poderá limitar-se a demanda a pretender uma sentença meramente declaratória do direito a percebê-la. Deverá ser também requerida a condenação ao seu pagamento, quantificando exatamente o seu importe ou fixar claramente as bases a partir das quais se deve efetuar a sua liquidação, de forma que esta consista em pura operação aritmética (art. 219, 1). Neste caso, a sentença de condenação estabelecerá o importe exato devido ou fixará com clareza e precisão as bases para a sua liquidação, que consistirá em simples operação aritmética a ser realizada na execução (art. 219, 2). Quando a ação for proposta por associação de consumidores ou de usuários, a sentença definirá os consumidores e usuários beneficiados pela condenação, mas se esta determinação individual não for possível, a sentença estabelecerá os dados, características e requisitos necessários para poder exigir o pagamento e, se for o caso, instalar a execução ou nela intervir, caso ela tenha sido iniciada pelo autor da demanda (art. 221, 1).

A *Ley* 36/2011 trata das ações envolvendo a tutela de interesses gerais de um grupo genérico de trabalhadores ou de um grupo genérico de trabalhadores susceptível de determinação individual, quando envolva a aplicação e interpretação de uma norma estatal, convênio coletivo, qualquer que seja a sua eficácia, pacto ou acordos de empresas, ou de uma decisão empresarial de caráter coletivo, assim como de uma prática de empresa ou dos acordos de interesse profissional dos trabalhadores autônomos economicamente dependentes. Estas ações podem ter por objeto também a impugnação de convênios coletivos e laudos arbitrais substitutivos destes convênios, nos termos do art. 153 da *Ley* 36/2011, reguladora da jurisdição social. Possuem legitimidade para as referidas ações os sindicatos, as associações empresariais, assim como a empresa e os órgãos de representação legal ou sindical dos trabalhadores da empresa ou estabelecimento afetado. Observe-se que os sindicatos estão legitimados para atuar em qualquer processo em que esteja em jogo interesses coletivos dos trabalhadores, sempre que exista um vínculo entre este sindicato e o objeto da demanda, sendo viável, ainda, a intervenção dos trabalhadores interessados no processo (art. 153, da *Ley* 36/2011).

Quando se tratar de trabalhadores autônomos, a legitimidade para a ação é das organizações respectivas (art. 154, letra "e", da *Ley* 36/2011).

O Ministério Fiscal tem legitimidade para intervir em todas estas ações (art. 17, 4, da *Ley* 36/2011).

Na petição inicial, quando for formulada pretensão de condenação relativa a grupo de trabalhadores que sejam susceptíveis de individualização posterior sem necessidade de nova demanda, deverão constar os dados, características e requisitos precisos, para a posterior individualização dos afetados pelo objeto do conflito e o cumprimento da sentença a respeito deles (art. 157, 1 "a", da *Ley* 36/2011).

O processo está sujeito à conciliação ou à mediação prévia (art. 156 da *Ley* 36/2011). A sentença, quando condenatória, deverá conter os dados, características e requisitos precisos para posterior individualização dos afetados pelo objeto do conflito e beneficiados pela condenação, além de conter a declaração de que a condenação surte efeitos processuais não limitados a quem tenha sido parte no processo (art. 160, 3, da *Ley* 36/2011). A sentença produzirá efeitos de coisa julgada sobre os processos individuais pendentes de julgamento ou que possam ser instaurados, desde que versem sobre idêntico objeto ou tenham relação direta de conexão com o objeto do processo em que foi proferida a sentença. Registre-se que os processos individuais serão suspensos durante a tramitação do processo coletivo, mesmo que neles já tenha sido proferida sentença e que esteja pendente de julgamento recurso contra ela interposto. Neste caso, o tribunal fica vinculado à decisão proferida no processo coletivo (art. 160, 5, da *Ley* 36/2011). Por fim, registre-se que o ajuizamento da ação coletiva interromperá a prescrição das ações individuais que tenham relação com o objeto daquela ação (art. 160, 6, da *Ley* 36/2011).

f) Colômbia

Na Colômbia, segundo Juan Sebastián Encinales Ayarza, Diana Katherine Neita Rodriguez e Daniel Mauricio Pardo Ramos, a ação coletiva é prevista na Constituição e visa à reparação de prejuízos individuais originados de causa comum, mas "não é dada a possibilidade de ajuizar ação de grupo perante a jurisdição ordinária laboral, ainda quando ela emane de direitos desta natureza." (AYARZA; RODRIGUEZ; RAMOS, 2013, p. 13 e 69, tradução nossa).[542] Isso decorre da atribuição de natureza indenizatória às ações de grupo, o que se deu por força da Lei n. 472, de 1988, o que levou a jurisprudência a afirmar que, "por serem os direitos laborais uma retribuição pelos serviços prestados pelo trabalhador, seu reconhecimento e seu pagamento não têm caráter indenizatório, e por isto não é cabível nesses casos a ação de grupo", bem como pelo fato de a Lei n. 472, de 1988, ter estabelecido que o julgamento das ações de grupo compete à justiça cível. (AYARZA; RODRIGUEZ; RAMOS, 2013, p. 37, 39 e 67, tradução nossa).[543]

A análise comparativa realizada a partir da legislação dos países retromencionados demonstra a diversidade dos modelos de tutela coletiva, com distinções que abrangem os direitos passíveis de tutela coletiva, a legitimação para a ação coletiva e o regime jurídico da coisa julgada, principalmente.

A propósito, Ada Pellegrini Grinover assinala que existem países que

> [...] contemplam, em seus ordenamentos, um verdadeiro sistema de processos coletivos: Brasil (que foi o pioneiro), Colômbia, Israel, Noruega, Portugal e Suécia, sem contar com as Provín-

---

542　No original: "No se ha dado la possibilidad de entablar acción de grupo em la jurisdición ordinária laboral, aun cuando la misma emane de derechos de esta naturaliza."

543　No original: "Al ser los derechos laborales una retribuición por los servicios prestados por el trabajador, su reconocimiento y pago no tienen carácter indeminizatorio y por ello no es procedente en estes casos la acción de grupo."

cias de Catamarca e Rio Negro, na Argentina, que instituíram, a primeira, um sistema de defesa de direitos difusos e coletivos, e a segunda, de direitos individuais homogêneos. Outros dez países contam com algumas disposições legais ou adotam técnicas para o tratamento dos processos coletivos: Argentina, Bélgica, Costa Rica, Dinamarca, Holanda, Japão, Peru, Rússia, Uruguai e Venezuela. Outros ainda, em número de nove, apresentam leis setoriais nessa matéria: Alemanha, Áustria, Chile, Espanha, França, Itália, México, Paraguai e Suíça. E finalmente, existem projetos de leis e debates parlamentares em mais de nove países: Áustria, Bélgica, Brasil, Costa Rica, Dinamarca, França, Japão e Suécia. (GRINOVER, 2008, p. 6-9).

De outro lado, como observa Kazuo Watanabe, existem diferenças no que compete a:

a) *legitimidade*: nos países da *civil law* a legitimação para a ação ora é atribuída exclusivamente a pessoa física e/ou associação (legitimação privada), ora exclusivamente a entes públicos (legitimação pública), e ora a legitimação tanto de pessoas físicas e/ou associações como de entes públicos (legitimação mista), prevalecendo, no entanto, a legitimação mista, ao passo que na maioria dos países de *common law* a legitimação é atribuída a pessoas físicas, associações e entes públicos;

b) *representatividade adequada*: alguns países da *civil law* adotam a aferição prévia da representatividade adequada pelo juiz (Uruguai, Argentina e Paraguai), mas há também países em que o reconhecimento da representatividade adequada se dá por previsão legal, enquanto em muitos países de *common law* a representatividade adequada deve ser examinada previamente pelo juiz;

c) *coisa julgada*: nos países da *civil law* a coisa julgada *erga omnes* relativamente à tutela de direitos difusos e coletivos alcança a sentença favorável ou desfavorável. Em alguns países ibero-americanos esta regra é temperada, excluindo-se a eficácia da coisa julgada em relação à sentença que julgue improcedente o pedido por insuficiência de prova, caso em que é admitida a renovação da ação, com base em nova prova, acrescentando-se que a coisa julgada coletiva beneficia as pretensões individuais. No que comporta aos direitos individuais homogêneos, os países ibero-americanos optam pela coisa julgada apenas para favorecer, e não para prejudicar as pretensões individuais, de forma que a sentença de improcedência na ação coletiva não impede o ajuizamento de ação individual. Nos países da *common law*, quanto aos direitos difusos e coletivos, a coisa julgada tem eficácia *erga omnes*, tenha sido ou não acolhido o pedido, ao passo que quanto aos direitos individuais homogêneos o membro do grupo tem oportunidade da autoexclusão, de forma que a coisa julgada produzirá efeitos *erga omnes*, sendo a sentença de procedência ou não, exceto em relação aos membros que exerceram o direito de auto exclusão. (WATANABE, 2007, p. 302 a 308).

Mauro Cappelletti, fazendo uma análise comparatista entre países pertencentes ao *common law* e ao *civil law*, afirma a ocorrência de uma verdadeira revolução dos conceitos tradicionais de responsabilidade civil, de ressarcimento de danos, de coisa julgada e do princípio do contraditório, fazendo alusão à questão da legitimidade e dos poderes do juiz:

> a) instituições de organismos públicos, num certo sentido análogos ao *Parquet*, mas altamente especializados, para a tutela (inclusive) processual de determinados interesses coletivos. É uma primeira grande brecha no monopólio do Ministério Público como representante dos interesses meta-individuais no processo; b) extensão da legitimação de agir também a sujeitos privados – indivíduos e associações – não pessoalmente prejudicados. É uma revolução do conceito de legitimação de agir; c) extensão dos poderes do juiz, não mais limitado a determinar o ressarcimento do dano sofrido pela parte agente, nem, em geral, a decidir questões com eficácia limitada às partes presentes em Juízo. Ao contrário, o juiz é legitimado a estender o âmbito da própria decisão, de modo a compreender a totalidade do dano produzido pelo réu, e, em geral, a decidir eficazmente mesmo às *absent parties* ou precisamente *erga omnes*. É a revolução dos conceitos tradicionais de responsabilidade civil e de ressarcimento dos danos, como também daqueles de coisa julgada e do princípio do contraditório. (CAPPELLETTI, 1977, p. 141).

Também na perspectiva comparatista, Hermes Zaneti Jr assevera que existem três modelos de tutela coletiva, quais sejam: *class action*, ações associativas e litígios agregados e "processo coletivo: modelo brasileiro". O autor, ainda, acrescenta:

> O modelo das *class actions*, especialmente vocacionados para os fins pragmáticos, sem a necessidade de um conceito de direitos subjetivos (*remedies precede rights*), com tutelas atípicas e não-taxativas, no qual o direito subjetivo do cidadão em face da administração pública não necessariamente é objeto de *class actions*, mas podem ser igualmente veiculados através de uma mais ampla gama de *civil actions* e outras formas de litígios complexos, como a *citzen action* e a *parens patrie doctrine*.
>
> O modelo de ações associativas europeu, predominantemente voltado para a tutela específica das obrigações de fazer e não-fazer e que só recentemente sofreu alterações para admitir, de forma mitigada, ações de cunho condenatório, especialmente voltadas para o modelo *opt-in* e por esta razão denominadas pela doutrina de procedimentos de "litígios agregados", que, principal e especialmente, têm por característica a tipicidade das formas de tutela, normalmente não permite de forma ampla a tutela ressarcitória, e a taxatividade dos direitos (geralmente está presente a tutela expressa dos direitos do consumidor e antitruste/ordem econômica, até por força de normativas da União Europeia, mais raramente, e com tutelas mais "fracas" de cunho inibitório e legitimação restrita, a tutela do meio ambiente e do patrimônio público), isto porque se percebe neste modelo a existência de uma pressuposição geral de eficiência dos órgãos públicos que dispensaria a necessidade de ações coletivas para efetivar o direito dos administrados, bem como, uma atividade do Estado no controle dos poderes privados mais efetiva que dispensaria a intervenção judicial para assegurar a garantia destes direitos.
>
> Por fim, um terceiro modelo, especialmente caracterizado no processo coletivo brasileiro, "processo coletivo: modelo brasileiro", com a definição de uma estrutura formal de suporte para a identificação de direitos subjetivos coletivos (situações jurídicas processuais e substanciais), não-taxatividade dos direitos tutelados e maior amplitude de meios de tutela, admitindo-se todas as ações capazes de propiciar a adequada e efetiva tutela, condenatórias, declaratórias e constitutivas, mas também, mandamentais (*injuncionais*, voltadas para as obrigações de fazer e não fazer) e executivas *lato sensu* (voltadas para as obrigações de entrega de coisa).

Como observa a doutrina, podemos destacar que a maior diferença entre o modelo das *class actions* norte-americanas e o processo coletivo-modelo brasileiro, quando colocados diante da tutela coletiva europeia a partir de uma geral desconfiança dos juristas europeus em relação às *class actions*, é a tutela ressarcitória ampla e integral diante de lesões coletivas. (ZANETI JR, 2015, p. 1-3).

Destaca, ainda, Hermes Zaneti Júnior que, "parte da dificuldade europeia na aceitação da tutela coletiva está ligada ao modelo constitucional adotado pelos países europeus, no qual se identifica uma radical separação de poderes e a defesa de direitos individuais como elementos do paradigma da propriedade privada", mas que o Brasil, ao contrário, na Constituição de 1988 promoveu a "integração entre os aspectos individuais e coletivos", como se vê do seu art. 5º, inc. XXXV. Ele assinala que, em relação à previsão constitucional, as Constituições da Itália e da Alemanha "estabelecem apenas a tutela de direitos individuais e particulares (próprios)" (ZANETI JR, 2015). Registra, no entanto, que a Constituição portuguesa prevê, desde 1976, a possibilidade de ação popular para a proteção da saúde pública, do ambiente, da qualidade de vida e do patrimônio cultural (art. 52-3).

Esclareça-se que o

> [...] ordenamento processual alemão não possui regulamentação extensa e genérica sobre tutela coletiva tal qual existe no Brasil. Ao contrário, optou o legislador tedesco por modificações normativas pontuais, havendo poucas leis previdentes de qualquer tipo de tutela para direitos transindividuais. (CABRAL, 2007, p. 130).

Acrescenta Antonio do Passo Cabral:

> Raras manifestações de instrumentos de tutela coletiva são encontradas no §33 da Lei contra Práticas de Restrição à Concorrência [..., a Lei dos Cartéis], no § 13 da Lei contra Práticas de Concorrência Desleal [...], e nos §§ 13, 22 e 22ª, todos da Lei das Condições Gerais dos Negócios [...]. Essa falta de sistematização ainda gera muitos problemas práticos de efetividade da prestação jurisdicional, além de dificuldades doutrinárias no tratamento do tema. Com efeito, muitos destacam, p. ex., que a desconfiança com a legitimidade extraordinária na Alemanha impede ou retarda o desenvolvimento de instrumentos de tutela coletiva não é tão sensível porque muitas das questões são resolvidas administrativamente por órgãos fiscalizatórios

governamentais, que têm, muito mais que os nossos, o bom hábito de cumprir e fazer cumprir as leis. Isso faria com que não existisse grande pressão por mecanismos avançados de tutela de direitos supraindividuais. Não obstante, existe constante atenção doutrinária para a tutela coletiva ainda carente de instrumentos efetivos em certos pontos. Por exemplo, não se permite ao autor coletivo postular a condenação por danos individuais, mas apenas uma tutela declaratória ou inibitória, o que foi uma razão, não só na Alemanha mas também em outros países, como Áustria, Suíça, Noruega e Suécia para que começasse a ser suscitado o debate sobre as ações de grupo, preservando os princípios do processo individual e permitindo a tratativa coletiva. (CABRAL, 2007, p. 130-131).

Ao cabo dessa análise comparativa, é possível afirmar a inexistência nos países examinados, assim como naqueles a que se referem Ada Pellegrini Grinover e Kazuo Watanabe, de um código de processo coletivo, existindo, em verdade, leis esparsas com alcances diversos sobre os direitos passivos de tutela coletiva, distintas soluções sobre a legitimidade para a ação e a extensão subjetiva da coisa julgada. O que se percebe é que o modelo brasileiro, composto por todas as normas que integram o microssistema de direito processual metaindividual do trabalho, apresenta soluções muito mais apropriadas para a adequada e efetiva tutela dos direitos metaindividuais trabalhistas.

5.10. A suficiência do microssistema de direito processual metaindividual do trabalho para a adequada e efetiva tutela dos direitos trabalhistas de dimensão coletiva, à luz da técnica do diálogo das fontes

A "Era da codificação" foi substituída pela "Era dos microssistemas", ao passo que a unidade do direito privado e do direito processual deu lugar à pluralidade das fontes do Direito e dos microssistemas de direito material, processual e misto (microssistemas que contemplam normas de direito material e processual).

A pluralidade das fontes do Direito e dos microssistemas não prejudica, mas, ao contrário, realça as funções da Constituição, notadamente a de conferir unidade axiológica e teleológica ao sistema jurídico. Nesse sentido, a Constituição cria um modelo constitucional de processo e impõe parâmetros para a criação, interpretação e aplicação de toda e qualquer norma processual, observando Joan Picó I Junoy que,

> [...] a partir da nova perspectiva pós-constitucional, o problema do processo não se limita apenas ao seu 'ser', é dizer, à sua concreta organização de acordo com as leis processuais, mas também ao seu 'dever-ser', ou seja, à conformidade de sua disciplina positiva com as previsões constitucionais. (JUNOY, 2012, p. 55, tradução nossa).[544]

A maior complexidade das relações sociais, que conduzem às lesões e aos conflitos de massa, bem como ao surgimento de necessidades especiais e de pessoas e bens carentes de tutela diferenciada, exige formas especiais de tutela jurisdicional dos direitos.[545] A edição de normas processuais especiais voltadas para essa realidade conduz à formação dos microssistemas processuais, que, consoante já foi registrado, não visam à tutela de direitos residuais, mas nascem por força da relevância social de determinados direitos, seja em razão dos seus titulares (menores, idosos, trabalhadores e consumidores, por exemplo), seja pela dimensão dos direitos objeto de disputa judicial (direitos difusos e coletivos, por exemplo).

Dentre esses microssistemas, cita-se o microssistema de direito processual metaindividual do trabalho, que é composto pelo conjunto de regras e princípios que disciplinam a tutela jurisdicional dos direitos metaindividuais trabalhistas.

---

[544] No original: "como hemos tenido ocasión de advertir, bajo la nueva perspectiva post-constitucional el problema del proceso no solo hace referencia a su *ser*, es decir, a su concreta organización segun las leyes de enjuiciamiento, sino también a su *deber ser*, es decir, a le conformidad de su regulación positiva con las previsiones constitucionales."

[545] Não se olvide de que "a democracia social, *welfare state*, a sociedade de massa, o fenômeno da urbanização e das megalópoles, o perecimento das sociedades dos vizinhos e o nascer da sociedade da solidão, das casas e do congestionamento das ruas, a socialização da agressão, que deixou de ser problema de alguns para fazer-se preocupação de todos, a coletivização das carências, hoje igualmente compartilhadas por milhares de seres humanos, solidários no infortúnio e tão solitários na ventura, tudo isso levou à proteção jurídica de interesses, que, nem por serem transindividuais, ou sociais, deixam de ter conteúdo de direitos, inclusive em sua dimensão coletiva", como destaca Marcelo Pereira de Almeida. (ALMEIDA, Marcelo, 2009, p. 79-123).

Compõem o microssistema do direito processual metaindividual do trabalho a Constituição da República de 1988, as regras e princípios que constituem o direito processual do trabalho, a Lei da Ação Popular, a Lei de Ação Civil Pública, o Estatuto das Pessoas Portadoras de Deficiência, a Lei de Proteção aos investidores no mercado de valores mobiliários, a Lei do Mandado de Injunção, o Código de Defesa do Consumidor, o Estatuto da Criança e do Adolescente, a Lei da Improbidade Administrativa, o Estatuto do Ministério Público, a Lei de prevenção e repressão às infrações contra a ordem econômica, o Estatuto da OAB, a Lei da Ação Direta de Inconstitucionalidade e da Ação Declaratória de Constitucionalidade, a Lei que trata da Arguição de Descumprimento de Preceito Fundamental, o Estatuto da Cidade, o Estatuto do Idoso, o Estatuto de Defesa do Torcedor, a Lei do Mandado de Segurança, a Lei que estrutura o Sistema Brasileiro de Defesa da Concorrência e dispõe sobre a prevenção e repressão às infrações contra a ordem econômica, o CPC e, por força do art. 5º, §2º, da CR/88, os tratados e as convenções de que o Brasil seja signatário.

Ressalte-se que o microssistema do direito processual metaindividual do trabalho é composto por dois Códigos (CPC e CDC), o que se deve ao fato de que não é negado valor aos códigos existentes, mas considerado que eles se inserem em um sistema maior, sem que este mesmo sistema tenha que ser organizado em um novo código.

É certo que para alguns doutrinadores as normas processuais relativas à tutela de direitos metaindividuais devem ser reunidas em um código. Neste sentido, Fredie Didier Jr e Hermes Zaneti Jr, após destacarem que "o valor dos Códigos nos ordenamentos jurídicos atuais é enunciar princípios, cláusulas gerais e regras para harmonizar a legislação infraconstitucional com os objetivos da Carta Magna e dos direitos fundamentais nela estatuídos" e que os microssistemas "são caracterizados por tratarem de matéria específica, dotada de particularidades técnicas e importância que justificam uma organização autônoma", aduzem que existem vantagens na ampliação do "espectro do elemento harmonizador nos processos coletivos", promulgando um diploma e codificando os princípios informativos e as cláusulas gerais deste microssistema, pois a missão do código "revela-se no compromisso político-jurídico de garantir uma estabilidade e uma vida mais efetiva para os direitos coletivos *lato sensu* vinculando-os ao texto constitucional." (DIDIER JR; ZANETI JR; 2009, p. 70).

No entanto, o microssistema de direito processual metaindividual do trabalho é suficiente para a tutela dos direitos metaindividuais trabalhistas. Primeiro, porque a harmonização da legislação infraconstitucional com a Constituição e com os direitos fundamentais por ela assegurados, assim como a estabilidade nas relações sociais e a realização concreta dos direitos metaindividuais trabalhistas não dependem, necessariamente, da existência de um código.[546] Segundo, porque não é o número de normas ou a forma de sua organização (em códigos, leis especiais ou consolidações) que definem a qualidade de um modelo processual no que concerne à sua capacidade de realizar a adequada e efetiva tutela jurisdicional dos direitos. Terceiro, porque as normas que compõem o microssistema do direito processual metaindividual do trabalho, hoje em vigor no Brasil, são aptas a garantir a adequada e efetiva tutela dos direitos metaindividuais trabalhistas, em especial quando interpretadas e aplicadas em sintonia com os valores e princípios constitucionais e com os princípios *pro homine* e da norma mais favorável. Quarto, porque o pluralismo das fontes conduz ao pluralismo das alternativas e das possibilidades, o que exige que a doutrina e a jurisprudência se abram ao plural, abandonando a zona de conforto estabelecida a partir de soluções codificadas, aplicadas sem análise crítica, e, principalmente, realizem o diálogo entre as várias fontes do Direito, os microssistemas e até, mesmo os sistemas jurídicos.

Como assinala Antonio Enrique Pérez Luño, cabe ao jurista da contemporaneidade ter em conta não apenas uma fonte do Direito, mas ter sob seu enfoque todas as suas fontes, posto que

> [...] esta nova perspectiva metodológica para assumir o significado atual dos sistemas jurídicos denuncia a crise do juspositivismo Kelseniano. Impõe substituir a imagem piramidal, quer dizer, hierarquizada da ordem normativa por um horizonte no qual a totalidade do sistema se obterá pela interseção de uma pluralidade de estruturas normativas de procedência hetero-

---

546 O Código pode, inclusive, produzir efeitos diversos, dificultando, por exemplo, a realização prática dos direitos, o que pode decorrer, *v. g.*, em razão do seu distanciamento da realidade e das necessidades sociais concretas.

gênea e que, traduza um panorama do ordenamento jurídico agrupado bastante parecido com a de uma abóboda.[547] (LUÑO, 2010, p. 668, tradução nossa).[548]

Essa nova perspectiva metodológica de enfrentamento das questões jurídicas – diálogo das fontes - impõe não a criação de códigos, mas o constante diálogo entre as fontes do Direito, internas e externas, constitucionais e infraconstitucionais e de direito material e processual. Não se trata, porém, de diálogo restrito às fontes formais do Direito.

A perspectiva metodológica proposta exige, ainda, o diálogo entre as partes, entre o juiz e as partes e, em especial, entre o juiz e a sociedade.

À luz dessa perspectiva metodológica, o sistema jurídico deve ser aberto às necessidades sociais, e não ser fechado em si mesmo. Aos juristas cumpre ter como parâmetro: não a exclusão de uma norma do sistema em favor da aplicação de outra, mas a aplicação

---

547 No original: "Esta nueva perspectiva metodológica para asumir el significado actual de los sistemas jurídicos denuncia la crisis del iuspositivismo Kelseniano. Impone sustituir la imagen piramidal, es decir, jerarquizada del orden normativo por un horizonte en el que la totalidad del sistema se obtendrá por la intersección de una pluralidad de estructuras normativas de procedência heterogénea y que, hacinadas, formarán un panorama del ordenamiento jurídico bastante parecido a una bóveda".

548 Assevera, ainda, Antonio Enrique Pérez Luño que "a morfologia do ordenamento jurídico, inferida da concepção Kelseniana, evocava a imagem de uma pirâmide ou estrutura piramidal cujo vértice era constituído por um *standard* básico. Frente a essa representação, o atual significado dos sistemas jurídicos reclama uma simbolização que se aproxima mais a uma abóboda que a uma pirâmide. Essa estrutura abobadada implica a confluência, invólucro ou interação de um conjunto de arcos ou tampas esféricas, que fecham o espaço compreendido entre muros e colunas. Os atuais deslocamentos da unidade ao pluralismo, da plenitude à abertura jurisdicional e desde a coerência à argumentação [...], na esfera do sistema de liberdades, induzem e apoiam esse novo enfoque". (LUÑO, 2010, p. 667, tradução nossa). (No original: "La morfología del ordenamiento jurídico, inferida de la concepción Kelseniana, evocaba la imagen de una pirámide o estructura piramidal cuyo vértice venía constituído por la *Grundnorm*. Frente a esa representación, el actual significado de los sistemas jurídicos reclama una simbolización que se aproxima más a una *bóveda* que a una *pirámide*. Esa estructura abovedada implica la confluencia, involucro o interacción de un conjunto de arcos o cubiertas esféricas, que cierran el espacio comprendido entre muros o columnas. Los actuales desplazamientos desde la unidad al pluralismo, desde la plenitud a la apertura jurisdiccional y desde la coherencia a la argumentación [...], en la esfera del sistema de libertades, inducen y avalan ese nuevo enfoque").

das duas normas em conjunto e de forma complementar; que a integração do Direito não se dá apenas à luz dos critérios definidos pelo legislador, mas também por meio da adoção do diálogo como valioso critério de integração do Direito; e a recusa de atribuição a um código da condição de centro da ordem jurídica e o prestígio dos valores, princípios e fins consagrados constitucionalmente, pelo Direito Internacional dos Direitos Humanos e pelas normas do Direito Internacional do Trabalho.

Lembre-se que os microssistemas almejam a maior igualdade real possível (jurídica, econômica e social), na medida em que são editadas normas especiais para regular relações especiais envolvendo bens e pessoas especiais, ao contrário dos códigos, que são compostos por normas gerais e abstratas, isto é, sem considerar o ser humano na sua individualidade e realidade concreta.[549]

Aliás, é a partir da concepção da necessidade do diálogo que se apresenta a aproximação entre *common law* e *civil law*, em especial pela valorização, neste, dos precedentes judiciais.

É também nesse contexto que ganham força os institutos do *amicus curiae* e as audiências públicas, que colocam o Poder Judiciário em contato direto com a sociedade e permitem realizar a democracia processual.

Em suma, como assinala Luiz Guilherme Marinoni, o Brasil já possui um processo "capaz de permitir a tutela jurisdicional adequada dos conflitos próprios da sociedade de massa." (MARINONI, 1999, p. 133). Isso se aplica à tutela de direitos metaindividuais trabalhistas, como foi demonstrado quando do exame dos problemas centrais surgidos no processo coletivo, oportunidade em que se

---

[549] Segundo Clayton Maranhão, "tem-se a impressão de que o processo de codificação visava fazer frente à desigualdade existente no Estado absolutista. No entanto, o Estado liberal, através da codificação, permitiu apenas uma igualdade jurídico-formal, permanecendo infenso às desigualdades sociais e econômicas. No Estado contemporâneo, o processo de descodificação, através dos microssistemas, está em busca de igualdade real, jurídica, econômica e social. Por isso é particularista, no sentido de um pluralismo dos estatutos jurídicos e, portanto, bem diverso do particularismo arbitrário do Antigo Regime, no qual as normas eram diferenciadas segundo o *status* social do sujeito." (MARANHÃO, 2003, p. 197).

constatou que uma interpretação aberta e flexível das várias fontes do Direito, adotando-se o diálogo entre essas fontes como perspectiva metodológica, ao lado da força normativa da Constituição e dos princípios *pro homine* e da norma mais favorável, permite dar respostas aos reclamos por uma tutela jurisdicional adequada e efetiva dos direitos metaindividuais trabalhistas.

Com efeito, as normas que compõem o microssistema de direito processual metaindividual do trabalho já permitem definir, com segurança, por exemplo, a legitimidade das partes, a relação entre ações coletivas, a relação entre ações coletivas e ações individuais, a função e os poderes do juiz, o papel desempenhado pela prova e o alcance da coisa julgada no processo coletivo, bem como enfrentar as ações e os recursos repetitivos.

As soluções apresentadas nos anteprojetos de Código de Processo Coletivo, vindas à luz no Brasil também são passíveis de construção com a utilização das normas que compõem o microssistema de direito processual metaindividual do trabalho, como foi demonstrado em cada um dos itens anteriores neste capítulo. É necessário registrar, ainda, que nem todas as técnicas e os institutos propostos neste livro são tratados em tais projetos, a exemplo do diálogo das fontes, dos recursos repetitivos, do *amicus curiae* e das audiências públicas.[550]

Por outro lado, não pode ser negada na contemporaneidade a influência da jurisprudência como fonte de criação jurídica, resultante de uma maior aproximação do sistema do *civil law* com o sistema

---

[550] Registra Elton Venturi que se deve ponderar, ainda, "se a atual conjuntura política nacional indica a oportunidade de se submeter ao Congresso Nacional, com perspectiva de sucesso, uma ousada proposta que concentra em uma única legislação todo o tratamento dos processos coletivos no Brasil. Neste sentido, são grandes as chances de que o Anteprojeto, uma vez enviado ao Parlamento, possa vir a ter seu espírito desfigurado em função de alterações impostas pelas Casas Legislativas, não sendo desconhecida a profunda antipatia que as ações coletivas geram em muitos segmentos sociais politicamente fortes, de onde se deve aguardar todo tipo de articulações no intuito de, ao invés de aprimorar o sistema de tutela jurisdicional coletiva, restringi-lo ainda mais. Dentro deste panorama político, parece pouco provável que o Congresso Nacional brasileiro deixe de aproveitar a oportunidade para eventualmente revogar muitas das conquistas já adquiridas no campo processual civil coletivo, que fazem hoje de nosso país, ao menos na teoria, um dos mais avançados nessa área." (VENTURI,2007, p. 40).

do *common law*. Importância também estendida à interpretação que não admite mais um modelo "estático de positividade", mas exige a "dinâmica dialética do processo formativo e aplicativo das normas jurídicas" e impõe a "configuração de um diverso paradigma metodológico, tendo em vista não mais o modelo de sociedade hegemonicamente centrado na figura do indivíduo, do burguês de negócios", mas na "pluralidade e na complexa tessitura das suas relações sociais de base." (MARTINS-COSTA, 2000, p. 284).

Elton Venturi também afirma "a excelência do modelo processual coletivo brasileiro, que, sem exagero, pode ser considerado como um dos mais aperfeiçoados entre os dos países que adotam sistemas de tutela coletiva", alertando, não obstante, que,

> [...] diante da aparente suficiência legislativa, a responsabilidade pelo fracasso da tutela coletiva passa a ser imputável não mais comodamente ao legislador, mas sim à doutrina e, sobretudo, ao Poder Judiciário, personagem que protagoniza o papel decisivo nos rumos do sistema processual coletivo no Brasil. (VENTURI, 2005, p. 159).

Francisco Verbic, por sua vez, assevera:

> Nossa vizinha a República Federativa do Brasil é um dos poucos países de tradição jurídica romano-canônica ou tradição *civil law* que tem desenvolvido um regime sofisticado de proteção de direitos de incidência coletiva, e é o primeiro a introduzir em Iberoamérica um mecanismo de proteção específico para direitos difusos e coletivos de natureza indivisível, aos quais se adicionaria posteriormente a defesa dos chamados interesses ou direitos individuais homogêneos. (VERBIC, 2007, p. 22, tradução nossa).[551]

---

551 No original: "Nuestra vecina República Federativa del Brasil es uno de los pocos países de tradición jurídica romano-canónica o de derecho civil que ha desarrollado um régimen sofisticado de protección de derechos de incidencia colectiva, y es el primero en introducir en Iberoamérica un mecanismo de protección específico para derechos difusos y colectivos de naturaleza indivisible, a los cuales se sumaría posteriormente la defensa de los llamados intereses o derechos individuales homogéneos". Francisco Verbic assinala que no Uruguay não é encontrada uma legislação específica sobre as ações de tutela de interesses coletivos e difusos, aplicando-se a esses casos o art. 42 do Código Geral de Processos, que "estabelece quem pode exercer a representação processual nos casos em que se discutem questões relativas à defesa de direitos que pertençam a um grupo indeterminado de pessoas, enquanto o art. 220 de dito corpo legal regula a extensão da coisa julgada em tais casos". (VERBIC, 2007, p. 22,

Destaca Augusto Mario Morello que, a partir de 1984, assiste-se a

> [...] espetaculares inovações na paisagem judicial: o aumento sideral de novas legitimidades (desde a criança e o casal aos coletivos que preservam o meio ambiente), da mesma forma que a consideração da sociedade como verdadeiro sujeito de direitos, e a natureza, que reclama para si a função de proteção das garantias jurisdicionais, em concorrência com a garantia da antecipação dessa tutela a respeito de prestações que são críticas ao objeto da pretensão que se julgará na sentença final. Têm ganhado espaço novas técnicas, destrezas e usos forenses de natureza preventiva e urgente (...). As formas de operar, os enfoques, as estratégias têm cambiado em grau notável, em profundidade e em imaginação, o que obriga as classes forenses a uma capacidade e treinamento dia a dia mais intenso. Nada pode continuar preso a um passado que já foi e o dever de capacitar-se, adquirir novos conhecimentos, especializar-se, é um desafio contínuo. (MORELLO, 2006, p. 60, tradução nossa)[552].

Ainda sobre esse tema, assevera Eduardo C. B. Bittar que, na contemporaneidade, trata-se de pensar menos

> [...] em formação de um sistema de normas sem lacunas (e, sim, de microssistemas de normas setoriais), e mais que se está sendo esmagado pelo excessivo número de leis, como no famoso adágio latino se dizia (*Obruimur legibus* – 'Somos esmagados pelo grande número de leis'), sabendo-se que as mesmas são, em sua boa parte, socialmente ineficazes, ou seja, incapazes de

---

tradução nossa). No original: "El art. 42 del Código General del Proceso en tanto establece quiénes pueden ejercer la representación procesal en casos donde se ventilen cuestiones relativas a la defensa de derechos que pertenezcan a un grupo indeterminado de personas, y el art. 220 de dicho cuerpo legal en cuanto regula la extensión de la cosa juzgada en tales casos."

552 No original: "Asistimos a espectaculares innovaciones en el paisaje judicial: el aumento sideral de nuevos legitimados (desde el niño y la pareja a los colectivos que preservan el médio ambiente), al igual que el asceno de la sociedad como verdadero sujeto titular de derechos, y la naturaliza, que reclama para sí la función protectora de las garantías jurisdiccionales, en concurrencia con el aseguramiento anticipatorio de esa tutela respecto de prestaciones que son críticas al objeto de la pretensión que se juzgará en la sentencia final. Han ganado espacio nuevas técnicas, destrezas y usos forenses en roles preventivos y urgentes [...]. Las formas de operar, los enfoques, las estratégias, han cambiado en grado notable, en profundidad y en imaginación, lo cual obliga a la classe forense a una capacidad y entrenamiento día a día más intenso. Nadie puede quedar anclado a un pasado que ya fue y el deber de capacitarse, adquirir nuevos conocimientos, especializarse, es un reto continuo."

trazer os reflexos concretos, as mudanças sociais necessárias e atingir a vida e as perspectivas reais nas quais se inserem os cidadãos. Eis a preocupação com a questão da lei na pós-modernidade: menos validade e mais eficácia, menos forma e mais sentido prático-social. (BITTAR, 2014, p. 70).

As dificuldades do cotidiano não são resolvidas pela letra fria das normas lançadas em um código, mas exigem a abertura às novas possibilidades e, principalmente, ao atendimento das necessidades surgidas da maior complexidade das relações sociais.

As barreiras conceituais e técnicas e os critérios interpretativos paralisantes devem ceder lugar ao constante e criativo diálogo entre fontes, microssistemas, sistemas jurídicos, partes, partes e juiz e juiz e sociedade, sempre na perspectiva da realização dos valores e fins constitucionais e consagrados pelo Direito Internacional dos Direitos Humanos e pelo Direito Internacional do Trabalho, com o firme propósito de alcançar a realização concreta dos direitos trabalhistas e a promoção e tutela da dignidade humana daqueles que sobrevivem da alienação da sua força de trabalho. Como adverte Luigi Mariucci, "o direito do trabalho mais do que qualquer outro ramo do direito é condenado à concretude." (MARIUCCI, 2005, p. 1-40). E é para essa concretude que contribui o diálogo na forma proposta. As possibilidades decorrentes do diálogo proposto são inesgotáveis, e cabe a cada um explorá-las na maior amplitude possível.

Teresa Arruda Alvim Wambier ressalta a necessidade de "enxergar como possíveis, e como mais convenientes em determinados casos, soluções tomadas não com base na letra da lei, mas com base no sistema: lei, doutrina, jurisprudência, manejadas criativamente", conclamando que nas "zonas de penumbra deve-se optar pela resposta que privilegie os valores fundamentais, dentre os quais se sobressai a operatividade do sistema, como ato a gerar os fins para os quais foi criado." (WAMBIER, 2001, p. 1090-1092).

CAPÍTULO 6

CONCLUSÃO

Os conflitos são inerentes à vida em sociedade, cuja sobrevivência impõe a criação de instrumentos idôneos à sua prevenção e solução, surgindo, em consequência, o Direito.

O Direito se manifesta por meio de normas, que surgem, na atualidade, de uma pluralidade de fontes.

A normas jurídicas podem ser organizadas de várias formas. A pretensão de unidade, coerência, plenitude, certeza, estabilidade, previsibilidade, segurança, igualdade de todos perante a lei e de conservação de determinado modelo socioeconômico conduziu à codificação das normas componentes do ordenamento jurídico, estabelecendo-se, assim, a "Era da codificação", que é caracterizada pela reunião em um só texto de todas as normas relativas a determinado ramo do Direito.

O conjunto de normas válidas e vigentes em determinado Estado constituem um ordenamento jurídico, o qual pode, ou não, constituir um sistema jurídico. Constituirá quando as normas que o compõem traduzirem uma unidade ordenada de valores e fins e forem coerentes entre si. Ressalte-se que não se trata de total ausência de antinomias entre normas, mas da existência no ordenamento jurídico de critérios para afastá-las. Para a formação do sistema, é necessária, ainda, a completude do ordenamento, no sentido de existência de técnicas que permitam afastar eventuais lacunas da lei.

A maior complexidade das relações sociais, que conduzem às lesões e conflitos de massa, e o surgimento de necessidades especiais e de pessoas e bens carentes de tutela diferenciada, dentre outros fatores já mencionados, conduziram à edição de normas especiais, perdendo o código a condição de centro da ordem jurídica. Esse movimento no sentido do sistema aos microssistemas é denominado "Era da descodificação". Cumpre esclarecer que a diferenciação estabelecida por essas normas especiais não está no tipo de tutela (declaração, constituição e condenação, por exemplo), mas na forma da sua realização, destacando-se a antecipação de tutela, o acolhimento de pretensão com base em cognição sumária, a tutela específica, a criação de varas especializadas e de juizados especiais, a sumarização do procedimento e a criação de procedimentos especiais. Não se pode olvidar, ainda, que a realização concreta dos direitos metaindividuais trabalhistas, notadamente daqueles inerentes à dignidade humana do trabalhador, exige, sem dúvidas, uma justiça mais humana, seja no que comporta ao papel desempenhado pelo juiz e pelas partes no processo, seja colocando o ser humano como fundamento e finalidade da ordem jurídica.

A edição de normas especiais, como resposta à maior complexidade das relações sociais e ao surgimento de necessidades especiais e de pessoas e bens carentes de tutela diferenciada, conduziu à formação dos microssistemas, que, vale o registro, não visam à tutela de direitos residuais, mas nascem por força da relevância social de determinados direitos, seja em razão dos seus titulares (menores, idosos, trabalhadores e consumidores, por exemplo), seja pela dimensão dos direitos objeto de disputa judicial (direitos difusos e coletivos, por exemplo).

O microssistema, de direito material ou processual, é formado pelo conjunto de normas que disciplinam determinadas relações jurídicas, sendo dotado de regras, princípios, fins, jurisprudência e doutrina próprios, o que possibilita afirmar a sua autonomia.

As normas jurídicas devem ser cumpridas espontaneamente (eficácia social) ou aplicadas de forma coercitiva pelos órgãos jurisdicionais no caso de ausência de seu cumprimento espontâneo (eficácia jurídica), sendo que em ambas as hipóteses, se forem produzidos os resultados almejados pela norma, esta será também dotada de efetividade, observando-se que a eficácia social de uma norma também decorre da sua eficácia jurídica, na medida em que quanto mais efetivos forem a jurisdição e o processo maior certeza haverá da aplicação coercitiva das normas jurídicas não respeitadas espontaneamente.

Vários são os fatores que contribuem para a ineficácia e a inefetividade das normas jurídicas, dentre os quais se destacam as antinomias e as lacunas da lei.

CONCLUSÃO

Os métodos clássicos de solução de antinomias (hierárquico, cronológico e especialidade) e de colmatação de lacunas (jurisprudência, analogia, equidade, princípios e normas gerais de direito, usos e costumes e direito comparado) não são suficientes para atender às necessidades atuais, decorrentes da maior complexidade das relações sociais e das exigências do pluralismo das fontes do Direito. Note-se que os citados critérios de solução de antinomia traduzem uma postura restritiva, na medida em que apontam no sentido de que para a antinomia só resta como solução excluir do sistema uma das regras em conflito. Também os critérios de solução de lacunas retroreferidos são restritivos, porque dão a impressão de que constituem as únicas soluções possíveis para a hipótese de eventual lacuna da lei, fechando o ordenamento jurídico em si mesmo. Daí a proposta de um novo método para a solução de antinomias e afastamento de lacunas, que é o *diálogo das fontes*.

O diálogo das fontes é uma técnica de coordenação entre fontes do Direito, em razão da qual, em caso de conflito de normas, uma delas não prevalecerá sobre a outra, sendo ambas aplicadas de forma coordenada e complementar para a construção da solução para o caso concreto. Trata-se de diálogo, porque uma norma não se sobrepõe à outra, mas são ambas aplicadas de forma conjunta na construção da solução para o caso concreto. Essa mesma técnica pode ser aplicada no afastamento de lacunas, a partir da consideração do Direito como um sistema dotado de unidade axiológica e teleológica, o que permite a aplicação coordenada e complementar de várias normas, visando afastar eventual lacuna da lei e permitir a solução do caso concreto.

O diálogo das fontes é um método próprio da pluralidade dos centros criativos do Direito. Ele permite a construção de soluções a partir da definição dos valores e dos fins prestigiados pelas várias fontes do Direito, destacando-se aqueles relacionados com a efetividade da jurisdição e do processo, no seu sentido mais amplo, e a progressividade na melhoria da condição social e humana daqueles que sobrevivem da alienação da sua força de trabalho.

O diálogo das fontes deve ser norteado pelas regras e princípios constitucionais, bem como pelos princípios *pro homine* e da norma mais favorável e pode assumir três formas: diálogo sistemático de coerência, diálogo sistemático de complementariedade e subsidiariedade e diálogo de coordenação e adaptação sistemática. O diálogo das fontes é enriquecido pelas técnicas das cláusulas gerais e conceitos indeterminados, que permitem a aplicação das normas segundo a evolução das relações sociais e as necessidades por elas geradas.

As relações humanas especiais exigem um direito especial. Por essa razão, o art. 8º, parágrafo único, da CLT atribui ao direito do trabalho a condição de direito especial. Da mesma forma, direitos especiais exigem tutelas diferenciadas, como reconhece o art. 769 da CLT, que considera o direito processual do trabalho um direito processual especial. Com efeito, se o *direito comum* é fonte do direito do trabalho e do direito processual do trabalho é porque estes não são direitos comuns, mas direitos especiais.

A complexidade das relações sociais conduziu ao reconhecimento de direitos de titularidade da coletividade e de grupos, ou seja, direitos metaindividuais. Os direitos metaindividuais resultam da atribuição de relevância jurídica a interesses de grupos (a realidade social, resultante da massificação das relações sociais e econômicas, influencia a conformação da ordem jurídica).

A ampliação dos interesses protegidos, passando-se da tutela dos interesses individuais à tutela dos interesses difusos, coletivos e individuais homogêneos, repercute na seara processual, posto que coloca em cheque a afirmação de que o processo serve à solução de *conflitos intersubjetivos de interesses*, que é própria da concepção individualista das relações sociais e do processo, e exige a adoção de um instrumental técnico processual adequado à solução de conflitos que envolvam direitos difusos, coletivos e individuais homogêneos.

A partir dessas premissas, afirma-se que os direitos metaindividuais exigem um processo idôneo a realizar a sua adequada e efetiva tutela jurisdicional e reclamam um *processo especial* (*processo metaindividual*). Registre-se que o processo tem em vista a solução de conflitos concretos e, ainda, influenciar as relações sociais, estabelecendo decisões que apontem um caminho seguro a ser seguido nestas relações (*função educativa e preventiva de litígios*).

Ressalte-se como exemplos da inadequação do processo civil clássico para a tutela interesses difusos, coletivos e individuais homogêneos, a limitação da legitimação para a ação e do alcance subjetivo da coisa julgada. Observe-se que os direitos difusos e coletivos não são uma simples soma de interesses individuais, vez que o interesse de um bancário não se confunde com o interesse de toda a categoria dos bancários, *v. g.*, ao passo que interesses de um número considerável de pessoas, quando possuírem origem comum, podem ser tutelados em ação única, o que constitui imperativo da economia processual e do princípio da igualdade, bem como resposta à necessidade de assegurar o acesso à justiça a pessoas que dificilmente recorreriam à justiça, em razão do pequeno valor da sua lesão (*pretensões de bagatela*).

A importância da tutela jurisdicional de direitos de dimensão coletiva é demonstrada pelo fato de a Constituição da República de 1988 se referir às ações coletivas e socializar a legitimação para as ações coletivas. A própria Constituição, portanto, consagra o movimento do direito processual individual (*direito processual comum*) em direção ao direito processual metaindividual (*direito processual especial*), como resposta às necessidades e transformações, ditadas pela massificação das relações sociais, reconhecendo, expressamente, o direito à tutela coletiva, em relação à tutela de direitos de dimensão coletiva.

Assim, o reconhecimento de direitos metaindividuais e o surgimento de conflitos de massa, ao lado do movimento do direito processual individual ao direito processual metaindividual, levaram à edição de uma série de normas jurídicas que disciplinam a tutela jurisdicional dos direitos metaindividuais, a exemplo da Lei da Ação Civil Pública, do Código de Defesa do Consumidor e da Lei do Mandado de Segurança, que constituem um verdadeiro microssistema de direito processual coletivo.

A Constituição, a CLT e as várias normas que tratam da tutela jurisdicional dos direitos metaindividuais formam o microssistema de direito processual metaindividual do trabalho, que possui regras, princípios, doutrina e jurisprudência próprios. Este microssistema permite a adequada e efetiva tutela dos direitos metaindividuais trabalhistas. Primeiro, porque a harmonização da legislação infraconstitucional com a Constituição e com os direitos fundamentais por ela assegurados, assim como a estabilidade nas relações sociais e a realização concreta dos direitos metaindividuais trabalhistas, não depende, necessariamente, da existência de um código. Segundo, porque não é o número de normas ou a forma de sua organização (em códigos, leis especiais ou consolidações) que define a qualidade de um modelo processual no que concerne à sua capacidade de realizar a adequada e efetiva tutela jurisdicional dos direitos. Terceiro, porque as normas que compõem o microssistema do direito processual metaindividual do trabalho, hoje em vigor no Brasil, são aptas a garantir a adequada e efetiva tutela dos direitos metaindividuais trabalhistas, em especial quando interpretadas e aplicadas em sintonia com os valores e princípios constitucionais, com os princípios *pro homine* e da norma mais favorável. Quarto, porque o pluralismo das fontes conduz ao pluralismo das alternativas e das possibilidades, o que exige que a doutrina e jurisprudência se abram ao plural, abandonando a zona de conforto estabelecida a partir de soluções codificadas, aplicadas sem análise crítica, e, principalmente, realizem o diálogo entre as várias fontes do Direito, os microssistemas e, até mesmo, os sistemas jurídicos.

A formação de microssistemas não pode conduzir à fragmentação do Direito e à perda do sentido de sistema. Contra esse risco é que atua a Constituição enquanto centro da ordem jurídica, condição em que estabelece sua unidade axiológica e teleológica. Note-se, inclusive, que não é preconizada a edição de novas normas, em especial organizadas em um código, mas apontada uma nova forma de lidar com o sistema jurídico já existente, qual seja, o diálogo das fontes. Não se trata, porém, de diálogo restrito às fontes formais do Direito. Sem dúvida, em uma sociedade plural, as fontes do Direito devem dialogar entre si e o juiz extrair delas o que elas têm a dizer.

Esse diálogo entre fontes não é, no entanto, suficiente. A perspectiva metodológica proposta exige, além do diálogo entre fontes formais do Direito, o diálogo entre as partes, entre o juiz e as partes e, em especial, entre o juiz e a sociedade, pois exige que o sistema jurídico seja aberto às necessidades sociais e não fique fechado em si mesmo, além de impor aos juristas a necessidade de adotar como parâmetros na sua atuação: a aplicação coordenada e complementar das normas em eventual conflito, em substituição ao critério de exclusão de uma em favor de outra; a integração do Direito não apenas à luz dos critérios definidos pelo legislador, mas também por meio da adoção do diálogo; e o prestígio dos valores, princípios e fins consagrados constitucionalmente, pelo Direito Internacional dos Direitos Humanos e pelas normas do Direito Internacional do Trabalho.

Lembre-se de que os microssistemas almejam a maior igualdade real possível (jurídica, econômica e social), na medida em que são editadas normas especiais para regular relações especiais envolvendo pessoas e bens especiais, ao contrário dos códigos, que são compostos por normas gerais e abstratas, isto é, sem considerar o ser humano em sua individualidade e realidade concreta.

O diálogo das fontes não se limita ao diálogo entre fontes de um mesmo sistema, sendo indispensável a abertura dos sistemas jurídicos à denominada *polinização cruzada* (*cross-fertilization*), que pode ser traduzida como o diálogo entre sistemas jurídicos, de forma que um sistema absorva as conquistas do outro. O diálogo entre sistemas é que tem conduzido, inclusive, ao abandono da tese da incompatibilidade entre o *common law* e o *civil law*, notadamente no que comporta ao papel desempenhado pelas decisões judiciais, com a valorização, no *civil law*, dos precedentes jurisdicionais, como vem ocorrendo no sistema jurídico pátrio, por meio da adoção da súmula vinculante e da súmula impeditiva de recursos, entre outras medidas.

É também nesse contexto que ganham força os institutos do *amicus curiae* e as audiências públicas, que colocam o Poder Judiciário em contado direto com a sociedade e permitem realizar a democracia processual.

O microssistema de direito processual metaindividual do trabalho consagra a diversidade dos tipos de tutela jurisdicional e realça o direito à tutela diferenciada dos direitos metaindividuais, na perspectiva da garantia de uma tutela jurisdicional adequada e efetiva, ou seja, que, principalmente, atenda às especificidades do direito material objeto de disputa judicial, o que, por vezes, exige a adoção de medidas de urgência, de caráter cautelar ou satisfativo, e que produza efeitos concretos, em especial no sentido de assegurar à parte exatamente aquilo que lhe é reconhecido pela ordem jurídica. O microssistema de direito processual metaindividual do trabalho, portanto, leva em conta não apenas assegurar a tutela, mas também estabelecer parâmetros que permitam definir sua qualidade, impondo ao jurista uma atuação criativa e aberta para novas soluções, dentre as quais as fornecidas pelo diálogo das fontes, considerado esse em sentido amplo, ou seja, como diálogo entre normas, microssistemas, sistemas, partes e entre o Poder Judiciário e a sociedade.

O juiz não pode ser neutro diante das mudanças e das necessidades sociais nem pode aplicar friamente a norma jurídica. Cumpre-lhe atuar na transformação da realidade, agindo no sentido do maior acesso possível à justiça, da concretização de um processo justo e da garantia do gozo *in natura* dos direitos atribuídos pela ordem jurídica, ressaltando-se que nenhuma tutela jurisdicional será adequada e efetiva se não contar com juízes empenhados em realizá-la. A realização concreta de direitos metaindividuais trabalhistas, notadamente, daqueles inerentes à dignidade humana do trabalhador, exige uma justiça mais humana, seja no que comporta ao papel desempenhado pelo juiz e pelas partes no processo, seja colocando o ser humano como fundamento e finalidade da ordem jurídica.

A democracia não pode ser uma expressão sem respaldo na realidade social. A titularidade de um direito não pode ser vazia de sentidos, em especial quando se trate de direito humano e fundamental. A democracia exige o diálogo, e o diálogo é um seguro caminho para chegar àquilo que constitui a função primordial do direito do trabalho, qual seja: a tutela e a promoção da dignidade humana daqueles que sobrevivem da alienação da sua força de trabalho. A luta pela efetividade dos direitos é uma forma de democracia política, representativa e direta, principalmente quando realizada em contexto de diálogo aberto e sério entre o Poder Judiciário, as partes e a sociedade.

O Direito deve ser compreendido a partir de sua história e de sua evolução, mas também deve ser aberto ao tempo e às necessidades humanas e servir para a construção de um presente e de um futuro que garantam a sobrevivência da espécie humana, em uma sociedade livre, justa e solidária.

O acesso à justiça e o instrumental processual adequado e efetivo à tutela diferenciada dos direitos individuais e metaindividuais trabalhistas são, sem dúvidas, de suma importância para possibilitar ao homem que vive da alienação da sua força de trabalho uma existência digna. Entretanto, isso por si só não é suficiente, na medida em que o direito do trabalho, enquanto direito que estabelece limites para o capital, sofre ataques das mais diversas frentes, valendo lembrar, por exemplo, do poder econômico e financeiro mundial, que impõe soluções das quais o direito interno não consegue se desvencilhar (**internacionalização da definição da política social e econômica**), ocasionando um *déficit* democrático, inclusive no que se refere à participação, constitucionalmente assegurada, dos trabalhadores, por meio das entidades sindicais, na conformação da ordem jurídica.

O ideal é que não fosse necessário construir mecanismos para a realização coercitiva dos direitos, em especial daqueles inerentes à dignidade humana das pessoas que vivem da alienação da sua força de trabalho.

REFERÊNCIAS

AIRASCA, Ivana María. Reflexiones sobre la doctrina de las cargas probatorias dinámicas. In: PEYRANO, Jorge W. (Dir.). WHITE, Inés Lépori (Coord.). **Cargas probatorias dinámicas**. Santa Fe: Rubinzal-Culzoni, 2004, p. 125-152.

ALARCÓN, Reynaldo Bustamonte. **Derechos fundamentales y proceso justo**. Lima: ARA, 2001.

ALEMANIA, **Código Procesal Civil Alemán (ZPO)**. Traductores Juan Carlos Ortiz Pradillo e Álvaro J. Pérez Ragone. Montevideo: Konrad-Adenauer, Oficina Uruguay, 2006.

ALEXY, Robert. **Teoria dos direitos fundamentais**. Tradução de Virgílio Afonso da Silva. São Paulo: Malheiros, 2008.

ALEXY, Robert. **Teoria discursiva do direito**. Tradução de Alexandre Travessoni Gomes Trivisonno. São Paulo: Forense, 2014.

ALI, The American Law Institute; UNIDROIT. **Principios ALI/UNIDROIT del proceso civil transnacional**. Santa Fé: Rubinzal-Culzoni, 2014.

ALMEIDA, Cleber Lúcio. **Direito processual do trabalho**. 4. ed. Belo Horizonte: Del Rey, 2012.

ALMEIDA, Cleber Lúcio. **Elementos da teoria geral da prova**. A prova como direito humano e fundamental das partes do processo judicial. São Paulo: LTr, 2013.

ALMEIDA, Cleber Lúcio. **Direito processual do trabalho**. 5. ed. Belo Horizonte: Del Rey, 2014a.

ALMEIDA, Cleber Lúcio. Efetividade da jurisdição e do processo sob a perspectiva integral. In: MIESSA, Élisson; CORREIA, Henrique (Org.). **Estudos aprofundados da magistratura do trabalho**. Salvador: *Jus*PODIVM, 2014b.

ALMEIDA, Gregório Assagra de. **Codificação do Direito Processual Coletivo Brasileiro**. Belo Horizonte: Del Rey, 2007.

ALMEIDA, Marcelo Pereira. A efetividade do processo coletivo como garantia à ordem jurídica justa. In: CARNEIRO, Athos Gusmão; CALMON, Petrônio (Org.). **Bases científicas para um renovado direito processual**. 2. ed. Salvador: JusPODIVM, 2009.

ALMEIDA, Wânia Guimarães Rabêllo de. **A relação entre a ação coletiva e a ação individual no processo do trabalho**: litispendência e coisa julgada. São Paulo: LTr, 2013.

ALVIM, Arruda. Anotações sobre as perplexidades e os caminhos do processo civil contemporâneo. Sua evolução ao lado da do direito material. São Paulo: **Revista de Processo**, ano. 16, n. 64, out./dez. 1991.

ALVIM, Arruda. **Manual de direito processual civil**. 8. ed. São Paulo: RT, 2003. v. I.

ALVIM, Arruda. Súmula e súmula vinculante. In: MEDINA, José Miguel Garcia et al. (Coord.) **Os poderes do juiz e o controle das decisões judiciais**. São Paulo: RT, 2008.

AMARAL JUNIOR, Alberto. A integração entre o comércio internacional e a proteção do meio ambiente. **Revista de Derecho Económico Internacional**. v. 1, p. 16-31, 2010.

ANDOLINA, Italo. O papel do processo na atuação do ordenamento constitucional e transnacional. In: **Revista de processo**, São Paulo: RT. n. 87, ano 22, jul./set. 1997.

ANDOLINA, Italo; VIGNERA, Giuseppe. **I fondamenti constituzionali della giustizia civile**. Il modelo constituzionale del processo civile italiano. 2. ed. Torino: G. Giappichelli, 1997.

ARAÚJO, José Renato de Campos; LIMA, Fernão Dias de; SADEK, Maria Teresa. O Judiciário e a prestação da justiça. In: SADEK, Maria Teresa (Org.). **Acesso à Justiça**. São Paulo: Fundação Konrad Adenauer, 2001.

ARESE, César. Principio de igualdad o no discriminación, derecho de defensa y acceso a la justicia em el contrato de trabajo. In: **Cadernos da AMATRA IV**. 10º Caderno de estudos sobre Processo e Direito do Trabalho. Ano IV, n. 10, jan./mar. 2009.

ARISTÓTELES. **Metafísica**. Bauru: Edipro, 2006.

ARMELIN, Donaldo. Tutela jurisdicional diferenciada. **Revista de Processo**, São Paulo: Revista dos Tribunais, ano 17, n. 65, 1992.

REFERÊNCIAS

ARNAUD, André Jean. **O Direito entre modernidade e globalização:** lições de filosofia do direito e do Estado. Tradução de Patrice Charles Wuillaume. Rio de Janeiro: Renovar, 1999.

ARNAUD, André-Jean; DULCE, María José Fariñas. **Introdução à análise sociológica dos sistemas jurídicos.** Tradução de Eduardo Pellew Wilson. Rio de Janeiro: RENOVAR, 2000.

ASÍS, Rafael de; FERNÁNDEZ, Eusébio; PECES-BARBA, Gregório. **Curso de teoria del derecho.** Madrid: Marcial Pons, 1999.

ATAÍDE JR, Jaldemiro Rodrigues. As demandas de massa e o projeto de novo código de processo civil. In: FREIRE, Alexandre et al. (Org.). **Novas tendências do processo civil.** Estudos sobre o projeto do novo código de processo civil. Salvador: JusPODIVM, 2014. v. III, p. 45-69.

ÁVILA, Humberto. **Teoria dos princípios:** da definição à aplicação dos princípios jurídicos. 5. ed. São Paulo: Malheiros, 2006.

AYARZA, Juan Sebastián Encinales; RODRÍGUEZ, Diana Katherine Neita; RAMOS, Daniel Maurício Pardo. **Acciones de grupo en materia laboral.** Bogotá: Universidad Externado de Colombia, 2013.

AZEVEDO, Antônio Junqueira. O Direito pós-moderno e a codificação. In: MARQUES, Claudia Lima; MIRAGEM, Bruno (Org.). **Direito do consumidor:** fundamentos do direito do consumidor. São Paulo: RT, 2011.

BAGNOLI, Vicente; BARBOSA, Susana Mesquita; OLIVEIRA, Cristina Godoy. **História do Direito.** Rio de Janeiro: Campus, 2009.

BARBI, Celso Agrícola. **Comentários ao Código de Processo Civil.** 7. ed. Rio de Janeiro: Forense, 1992. v. I.

BARBI, Celso Agrícola. **Comentários ao Código de Processo Civil.** 13. ed. Rio de Janeiro: Forense, 2008. v. I.

BARBOSA, Andrea Carla; CANTOARIO, Diego Martinez Fervenza. O incidente de resolução de demandas repetitivas no projeto de código de processo civil: apontamentos iniciais. In: FUX, Luiz (Coord.). **O novo processo civil brasileiro.** Direito em expectativa. Rio de Janeiro: Forense, 2011.

BARBOSA, Susana Mesquita; BAGNOLI, Vicente; OLIVEIRA, Cristina Godoy. **História do Direito.** Rio de Janeiro: Elsevier, 2009.

BARCELLOS, Ana Paula. **A eficácia jurídica dos princípios constitucionais**: o princípio da dignidade da pessoa humana. 2. ed. Rio de Janeiro: Renovar, 2008.

BARCELLOS, Ana Paula de; BARROSO, Luís Roberto. O começo da história. A nova interpretação constitucional e o papel dos princípios no direito brasileiro. In: BARROSO, Luís Roberto (Org.). **A nova interpretação constitucional:** ponderação, direitos fundamentais e relações privadas. 3. ed. Rio de Janeiro: Renovar, 2008.

BARRETO, Ireneu Cabral. **A convenção europeia dos direitos do homem anotada**. 3. ed. Coimbra: Coimbra, 2005.

BARROSO, Luís Roberto. **O direito constitucional e a efetividade de suas normas**. Limites e possibilidades da Constituição brasileira. 7. ed. Rio de Janeiro: Renovar, 2003.

BARROSO, Luís Roberto. **Temas de direito constitucional**. São Paulo: Renovar, 2005. Tomo III.

BARROSO, Luís Roberto; BARCELLOS, Ana Paula de. O começo da história. A nova interpretação constitucional e o papel dos princípios no direito brasileiro. In: BARROSO, Luís Roberto (Org.). **A nova interpretação constitucional:** ponderação, direitos fundamentais e relações privadas. 3. ed. Rio de Janeiro: Renovar, 2008.

BARROSO, Luís Roberto. Diferentes, mas iguais: o reconhecimento jurídico das relações homoafetivas no Brasil. In: RENAULT, Luiz Otávio Linhares; VIANA, Márcio Túlio; CANTELLI, Paula Oliveira (Coord.). **Discriminação**. 2. ed. São Paulo: LTr, 2010, p. 31-58.

BARROSO, Luís Barroso. **Curso de direito constitucional contemporâneo**. Os conceitos fundamentais e a construção do novo modelo. 3. ed. São Paulo: Saraiva, 2011.

BARROSO, Luís Roberto. **Transformações na comunicação social**. Palestra disponível em: <www.conjur.com.br>. Acesso em: 06 set. 2014.

BAYLOS, Antonio. **Direito do trabalho**: modelo para armar. São Paulo: LTr, 1999.

BAYLOS, Antonio; REY, Joaquín Pérez Rey. **A dispensa ou a violência do poder privado**. Tradução de Luciana Caplan. São Paulo: LTr, 2009.

BAYLOS, Antonio. Modello sociale e 'governance' economica. Uno sguardo dal sud dell'Europa. In: **Rivista Lavoro e Diritto**. Milão: Il Mulino, Ano XXVII, n. 4, p. 585-606, 2013.

BEDAQUE, José Roberto dos Santos. **Poderes instrutórios do juiz**. 3. ed. São Paulo: RT, 2000.

BEDAQUE, José Roberto dos Santos. Os elementos objetivos da demanda examinados à luz do contraditório. In: TUCCI, José Rogério Cruz; BEDAQUE, José Roberto dos Santos (Coord.). **Causa de pedir e pedido no processo civil**. São Paulo: RT, 2002.

BEDAQUE, José Roberto dos Santos. **Direito e processo:** influência do direito material sobre o processo. 4. ed. São Paulo: Malheiros, 2006.

BEDAQUE, José Roberto dos Santos. **Efetividade do processo e técnica processual**. 2. ed. São Paulo: Malheiros Editores Ltda., 2007.

BENJAMIN, Antônio Herman; MARQUES, Claudia Lima; MIRAGEM, Bruno. **Comentários ao Código de Defesa do Consumidor**. 3. ed. São Paulo: RT, 2010.

BENJAMIN, Antônio Herman. Prefácio. In: MARQUES, Claudia Lima (Coord.). **Diálogo das fontes.** Do conflito à coordenação de normas do direito brasileiro. São Paulo: RT, 2012, p. 5-7.

BERGEL, Jean-Louis. **Teoria geral do direito**. Tradução de Maria Ermantina de Almeida Prado Galvão. São Paulo: Martins Fontes, 2006.

BERIZONCE, Roberto Omar. Tecnicas orgânico-funcionales y procesales de las tutelas diferenciadas. **Revista de Processo n. 175**. São Paulo, Ano 34. set. 2009.

BEVILÁQUA, Clóvis. **Theoria geral do direito civil**. Campinas: RED, 1999.

BIANCHINI, Edgar Hrycylo. **Justiça restaurativa**. Um desafio à praxis jurídica. Campinas: Servanda, 2012.

BIAVASCHI, Magda Barros. Os princípios do direito do trabalho: ordem social e ordem econômica. **Cadernos da AMATRA IV**, Ano IV, n. 13, Porto Alegre: Amatra IV/HS, nov. 2009.

BITTAR, Eduardo C. B. **O direito na pós-modernidade**. 3. ed. São Paulo: Atlas, 2014.

BOBBIO, Norberto. **Da estrutura à função**: novos estudos de teoria do direito. Tradução de Daniela Beccacia Versiani. Barueri: Manole, 2007a.

BOBBIO, Norberto. **Teoria geral do direito**. Tradução de Denise Agostinetti. São Paulo: Martins Fontes, 2007b.

BONAVIDES, Paulo. **Curso de direito constitucional**. 24. ed. São Paulo: Malheiros, 2009.

BOULANGER, Jean; RIPERT, Georges. **Tratado de derecho civil**. Buenos Aires: La Ley, 1956. Tomo I.

BOURDIEU, Pierre. **O poder simbólico**. Tradução de Fernando Tomaz. Rio de Janeiro: Bertrand Brasil, 2011.

BRANDÃO, Claudio. **Reforma do sistema recursal trabalhista**. Comentários à Lei n. 13.015/2014. São Paulo: LTr, 2015.

BRASIL. **Código Civil**. 12. ed. Porto Alegre: Verbo Jurídico, 2011.

BRASIL. **Código de Defesa do Consumidor**. São Paulo: Saraiva, 2012.

BRASIL. **Código de Processo Civil**. 42. ed. São Paulo: Saraiva, 2012.

BRASIL. **Consolidação das Leis do Trabalho**. 42. ed. São Paulo: LTr, 2014.

BRASIL. **Constituição da República Federativa do Brasil**. 40. ed. MORAES, Alexandre de (Org.). São Paulo: Atlas, 2014.

BRASIL. Lei n. 4.717, de 29 de junho de 1965. **Diário Oficial da União**, de 29 de setembro de 1964.

BRASIL. Lei n. 7.347, de 24 de julho de 1985. **Diário Oficial da União**, de 30 de agosto de 1983.

BRASIL. Lei n. 7.853, de 24 de outubro de 1989. **Diário Oficial da União**, de 25 de outubro de 1989.

BRASIL. Lei n. 8.069, de 13 de julho de 1990. **Diário Oficial da União**, de 16 de julho de 1990.

BRASIL. Lei n. 8.429, de 02 de junho de 1992. **Diário Oficial da União**, de 03 de junho de 1992.

BRASIL. Lei n. 8.884, de 11 de junho de 1994. **Diário Oficial da União**, de 13 de junho de 1994.

BRASIL. Lei n. 8.906, de 04 de junho de 1994. **Diário Oficial da União**, de 05 de julho de 1994.

BRASIL. Lei n. 9.099, de 26 de setembro de 1995. **Diário Oficial da União**, de 27 de setembro de 1995.

BRASIL. Lei n. 10.741, de 1º de outubro de 2003. **Diário Oficial da União**, de 03 de outubro de 2003.

BRASIL. Lei n. 12.016, de 07 de agosto de 2009. **Diário Oficial da União**, de 10 de agosto de 2009.

BRASIL. Lei n. 12.529, de 30 de novembro de 2011. **Diário Oficial da União**, de 1º de dezembro de 2011.

BRASIL. Lei Complementar n. 75, de 20 de maio de 1993. **Diário Oficial da União**, de 21 de maio de 1993.

BRASIL. Senado Federal. PLS n. 166/2010 (novo **CPC**). Disponível em: <http://www.senado.gov.br/atividade/materia/getPDF.asp?t=84496>. Acesso em: 28 ago. 2014.

BRASIL, Superior Tribunal de Justiça. Processo: REsp 226.436-PR. Relator: Min. Sálvio de Figueiredo Teixeira, **DJE**, Brasília, 06 de fevereiro de 2002.

BRASIL. Superior Tribunal de Justiça. Processo: *EREsp. 475.566-PR. Relator: Min. Teori Albino Zavascki.* **DJ**, *Brasília, 13 de setembro de 2004.*

BRASIL. Superior Tribunal de Justiça. Processo: REsp. n. 299.400-RJ. Redator: Min. Eliana Calmon. **DJe**, Brasília, 02 de agosto de 2006.

BRASIL. Superior Tribunal de Justiça. Process: REsp 1110549-RS. Relator: Min. Sidnei Beneti. **DJe**, Brasília, 14 de dezembro de 2009.

BRASIL, Superior Tribunal de Justiça. Processo: REsp. 995.995-DF. Relatora: Min. Nancy Andrighi. **DJe**, Brasília, 16 de novembro de 2010.

BRASIL, Superior Tribunal de Justiça. Processo: REsp. 1009591-RS. Relatora: Min. Nancy Andrighi. **DJe**, Brasília, 23 de agosto de 2010.

BRASIL. Superior Tribunal de Justiça. Processo: REsp 1122292/GO. Relator: Min. Castro Meira. **DJe**, Brasília, 04 de outubro de 2010.

BRASIL, Superior Tribunal de Justiça. Processo: REsp. 1241063-RJ. Relator: Min. Mauro Campbell Marques. **DJe**, Brasília, 13 de dezembro de 2011.

BRASIL, Superior Tribunal de Justiça. Processo: REsp. 1216673-SP. Relator: Min. João Otávio de Noronha. **DJe**, Brasília, 09 de junho de 2011.

BRASIL. Superior Tribunal de Justiça. Processo: REsp. 1.243.887-PR. Relator: Min. Luís Felipe Salomão. **DJ**, Brasília, 12 de dezembro de 2014.

BRASIL. Superior Tribunal de Justiça. Processo: REsp 1.318.917-BA. Relator Min. Antonio Carlos Ferreira, **DJe**, Brasília, 12 de março de 2013.

BRASIL. Superior Tribunal de Justiça. Processo: REsp 1.395.875-PE. Relator: Min. Herman Benjamin. **DJe**, Brasília, 20 de fevereiro de 2014.

BRASIL. Superior Tribunal de Justiça. Processo: REsp 1457199-RS. Relator: Min. Paulo de Tarso Sanseverino. **DJe**, Brasília, 17 de dezembro de 2014.

BRASIL. Superior Tribunal de Justiça. Processo: REsp 1.304.953-RS. Relatora: Min. Nancy Andrighi. **DJe**, Brasília 26 de agosto de 2014.

BRASIL. Superior Tribunal de Justiça. Processo: REsp 1.304.953-RS. Relatora: Min. Nancy Andrighi. **DJe**, Brasília, 26 de agosto de 2014.

BRASIL. Supremo Tribunal Federal. Processo: AGRAG 157.797-RS. Relator: Min. Marco Aurélio. **DJU**, Brasília, 12 de maio de 1995.

BRASIL. Supremo Tribunal Federal. Processo: 297901-RN. Relator: Min. Ellen Gracie. **DJ**, Brasília, 31 de março de 2006.

BRASIL. Supremo Tribunal Federal. Processo: RE466343-SP. Relator: Min. Cezar Peluso. **DJe**, Brasília, 04 de junho de 2008.

BRASIL. Supremo Tribunal Federal. Processo: HC 96772-SP. Relator: Min. Celso de Mello. **DJe**, Brasília, 20 de agosto de 2009.

BRASIL. Supremo Tribunal Federal. Processo: n. 749.115-RS (Repercussão Geral no Agravo de Instrumento). Relator: Min. Gilmar Mendes. **DJe**, Brasília 03 de dezembro de 2010.

BRASIL. Supremo Tribunal Federal. Processo: Ext. 1254 QO/ROMÊNIA. Relator: Min. Ayres Britto. **DJe**-180, Brasília, de 20 de setembro de 2011.

BRASIL. Supremo Tribunal Federal. Processo: RE 634093 AgR/DF. Relator: Min. Celso de Mello. **DJe-232,** Brasília, de 06 de dezembro de 2011.

BRASIL. Tribunal Superior do Trabalho. Orientação Jurisprudencial 11 da Seção de Dissídios Coletivos, de 27 de março de 1998. In: COSTA, Armando Casimiro; MARTINS, Melchíades Rodrigues; CLARO, Sonia Regina da S. (Org.). **CLT-LTr.** 42. ed. São Paulo: LTr, 2014, p. 1152-1153.

BRASIL. Tribunal Superior do Trabalho. Súmula n. 261, de 28 de novembro de 2003. **Diário da Justiça**, Brasília, 19 de novembro de 2003.

BRASIL. Tribunal Superior do Trabalho. Súmula n. 346, de 19 de novembro de 2003. **Diário da Justiça**, Brasília, 21 de novembro de 2003.

BRASIL. Tribunal Superior do Trabalho. Processo: RR-20130-2002-900-05-00.5. Relatora: Min. Rosa Maria Weber Candiota da Rosa, **DJ**, Brasília, 05 de agosto de 2009.

BRASIL. Tribunal Superior do Trabalho. Súmula n. 437 da SDI-1, de 24 de setembro de 2012. **DEJT**, Brasília, 27 de setembro de 2012.

BRASIL. Tribunal Superior do Trabalho. Processo: E-RR - 42100-46.2008.5.22.0003. Relator: Min. José Roberto Freire Pimenta. **DEJT**, Brasília, 30 de agosto de 2013.

BRASIL. Tribunal Superior do Trabalho. Processo: RR-15600-50.2009.5.17.0001. Relator: Min. Aloysio Corrêa da Veiga. **DEJT**, Brasília 27 de setembro de 2013.

BRASIL. Tribunal Superior do Trabalho. Processo: E-ED-RR-119500-36.2008.5.02.0087. Redator: Min. Lélio Bentes Corrêa. **DEJT**, Brasília, 20 de junho de 2014.

BRASIL. Tribunal Superior do Trabalho. Processo: RR-1072-72.2011.5.02.0384. Relator: Min. Cláudio Brandão. **DEJT**, Brasília, 03 de outubro de 2014.

BRASIL. Tribunal Superior do Trabalho. Processo: RR-AIRR-19163-81.2010.5.04.000. Relator: Min. José Roberto Freire Pimenta. **DEJT**, Brasília, 15 de agosto de 2014.

BRASIL. Tribunal Superior do Trabalho. Processo: Ag-RR-8400-89.2009.5.17.0001. Relator: Min. Emmanoel Pereira. **DEJT**, Brasília, 16 de maio de 2014.

BRASIL. Tribunal Superior do Trabalho. Processo: RR - 541085-62.2008.5.12.0035, Relator Ministro: José Roberto Freire Pimenta. **DEJT**, Brasília, 10 de outubro de 2014.

BRASIL. Tribunal Superior do Trabalho. Processo: CC - 20312-70.2014.5.04.000.1. Relator: Min. Cláudio Mascarenhas Brandão. **DEJT**, Brasília, 19 de dezembro de 2014.

BRASIL. Tribunal Superior do Trabalho. Processo: CC-602-80.2014.5.03.0037. Relator: Min. Douglas Alencar Rodrigues. **DEJT**, Brasília, 03 de outubro de 2014.

BRASIL. Tribunal Superior do Trabalho. Processo: CC-856-40.2014.5.03.0009. Relator: Min. Douglas Alencar Rodrigues. **DEJT**, Brasília, 23 de setembro de 2014.

BRASIL. Tribunal Superior do Trabalho. Processo: e-Ed-RR-32500-65.2006.5.03.0143. Redator: Min. Lélio Bentes Corrêa. **DEJT**, Brasília, 19 de dezembro de 2014.

BUENO, Cassio Scarpinella. **Amicus curiae no processo civil brasileiro:** um terceiro enigmático. São Paulo: Saraiva, 2006.

CABRAL, Antônio do Passo. O novo procedimento-moderno (*Musterverfahen*) alemão: uma alternativa às ações coletivas. In: **Revista de Processo. RePro**. Ano 32. Maio de 2007. São Paulo: RT, p. 123-146.

CALAMANDREI, Piero. **Direito processual civil**. Campinas: Bookseller, 1999. v. I.

CALAMANDREI, Piero. **Proceso y democracia**. Lima: ARA, 2006.

CALMON DE PASSOS, José Joaquim. Democracia, participação e processo. In: GRINOVER, Ada Pellegrini; DINAMARCO, Cândido Rangel; WATANABE, Kazuo. **Participação e processo.** São Paulo: RT, 1988.

CALMON DE PASSOS, José Joaquim. **Direito, poder, justiça e processo:** julgando os que nos julgam. Rio de Janeiro: Forense, 2003.

CAMBI, Eduardo. **Jurisdição no processo civil:** compreensão crítica. Curitiba: Juruá, 2003.

CAMBI, Eduardo. Litisconsórcio ativo entre o Ministério Público da União e dos Estados – ação civil pública ambiental – observância, pelo juiz federal, do princípio do promotor natural. In: MEDINA, José Miguel Garcia et al. (Coord.). **Os poderes do juiz e o controle das decisões judiciais.** Estudos em homenagem à professora Teresa Arruda Alvim Wambier. São Paulo: RT, 2008.

CAMBI, Eduardo. **Neoconstitucionalismo e neoprocessualismo:** direitos fundamentais, políticas públicas e protagonismo judiciário. São Paulo: RT, 2010.

CAMBLER, Everaldo Augusto. **Comentários ao Código Civil brasileiro –** direito das obrigações. Rio de Janeiro: Forense, 2003. v. III.

CAMPILONGO, Celso Fernandes. **O direito na sociedade complexa.** São Paulo: Max Limonad, 2000.

CANARIS, Claus – Wilhelm. **Pensamento sistemático e conceito de sistema na ciência do direito.** 2. ed. Tradução de A. Menezes Cordeiro. Lisboa: Fundação Calouste Gulbenkian, 1996.

CANÇADO TRINDADE, Antônio Augusto. **A proteção dos direitos humanos nos planos nacional e internacional:** perspectivas brasileiras. Brasília: Instituto Interamericano de Derechos Humanos, 1992.

CANÇADO TRINDADE, Antônio Augusto. **Tratado de direito internacional dos direitos humanos.** 2. ed. Porto Alegre: Sergio Antonio Fabris Editor, 2003. v. I.

CANÇADO TRINDADE, Antônio Augusto. . PIOVESAN, Flávia. Apresentação do livro **Direitos humanos e o direito constitucional internacional**14. ed. São Paulo: Saraiva, 2014.

CANOTILHO, J.J GOMES. **Direito constitucional e teoria da constituição.** 7. ed. Coimbra: Almedina, 2003.

CANTOARIO, Diego Martinez Fervenza; BARBOSA, Andrea Carla. O incidente de resolução de demandas repetitivas no projeto de código de processo civil: apontamentos iniciais. In: FUX, Luiz (Coord.). **O novo processo civil brasileiro.** Direito em expectativa. Rio de Janeiro: Forense, 2011.

CAPELLA, Juan Ramón. **Los ciudadanos siervos.** 3. ed. Madrid: Trotta, 2005.

CAPPELLETTI, Mauro; GARTH, Bryant. **Acesso à justiça**. Tradução de Ellen Grace Northfleet. Porto Alegre: Fabris, 1988.

CAPPELLETTI, Mauro. Formações sociais e interesses coletivos diante da justiça civil. **Revista de Processo**, Ano II, São Paulo: RT, p. 128-159, jan./mar. 1977.

CARDOZO, Benjamin Nathan. **Evolução do direito**. Tradução de Henrique de Carvalho. Belo Horizonte: Líder, 2004.

CARNEIRO, Athos Gusmão. **Intervenção de terceiros**. 13. ed. São Paulo: Saraiva, 2001.

CARNELUTTI, Francesco. **Sistema de direito processual civil**. Tradução de Hiltomar Martins Oliveira. 2. ed. São Paulo: Lemos e Cruz, 2004. v. I.

CARNELUTTI, Francesco. **Sistema de direito processual civil**. Tradução de Hiltomar Martins Oliveira. 2. ed. São Paulo: Lemos e Cruz, 2004. v. IV.

CARNELUTTI, Francesco. **Metodologia do direito**. Tradução de Ricardo Rodrigues Gama. Campinas: Russel, 2005.

CARNIO, Henrique Garbellini; GONZAGA, Alvaro de Azevedo. **Curso de sociologia jurídica**. São Paulo: RT, 2011.

CAVALIERI FILHO, Sérgio. **Programa de sociologia jurídica**. 12. ed. Rio de Janeiro: Forense, 2012.

CAZZETTA, Giovanni. **Estado, juristas y trabajo**. Traducción Clara Álvarez. Madrid: Marcial Pons, 2010.

CHASE, Oscar G. A "excepcionalidade" americana e o direito processual comparado. In: **Revista de Processo**. Ano 28, São Paulo: RT, abr./jun. 2003.

CHAUI, Marilena de Souza. **O que é ideologia?** 14. ed. Brasília: Brasiliense, 1984.

CHAVES, Luciano Athayde. As lacunas do direito processual do trabalho. In: CHAVES, Luciano Athayde (Org.). **Direito processual do trabalho**: reforma e efetividade. São Paulo: LTr, 2007.

CHAVES, Luciano Athayde. Interpretação, aplicação e integração do direito processual do trabalho. In: CHAVES, Luciano Athayde (Org.). **Curso de processo do trabalho**. São Paulo: LTr, 2009.

CHIARLONI, Sergio. Per la chiarezza di idee in tema di tutele collettive dei consumatori alla luce della legislazione vigente e dei progetti all1esame del Parlamento. In: TARUFFO; Michele et al. **Le azioni collettive in Italia:** profili teorici ed aspetti applicativi. Milano: Giuffrè, 2007.

CHIARLONI, Sergio. Questioni rilevabili d'ufficio, diritto di difesa e "formalismo delle garanzie". In: **RePro**, ano 37, 212, São Paulo: RT, p. 83-93, out. 2012.

CHIOVENDA, Giuseppe. **Princípios del derecho procesal civil.** Tradução de Jose Casais y Santaló. Madrid: Instituto Editorial Reus, 1977. Tomo II.

CHIOVENDA, Giuseppe. **Instituições de direito processual civil.** Tradução de Paolo Capitanio. Campinas: Bookseller, 1998. v. I.

CHOSSUDOVSKY, Michel. **A globalização da pobreza.** Impactos das reformas do FMI e do Banco Mundial. Tradução de Marylene Pinto Michael. São Paulo: Moderna, 1999.

CINTRA, Antonio Carlos de Araújo; DINAMARCO, Cândido Rangel; GRINOVER, Ada Pellegrini. **Teoria geral do processo.** 26. ed. São Paulo: Malheiros, 2010.

COING, Helmut. **Elementos fundamentais da filosofia do direito.** 5. ed. Tradução de Elisete Antoniuk. Porto Alegre: Sergio Antonio Fabris, 2002.

COMOGLIO, Luigi Paolo. Mezzi alternativi di tutela e garanzie costituzionali. In: **Rivista di Diritto Processuale**, anno LV (seconda serie), n. 2, Milano: CEDAM, p. 318-371, Aprile-giugno 2000.

COMOGLIO, Luigi Paolo. **Ética e técnica del 'giusto processo'.** Torino: G. Giappichelli Editore, 2004a.

COMOGLIO, Luigi Paolo. Il giusto processo civile in Italia e in Europa, In: **Revista de Processo**, v. 116, jul./ago. 2004b.

COMOGLIO, Luigi Paolo; FERRI, Corrado; TARUFFO, Michele. **Lezioni sul processo civile.** II. Procedimenti speciali cautelari ed esecutivi. Bolonha: Il Mulino, 2006. v. I.

COMPARATO, Fábio Konder. Papel do jurista num mundo em crise de valores. In: **Revista dos Tribunais** n. 713, v. 84, São Paulo, mar. 1995.

COMPARATO, Fábio Konder. **A afirmação histórica dos direitos humanos**. 4. ed. São Paulo: Saraiva, 2005.

CONSTANTINESCO, Leontin-Jean. **Tratado de direito comparado**. Introdução ao direito comparado. Tradução de Maria Cristina de Cicco. Rio de Janeiro: Renovar, 1998.

CORDEIRO, António Menezes. **Da boa fé no direito civil**. 3ª reimp. Coimbra: Almedina, 2007.

CORDEIRO, António Menezes. Os dilemas da ciencia do direito no final do século XX. In: CANARIS, Cláus – Wilhelm. **Pensamento sistemático e conceito de sistema na ciencia do direito** (apresentação). 2. ed. Lisboa: Calouste Gulbenkian, 1996.

CORREIA, Marcus Orione Gonçalves. Considerações finais: um certo olhar a envolver as relações individuais de trabalho. In: Direito individual do trabalho. v. II. SOUTO MAIOR, Jorge Luiz; CORREIA, Marcus Orione Gonçalves (Org.). **Curso de direito do trabalho**. São Paulo: LTr, 2008, p. 301-349.

CORTÊS, António. **Jurisprudência dos princípios**: ensaio sobre os fundamentos da decisão jurisdicional. Lisboa: Universidade Católica Editora, 2010, p. 10.

CORTÉS, José Juan Toharia. Las profesiones jurídicas: una aproximación sociológica. In: DÍEZ-PICAZO, Luiz María (Coord.). **El oficio de jurista**. Madrid: Século XXI de España, 2006.

COUTINHO, Aldacy Rachid. **Poder punitivo trabalhista**. São Paulo: LTr, 1999.

COUTO E SILVA, Clóvis do. **O principio da boa-fé no direito civil brasileiro e português**. São Paulo: RT, 1986.

COUTURE, Eduardo J. **Fundamentos del derecho procesal civil**. 3. ed. Buenos Aires: Depalma, 1993.

CRUET, Jean. **A vida do direito e a inutilidade das leis**. Salvador: Progresso, 1956.

CRUZ E TUCCI, José Rogério. **Precedente judicial como fonte do direito**. São Paulo: RT, 2004.

CUEVA, Mario de la. **El nuevo derecho mexicano del trabajo**. México: Porrúa, 1972.

CUNHA, Paulo Ferreira da. **Lições preliminares de filosofia do direito**. Coimbra: Almedina, 1998.

CUNHA, Leonardo Carneiro da. O processo civil no Estado constitucional e os fundamentos do projeto do novo código de processo civil brasileiro. In: **Revista de Processo**. São Paulo: RT, v. 209, p. 349-374, jul. 2012.

DABIN, Jean. **Teoria geral do direito**. Tradução de Cláudio J. A. Rodrigues. São Paulo: Ícone, 2010.

DAHRENDORF, Ralf. **A lei e a ordem**. Tradução de Amara D. Barile. Rio de Janeiro: Instituto Liberal, 1997.

DANTAS, Aldemiro. A plenitude do ordenamento jurídico – O problema da lacuna – Analogia – Princípios gerais do Direito. In: LOTUFO, Renan (Coord.). **Lacunas do ordenamento jurídico**. Barueri: Manole, 2005.

DAVID, René. **Os grandes sistemas do direito contemporâneo**. Tradução de Hermínio A. Carvalho. São Paulo: Martins Fontes, 2002.

DEL PRÁ, Carlos Gustavo Rodrigues. **"Amicus Curiae"**. Instrumento de participação democrática e de aperfeiçoamento da prestação jurisdicional. Curitiba: Juruá, 2008.

DEL VECCHIO, Giorgio. **Lições de filosofia do direito**. 5. ed. Tradução de António José Brandão. Coimbra: Arménio Amado, 1979.

DELFINO, Lúcio et al. **A cooperação processual do novo CPC é incompatível com a Constituição**. 2014. Disponível em: <http://www.conjur.com.br/2014-dez-23/>. Acesso em: 28 dez. 2014.

DELGADO, Maurício Godinho. **O poder empregatício**. São Paulo: LTr, 1996.

DELGADO, Maurício Godinho. **Curso de direito do trabalho**. 13. ed. São Paulo: LTr, 2014.

DELGADO, Maurício Godinho. **Curso de direito do trabalho**. 14 ed. São Paulo: LTr, 2015.

DENTI, Vittorio. Giustizia e partecipazione nella tutela dei nuovi diritti. In: GRINOVER, Ada Pellegrini; DINAMARCO, Cândido Rangel; WATANABE, Kazuo. **Participação e processo**. São Paulo: RT, 1988.

DESASSO, Alcir. Juizado especial cível: um estudo de caso. In: SADEK, Maria Tereza. **Acesso à justiça**. São Paulo: Fundação Konrad Adenauer, 2001.

DIAS, Reinaldo. **Sociologia do direito:** a abordagem do fenômeno jurídico como fato social. São Paulo: Atlas, 2009.

DIDIER JR, Fredie; ZANETI JR, Hermes. **Curso de direito processual civil**. Processo coletivo. 4. ed. Salvador: JusPODIVM, 2009. v. 4.

DIDIER JR, Fredie. Situações jurídicas coletivas passivas. In: **Tutelas diferenciadas como meio de incrementar a efetividade da prestação jurisdicional**. THEODORO JÚNIOR, Humberto; LAUAR, Maira Terra (Coord.). Rio de Janeiro: GZ Ed., 2010, p. 737-747.

DIDIER JR, Fredie. Apontamentos para a concretização do princípio da eficiência do processo. In: GAIO JÚNIOR, Antônio Pereira; CÂMARA, Alexandre Freitas (Coord.). **Novo CPC:** reflexões e perspectivas. Belo Horizonte: Del Rey, 2014a.

DIDIER JR, Fredie. **Cláusulas gerais processuais**. Disponível em: <http://www.fredied idier.com.br/pdf/clausulas-gerais-processuais.pdf>. Acesso em: 06 ago. 2014b.

DINAMARCO, Cândido Rangel. Decisões vinculantes. **REPRO 100,** São Paulo, ano 25, out./dez. 2000.

DINAMARCO, Cândido Rangel. **Fundamentos do processo civil moderno**. 6. ed. São Paulo: Malheiros, 2002. Tomo I.

DINAMARCO, Cândido Rangel. Relativizar a coisa julgada material. In: **Revista de Processo**, n. 109, ano 28, jan./mar. 2003.

DINAMARCO, Cândido Rangel. **A instrumentalidade do processo**. 13. ed. São Paulo: Malheiros, 2008.

DINAMARCO, Cândido Rangel. **Instituições de direito processual civil**. 6. ed. São Paulo: Malheiros, 2009a. v. I.

DINAMARCO, Cândido Rangel. **Instituições de direito processual civil**. 6. ed. v. III. São Paulo: Malheiros, 2009b.

DINAMARCO, Cândido Rangel; CINTRA, Antonio Carlos de Araújo; GRINOVER, Ada Pellegrini. **Teoria geral do processo**. 26. ed. São Paulo: Malheiros, 2010.

DINIZ, Maria Helena. **Conflito de normas.** 2. ed. São Paulo: Saraiva, 1996.

DINIZ, Maria Helena. **Norma constitucional e seus efeitos.** 3. ed. São Paulo: Saraiva, 1997.

DINIZ, Maria Helena. **As lacunas no direito.** 9. ed. São Paulo: Saraiva, 2009.

DINIZ, Maria Helena. **Compêndio de introdução à ciência do direito.** 23. ed. São Paulo: Saraiva, 2012.

DINIZ, Maria Helena. **Lei de introdução às normas do direito brasileiro interpretada.** 12. ed. São Paulo: Saraiva, 2012.

DUGUIT, Léon. **Fundamentos do direito.** Tradução de Eduardo Salgueiro. Porto Alegre: Sergio Antonio Fabris, 2005.

DULCE, María José Fariñas; ARNAUD, André-Jean. **Introdução à análise sociológica dos sistemas jurídicos.** Tradução de Eduardo Pellew Wilson. Rio de Janeiro: RENOVAR, 2000.

DURKHEIM, Émile. **As regras do método sociológico.** São Paulo: Martins Fontes, 1999.

DURKHEIM, Émile. **Da divisão do trabalho social.** Tradução de Eduardo Brandão. São Paulo: Martins Fontes, 2004.

DWORKIN, Ronald. **Levando os direitos a sério.** Tradução de Nelson Boeira. São Paulo: Martins Fontes, 2002.

EÇA, Vitor Salino Moura. **Prescrição intercorrente no processo do trabalho.** São Paulo: LTr, 2008.

ENGILSH, Karl. **Introdução ao pensamento jurídico.** 6. ed. Tradução de J. Baptista Machado. Lisboa: Fundação Calouste Gulbenkian, 1983.

ENTERRÍA, Eduardo Garcia. **La Constituición como norma y el tribunal constitucional.** 4. ed. Navara: Civitas, 2006.

EHRLICH, Eugen. **Fundamentos da sociologia do direito.** Brasília: Editora Universidade de Brasília, 1986.

ESPANHA. **Ley de Enjuiciamiento civil y legislación complementaria.** Edição preparada por José Antonio Colmenero Guerra. Madrid: Tecnos, 2006.

ESPANHA. Ley 36/2011 reguladora de la jurisdicción social. **Boletín Oficial del Estado n. 245**. Sec. I, p. 106668, 11 nov. 2011. Disponível em: <http://www.boe.es/boe/dias/2011/10/11/pdfs/BOE-A-2011-15936.pdf>. Acesso em: 10 jan. 2015.

ESTAGNAM, Joaquín Silguero. **La tutela jurisdiccional de los intereses colectivos a través de la legitimacion de los grupos**. Madrid: Dykinson, 1995.

FABRIZ, Daury Cesar. **A estética do direito**. Belo Horizonte: Del Rey, 1999.

FARIA, José Eduardo. O direito como processo: Bobbio e a eficácia jurídica. **Revista Economia e Sociologia**, São Paulo: Évora, n. 43, p. 5-27, 1987.

FAVA, Marcos Neves. **Ação civil pública trabalhista**. São Paulo: LTr, 2005.

FELICIANO, Guilherme Guimarães. O modelo de Stuttgart e os poderes assistenciais do juiz: origens históricas do "processo social" e as intervenções intuitivas no processo do trabalho. In **Estudos aprofundados da magistratura do trabalho**. v. 2. MIESSA, Èlisson; CORREIA, Henrique (Orgs.). Salvador: *Jus*PODIVM, 2014, p. 67-91.

FELIPPE, Mario Sotelo. **Razão jurídica e dignidade humana**. São Paulo: Max Limonad, 1996.

FENSTERSEIFER, Tiago; SARLET, Ingo Wolfgang. **Direito Constitucional Ambiental**: constituição, direitos fundamentais e proteção do ambiente. 3. ed. São Paulo: RT, 2013.

FERNANDES, António Monteiro. L'effettività nel diritto del lavoro: il caso portogheses. In: **Rivista Italiana di Diritto del Lavoro,** Ano XXV, Milano: Giuffrè, p.7-18, 2006.

FERNANDES, António Monteiro. **Direito do trabalho**. 15. ed. Coimbra: Almedina, 2010.

FERNÁNDEZ, Eusebio; ASÍS, Rafael de; PECES-BARBA, Gregório. **Curso de teoria del derecho**. Madrid: Marcial Pons, 1999.

FERRAJOLI, Luigi. **Direito e razão:** teoria do garantismo penal. 2. ed. Tradução de SICA, Ana Paulo Zomer et al. São Paulo: Revista dos Tribunais, 2006, p. 327.

FERRAJOLI, Luigi. **Derechos y garantias.** La ley del más débil. 7. ed. Madrid: Trotta, 2010.

FERRAJOLI, Luigi. **Garantismo.** Uma discussão sobre direito e democracia. Tradução de Alexander Araújo de Souza. Rio de Janeiro: Lumen Juris, 2012a.

FERRAJOLI, Luigi. Constitucionalismo principialista e constitucionalismo garantista. Tradução de André Karam Trindade. In: FERRAJOLI, Luigi; STRECK, Lenio Luiz; TRINDADE, André Karam et al. (Org.). **Garantismo, hermenêutica e (neo)constitucionalismo:** um debate com Luigi Ferrajoli. Porto Alegre: Livraria do Advogado, 2012b.

FERRAJOLI, Luigi. O constitucionalismo garantista e o estado de direito. Tradução de André Karam Trindade. In: FERRAJOLI, Luigi; STRECK, Lenio Luiz e TRINDADE, André Karam et al. (Org.). **Garantismo, hermenêutica e (neo)constitucionalismo:** um debate com Luigi Ferrajoli. Porto Alegre: Livraria do Advogado, 2012c.

FERRARA, Francesco. **Como aplicar e interpretar as leis**. Tradução de Joaquim Campos de Miranda. Belo Horizonte: Líder, 2003.

FERRARI, Alfonso Trujillo. **Fundamentos de sociologia**. São Paulo: McGraw-Hill do Brasil, 1983.

FERRAZ JR, Tércio Sampaio. **Função social da dogmática jurídica**. São Paulo: Max Limonad, 1998.

FERRAZ JR. Tercio Sampaio. **Introdução ao estudo do direito**. Técnica, decisão, dominação. 7. ed. São Paulo: Atlas, 2013.

FERRI, Corrado; COMOGLIO, Luigi Paolo; TARUFFO, Michele. **Lezioni sul processo civile**. II. Procedimenti speciali cautelari ed esecutivi. Bolonha: Il Mulino, 2006. v. I.

FINE, Toni M. **Introdução ao sistema jurídico anglo-americano**. Tradução de Eduardo Saldanha. São Paulo: WMF Martins Fontes, 2011.

FISS, Owen M. The political theory of Class Action. **Harvard Law Review**, Cambridge, v. 93, n. 01, p. 22-23, 1979. Disponível em: <http://www.law.yale.edu/documents/pdf/the_forms_of_justice.pdf>. Acesso em: 10 jan. 2015.

FLÓREZ-VALDÉS, Joaquín Arce y. **Los princípios generales del Derecho y su formulación constitucional**. Madrid: Civitas, 1990.

FRANÇA. **Code du Travail**. 76. ed. Rédacteur de Caroline Dechiristé. Paris: Dalloz, 2014a.

FRANÇA. **Code de Procédure Civile**. 105. ed. Direction de Isabelle Després. Paris: Dalloz, 2014b.

FRANÇA, R. Limongi. **Princípios gerais de direito**. 3. ed. atualização Antonio de S. Limongi França e Flávio Tartuce. São Paulo: RT, 2010.

FREITAS, José Lebre de. **Introdução ao processo civil**. Conceito e princípios gerais. 2. ed. Coimbra: Coimbra, 2006.

FREITAS, José Lebre de. **Estudos sobre direito civil e processo civil**. 2. ed. v. I. Coimbra: Coimbra, 2009.

FREITAS, Juarez. **A interpretação sistemática do direito**. 4. ed. São Paulo: Malheiros, 2004.

FUX, Luiz. **Curso de direito processual civil**. 3. ed. Rio de Janeiro: Forense, 2005.

FUX, Luiz. O novo processo civil. In **O novo processo civil brasileiro**. Direito em expectativa. FUX, Luiz (Coord.). Rio de Janeiro: Forense, 2011, p. 1-24.

FUX, Luiz. **Teoria geral do processo civil**. Rio de Janeiro: Forense, 2014.

GABBY, Daniela Monteiro. **Pedido e causa de pedir**. São Paulo: Saraiva, 2010.

GARCIA, Gustavo Filipe Barbosa. Ação civil pública e danos de âmbito regional e nacional: competência e alcance da coisa julgada. In: MALLET, Estêvão; SANDOS, Enoque Ribeiro dos (Coord.). **Tutela processual coletiva trabalhista**. Temas. São Paulo: LTr, 2010, p. 64-72.

GARTH, Bryant; CAPPELLETTI, Mauro. **Acesso à justiça.** Tradução de Ellen Grace. Porto Alegre, Fabris, 1988.

GASPAR, António Henriques. **Justiça.** Reflexões fora do lugar comum. Coimbra: Coimbra, 2010.

GENY, François. **Méthode d'interprétation et sources en droit privé positif**: essai critique. 2. ed. Paris: Librairie générale de Droit et de Jurisprudence, 1954.

GIDDENS, Anthony. **Sociologia**. Tradução de Ronaldo Cataldo Costa. Porto Alegre: PENSO, 2012.

GIDI, Antonio. **Coisa julgada e litispendência em ações coletivas**. São Paulo: Saraiva, 1995.

GIDI, Antonio. Código de processo civil coletivo. Um modelo para países de direito escrito. **Revista de Processo**. São Paulo: RT, 2003.

GIDI, Antonio. **A *class action* como instrumento de tutela coletiva dos direitos:** as ações coletivas em uma perspectiva comparada. São Paulo: RT, 2007.

GIDI, Antonio. **Rumo a um código de processo civil coletivo.** A codificação das ações coletivas no Brasil. Rio de Janeiro: Forense, 2008.

GIDI, Antonio. Introdução do livro **Protagonismo judiciário e processo coletivo estrutural.** O controle jurisdicional de decisões políticas. GIDI, Antonio (Coord.). Salvador: JusPODIVM, 2013.

GILISSEN, John. **Introdução histórica ao direito**. 2. ed. Lisboa: Fundação Calouste Gulbenkian, 1995.

GOLDSCHMIDT, James. **Princípios gerais do processo civil**. Tradução de Hiltomar Martins Oliveira. Belo Horizonte: Cultura Jurídica, 2002.

GOMES, Dinaura Godinho Pimentel. A solidariedade econômica de empresas integrantes do mesmo grupo empresarial na fase de execução. MANNRICH, Nelson (Coord.). **Revista de Direito do Trabalho**, Ano 33, São Paulo: RT, jul../set. 2007.

GOMES, Luiz Flavio; VIGO, Rodolfo Luís. **Do estado de direito constitucional e transnacional:** riscos e precauções. São Paulo: Premier Máximo, 2008.

GONÇALVES, Luiz da Cunha. **Princípios de direito civil luso-brasileiro**. São Paulo: Max Limonad, 1951. v. I.

GONTIJO, Lucas de Alvarenga. **Filosofia do direito:** metodologia jurídica, teoria da argumentação e guinada linguístico-pragmática. Belo Horizonte: Arraes, 2011.

GONZAGA, Álvaro de Azevedo; CARNIO, Henrique Garbellini. **Curso de sociologia jurídica**. São Paulo: RT, 2011.

GOYARD-FABRE, Simone. **Filosofia crítica e razão jurídica**. Tradução de Maria Ermantina de Almeida Prado Galvão. São Paulo: Martins Fontes, 2006.

GRAU, Eros Roberto. **Ensaios e discurso sobre a interpretação/ aplicação do direito**. São Paulo: Malheiros, 2002.

GRAU, Eros Roberto. **A ordem econômica na Constituição de 1988**. São Paulo: Malheiros, 2008.

GRINOVER, Ada Pellegrini. **O processo em evolução**. 2. ed. Rio de Janeiro: Forense Universitária, 1998.

GRINOVER, Ada Pellegrini. Significado social, político e jurídico da tutela dos interesses difusos. In: **A marcha do processo**. Rio de Janeiro: Forense Universitária, 2000.

GRINOVER, Ada Pellegrini. Tutela jurisdicional diferenciada. A antecipação e sua estabilização. In: MARINONI, Luiz Guilherme (Coord.). **Estudos de direito processual civil**. São Paulo: Revista dos Tribunais, 2005.

GRINOVER, Ada Pellegrini. Direito processual coletivo. In: DIDIER Jr., Fredie; JORDÃO, Eduardo Ferreira. **Teoria do processo**. Panorama doutrinário mundial. Salvador: JusPODIVM, 2007a.

GRINOVER, Ada Pellegrino; MENDES, Aluísio Gonçalves de Castro; WATANABE, Kazuo. **Direito processual coletivo e o anteprojeto de código brasileiro de processos coletivos**. São Paulo: RT, 2007b.

GRINOVER, Ada Pellegrini; WATANABE, Kazuo; MULLENIX, Linda. **Os processos coletivos nos países de** *civil law* **e** *common law*. Uma análise de direito comparado. São Paulo: RT, 2008.

GRINOVER, Ada Pellegrini. Mudanças estruturais para o novo processo civil. In: CARNEIRO, Athos Gusmão; CALMON, Petrônio (Org.). **Bases científicas para um renovado direito processual**. 2. ed. Salvador: JusPODIVM, 2009.

GRINOVER, Ada Pellegrini; CINTRA, Antonio Carlos de Araújo; DINAMARCO, Cândido Rangel. **Teoria geral do processo**. 26. ed. São Paulo: Malheiros, 2010.

GRINOVER, Ada Pellegrini; WATANABE, Kazuo; NERY JÚNIOR, Nelson. **Código brasileiro de defesa do consumidor**. Comentado pelos autores do anteprojeto. 10. ed. Rio de Janeiro: Forense, 2011. v. II.

GUASTINI, Riccardo. **Das fontes às normas.** Tradução de Edson Bini. São Paulo: Quartier Latin do Brasil, 2005.

GUSMÃO, Paulo Dourado. **Introdução ao estudo do direito.** 19. ed. Rio de Janeiro: Forense, 1996.

GUSTIN, Miracy Barbosa de Souza. Reflexões sobre os direitos humanos e fundamentais na atualidade: transversalidade dos direitos, pluralismo jurídico e transconstitucionalismo. In: SALIBA, A. T.; ALMEIDA, G. A.; GOMES JÚNIOR, L. M. (Org.). **Direitos fundamentais e a função do Estado nos planos interno e internacional.** Belo Horizonte: ARRAES; 2010. v. 2.

HÄBERLE, Peter. **Hermenêutica constitucional.** A sociedade aberta dos intérpretes da Constituição: contribuição para a interpretação pluralista e "procedimental" da Constituição. Tradução de Gilmar Ferreira Mendes. Porto Alegre: Sergio Antonio Fabris Editor, 2002.

HART, L. A. Herbert. **O conceito de direito.** Tradução de A. Ribeiro Mendes. 2. ed. Lisboa: Fundação Calouste Gulbenkian, 1994.

HARVEY, David. **Condição pós-moderna:** uma pesquisa sobre as origens da mudança cultural. Tradução de Adail Ubirajara Sobral, [s.l.: s.n.], 1992.

HARVEY, David. **Os limites do capital.** Tradução de Magda Lopes. São Paulo: Boitempo, 2013.

HEGEL, Georg Wilhelm Friedrich. **Princípios da filosofia do direito.** Tradução de Orlando Vitorino Lisboa. 2. ed, Lisboa: Guimarães Editores, 1976.

HENRIQUES FILHO, Ruy Alves. **Direitos fundamentais e processo.** São Paulo: Renovar, 2008.

HERVADA, Javier. **O que é o direito?** A moderna resposta do realismo jurídico. Tradução de Sandra Martha Dolinsky. São Paulo: Martins Fontes, 2006.

HERVADA, Javier. **Lições propedêuticas de filosofia do direito.** Tradução de Elza Maria Gasparotto. São Paulo: Martins Fontes, 2008.

HESPANHA, António Manuel. **O caleidoscópio do direito:** o direito e a justiça nos dias e no mundo de hoje. 2. ed. Coimbra: Almedina, 2009.

HESSE, Konrad. **A força normativa da constituição**. Tradução de Gilmar Ferreira Mendes. Porto Alegre: Sergio Antonio Fabris, 1991.

HESSE, Konrad. **Escritos de derechos constitucional**. Tradução de Pedro Cruz Villalon. Madrid: Centro de Estudios Constitucionales, 1992.

IHERING, Rudolf Von. **A evolução do direito**. 2. ed. Salvador: Progresso, 1956.

IHERING, Rudolf Von. **A Luta pelo direito**. 2. ed. São Paulo: Martin Claret, 2009.

INTERNACIONAL. Constituição da OIT. MAZZUOLI, Valerio de Oliveira. **Coletânea de direito internacional**. 11. ed. São Paulo: RT, 2013, p. 1453-1467.

INTERNACIONAL. Convenção Americana sobre Direitos Humanos (*Pacto San José da Costa Rica*). MAZZUOLI, Valerio de Oliveira. **Coletânea de direito internacional**. 11. ed. São Paulo: RT, 2013, p. 1008-1026.

INTERNACIONAL. **Convenção europeia de direitos humanos**. Disponível em: <www.oas.org/es/cidh/expresion/showarticle.asp?artID=536&lID=4>. Acesso em: 30 ago. 2014.

INTERNACIONAL. Convenção europeia para prevenção da tortura e tratamento ou punição desumano ou degradante. MAZZUOLI, Valerio de Oliveira. **Coletânea de direito internacional**. 11. ed. São Paulo: RT, 2013, p. 904-913.

INTERNACIONAL. **Carta social europeia**. Disponível em: <https://www.coe.int/t/dghl/monitoring/socialcharter/.../Portuguese.pdf>. Acesso em: 30 ago. 2014.

INTERNACIONAL. Convenção n. 132 da OIT. MAZZUOLI, Valerio de Oliveira. **Coletânea de direito internacional**. 11. ed. São Paulo: RT, 2013, p. 1490-1494.

INTERNACIONAL. Convenção sobre a eliminação de todas as formas de discriminação contra a mulher. MAZZUOLI, Valerio de Oliveira. **Coletânea de direito internacional**. 11. ed. São Paulo: RT, 2013, p. 891-899.

INTERNACIONAL. Convenção sobre os direitos da criança. MAZZUOLI, Valerio de Oliveira. **Coletânea de direito internacional**. 11. ed. São Paulo: RT, 2013, p. 923-936.

INTERNACIONAL. Declaração americana dos direitos e deveres do homem. MAZZUOLI, Valerio de Oliveira. **Coletânea de direito internacional.** 11. ed. São Paulo: RT, 2013, p. 1008-1025.

INTERNACIONAL. Declaração universal dos direitos humanos. MAZZUOLI, Valerio de Oliveira. **Coletânea de direito internacional.** 11. ed. São Paulo: RT, 2013, p. 797-800.

INTERNACIONAL. Protocolo adicional à convenção americana sobre direitos humanos em matéria de direitos econômicos, sociais e culturais (*Protocolo de San Salvador*). MAZZUOLI, Valerio de Oliveira. **Coletânea de direito internacional.** 11. ed. São Paulo: RT, 2013, p. 1032-1038.

IRTI, Natalino. **L'età dela decodificazione.** 4. ed. Milano: Giuffrè, 1999.

ITÁLIA. **Codice di procedura civile e norme complementari.** XI. ed. Milano: Giuffrè. editore, 2007.

JAUERNIG, Othmar. **Direito processual civil.** 25. ed. Tradução de F. Silveira Ramos. Coimbra: Almedina, 2002.

JAYME, Erik. **Visões para uma teoria pós-moderna do direito comparado.** São Paulo: RT 759, ano 88, jan. 1999.

JAYME, Erik. Diálogo com a doutrina: entrevista concedida para a **Revista Trimestral de Direito Civil** – RTDC, ano 1, v. 3, São Paulo: RT, jul./set. 2000.

JORGE JUNIOR, Alberto Gosson. **Cláusulas gerais no novo Código Civil.** São Paulo: Saraiva, 2004.

JUNOY, Joan Picó i. **Las garantias constitucionales del proceso.** Barcelona: BOSCH Editor, 2012.

KAUFMANN, Artur. Filosofia do direito, teoria do direito, dogmática jurídica. In: KAUFMANN, Artur; HASSEMER, Winfried (Org.). **Introdução à filosofia do direito e à teoria do direito contemporâneas.** Tradução de Marcos Keel. Lisboa: Calouste Gulbenkian, 2002.

KANT, Immanuel. **Fundamentação da metafísica dos costumes.** Tradução de Paulo Quintanela. Lisboa: Edições 70, 1995.

KELSEN, Hans. **Teoria pura do direito.** 5. ed, Tradução de João Baptista Machado. Coimbra: Armênio Amado Editor Sucessor, 1979.

KLIPPEL, Rodrigo; RODRIGUES, Marcelo Abelha. **Comentários à tutela coletiva**. Rio de Janeiro: Lumen Juris, 2009.

LA PLATA, Sergio Concha Márquez de; LIRA, Bernardino Bravo. **Codificación y descodificación em hispanoamérica**. Santiago: Escuela de Derecho Universidad Santo Tomás, 1998. Tomo I.

LARENZ, Karl. **Metodologia da ciência do direito**. 3. ed. Tradução de José Lamego. Lisboa: Fundação Calouste Gulbenkian, 1997.

LATORRE, Angel. **Introdução do direito**. Tradução de Manuel de Alarcão. Coimbra: Almedina, 1997.

LEIBNIZ, Gottfried Wilhelm. **Novos ensaios sobre o entendimento humano**. Tradução de Luiz João Baraúna. São Paulo: Nova Cultural. 1996.

LEITE, Carlos Henrique Bezerra Leite. Entrevista: O diálogo interno no Judiciário também facilitará o diálogo externo com a sociedade. **Revista Nacional AMATRA IV**, dez. 2014.

LENZA, Pedro. **Teoria geral da ação civil pública**. 2. ed. São Paulo: Revista dos Tribunais, 2005.

LEONEL, Ricardo de Barros. **Manual do processo coletivo**. 3. ed. São Paulo: Revista dos Tribunais, 2013.

LEWANDOWSKI, Ricardo. **Juízes devem buscar formas alternativas de solução de conflitos, diz Lewandowski**. Disponível em: <http://www.conjur.com.br/2014-ago-15/juiz-buscar-soluções-alternativas-conflitos>. Acesso em: 16 ago. 2014.

LIEBMAN, Enrico Tullio. **Eficácia e autoridade da coisa julgada e outros escritos sobre a coisa julgada**. 3. ed. Rio de Janeiro: Forense, 1984a.

LIEBMAN, Enrico Tullio. **Manual de direito processual civil**. Rio de Janeiro: Forense, 1984b. v. I.

LIMA, Euzébio de Queiroz. **Princípios de sociologia jurídica**. Rio de Janeiro Récord. 1958.

LIMA, Fernão Dias de; ARAÚJO, José Renato de Campos; SADEK, Maria Teresa. O judiciário e a prestação da justiça. In: SADEK, Maria Teresa (Org.). **Acesso à justiça**. São Paulo: Fundação Konrad Adenauer, 2001.

LIRA, Bernardino Bravo; LA PLATA, Sergio Concha Márquez de. **Codificación y descodificación em hispanoamérica**. Santiago: Escuela de Derecho Universidad Santo Tomás, 1998. T. I.

LORENZETTI, Ricardo Luís. **Teoria da decisão judicial**. Fundamentos de direito. Tradução de Bruno Miragem. Notas e revisão de Claudia Lima Marques. São Paulo: RT, 2009.

LORENZETTI, Ricardo Luís. A era da desordem e o fenômeno da descodificação. In: MARQUES, Claudia Lima; MIRAGEM, Bruno (Org.). **Direito do consumidor:** fundamentos do direito do consumidor. São Paulo: RT, 2011. v. 1.

LOSANO, Mario G. Prefácio à edição brasileira. Norberto Bobbio. **Da estrutura à função**: novos estudos de teoria do direito. Tradução de Daniela Beccacia Versiani. Barueri: Manole, 2007.

LOSANO, Mario G. **Sistema e estrutura no direito**: das origens à escola histórica. Tradução de Carlo Alberto Dastoli. São Paulo: Martins Fontes, 2008.

LUDWIG, Guilherme Guimarães. **Processo trabalhista eficiente**. São Paulo: LTr, 2012.

LUGAN, Jean-Claude. **La systémique sociale**. 5. ed. Paris: Puf. 2009.

LUHMANN, Niklas. **Sociologia do direito II**. Tradução de Gustavo Bayer. Rio de Janeiro: Tempo Brasileiro, 1985.

LUMIA, Giuseppe. **Elementos de Teoria e ideologia do direito**. Tradução de Denise Agostinetti. São Paulo: Martins Fontes, 2003.

LYOTARD, Jean-François. **A condição pós-moderna**. 2. ed. Tradução de José Bragança de Miranda. Lisboa: Gradiva, 1989.

MACHADO NETO, Antônio Luiz. **Sociologia jurídica**. 2. ed. São Paulo: Saraiva, 1973.

MADEIRA, Daniela Pereira. A força da jurisprudência. In: FUX, Luiz (Coord.). **O novo processo civil brasileiro**. Direito em expectativa. Rio de Janeiro: Forense, 2011.

MANCUSO, Rodolfo de Camargo. **Interesses Difusos:** conceito e legitimação para agir. 6. ed. São Paulo: Revista dos Tribunais, 2004.

MANCUSO, Rodolfo de Camargo. **Jurisdição coletiva e coisa julgada:** teoria geral das ações coletivas. 2. ed. São Paulo: Revista dos Tribunais, 2007.

MANCUSO, Rodolfo de Camargo. **A resolução dos conflitos e a função judicial no contemporâneo Estado de Direito.** São Paulo: RT, 2009.

MANCUSO, Rodolfo de Camargo. A lei da ação civil pública no âmbito das relações do trabalho. In: ASSIS, Araken de et al. **Processo coletivo e outros temas de direito processual.** Porto Alegre: Livraria do Advogado, 2012.

MARANHÃO, Clayton. **Tutela jurisdicional do direito à saúde.** São Paulo: RT, 2003.

MARINONI, Luiz Guilherme. Considerações acerca da tutela de cognição sumária. São Paulo: **Revista dos Tribunais**, v. 81. n. 675, p. 288-295, jan.1992.

MARINONI, Luiz Guilherme. **Novas linhas do processo civil.** São Paulo: Malheiros, 1999.

MARINONI, Luiz Guilherme. **Tutela inibitória.** 3. ed. São Paulo: RT, 2000.

MARINONI, Luiz Guilherme. **Técnica processual e tutela dos direitos.** São Paulo: RT, 2004.

MARINONI, Luiz Guilherme. **Manual do processo de conhecimento.** A tutela jurisdicional através do processo de conhecimento. 2. ed. São Paulo: RT, 2005.

MARINONI, Luiz Guilherme. **Antecipação da tutela.** 9. ed. São Paulo: Malheiros, 2006a.

MARINONI, Luiz Guilherme. **Teoria geral do processo.** São Paulo: Revista dos Tribunais, 2006b. v. 1.

MARINONI, Luiz Guilherme. A legitimidade da atuação do juiz a partir do direito fundamental à tutela jurisdicional efetiva. In: MEDINA, José Miguel Garcia et al. (Coord.). **Os poderes do juiz e o controle das decisões judiciais.** Estudos em homenagem à professora Teresa Arruda Alvim Wambier. São Paulo: Revista dos Tribunais, 2008.

MARINONI, Luiz Guilherme. Ideias para um "renovado direito processual". In: **Bases científicas para um renovado direito processual.**

CARNEIRO; Athos Gusmão; CALMON, Petrônio (Org.). 2. ed. Salvador: JusPODIVM, 2009.

MARINONI, Luiz Guilherme; MITIDIERO, Daniel. **Curso de direito constitucional**. SARLET, Ingo Wolfgang; MARINONI, Luiz Guilherme; MITIDIERO, Daniel. São Paulo: RT, 2012.

MARINONI, Luiz Guilherme. **Precedentes obrigatórios**. 3. ed. São Paulo: RT, 2013.

MARIUCCI, Luigi. Dopo la flessibilità cosa? Riflessioni sulle politiche del lavoro. In: **Working Papers**. Centro di studi di Diritto del Lavoro Europeo Massimo D'Antona, n. 52, p. 1-40, 2005. Disponível em: <www.lex.unict.it/eurolabor/ricerca/presentazione>. Acesso em: 21 dez. 2014.

MARQUES, Cláudia Lima. Diálogo entre o código de defesa do consumidor e o novo código civil: do diálogo das fontes no combate às cláusulas abusivas. In: **Revista de Direito do Consumidor**. RDC 45/071. jan./mar. 2003.

MARQUES, Claudia Lima. *Laudatio* para Erik Jayme – memórias e utopia. In: MARQUES, Claudia Lima; ARAUJO, Nadia de. **O novo direito internacional**. Estudos em homenagem a Erik Jayme. Rio de Janeiro; renovar, 2005.

MARQUES, Claudia Lima; BENJAMIM, Antonio Herman V.; BESSA, Leonardo Roscoe. **Manual de direito do consumidor**. 3. ed. São Paulo: RT, 2010a.

MARQUES, Claudia Lima; BENJAMIN, Antônio Herman; MIRAGEM, Bruno. **Comentários ao código de defesa do consumidor**. 3. ed. São Paulo: RT, 2010b.

MARQUES, Claudia Lima. **Contratos no código de defesa do consumidor**. O novo regime das relações contratuais. 6. ed. São Paulo: RT, 2011a.

MARQUES, Cláudia Lima. A responsabilidade do transportador aéreo pelo fato do serviço e o código de defesa do consumidor: antinomia entre norma do CDC e de leis especiais. In: MARQUES, Claudia Lima; MIRAGEM, Bruno (Org.). **Direito do consumidor**: fundamentos do direito do consumidor. São Paulo: Revista dos Tribunais, 2011b.

MARQUES, Claudia Lima. Superação das antinomias pelo diálogo das fontes. In: MARQUES, Claudia Lima; MIRAGEM, Bruno (Org.). **Direito**

do consumidor: fundamentos do direito do consumidor. São Paulo: Revista dos Tribunais, 2011c.

MARQUES, Claudia Lima. O 'diálogo das fontes' como método da nova teoria geral do direito: um tributo à Erik Jayme. In: MARQUES, Claudia Lima (Coord.). **Diálogo das fontes.** Do conflito à coordenação de normas do direito brasileiro. São Paulo: RT, 2012, p. 17-66.

MARQUES, José Frederico. **Manual de direito processual civil.** 10. ed. São Paulo: Saraiva, 1990. v. I.

MARTINEZ, Luciano. A efetividade sob a perspectiva da coletivização do processo. Disponível em: <www.revistas.unifacs.br/index.php/redu/article/download/1264/971>. Acesso em: 01 dez. 2014.

MARTINI, Carlo Maria; ZAGREBLSKY, Gustavo. **La exigência de justicia.** Madrid: Trotta, 2006.

MARTINS-COSTA, Judith. As cláusulas gerais como fatores de mobilidade do sistema jurídico. São Paulo: **Revista de Informação Legislativa,** Ano 28, n. 112, p. 13-32, out./dez. 1991.

MARTINS-COSTA, Judith. O Direito Privado como um 'sistema em construção'. As cláusulas gerais no Projeto do Código Civil brasileiro. In: **Revista de Informação Legislativa.** Brasília a.35 n. 139 jul./set. 1998.

MARTINS-COSTA, Judith. **A boa-fé no direito privado.** São Paulo: RT, 2000.

MATA-MACHADO, Edgar de Godoi da. **Elementos de teoria geral do direito:** introdução ao direito. 3. ed. Belo Horizonte: UFMG, 1986.

MATTOS, Luiz Norton Baptista de. A litispendência e a coisa julgada nas ações coletivas segundo o código de defesa do consumidor e os anteprojetos do código brasileiro de processos coletivos. In: GRINOVER, Ada Pellegrini; MENDES, Aluísio Gonçalves de Castro; WATANABE, Kazuo (Coord.). **Direito processual coletivo e o anteprojeto de código brasileiro de processos coletivos.** São Paulo: Revista dos Tribunais, 2007.

MAURINO, Gustavo; NINO, Ezequiel; SIGAL, Martín. **Las acciones coletivas.** Análisis conceptual, constitucional, procesal, jurisprudencial y comparado. Buenos Aires: Lexis Nexis, 2005.

MAXIMILIANO, Carlos. **Hermenêutica e aplicação do direito**. 20. ed. Rio de Janeiro: Forense, 2011.

MAZZILLI, Hugo Nigro. **O inquérito civil**. São Paulo: Saraiva, 1999.

MAZZILLI, Hugo Nigro. **A defesa dos interesses difusos em juízo**. 21. ed. São Paulo: Saraiva, 2008.

MAZZUOLI, Valerio de Oliveira. **Coletânea de direito internacional**. São Paulo: RT, 2013.

MEIRELES, Edilton. O novo CPC e as regras supletiva e subsidiária ao processo do trabalho. In: **Revista de Direito do Trabalho. RDT**, ano 40, 157 São Paulo: RT, maio/jun. 2014.

MEDINA, José Miguel Garcia; FREIRE, Alexandre; FREIRE, Alonso Reis. Para uma compreensão adequada do sistema de precedentes no projeto do novo código de processo civil brasileiro. In FREIRE, Alexandre et al. (Org.). **Novas tendências do processo civil**: estudos sobre o projeto do novo código de processo civil. Salvador: *Jus*PODIVM, 2013.

MELO, Raimundo Simão de. Ação coletiva de tutela do meio ambiente do trabalho. In: RIBEIRO JÚNIOR, José Hortêncio et al. (Org.). **Ação coletiva na visão de juízes e procuradores do trabalho**. São Paulo: LTr, 2006.

MELO, Raimundo Simão de. **Ação civil pública na justiça do trabalho**. São Paulo: LTr, 2008.

MENDES, Aluísio Gonçalves de Castro; GRINOVER, Ada Pellegrino; WATANABE, Kazuo. **Direito processual coletivo e o anteprojeto de código brasileiro de processos coletivos**. São Paulo: RT, 2007.

MENDES, Aluísio Gonçalves de Castro. **Ações coletivas e meios de resolução coletiva de conflitos no direito comparado e nacional**. 4. ed. São Paulo: RT, 2014.

MÉSZÁROS, István. **O poder da ideologia**. Tradução de Paulo Cezar Castanheira. São Paulo: Boitempo, 2004.

MINAS GERAIS. Tribunal Regional do Trabalho da 3ª Região. Processo: RO-18967/09. Relator: Juiz Danilo Siqueira de Castro Faria. **DEJT**, Brasília, 04 de dezembro de 2009.

MINAS GERAIS. Tribunal Regional do Trabalho da 3ª Região. Processo: 00868-2008.101.03.00.3. Relator: Desa. Alice Monteiro de Barros. **DEJT**, Brasília, 24 de setembro de 2009.

MINAS GERAIS. Tribunal Regional do Trabalho da 3ª Região. Processo: 01595-2008-000-03-00-0 MS. Relator: Des. Anemar Pereira Amaral. **DEJT**, Brasília, 11 de setembro de 2009.

MINAS GERAIS. Tribunal Regional do Trabalho da 3ª Região. Processo: 0001181-31.2013.5.03.0112 AP. Relator: Juiz João Bosco de Barcelos Coura. **DEJT**, Brasília, 29 de novembro de 2013.

MINAS GERAIS. Tribunal Regional do Trabalho da 3ª Região. Processo: 01010-2011.112.03.00.5. Relator: Des. Fernando Antonio Viegas Peixoto. **DEJT**, Brasília, 08 de julho de 2013.

MINAS GERAIS. Tribunal Regional do Trabalho da 3ª Região. Processo: 02635-2013.012.03.00.8. Relator: Des. Jales Valadão Cardoso. **DEJT**, Brasília, 11 de julho de 2014.

MINAS GERAIS. Tribunal Regional do Trabalho da 3ª Região. Processo: 01260-2013.114.03.00.0. Relator: Des. Luiz Otávio Linhares Renault. **DEJT**, Brasília, 07 de fevereiro de 2014.

MINAS GERAIS. Tribunal Regional do Trabalho da 3ª Região. Processo: 002174-93.2013.5.03.0138. Relator Desa. Taisa Maria M. de Lima. **DEJT**, Brasília, 02 de março de 2015.

MINAS GERAIS. Tribunal Regional do Trabalho da 3ª Região. Processo: 1045-32.2013.5.03.0048. Relatora: Juíza Martha Halfeld F. de Mendonça Schmidt. **DEJT**, Brasília, 02 de dezembro de 2014.

MINAS GERAIS. Tribunal Regional do Trabalho da 3ª Região. Processo: 0001916-70.2013.5.03.0110 AP. Relatora: Juíza Martha Halfeld F. de Mendonca Schmidt. **DEJT**, Brasília, 10 de julho de 2014.

MIRAGEM, Bruno; MARQUES, Claudia Lima; BENJAMIN, Antônio Herman. **Comentários ao código de defesa do consumidor**. 3. ed. São Paulo: RT, 2010.

MIRAGEM, Bruno. **Direito do consumidor:** fundamentos do direito do consumidor. MARQUES, Claudia Lima; MIRAGEM, Bruno (Org.). São Paulo: Revista dos Tribunais, 2011.

MIRAGEM, Bruno. Apresentação. In: **Diálogo das fontes.** Do conflito à coordenação de normas do direito brasileiro. MARQUES, Claudia Lima (Coord.). São Paulo: Revista dos Tribunais, 2012, p. 9-12.

MIRAGEM, Bruno. *Eppur si muove*: diálogo das fontes como método de interpretação sistemática no direito brasileiro. In: MARQUES, Claudia Lima (Coord.). **Diálogo das fontes.** Do conflito à coordenação de normas do direito brasileiro. São Paulo: Revista dos Tribunais, 2012, p. 67-109.

MIRANDA, Jorge. A tutela jurisdicional dos direitos fundamentais em Portugal. In: GRAU, Eros; GUERRA FILHO, Willis Santiago (Org.). **Direito constitucional:** estudos em homenagem a Paulo Bonavides. 2 tiragem. São Paulo: Malheiros, 2003.

MIRANDA, Jorge. **Manual de direito constitucional.** 3. ed. Coimbra: Coimbra, 2000. v. 4.

MIRANDA, Pontes de. **Tratado de direito privado.** 2. ed. Campinas: Bookseller, 2000. v. 1. Tomo I.

MITIDIERO, Daniel; MARINONI, Luiz Guilherme. In: SARLET, Ingo Wolfgang; MARINONI, Luiz Guilherme; MITIDIERO, Daniel. **Curso de direito constitucional.** São Paulo: RT, 2012.

MONTESSO, Claudio José; STERN, Maria de Fátima Coelho Borges. (Coord.). **1ª Jornada de Direito Material e Processual na Justiça do Trabalho.** São Paulo: LTr, 2008.

MONTORO, André Franco. **Introdução à ciência do direito.** 3. ed. São Paulo: Martins Fontes, 1972. v. 2.

MORAES FILHO, Evaristo. **O problema de uma sociologia do direito.** Rio de Janeiro: RENOVAR, 1997.

MORAES, Maria Celina Bodin de. **Danos à pessoa humana:** uma leitura civil-constitucional dos danos morais. Rio de Janeiro: Renovar, 2003.

MORAES, Maria Celina Bodin. **A caminho de um direito civil constitucional.** Disponível em: <www.egov.ufsc.br/portal/sites/default/files/anexos/15528-15529-1.PB.pdf>. Acesso em: 29 ago. 2014.

MORAIS, Luís Fernando Lobão. **Prefácio do livro O Direito Puro.** Edmond Picardi. Campinas: Romana, 2004.

MOREIRA, José Carlos Barbosa. A ação popular do direito brasileiro como instrumento de tutela jurisdicional dos chamados interesses difusos. In: **Temas de direito processual**. Primeira série. São Paulo: Saraiva, 1977.

MOREIRA, José Carlos Barbosa. A legitimação para a defesa dos "interesses difusos" no direito brasileiro. **Temas de direito processual**. Terceira série. São Paulo: Saraiva, 1984a.

MOREIRA, José Carlos Barbosa. Eficácia da sentença e autoridade da coisa julgada. **Temas de direito processual**. Terceira série. São Paulo: Saraiva, 1984b.

MOREIRA, José Carlos Barbosa. A proteção jurídica dos interesses coletivos. In: **Temas de direito processual**. Segunda série. São Paulo: Saraiva, 1988.

MOREIRA, José Carlos Barbosa. **Comentários ao código de processo civil**. 8. ed. Rio de Janeiro: Forense, 1999.

MOREIRA, José Carlos Barbosa. Por um processo socialmente efetivo. **Temas de direito processual**. Oitava série. São Paulo: Saraiva, 2004.

MOREIRA, José Carlos Barbosa. O problema da duração dos processos: premissas para uma discussão séria. **Revista Magister de Direito Civil e Processual Civil nº 12**, maio/jun. 2006.

MORELLO, Augusto M. **El proceso justo**. Buenos Aires: Abeledo-Perrot, 1994.

MORELLO, Augusto Mario. **Constitución y processo**. La nueva edad de las garantias jurisdiccionales. Buenos Aires: Abeledo-Perrot, 1998.

MORELLO, Augusto M. **La prueba**: tendências modernas. Buenos Aires: Abeledo-Perrot, 2001.

MORELLO, Augusto Mario. **El nuevo horizonte del derecho procesal**. Santa Fé: Rubinzal-Culzoni, 2005.

MORELLO, Augusto Mario. **Opciones y alternativas em el derecho procesal**. Buenos Aires: Lajouane, 2006.

MOTA PINTO, Carlos Alberto da. **Teoria geral do direito civil**. 4. ed. Coimbra: Coimbra, 2005.

MÜLLER, Friedrich. **Métodos de trabalho do direito constitucional**. 3. ed. Rio de Janeiro: RENOVAR, 2005.

MULLENIX, Linda; GRINOVER, Ada Pellegrini; WATANABE, Kazuo. **Os processos coletivos nos países de** *civil law* **e** *common law*. Uma análise de direito comparado. São Paulo: RT, 2008.

MUNHOZ, Rogério Aguiar. **Tutela jurisdicional diferenciada**. São Paulo: Malheiros, 2000.

NADER, Paulo. **Introdução ao estudo do direito**. 26. ed. Rio de Janeiro: Forense, 2006.

NERY JÚNIOR, Nelson. O processo do trabalho e os direitos individuais homogêneos: um estudo sobre a ação civil pública trabalhista. São Paulo: **Revista LTr**, v. 64, ano 2000, n. 2, p. 151-160, 2000.

NEUMANN, Franz. **O império do direito**. Tradução de Rúrion Soares Melo. São Paulo: Quartier Latin, 2013.

NEVES, A. Castanheira. **A revolução e o direito:** a situação de crise e o sentido do direito no actual processo revolucionário. Lisboa: Ordem dos Advogados Portugueses, 1976.

NEVES, Daniel Amorim Assumpção. **Manual de processo coletivo**. São Paulo: MÉTODO, 2012.

NEVES, Marcelo. **A constitucionalização simbólica**. São Paulo: Martins Fontes, 2013.

NOGUEIRA, Alcantara. **Conceito ideológico do direito na escola do Recife**. Fortaleza: BNB, 1980.

NUNES, António José Avelãs. **Neoliberalismo e direitos humanos**. Rio de Janeiro: RENOVAR, 2003.

OLEA, Manuel Alonso. **Introdução ao direito do trabalho**. Tradução de C. A. Barata da Silva. Porto Alegre: Sulina, 1969.

OLIVEIRA, Alana Lúcio de; VASCONCELOS, Antonio Gomes de; THIBAU, Tereza Cristina Sorice Baracho. O processo coletivo e o acesso à justiça sob o paradigma do Estado democrático de direito. In: **Revista Eletrônica de Direito Processual - REDP**. v. XII. p. 67-82. Disponível em: <www.redp.com.br>. Acesso em: 23 ago. 2014.

OLIVEIRA, Carlos Alberto Alvaro. O formalismo valorativo no confronto com o formalismo excessivo. **Revista de Processo** n. 137. São Paulo: RT, jul. 2006. Disponível também em: <//www.ufrgs.br/ppgd/doutrina>. Acesso em: 12 nov. 2014.

OLIVEIRA, Carlos Alberto Alvaro de. Os direitos fundamentais à efetividade e à segurança em perspectiva dinâmica. In: SALLES, Carlos Alberto (Coord.). **As grandes transformações do processo civil brasileiro:** homenagem ao professor Kazuo Watanabe. São Paulo: Quartier Latin, 2009, p. 40-41.

OLIVEIRA, Cristina Godoy; BAGNOLI, Vicente; BARBOSA, Susana Mesquita. **História do direito.** Rio de Janeiro: Elsevier, 2009.

OLIVEIRA, Júlio Aguiar; TRIVISONNO; Alexandre Travessoni Gomes (Org.) **Hans Kelsen:** teoria jurídica e política. Rio de Janeiro: Forense, 2013.

ORSINI, Adriana Goulart de Sena. Resolução de conflitos e acesso à justiça: efetividade material e judicial. In: ORSINI, Adriana Goulart de Sena; DELGADO, Gabriela Neves; NUNES, Raquel Portugal (Coord.). **Dignidade humana e inclusão social**. Caminhos para a efetividade do direito do trabalho no Brasil. São Paulo: LTr, 2010.

OST, François. **O tempo do direito**. Tradução de Élcio Fernandes. Bauru: Edusc. 2005.

PARSONS, Talcott. **Sociedades:** perspectivas evolutivas e comparativas. Tradução de Dante Moreira Leite. São Paulo: Pioneira, 1969.

PASQUIER, Claude Du. **Introduction à la théorie générale et à la philosophie du Droit**. 3. ed. Paris: Delachaux & Niestlé, 1948.

PATRÍCIO, Miguel Carlos Teixeira. **Análise económica da litigância**. Coimbra: Almedina, 2005.

PECES-BARBA, Gregorio; FERNÁNDEZ, Eusebio; ASÍS, Rafael de. **Curso de teoria del derecho**. Madrid: Marcial Pons, 1999.

PEREIRA, Marco Antônio Marcondes. Transação no curso da ação civil pública. **Revista de Direito do Consumidor**. São Paulo: RT, n. 16, p. 124-125, 1995.

PERELMAN, Chaïm. **Lógica jurídica**. Tradução de Vergínia K. Pupi. São Paulo: Martins Fontes, 1999.

PÉREZ LUÑO, Antonio Enrique. **Derechos humanos, Estado de Derecho y Constitución**. 10. ed. Madrid: Tecnos, 2010.

PÉREZ LUÑO, Antonio Enrique. **Perspectivas e tendências atuais do estado constitucional**. Tradução de José Luis Bolzan de Morais e Valéria Ribas do Nascimento. Porto Alegre: Livraria do Advogado, 2012a.

PÉREZ LUÑO, Antonio Enrique. **Teoría del derecho:** una concepción de la experiencia jurídica. *11. ed. Madrid: Tecnos, 2012b.*

PERLINGIERI, Pietro. **Perfis do direito civil. Introdução ao direito civil constitucional**. Tradução de Maria Cristina De Cicco. Rio de Janeiro: RENOVAR, 1997.

PERLINGIERI, Pietro. **O direito civil na legalidade constitucional**. Tradução de Maria Cristina De Cicco. Rio de Janeiro: RENOVAR, 2008.

PICARDI, Edmond. **O direito puro**. Campinas: Romana, 2004.

PIMENTA, José Roberto Freire. A tutela metaindividual dos direitos trabalhistas: uma exigência constitucional. In: PIMENTA, José Roberto Freire; BARROS, Juliana Augusta Medeiros de; FERNANDES, Nádia Soraggi (Coord.). **Tutela metaindividual trabalhista**. A defesa coletiva dos direitos dos trabalhadores em juízo. São Paulo: LTr, 2009.

PIMENTA, José Roberto Freire. **A tutela antecipatória e específica das obrigações de fazer e não fazer a efetividade da jurisdição** – Aspectos constitucionais, cíveis e trabalhistas. 2001. 882f. Tese (Doutorado). Universidade Federal de Minas Gerais, Programa de Pós-Graduação em Direito, Belo Horizonte.

PINHO, Humberto Dalla Bernardina. **Incidente de conversão da ação individual em ação coletiva no CPC projetado:** exame crítico do instituto. Disponível em: <www.processoscoletivos.net/revista-eletronica/63-volume-4-numero-3-trimestre-01-07-2014-a-30-09-2014>. Acesso em: 12 dez. 2014.

PINTO, Carlos Alberto da Mota. **Teoria geral do direito civil**. 4. ed. Coimbra: Coimbra, 2005.

PIOVESAN, Flávia. **Temas de direitos humanos**. 5. ed. São Paulo: Saraiva, 2012.

PIOVESAN, Flávia. **Direitos humanos e o direito constitucional internacional**. 14. ed. São Paulo: Saraiva, 2014.

PISANI, Andrea Proto. Appunti preliminari per uno Studio sulla tutela giurisdizionale degli interessi collettivi (o più esattamente: superindividuali) innanzi AL giudice civile ordinário. **Riv. Diritto Giurisprudenza**, v. XXX, 1974.

PISANI, Andrea Proto. Sulla tutela giurisdizionale differenziata. **Revista di diritto processuale**. Padova: Cedam, 1979.

PISANI, Andrea Proto. **Diritto processuale civile**. 4. ed. Napoli: Jovene, 2002.

PISANI, Andrea Proto. **Le tutele giurisdizionali dei diritti**. Studi. Napoli: Jovene, 2003.

PIZZOL, Patrícia Miranda. A tutela antecipada nas ações coletivas como instrumento de acesso à justiça. In: **Processo e Constituição: estudos em homenagem ao Professor José Carlos Barbosa Moreira**. São Paulo: Revista dos Tribunais, 2006.

PODETTI, Ramiro. **Teoria y tecnica del proceso civil y trilogia estructural de la ciencia del proceso civil**. Buenos Aires: Ediar, 1963.

PORTUGAL. **Constituição de 1976**. Disponível em: <http://www.parlamento.pt/Legislacao/Paginas/ConstituicaoRepublicaPortuguesa.aspx>. Acesso em: 12 dez. 2014.

PORTUGAL. **Código de processo civil**. 21. ed. Coimbra: Almedina, 2010a.

PORTUGAL. **Códigos do trabalho e processo do trabalho**. 5. ed. Lisbora: QJ Quid Juris, 2010b.

PRADE, Péricles. **Conceito de interesses difusos**. 2. ed. São Paulo: Revista dos Tribunais, 1987.

RADBRUCH, Gustav. **Introducción a la filosofia del derecho**. Tradução de Wenceslao Roces. Bogotá: Fondo de Cultura Económica, 1997.

RADBRUCH, Gustav. **Introdução à ciência do direito**. Tradução de Vera Barkow. São Paulo: Martins Fontes, 1999.

RADBRUCH, Gustav. **Filosofia do direito**. Tradução de Marlene Holzhausen. São Paulo: Martins Fontes, 2004.

RADBRUCH, Gustav. **Filosofia do direito**. Tradução de Marlene Holzhausen. São Paulo: Martins Fontes, 2010.

RAMALHO, Maria do Rosário Palma. **Direito do trabalho**. Parte I – dogmática geral. Coimbra: Almedina, 2005.

RAMOS, Daniel Maurício Pardo; RODRÍGUEZ, Diana Katherine Neita; AYARZA, Juan Sebastián Encinales. **Acciones de grupo en materia laboral**. Bogotá: Universidad Externado de Colombia, 2013.

RÁO, Vicente. **O direito e a vida dos direitos**. 6. ed. São Paulo: RT, 2004.

REALE, Miguel. **Fontes e modelos do direito**. Para um novo paradigma hermenêutico. São Paulo: Saraiva, 1994.

REALE, Miguel. **Fundamentos do direito**. 3. ed. São Paulo: Revista dos Tribunais, 1998.

REALE, Miguel. **Nova fase do direito moderno**. 2. ed. São Paulo: Saraiva, 1998.

REALE, Miguel. **O direito como experiência**. São Paulo: Saraiva, 1999.

REALE, Miguel. **Introdução à filosofia**. 4. ed. São Paulo: Saraiva, 2002a.

REALE, Miguel. **Lições preliminares de direito**. 27. ed. 9 Tiragem. São Paulo: Saraiva, 2002b.

REALE, Miguel. **Teoria do direito e do estado**. 5. ed. São Paulo: Saraiva, 2005.

REICH, Norbert. Algumas proposições para a filosofia da proteção do consumidor. In: MARQUES, Claudia Lima; MIRAGEM, Bruno (Org.). **Direito do consumidor:** fundamentos do direito do consumidor. São Paulo: RT, 2011. (Coleção doutrinas essenciais; v. 1).

REY, Joaquín Pérez Rey; GRAU, Antonio Baylos. **A dispensa ou a violência do poder privado**. Tradução de Luciana Caplan. São Paulo: LTr, 2009.

RIPERT, Georges. **Regime democrático e o direito civil moderno**. Tradução de J. Cortezão, S. Paulo, Saraiva, 1937.

RIPERT, Georges; BOULANGER, Jean. **Tratado de derecho civil**. Buenos Aires: La Ley, 1956. Tomo I.

ROBORTELLA, Luiz Carlos Amorim. **O moderno direito do trabalho**. São Paulo: LTr, 1994.

RODRIGUES, Geisa de Assis. **Ação civil pública e termo de ajustamento de conduta**. Rio de Janeiro: Forense, 2002.

RODRIGUES, Marcelo Abelha. A distribuição do ônus da prova no anteprojeto do código brasileiro de processos coletivos. In: GRINOVE, Ada Pellegrini; MENDES, Aluísio Gonçalves de Castro; WATANABE, Kazuo (Coord.). **Direito processual coletivo e o anteprojeto de código brasileiro de processos coletivos**. São Paulo: RT, 2007, p. 244-253.

RODRIGUES, Marcelo Abelha; KLIPPEL, Rodrigo; **Comentários à tutela coletiva**. Rio de Janeiro: Lumen Juris, 2009.

RODRIGUES Jr, Edson Beas (Org.). **Convenções da OIT e outros instrumentos de direito internacional público e privado relevantes ao direito do trabalho**. São Paulo: LTr, 2013.

RODRÍGUEZ, Diana Katherine Neita; AYARZA, Juan Sebastián Encinales; RAMOS, Daniel Maurício Pardo. **Acciones de grupo en materia laboral**. Bogotá: Universidad Externado de Colombia, 2013.

ROMAGNOLI, Umberto. Os juristas do trabalho ante a globalização. In: SILVA, Diana de Lima e; PASSOS, Edésio (Coord.). **Impactos da globalização**: relações de trabalho e sindicalismo na América Latina e Europa. São Paulo: LTr, 2001.

ROSA, Felippe Augusto de Miranda. **Sociologia do direito: o fenômeno jurídico como fato social**. Rio de Janeiro: ZAHAR, 1975.

ROSS, Alf. **Direito e Justiça**. Tradução de Edson Bini. São Paulo: Edipro, 2007.

ROSSEUAU, Jean-Jacques. **Do contrato social**. Tradução de Antonio de Pádua Danesi. São Paulo: Martins Fontes, 1989.

RUGGIERO, Roberto de. **Instituições de direito civil**. 6. ed. Tradução de Paolo Capitanio. Campinas: Bookseller, 1999. v. 1.

SABADELL, Ana Lucia. **Manual de sociologia jurídica:** introdução a uma leitura externa do direito. 6. ed. São Paulo: RT. 2013.

SADEK, Maria Teresa; LIMA, Fernão Dias de; ARAÚJO, José Renato de Campos. O Judiciário e a prestação da justiça. In: SADEK, Maria Teresa (Org.). **Acesso à justiça**. São Paulo: Fundação Konrad Adenauer, 2001.

SADEK, Maria Teresa. Efetividade de direitos e acesso à Justiça. In: RENAULT, Sérgio Rabello Tamm; BOTTINI, Pierpaolo (Coord.). **Reforma do Judiciário**. São Paulo: Saraiva, 2005.

SALLES, Carlos Alberto. Processo civil de interesse público. In: SALLES, Carlos Alberto. **Processo civil e interesse público**. O processo como instrumento de defesa social. São Paulo: RT, 2003, p. 39-78.

SANCHÍS, Luis Prieto. **Sobre princípios y normas** – problemas del razonamiento jurídico. Madrid: Centro de Estudios Constitucionales, 1992.

SANTOS, Boaventura de Sousa. Para um novo senso comum. A ciência, o direito e a política na transição paradigmática. **A crítica da razão indolente**. Contra o desperdício da experiência. São Paulo: Cortez, 2000. v. 1.

SANTOS, Boaventura de Sousa. **Pela mão de Alice**. O social e o político na pós-modernidade. 3. ed. São Paulo: Cortez, 1997.

SANTOS, Ronaldo Lima dos. Amplitude da coisa julgada nas ações coletivas. In: **Revista de processo**, n. 142, ano 31, dez. 2006.

SANTOS, Ronaldo Lima dos. Direito Processual Civil I. In: **Curso de preparação aos concursos da magistratura do trabalho e do ministério público do trabalho**. THOME, Candy Florencio; GRANCONATO, Márcio Mendes; SCHWARZ, Rodrigo Garcia (Org.) v. III. São Paulo: LTr, 2013.

SANTOS JÚNIOR, Rosivaldo Toscano dos; STRECK, Lenio Luiz. Recurso especial, macro-lides e o puxadinho hermenêutico. In: FREIRE, Alexandre et al. (Org.). **Novas tendências do processo civil**. Estudos sobre o projeto do novo código de processo civil. Salvador: *Jus*PODIVM, 2014, p. 181-196. v. III.

SÃO PAULO. Tribunal Regional do Trabalho. Processo: 20120649521. Relatora: Vilma Mazzei Caparato, **DOE**, São Paulo, 29 de junho de 2012.

SARLET, Ingo Wolfgang. **A eficácia dos direitos fundamentais.** Uma teoria geral dos direitos fundamentais na perspectiva constitucional. 11. ed. Porto Alegre: Livraria do Advogado, 2012.

SARLET, Ingo Wolfgang; FENSTERSEIFER, Tiago. **Direito Constitucional Ambiental**: constituição, direitos fundamentais e proteção do ambiente. 3. ed. São Paulo: RT, 2013.

SAUSEN, Dalton. **Súmulas, repercussão geral e recursos repetitivos: crítica à estandardização do Direito e resgate hermenêutico.** Porto Alegre: Livraria do Advogado, 2013.

SAVIGNY, Frederico Carlos de. **La ciência del derecho.** Buenos Aires: Editorial Losada, 1949.

SCHAUER, Frederick. **The politics and incentives of legal transplantation.** CID Working Paper n. 44. Law and Development Paper n. 2. Working Papers Center for Internacional Development at Harvard University, 2000, abril.

SCHMIDT, Martha Halfeld Furtado de Mendonça. A Organização Internacional do Trabalho: uma agência das nações unidas para a efetividade dos direitos trabalhistas. In: SENA; Adriana Goulart de; DELGADO, Gabriela Neves; NUNES, Raquel Portugal (Coord.). **Dignidade humana e inclusão social.** Caminhos para a efetividade do direito do trabalho no Brasil. São Paulo: LTr, 2010.

SEN, Amartya. **Desenvolvimento como liberdade.** São Paulo: Companhia das Letras, 2000.

SEVERO, Valdete Souto; SOUTO MAIOR, Jorge Luiz. **A garantia contra dispensa arbitrária como condição de eficácia da prescrição o curso da relação de emprego.** Disponível em: <http/www.anamatra.org.br>. Acesso em: 10 nov. 2010.

SHIMURA, Sérgio. **Tutela coletiva e sua efetividade.** São Paulo: Método, 2006.

SICHES, Luís Recasens. Tratado de sociologia. Tradução de João Baptista Coelho Aguiar. Porto Alegre: Globo, 1965. v. I.

SILVA, José Afonso. **Aplicabilidade das normas constitucionais.** 3. ed. São Paulo: Malheiros, 1998.

SILVA, Sandra Lengruber da. **Elementos das ações coletivas.** São Paulo: Método, 2004.

SOARES, Guido Fernando Silva. **Common law.** Introdução ao direito dos EUA. 2. ed. São Paulo: RT, 2000.

SOUTO, Cláudio; SOUTO, Solange. **Sociologia do direito:** uma visão substantiva. 2. ed. Porto Alegre: Sergio Antonio Fabris, 1997.

SOUTO MAIOR, Jorge Luiz. **O direito do trabalho como instrumento de justiça social.** São Paulo: LTr, 2000.

SOUTO MAIOR, Jorge Luiz. Reflexos das alterações do Código de Processo civil no processo do trabalho. **Revista LTr**, São Paulo, v. 70, n. 8, 2006.

SOUTO MAIOR, Jorge Luiz; SEVERO, Valdete Souto. **A garantia contra dispensa arbitrária como condição de eficácia da prescrição o curso da relação de emprego.** Disponível em: <http/www.anamatra.org.br>. Acesso em: 10 nov. 2010.

SOUTO MAIOR, Jorge Luiz. **Curso de direito do trabalho.** Teoria geral do direito do trabalho. São Paulo: LTr, 2011. v. I.

SOUZA, Luiz Sérgio Fernandes de. **O papel da ideologia no preenchimento das lacunas do direito.** 2. ed. São Paulo: RT, 2005.

STERN, Maria de Fátima Coelho Borges; MONTESSO, Claudio José; (Coord.). **1ª Jornada de direito material e processual na justiça do trabalho.** São Paulo: LTr, 2008.

STRECK, Lenio Luiz; FERRAJOLI, Luigi; TRINDADE, André Karam et al. (Org.). **Garantismo, hermenêutica e (neo)constitucionalismo:** um debate com Luigi Ferrajoli. Porto Alegre: Livraria do Advogado, 2012.

STRECK, Lenio Luiz et al. **A cooperação processual do novo CPC é incompatível com a Constituição.** 2014. Disponível em: <http://www.conjur.com.br/2014-dez-23/>. Acesso em: 28 dez. 2014.

STRECK, Lenio Luiz. **Em concurso público, princípio vira regra estática!** Por quê? Porque sim! Disponível em: <www.conjur.com.br ISSN 1809-2829>. Acesso em: 15 ago. 2014.

STRECK, Lenio Luiz; SANTOS JÚNIOR, Rosivaldo Toscano dos. Recurso especial, macro-lides e o puxadinho hermenêutico. In: FREIRE, Alexandre et al. (Org.). **Novas tendências do processo civil.** Estudos sobre o projeto do novo código de processo civil. Salvador: *Jus*PODIVM, 2014. v. III, p. 181-196.

SUPREMO TRIBUNAL FEDERAL, AGRAG 157.797-S, Rel. Min. Marco Aurélio, **DJU** 12 maio 1995.

SÜSSEKIND, Arnaldo. **Direito internacional do trabalho**. São Paulo: LTr, 1983.

TARUFFO, Michele. Observações sobre os modelos processuais de *civil law* e de *common law*. Tradução de José Carlos Barbosa Moreira. **Revista de processo n. 110**, Ano 28. São Paulo: RT, abr./jun. 2003.

TARUFO, Michele; COMOGLIO, Luigi Paolo; FERRI, Corrado. **Lezioni sul processo civile**. II. Procedimenti speciali cautelari ed esecutivi. Bolonha: Il Mulino, 2006. v. I.

TARUFFO, Michele. Precedente e giurisprudenza. In: **Revista Trimestrale di Diritto e Procedura Civile**. Ano 48, n. 2, p. 179, 2007a.

TARUFFO, Michele. La tutela collettiva: interessi in gioco ed esperienze a confronto. In: BELLI, Claudio (a cura di). **Le azioni collettive in Italia**. Profili teorici ed aspetti applicativi. Milano: Giuffrè Editore, 2007b.

TARUFFO, Michele. El precedente. **Proceso y decisión**: lecciones mexicanas de derechos procesal. Madrid: Marcial Pons, 2012a.

TARUFFO, Michele. **Uma simples verdade**: o juiz e a construção dos fatos. Tradução de Vitor de Paula Ramos. Madrid: Marcial Pons, 2012.

TARZIA, Giuseppe. Il contraddittorio nel processo executivo. **Esecuzione forzata e procedure concorsuali**. Milano: CEDAM, 1994, p. 60.

TARZIA, Giuseppe. **Lineamenti del processo civile di cognizione**. 3. ed. Milano: Giuffrè, 2007.

TEIXEIRA, António Braz. **Sentido e valor do direito**: introdução à filosofia jurídica. Lisboa: Imprensa Nacional – Casa da Moeda, 1990.

TELLES JÚNIOR, Goffredo. **A criação do direito**. 2. ed. São Paulo: Juarez de Oliveira, 2004.

TEODORO, Maria Cecília Máximo. **O juiz ativo e os direitos trabalhistas**. São Paulo: LTr, 2011.

TEPENDINO, Gustavo. O Código Civil, os chamados microssistemas e Constituição: premissas para uma reforma legislativa. In: **Problemas de direito civil**. TEPEDINO, Gustavo (Coord.). Rio de Janeiro: Renovar, 2001.

TEPEDINO, Gustavo. Crise de fontes normativas e técnicas legislativa na parte geral do código civil de 2002. In: TEPEDINO, Gustavo (Coord.). **A parte geral do novo código civil:** estudos na perspectiva civil-constitucional. 2. ed. Rio de Janeiro: Renovar, 2003.

TEPENDINO, Gustavo. As relações de consumo e a nova teoria contratual. In: TEPEDINO, Gustavo (Coord.). **Temas de direito civil.** 3. ed. Rio de Janeiro: Renovar, 2004.

THEODORO JÚNIOR, Humberto. Os princípios do direito processual civil e o processo do trabalho. In: **Compêndio de direito processual do trabalho.** BARROS, Alice Monteiro de (Coord.). 3. ed. São Paulo: LTr, 2002.

THEODORO JÚNIOR, Humberto. **Curso de direito processual civil.** 47. ed. Rio de Janeiro: Forense, 2007. v. I.

THEODORO JÚNIOR, Humberto. **Direitos do consumidor.** 5. ed. Rio de Janeiro: Forense, 2008.

THEODORO JÚNIOR, Humberto. Tutela antecipada. Evolução. Visão comparatista. Direito brasileiro e direito europeu. In: CARNEIRO, Athos Gusmão; CALMON, Petrônio. **Bases científicas para um renovado direito processual.** 2. ed. Salvador: *Jus*PODIVM, 2009.

THEODORO JÚNIOR, Humberto. **Processo cautelar.** 25. ed. São Paulo: Leud, 2010.

THEODORO JÚNIOR, Humberto. Estrutura e função no campo do direito processual – visão estática e visão dinâmica do fenômeno jurídico. In: THEODORO JÚNIOR, Humberto; LAUAR, Maira Terra (Coord.). **Tutelas diferenciadas como meio de incrementar a efetividade da prestação jurisdicional.** Rio de Janeiro: GZ Ed., 2010, p. 3-24.

THEODORO JÚNIOR, Humberto. A constitucionalização do processo no Estado democrático de direito. In: GAIO JÚNIOR, Antônio Pereira; CÂMARA, Alexandre Freitas (Coord.). **Novo CPC:** reflexões e perspectivas. Belo Horizonte: Del Rey, 2014, p. 161-192.

THIBAU, Tereza Cristina Sorice Baracho; VASCONCELOS, Antonio Gomes de; OLIVEIRA, Alana Lúcio de. O processo coletivo e o acesso à justiça sob o paradigma do Estado Democrático de Direito. In: **Revista Eletrônica de Direito Processual - REDP.** v. XII. p. 67-82. Disponível em: <www.redp.com.br>. Acesso em: 23 ago. 2014.

TOSELLI, Carlos A. Los princípios del derecho del trabajo y su aplicación jurisdicional. In: **Cadernos da AMATRA IV**. 10º Caderno de estudos sobre Processo e Direito do Trabalho. Ano IV, n. 10, jan./mar. 2009.

TREVES, Renato. **Sociologia do direito:** origens, pesquisas e problemas. 3. ed. Tradução de Marcelo Branchini. Barueri: Manole, 2004.

TRINDADE, André Karam; FERRAJOLI, Luigi; STRECK, Lenio Luiz et al. (Org.). **Garantismo, hermenêutica e (neo)constitucionalismo:** um debate com Luigi Ferrajoli. Porto Alegre: Livraria do Advogado, 2012.

TRIVISONNO, Alexandre Travessoni Gomes; OLIVEIRA, Júlio Aguiar (Org.). **Hans Kelsen:** teoria jurídica e política. Rio de Janeiro: Forense, 2013.

TUPINAMBÁ, Carolina. Novas tendências de participação processual – O *amicus Curiae* no anteprojeto do novo CPC. In: FUX, Luiz (Coord.). **O novo processo civil brasileiro**. Direito em expectativa. Rio de Janeiro: Forense, 2011.

URUGUAI, **Código general del processo**. Montevideo: EUROS, 2005.

VASCONCELOS, Antonio Gomes de; THIBAU, Tereza Cristina Sorice Baracho; OLIVEIRA, Alana Lúcio de. O processo coletivo e o acesso à justiça sob o paradigma do Estado Democrático de Direito. In: **Revista Eletrônica de Direito Processual - REDP**. v. XII. p. 67-82. Disponível em: <www.redp.com.br>. Acesso em: 23 ago. 2014.

VENOSA, Sílvio de Salvo. **Direito civil**. 14. ed. São Paulo: Atlas, 2014.

VENTURI, Elton. **Processo civil coletivo**. São Paulo: Malheiros, 2007.

VERBIC, Francisco. **Procesos colectivos**. Buenos Aires: Astrea, 2007.

VIANA, Márcio Túlio. Interesses difusos na justiça do trabalho. **Revista LTr**, São Paulo: LTr, v. 59, n. 2, p. 182-184, fev. 1995.

VIANA, Márcio Túlio. **Direito de resistência**. Possibilidades de autodefesa do empregado em face do empregador. São Paulo: LTr, 1996.

VIANA, Márcio Túlio. Quando a livre negociação pode ser um mau negócio (crítica ao projeto que altera o art. 618 da CLT). **Revista nº 64 do Tribunal Regional do Trabalho da 3ª Região**. Belo Horizonte jul./dez. 2001.

VIANA, Márcio Túlio. Os paradoxos da prescrição quando o trabalhador se faz cúmplice involuntário da perda de seus direitos. São Paulo: **Revista LTr**, v. 71, n. 11, nov. 2007a.

VIANA, Márcio Túlio. O longo meio século do direito do trabalho no Brasil. In: BRONSTEIN, Arturo (Dir.). *Cincuenta años de derechos del trabajo en América Latina.* Buenos Aires: Rubinzal-Culzoni, 2007b, p. 163-195.

VIANA, Márcio Túlio. Da greve ao boicote: os vários significados e as novas possibilidades das lutas operárias. **Revista T.R.T. 3ª Região**, Belo Horizonte, v. 49, n. 79, jan./jun. 2009.

VIANA, Márcio Túlio. Os dois modos de discriminar: velhos e novos enfoques. In: RENAULT, Luiz Otávio Linhares; VIANA, Márcio Túlio; CANTELLI, Paula Oliveira (Coord.). **Discriminação**. 2. ed. São Paulo: LTr, 2010, p. 143-149.

VIANA, Márcio Túlio. **Breves notas sobre a inspeção do trabalho:** um olhar a partir do Brasil. Conferência no seminário sobre las funciones de la inspección del trabajo Brasil – Colômbia. Bogotá, 08 abr. 2013. Texto disponível em: <http://www.conjur.com.br/2014>. Acesso em: 16 ago. 2014.

VIGNERA, Giuseppe; ANDOLINA, Italo. **I fondamenti constituzionali della giustizia civile:** Il modelo constituzionale del processo civile italiano. 2. ed. Torino: G. Giappichelli, 1997.

VIGO, Rodolfo Luís; GOMES, Luiz Flavio. **Do estado de direito constitucional e transnacional**: riscos e precauções. São Paulo: Premier Máximo, 2008.

VIGO, Rodolfo Luis. **Interpretação jurídica. Do modelo juspositivista-legalista do século XIX às nossas perspectivas**. 2. ed. Tradução de Susana Elena Dalle Mura. São Paulo: RT, 2010.

VIGORITI, Vincenzo. **Interessi collettivi e processo**: la legittimazione ad agire. Milano: Giuffrè, 1979.

VILANOVA, Lourival. **As estruturas lógicas e o sistema do direito positivo**. São Paulo: RT, 1977.

VILLEY, Michel. **Filosofia do direito**: definições e fins do direito. Tradução de Alcidema Franco Bueno Torres. São Paulo: Atlas, 1977.

VILLEY, Michel. **A formação do pensamento jurídico moderno**. São Paulo: Martins Fontes, 2005.

VILLEY, Michel. **O direito e os direitos humanos**. Tradução de Maria Ermantina de Almeida Prado Galvão. São Paulo: Martins Fontes, 2007.

WAMBIER, Teresa Arruda Alvim. Fungibilidade de meios: uma outra dimensão do princípio da fungibilidade. In: NERY JR, Nelson; WAMBIER, Teresa Arruda Alvim (Coord.). **Aspectos polêmicos e atuais dos recursos cabíveis e de outras formas de impugnação às decisões judiciais**. São Paulo: RT, 2001.

WAMBIER, Luiz Rodrigues; WAMBIER, Teresa Arruda Alvim. Anotações sobre a liquidação e a execução das sentenças coletivas. In: GRINOVER, Ada Pellegrini; MENDES, Aluísio Gonçalves de Castro; WATANABE, Kazuo (Coord.). **Direito processual coletivo e o anteprojeto de código brasileiro de processos coletivos**. São Paulo: RT, 2007a, p. 263-280.

WAMBIER, Teresa Arruda Alvim; WAMBIER, Luiz Rodrigues. Anotações sobre a liquidação e a execução das sentenças coletivas. In: GRINOVER, Ada Pellegrini; MENDES, Aluísio Gonçalves de Castro; WATANABE, Kazuo (Coord.). **Direito processual coletivo e o anteprojeto de código brasileiro de processos coletivos**. São Paulo: RT, 2007b, p. 263-280.

WAMBIER, Teresa Arruda Alvim. **Recurso especial, recurso extraordinário e ação rescisória**. São Paulo: RT, 2009.

WATANABE, Kazuo. Demandas coletivas e os problemas emergentes da práxis forense. **Revista de Processo**, n. 67, ano 17, São Paulo, jul./set. 1992.

WATANABE, Kazuo. Tutela antecipatória e tutela específica das obrigações de fazer e não fazer. In: TEIXEIRA, Salvio de Figueiredo (Org.). **Reforma do código de processo civil**. São Paulo: Saraiva, 1996.

WATANABE, Kazuo; MENDES, Aluísio Gonçalves de Castro; GRINOVER, Ada Pellegrino. **Direito processual coletivo e o anteprojeto de código brasileiro de processos coletivos**. São Paulo: RT, 2007.

WATANABE, Kazuo. Disposições gerais. In: GRINOVER, Ada Pellegrini et al. **Código brasileiro de defesa do consumidor comentado pelos**

autores do anteprojeto. 9. ed. Rio de Janeiro: Forense Universitária, 2007.

WATANABE, Kazuo; GRINOVER, Ada Pellegrini; MULLENIX, Linda. **Os processos coletivos nos países de** *civil law* **e** *common law*. Uma análise de direito comparado. São Paulo: RT, 2008.

WEBER, Max. **A ética protestante e o espírito do capitalismo**. 2. ed. Tradução de Pietro Nassetti. São Paulo: Martin Claret, 2007.

WHITE, Inés Lépori. Cargas probatorias dinámicas. In: PEYRANO, Jorge W. (Dir.). WHITE, Inés Lépori (Coord.). **Cargas probatórias dinámicas**. Santa Fe: Rubinzal-Culzoni, 2004, p. 35-73.

WILKE, Jürgen. Multimídia. Novas tecnologias de comunicação mudam estruturas. In: WILKE, Jürgen; GERMAN, Christiano; WOLF, Fritz. **Perspectivas globais da sociedade da informação**. Tradução de Nikolaus Karwinsky. São Paulo: Fundação Konrad-Adenauer Stiftung, 1997, p. 25-26.

WOLF, Fritz. Toda política passa pela mídia. Da relação precária entre política e televisão. In: **Perspectivas globais da sociedade da informação**. Tradução de Nikolaus Karwinsky. São Paulo: Fundação Konrad-Adenaur Stiftung, 1997.

XAVIER, Bernardo da Gama Lobo. **Curso de direito do trabalho**. 2. ed. Lisboa: Verbo, 1993.

YARSHELL, Flávio Luiz. **Tutela jurisdicional específica nas obrigações de declaração de vontade**. São Paulo: Malheiros, 1993.

ZAGREBLSKY, Gustavo. **El derecho dúctil**. Ley, derechos, justicia. Traducción de Marina Gascón. 5. ed. Madrid: Trotta, 2003.

ZAGREBLSKY, Gustavo; MARTINI, Carlo Maria. **La exigência de justicia**. Madrid: Trotta, 2006.

ZANETI JR, Hermes; DIDIER JR, Fredie. **Curso de direito processual civil**. Processo coletivo. 4. ed. v. 4. Salvador: JusPODIVM, 2009.

ZANETI JR, Hermes. Três modelos de processo coletivo no direito comparado: class actions, ações associativas/litígios agregados e o "processo coletivo: modelo brasileiro". In: **Revista Eletrônica**, Porto Alegre, v. 5, n. 3, 01 jul. 2014 a 30 set. 2014. Disponível em: <http://

www.processoscoletivos.net/revista-eletronica/63-volume-4-numero-3-trimestre-01-07-2014-a-30-09-2014/1460-tres-modelos-de-processo-coletivo-no-direito-comparado-class-actions-acoooes-associativas-litigios-agregados-e-o-processo-coletivo-modelo-brasileiro>. Acesso em: 10 jan. 2015.

ZAVASCKI, Teori Albino. **Processo coletivo.** Tutela de direito coletivos e tutela coletiva de direitos. 5. ed. São Paulo: RT, 2011.

ZAVASCKI, Teori Albino. **Processo de execução**. 3 ed. São Paulo: RT, 2004.

ZIPPELIUS, Reinhold. **Filosofia do direito**. Tradução de António Franco de Sousa. Lisboa: Quid Juris, 2010.

Impressão e Acabamento